JN426040

문학비평연구

문학박사 유창근

태영출판사

머리말

문학에 대해서 꽤 많은 공부도 하고 비평에 많은 관심이 있음에도 불구하고 문학도들이 쉽게 비평에 접근하지 못하는 까닭은 초심자가 읽을 만한 지침서가 마땅히 없기 때문이라고 생각한다. 사실 이미 출간된 이론서들이 대부분 외국의 문예비평 이론을 그대로 직역하거나 재구성한 것들이어서 초심자들이 읽고 이해하는 데 무리가 있었다.

대학 현장에서 오랫동안 문학비평을 가르치며 어떻게 하면 학생들에게 문학비평을 쉽게 이해시킬 수 있을까 고민해 왔다. 심지어 대학원생들에게 비평이론을 가장 쉽게 정리해 오라는 과제를 주기도 했으나 기대에 미치지 못했다. 결국 내 몫이라 생각하고 초심자도 이해할 수 있는 문학비평 이론과 방법을 쓰기로 결심했다. 1차적으로 국내외 선학들의 비평이론서에서 대표적인 문학비평방법을 선택하여 단계적으로 풀어가면서 내 생각을 덧붙여 오래 전에 『비평 클리닉』이라는 책자를 만들어 실험적으로 사용하였고, 강의를 해가며 계속 내용을 수성 · 보완하여 2001년 『문학을 보는 눈』 초판을 내놓았다. 그런데 수년이 흐르다 보니 미흡한 부분들이 드러나 내용을 대폭 보완하여 새롭게 『문학비평연구』를 세상에 내 놓는다.

이 책은 여러 비평방법 가운데 대표적인 방법 다섯 가지에 대해서 각각 기본적인 이론을 이해하도록 풀어 썼고, 심층 연구 단계에서 좀 더 깊이 있는 지식을 다지도록 폭을 넓혔으며, 마지막 단계에서 스스로 여러 가지 비평방법을

터득할 수 있도록 실제 작품을 분석하면서 자세한 설명을 덧붙였다. 그리고 이 과정을 체계적으로 익히고 나면 스스로 창작에 임할 수 있도록 비평과제를 제시하였으며, 가능한 학생들의 습작도 여러 편 수록하여 문학비평을 이해하는데 참고가 되도록 함은 물론 초심자들에게 자신감을 갖도록 시도했다.

후미의 참고문헌은 이 책을 집필하는 데 매우 소중한 자료로 활용하였음을 밝히며, 좋은 이론과 논문으로 다양하게 문학비평의 방향을 제시해 준 국내외 선학 여러분께 진심으로 감사드린다. 어렵고 힘들 때마다 변함없이 곁에서 위로하여 주시고, 건강과 지혜로 지켜 주신 하나님께 먼저 영광 돌린다.

2008년 8월

문천서재에서
유 창 근

차 례

제 1 장 비평이란 무엇인가?

제 2 장 역사 · 전기비평

제 3 장

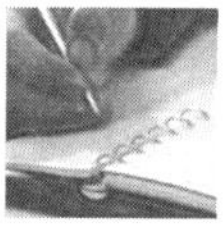

사회 · 문화비평

제 4 장

형식주의 비평

제 5 장

심리주의 비평

제 6 장

신화 · 원형비평

제 7 장

기타 평론 작품

비평이란 무엇인가?

제 1 장

1. 개요
2. 심층 연구

"勝者는 어린아이에게도 사과할 수 있지만, 敗者는 노인에게도 고개를 못 숙인다."

1. 개 요

1) 선택 행위다.

사람들은 일상생활을 하면서 수없이 많은 일에 평가를 하고, 스스로 다른 사람들에 의해서 암암리에 평가를 받으며 산다. 가령 어린아이를 유치원에 입학시킬 경우, 어느 유치원이 좋은 유치원인가 선택하기 전에 인근의 유치원을 대상으로 거리와 시설과 여러 가지 교육환경을 평가하고, 원장의 교육철학이나 선생님의 신상 파악 등 여러 가지 정보와 평가 끝에 최종 선택을 한다. 그 후 대학과 전공을 선택하고, 졸업 후에 직장을 선택하는 일을 비롯하여 지금까지 우리는 참으로 많은 문제에 부딪힐 때마다 효율적인 해결을 위해 이해하고, 해석하고, 판단하고, 가치를 평가하는 일에 고심해 왔던 게 사실이다.

특히 일생을 같이 살아야 할 배우자를 선택하는 일에 있어서는 정말 다각적인 평가를 하지 않으면 안 된다. 얼굴이나 피부, 몸매나 키 따위의 외형적인 것은 물론이고, 교양이나 마음씨, 취미나 특기 따위의 보이지 않는 내면적인 것까지 꼼꼼히 살펴야 한다. 물론 자기의 구미를 100% 만족시켜 주는 상대는 흔하지 않다. 그러나 자신의 이상형을 찾기 위해 사람들은 나름대로의 여러 가지 기준을 가지고 상대와 만난다. 외모만 빼어나게 아름답다고 해서 좋은 배필이 될 수 없고, 지와 덕을 손색없이 다 갖추었다고 해도 외모에서 지나치게 차이가 난다면 어울리는 배필이라고 할 수 없다. 진정 잘 어울리는 짝은 외형적인 아름다움과 내면적인 아름다움을 고루 다 갖추어야 한다. 그래서 사람들은 많은 이성들을 만나면서 다각적으로 상대를 관찰하고, 이해하고, 판단하고, 자신이 정한 기준에 의해 평가한 후 궁극적으로 자신의 짝으로 결정하게 되는 것이다.

백화점에 가서 옷을 고를 때도 마찬가지다. 우리는 제일 먼저 여러 점포를 돌아다니면서 이른바 아이 쇼핑 *eye shopping*이라는 것을 한다. 옷의 색깔이나 디자인을 보고, 자신의 취향에 맞는 옷인지 모양도 살핀다. 값이나 실용성도 중요한 구매조건으로 작용한다. 그러나 옷이란 무엇보다도 몸에 맞아야 한다. 색깔이나 모양, 값이나 실용성 등이 다 조건에 맞다 해도 그 옷을 입었을 때 몸에 맞지 않으면 아무 쓸모가 없다. 결국 옷의 사이즈에 대한 판단이 잘못서면 쇼핑은 실패로 돌아가기 마련이다.

비평이란 한 마디로 학교를 선택하거나 옷을 고를 때 여러 가지 조건을 총동원하듯, 문학의 여러 가지 도구를 가지고 다각적인 시각에 따라 좋은 작품을 가려 내는 행위라고 할 수 있다.

2) 비평은 안팎을 고루 보는 것이다.

문학작품을 볼 때, 독자들은 우선 자기가 원하는 책이 어느 장르에 속하며, 작품을 쓴 사람은 누구이며, 어느 출판사에서 나왔고, 책의 장정은 어떻게 되었는가? 등 외형적인 것을 살핀다. 조금 더 시간이 있다면 작품을 꼼꼼히 읽어가면서 언어나 구성, 문체 등 작품을 이루고 있는 내적인 요소에 대해서 예리한 분석을 가한다. 이른바 어떤 작품을 보다 잘 이해하기 위하여 우리는 작품의 외형적인 면과 내면적인 면을 종합적인 시각으로 바라보게 되는데, 이와 같은 작업을 이른바 비평이라고 할 수 있다. 문학작품을 볼 때, 작가에 대한 연구, 작품의 시대상황 등 작품을 외부적 사실과 연결시켜 연구하는 경우를 외재적 비평이라고 하는 반면, 작품 자체를 완결된 세계로 보고 작품 자체만을 대상으로 연구하는 경우를 내재적 비평이라고 한다.

좀 더 구체적으로 언급할 때, 외재적 비평은 다음 세 가지 관점에서 이야기할 수 있다.

첫째, 작가의 체험, 사상, 감정 등이 작품을 만든다고 보아 작가의 의도, 작가의 전기, 작가의 심리상태 등을 중시하는 표현론적 관점이 있는데, 이에 따르면 이광수의 〈無情〉은 이광수 자신의 생애를 투영한 작품으로 해석된다. 둘째, 작품을 현실 세계의 반영으로 보고 작품이 대상 세계의 진실한 모습과 전형적 모습을 얼마나 반영했는지 검토하는 데 중점을 두는 반영론적 관점인데, 이러한 관점에 따르면 〈흥부전〉은 신분체계의 변동, 빈부간의 갈등 등 조선 후기 사회상의 반영물로 해석된다. 셋째, 작품이 독자에게 어떤 효과를 얼마만큼 주었느냐에 따라 작품의 가치를 평가하려는 효용론적 관점인데, 이러한 관점은 독자가 감동하는 것이 무엇 때문이며, 그것이 구체적으로 작품의 어떤 면에서 촉발되는가를 검토하는 데 주력한다.

반면, 내재적 비평에서는 작품을 이해하는 데 필요한 자료가 오직 작품뿐이며, 작품 속에 모든 것이 갖추어졌다고 주장한다. 그래서 작품을 작가나 시대, 환경으로부터 완전히 독립시켜 이해하려는 동시에 작품의 언어를 중시한다거나 부분들을 유기적으로 통합하고 있는 작품의 구조를 분석하는 일에 주력한다. 그들은 현진건의 〈운수 좋은 날〉에서 추적추적 내리는 겨울비가 곧 아내의 죽음과 하층민의 삶을 암시한다는 사실을 읽어 낸다.

앞에서 말한 것처럼 사람이나 물건을 고를 때 외형적인 것과 내면적인 것을 다각적으로 관찰해야 소기의 목적을 이룰 수 있듯이, 문학작품의 경우도 외재적인 요소와 내재적인 요소를 다각적으로 조명할 때 비로소 올바른 비평이 이루어진다.

3) 비평은 전문적 독서행위다.

문학을 전공하는 사람들까지도 문학비평이 어렵다고 말한다. 대부분이 비평의 개념을 제대로 파악하지 못하였거나, 막상 비평을 하고자 할 때 무엇을 어떻게 시작해야 할지 그 방법을 모르기 때문이라고 그들은 말한다.

그렇다면 과연 비평이란 무엇인가?

비평이란 원래 라틴어의 *Criticus*에서 비롯된 것으로 재판관, 심판관, 감정사, 심사원 등의 의미를 지니고 있을 뿐 아니라, 희랍어의 *Krinein*에 해당되는 것으로 분할하다, 구분하다, 결정하다, 식별하다, 권위 있는 의견을 말하다 등의 뜻을 지니고 있다.

한자어에서도 批評의 批는 손으로 치다(擊), 밀치다(推), 깎다(削), 보다(示) 등의 의미를 지니고 있으며, 評은 평론하다(品論), 헤아리다(量)는 뜻을 지니고 있는데, 구조상 言과 平이 어우러진 형태로 '말을 공평하게 한다.'는 뜻이 있다.

영국의 그래엄 하프 *Graham Hough* 교수에 따르면 '비평이란 글을 알고 있는 사람에게는 자연스런 활동이다. 따라서 비평행위를 해 온 사람은 많고 다양하다. 비평은 지적인 독서의 정상적인 연장이며, 지적인 글을 쓸 때 필요한 부속물이라고 할 수 있다. 책에서 발견하는 것과 자신의 경험 내용을 비교하는 사람은 누구나 비평가가 되기 시작한 것이다. 문학작품을 처음 읽을 때는 비평적으로 읽지 않는다. 초보적인 비평 활동은 책을 읽을 때에도 일어나지만, 문학작품을 읽는다는 것은 하나의 일에 참여하는 것이다. 한 걸음 물러나서 그 일에 대하여 깊이 생각해 볼 때야말로 진정으로 비평이 시작되는 것이다. 비평이란 말하자면, 비평 이전의 작업을 기초로 하여 성립된다. 그와 같은 많은 작업이 있은 후 의문을 제기하고, 분석하고, 정리하고, 비교할 필요가 생기는 것이다. 이러한 활동을 우리는 비평이라 부른다. 비평이 일반적인 독서의 자연스런 연장이긴 하지만 결국 그것은 의식적인 기술, 과학인 체하는 티까지도 내는 기술이 된다. 오늘날 비평은 문학도만을 위한 것이다.

독자들 중에는 문학도가 되고 싶어하지 않으며, 문학연구를 불필요하다고 생각하는 사람이 많다. 그들은 문학이란 연구하기 위한 것이 아니고 즐기기 위한 것이라고 타당성 있게 지적하며, 자신들의 무비판적이고 비조직적인 즐김에 만족한다. 그들은 그렇게 할 정당한 권리를 가지고 있으며, 우리는 그러한 독자들이 언제나 다수가 될 것이라는 것에 만족해도 될 것이다. 그러나 그들에게 이 글은 더 이상 할 말이 없다'는 것이다.

그렇다면 독서행위를 해 왔던 사람은 누구나 알게 모르게 비평행위를 해 왔다고 할 수 있다. 그러나 비평이란 단순히 작품을 느끼고 이해하는 정도의 자각적인 독서행위에 머무는 것이 아니라, 작품에서 받은 인상을 보다 명료화하고 구체화하는 해석적인 독서요, 보다 전문적인 독서라는 점에 주목해야 한다.

4) 비평은 문학에 관한 일체의 논의다.

그러나 문학비평은 일반적으로 한 작가나 작품을 분석하고 평가하는 행위라

고 할 수 있다. 이상섭 교수는 '문학에 관련된 일체의 논의, 즉 문학이란 무엇인가, 한 편의 문학작품의 뜻이 무엇인가, 작가는 무슨 일을 하는가, 한 작가 또는 작품의 가치는 어떠한가 등등에 관한 논의'를 넓은 의미의 문학비평이라고 말한다. 문학비평은 문예에 대한 과학적인 비평, 작품을 비평함에 있어 그 작품의 좋고 나쁨만을 따지는 것이 아니라 여러 관점에서 논리적으로 귀결지으려는 비평방법이다. 따라서 비평가의 개인적인 주관은 용납될 수 없고, 그의 판단은 심미적인 판단으로서 감상비평에 지나지 않는다. 따라서 프랑스의 생트뵈브는 작품 외에 작가의 생애, 환경, 목적, 사회 등을 고찰할 것을 주장하였으며, 테느는 종족, 시대, 환경이 문학을 결정짓는 3대 요소라고까지 주장한 바 있다.

그 밖에 문학비평에 관한 정의는 지금까지 동서양을 막론하고 여러 학자에 의해 정의되어 왔으나, 종합하면 대체로 아래와 같이 요약할 수 있다.

① *to judge*
② *to evaluate*
③ *to analyse*
④ *to appreciate*
⑤ *to fault-finding*
⑥ *to praise*
⑦ *to classify*
⑧ *to compare*

전통적인 비평의 이론과 실제의 유형은 앞에서도 잠깐 언급한 것처럼 문학작품을 설명하고 판단하는 데 있어서 그것들이 기본적으로 그 작품을 작가 또는 외부세계나 독자에게 귀착시키느냐, 아니면 작품 그 자체를 하나의 완성품으로 보느냐에 따라서 몇 가지로 구분된다. 즉 ① 문학이 그것을 취급하는 사물과의 관계에서 볼 때는 모방론적 비평관이 성립하며, ② 문학이 독자에게 미치는 영향과의 관계에서 볼 때는 효용론적 비평관이 성립되고, ③ 문학을 작가와의 관계에서 볼 때는 표현론적 비평관이 성립되며, ④ 문학을 그 자체로서 하나의 자족적인 존재가 된다고 볼 때는 존재론적 또는 객관적 비평관이 성립된다.

에이브럼스 *M. H. Abrams*의 다음 설명은 비평이 무엇인가를 구체적으로 언급해 준다.

(1) 모방론적 비평 *mimetic criticism*

문학작품을 세계와 인간생활의 모방 · 반영 혹은 재현으로 보며, 작품에 적용되는 기본적 평가 기준은 그것이 재현하거나 재현해야만 할 대상에 대해 얼마나 진실성 있게 재현했느냐 하는 것이다. 이 비평양식은 플라톤과 아리스토텔레스로부터 시작되었으며, 현대 리얼리즘 문학이론의 특징이기도 하다.

(2) 효용론적 비평 *pragmatic criticism*

작품을 독자에게 미적 쾌감 · 교훈 혹은 감동 등 일종의 어떤 효과를 주기 위해 구축된 것으로 보며, 작품의 가치를 그런 목적의 성취도에 따라 평가하려고 한다. 이러한 접근은 로마시대로부터 18세기까지의 문학논의를 지배했고, 최근에는 작품 속에 제시된 것들에 대한 독자들의 반응을 이끌고 또한 그것에 영향을 미치기 위한 수단으로 작가들이 사용하는 예술적 전략을 강조하는 수사학적 비평 속에서, 혹은 독자들의 해석적 반응에 영향을 주는 약호들의 조직적인 활동으로 문학작품을 분석하는 바르트와 같은 구조주의자들에 의해 다시 나타나고 있다.

특히, 야우스 *Jauβ*의 '독자에 의해 작품 속의 의미가 올바르게 수용되었을 때, 그 작품은 비로소 생명체를 갖는다.'는 말이 주목할 만하다.

(3) 표현론적 비평 *expressive criticism*

문학작품을 기본적으로 작가와의 관계에서 취급한다. 이것은 시를 감정의 표현 · 분출 · 발화로, 혹은 자신의 지각 · 사고 · 감정에 작용하는 시인의 상상력이 만들어낸 산물로 정의한다. 그래서 이것은 시인의 개인적 전망이나 마음 상태가 얼마나 진지하게, 또는 순수하고 적절하게 표현되었는가에 따라 그 작품을 평가하려고 한다. 그리고 흔히 작품 속에 의식적이거나 무의식적으로 자신을 드러내 놓은 작가들의 특별한 기질과 경험들에 대한 증거를 그 속에서 찾는다. 이런 관점은 주로 낭만주의 비평가들에 의해 발전되었으며, 오늘날에도 여전히 통용되고 있는데, 특히 정신분석학적 비평가들의 저작물과, 뿔레 *Poulet*나 제네바 학파 등과 같은 의식비평가들에게서 이를 발견할 수 있다.

(4) 객관론적 비평 *objective criticism*

작품을 시인이나 독자나 주위의 세계로부터 자유롭게 떨어져 존재하는 어떤 것으로 파악하는 경우다. 이것은 문학작품을 자기 완결적인 대상으로, 그렇지 않으면 그 자체가 하나의 세계라고 기술하고, 따라서 작품은 복잡성 · 일관성 · 균형 · 총체성 및 구성 요소들의 상호 관계 등 내재적 기준에 의해 분석되고 판단되어야 한다고 본다. 이것은 1920년대 이후 많은 중요한 비평가들의 접근 방법이며 신비평가, 시카고학파, 유럽 형식주의 지지자들, 그리고 많은 프랑스 구조주의자들이 이런 비평방법을 택하고 있다.

그러나 이러한 비평 유형들이 따로따로 분리되어 문학에 적용되지는 않는다. 대부분의 경우에 있어서 모방론 계열의 사실주의 비평은 문학의 원천으로서의 사회를 논할 뿐 아니라 문학의 사회적 효용에 관해서도 말한다. 존재론 역시 작품의 독특한 원리를 밝히는 작업이 궁극적으로 인간 체험, 곧 인생의 질서와 조화의 이념에 공헌하는 것으로 주장할 수도 있기 때문이다.

결국 비평의 가장 중요한 과제는 앞에 열거한 여러 유형들 사이의 끊을 수 없는 연결 고리를 문학작품의 손상 없이 어떻게 규명하고 서술하고 평가하느냐 라고 할 수 있을 것이다. 또 한 가지 간과할 수 없는 일은 문학작품 자체에 대한 면밀하고 편견 없는 관찰이 어떤 종류의 비평에서나 피할 수 없다는 점이다.

실제적인 비평의 분류에 있어서 일반적으로 문학작품의 특수한 성질들을 결정한 영향이나 원인들을 설명하려는 의도 아래 문학을 다른 특수한 영역의 지식이나 이론과 관련시켜서 구별하는 경향이 있다.

이 책에서는 페미니즘 비평, 구조주의 비평, 후기구조주의 비평, 독자수용주의 비평, 메타비평 등 여러 비평방법은 생략하고, 대표적으로 많이 논의하는 ① 역사 · 전기비평, ② 사회 · 문화비평, ③ 형식주의 비평, ④ 심리주의 비평, ⑤ 신화 · 원형비평 방법을 중심으로 비평공부에 길잡이가 되도록 이론과 실제를 체계적이면서도 쉽게 서술했다.

2. 심층 연구

1) 그 외 학자들의 정의

* 예술작품에 관해 의식적으로 평가 *evaluate*하고 감상 *appreciation* 하는 일을 일컫는다.

  – 쉬프리 *Shipley*

* 분석 *analyse*하고 판단 *judge*하는 일부터 확장되어 나온 모종의 복합적 단어다.

  – 파울러 *Roger Fowler*

* 문학비평이란 세계에서 알려지고 선택된 가장 좋은 것을 배우고 퍼뜨리려는 공정 무사한 노력이다.

  – 아놀드 *M. Arnold*

* 문학비평은 작품에 나타난 인생 및 표현의 해석이다.

  – 허드슨 *W. H. Hudson*

* 비평은 작가의 작품을 분석하는 것, 원인을 찾아 그것을 설명하는 것, 또 미적인 가치를 판단하는 것에 있다.

  – 리카도 *Ricardo*

* 문학에 관한 담화 *discourse about literature*다.

– 르네 웰렉 *Rene Wellek*

2) 사전에서 비평의 정의 찾아 정리하기

* 『국어대사전』;

* 『비평용어사전』;

* 『Webster's New International Dictionary』;

* 『The Shorter Oxford English Dictionary』;

3) 기타 참고 자료

모르스 패컴은 비평이 행해지는 과정을 추적하면서 다음의 단계를 제시하고 있다.

첫째, 문학비평은 해석적 진술 *interpretive statement*이다.

비평가가 문학 작품을 대했을 때 일차적인 접근은 그 작품이 독자들에게 지배적 관심을 불러일으키는 요인이 무엇인가를 알고자 하는 것이다. 이는 감상과 평가의 행위 이전에 이루어지는 것으로 원전의 정확한 이해를 바탕으로 한다. 작품이 탄생하게 된 역사적 배경, 작품의 내적 의미, 작품을 이루는 구성요소의 분석과 종합하는 과정을 통하여 그 작품에 대한 인상을 환기하고 가치평가에 도움을 줄 수 있는 단서를 제공한다.

둘째, 비평적 진술은 능력의 판단들 *judgement of competence*로 구성된다.

앞의 해석적 진술에서 제공받은 지식을 통하여 작품적 가치를 몸으로 체득하는 단계를 말한다. 가치 부여의 전 단계로 감상의 단계라고 할 수 있다. 특정 작품의 해석을 통하여 그것이 철학적이든, 사회학적이든, 심리학적이든 그 곳에서 일반 명제 또는 진리를 끌어 내는 능력을 축적하는 단계이다. 비평가는 심오한 통찰을 통하여 일반 독자가 미처 의식하지 못한 작품적 특성에 접근할 수 있어야 한다. 작가와 독자 사이에 긴밀한 관계를 형성케 하여 그 작품에 공명을 일으키고 쾌락을 향수할 수 있도록 해야 한다. 비평의 중요한 기능의 하나가 감상임을 명심해야 한다.

셋째, 비평적 진술은 가치 부여 *ascriptions of value*에 다다르게 된다.

비평에서 해석이나 감상은 궁극적으로 가치 평가를 위한 수단이다. 작품의 우열을 식별하고 그것이 우리의 삶과 어떻게 연관되고 기여하는지에 대해 성찰하는 과정에서 그 임무를 완수하게 된다. 노스럽 프라이는 가치 판단에 '비교적인 것'과 '적극적인 것'의 두 가지 유형이 있다고 말한다. 비교적 가치를 근거로 하는 것에는 예술작품을 생산물로 보느냐 또는 소유물로 보느냐에 따라서 나누어지게 되는데, 생산물로 보는 경우는 작가와 관련시켜서 전기비평을 발전시켰다. 적극적인 유형은 직접적인 경험을 근거로 삼는 비평이다. 즉 비평가가 문학 자체의 은밀한 세계 속으로 발을 들여놓아서 느끼는 만족감과 황홀감이 비평의 척도가 되는 경우이다. 그러나 가치 부여는 비평가가 작품을 대하는 태도에서부터 이미 차이가 나는 것이므로 그 척도는 일률적일 수 없다. 따라서 작품의 가치는 과학적 진실이나 도덕적 건전함만을 의미하는 것이 아니다. 오히려 문학 자체가 지니는 본질적 가치가 어떻게 발현되는가의 문제와 더불어 탐색되어야 할 것이다.

여기서 거론되고 있는 해석적 진술, 능력의 판단, 가치 부여는 비평 행위의 핵심적 요소다. 비평의 기능은 이런 요소를 어떻게 수용하고 유기적으로 종합하여 최종적으로 미적 판단에 기여하느냐의 문제로 귀결된다.

역사·전기비평

제 2 장

1. 개요
2. 심층 연구
3. 역사 · 전기비평의 실제

"勝者의 하루는 25時間이고 敗者의 하루는 23時間밖에 안 된다."

1. 개 요

歷史 · 傳記 批評 *Historical-Biographical Criticism*은 한 마디로 문학작품을 주로 그 작가의 생애와 시대 또는 작중인물들의 생애와 시대의 반영으로 살펴보는 것이다. 예를 들어, 밀턴의 소네트 〈피에몬테에서의 최근의 대학살에 대하여 *On the Late Massacre in Piedmont*〉는 북부 이탈리아 마을의 들에서 살던 프로테스탄트의 무리 발도파 *Waldenses* 에 대한 1655년 대학살을 추념하고 있으며, 그의 〈실명에 관하여 *On His Blindness*〉는 밀턴이 44세 때 눈이 전혀 안보이게 되었다는 것을 알았을 때 가장 잘 이해할 수 있고, 〈망처에 관하여 *On His Deceased Wife*〉는 그의 두 번째 아내인 캐더린 우드칵에게 바친 헌시라는 사실을 알았을 때 이 시를 훨씬 더 잘 이해할 수 있다. 밀턴은 그녀와 결혼했을 때는 이미 실명했는데, 이 사실을 '그녀의 모습이 베일에 가려졌다 *Her face was veiled*'라는 부분에서 이야기하고 있다. 작품이 작가의 생애 가운데 특별한 부분을 반영한다는 사실을 밀턴의 작품에서 자주 발견할 수 있다.

한 작품을 역사적 사건으로 취급하는 데에서 문학연구의 역사적 방법은 시작되었다. 따라서 문학의 기원, 장르의 발생, 변천에 대해 관심을 갖는 비평이다. 역사 · 전기비평이란 문학작품을 이해하고 평가하는 일에 있어서 문학 작품과 작가와의 관계성을 중요시하는 비평방법인데, 아리스토텔레스가 시를 논하면서 비극과 희극의 기원을 전통적 관습에다 둔 것은 문학의 역사적 접근을 최초로 시도한 예가 될 것이다. 근대에 이르러서 이 비평방법은 19세기 프랑스의 비평가 생트뵈브 *C. A. Saint-Beuve*와 테느 *H. A. Taine*로부터 유래되었다고 하겠다.

생트뵈브의 '나에게 문학 — 문학작품 — 은 인간과 그의 성품으로부터 전혀 독립된 것도 아니며 분리되는 것도 아니다. 나는 문학작품을 즐길 수 있지만, 그것이 작가 자신을 아는 일과 무관하다고 판단하기는 어렵다. 나는 서슴없이 그 나무에 그 열매라 말하고 싶다'는 말에 유념할 필요가 있다. 누가복음 6장 43~44절에 "못된 열매 맺는 좋은 나무가 없고, 또 좋은 열매 맺는 못된 나무가 없느니라. 나무는 각각 그 열매로 아나니 가시나무에서 무화과를, 또는 찔레에서 포도를 따지 못하느니라"는 말씀도 같은 맥락으로 볼 수 있다.

테느는 모든 인간 속에서 그리 복잡하지 않은 기본적인 정신 상태를 발견할 수 있다고 생각하며, 이로부터 우리는 문명의 존재에 필요 불가결한 윤곽을 볼 수 있게 되는데, 그 기본적 정신상태의 원천이 바로 종족 *race* · 시대 *moment* · 환경 *milieu*임을 주장했다. 예를 들어, 영국문학은 독특한 영국의 기후 아래 특수한 영국의 역사적 형편 내지 종교적 신앙을 가진 영국 민족의 소산물이라는 것이 테느의 견해다.

따라서 문학의 기원, 특히 한 장르의 발생, 변천에 대한 관심은 역사주의 비평가의 최대 관심사다. 어떤 작품이든지 그것을 낳게 한 역사적 배경을 떠나서 이해할 수 없다는 명제에서 문학비평의 역사주의 방법은 시작된다. 말하자면 작품을 이해할 때 작가와 작품의 역사적 배경, 사회적 환경, 작가의 전기 등 문학을 결정하는 여러 가지 체계와 관련시켜서 문학을 다루는 방법이므로 원전비평 *textual criticism*과 같은 맥락에서 다룰 수 있다. 그들은 문학의 근원을 찾고, 문학작품을 작가가 표현한 거울이라고 보기 때문에 작가야말로 작품의 원인이 되고 출발이 되는 것이라고 생각한다. 따라서 역사주의 비평은 필연적으로 작품의 원인이 되는 작가에 관심을 갖게 마련이다. 이것이 바로 역사적 비평과 전기적 비평이 공존해야 하는 이유다.

문학작품을 올바르게 고찰하고 분석하기 위해서는 작가에 대한 연구가 충분히 선행되어야 하는데, 특히 작가의 출생에서 사망에 이르기까지 여러 가지 사실들, 즉 출생배경, 혈연관계, 교우관계, 체질, 건강, 정신상태, 학력, 학교성적, 부채, 사상, 경력에 이르는 모든 전기적 사실들을 확인해야 한다. 그래서 어떤 작품은 그 작품을 쓴 작가에 대한 지식 없이는 작품을 올바르게 이해할 수 없다는 원칙이 적용된다. 17세기 영국의 시인이며 비평가였던 드라이든 *Dryden*은 시인은 누구나 어느 한 시대에 소속된다는 말로서 작가와 그 시대 사이의 불가분의 관계를 언급한 바 있고, 18세기 초엽 이탈리아의 철학자이며

비평가인 비코 *Vico*도 자신의 『호머론』에서 인간의 예술이나 관습은 그것을 만들어 내는 사람들이 사는 지리적 · 풍토적 환경에서 태어나며, 당시의 사회적 발전단계에 의해서 형성된다는 생각을 밝힌 바 있다.

따라서 역사적 비평가는 문학작품을 읽으며 다음 몇 가지 사항을 중시한다.

1) 원전의 확정 작업

문학작품이 믿을 만한 원본인가에 대하여 깊은 관심을 보이기 때문에 역사 · 전기비평은 때때로 원전비평 *textual criticism* 이라고 부르기도 한다. 특별히 고대 시가의 경우 이 작업은 대단히 중요한 부분으로서 비평에 앞서 선행되어야 한다.

활자화된 작품이 진본이냐 아니냐 하는 문제는 역사적 비평가의 특별한 관심사다. 잘못된 원전 앞에서 참된 비평은 이룩될 수 없기 때문이다. 가령 김소월의 〈비난수하는 맘〉에서 '비난수하는 나의 맘'의 '비난수'가 '비난를', '비난을', '비는 수를'로 잘못 표기되어 있는데, 만일 원전을 확인하지 않는다면 이 작품에 대해 전혀 다른 해석이 가해질 수 있다. 정주 방언에서 무당이나 소경이 귀신에게 비는 말을 '비난수'라고 하는 것이다. 또 서정주의 〈花蛇〉에서 '스며라 배암'이 '숨어라, 배암'으로 잘못 표기된 적도 있었다. 미국 최고의 문학사가 매티슨 *Mattiessen*이 멜빌의 〈Moby Dick〉을 비평하기 위해 작품을 인용하는 과정에서 원본에 'coiled fish of the sea'라고 되어 있는 것을 'soiled fish of the sea'라고 잘못 표기된 텍스트를 사용하여 '이것은 지상의 바다는 물론 보이지 않는 정신적 심해의 공포를 의식하고 있던 상상의 산물'이라고 엉뚱한 해석을 하여 크게 망신당한 이야기는 유명하다.

이와 같이 원전비평은 작가가 사실상으로 써놓은 것, 또는 작가의 의도했던 최종적 완성된 작품을 가능한 한 정확하게 확정하는 것을 목적으로 한다. 역사적 비평가는 잘못 표기된 것을 찾아내고 잘못의 근원을 평가하고 교정하기 위하여 원고와 인쇄된 텍스트를 대조하여야 하는 것이다.

원전비평 이론의 권위자 프레드슨 바우어즈 *Fredson Bowers*는 원전비평의 목표를 '한 작가의 텍스트 본래의 순수성을 회복하는 한편, 판을 거듭함에 따라 늘 발생되는 와전으로부터 그 순수성을 보존하는 것'이라 하고, 다음과 같이 원전확정의 과정을 말하고 있다.

① 영인본과 교열본

↓

② 현대어본과 구철자본

↓

③ 원본의 확정을 위한 작업(문서적 증거, 기본 텍스트의 결정, 상이점들의 대조 조사, 판본의 족보 등)

↓

④ 결정판

〈친필〉

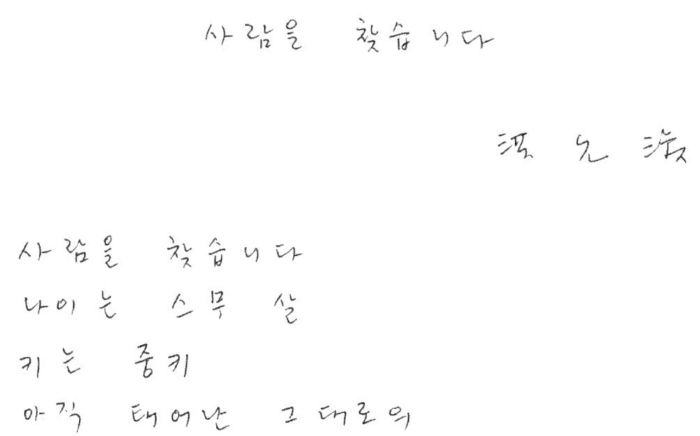
사람을 찾습니다

사람을 찾습니다
나이는 스무 살
키는 중키
아직 태어난 그대로의

분홍빛 무릎과 사슴의 눈
둥근 가슴 한 아름 진달래빛 사랑
해 한 소쿠리 머리에 이고
어느 날 말없이 집을 나갔읍니다
그리고 삼십년 안개 속에 묘연
누구 본 신 적 없읍니까
이런 철부지
어쩌면 지금쯤 빈 소쿠리에
백발과 회한 이고

낯설은 거리 어스름 장터께를
헤매다 지쳐 잠들었을지도
연락바랍니다 다음 주소로
사서함 추억국 미아보호소
현상금은
남은 생애 전부를 걸겠읍니다

2) 작품에 사용된 언어 (언어의 역사성)

역사주의 비평가는 작품에 사용된 언어가 그 작품이 제작된 특정의 시간과 공간에서 기능을 발휘했던 것과 똑같은 언어의 지식을 습득하여야 한다. 작품에 사용된 언어가 당시의 문화적 배경 속에 지니는 특수한 의미를 설명하고 이해하기 위하여 역사적 비평가는 적절한 기록 · 원전, 그리고 전기적 사실을 뒤져야 한다. 그리하여 과거의 작품을 이해하는 데에는 두 개의 언어에 대한 지식이 필요하다. 하나는 과거의 작가의 언어이고, 또 하나는 시간의 넓은 격차를 뛰어넘어서 있는 우리 자신의 언어이다. 과거의 작가는 자기의 언어로 자기 시대 사람에게 뿐 아니라 현재의 우리에게도 이야기하고 있는 바, 우리는 현재의 언어를 버리지 않으면서 당시 그의 언어에 귀를 기울일 수 있어야 한다. 다시 말해서 역사 · 전기비평가는 첫째로 오늘날의 독자로 하여금 작품이 생산되었던 당대 독자들의 언어를 이해하고 인식하는 상대자가 되도록 인도해야 하고, 둘째로 그러한 언어를 현재에 쓸 수 있는 매체로 다루어야 한다는 것이다. 이렇게 볼 때 역사주의 비평가는 작품의 해석보다는 해설에 일차적 관심을 가지고 있다고 할 수 있다. '언어를 연구하면서 우리는 역사를 연구한다. 역사를 연구하면서 우리는 문화를 연구한다. 문화를 연구하면서 우리는 그 문화의 시를 연구한다. 이 체제는 하나이자 전체다'라는 역사주의적 입장에 주목해야 한다. 그 두 개의 언어를 상호 조절하는 일이야말로 역사주의 방법의 최대의 의무라 하겠다.

예를 들어, 조선시대에 사용하던 'ᄉᆞ랑ᄒᆞ다'는 오늘날 '사랑하다 *love*'를 의미하는 것이 아니고, '생각하다 *think*'를 뜻한다는 사실을 밝혀야 한다. 김유정의 작품을 제대로 파악하기 위해서는 그가 즐겨 사용하던 특유의 언어들, 즉 방언, 고유어, 속어, 비어, 조어 등에 관해서 연구하지 않으면 안 된다.

* 설면설면 덤벼오는 아내가 한결 어여뻤다.(방언/금따는 콩밭)
* 왜 그리 계집이 달망대니 ? (방언/소낙비)
* 나는 속으로 잴그라와 죽겠다.(고유어/동백꽃)
* 점순이는 되알지게 쏘아부치고 달아났다.(고유어/봄 · 봄)
* 내 대강이가 터져서 피가 흐르는 것 같다.(속어 · 비어/동백꽃)
* 엉덩이를 껍죽거리며 내려가는 길이었다.(속어 · 비어/소낙비)
* 어린애같이 입만 종깃종깃한다.(조어/소낙비)
* 왜 나를 못 먹겠다고 그렇게 아르렁거리는지.(조어/동백꽃)

3) 작가의 전기연구

작품과 인간은 불가분의 관계에 있다. 역사적 비평가는 작가의 생애와 외적 환경들, 특히 작가의 창작과정에 영향을 미친 것에 비추어서 작품을 정밀하게 탐구한다. 그리고 그는 또한 작가의 전 생애의 문맥 속에서 작품을 검토한다. 이른바 작가연구 *biography*는 역사주의 방법의 핵심적 영역이다. 역사적 비평가는 작가의 의도에 작품을 일치시켜서 보기 때문에 작가의 의도를 조명하게 될 모든 전기적 정보를 샅샅이 뒤진다. 작가의 정신적 · 물질적 조건, 교육 정도, 교우관계, 가족 상황, 부채, 연애 사건, 정치활동 등 작품 형성에 영향을 미치게 될 삶의 모든 정보를 수집 · 정리하는 것이다. 하지만 이것이 단순히 그 작가의 생애를 재구성해 보려는 의도 때문만은 아니다. 그리고 그 작가의 생애에서 발견되는 사실들도 그 사실 자체만으로는 아무런 의미가 없는 것이다. 작가의 전기적 사실들은 그것이 문학적으로 의미가 있을 때만 가치가 있는 것이다. 즉 그러한 전기적 사실들이 작가의 인간적 목적에 기여했고 그 목적의 예술적 형상화에 영향을 미쳤기 때문에 중요한 것이다. 가령, 헤밍웨이의 간결하고 객관적인 문체는 그가 신문기자로서의 체험과 무관하지 않다. 포크너의 고급스런 수사학은 그가 미국 남부지방의 웅변술과 과장된 표현의 산문 전통에 뿌리내리고 있었음을 말한다.

따라서 비평적 전기는 다음과 같이 별도의 방법을 발전시켜 나가야 할 것이다.

첫째, 자료의 처리문제다. 예전과 달리 현대에 가까이 올수록 한 작가에 대한 전기적 자료가 풍부하다. 특히 자의식이 발달한 작가 자신이 자기 신변에 관한 사실들을 많이 기록으로 남기고 있다. 우리나라에는 아직 자료 수집이 만족할 정도에 달한 작가가 별로 없지만, 이것은 역사학의 방법을 배워서 시간과 노력을 들임으로써 해결할 수 있을 것이다. 자료의 수집은 일차적 작업이므로 비평적 전기를 쓰고자 하는 사람도 우선은 수집된 자료를 모두 접해야 할 것이다. 그러나 물론 자료 나열주의는 무의미한 것이고, 비평가는 주어진 자료들을 한꺼번에 용해하여 자기 나름의 방향으로 새로운 형상을 주조해야 할 것이다.

둘째, 전기 작가는 문학의 한 장르에 종사한다는 의식을 가지고 자기 일에 임해야 한다. 성격 파악, 심리적 통찰, 이야기 전개의 형식, 간결성, 전체적 조화 등 이야기 예술의 적절한 응용이 요구된다. 다만 지나친 과장이나 비논리적 왜곡을 피하기 위한 건전한 식견과 판단력이 필요하다. 자료를 총망라하여 나열한다는 것은 오히려 예술적 의미에서 뿐 아니라, 논리적 의미에서도 왜곡을 범하는 것이 된다. 뚜렷한 원칙 아래서 자료의 선택은 모든 과학의 기본적 작업이며, 작가의 정신을 다루는 경우 그것은 일종의 예술인 것이다.

셋째, 현대 전기 작가는 심리학을 강력하고 유효한 방계과학으로 갖고 있다. 정신을 다루는 작업인 만큼, 전기문학은 심리학의 도움으로 자료의 선택과 해석을 보다 적절히 할 수 있게 되었다. 특히 정신분석학은 시, 소설, 희곡, 산문들을 그 작가의 내면을 파악하는 자료로 이용하는 방법을 암시하고 있다. 모든 작품들은 독특한 언어조직, 사상, 이미지, 심벌, 어조를 통하여 작가의 반응, 태도, 성격, 사고유형이 나타난다. 작가는 상당히 교묘하게 말의 장막으로 자신을 숨기고 있다. 그는 여러 사람의 마스크와 이름과 목소리를 갖고 있지만, 전기 작가에게 그것들은 결국 모두 동일한 인물, 동일한 자아의 소산이라는 신념에서 작품과 기타 자료의 세밀한 분석을 시도하는 것이다.

넷째, 결국 전기 작가와 문학비평가의 하는 일은 같다는 확신을 재삼 천명해야 할 것이다. 두 가지 다 문학을 이해하고 즐기기 위한 노력이며, 따라서 연구의 자료로서는 콘텍스트가 주어져 있는 작품 자체보다 더 가치 있고 권위 있다는 사실을 잊지 말아야 할 것이다.

4) 평판과 영향 관계

이 작업을 수행하기 위해서는 우선 수고스러운 자료 발굴이 앞서야 한다. 일화, 잡담, 일기, 회고록 등은 물론 책의 판매 부수, 출판 횟수, 모방작의 수 등 직접적 자료를 수집하는 동시에 일반 대중의 사상, 감정, 사회제도, 생활방식, 독서 및 취미경향 등의 간접적 자료도 수집해야 할 것이다. 역사적 비평가는 작가와 작품을 그 이전의 작가와 작품 또는 동시대의 작가와 작품을 비교하며, 그 작품에 변화를 끼쳤을 영향관계를 검토한다. 그리고 역사적 비평가는 작품 자체의 명성과 그 밖의 다른 작품과 작가들에 미친 영향을 검토한다. 가령 작가끼리의 선후배 관계, 사숙 관계는 역사적 비평가의 관심사다. 이러한 관심은 대부분 유사성의 발견이라는 작업을 거친다. 가령 A라는 작가가 B라는 작가에게 영향을 주었다는 외적인 증거가 없을 때에는 모두 작품의 내부에서 추정되는 유사성 또는 관련성을 찾아내야 한다. 나이 많은 괴테가 애숭이 바이런에게 감복했다고 공언한 점이나, 한용운이 인도의 타고르에게 영향을 받은 점은 주목할 일이다.

또한 한용운의 〈알 수 없어요〉가 발표되던 당시의 독자에게 어떤 반응을 일으켰는지 비교함으로써 지난 반세기의 한국인의 취미의 변모상을 돌이켜 봄과 동시에 이 작품 자체가 지닌 지속적 가치들을 탐색하여야 한다.

발표 당시의 평판의 문제가 작품의 가치 평가에 필요한 이유는 발표 당시의 명성과 평판이 지금의 그것과 판이한 경우가 얼마든지 있기 때문이다. 이광수의 〈무정〉이나 〈흙〉이 발표 당시에 독자들로부터 얻었던 평판은 지금의 그것보다 훨씬 더 긍정적이었다. 반면에 이상의 〈烏瞰圖〉나 〈날개〉는 발표 당시의 평판은 지금과 달리 매우 부정적이었다. 당시 일반 독자에게 있어서 이광수의 작품은 이상의 작품보다 훨씬 좋은 반응을 얻었었다. 그런데 오늘날에 와서 이상의 작품에 대한 평판이 작가가 생존했을 때보다 더욱 두드러지게 된 이유를 역사 · 전기비평가들은 주목한다. 일반적으로 모든 작가는 서로 영향을 주고받게 된다는 것이 역사주의 비평가들의 주장이다.

5) 시대적 배경

우리는 한 작품을 대할 때 그 시대성을 반드시 의식하게 된다. 따라서 역사적 비평가는 작품을 어느 한 시대의 소산으로 본다. 다시 말하면 작품이 만들어진 그 시대의 문화에 대한 표현으로서, 그리고 당대 시대와 사회의 반영으로 이해한다. 가령 식민지 시대에 쓰인 작품들은 식민지 시대의 상황을 반영하는 것이므로 그 작품의 배경이 되는 식민지라는 상황을 떠나서 작품을 평가할 수 없다는 것이다. 그만큼 식민지 시대라는 역사성의 인식은 작품의 이해와 평가를 위한 기준작업이 되어 준다. 그러나 식민지 시대의 재구성이 과연 가능한가가 문제인 것이다.

참고로 역사 · 전기비평가들이 관심을 갖는 문학사의 원천적 재료에 대해서 알아보면 다음과 같다.

① **사상적 요소** : 종교, 윤리, 정치 등 사상적인 환경들이 작품에 미치는 영향
② **일반 사회생활상** : 관습, 풍속, 가치, 표준 등 한 시대, 한 장소의 사람이 작품에 미치는 영향
③ **정치 · 사회적 제도** : 국가나 사회조직 및 기구, 그 운영 방식, 정부 국가적 종교단체, 교육제도 등이 한 작가의 체험의 양태를 결정
④ **전통과 신화** : 한 국가, 민족의 신화가 문학에 주는 영향
⑤ **전기** : 문학사의 원천 중에서 가장 중요하다. 심리학 및 사회학의 발달된 방법을 응용해야 한다.

역사주의 비평은 결국 문학사를 형상화하는 것을 궁극적 목표로 하고 있다.

6) 문학 특유의 관습과 전통

문학은 그 자체의 역사를 갖도록 해 주는 요소를 함유하고 있다. 따라서 문학작품을 한 시대의 정확한 복사판으로 보는 것이다. 해리 르빈은 내적 요소를 문학적 관습 *literary convention*이라고 설명하고 있다. '문학적 관습은 예술과 생활의 필연적 차이라고 말할 수 있다. ……예술은 기술상의 문제, 형식의 제한, 표현상의 난점 등으로 말미암아 인간생활 자체와는 달라질 수밖에 없다. 예술가는 혼자서는 그런 장애물을 극복할 수 없으므로 독자의 도움을 받는다. 독자는 일정한 형식과 전제를 당연지사로 받아들여야 한다. 그들의 묵계는 인생의 가능성과 예술의 편법과의 타합이라는 결과를 낳는다. ……어떤 관습이

없이는 예술은 존재할 수 없다'고 그는 말한다. 문학적 관습은 실생활과 문학을 갈라놓는 중요한 요소다. 예를 들어, 〈춘향전〉의 춘향은 서민대중이 예술이나 꿈 속에서 기대하는 상상적 여인상이다.

커닝엄 *cunningham* 또한 문학형식은 문학작품들을 분류하는 공식적인 원리도 아니고 이념도 아니며 그것은 오히려 작품생산에 유효한 원리라는 것이다. 그것은 전통 속에서 인식되는 경험의 세계이며, 이전의 작품들과 그리고 전통 속에 잔존하는 작품들의 기술에서 생기는 체계라는 것이다. 분명히 역사주의 비평가는 특정의 관습에 대한 건전한 지식을 필요로 하며, 그러한 지식을 얻은 다음이라야 관습의 범주 내에 드는 한 작품에 대해 자기의 취향을 적용할 수 있다.

스타이너 *Steiner*는 엘리자베스 시대 희곡의 개방적 형식과 중세 및 신고전주의 희곡의 형식을 대비시키고 있고, 아우얼바하 *Erich Auerbach*는 여러 가지 서사시의 전통에 대해 언급하고 있으며, 레빈은 상징주의의 변모 양식을 다루고 있는데, 이와 같은 것들은 모두 문학의 관습과 전통에 대한 연구라고 하겠다.

김유정의 작품은 서민의식을 잘 드러내고 해학적 특성을 보여주고 있다. 예를 들어, 〈봄 · 봄〉에서 수직적 질서에 정면도전한 민중의식은 〈춘향전〉에서 볼 수 있는 민중의식의 골계미와 무관하다고 할 수 없다. 다시 말해서 그것은 자신이 홀로 이룩한 문학적 성과라고 해석하지는 않는다. 그러한 해학성과 민중 문학적 특성은 이미 우리나라 판소리계 소설이 전통적으로 공유하고 있었던 특색의 하나였기 때문이다. 한편 일제하에 쓰인 현대시 가운데 특별히 임을 노래한 작품이 많은 이유에 대해서도 전통과 관련하여 생각해 볼 일이다. 우리나라 고려가요 등을 비롯한 전통적 시가에서 애타는 기다림의 대상으로서 임을 노래한 것이 한두 편이 아님은 익히 알려진 사실이다. 다른 누구를 기다리는 것보다도 임에 대한 기다림은 그만큼 우리 문학작품 속에서 익숙해져 있고, 따라서 그에 대한 공감의 형성도 빠르다. 김소월, 한용운, 이상화, 변영로 등의 시에 나타나는 임에 대한 기다림의 정서는 바로 이러한 문학적 전통에 기댄 바 큰 것이다.

역사 · 전기비평은 지난 2세기 반 동안 발전해 왔다. 이 비평의 기본적인 원리는 19세기 프랑스 비평가인 생트뵈브 *Saint Beuve*와 테느 *Hippolyte Adolphe Taine*의 저작에서 분명히 표현되었다. 이 비평의 요점은 다만 문학 작품을 그 작가의 생애와 시대, 또는 작중 인물들의 생애와 시대의 반영으로서 살펴보는 것이다.

한 위대한 작가의 출신 성분과 친척 관계를 되도록 자세하게 확인하고, 그의 학업과 교육에 관하여서도 웬만큼 자세히 기술하고 난 다음, 다시 확정지어야 할 점은 그의 환경이다. 그의 재능이 발견되고 형성되고 성숙하던 동시대인들의 사회를 뜻한다. 소속 집단, 교우 관계, 활발한 사상의 교환 등이야말로 재능의 소유자로 하여금 자기라는 좁은 테두리를 벗어나 밖의 세계로의 참여를 갖게 하며, 성숙과 가치를 얻게 해 주는 것이다.

생트뵈브가 밝히는 것은 그의 전기적 방법인 개인위주가 아니라 사회적이라는 것이다. 개인의 위대성은 그의 사회관계에서 밝혀진다는 것이다. 특히 이 점에 있어서 그는 위대한 인물, 즉 천재 또는 영웅 등, 개인의 숭배를 주장하는 일부 로맨티스트들과 구별된다고 할 수 있다. 그의 방법은 개인을 지배, 결정하는 사회적 환경의 관찰에 주안하는 소위 실증론자의 그것으로 발전할 소지를 충분히 내포하고 있다.

한편 테느는 바로 생트뵈브의 그런 실증주의적인 면을 발전, 체계화한 비평가이다. 이들 두 사람은 역사적인 방법론의 태두일 뿐만 아니라 정점이라고까지 일컬어지고 있다. 작품을 통한 작가의 추정(전기 연구), 작품 활동의 무대가 되었던 시대에 대한 면밀한 관찰, 될 수 있는 한 과거의 시대를 재생하려는 노력(역사적 재구성), 역사적 재구성을 위한 비문학적 사실들의 광범한 수집, 문학을 어떤 원인에 의한 결과로 보는 태도, 또 이 결과가 제2의 원인이 되어 제3의 결과를 낳는다고 보는 관점, 민족성, 민족 이념 등의 문학을 결정하는 요소들의 추구 등, 역사주의 문학관의 주요 관점들이 다 이 두 사람에게서 발견되고 있다.

이른바 양반 중심의 신분 질서가 붕괴되기 시작하고 평민들의 의식이 확대되던 시기인 영 · 정조의 시대적 상황을 이해하는 것은 〈춘향전〉을 이해하는

데에 큰 도움을 주고 있다. 한편 〈혈의 누〉와 같은 신소설에서 하나같이 유학, 신문물의 수용, 연애 등이 자주 주창되고 있는 사실은 그 시대에 있어서 이러한 문제가 시급하게 해결되어야만 했던 상황과 결코 무관하지 않으리라고 생각한다.

그러나 역사주의의 위험은 문학작품에서 출발하여 그것의 배경을 탐색하다가, 다시 작품으로 돌아오는 길을 잊든가, 아예 모르든가 한다는 점이다. 역사주의자는 문학 외적 사실에 매료되지 말고, 언제나 문학자체의 비평, 즉 가치평가에 종사한다는 자각이 필요하다.

역사전기주의 비평의 핵심

(1) 특징

문학 작품의 외적인 조건을 작품의 생성 요인으로 보고 작품을 그 결과적 산물로 봄(역사적 상황, 시대배경, 작자 생애)

(2) 주안점

· 원전(原典)의 확정
· 언어의 역사성 : 이중의 방향에서 문학 작품의 언어를 탐구. 현재에는 사용되지 않는 언어가 들어 있을 때 그 작품이 처음 제작된 시기의 언어 기능을 통해 낱말의 의미를 정확하게 밝힌 다음 그것이 현재에도 적응할 수 있는 표현 매체로 대치시킴
· 전기적(傳記的) 연구 : 작가의 의도를 조명하게 될 모든 전기적 자료들(작가의 정신적 · 물질적 조건, 저술활동, 가족 상황, 부채, 대인관계, 연애 사건 등)을 따짐
· 작가나 작품에 대한 여러 시기의 평판 조사 : 평판의 과거성과 현재성이라는 이중의 관심을 가지고 작업(이광수의 〈무정〉 – 당시 독자의 반응, 현재

독자의 반응을 비교 – 취향의 변모상, 작품 자체가 지니는 持續性을 살핌)

(3) 장점

· 작가를 총체적으로 이해할 수 있음
· 작품의 역사적, 사회적 의의를 평가할 수 있음
· 문학사적 이해에 도움 : 역사적 안목, 상상력을 발휘케 함
· 정확한 자료를 수집, 정리하고 작품의 의미를 실증적으로 분석, 해명함
· 恣意的 해석을 규제하고 객관성을 유지하게 함
· 과거 작품의 진면목을 접할 수 있음(http://blog.naver.com/liyaan/60007178500 참조)

(4) 단점

· 문학작품의 출처에 대한 지나친 예비적 조사는 수단인 동시에 목적이 되기 쉽다.
· 원전과 가치가 혼돈되는 잘못을 범할 위험이 있다.
· 작품에 관한 지식이 자족적이 됨으로 작품 자체가 무시되고, 그 결과 남는 것은 막연하고 개략적이고 인상주의적 비평이 될 수 있다.
· 문학작품 위에 너무 많은 자료와 사실의 더미를 얹어 놓음으로 해서 작품의 형식, 구조, 균형 등의 미적 의미가 흐려지기 쉽다.
· 작품의 과거성에 관심을 집중하기 때문에 그 현재성에 대한 감상이 소홀해지기 쉽다.
· 작가의 전기가 가지고 있는 중요성이 아무리 큰 것이라 할지라도, 그 전기에 특별히 중요성을 부여하는 것은 위험하다.

2. 심층 연구

1) 생트뵈브의 실증주의에 대해서 정리해 봅시다.

2) 테느의 환경론에 대해서 정리해 봅시다.

3) 다음 인물에 대해 조사해 봅시다.

① 아우얼바하 *Erich Auerbach*
② 레빈 *Harry Levin*
③ 스타이너 *George Steiner*
④ 랄레이 *J. H. Raleigh*
⑤ 에브럼스 *M. H. Abrams*
⑥ 데이치스 *David Daiches*

3. 역사 · 전기비평의 실제

1) 현진건의 소설 <貧妻> 읽기

〈貧 妻〉

〈1〉

"그것이 어째 없을까?"

아내가 장문을 열고 무엇을 찾더니 입 안 말로 중얼거린다.

"무엇이 없어?"

나는 우두커니 책상머리에 앉아서 책장만 뒤적뒤적 하다가 물어 보았다.

"모본단 저고리가 하나 남았는데."

"……"

나는 그만 묵묵하였다.

아내가 그것을 찾아 무엇을 하려는 것을 앎이라. 오늘 밤에 옆집 할멈을 시켜 잡히려 하는 것이다.

이 이년 동안에 돈 한 푼 나는 데 없고 그대로 주리면 시장할 줄 알아 기구와 의복을 전당국 창고에 들여 밀거나 고물상 한구석에 세워 두고 돈을 얻어 오는 수밖에 없었다.

지금 이내기 하나 남은 모본단 저고리를 칮는 것도 아침거리를 장난하려 함이다. 나는 입맛을 쩍쩍 다시고 폈던 책을 덮으며 "휴우" 한숨을 내쉬었다.

봄은 벌써 반이나 지났건마는 이슬을 실은 듯한 밤기운이 방구석으로부터 슬금슬금 기어 나와 사람에게 안기고, 비가 오는 까닭인지 밤은 아직 깊지 않건만 인적조차 끊어지고 온 천지가 비인 듯이 고요한데 투닥투닥 떨어지는 빗소리가 한없는 구슬픈 생각을 자아낸다.

"빌어먹을 것 되는대로 되어라."

나는 점점 견딜 수 없어 두 손으로 흩어진 머리카락을 쓰다듬어 올리며 중얼거려

보았다.

이 말이 더욱 처량한 생각을 일으킨다. 나는 또 한 번,

"후-"

한숨을 내쉬며 왼팔을 베고 책상에 쓰러지며 눈을 감았다.

이 순간에 오늘 지낸 일이 불현듯 생각이 난다.

늦게야 점심을 마치고 내가 막 궐련 한 개를 피워 물 적에 한성은행 다니는 T가 공일이라고 찾아왔다.

친척은 다 머지않게 살아도 가난한 꼴을 보이기도 싫고 찾아갈 적마다 무엇을 뀌어 내라고 조르지도 아니하였건만 행여나 무슨 구차한 소리를 할까봐서 미리 방패막이를 하고 눈살을 찌푸리는 듯하나 나는 발을 끊고 따라서 찾아오는 이도 없었다.

다만 이 T는 촌수가 가까운 까닭인지 자주 우리를 방문하였다.

그는 성실하고 공순하여 소소한 소사에 슬퍼하고 기뻐하는 인물이었다.

동년배인 우리들은 늘 친척 간에 비교거리가 되었었다.

그리고 나의 평판이 항상 좋지 못했다.

"T는 돈을 알고 위인이 진실해서 그 애는 돈 푼이나 모일 것이야! 그러나 K(내 이름)는 아무짝에도 못 쓸 놈이야. 그 잘난 언문 섞어서 무어라고 끄적거려 놓고 제 주제에 무슨 조선에 유명한 문학가가 된다니! 시러베 아들놈!"

이것이 그네들의 평판이었다.

내가 문학인지 무엇인지 하는 소리가 까닭 없이 그네들의 비위에 틀린 것이다.

더군다나 나는 그네들의 생일이나 혹은 대사 때에 돈 한 푼 이렇다는 일이 없고 T는 소위 착실히 돈벌이를 해가지고 국수 밥소라나 보조를 하는 까닭이다.

"얼마 아니 되어 T는 잘 살 것이고 K는 거지가 될 것이니 두고 보아!"

오촌 당숙은 이런 말씀까지 하였다 한다.

입 밖에는 아니 내어도 친부모 친형제까지라도 심중으로는 다 이렇게 생각할 것이다.

그래도 부모는 달라서 화가 나시면,

"네가 그리 하다가는 말경에 비렁뱅이가 되고 말 것이야."

라고 꾸중은 하셔도,

"사람이란 늦복 모르느니라."

"그런 사람은 또 그렇게 되느니라."

하시는 것이 스스로 위로하는 말씀이고 또 며느리를 위로하는 말씀이었다.

이것을 보아도 하는 수 없는 놈이라고 단념을 하시면서 그래도 잘 되기를 바라시고 축원하시는 것을 알겠더라.

여하간 이만하면 T의 사람됨을 가히 알 수가 있다.

그리고 그가 우리 집에 올 것 같으면 지어서 쾌활하게 웃으며 힘써 재미스러운 이야기를 하였다.

단둘이 고적하게 그날그날을 보내는 우리에게는 더할 수 없이 반가웠었다.

오늘도 그가 활발하게 집에 쑥 들어오더니 신문지에 싼 기름한 것을 '이것 봐라'하는 듯이 마루 위에 올려놓고 분주히 구두끈을 끄른다.

"이것은 무엇인가."

나는 물어 보았다.

"저어, 제 처의 양산이야요. 쓰던 것이 벌써 낡았고 또 살이 부러졌다나요."

그는 구두를 벗고 마루에 올라서며 나오는 웃음을 참지 못하여 벙글벙글 하면서 대답을 한다.

그는 나의 아내를 돌아보며 돌연히,

"아주머니 좀 구경하시렵니까?"

하더니 싼 종이와 집을 벗기고 양산을 펴 보인다.

흰 비단 바탕에 두어 가지 매화를 수놓은 양산이었다.

"검정이는 좋은 것이 많아도 너무 칙칙해 보이고……회색이나 누렁이는 하나도 그것이야 싶은 것이 없어서 이것을 산걸요."

그는 '이것보다도 더 좋은 것을 살 수가 있다.'하는 뜻을 보이려고 애를 쓰며 이런 발명까지 한다.

"이것도 퍽 좋은데요."

이런 칭찬을 하면서 양산을 펴들고 이리저리 홀린 듯이 들여다보고 있는 아내의 눈에는,

'나도 이런 것을 하나 가졌으면……'

하는 생각이 역력히 보인다.

나는 갑자기 불쾌한 생각이 와락 일어나서 방으로 들어오며 아내의 양산 보는 양을 빙그레 웃고 바라보고 있는 T에게,

"여보게, 방에 들어오게그려, 우리 이야기나 하세."

T는 따라 들어와 물가폭등에 대한 이야기며, 자기의 월급이 오른 이야기며, 주권을

몇 주 사두었더니 꽤 이익이 남았다든가, 각 은행 사무원 경기회에서 자기가 우월한 성적을 얻었다든가, 이런 것 저런 것 한참 이야기하다가 돌아갔었다.

T를 보내고 책상을 향하여 짓던 소설의 결미를 생각하고 있을 즈음에,

"여보!"

아내의 떠는 목소리가 바로 내 귀 곁에서 들린다.

핏기 없는 얼굴에 살짝 붉은 빛이 돌며 어느 결에 내 곁에 바짝 다가앉았더라.

"당신도 살 도리를 좀 하세요."

"……"

나는 또 '시작하는구나' 하는 생각이 번개같이 머리에 번쩍이며 불쾌한 생각이 벌컥 일어난다.

그러나 무어라고 대답할 말이 없이 묵묵히 있었다.

"우리도 남과 같이 살아 보아야지요."

아내가 T의 양산에 단단히 자극을 받은 것이다.

예술가의 처 노릇을 하려는 독특한 결심이 있는 그는 좀처럼 이런 소리를 입 밖에 내지 아니하였다.

그러나 무엇에 상당한 자극만 받으면 참고 참았던 이런 소리를 하게 되는 것이다.

나도 이런 소리를 들을 적마다 '그럴만도 하다'는 동정심이 없지 아니하나 심사가 어쩐지 좋지 못하였다.

이번에도 '그럴만도 하다'는 동정심이 없지 아니하되 또한 불쾌한 생각을 억제키 어려웠다.

잠깐 있다가 불쾌한 빛을 나타내며,

"급작스럽게 살 도리를 하라면 어찌할 수가 있소. 차차 될 때가 있겠지!"

"아이구, 차차란 말씀 그만두구려, 어느 천년에."

아내의 얼굴에 붉은빛이 짙어지며 전에 없던 흥분한 어조로 이런 말까지 하였다.

자세히 보니 두 눈에 은은히 눈물이 고이었더라.

나는 잠시 멍멍하게 있었다.

성낸 불길이 치받쳐 올라온다.

나는 참을 수 없었다.

"막벌이꾼한테 시집을 갈 것이지, 누가 내게 시집을 오랬소! 저 따위가 예술가의 처가 다 뭐야!"

사나운 어조로 몰풍스럽게 소리를 꽥 질렀다.

"에그!……"

살짝 얼굴빛이 변해지며 어이없이 나를 보더니 고개가 점점 수그러지며 한 방울 두 방울 방울방울 눈물이 장판 위에 떨어진다.

나는 이런 일을 가슴에 그리며 그래도 내일 아침거리를 장만하려고 옷을 찾는 아내의 심중을 생각해 보니 말할 수 없는 슬픈 생각이 가을바람과 같이 설렁설렁 심골을 분지르는 것 같다.

쓸쓸한 빗소리는 굵었다 가늘었다 의연히 적적한 밤공기에 더욱 처량히 들리고 그을음 앉은 등피 속에서 비치는 불빛은 구름에 가린 달빛처럼 우는 듯 조는 듯, 구차히 얻어 산 몇 권 양책의 표제 금자가 번쩍거린다.

〈2〉

장 앞에 초연히 서 있던 아내가 무엇이 생각났는지 고개를 끄덕끄덕하며 들릴 듯 말 듯 목 안의 소리로,

"오호……옳지 참 그날……."

"찾았소?"

"아니야요, 벌써…… 저 인천 사시는 형님이 오셨던 날……"

아내가 애써 찾던 그것도 벌써 전당포의 고운 먼지가 앉았구나! 종지 하나라도 차근차근 아랑곳하는 아내가 그것을 잡혔는지 안 잡혔는지 모르는 것을 보면 빈곤이 얼마나 그의 정신을 물어뜯었는지 가히 알겠다.

"……"

"……"

한참 동안 서로 아무 말이 없었다.

가슴이 어째 답답해지며 누구하고 싸움이나 좀 해 보았으면, 소리껏 고함이나 질러 보았으면, 실컷 맞아 보았으면 하는 일종 이상한 감정이 부글부글 피어오르며 전신에 이가 스멀스멀 기어다니는 듯 옷이 어째 몸에 끼이며 견딜 수가 없다.

나는 이런 감정을 노골적으로 드러내며,

"점점 구차한 살림에 싫증이 나서 못 견디겠지?"

아내는 무엇을 생각하는지 모르게 정신을 잃고 섰다가 그 거슴츠레한 눈이 둥그래지며,

"네에? 어째서요?"

"무얼 그렇지."

"싫은 생각은 조곰도 없어요."

이렇게 말이 오락가락함을 따라 나는 흥분의 도가 점점 짙어 간다.

그래서 아내가 떨리는 소리로,

"어째 그런 줄 아세요?"

하고 반문할 적에,

"나를 숙맥으로 알우?"

라고 격렬하게 소리를 높였다.

아내는 살짝 분한 빛이 눈에 비치어 물끄러미 나를 들여다본다.

나는 괘씸하다는 듯이 흘겨보며,

"그러면 그것 모를까! 오늘까지 잘 참아오더니 인제는 점점 기색이 달라지는걸 뭐! 물론 그럴만도 하지마는!"

이런 말을 하는 내 가슴에는 지난 일이 활동사진 모양으로 얼른얼른 나타난다.

육년 전에(그때 나는 십육 세이고 저는 십팔 세였다) 우리가 결혼한 지 얼마 아니 되어 지식에 목마른 나는 지식의 바닷물을 얻어 마시려고 표연히 집을 떠났었다.

광풍에 나부끼는 버들잎 모양으로 오늘은 지나, 내일은 일본으로 굴러다니다가 금전의 탓으로 지식의 바닷물도 흠씬 마셔 보지도 못하고 반거들충이가 되어 집에 돌아오고 말았다.

그가 시집 올 때에는 방글방글 피려는 꽃봉오리 같던 아내가 어느 겨를에 기울어가는 꽃처럼 두 뺨에 선연한 빛이 스러지고 벌써 두어금 가는 줄이 그리어졌다.

처가 덕으로 집간도 장만하고 세간도 얻어 우리는 소위 살림을 하게 되었다.

처음에는 그럭저럭 지냈었지마는 한 푼 나는 데 없는 살림이라 한 달 가고 두 달 갈수록 점점 곤란해질 따름이었다.

나는 보수 없는 독서와 가치 없는 창작으로 해가 지며, 날이 새며 쌀이 있는지 나무가 있는지 망연케 몰랐다.

그래도 때때로 맛있는 반찬이 상에 오르고 입은 옷이 과히 추하지 아니함은 전혀 아내의 힘이었다.

전들 무슨 벌이가 있으리요, 부끄럼을 무릅쓰고 친가에 가서 눈치를 보아가며, 구차한 소리를 하여가지고 얻어온 것이었다.

그것도 한두 번 말이지 장구한 세월에 어찌 늘 그럴 수가 있으랴! 말경에는 아내가 가져온 세간과 의복에 손을 대는 수밖에 없었다.

잡히고 파는 것도 나는 알은 체도 아니 하였다.

그가 애를 쓰며 통명스러운 옆집 할멈에게 돈 푼을 주고 시켰었다.

이런 고생을 하면서도 그는 나의 성공만 마음 속으로 깊이깊이 믿고 빌었었다.

어느 때에는 내가 무엇을 짓다가 마음에 맞지 아니하여 쓰던 것을 집어던지고 화를 낼 적에,

"왜 마음을 조급하게 잡수세요! 저는 꼭 당신의 이름이 세상에 빛날 날이 있을 줄 믿어요. 우리가 이렇게 고생을 하는 것이 장차 잘 될 근본이야요."

하고 그는 스스로 흥분되어 눈물을 흘리며 나를 위로하는 적도 있었다.

내가 외국으로 다닐 때에 소위 신풍조에 띠어 까닭 없이 구식 여자가 싫어졌다.

그래서 나의 일찍이 장가든 것을 매우 후회하였다.

어떤 남학생과 어떤 여학생이 서로 연애를 주고받고 한다는 이야기를 들을 적마다 공연히 가슴이 뛰놀며 부럽기도 하고 비감스럽기도 하였다.

그러나 낫살이 들어갈수록 그런 생각도 없어지고 집에 돌아와 아내를 겪어 보니 의외에 그에게 따뜻한 맛과 순결한 맛을 발견하였다.

그의 사랑이야말로 이기적 사랑이 아니고 헌신적 사랑이었다.

이런 줄을 점점 깨닫게 될 때에 내 마음이 얼마나 행복스러웠으랴! 밤이 깊도록 다듬이를 하다가 그만 옷 입은 채로 쓰러져 곤하게 자는 그의 파리한 얼굴을 들여다보며,

"아아, 나에게 위안을 주고 원조를 주는 천사여!"

하고 감격이 극하여 눈물을 흘린 일도 있었다.

내가 아다시피 내가 별로 천품은 없으나 어쨌든 무슨 저작가로 몸을 세워 보았으면 하여 나날이 창작과 독서에 전심력을 바쳤다. 물론 아직 남에게 인정될 가치는 없는 것이다.

그 영향으로 자연 일상생활이 말유하게 되었다.

이런 곤란에 그는 근 이년 견디어 왔건만 나의 하는 일은 오히려 아무 보람이 없고 방안에 놓였던 세간이 줄어지고 장롱에 찼던 옷이 거의 다 없어졌을 뿐이다.

그 결과 그다지 견딜성 있던 그도 요사이 와서는 때때로 쓸데없는 탄식을 하게 되었다.

손잡이를 잡고 마루 끝에 우두커니 서서 하염없이 먼 산만 바라보기도 하며 바느질을 하다말고 실신한 사람 모양으로 멍멍히 앉았기도 하였다.

창경으로 비치는 어스름한 햇빛에 나는 흔히 그의 눈물 머금은 근심 있는 눈을 발견하였다.

이럴 때에는 말할 수 없는 쓸쓸한 생각이 들며 일없이,

"마누라!"

하고 부르면 그는 몸을 움짓하고 고개를 저리 돌리어 치맛자락으로 눈물을 씻으며,

"네에?"

하고 울음에 떨리는 가는 대답을 한다. 나는 등에 물을 끼얹는 듯 몸이 으쓱해지며 처량한 생각이 싸늘하게 가슴에 흘렀다.

그러지 않아도 자비하기 쉬운 마음이 더욱 심해지며,

"내가 무자격한 탓이다."

하고 스스로 멸시를 하고 나니 더욱 견딜 수 없다.

"그럴만도 하다."

는 동정심이 없지 아니하되 그래도 그만 불쾌한 생각이 일어나며,

"계집이란 할 수 없어."

혼자 이런 불평을 중얼거리었다.

환등 모양으로 하나씩 둘씩 이런 일이 가슴에 나타나니 무어라고 말할 용기조차 없어졌다.

나의 유일의 신앙자이고 위로자이던 저까지 인제는 나를 아니 믿게 되었다.

그는 마음 속으로,

'네가 육년 동안 내 살을 깎고 저미었구나! 이 원수야.'할 것이다.

이렇게 생각하매 그의 불 같던 사랑까지 없어져 가는 것 같았다.

아니 흔적도 없이 사라지고 만 것 같았다.

나는 감상적으로 허둥허둥 하며,

"낸들 마누라를 고생시키고 싶어 시켰겠소! 비단옷도 해 주고 싶고 좋은 양산도 사주고 싶어요! 그러길래 왼종일 쉬지 않고 공부를 아니하우. 남 보기에는 편편이 노는 것 같애도 실상은 그렇지 안해! 본들 모른단 말이요."

나는 점점 강한 가면을 벗고 약한 진상을 드러내며 이와 같은 가소로운 변명까지 하였다.

"왼 세상 사람이 다 나를 비소하고 모욕하여도 상관이 없지만 마누라까지 나를 아니 믿어 주면 어찌 한단 말이요."

내 말에 스스로 자극이 되어가지고 마침내,

"아아!"

길이 탄식을 하고 그만 쓰러졌다.

이 순간에 고개를 숙이고 아마 하염없이 입술만 물어뜯고 있던 아내가 홀연,

"여보!"

울음소리를 떨면서 무너지는 듯이 내 얼굴에 쓰러진다.

"용서……"

하고는 북받쳐 나오는 울음에 말이 막히고 불덩이 같은 두 뺨이 내 얼굴을 누르며 흑흑 느끼어 운다.

그의 두 눈으로부터 샘솟듯 하는 눈물이 제 뺨과 내 뺨 사이를 따뜻하게 젖어 퍼진다.

내 눈에서도 눈물이 흘러내린다.

뒤숭숭하던 생각이 다 이 뜨거운 눈물에 봄눈 슬 듯 스러지고 말았다.

한참 있다가 우리는 눈물을 씻었다.

내 속이 얼만큼 시원한지 몰랐다.

"용서하여 주세요! 그렇게 생각하실 줄은 참 몰랐어요."

이런 말을 하는 아내는 눈물에 불어 오른 눈꺼풀을 아픈 듯이 끔적거린다.

"암만 구차하기로니 싫증이야 날까요! 나는 한번 먹은 맘이 있는데."

가만가만히 변명을 하는 아내의 눈물 흔적이 어룽어룽한 얼굴을 물끄러미 바라보며 겨우 심신이 가뜬하였다.

〈3〉

어제 일로 심신이 피곤하였던지 그 이튿날 늦게야 잠을 깨니 간밤에 오던 비는 어느결에 그치었고 명랑한 햇발이 미닫이에 높았더라.

아내가 다시금 장문을 열고 잡힐 것을 찾을 즈음에 누가 중문을 열고 들어온다.

우리는 누군가 하고 귀를 기울일 적에 밖에서,

"아씨!"

하는 소리가 들렸다.

아내는 급히 방문을 열고 나갔다.

그는 처가에서 부리는 할멈이었다.

오늘이 장인 생신이라고 어서 오라는 말을 전한다.

"오늘이야? 참 옳지, 오늘이 이월 열 엿샛 날이지, 나는 깜빡 잊었어!"

"원 아씨는 딱도 하십니다. 어쩌면 아버님 생신을 잊는단 말씀이야요. 아무리 살림이 재미가 나시더래도!"

시큰둥한 할멈은 선웃음을 쳐가며 이런 소리를 한다.

가난한 살림에 골몰하느라고 자기 친부의 생신까지 잊었는가 하매 아내의 정지가 더욱 측은하였다.

안해는 한멈을 수작해 보내고 房으로 들어오며,

"오늘이 본가 아버님 생신이라요. 어서 오시라는데……"

"어서 가구려……"

"당신도 가셔야지요. 우리 같이 가세요."

하고 아내는 하염없이 얼굴을 붉힌다.

나는 처가에 가기가 매우 싫었었다. 그러나 아니 가는 것도 내 도리가 아닐듯하여 하는 수 없이 두루마기를 입었다.

아내는 머뭇머뭇하며 양미간을 보일 듯 말 듯 찡그리다가 곁눈으로 살짝 나를 엿보더니 돌아서서 급히 창문을 연다.

흥, 입을 옷이 없어서 망설거리는구나, 나도 슬쩍 돌아서며 생각하였다.

우리는 서로 등지고 섰건만 그래도 아내가 거의 다 빈 장안을 들여다보며 입을 만한 옷이 없어서 눈살을 찌푸린 양이 눈앞에 선연함을 어찌할 수가 없었다.

"자아, 가세요."

무엇을 생각하는지 모르게 정신을 잃고 섰다가 아내의 부르는 소리를 듣고 나는 기계적으로 고개를 돌리었다.

아내는 당목 옷으로 갈아입고 내 마음을 알았던지 나를 위로하는 듯이 방그레 웃는다.

나는 더욱 쓸쓸하였다.

우리 집은 천변 배다리 곁이었고 처가는 안국동에 있어 그 거리가 꽤 멀었다.

나는 천천히 가노라 하고 아내는 속히 오느라고 오건마는 그는 늘 뒤떨어졌다.

내가 한참 가다가 뒤를 돌아다보면 그는 늘 멀리 떨어져 나를 따라 오려고 애를 쓰며 주춤주춤 걸어온다.

길가에 다니는 어느 여자를 보아도 거의 다 비단옷을 입고 고운 신을 신었는데 당목 옷을 허술하게 차리고 청록당혜로 타박타박 걸어오는 양이 나에게 얼마나 애연한 생각을 일으켰는지! 한참만에 나는 넓고 높은 처가집 대문에 다달았다.

내가 안으로 들어갈 적에 낯선 사람들이 나를 흘끔흘끔 본다.

그들의 눈에,

"이 사람이 누구인가. 아마 이 집 하인인가보다."

하는 경멸히 여기는 빛이 있는 것 같았다.

안 대청 가까이 들어오니 모두 내게 분분히 인사를 한다.

그 인사하는 소리가 내 귀에는 어째 비소하는 것 같기도 하고 모욕하는 것 같기도 하여 공연히 가슴이 두근거리고 얼굴이 후끈거린다.

그 중에 제일 내게 친숙하게 인사하는 사람이 있다.

그는 아내보다 삼년 맏인 처형이었다.

내가 어려서 장가를 들었으므로 그때 그는 나를 못 견디게 시달렸다.

그 때는 그게 싫기도 하고 밉기도 하더니 지금 와서는 그때 그러한 것이 도리어 우리를 무관하게 정답게 만들었다.

그는 인천 사는데 자기 남편이 기미를 하여 가지고 이번에 돈 십만 원이나 착실히 땄다 한다.

그는 자기의 잘 사는 것을 자랑하고자 함인지 비단을 내리감고 얼굴에 부유한 태가 질질 흐른다.

그러나 분으로 숨기려고 애쓴 보람도 없이 눈 위에 퍼렇게 멍든 것이 내 눈에 띄었다.

"왜 마누라는 어찌고 혼자 오세요?"

그는 웃으며 이런 말을 하다가 중문편을 바라보더니,

"그러면 그렇지! 동부인 아니하고 오실라구."

혼자 주고받고 한다.

나도 이 말을 듣고 슬쩍 돌아다보니 아내가 벌써 중문 앞에 들어섰다.

그 수척한 얼굴이 더욱 수척해 보이며 눈물 고인 듯한 눈이 하염없이 웃는다.

나는 유심히 그와 아내를 번갈아 보았다.

처음 보는 사람은 분간을 못하리만큼 그들의 얼굴은 혹사하다.

그런데 얼굴빛은 어쩌면 저렇게 틀리는지!

하나는 이글이글 만발한 꽃 같고 하나는 시들마른 낙엽 같다.

아내를 형이라고, 처형을 아우라 하였으면 아무라도 속을 것이다.

또 한번 아내를 보며 말할 수 없는 쓸쓸한 생각이 다시금 가슴을 누른다.

딴 음식은 별로 먹지도 아니하고 못 먹는 술을 넉 잔이나 마시었다.

그래도 바늘방석에 앉은 것처럼 앉아 견딜 수가 없다.

집에 가려고 나는 몸을 일으켰다.

골치가 띵하며 내가 선 방바닥이 마치 폭풍에 도도하는 파도같이 높았다 낮았다

어질어질해서 곧 쓰러질 것 같다.

이 거동을 보고 장모가 황망히 일어서며,

“술이 저렇게 취해가지고 어데로 갈라구, 여기서 한잠 자고 가게.”

나는 손을 내저으며,

“아니에요, 집에 가겠어요.”

취한 소리로 중얼거리었다.

“저를 어쩌나!”

장모는 걱정을 하시더니,

“할멈, 어서 인력거 한 채 불러오게.”한다.

취중에도 인력거를 태우지 말고 그 인력거 삯을 나를 주었으면 책 한 권을 사 보련만 하는 생각이 있었다.

인력거를 타고 얼마 아니 가서 그만 잠이 들었다.

한참 자다가 잠을 깨어 보니 방안에 벌써 남포불이 키었었는데 아내는 어느 결에 왔는지 외로이 앉아 바느질을 하고 화로에서는 무엇이 끓는 소리가 보글보글하였다.

아내가 나의 잠깬 것을 보더니 급히 화로에 얹힌 것을 만져 보며,

“이제 그만 일어나 진지를 잡수세요.”

하고 부리나케 일어나 아랫목에 파묻어둔 밥그릇을 꺼내어 미리 차려둔 상에 얹어서 내 앞에 갖다놓고 일변 화로를 당기어 더운 반찬을 집어얹으며,

“자아 어서 일어나세요.”한다.

나는 마지못하여 하는 듯이 부시시 일어났다.

머리가 오히려 아프며 목이 몹시 말라서 국과 물을 연해 들이켰다.

“물만 잡수셔서 어째요. 진지를 좀 잡수셔야지.”

아내는 이런 근심을 하며 밥상머리에 앉아서 고기도 뜯어 주고 생선뼈도 추려 주었다.

이것은 다 오늘 처가에서 가져온 것이다.

나는 맛나게 한 그릇을 다 먹었다.

내 밥상이 나매 아내는 밥을 먹기 시작한다.

그러면 지금껏 내 잠 깨기를 기다리고 밥을 먹지 아니하였구나 하고 오늘 처가에서 본 일을 생각하였다.

어제 일이 있은 후로 우리 사이에 무슨 벽이 생긴 듯하던 것이 그 벽이 점점 엷어져 가는 듯하며 가엾고 사랑스러운 생각이 일어났었다.

그래서 우리는 정답게 이런 이야기 저런 이야기를 하게 되었다.

우리의 이야기는 오늘 장인 생신 잔치로부터 처형 눈 위에 멍든 것에 옮겨갔다.

처형의 남편이 이번 그 돈을 딴 뒤로는 주야 요리점과 기생집에 돌아다니더니 일전에 어떤 기생을 얻어 가지고 미쳐 날뛰며 집에만 들면 집안사람을 들볶고 걸핏하면 처형을 친다 한다.

이번에도 별로 대단치 않은 일에 처형에게 밥상으로 냅다 갈겨 바로 눈 위에 그렇게 멍이 들었다 한다.

"그것 보아, 돈 푼이나 있으면 다 그런 것이야."

"정말 그래요. 없으면 없는 대로 살아도 의좋게 지내는 것이 행복이야요."

아내는 충심으로 공명해주었다.

이 말을 들으매 내 마음은 말할 수 없이 만족해지면서 무슨 승리나 한 듯이 득의양양하였다.

그리고 마음 속으로,

'옳다, 그렇다. 이렇게 지내는 것이 행복이다.'하였다.

〈4〉

이틀 뒤 해 어스름에 처형은 우리집에 놀러 왔었다.

마침 내가 정신없이 무엇을 생각하고 있을 즈음에 쓸쓸하게 닫혀있는 중문이 찌긋둥하며 비단옷 소리가 사오락사오락 들리더니 아랫목은 내게 빼앗기고 웃목에서 바느질을 하고 있던 아내가 문을 열고 나간다.

"아이고 형님 오세요."

아내의 인사하는 소리가 들리더니 처형이 계집 하인에게 무엇을 들리고 들어온다.

나도 반갑게 인사를 하였다

"그날 매우 욕을 보셨죠? 못 잡숫는 술을 무슨 짝에 그렇게 잡수세요."

그는 이런 인사를 하다가 급작스럽게 계집 하인이 든 것을 빼앗더니 신문지로 싼 것을 끄집어내어 아내를 주며,

"내 신 사는데 네 신도 한 켤레 샀다. 그날 청록당혜를……"

말을 하려다가 나를 곁눈으로 흘끗 보고 그만 입을 닫친다.

"그것을 왜 또 사셨어요."

해쓱한 얼굴에 꽃물을 들이며 아내가 치사하는 것도 들은 체 만 체하고 처형은 또 이야기를 시작한다.

"올적에 사랑양반을 졸라서 돈 백 원을 얻었겠지. 그래서 오늘 종로에 나와서 옷감도 바꾸고 신도 사고……"

그는 자랑과 기쁨의 빛이 얼굴에 펴지며 싼 보를 끌러,

"이런 것이야!"

하고 우리 앞에 펼쳐 놓는다.

자세히는 모르나 여하간 값 많은 품 좋은 비단인 듯하다.

무늬 없는 것, 무늬 있는 것, 회색, 초록색, 분홍색이 각가지로 윤이 흐르며 색색이 빛이 나서 나는 한참 황홀하였다.

무슨 칭찬을 해야 되겠다 싶어서,

"참 좋은 것인데요."

이런 말을 하다가 나는 또 쓸쓸한 생각이 일어난다.

저것을 보는 아내의 심중이 어떠할까? 하는 의문이 문득 일어남이라.

"모다 좋은 것만 골라 샀습니다 그려."

아내는 인사를 차리느라고 이런 칭찬은 하나마 별로 부러워하는 기색이 없다.

나는 적이 의외의 감이 있었다.

처형은 자기 남편의 흉을 보기 시작하였다.

그 밉살스럽다는 둥 그 추근추근하다는 둥 말끝마다 자기 남편의 불미한 점을 들다가 문득 이야기를 끊고 일어선다.

"왜 벌써 가시려고 하셔요. 모처럼 오셨다가 반찬은 없어도 저녁이나 잡수세요."

하고 아내가 만류를 하니,

"아니 곧 가야지. 오늘 저녁 차로 떠날 것이니까 가서 짐을 매어야지. 아직 차 시간이 멀었어? 아니 그래도 정거장에 일찍이 나가야지, 만일 기차를 놓치면 오죽 기다리실라구, 벌써 오늘 저녁 차로 간다고 편지까지 했는데……"

재삼 만류함도 돌아보지 아니하고 그는 훌훌히 나간다.

우리는 그를 보내고 방에 들어왔다.

"그까짓 것이 기대리는데 그다지 급급히 갈 것이 무엇이야."

아내는 하염없이 웃을 뿐이었다.

"그래도 옷감 바꿀 돈을 주었으니 기대리는 것이 애처롭기는 하겠지."

밉살스러우니, 추근추근하니 하여도 물질의 만족만 얻으면 그것으로 기뻐하고 위로하는 그의 생활이 참 가련하다 하였다.

“참, 그런가 보아요.”

아내도 웃으며 내 말을 받는다.

이 때에 처형이 사준 신이 그의 눈에 띄었는지 (혹은 나를 꺼려, 보고 싶은 것을 참았는지 모르나) 그것을 집어 들고 조심조심 펴 보려다가 말고 머뭇머뭇한다.

그 속에 그를 해케 할 무슨 위협품이나 든 것같이.

“어서 펴 보구려.”

아내는 이 말을 듣더니,

‘작히 좋으랴.’

하는 듯이 활발하게 싼 신문지를 헤친다.

“퍽 이쁜걸요.”

그는 근일에 드문 기쁜 소리를 치며 방바닥 위에 사뿐 내려놓고 버선을 당기며 곱게 신어 본다.

“어쩌면 이렇게 맞어요!”

연해연방 감사를 부르짖는 그의 얼굴에 혼연한 희색이 넘쳐흐른다.

“……”

묵묵히 아내의 기뻐하는 양을 보고 있는 나는 또다시,

‘여자란 할 수 없어.’

하는 생각이 들며,

‘조심하였을 따름이다.’

하매 밤빛 같은 검은 그림자가 가슴을 어둡게 하였다.

그러면 아까 처형의 옷감을 볼 적에도 물론 마음 속으로는 부러워하였을 것이다.

다만 표면에 드러내지 않았을 따름이다. 겨우,

“어서 펴 보구려.”

하는 한 마디에 가슴에 숨겼던 생각을 속임없이 나타내는구나 하였다.

내가 무엇을 생각하고 있는지 저는 모르고 새 신 신은 발을 조금 쳐들며,

“신 모양이 어때요?”

“매우 이뻐!”

겉으로는 좋은 듯이 대답을 하였으나 마음은 쓸쓸하였다.

내가 제게 신 한 켤레를 사주지 못하여 남에게 얻은 것으로 만족하고 기뻐하는 거다.

웬일인지 이번에는 그만 불쾌한 생각이 일어나지 아니하였다.

처형이 동서를 밉다거니 무엇이니 하면서도 기차를 놓치면 남편이 기다릴까 염려하여 급히 가던 것이 생각나다.

그것을 미루어 아내의 심사도 알 수가 있다.

부득이한 경우라 하릴없이 정신적 행복에만 만족하려고 애를 쓰지마는 기실 부족한 것이다.

다만 참을 따름이다. 그것은 내가 생각해야 된다.

이런 생각을 하니 그날 아내에게 그런 말을 한 것이 후회가 났다.

"어느 때라도 제 은공을 갚아줄 날이 있겠지!"

나는 마음을 좀 너그러이 먹고 이런 생각을 하며 아내를 보았다.

"나도 어서 출세를 하여 비단신 한 켤레 쯤은 사주게 되었으면 좋으련만……"

아내가 이런 말을 듣기는 참 처음이다.

"네에 ? "

아내는 제 귀를 못 미더워하는 듯이 의아한 눈으로 나를 보더니 얼굴에 살짝 열기가 오르며,

"얼마 안 되어 그렇게 될 것이야요!"

라고 힘있게 말하였다.

"정말 그럴 것 같소 ? "

나는 약간 흥분하며 반문하였다.

"그러문요, 그렇고 말고요."

아직 아무도 인정해 주지 않은 무명작가인 나를 저 하나이 깊이깊이 인정해 준다.

그러길래 그 강한 물질에 대한 본능적 요구도 참아가며 오늘날까지 몹시 눈살을 찌푸리지 아니하고 나를 도와 준 것이다.

"아 아, 나에게 위안을 주고 원조를 주는 천사여!"

마음 속으로 이렇게 부르짖으며 두 팔로 덤썩 아내의 허리를 잡아 내 가슴에 바싹 안았다.

그다음 순간에는 뜨거운 두 입술이……

그의 눈에도 나의 눈에도 그렁그렁한 눈물이 물끓듯 넘쳐흐른다.

2) 현진건과 작품세계

(1) 현진건의 年譜

* 1900 경북 대구 출생. 호는 빙허
* 1912 일본 동경 성성중학교 입학
* 1915(16세) 잠시 귀국하여 대구 부호 이길우의 18세 난 딸 이순득과 결혼
* 1918 중국 상해에서 독립 운동하던 형을 찾아가 호강대학 독일어 전문부에 입학
* 1919 귀국 후 서울로 올라옴
* 1920 동인지 「개벽」에 처녀 단편 〈희생화〉 발표. 단편 〈빈처〉 완성. 조선일보사 입사
* 1921 단편 〈술 권하는 사회〉 발표. 「백조」에 참가
* 1923 단편 〈까막잡기〉 발표.
  최남선이 주재하던 「동명」의 편집 동인.
* 1924 단편 〈그립은 흘긴 눈〉, 〈운수 좋은 날〉 발표
* 1925 단편 〈B사감과 러브레터〉, 〈불〉, 〈새빨간 웃음〉 발표. 동아일보사 입사
* 1926 단편 〈사립 정신병원장〉, 〈신문지와 철창〉 발표
* 1927 단편 〈해 뜨는 지평선〉 발표
  이후 수년간을 기자 생활에만 전념
* 1936 동아일보 사회부장으로 재직시 손기정 일장기 말소 사건으로 구속 1년간 복역
* 1939 장편 〈적도〉 동아일보에 연재
  장편 〈무영탑〉 동아일보에 연재
* 1941 ≪무영탑≫ 간행. 양계에 전념
* 1943 별세

(2) 현진건의 작품 경향

현진건의 문학적 특성은 기교의 세련에 있다. 1920년대는 이 땅의 근대문학이 아직 유치했던 시기이므로 그 당시의 어느 누구도 작품의 기교적인 면에 있어서는 거의 보잘 것이 없었다. 그러나 현진건은 그의 습작인 처녀작 〈희생화〉를 제외하고는 그의 전 작품이 처음부터 그와 동시대인 1920년대의 어떤 작가보다도 기교적인 면에서 우위성을 보여주고 있다. 오늘날에 보면 그의 작품 기교도 퍽 미숙한 것으로 보일는지 모르지만 그가 동시대의 다른 작가들에 비해서 기교적인 면이 얼마나 세련되어 있었던가 하는 점은 김동인의 '우리는 비상한 기교의 천재로 빙허를 들 수 있다. 몹시도 아름다운 도덕적 의미의 경치를 보는 느낌을 우리는 빙허 전체에서 느낀다. 조화의 극치, 묘사의 절미－과연 기교의 절정이다'라는 격찬이나 박종화의 '산문시와 같이 풀솜 같은 보들보들한 아름다운 글과 사람을 매혹케 하는 오묘한 기교는 실로 감탄하지 않을 수 없다'는 찬탄에서도 볼 수 있듯이 그의 문학적 가치를 쉽게 짐작할 수 있다.

현진건은 대개 '전형적인 자연주의적 작가'로 평가받고 있다. 그러나 같은 자연주의 작가라고 해도 김동인이나 염상섭이 현실적인 시대상의 어둠을 폭로하기 위하여 분석적인 태도를 취한 데 반하여 현진건은 그런 시대상에 대한 분석보다는 냉정한 관조의 관점을 취한 것이 다르다. 즉, 전자가 의지와 정열로 작품을 구성하면서 자연주의적인 방법에 대한 관심이 보다 적극적이었다면 현진건은 기교로써 현실을 요리하면서 순수한 리얼리즘 정신에 더 몰두해 있었던 것을 알 수 있다.

(3) 작품 <貧妻> 보충자료

* 발표 : 1921년 「개벽」지
* 주제 : 가난한 부부의 가난한 살림과 부부애를 그림
* 시점 : 1인칭 서술방법을 택한 자전적 소설. 즉 현진건 자신이 아내를 모델로 삼아 쓴 신변 소설

* 인물

나 — 주인공, 소설가 지망생으로 무력한 자

아내 — 부유한 가정 출신으로 가난한 남편 때문에 경제적으로 몹시 어려움을 겪지만, 남편을 지극히 사랑하고, 신뢰하고, 인내하는 여성

* 사건 : 부부의 가난함을 드러내는 일상사가 중심사건을 이룸. 일상사가 삽화적으로 연결됨

* 배경 : 1920년대의 서울(지식인들이 직업을 갖기 힘든 식민지 시대의 회의, 방황, 허무의식)

(4) 기타 보충자료 – 현진건

* 김동인과 더불어 한국 단편문학을 높은 수준으로 이끌어 올림

* 사실주의 문학을 확립했음

*자기 고백적 1인칭 소설과 반어적 수법의 소설을 즐겨 썼음

3) 작품 분석의 예 A

대립된 자아

–이육사의 시 〈絶頂〉을 중심으로–

매운 季節의 채쭉에 갈겨
마츰내 北方으로 휩쓸려오다

하늘도 그만 지쳐 끝난 高原
서릿빨 칼날진 그 우에서다

어데다 무릎을 꿇어야 하나
한발 재겨 디딜곳조차 없다

이러매 눈 감아 생각해 볼밖에
겨울은 강철로 된 무지갠가 보다

이 작품의 화자는 혹독한 일제의 힘에 밀려서 '北方'으로 밀려간다고 상황을 제시한다. 첫 행에서는 시간이라는 추상적 개념이 감각화되어 휩쓸려 오는, 상태가 어떠했음을 예리하게 표현하고 있으며, 제2연에서는 그 이상 더 갈 수 없는 극한적 상태를 제시한다. 고원의 칼날 진 벼랑 끝까지 쫓겨 온 시의 화자는 더 이상 행동으로는 어떻게 해 볼 수 없으므로 '눈 감아 생각해 볼 밖에 없다'고 하여 행동은 중단되고 사고 작용으로 그것을 대신할 수밖에 없음을 표명한다. 이러한 표명 속에서 인간으로서는 최선을 다하고 난 다음의 행동의 끝이 나타나 있고, 그런 다음에 심리적 상태를 '겨울은 강철로 된 무지갠가 보다'와 같이 천명하고 있다. 그러므로 이 구절을 첫 행으로부터 마지막 시행까지 시의 주체자의 행동과 마음을 보여주고 있다고 하겠다.

이 작품은 '매운 季節'과 그 '채쭉'에 얻어맞고 쫓기는 사람이 서로 대립되어 있다. 이 대립은 이 시인이 어떠한 방법으로라도 해결하고 싶고 또 누구에게든지 말하여 알려주고 싶은 내용이기도 하다. 만약에 이 시인에게 시대의 압력이 '채쭉'으로 인식되고 있지 않았다면 이 시인은 이 노래를 말로 부르지 아니하였을 것이며, 이러한 시인의 느낌이나 앎이 이 시인이 살고 있었던 당대의 한국인에게 알릴만한 가치가 없었다면 이 노래를 쓰지도 않았으리라고 생각된다.

이처럼 이 시인이 살고 있었던 그리고 이 작품을 만들어 발표하고 있었던 1930년대 후기에서, 1940년대라는 시대적 상황과 '채쭉'이라는 시어 및 시 전체의 비장한 분위기는 깊은 상관관계를 맺고 있음을 알 수 있다. 또 일생을 항일투쟁을 위하여 헌신하다가 결국 1944년 북경 감옥에서 옥사하고 말았던 시인의 전기를 앎으로써 이 시의 내용을 보다 심층적으로 이해할 수 있는 것도 사실이기 때문에 이를 역사주의 비평가들은 작가의 전기적 사실 및 그 작가가 처해 있었던 사회적 환경을 고찰하는 데에 역점을 두고 있다.

– 신동욱, 〈문학의 아름다움〉 일부

4) 작품 분석의 예 B

혼탁한 사회와 반어적 비판

-현진건의 소설 〈貧妻〉를 중심으로-

현진건은 신문학 초기 이 땅의 단편소설의 선구적 개척자의 한 사람으로서 사실주의를 도입·발전시킨 작가로서 우리의 문학사에 이미 확고한 위치를 차지하고 있으며, 또한 민족의 고난을 체험하면서 그것을 작품화하려고 노력했던 작가였다. **(작가의 문학사적 위치)**

그는 이 땅이 점차 일제의 수렁 속으로 빠져 들어갈 무렵인 1900년 음력 8월 9일 경북 대구에서 우체국장을 하고 있던 현운경의 셋째 아들로 태어났다. 비교적 가정이 유복한 편이었던 그는 어린 시절을 물질적인 면에서나 정신적인 면에서 안정된 가운데 보낼 수 있었다. 그는 고향의 서당에서 한문을 수학하며 어린 시절을 보냈고, 13살이 되던 해인 1912년 일본 동경으로 건너가 성성중학에 입학하였으며, 1915년에는 잠시 귀국하여 향리 대구의 부호 이길우의 18세 난 딸 이순득을 아내로 맞이하였다. 이후 다시 일본으로 건너가 학업을 계속한 그는 1917년 성성중학을 졸업하였고, 그 이듬해에는 상해로 건너가 호강대학 독일어 전문부에 입학하였다.

이 시절 그는 독일어에 관한 수업을 통하여 후일 독일의 문학작품을 우리말로 옮기게 되는 계기를 마련하였으며, 또 그 곳에서 독립운동을 하고 있던 사촌형 정건을 만나 항일의 의지를 키워 가게 된다.

1919년에 귀국하여 거처를 서울로 정한 그는 이듬해인 1920년 9월 「개벽」지에 독일의 단편 〈석죽화〉를 번역 발표하고, 같은 책 11월호에 단편소설 〈희생화〉를 창작 발표함으로써 문단에 나와 1921년에는 「백조」 동인으로 문단활동을 시작한다. 한편 1920년에는 조선일보 기자로, 1922년에는 시대일보 기자로, 그리고 1925년에는 동아일보 기자로 각각 근무하다가 1936년에는 동아일보 사회부장으로 재직 중 손기정 선수 마라톤 우승 때의 일장기 말살사건으로 1년간의 옥고를 치른 뒤 언론계를 떠난다.

그 후 그는 서울의 변두리를 돌며 양계를 하는 등 빈곤에 시달리다가 1943년 음력 3월 21일 폐결핵으로 세상을 떠나는데, 그 때까지 남긴 작품으로 중 · 단편 20여 편과 장편 4편 그리고 번역소설 8편이 있다. **(작가의 전기)**

〈貧妻〉는 1921년 1월 「개벽」지에 처음 발표되었다. 이 작품도 판을 거듭함에 따라 크게 변모 · 훼손되었음을 알 수 있다. 이를테면 원전의 "그래도 줄이면 시장할 줄 알아"가 "그대로 주리면 시장할 줄 알아"로 잘못 고쳐졌거나, "漢城銀行 단이는 T가 空日이라고 놀러왓섯다"가 "한성은행 다니는 T가 공일이라고 찾아왔다"와 같은 오류의 예는 일일이 열거하기 어려울 정도로 많다. 심한 경우에는 중요한 하나의 행 전부가 빠져버린 경우도 있다. 원문을 옮긴 ①과 현행 전집류에 실린 것을 인용한 ①′를 비교하여 살펴보기로 한다.

①

어제ㅅ일로心身이疲困하엿던지 그 이튼날 늣게야 잠을 깨니간 밤에 오던 비는 어느결에 그치엇고明郞 한해ㅅ발이 미닫이에 놉핫더라 안해가 다시금 장문을 열고 잡힐 것을 차질지음에 누가 中門을열고들어온다 우리는누군가하고 귀를 기울일적에 밧게서

"아씨!"하는소리가 들리엇다

안해는急히房門을열고나갓다, 그는妻家에서부리는할멈이엇다 오늘이丈人生辰이라고 어서오라는말을傳한다

"오늘이야참올치 오늘이二月열엿셋날이지! 나는깜박 이젓서!"

"원 아씨는딱도하십니다, 어쩌면아버님生辰을이즈신 단 말슴이요, 아모리살림이滋味가나시더래도……"

시큰둥한한멈은 선웃음을처가며 이런소리를한다 艱難한살림에汨沒하노라고 自己親父의生辰까지 이젓는가 하매 안해의情地가더욱惻然하엿다

안해는 한멈을수작해보내고 房으로들어오며

"오늘이 本家아버님生辰이라요, 어서오라시는데……"

"어서가구려……"

"당신도가셔야지요, 우리가티가셔요" 안해는하염업시얼굴을 붉힌다

①′

어제 일로 심신이 피곤하였던지 그 이튿날 늦게야 잠을 깨니 간밤에 오던 비는 어느결에 그치었고명랑한 햇발이 미닫이에 높았더라.

아내가 다시금 장문을 열고 잡힐 것을 찾을 즈음에 누가 중문을 열고 들어온다.

우리는 누군가 하고 귀를 기울일 적에 밖에서,

"아씨!"

하는 소리가 들렸다.

아내는 급히 방문을 열고 나갔다.

그는 처가에서 부리는 할멈이었다.

오늘이 장인 생신이라고 어서 오라는 말을 전한다.

"오늘이야? 참 옳지, 오늘이 이월 열 엿샛날이지, 나는 깜빡 잊었어!"

"원 아씨는 딱도 하십니다. 어쩌면 어버님 생신을 잊는단 말씀이야요. 아무리 살림이 재미가 나시더 래도!"

시큰둥한 할멈은 선웃음을 쳐가며 이런 소리를 한다.

가난한 살림에 골몰하느라고 자기 친부의 생신까지 잊었는가 하매 아내의 정지가 더욱 측은하였다.

(____)

"오늘이 본가 아버님 생신이라요. 어서 오시라는데……"

"어서 가구려……"

"당신도 가셔야지요. 우리 같이 가세요."

하고 아내는 하염없이 얼굴을 붉힌다.

이 부분은 처가에서 일하는 할멈이 장인의 생신을 알리러 와서 그 사실을 알리고 돌아가는 장면이다. 그러나 현재 간행된 대부분의 전집에 할멈의 귀가와 아내의 장소 이동을 알리는 구절인 "안해는 한멈을 수작해 보내고 房으로 들어오며"가 들어 있는 경우가 거의 없다. 이것을 대본으로 삼아 연구할 경우, 〈빈처〉는 그 구성이 매우 엉성한 작품이라는 지적이 나올 수 있다. 한 인물이

등장해서 갑자기 증발한 후 작품이 끝날 때까지 그 인물에 대한 언급이 다시는 이루어지지 않고, 아내의 공간 이동이 조사되지 않아 비약이 심하다는 지적을 받을 수 있기 때문이다. **(원전 확인 문제)**

한편, 이 소설에는 작가 현진건의 자전적 요소가 매우 많이 들어 있다. 한 예로 남들이 알아주지 않는 가운데 소설가가 되려고 애쓰는 주인공 '나'의 모습을 들 수 있다. 당시 소설가 지망생이었던 현진건은 1920년 11월 「개벽」지에 그의 처녀작 〈희생화〉를 발표하였으나, '그것은 소설이 될 수 없다'는 문단의 혹평을 받았다. 그러나 현진건은 포기하지 않고 정신적, 경제적 고통 속에서 당시 자신의 생활상을 소재로 한 작품 〈빈처〉를 써냈다.

〈빈처〉의 주인공 '나'가 결혼 시기뿐만 아니라 결혼 당시의 나이도 모두 실제와 일치한다. 결혼 후 중국과 일본으로 다닌 '나'의 경력이나 귀국의 이유도, 그 이후의 생활상도 거의가 현진건의 실제 삶과 부합된다. 그런데 이 작품의 소재를 자신의 생활 주변에서 취해 왔음에도 불구하고 그러한 일상적 삶의 모습을 통하여 당시 사회의 여러 국면을 사실적으로 작품화하는 데 성공했다는 면에서 그 가치를 인정받게 된다.

그러한 작품의 가치는 시대적 전형성을 띤 인물을 설정했다는 면에서 발견된다. **(자전적 요소 추출)**

이 작품이 발표된 우리나라의 1920년대는 일제의 무단적 탄압과 경제적 착취가 철저히 행하여졌고, 표면적으로는 문화정치를 표방하면서 실제로는 체계적 수탈이 가중되었던 시기였음은 주지하는 사실이다.

이러한 시대상황 속에서 쓰인 〈빈처〉는 몇 명의 등장인물이 서로 대비된다. 그리고 그 인물을 통해 그 시대상의 한 단면씩을 보여준다는 점에서 각 인물들이 설정될 필요성과 중요성을 갖게 된다.

> 동년배인 우리들은 늘 친척간에 비교거리가 되었었다. 그리고 나의 평판이 항상 좋지 못했다.
>
> "T는 돈을 알고 위인이 진실해서 그 애는 돈 푼이나 모일 것이야! 그러나

K(내 이름)는 아무짝에도 못 쓸 놈이야. 그 잘난 언문 섞어서 무어라고 끄적거려 놓고 제 주제에 무슨 조선에 유명한 문학 가가 된다니! 시러베 아들놈!"

이것이 그네들의 평판이었다.

내가 문학인지 무엇인지 하는 소리가 까닭없이 그네들의 비위에 틀린 것이다.

……(중략)……

T는 따라 들어와 물가폭등에 대한 이야기며, 자기의 월급이 오른 이야기며, 주권을 몇 주 사두었더니 꽤 이익이 남았다든가, 각 은행 사무원 경기회에서 자기가 우월한 성적을 얻었다든가, 이런 것 저런 것 한참 이야기하다가 돌아갔었다.

위의 인용 부분들이 이 사실을 잘 드러내 준다. 즉, 주인공인 '나'를 통해 개인적 입신출세주의와 물질주의를 거부했기에 경제적 빈궁과 함께 정신적 고뇌를 겪어야 했던 1920년대 지식인의 전형을 보여주고, 또 다른 부류의 지식인이었던 은행원 'T'를 통해서는 그러한 사회 속에서도 상황에 순응하고 타협하는 물질적 가치 지향형의 전형을 그려내고 있는 것이다.

"올적에 사랑양반을 졸라서 돈 백 원을 얻었겠지. 그래서 오늘 종로에 나와서 옷감도 바꾸고 신도 사고……"

그는 자랑과 기쁨의 빛이 얼굴에 퍼지며 싼 보를 끌러,

"이런 것이야!"

하고 우리 앞에 펼쳐 놓는다.

……(중략)……

"모다 좋은 것만 골라 샀습니다 그려."

아내는 인사를 차리느라고 이런 칭찬은 하나마 별로 부러워하는 기색이 없다.

나는 적이 의외의 감이 있었다.

처형은 자기 남편의 흉을 보기 시작하였다.

그 밉살스럽다는 둥 그 추근추근하다는 둥 말끝마다 자기 남편의 불미한 점을 들다가 문득 이야기를 끊고 일어선다.

또한 가난 속에서도 인내하며, 남편을 믿고 사랑하며 장래의 기대 속에서

살아가는 '아내'와, 부유하지만 늘 불만족하여 단지 허세 속에서 보람 없이 삶을 살아가는 '처형'이라는 대립된 인물의 설정을 통해서도 당시 사회의 모습과 가치관을 직시할 수 있게 해 주는 것이다. **(사회적 배경 – 한 시대적의 소산)**

그리고 이 작품은 현진건의 작가적 위치를 확고하게 해준 작품이라는 면에서도 기억할 만하다. 〈희생화〉에 대한 부정적 평가로 인해 좌절감을 맛보았던 현진건은 이 작품 〈빈처〉의 발표를 통해 그의 작가적 역량을 지니고 있다는 평판을 얻을 수 있었고 작가로서의 지위를 확보할 수 있었다. **(독자의 반응)**

이 작품에 사용된 언어 가운데 특별히 해석상의 문제를 불러일으킬 만한 것은 없다. 1920년대의 표기를 현대어로 고치는 일반적인 원칙을 지키기만 하면 대개의 경우 문제가 해결되기 때문이다. 예를 들면, '끈허지다'는 '끊어지다'로, '어찌할수가업섯다'는 '어찌할 수가 없었다'로 고치면 된다. '망상거리다'와 같이 표준어 사전에 수록되어 있지 않은 말은 앞뒤의 문맥으로 보아서 '망설이다'로 고칠 수 있지만 한편으로 사멸해 버린 어휘라는 점에서 색다른 의의를 부여할 수도 있다. '한멈'은 '할멈'으로 '한머니'는 '할머니'로 고치면 되는데, 이는 '한아버지'가 '할아버지'로 바뀌는 음운현상과 동일한 원리에 의거한 것이다. 그런데 1920년대 당시에는 이미 '할머니', '할멈'이라는 어휘가 정착 사용되어졌음에도 불구하고, 유달리 현진건의 작품에서 '한머니', '한멈'이라는 어휘가 사용되는 것은 이 단어가 당시 대구 방언적 성격을 띠고 있다는 추정을 가능하게 한다.

한편 이 작품에는 '–하엿다', '–한다' 따위의 구어체 문장이 주로 사용되고 있지만, 간혹 '–놉핫더라', '–들어섯더라' 등의 문어체 역시 눈에 띈다. 물론 이러한 문어체의 사용은 후기로 가면서 사라지게 된다. 그런데 이러한 문체의 혼용과 변화의 문제는 당시 현진건 개인의 작품에서만 발견되는 것이 아니고, 그 시대의 보편적으로 나타났던 문체 변화의 양상과 연관된 문제였다. 따라서 이를 바르게 이해하기 위하여 당시의 문학적 분위기와 언문일치와 시제의 적절한 선택과 사용의 문제가, 동시대 다른 작가들에게서는 어떻게 나타나고 있었는가 하는 점들과 함께 고려되어야 한다. 그렇게 볼 때, 〈빈처〉에 나타나는 구어체와 문어체의 혼용 및 이따금 보이는 시제의 불확실성의 문제는, 〈빈처〉 자체가 갖고 있는 유별난 작품적 한계라기보다는 언문일치를 향해 나아가던 우리나라 소설사의 한 도정에서 보이는 혼용 양상의 보편적 예로 이해하는 것이 옳을 것이다. **(언어 문제)**

– 이선영, 「문학비평론」 일부

5) 역사 · 전기비평 과제

① 김소월의 시 〈접동새〉를 세 가지 이상 판본에 의거해서 분석해 봅시다.

② 신동엽의 시 〈산에 언덕에〉를 역사 · 전기비평 방법으로 분석해 봅시다.

③ 선우휘의 〈오리와 계급장〉을 역사 · 전기적 시각으로 비평해 봅시다.

④ 박완서의 소설 〈나목〉을 역사 · 전기적 시각으로 비평해 봅시다.

6) 학생 작품

학생 작품 A

生, 그 자체로 전경화된 의미의 집약체

-서정주의 〈문둥이〉를 중심으로-

김 다 원

평소 시와 가까이 지내지 않은 사람들에게도 미당 서정주의 시 한 구절쯤은 익숙하게 다가온다. 이는 미당의 시인된 이력과 그의 작품은 이미 하나의 '고전'이자 살아 있는 '문학사'가 된지 오래라는 것을 간접적으로 보여주는 것이라 할 수 있다. 그가 일생동안 쓴 시는 천여 편에 이르는데 이것은 한국 문학사의 전무후무한 일이며 전 세계적으로도 흔하지 않은 일이다. 그는 시의 주제를 동양적 물활설(物活說)과 휴머니즘에 두었다. 토속적인 어휘를 사용함으로써 어휘 자체에 풍부한 시적 의미를 부여하였다. 그리하여 전통적 유미주의에 기반을 둔 새로운 시의 세계를 개척한 시인으로 평가받고 있다. 서정주의 등장은 시 문학파의 시인들보다 한층 현실에 가까이 다가서 있다는 점에서 서사적 중요성을 갖게 된다.

미당 서정주는 일제 치하에 있던 1915년 음력 5월 18일에 전북 고창군 부아면 선운리 578번지에서 아버지 서광한(徐光漢)과 어머니 김정현 사이에서 5남 2녀 중 장남으로 태어났다. 본관은 달성(達城)이다. 자호는 '궁발'과 '뚝술'이 있고, 후에 친구인 미사(眉史) 배상기가 지어준 아호 미당(未堂)이 있는데, 그는 나이 들어서야 '미당'이란 아호를 본격적으로 쓰기 시작했다고 한다. 일제 말의 창씨명은 달성정웅(達城靜雄)이다. 호적에는 출생연도가 '1914'년으로 되어 있는데, 출생 신고를 할 때에 잘못되었기 때문이다.

그는 어릴 적 고향의 서당에서 공부한 후, 서울 중앙고등보통학교를 거쳐 1936년 중앙불교전문학교를 중퇴하였다. 1936년 「동아일보」 신춘문예에 시 〈벽〉으로 등단하여 같은 해 김광균(金光均) · 김달진(金達鎭) · 김동인(金東

仁) 등과 동인지 「시인부락(詩人部落)」을 창간하고 주간을 지냈다. 1941년 〈화사(花蛇)〉〈자화상(自畵像)〉〈문둥이〉 등 24편의 시를 묶어 첫 시집 ≪화사집≫을 출간했다.

그러나 1942년 7월 「매일신보」에 다츠시로 시즈오(達城靜雄)라는 이름으로 평론 〈시의 이야기－주로 국민 시가에 대하여〉를 발표하면서 친일 작품을 쓰기 시작하였다. 이후 1944년까지 친일 문학지인 「국민문학」과 「국민시가」의 편집에 관여하면서 수필 〈징병 적령기의 아들을 둔 조선의 어머니에게〉(1943), 〈인보(隣保)의 정신〉(1943), 〈스무 살 된 벗에게〉(1943)와 일본어로 쓴 시 〈항공일에〉(1943), 단편소설 〈최제부의 군속 지망〉(1943), 시 〈헌시(獻詩)〉(1943), 〈오장 마쓰이 송가〉(1944) 따위의 친일 작품들을 발표했다.

1948년에는 시집 ≪귀촉도≫, 1955년에는 ≪서정주 시선≫을 출간해 자기 성찰과 달관의 세계를 동양적이고 민족적인 정조로 노래하였고, 이후 불교 사상에 입각해 인간 구원을 시도한 ≪신라초≫(1961), ≪동천≫(1969), 토속적 · 주술적이며 원시적 샤머니즘을 노래한 ≪질마재 신화≫(1975)와 ≪떠돌이의 시≫(1976) 외에 ≪노래≫(1984), ≪팔할이 바람≫(1988), ≪산시(山詩)≫(1991), ≪늙은 떠돌이의 시≫(1993) 등을 출간하였다.

1948년 「동아일보」 사회부장 · 문화부장, 문교부 예술국장을 거쳐 1954년 대한민국예술원 회원이 되었다. 이후 조선대학교 · 서라벌예술대학교 교수, 동국대학교 문리대학 교수(1959~1979)를 지낸 뒤 동국대학교 대학원 종신 명예교수가 되었다. 1971년 현대시인협회 회장, 1972년 불교문학가협회 회장, 1977년 한국문인협회 이사장, 1984년 범세계 한국예술인회의 이사장, 1986년 「문학정신」 발행인 겸 편집인을 지냈고, 2000년 12월 24일 사망하였다.

저작에는 ≪한국의 현대시≫, ≪시문학원론≫, ≪세계민화집≫(전 5권) 등이 있으며, 시집에는 위의 시집 외에 ≪흑산호≫(1953), ≪국화 옆에서≫(1975), ≪미당 서정주 시전집≫(1991) 등이 있다. 대한민국문학상 · 대한민국예술원상, 5 · 16 민족상, 자유문학상 등을 받았고, 금관문화훈장이 추서되었다. 2002년 2월 '민족정기를 세우는 국회의원 모임'이 자체 조사하여 발표한 '일제하 친일 반민족행위자 1차 명단(708명)'에 포함되었다. 현재 그에 대한

평가는 여러모로 엇갈리는 것이 사실이지만 그의 문학적 정열과 가치는 한국 문학사에 큰 영향을 미치고 있다는 것은 분명하다.

〈문둥이〉는 1936년 11월에 간행된 동인지 「시인부락」 창간호에 실린 작품이다. 1936년은 그가 동아일보 신춘문예에 당선되어 등단을 한 해로써 의미가 있다. 그러므로 〈문둥이〉는 그의 초기 대표 시 중 하나라고 할 수 있다. 그러나 발표된 지 70여 년이 지난 이 시는 판이 거듭되고 그의 시에 관심을 갖는 네티즌들이 자신들의 블로그 등에 올리면서 조금씩 변모되었음을 알 수 있다. 서정주 본인의 필체로 쓴 원전과 다른 것들을 비교해 보도록 하자.

①
해와 하늘 빛이
문둥이는 서러워
보리 밭에 달 뜨면
애기 하나 먹고
꽃 처럼 붉은 울음을
밤 새 울었다.

①′
해와 하늘 빛이
문둥이는 서러워

보리밭에 달 뜨면
애기 하나 먹고

꽃처럼 붉은 우름을 밤새 우렀다

①″
해와 하늘빛이
문둥이는 서러워

> 보리밭에 달 뜨면
> 애기 하나 먹고
>
> 꽃처럼 묽은 울음을 밤새 울었다.

현재 간행된 대부분의 시집은 이렇듯 원전과는 띄어쓰기나 구성 등에서 다른 양상을 보이고 있다. 혹자들은 내용면에서 크게 다르지 않은 위의 시들이 크게 문제가 있나 생각을 할지도 모른다. 그러나 시는 시인의 생각을 온전히 드러내는 글이고, 그렇기 때문에 글자 하나하나, 따옴표와 마침표, 말줄임표 등 어느 하나 소홀히 할 수 없다. 그 하나하나가 의미가 있고 가치가 있기 때문이다. 유명 포털 사이트의 한 블로그에는 이런 글이 있는데, '이 시는 전 5행에 불과한 짧은 시지만'이라는 큰 오류를 범하고 있으며 잘못된 정보를 제공하고 있다. 위에서 보면 알 수 있듯이 이 시는 1년 6행으로 된 시이지만 여러 시집과 인터넷에서는 제멋대로 연을 띄워 놓은 것을 볼 수 있다. 이는 시인이 쓰고자 한 의도에 맞지 않는 일이며 글을 옮겨 적을 때에는 반드시 원전을 참고하여야 한다. 또한 '꽃 처럼 붉은 울음을'이라는 구절을 '꽃처럼 붉은 우름을'이라고 잘못 표시되어 있기도 한데 '우름'은 사전에도 나오지 않는 잘못된 언어다. 물론 시인이 시적 표현을 위해 조금의 변형을 주는 경우가 있긴 하지만 이 경우에는 원전에 '붉은 울음을'이라고 나왔기 때문에 이렇게 쓰는 것이 옳다.

〈문둥이〉는 말 그래도 문둥이에 관한 시다. 서정주는 물론 문둥이가 아니다. 그런 그가 초기 시에서 문둥이에 관한 글을 썼다는 것은 놀라운 일이다. 그의 초기시의 특징 중 하나는 토속적인 분위기를 배경으로 한 인간의 원죄의식과 원초적인 생명력을 읊으며 자의식과 관능적 욕구에 몸부림치는 젊음과 원죄적 세계관을 치열하게 드러낸 것이다. 이러한 시를 쓰게 된 계기에는 그의 어머니와 할머니 등 여성들의 영향을 꼽을 수 있다.

서정주는 유년기의 대부분을 할머니, 어머니와 함께 보냈는데 그의 할머니는 사십이 되기 전에 과부가 되었다. 아버지와 멀리 떨어져 살았기 때문에 실제로 그는 여성과 지내는 시간이 많았는데 할머니는 토속신앙을 믿고 실제로 행하기도 했던 것으로 알려져 있다. 또한 미당에게 맨 처음으로 자연의 소리를 일깨워준 것은 요절한 소녀, '서운니'이다. 서운니는 그보다 대여섯 살 위였는데, 그녀는 서정주에게 자연과 사물을 보는 눈을 열어준 스승으로 회고되어지는 인물이다. 초기 시에서 보이는 원초적 생을 향한 탐구와 강하게 내재된 토속성 등은 그가 어릴 때부터 받았던 영향과 전혀 무관한 것은 아닐 것이다.

이 작품은 앞에서 언급했듯이 1936년에 발표된 시이다. 아직 일제치하에 있던 시기이다. 그 시기의 문둥병을 앓았던 사람들은 소록도로 격리 수용되어 살았다. 문둥병에 걸리면 가족, 친구를 모두 잃는 것은 물론 사람 취급을 받기도 힘들었고 평생 가슴에 한을 담고 살아야 했다. 또한 문둥이에 관한 여러 속설들이 떠돌았는데 그 중 가장 무서운 것은 문둥이들이 어린아이들의 간을 먹는 다는 것이다. 인터넷에 이런 글이 올라온 적이 있는데, 글쓴이의 돌아가신 고모가 살았던 일제시대에는 이런 소문이 돌았다. 고모가 어릴 적에 그때 당시 초등학교를 마치고 나오는 길에 학교 정문 앞에서 문둥이들이 기다리고 있다가 어린아이를 잡아먹으려 한다는 것이다. 그렇기 때문에 모래를 갖고 있다가 나환자들 얼굴에 뿌렸다고 한다. 왜냐하면 나환자들이 어린아이들을 데려다가 다리 밑에 데리고 가서 간지럼을 태워 죽이기 때문이다. 계속 간지럼을 피우면 사람이 지쳐 실신해 죽어버린다. 그렇게 죽여서 간을 술 담아 먹으면 문둥병이 낫는다고 해서 여러 명이 아이하나 잡아먹고 그랬다고 하는 소문이 그것이다. 이런 끔찍한 소문이 돌 만큼 문둥병은 그야말로 천형이었다. 그렇기 때문인지 그 시대의 여러 작가들의 글에서도 문둥이를 찾아볼 수 있다.

> 문둥이떼가 모인 아랫머리에서는 기차가 지나가자 곧 새로운 화제가 생긴다.
> "아주머이 아들 소문 자주 듣는교?"
>
> -〈바위〉 김동리

> 바보야 하이얀 민들레가 피었다.
> 네 눈썹을 적시우는 문둥병의 하늘 밑에
> 히히 바보야, 히히 우습다.
>
> -〈민들레꽃〉 윤동주

김동리와 윤동주 역시 문둥이가 아니었다. 그러나 그 끔찍하고 한이 서린 그들의 인생을 작가들이 그냥 지나칠 수 없었을 것이다. 게다가 서정주의 초기 시에서 보이는 강한 생명현상 탐구의 열정, 그리고 '문둥이'라는 우리의 생이 그 자체로 전경화된 의미의 집약체인 생의 원초적인 의미에 깊은 관심을 보인 그는 삶과 사회의 깊은 관심과 애정을 갖고 있었다고 보여진다.

문단에 데뷔한 해에 시를 좋아하는 몇 사람의 친구들을 모아 시인부락 동인을 결성하여 만든 동인지가 「시인부락」이고 창간호에 〈문둥이〉가 실렸다. 창간호의 동인은 김동리, 김달진, 오장환, 정복규, 함형수 등 열두 사람이다.

그러나 시인부락 동인지는 그렇게 오래 지속되지는 못했다. 같은 해 12월에 출간된 제2집으로 끝나고 만다. 서정주의 기억에 따르면 동인들이 각기 10월씩 각출하여 반가는 20전으로 200부 한정 본으로 찍었는데, 거의 반도 팔리지 않았다고 한다. 그 적자는 남대문 옆에서 양약국을 하고 있던 김상원이 충당했고, 시인부락 동인의 간판을 통의동의 '보안여관' 간판 옆에 붙이고 하숙집 단칸방을 사무실로 사용했다고 한다.

그 당시의 큰 반향을 일으켰던 것은 아니지만 서정주는 훗날 대부분의 시인들에게 영향을 준 시인으로 높이 평가되고 있다. 특히 제자 고은이 그러하다. 우리말을 다루는 그의 천부적인 감각과 민족어의 가능성을 한껏 키운 그의 시언어적 특성으로 천여 편의 시를 쓴 대단한 열정과 뛰어난 문학적 재능을 갖고 있는 서정주이지만 친일행적과 전두환 예찬시 등으로 현재 논란의 중심에서 자유롭지 못하다.

이 시에는 특별히 해석상의 문제를 불러일으킬 만한 것은 없다. 방언을 사용하지 않았고 현대어와 비교했을 때 특별히 다른 부분도 없다. 단지 띄어쓰기가 현재와는 조금 다르게 쓰였는데 '하늘 빛이', '보리 밭에', '달 뜨면'. '꽃 처럼' 등이 그러하다.

그리고 해와 하늘 등의 자연물에서 문둥병을 천형이라고 했던 것을 유추해 볼 수 있다. 또한 아이 간을 먹는 다는 속설을 연상시키는 '애기 하나 먹고'에서는 인간 존재의 원초적 욕구, '꽃 처럼 붉은 울음을 밤새 울었다'에서는 죄 없는 아기에 대한 속죄의 의미로 볼 수 있다. 그리하여 이 작품은 인간의 원시적

본능으로서 우리의 내면에 잠재된 잔인한 욕구를 충격적이면서 아름다운 것으로 파악하고 있다. 그 모든 충격적 몸부림은 바로 인간 존재의 근원적 슬픔에서 비롯하기에 시인은 오히려 아름다움을 느끼는 것이다.

<참고 자료>

김용직, 『한국 현대시인 연구』상, 서울대학교출판부, 2000.
김학동 외, 『서정주 연구』, 새문사, 2005.
박맹호, 『서정주 전집』1, (주)민음사, 1997.
유창근, 『문학을 보는 눈』, 학지사, 2005.
육근웅, 『서정주 시 연구』, 국학자료원, 1997.
http://bluecabin.com.ne.kr/split99/sjj.htm
http://www.hani.co.kr/section-special/tod.html
http://kin.naver.com/detail/detail.php?d1id=11&dir_id=110103&eid=WKsF1dcjgI9Nmk9ZSMZjt50uG5vBmNyT&qb=vK3BpMHWIMjeuNO0z8Hy
http://kin.naver.com/detail/detail.php?d1id=11&dir_id=110103&eid=7o16CO+q0QNmuI/WYbtW+giasSzh+fw4&qb=vK3BpMHWv80gua611bq0
http://myhome.naver.com/woomi9/poem/scj200.htm
http://penart.co.kr/literature-library/11_novel/%B1%E8%B5%BF%B8%AE-%B9%D9%C0%A7.htm
http://www.seelotus.com/gojeon/hyeon-dae/si/sijagpum/jagpum/sa/seojeongju-mundungi.htm
http://100.naver.com/100.nhn?docid=724142
http://210.218.66.140/mul8809/%EC%84%9C%EC%A0%95%EC%A3%BC.htm

학생 작품 B

삶과 죽음 사이에 선 시인

-서정주의 시 〈문둥이〉를 중심으로-

오 기 선

서정주가 '동천'으로 떠난 지 8년, 그의 시가 세계로 나온 이후에 한국의 시에서는 그의 그림자가 여전히 드려져 있었다. 생명과 영생을 노래한 시인이 동시에 전쟁을 고무하는 글을 쓸 수 있다는 모순을 보여주는 사람이 바로 미당이다. 미당이 말하는 순수 문학이란 무엇인가? 거칠게 말해서 그것은 현실에 대한 인식의 부재 속에서 추구하는 진리, 영혼 같은 고급의 쾌락과 맞닿아 있다. 한때는 국정 교과서에 그의 시가 10편이 넘도록 실릴 정도로 그의 글들은 한국 문학계에 남아 있다. 민주주의가 정착되면서 그가 한국 문학계에서 차지하는 비중이 줄고 있지만, 여전히 많은 교수들과 평론가들 소위 지식인이라고 불리는 사람들에게 20세기 최고의 시인이라는 명성을 얻고 있다. 또한 시인 고은이 '시의 정부'라고 말했던 것처럼 그의 시는 여전히 많은 시인에게 영향력을 미치고 있는 것은 그의 친일과 정치적 시인이라는 불명예를 가지고 있지만 여전히 한국 문학계에서 큰 비중을 하고 있다는 것을 이야기해 준다.

미당은 1915년 5월 18일 전북 고창군 부안면 선운리 질마재 마을에서 태어났다. 인근의 줄포공립보통학교를 거쳐 서울의 중앙고등보통학교에 보결생으로 입학한 그는 2학년이던 1930년, 광주학생운동 1주년 기념시위를 주동한 혐의로 퇴학을 당하고 고향의 고창고보에 편입했으나 거기서도 자퇴했다.

1935년 중앙불교전문학교에 입학한 그는 이듬해 「동아일보」 신춘문예에 시 〈벽〉이 당선이 되어 본격적인 작품 활동을 한다. 이해 가을 김광균 · 김달진 · 이용희 · 오장환 · 김동리 · 함형수 등을 끌어 모아 동인지 「시인부락」을 발간했으며, 몇 달 간의 만주 방랑 끝에 돌아온 그는 1941년 초에 첫 시집 ≪화사집≫을 펴냈다. 이 시집에서 미당은 악마적 관능의 세계를 파고들어 '한국의 보들레르'로 일컬어지기도 했다.

1943년 9월 최재서가 운영하고 있던 친일 성향의 출판사 인문사에 들어간 그는 잡지 「국민문학」의 편집 일을 보는 한편 친일 시들과 종군기 등을 썼다. 그것은 물론 신념에 의한 것이라기보다는 대세에 따른 것이었지만, 이후 미당이 거느리게 되는 일련의 '추문'이 시작이었다는 점에서 안타까운 대목이다.

1948년에 낸 두 번째 시집 ≪귀촉도≫에서는 첫 시집과는 동양적 정서와 사상에 심취하게 되는데, 1960년에 낸 네 번째 시집 ≪신라초≫에서는 그것이 불교사상을 기조로 한 신라정신에의 귀의로 나아간다. 한편 해방공간에서 그는 좌익 계열의 조선문학가동맹에 맞서 조선청년문학가협회 결성준비위원으로 참여했으며, 1949년에 창립된 한국문학가협회의 시분과위원장을 맡았다.

전쟁 중에는 문총구국대 조직에 참여해 종군과 선전 및 홍보 활동을 벌였으나, 전쟁의 공포와 충격으로 언어상실과 정신착란 증세를 보이기도 한다. 1954년 봄에 선거를 거쳐 대한민국 예술원 초대 회원에 뽑혔지만, 선거 결과를 둘러싼 잡음이 끊이지 않았다.

60년의 4·19 학생혁명을 전후해 동국대 국문과 부교수로 취직하지만, 그는 학생혁명에 대해 다만 관망하는 자세로 일관했다. 66년에는 대한민국 예술원상을 받았으며, 68년에 낸 다섯 번째 시집 ≪동천≫에서는 신라와 불교에 대한 한층 깊어진 사유를 선보인다.

75년에 낸 여섯 번째 시집 ≪질마재 신화≫는 미당 시의 사실상의 마지막 절정이었다. 유년기 고향 마을 사람들과 풍속을 산문 양식에 담은 이 시집은 미당 정신세계의 구극이라 할 신라정신이 일상과 결합된 양상을 보여 준다.

77년에 그는 한국문인협회 회장직에 올랐으며 79년에는 동국대에서 정년퇴직했다. 81년 전두환 대통령 후보를 위한 텔레비전 연설에 나와 또 한 번의 정치적 패착을 범했다

1991년 미당 ≪서정주 시선≫(전 2권)을 출간했으며 1997년에는 〈80소년 떠돌이의 시〉를 출간했다. 그리고 그는 2000년 12월 24일 첫눈 내리던 날 '冬天'으로 떠났다.

2001년 전북 고창군 부안면 선운리 질마재에 미당 시문학관이 건립되었다.

그의 시 〈문둥이〉는 그의 초기시를 잘 대변해 준다할 수 있겠다. 하지만 시가 시간이 지나며 내려오면서 여러 가지 시의 파괴가 이루어지고 있다. 한 연으로 되어 있고, 6행으로 되어 있는 그의 시를 2연으로 나눈 것도 있으며 5행으로 바꾸어 버리고 하는 것처럼 많은 파괴가 이루어졌다. 또한 맞춤법도 "꽃처럼 붉은 울음을 밤 새 울었다."라는 대목을 "꽃처럼 붉은 우름을 밤 새 우렀다." 정도의 오류는 심심치 않게 찾아볼 수 있다. 아예 행을 없애 버린 경우도 있다.

원문과 다른 책들을 비교해 보면 더욱 그의 시의 대한 오류를 느낄 수 있을 것이다.

①

〈문둥이〉

해와 하늘 빛이
문둥이는 서러워
보리 밭에 달 뜨면
애기 하나 먹고
꽃 처럼 붉은 울음을
밤 새 울었다.

①′

〈문둥이〉

해와 하늘 빛이
문둥이는 서러워

보리 밭에 달뜨면
애기 하나 먹고

꽃처럼 붉은 우름을 밤새 우렀다

①″
〈문둥이〉

해와 하늘빛이

문둥이는 서러워

보리밭에 달 뜨면

애기 하나 먹고

꽃처럼 붉은 울음을

밤새 울었다.

먼저 연을 띄어서 표현한 ①″은 ①에 비해서 호흡이 길어지고 그에 따라서 문둥이가 느꼈을 한이 느껴지지 않고 부드러운 느낌을 받게 된다. 그렇게 됨을 통해서 시적 화자가 느끼고 있는 문둥이로써의 한을 제대로 나타내지 못했으며 시가 늘어진 느낌을 받을 수 있다. 또한 한 행과 한 행을 다 띄고 연 하나에 한 행만 존재하므로 시의 구성도 엉성하다는 평가를 받을 수가 있다.

또한 ①′과 ①을 비교해 보았을 때 많은 맞춤법의 오류를 볼 수 있다. "꽃처럼 붉은 울음을 밤 새 울었다."라는 대목을 "꽃처럼 붉은 우름을 밤 새 우렀다"로 표현하는가 하면 "꽃처럼 붉은 우름을 밤 새 우렀다"라고 마침표가 없이 끝을 내어서 이 시가 끝인지 아님 더 남은 것이 있는지 알 수가 없게 되었다. 또한 맞춤법을 틀리게 하므로 해서 이 시에서 시인이 말하고 있는 것이 다른 것이 아닐까 하는 생각마저 들게 하며, 또한 일반 독자가 읽었을 때에 서정주는 맞춤법조차 알지 못하는 시인이라는 안 좋은 인상을 남길 우려마저 있다.

그는 1915년 5월 18일 전북 고창군 부안면 선운리 질마재 마을에서 태어났다. 이 시 〈문둥이〉에서 나타나는 '문둥이'의 이미지는 미당의 상상 속에서 생겨난 이미지가 아니라 그가 겪고 보아온 이미지라고 생각된다. 전라도는 아직도 문둥이 마을이라는 오해가 남아 있을 정도로 문둥이가 많았는데 그가 살고 있던 마을도 문둥이가 많았다. 그가 보고 살아온 것은 그 문둥이의 슬픔이었을 테고 그들의 울음이었을 것이다. 그의 어릴 적 기억에 언제나 문둥이의 이미지가 남아 있었을 것이다. 또한 문둥이들 사이에서는 아이의 생간을 먹으면 천형에서 벗어난다는 속설 또한 그의 시에 등장한다. 그에게 문둥이는 삶에 대해서 생각해 보는 계기가 되었을 것이며 또한 불교관에 입각해서 업보로 생각을 했을 수도 있겠다. 그가 훗날 생명파 시인이라는 이야기가 남아 있게 되는 계기가 되었을 것이다. 어릴 적부터 많은 죽음과 고통을 보았을 테고 그의 삶 속에서 그의 시 속에서 삶과 죽음을 노래할 수 있는 원동력이 되었을 것이다.

앞에서도 언급했듯이 그가 소년 시절을 살았고 그가 살았던 시절에는 문둥이가 많았음을 알 수 있다. 또한 그들은 사회 속에 소외되었음을 알 수 있다. 먼저 그들의 병은 천형이라고 이야기될 정도로 하늘의 저주를 받아 생긴 병으로 사람들은 그들을 멀리 했을 테고 그들은 '해와 하늘의 빛'이 서러웠을 것이다.

또한 그들은 '보리밭에 달뜨면 애기 하나 먹고 그들은 아이의 간을 먹는 다는 소문에 시달렸을 것이다. 그들의 병이 아이의 생간을 먹으면 낳는다는 소문으로 인해 모든 아이의 죽음과 모든 아이의 실종에 그들이 개입되어 있다는 오해에서 벗어날 수 없었을 것이다.

그들은 언제나 산 속에서 살았을 것이다. 하늘의 저주를 받은 그들은 아이를 죽여서 생간을 먹어야만 했던 그들은 산 속 동굴이나 외진 곳에서 외롭게 살아야 했을 것이다.

> 보리피리 불며
> 봄 언덕
> 고향 그리워
> 피—ㄹ 닐니리.
>
> 보리피리 불며

꽃 청산(靑山)
어린 때 그리워
피—ㄹ 닐니리.

보리피리 불며
인환(人寰)의 거리
인간사(人間事) 그리워
피—ㄹ 닐리리.

보리피리 불며
방랑의 기산하(幾山河)
눈물의 언덕을 지나
피—ㄹ 닐리리.

–〈보리피리〉 전문

천형이라고 불리던 나병을 겪고 있던 한하운의 시 〈보리피리〉를 보면 그들의 삶을 볼 수 있다. 그들은 저주받은 곳에서 사람들을 그리워하며 또한 그들을 미워하는 사람들을 보며 저주하며 살았을 것이다. 이 시를 통해서 서정주의 시 〈문둥이〉 속에 나오는 문둥이의 삶을 조금 더 잘 살펴볼 수 있을 것이다.

그는 〈문둥이〉를 통해서 삶과 고통 그리고 그 속에서 죽음을 보여주고 있다. 삶 속의 애환과 슬픔, 그리고 특정 부류의 사람들을 그림을 통해서 삶을 잘 노래했다. 또한 자신의 병을 낫는 것과 아이를 죽여야 낫는 다는 속설 속에서, 즉 자신의 욕심과 사회의 관점에서 문둥이의 모습을 잘 그려내고 있다.

사회적 모습과 또한 시를 통해서 세상을 볼 때에 서정주 시인은 세상을 잘도 그려 냈다. 때론 거친 모습이지만 삶의 내면을 잘 그려냈으며, 그것이 딱딱하거나 진부하지 않다. 삶과 죽음의 사이에서 선 문둥이를 통해 세상을 그려냈던 그런 시들이 언제고 세상에서 어두운 세상의 단면 비추어 줬으면 한다.

<참고 자료>

김병걸 · 김규동 편, ≪친일문학작품선집≫2, 실천문학사, 1986.
서정주, ≪서정주문학전집≫, 일지사, 1972.
임종국, 『친일문학론』, 평화출판사, 1966.
조연현, 『내가 살아온 한국문단』, ≪조연현 문학전집≫1, 어문각, 1977.
한하운, 「서울신문」, 1953
http://blog.naver.com/asd8456 ? Redirect=Log&logNo=40035960525
http://blog.naver.com/khss1529 ? Redirect=Log&logNo=140012020056
http://blog.naver.com/khss1529 ? Redirect=Log&logNo=140012020102
http://blog.naver.com/kwank99 ? Redirect=Log&logNo=30021669629
http://blog.naver.com/rwho5wz030 ? Redirect=Log&logNo=50028156828
http://www.jongryul.com/Package/program_basic/default/ex_default.php ? bbscode=bbs4_
men3sub1&num=833&type=read
http://kin.naver.com/open100/db_detail.php ? d1id=11&dir_id=110103&eid=L7dlN9wjOhKxKQMNkzRKi3/Rb+tmWafL&qb=vK3BpMHWIL3DvLyw6A==
http://kin.naver.com/detail/detail.php ? d1id=11&dir_id=110101&eid=6xWDLqtv2dLR0YDEhs0SyTfAoespDSKo&qb=vK3BpMHWILz2vcS+7g==
http://kr.blog.yahoo.com/jumoknamu21/88.html
http://www.reportshop.co.kr/data/data_view.html ? rpID=152171

학생 작품 C

어린 시절 속에서 피어오른 무한성

－서정주의 〈자화상〉을 중심으로－

나 민 희

서정주 시인은 현재 부정할 수 없는 친일행적으로 인해 민족 배반자라는 오명을 뒤집어쓰고 있다. 본인은 일제의 강제적인 압력으로 어쩔 수 없이 몸담게 된 친일문학이라고 밝혔지만, 그를 향한 단죄의 칼날은 쉽게 거두어지지 않고 있다. 일제시대를 넘어 군사독재시대와 같은 격동의 시절을 거쳐 오면서 당시의 주요 권력층과 가까운 인연을 맺는 가운데 자신의 안위를 보장받고 그로써 오늘날과 같은 시인의 반열에 오를 수 있었던 것이 아니냐는 비난 속에서 미당의 문학사적 업적은 그저 동족을 저버린 반역자의 산물일 뿐인 것이다. 그러나 미당 서정주는 한국 근·현대문학사에서 빼놓을 수 없는 중요한 시인이다. 인간 본연의 관능적 생명력을 중시한 초기 시에서부터 토속적 색채가 짙은 산문 형태의 불교사상과 생명의 원숙함을 다룬 것에 이르기까지 약 800여 편이나 되는 시인의 명작들은 그 다양한 모습을 통해 한국시문학사를 살찌우고 또한 시인 본인의 깊고 넓은 창작세계를 유감없이 드러내 보여주었다. 그가 돌아가신지 4년이라는 세월이 흐른 지금도 여전히 시인의 영혼은 출판된 '시집', '교과서', 그리고 '미당시문학관'과 '서정주 문학상' 등에 고스란히 남아 우리의 곁을 맴돌고 있다.

1915년 5월 18일, 전북 고창군 부안면 선운리 질마재 마을 출생으로 호는 미당(未堂 : 아직 성숙하지 않았다. 아직 어른이 되지 않았다는 뜻) '다츠시로 시즈오'는 그의 창씨개명 시 이름이다. 일제 때 창씨개명해 근대교육을 받은 아버지 덕분에 비교적 유복하게 학문에 정진할 수 있었다. 마을에서 한학을 배우다 줄포공립보통학교 진학 후 졸업하고, 서울 중앙고등보통학교에 보결로 입학한 후 2학년 때 광주학생운동 1주년 기념시위를 주도한 혐의로 퇴학당하고 1930년 구속됐으나 나이가 어리다는 이유로 기소유예 되었다. 편입한 고창

고등보통학교에서도 권고 자퇴당하는 등 학교생활은 평탄치 못했다. 젊은 시절 정신분열 증세를 보인 적도 있었으며, 자살 미수사건도 있었다. 1933년 「동아일보」에 시 〈그 어머니의 부탁〉을, 「시건설(詩建設)」 7호에 시 〈자화상〉을 발표하며 등단하였다(1935년 10월). 「동아일보」 신춘문예에는 시 〈벽〉이 당선되었다(1936). 김광균, 김달진, 김동리, 오장환, 이용희, 함형수 등과 시 전문 동인지 「시인부락」을 창간, 주재하였다. 해방 후 좌우익 대립의 혼란 시에 순수문학 또는 순수시라는 개념을 내걸고 우익의 조선청년문학가협회를 결성(1946년)하여, 시분과위원장을 역임하며 당시 문단을 주도한 좌파의 계급문학 또는 경향문학에 반대하여 조선문학가동맹과 맞서기도 했다. 남조선대(동아대) 창립시 교수, 동아일보 사회부장 및 문화부장, 정부수립 후 문교부 초대 예술과장, 조선대 부교수, 서라벌예대(중앙대 문예창작학과의 전신) 교수, 동국대 교수 및 종신교수, 1949년 한국문학가협회 창립멤버로 시분과위원장, 1954년 예술원 창립과 함께 예술원 종신회원으로 추대되었고 한국문인협회 부이사장 및 이사장으로 활동하였으며, 한국 현대시협회장을 역임하기도 하였다. 아세아자유문학상(1955년), 대한민국 예술원상(1966년), 중앙일보 문화대상 본상(1980년)을 수상하였으며, 한국을 대표하는 문인으로 노벨 문학상 후보에 5차례 추천되기도 했다. 1991년, 서정주 시 전집이 출간되었고, 2000년 10월엔 부인 방옥숙(方玉淑) 씨가 별세를 하였다. 이후 곡기를 끊고 맥주로 연명하다가, 2000년 12월 24일 13시 서울 강남 삼성병원에서 숙환으로 별세하였다. 그 때 나이는 85세였다. 그의 시신은 전북 고창군 부안면 선운리 선영에 묻혔으며, 정부는 고인에게 금관 문화훈장을 추서하였다.

1939년 10월에 「시 건설」에 처음 발표된 〈자화상〉은 시간이 오래 흐른 만큼, 그리고 판을 거듭함에 따라, 원문과는 다르게 변형되고, 다른 모습의 형태로 시가 자리잡혀 있는 것을 볼 수 있다. 하지만, 아쉽게도 원문을 찾지 못하여 한 세월이라도 빠르게 출판된 것을 찾아보니, 1987년 11월에 출판된 것을 찾을 수 있었다. 그러나 이것마저도 최근에 출판되어 있는 것과 여러 부분에서 차이점을 확인할 수 있었다. 예를 들면, 〈자화상〉이란 제목이 어느 것은〈自畵像〉이라고 되어 있으나, 다른 것에선 〈자화상〉이라고 아예 한글로 표시되어 있는 점이 그렇다. 1987년도에 출판된 것과 현재 출판된 것을 비교하면 다음과 같다.

①
〈自畵像〉

애비는 종이었다. 밤이기퍼도 오지않었다.
파뿌리같이 늙은할머니와 대추꽃이 한주 서 있을뿐이었다.
어매는 달을두고 풋살구가 꼭하나마 먹고 싶다하였으나…… 흙으로 바람벽한 호롱불밑에
손톱이 깜한 에미의아들.
甲午年이라든가 바다에 나가서는 도라오지 않는다하는 外할아버지의 숯많은 머리털과
그 크다란눈이 나는 닮었다한다.
스믈세햇동안 나를 키운건 八割이 바람이다.
세상은 가도가도 부끄럽기만하드라
어떤이는 내눈에서 罪人을 읽고가고
어떤이는 내입에서 天痴를 읽고가나
나는 아무것도 뉘우치진 않을란다.

찰란히 티워오는 어느아침에도
이마우에 언친 詩의 이슬에는
멫방울의 피가 언제가 서꺼있어
볓이거나 그늘이거나 혓바닥 느러트린
병든 숫개만양 헐덕어리며 나는 왔다.

①′
〈자화상〉

애비는 종이었다. 밤이 깊어도 오지 않았다.
파뿌리 같이 늙은 할머니와 대추꽃이 한 주 서 있을 뿐이었다.

어매는 달을 두고 풋살구가 꼭 하나만 먹고 싶다 하였으나…… 흙으로 바람벽
한 호롱불 밑에
손톱이 까만 에미의 아들.
갑오년(甲午年)이라든가 바다에 나가서는 돌아오지 않는다 하는
외할아버지의 숱 많은 머리털과
그 크다란 눈이 나는 닮았다 한다.

스물세 해 동안 나를 키운 건 팔할(八割)이 바람이다.
세상은 가도가도 부끄럽기만 하더라.
어떤 이는 내 눈에서 죄인(罪人)을 읽고 가고
어떤 이는 내 입에서 천치(天痴)를 읽고 가나
나는 아무 것도 뉘우치진 않을란다.

찬란히 틔워 오는 어느 아침에도
이마 위에 얹힌 시(詩)의 이슬에는
몇 방울의 피가 언제나 섞여 있어
볕이거나 그늘이거나 혓바닥 늘어뜨린
병든 수캐마냥 헐떡거리며 나는 왔다.

우선 위에서도 말했듯이 제목부터 한글로 나타났느냐, 한자로 나타냈는가에서 차이를 보이고 있는 두 작품은 ①에서는 '갑오년', '팔할', '죄인', '천치', '시', 등을 한자로 그대로 표현한 반면, ①′에서는 이것을 한글로 표기하고 그 옆에 한자를 보충해 주는 방식으로 표현하였다. 그리고 첫 행을 보면, ①에서는 '밤이기퍼도 오지않었다.'를 ①′에서는 '밤이 깊어도 오지 않았다.'로 고쳐졌고, 2행에서는 ①에서 붙어 쓰기가 되어 있는 문장이 ①′에서는 뛰어 쓰기들이 많이 행해져 있는 것을 볼 수 있다. 3행에서의 ①은 '꼭하나마'를 ①′에서는 '꼭 하나만'으로 변형되어 있으며, 역시 ①과 다르게 ①′는 단어 한 마디 마디 뛰어 쓰기가 많이 행해져 있다. 이처럼 ①′작품에서는 전체적으로 띄어쓰기가 많이 되어 있어, 현대 맞춤법에 맞추어 썼음을 짐작할 수 있다. 이 밖에도 ①에서 '깜한', '도라오지', '숯많은', '닮었다한다.', '스믈세햇동안', '찰란히', '티워오는',

'이마우에', '언친', '멫방울의', '서꺼있어', '볓이거나', '느러트린', '숫개만양', '헐덕어리며' 이것들을 ①′에서는 '까만', '돌아오지', '숱 많은', '닮았다 한다.', '스물세 해 동안', '찬란히', '틔워 오는', '이마 위에', '얹힌', '몇 방울의', '섞여 있어', '볕이거나', '늘어뜨린', '수캐마냥', '헐떡거리며'로 변형되어 있는 것을 확인할 수 있다. 두 작품에서 눈에 제일 크게 보이는 차이점은 ①은 1연과 2연으로 나뉘어져 있는 반면, ①′에서는 3연으로 나뉘어져 있다는 것이다. 시는 단어 하나하나에서도 그 단어들이 이어져 문장들이 띄어쓰기가 되어 있는지, 어디서 행이 나누어지고, 연이 나누어지는지에 따라 시의 분위기가 다르게 느껴질 만큼 중요한 작용을 하는데, 이런 방식을 두고, 두 작품은 너무 다른 차이를 보이고 있어 원문과 얼마만큼의 차이를 두고 있는지에 따라 아쉬움을 남길 수 있다.

한편, 서정주의 집안은 일제 때 대표적인 민족 자본가였던 인촌 김성수 일가의 농토와 소작인을 관리하던 부친 덕분에 경제적인 곤란을 겪는 정도는 아니었다. 아버지 서광한은 지혜와 재주가 많은 사람이었으나, 일찍이 어린 몸으로 가장이 되어 힘들게 질마재 마을에 자리를 잡아야만 했던 인물로 그는 홀어머니와 젊은 아내를 가난한 고향마을에 남겨 두고 서울로 올라가 측량 공부를 했다. 그 후 고향인 고창 군청에서 측량기사로 잠시 근무하다가 혼마의 대지주였던 인촌의 토지를 관리해 주는 일을 맡게 된 것이었다. 서정주의 부친이 근대교육을 받고 주로 집 밖으로 돌면서 일을 하는 동안, 집에서 농사를 짓고 집을 지킨 것은 주로 미당의 할머니와 어머니였다. 서정주의 기억에 의하면, 할머니는 "마을 나들이 한번 안하시고 두 손끝이 다 문드러지게 일만 하셨던 상머슴 같고 날센 연장 같았던 분"이며, 어머니는 "박혁거세의 어머니나 박제상의 부인 같은 그런 신라의 정신을 가진 분"이었다. 서정주는 질마재라는 시골마을에서 그런 할머니, 어머니와 함께 어린 시절을 보냈는데, 스물세 살 때 쓴 〈자화상〉이란 시에서 이 시절을 다음과 같이 묘사했다.

애비는 종이었다. 밤이기퍼도 오지않었다.
파뿌리같이 늙은할머니와 대추꽃이 한주 서 있을뿐이었다.
어매는 달을두고 풋살구가 꼭하나마 먹고 싶다하였으나…… 흙으로 바람벽한 호롱불밑에
손톱이 깜한 에미의아들.
甲午年이라든가 바다에 나가서는 도라오지 않는다하는 外할아버지의 숯많은 머리털과
그 크다란눈이 나는 닮었다한다.

–〈자화상〉 일부

근대교육을 받았고, 인촌 집안의 마름이었던 부친을 종이라고 한 것은 시적 과장일 것이다. 그러나 남의 토지를 관리해 주느라 집에도 잘 들어오지 않는 부친은 어린 서정주에게 부정적으로 인식되었을 것이다. 오래 전에 외할아버지는 바다에 나가 돌아가셨고, 아버지는 밤이 깊어도 오지 않는 집, 그래서 파뿌리같이 늙은 할머니와 임신을 해도 돌봐줄 사람이 없는 어머니만 있는 집에서 서정주는 어린 시절을 보냈다. '흙으로 바람벽한 호롱불밑에/손톱이 깜한 에미의아들'이란 구절에서 짐작할 수 있듯이, 어린 서정주의 외로움과 가난 속에서 보살핌 없이 천하게 자랐던 것 같다. 그러나 질마재에서 할머니, 어머니와 함께 했던 미당의 유년 시절은 후일 그의 시적 상상력의 중요한 원천이 된다. 사람과 자연이 아름답게 어울려 사는 질마재 마을은 시인의 기억 속에서 〈질마재 신화〉로 아름답게 재구성되며, 할머니와 어머니의 사랑은 두고두고 시인이 지닌 감성의 구심점 역할을 하게 된다. 어느 시인에게나 그렇겠지만, 미당에게도 그의 유년 시절과 고향은 영혼의 안식처이자, 상상력의 샘이었던 것이다.

서정주는 중앙고보에 입학했던 1929년부터 등단 이후까지, 즉 10대 중반부터 20대 초반까지 미당의 일탈과 방황은 매우 심각했던 것으로 보인다. 식민지라는 암울한 상황 속에서 서정주의 타고난 일탈적 성향과 혼란스런 젊음의 격정은 출구를 찾지 못하고 고통의 소용돌이를 일으켰다. 서정주는 〈자화상〉에서 자신의 방황과 성장을 다음과 같이 말하고 있다.

스믈세햇동안 나를 키운건 八割이 바람이다.
세상은 가도가도 부끄럽기만하드라
어떤이는 내눈에서 罪人을 읽고가고
어떤이는 내입에서 天痴를 읽고가나
나는 아무것도 뉘우치진 않을란다.

찰란히 티워오는 어느아침에도
이마우에 언친 詩의 이슬에는
몇방울의 피가 언제가 서껴있어
볕이거나 그늘이거나 혓바닥 느러트린
병든 숫개만양 헐덕어리며 나는 왔다

－〈자화상〉 일부

근대 역사의 시련기를 배경으로 하여 괴로운 삶을 살아온 한 인물의 반생을 노래한 이 시는 젊은 날의 서정주가 얼마나 치열하게 세상에 부딪쳤으며 또 얼마나 강한 실존적 에너지로 방황했는가를 짐작케 해 준다. 그는 스물세 해 동안 자기를 키운 것의 팔할이 바람이라고 단언하고 또 언제나 병든 수캐마냥 헐떡거리며 살아왔다고 당당히 말한다. 그러면서도 아무것도 뉘우치지 않겠다고 강한 오기를 보여 준다. 여전히 유교적 분위기와 봉건적 분위기가 팽배했던 1930년대에 이런 식의 모멸적 자아에 대한 강한 긍정은 대단한 정신력이며 용기가 아닐 수 없다.

그리고 서정주의 첫 시집 ≪화사집≫에 수록된 이 시는 서정주가 문인의 길에 한걸음 더 가까이 다가가게 해준 작품으로 1935년 10월 「시건설(詩建設)」 7호로 등단하였다. 피와 죄와 어둠의 세계에 대한 이끌림을 격정적인 언어로 노래한 시집이다. 존재의 혼돈과 욕망의 어둠 속으로 이처럼 깊이 파고들어간 시집은 이전의 한국 시에는 없었던 것을 보고, 윤동주의 〈자화상〉과 함께 여전히 우리가 꼭 짚고 넘어가야 할 중요한 시로 여전히 손꼽히고 있다.

이 작품에 사용된 언어 가운데에서는 크게 뜻을 알아듣지 못할 정도의 해석상의 문제는 없다. 그저 옛 언어를 지금의 현대어로 고치는 일반적인 일만 해

결하면 되기 때문이다. 예를 들면, ‘멫방울의’를 ‘몇 방울의’로 ‘깜한’을 ‘까만’으로 등, 〈자화상〉에서는 지금 현대어에 맞지 않는 단어들이 많이 사용되어 있다. 물론, 이것이 그 때 당시에는 적합했던 단어일 수도 있다. 이러한 부분들을 수정했을 시 사멸되는 원전의 느낌 또한 생각해 봐야 한다. 그래서 이러한 언어들을 바꾸어 나갈 때, 원전의 느낌을 최대한 살리되 최소한의 수정을 거치는 것과, 아예 원전의 분위기를 잃지 않는 방향으로 지향하는 것도 좋을 것이다.

〈참고 자료〉

김화영, ≪미당 서정주 시선집≫, 시와 시학사, 2005.
이남호, 『서정주의 ≪화사집≫을 읽는다』, 열림원, 2003.
최재선, 『진정성의 시학』, 푸른 사상, 2003.
최현식, 『서정주의 시의 근대와 반근대』, 소명출판, 2003.
http://blog.empas.com/eodocke/27055751
http://user.chollian.net/~bioman/ilban/guker/guksa/hyun/jakga/seojungju.htm

학생 작품 D

시즈오가 두고 간 보리피리

유 보 람

오늘날 최고의 시인을 꼽자면 서정주를 빼놓고 이야기를 하기 힘들 것이다. 1920년대부터 2000년까지 돌부리가 많았던 한국 근현대사를 다 겪은 거장 서정주, 그의 시의 주제를 동양사상(유, 불, 선)과 휴머니즘에 두었다. 김영랑의 순수시와 우리말의 아름다움에 강한 애착을 보이며 민족전통과 정신의 세계를 형상화했다. 그는 토속적인 어휘를 사용하여 어휘 자체에 풍부한 시적 의미를 부여하는 능력이 탁월했다. 그래서 전통적 유미주의에 기반을 둔 새로운 시의 세계를 개척한 시인으로 평가받고 있다. 시집 ≪화사(1938)≫에서부터 마지막 15번째 시집 ≪80 소년 떠돌이의 시(1997)≫에 이르기까지 정열적으로 새로운 시세계를 일궈내 해외에 대표 한국 시인으로 소개되고 있으며 한국시의 최고 경지를 일궜다는 평을 받고 있는데 이는 동국대 및 서라벌예대 교수로 재직하며 배출한 제자 문인들이 현재 문단의 중추를 이루는 등 많은 시인과 문인제자를 양성한 몫도 크다고 한다.

하지만 일제 강점기에 친일의 목소리를 내어 아직까지도 논란이 끊이지 않는 시인이기도 하다.

서정주(徐廷柱) 시인은 1915년 음력 5월 18일 고창군 부안면 선운리에서 부친 서광한(徐光漢)과 모친 김정현(金貞賢) 사이의 3남 2녀 중 장남으로 태어났다. 호는 미당(未堂 : 아직 성숙하지 않았다. 아직 어른이 되지 않았다는 뜻) 다츠시로 시즈오는 그의 창씨개명시의 이름이다.

일제 때 창씨개명해 근대교육을 받은 아버지 덕분에 비교적 유복하게 학문에 정진할 수 있었다. 아버지는 노름빚 때문에 풍비박산난 집안을 살리기 위해 소년 훈장 노릇을 했고, 마을 어부 과부댁 딸과 혼인을 했다. 이어 고창군청 측량기사를 거쳐 호남의 대지주 김기중(金性洙의 부친) 집에서 농감(農監 · 마름) 노릇을 했다. 일곱 살 무렵까지는 동네 서당에서 한문공부를 한 뒤, 줄포초등학교에 들어가 5~6학년 과정을 한해에 끝마쳤다. 아홉 살 때 질마재를 떠나 줄포에서 대갓집의 문지기로 들어가 인촌 김성수 일가의 머슴살이를 하였다. 1929년 중앙보통고등학교에 입학하였고 1930년 11월 광주민주학생사건 때 4인의 주모자가 되어 자퇴를 하기도 한다. 젊은 시절 정신분열 증세를 보인 적도 있었으며, 자살 미수사건도 있었다. 이후 박한영의 문하생으로 들어가 그의 권유로 중앙 불전에 입학하였고 1933년 〈그 어머니의 부탁〉을 「동아일보」에 발표하면서 시인의 길에 들어섰다. 등단 초기에 〈자화상〉, 〈화사〉, 〈문둥이〉 같은 개성 있는 시들을 발표해 문단 일각의 주목을 받았다. 1936년에는 김동리, 오장환, 김달진, 함형수 등과 함께 「시인부락」 동인지를 펴냈다. 1936년 「동아일보」 신춘문예에 〈벽(壁)〉이라는 시가 당선된 후 해인사로 내려가 순장(巡長)노릇을 하며 지냈다. 제주도에 잠깐 내려가 있다 1937년 고창 고향집으로 돌아와 지친 육신을 쉬면서 화투 패를 떼보고 선을 본 방옥숙 여사와 결혼했다. 1941년에는 서울로 돌아와 1년간 학생들을 가르쳤다. 이 해에 그 동안 쓴 시를 모아 처녀시집 ≪화사집(花蛇集)≫을 출간했다. 남만서고에서 나온 이 시집은 한국 현대시사의 금자탑으로 평가된다.

하지만 1943년과 1944년, 그는 생애에 가장 커다란 오점을 남기고 말았다. 친일(親日)작품을 썼던 것이다. 현대 한국의 최고 시인으로서 그가 보인 행보는, 같은 시기에 총독부를 등진 집에서 시래기죽으로 연명하던 만해가 영양실조로 숨을 거두고, 이육사와 윤동주가 외롭게 최후를 맞은 것과 크게 비교되는 대목이다. 해방 이후에는 우익문학 진영으로 들어가 공산주의 문학이론을 타도하기 위한 '조선청년문학가협회'를 결성하였다. 1940년부터 1960년까지 각종 보직을 맡고 상을 수상했다. 그는 여유 있는 노년을 보냈으며, 부인 방옥숙(方玉淑)씨 별세(2000. 10) 이후 곡기를 끊고 맥주로 연명하다 2000년 크리스마스 이브인 12월 24일 13시 서울 강남 삼성병원에서 숙환으로 85세에 별세했다.

〈문둥이〉는 1936년 11월 14일 「시인부락」 창간호에 처음 발표된 작품이다. 미당 서정주가 주재한 「시인부락」은 그 해 12월 제2호를 내고 종간했으나 함형수, 김동리, 오장환, 김광균, 김달진 등 쟁쟁한 문인들이 동인으로 참여했다.

책을 출판을 거듭할 때마다 출판사에 따라, 출판시기에 따라 원전과의 거리가 점점 멀어지다가 끝내는 그 작품의 의미를 훼손하게 되는 경우가 있다. 시는 소설에 비해서 원전과 크게 바뀌는 것이 없어 보이나 시라는 것 자체가 몹시도 섬세한 문구들이라 작은 변화에도 굉장히 크게 틀어져버린다. 원전을 옮긴 ①과 현행 전집류에 실린 것을 인용한 ①'를 비교하여 살펴보기로 한다.

①
〈문둥이〉

해와 하늘 빛이
문둥이는 서러워
보리 밭에 달 뜨면
애기 하나 먹고
꽃 처럼 붉은 울음을
밤 새 울었다.

①′
〈문둥이〉

해와 하늘 빛이
문둥이는 서러워
보리밭에 달 뜨면
애기 하나 먹고
꽃처럼 붉은 울음을 밤새 우렀다

원전에서 '보리 밭에 달 뜨면' 이라는 부분이 '보리밭에 달 뜨면'으로 바뀌었는데 이는 표준표기법 변화 때문이라고도 볼 수 있지만 이런 작은 변화에도 시의 호흡에 영향을 주는 것을 알 수 있다. '보리 밭'은 보리와 밭 사이에 호흡할 수 있는 기간이 있어서 아무도 없는 밤의 텅 빈 보리밭을 연상시키는데 '보리밭'은 어쩐지 합성어 자체의 느낌이 너무나 익숙해서 쓸쓸히 느껴지지 않는다. 이는 단어+단어(혹은 격조사, 어미) 사이를 띄워 줌으로써 독자에게 기존의 합성어, 일반적 쓰임이 아닌 '단어'로써의 이미지를 강화시켜 주는 역할을 하는데 아래 연에서의 '꽃 처럼' 이라던가 '밤 새'라고 사이를 띄워 놓은 부분도 같은 맥락으로 보인다. 띄어쓰기의 오류 같은 부분은 표준어법 개정과 함께 띄어쓰기 법칙이 바뀌면서 어쩔 수 없이 나타나는 습관적인 인쇄상의 오류겠지만 이런 작은 변화에도 원본 시의 호흡과는 차이가 생긴다.

①′에서 뿐만 아니라 대부분 새로 출판되는 미당시집에서 나타나는 오타는 '우릤다'의 사용과 6행의 유무(有無)다. 서정수 시인의 의도와는 다르게 '우렀다' 라고 마침표 없이 맺게 되면 '꽃 처럼 붉은 울음'이라는 섬세한 비유의 느낌이 미묘하게 변한다. 이것은 문둥이라는 추한 존재의 울음을 피가 베어 나올 것 같은 붉은 꽃(美)에 비유했기에 더욱 풍부한 감정을 느낄 수 있던 시인데 '울었다.'와 '우렀다'는 단순히 오타일 수 있지만 후자는 더 투박한 느낌을 주어 미추의 오묘한 균형을 깨뜨리기 때문이다.

마지막으로, 6행의 유무인데 원전에서는 앞에서 살펴보았듯이 '띄워줌', 즉 호흡의 미묘한 쉼을 주고, 그걸 조금씩 발전해 나가지만 두 번째 시에서처럼 마지막 행 구분이 사라지고 문장이 하나로 길어지면서 그전과의 호흡과 차이가 생긴다. 마지막 행이 앞의 네 줄과는 다른 속도로 읽혀지게 되는 것이 같아 부자연스럽고, 강렬한 이미지가 마지막에 폭발적으로 으르르 다 쏟아 내버리는 식으로 시 구조가 바뀌어 버린다.

한편 이 시에서는 작가의 자전적 요소가 거의 드러나지는 않는다. 하지만 그는 고향인 '질마재'에 어디에선가 보았을 만한 문둥이의 모습을 그의 상상력으로 반죽하여 그 때의 시대상을 넘어선, 강한 생명의식을 갈구하는 시로 빚어내었다는 것을 추측해 볼 수 있다. 피를 토하듯 우는 슬픈 울음을 '꽃처럼 붉은 울음을 밤새 울었다.'로 표현한 데서는 언어의 관능적 용법을 찾아볼 수 있을 뿐 아니라 꽃처럼 붉은 피가 배어나는 처절한 울음에서는 단순한 감각적 차원을 넘어선 근원적인 체험 의식까지 갖게 해 준다.

1940년대 순수문학과 민족문학 진영의 대립이 벌어지면서, 서정주는 생명파(우파) 시인으로써 활동하게 된다. 그래서인지 일제탄압이 극심했던 30년대 후반에 쓰여진 〈문둥이〉에서도 직접적으로 사회의 부조리와 현실을 이야기하고 있지 않다. 그래서 작품의 제목이기도 한 〈문둥이〉에 대한 1930년 대 후반(또는 1940년 초)에 사회적 인식에 중점을 맞춰 보았다. 천형(天形 : 하늘에서 내린 형벌)이라고 불릴 만큼 병에 대해서 무지했던 1930~40년대에는 정부의 정책에 의해서 대부분의 나병환자들이 소록도로 내몰리는 실정이었다. 국제 나학회에서는 나병이 치료 및 완치가 가능하다는 사실을 보고했지만 일제는 반대로 1930년대에 이르러 나병환자 격리정책을 더 강압적으로 실시했으며 격리된 환자들에게 치료보다는 강제 노동을 시키는 일종의 징용제로 이용했다. 1943년, 1948년, 1951년에 거쳐 국제 나학회에서 DDT가 치료제로 채택되었음에도 일본의 나학계는 이를 공론화하지 않았으며 일본이나 한국이나 나환자들의 격리정책을 계속했다. 이에 관련되어 같이 살펴볼 시가 한하운 시인의 〈전라도 길〉이다.

〈전라도 길〉
– 소록도로 가는 길
(중략)
가도 가도 붉은 황톳길
숨막히는 더위 속으로 절름거리며
가는 길.

신을 벗으면
버드나무 밑에서 지까다비를 벗으면
발가락이 또 한 개 없어졌다.

앞으로 남은 두 개의 발가락이 잘릴 때까지
가도 가도 천리(千里), 먼 전라도 길.

문둥병 환자들은 '저주받은' 죄인이 된 양, 발가락이 부러지고 닳아 없어져도 덤덤하게 소록도로 밀어내지고 있다는 것을 알 수 있다. 그들은 죄인이기에

순응할 수밖에 없었을 것이다. 서정주 시인에서 나병을 치료하기 위해 '애기 하나 먹고'라는 끔찍한 속설을 사용한 것은 이런 문둥이들의 저주받은 운명의 비극성을 강조하고 있고, 당시 사회에서의 문둥이를 공포와 추한 존재로 여겼음을 알 수 있다.

〈문둥이〉는 미당의 제1기 시세계 대표하는 작품으로 짧지만 생명의 꿈틀거림에 빠져 있던 초기 서정주의 시세계를 잘 압축하고 있다. 보들레르의 영향을 강하게 받아 악의미를 추구하는 악마적이며 원색적인 시풍과 토속적인 분위기를 배경으로 한 인간의 원죄의식과 원초적인 생명력을 읊으며 자의식과 관능적 욕구에 몸부림치는 젊음과 원죄적 세계관을 치열하게 드러내었다고 평가된다. 첫 시집이니 만큼 미당이 젊었을 때의 열정적이고 실험적으로 쓴 시들이 많은데, 나중에 이것들이 거름이 되어 그의 원숙한 시세계 창립과 확고한 자리매김을 할 수 있게 되었다.

이 작품에 사용된 언어 가운데 특별히 재해석이 필요한 부분은 거의 없다. 워낙 짧은 시라 그런 탓도 있겠지만 문둥이에서 쓰고 있는 단어들이 낯선 단어들이 아니기 때문이다. 이미 지어진 지 70년 전의 원전인데도 시간을 넘어서서 꿀꺽 이해시키는 힘, 이것이 미당 서정주의 힘이다.

〈참고 자료〉

■ 기본자료

서정주, ≪서정주 전집 1≫, 믿음사, 1994.
한하운, 『한하운 시초』, 정음사, 1955.

■ 국내서적

김화영, 『서정주 시에 대하여』, 민음사, 1984.
송하선, 『미당 서정주 연구』, 선일문화사, 1991
송희복, 『서정주 초기시의 세계』, 1991.

■ 참고 사이트

http://100.naver.com/100.nhn ? docid=724142
http://blog.daum.net/sisyph42/13424310
http://blog.daum.net/timeb2h/5750012 ?

http://blog.naver.com/khss1529 ? Redirect=Log&logNo=140012020143

http://blog.naver.com/kmin1100/40041335686 ?

http://blog.naver.com/pinetree0102 ? Redirect=Log&logNo=30013315290

http://cafe.naver.com/icerilla.cafe ? iframe_url=/ArticleRead.nhn%3Farticleid=1084 ?

http://cafe.naver.com/islha.cafe ? iframe_url=/ArticleRead.nhn%3Farticleid=140 ?

http://cafe.naver.com/outopia/220 ?

http://cafe.naver.com/weijlyang5410.cafe ? iframe_url=/ArticleRead.nhn%3Farticleid=7 ?

http://cafe103.daum.net/_c21_/bbs_search_read ? grpid=X5lQ&fldid=4TnQ&contentval=0001qzzzzzzzzzzzzzzzzzzzzzzzzz&nenc=Hv7cpn_fcIjA9CvZxtwHjQ00&dataid=114&fenc=M6vX9EHtwR10&docid=X5lQ|4TnQ|114|20080305165613&q=1940%B3%E2%B4%EB%20%B9%AE%B5%D5%BA%B4

http://cafe349.daum.net/_c21_/bbs_search_read ? grpid=1B0uo&fldid=6QuL&contentval=0000Mzzzzzzzzzzzzzzzzzzzzzzzzz&nenc=Hv7cpn_fcIimu9ThcwusuA00&dataid=22&fenc=fMNfd.AbvC10&docid=1B0uo|6QuL|22|20071221114606&q=%BC%AD%C1%A4%C1%D6%20%B9%AE%B5%D5%C0%CC

http://enc.daum.net/dic100/contents.do ? query1=b11s3867b

http://enc.daum.net/dic100/contents.do ? query1=b11s3867b ?

http://kin.naver.com/detail/detail.php ? d1id=11&dir_id=110103&eid=r6qhcopGdKaXsaluYbrpSPpa9zNYIBn0&qb=vK3BpMHWILmutdXAzA==

http://korstudy.com/technote/read.cgi ? board=people&x_number=988033450&ryal=2&nnew=1

http://myhome.naver.com/woomi9/poem/scj200.htm ?

http://news.naver.com/main/read.nhn ? mode=LSD&mid=sec&sid1=106&oid=038&aid=0000042189

http://user.chollian.net/~bioman/ilban/guker/guksa/hyun/jakga/seojungju.htm

http://www.hongkgb.x-y.net/m-literature/m-poem/m-poem-view.htm ?

http://www.kll.co.kr/20History/letter_lit_view.html ? id=surri&no=193173&p=1&p1=&srchid=BRDBBS4JSfT

http://www.kll.co.kr/60Lit_open/pgen_list_view.html ? no=170500&srchid=BRDBBS1mv8N

http://www.njoyschool.net/data/lesson/newbbs/%EA%B5%AD%EC%96%B42-2%ED%95%99%EC%8A%B5%EC%9E%90%EB%A3%8C_%EC%A1%B0%EC%84%A0%EB%AF%B8%EC%83%98.hwp ?

http://www.seelotus.com/gojeon/hyeon-dae/si/sijagpum/jagpum/sa/seojeongju-mundungi.htm ?

사회·문화비평

제 3 장

1. 개요
2. 심층 연구
3. 사회 · 문화비평의 실제

"勝者는 열심히 일하고, 열심히 놀고, 열심히 쉰다.
敗者는 허겁지겁 일하고, 빈둥빈둥 놀고, 흐지부지 쉰다."

1. 개 요

社會·文化 批評 *Social and Culture Criticism*은, 문학작품을 사회적·문화적 요인들의 복합적인 상호작용의 결과나 산물로 보고 작품을 생산한 사회나 문화에 대해서 충분히 이해하고자 하는 비평방법이다. 다시 말해서 문학은 사회적 현상이고, 문학의 창조는 사회적 행위이다. 그리고 아리스토텔레스가 말한 것처럼 인간은 사회적 동물이요, 인간의 의식 또한 사회적인 산물이라고 할 때 문학은 사회학적 관점으로 이해된다. 말하자면 문학작품을 사회적 및 문화적 요인의 복잡한 상호관계의 반영이나 결과로 해명하려는 방법이다. 그러므로 사회·문화적 비평은 문학과 사회제도, 작가의 사회적 지위, 문학적인 소재로서의 사회의 여러 양상, 문학의 전달과 공급과 같은 문제를 주요 과제로 삼는다. 넓은 의미에서 역사주의 비평과 매우 유사하다고 생각될 수 있으나 실증적이기보다는 "이념적"이고 "이데올로기"를 내세운다는 점이 다르다. 사회계층 간의 갈등이 작품을 낳는 충동으로 보며 작품은 그 갈등을 해결하는 것을 중요한 핵심으로 삼기도 하는 것이다.

사회학적 비평가는 문학이 작가에 의해 창조된다는 역사주의 비평가와는 달리 사회·구조적 조건이 문학을 낳는다고 보았다. 그리하여 문학작품의 텍스트·언어 조건·전달의 방식 등에는 별로 관심을 갖지 않는다. 그 밖에 작가의 전기·장르·관습·전통 등에도 큰 중요성을 부여하지 않는다. 윌슨이 『문학의 역사적 해석』에서 분명히 제시한 것처럼 사회학적 비평가의 중요 관심사는 문학작품과 삶의 현실과의 상호 관계가 있다. 일차적으로 문학작품과 사회·경제·정치 등과의 관련에 유의하지만, 그러나 넓은 의미에서는 윤리·문화와의 관련을 또한 빼놓지 않고 유의한다. 사회학적 비평가의 글에 사회적·정치적·윤리적이란 용어나 그것들의 파생어·동의어가 자주 보이고 있는 것은 이 때문이다. 그리하여 사회학적 비평가는 때로는 역사주의 비평가나 심지어 심리주의 비평가, 신화 비평가와 구별이 되지 않을 때가 있지만 형식주의 비평가와 혼동되는 경우가 거의 없다.

근래 문학에 대한 사회학적 접근에서 두드러진 것은 마르크스와 엥겔스의 문학에 대한 성찰일 것이다. 20세기의 문학 사회학적 업적 가운데 가장 두드러진 것으로 꼽히는 골드만과 루카치의 이론도 근본적으로 마르크스적 이데올로기의 테두리 안에서 이루어진 것이며, 오늘날 문학과 사회의 문제를 취급하는 사람들의 글에서 마르크스와 엥겔스의 영향은 쉽게 발견되고 있다. 이 비평은 생산수단을 쥐고 있는 사람, 즉 사회의 초구조 *super structure*와 예술 · 종교 · 철학을 포함한 인간의 행위나 모든 제도는 인간의 물질직 욕구에 의해 결정된다는 마르크스와 엥겔스의 주장에 이론적 근거를 두고 있다.

19세기 후반에 엥겔스는 예술을 선전적인 목적으로 사용하기보다는 예술은 그 도식적 성격이 뚜렷하거나 박해를 받는 것이 가장 적을 때 사회적으로 가장 효과적이라고 말한 적이 있다. 이러한 견해에도 불구하고, 마르크스주의 입장의 압도적 추세는 예술이 궁극적으로 물질에 의해 결정되어진다는 방향으로 기울고 있다.

특히 마르크스주의 비평의 특징은 근본적으로 유물사관이며, 문학을 사회주의 건설을 위한 계급투쟁의 표현인 동시에 수단으로 생각하는 데 있다. 마르크스는 모든 정신적인 것은 경제의 생산과 분배라는 하부구조 위에 구축되는 상부구조이며 그 시대의 지배자는 이 생산수단을 쥐고 있는 사람들이라고 하였다. 따라서 문학은 생산수단을 쥐고 있는 사람, 즉 무산자 계급의 투쟁의 현실을 반영하여(사회주의 리얼리즘 *socialist realism*) 그러한 투쟁의 사상 · 행동 · 감정 · 생활을 얼마나 잘 그렸으며, 그것이 무산자의 승리를 예견 또는 보장하는 것으로 형상화되었느냐 안 되었느냐에 따라 가치를 판단한다. 그렇기 때문에 마르크스주의 비평은 주로 사회주의의 정치 · 경제 · 행동의 강령을 내세워, 작가와 작품이 그 강령을 문학적 행위로 얼마만큼 실천하였는가의 여부로 작품을 평가한다. 이와 같이 마르크스주의 비평이 사회주의 강령에 일치하는 생활양식을 묘사하고 교리를 요구할 때 문학은 사회주의 건설을 위한 선전도구가 되는 것은 분명하다. 그 결과, 셰익스피어의 〈폭풍 *Tempest*〉이 식민주의의 정치이념을 다룬 작품이며, 가장 천대받는 작중 인물인 칼리반이

야말로 그 작품에서 최고의 자유주의자라는 기발하고 왜곡된 해석을 낳기도 하는 것이다.

전 세계에 마르크스주의 경제 및 사회이론이 급속히 파급되었기 때문에 마르크스의 문학이론이 모든 나라에 영향을 끼치고 있다. 그러므로 마르크스주의가 많은 문학연구에 있어 사회적 관점을 높이는 데 기여한 것은 무시할 수 없다.

특히 마르크스주의 비평은 사회주의의 교조적인 비평에서 벗어나 루카치를 비롯하여 네오 마르크스주의 아래 독자적인 비평 세계를 보여준 것은 마르크스의 방법을 분별력 있게 사용한 좋은 예다.

마르크스주의 비평과 같이 문학과 사회와의 관계를 도식적이고 기계적으로 해석하지 않기 위해, 문학사회학은 어디까지나 문학과 사회의 관계를 획일적인 인과법칙이 아니라 유기적인 상관관계 속에서 고찰해야 한다. 즉 사회 · 문화적 비평은 문학과 사회의 관계를 밝히면서도 문학의 특수성을 찾아내는 방법이다.

정약용은 일찍이 임금을 사랑하지 않고, 나라를 걱정하지 않는 것은 시가 아니며, 시대를 근심하지 않고, 풍속을 분개하지 않는 것은 시가 아니며, 장점을 찬미하고 단점을 풍자하며, 미를 권장하고 악을 징계하는 뜻이 없는 것은 시가 아니라고 하여 문학이 사회에 끼치는 긍정적인 영향을 말했는가 하면, 플라톤은 그의 『理想國論』 제 10권에서 '시인이 선량한 신에 대해서 거짓말을 하고, 미련한 인간을 모사하고, 인간의 행복과 미덕을 방해하는 감정이 오히려 지배적인 자리를 준다는 이유로 시인을 그의 이상적인 공화국에서 추방해야 한다'고 문학이 사회에 끼치는 부정적인 영향에 대해서 언급한 바 있다.

문학은 개인의 사상과 감정의 표현이라는 널리 알려진 정의 못지않게 문학은 사회의 표현이라는 정의 역시 우리에게 익숙한 말이다. 이 정의는 드 보날드 *De Bonald*에 의해 주장되었지만, 일반적으로 테느 이래 널리 보급되어 왔다. 테느는 역사주의 비평가였으나 사회 · 윤리적 비평의 형성에도 크게 기여했다.

사회 · 문화비평가는 역사주의 비평가에서 중요시하는 문학의 근원적 요소들, 이를테면 작품의 제작연대, 작가의 전기, 언어의 변천, 전달의 방식 등에 대하여 별로 관심을 가지지 않는다. 그리고 문학의 장르, 관습, 전통에 대해서도 큰 중요성을 부여하지 않는다. 다만 문학의 사회적 역할이나, 현실생활과의 관계를 찾아 내는 것이 그들의 주관심사다. 일차적으로는 문학과 사회, 정치, 경제 등과의 관계에 유의하지만, 윤리, 문화와의 관계를 또한 빼놓지 않고 유의한다.

그렙스타인 *S. N. Grebstein*은 사회 · 문화비평의 특징을 다음과 같이 요약하고 있다.

(1) 문학작품은 그것을 낳게 한 환경, 문화, 문명들과 분리할 수 없다. 문학작품은 작품 그 자체보다 가능한 한 넓은 문맥 속에서 연구되어야 한다. 모든 문학작품은 사회적, 문화적 요소의 복합적인 상호작용의 결과이고, 또한 그 자체가 복합적인 문화적 객체이며, 고립된 형상은 아니다.

(2) 문학작품 속에 구현된 사상은 작품의 형식이나 기교 못지않게 중요하다. 작품의 형식이나 기교는 부분적으로는 작품의 사상에 의해 결정되고 이루어진다. 더욱이 작품의 질이나 그것이 야기하는 비평적 반응은 사상의 질과 정비례한다. 어떠한 위대하고 생명력 있는 작품도 보잘 것 없고 천박한 사상의 토대 위에서 이루어진 경우는 없다. 이런 의미에서 문학은 진지한 것이다.

(3) 생명력 있는 문학작품은 그것을 나오게 한 당시의 문화나 개개의 독자와의 관련에 있어서 매우 도덕적이다. 문학작품이 특정한 관례나 행위 체계를 지지하는 경우는 삶에 몰두하여 삶에 대해 가치 있는 반응을 나타내는 경우보다 덜 도덕적이다. 나이츠 *L. C. Knights*가 말한 바와 같이 문학작품은 도덕적 경험이다. 말하자면 사상, 이념, 이데올로기의 표현이다.

(4) 사회는 두 가지 방법으로 문학작품에 도움을 준다. 특정한 물질적 요소나 힘, 집단적 흐름인 전통이 바로 그것이다. 이러한 문화적 흐름은 문화적 전통, 관습들을 포함할는지 모르나 그것이 문학적 관습에 국한된 것은 아니다. 따라서 형식과 내용은 사회적 발전 — 예를 들어, 소설의 발생은 중산층의 발생에 영향을 받는다 — 이나 문화적 취향의 사소한 변화를 반영하기도 한다.

(5) 문학비평은 작품 자체의 심미적 관조 이상의 것이 되어야 한다. 비평은 예술 창조에 영향을 끼칠 수 있고, 또 끼쳐야만 하는 생명력 있는 활동이다. 그것은 작가의 기교나 소재 선택을 지시함으로써가 아니라, 위대한 예술이 생겨나게 된 일종의 계기를 유발시키고, 보편적 문화에 연결되어 독자와 예술가 모두를 활성화시키는 예술에 대한 일종의 비평적 논의를 고무시킴으로써 이루어진다.

(6) 비평가는 과거나 현재의 문학작품 모두에 관심을 기울여야 한다. 비평가는 과거의 방대한 문학작품으로부터 현대문학의 척도를 마련한다. 그러나 그의 관심은 결코 역사주의 비평가처럼 지나간 과거의 복원에 있는 것은 아니다. 각 시대는 각기 다른 선호와 강조를 요구하기 때문에 비평가가 선택하고 재평가하는 작품은 동시에 일시적이며 끊임없는 것이다. 그는 수 개의 언어와 문학을 섭렵하고, 그 수 개의 언어와 문학에서 적절한 작품을 선택하여, 동시대의 저자와 예술의 현대적 조건과 선택된 작품과의 관계를 논증한다. 예술과 독자와의 이러한 매개 역할에서, 비평가는 동시대의 작품을 주목해야 한다. 그는 자신이 비평적 기능의 필수적이고 중요한 부분을 동시대 작품의 평가라고 생각한다. 이러한 이유 때문에 많은 사회 · 문화비평가들은 다른 종류의 비평가들이 부차적 기능이라고 하는 평론가로 활동한다.

트릴링 *Lionel Trilling*의 논문 『쾌락의 운명 *The fate of pleasure*』에 의하면 문학은 정치, 윤리, 심리, 종교와의 상호 관련성에서 검토되어야 하며, 특히 핵심되는 것은 윤리와 문화이다. 문학은 정치학과 같이 사회적 제도이며, 그 안에서 문학은 인간의 욕망과 결합되며 창조되어지도록 강요된다. 우리는 문화적 계층 인식에 대한 트릴링의 사고에서 역시 마르크스주의 요소를 발견할 수 있다. 즉, 우리의 문명에서 적대 세력은 돈이나 사회계급에 의해서가 아니라, 예술적 취향에 의해 나누어졌다는 것이다. 지배계층, 다수계층, 그리고 잠재적인 파시스트 계층은 여전히 쾌락과 쾌락의 추구를 긍정하는 예술을 믿는다. 그러나 소수계층, 도덕적으로 충실한 계층은 쾌락을 부인하고, 쾌락을 공격하는 예술을 긍정한다. 트릴링의 논점은 이러한 것들을 더욱 설득력 있게 한다.

한편, 르웬탈은 문학의 사회학적 연구를 수행함에 있어 다음 네 가지의 주요 과제가 생긴다고 말한다.

1) 문학과 사회제도

문학은 광고도, 상업도, 종교도, 교육도 아니다. 그러면서도 문학은 사회의 그런 행위 및 기능과 밀접한 관계를 가지고 있다. 사회와 시대에 따라 그 관련성이 달라지는 것은 사실이다. 20세기 초에 최남선이나 이광수는 문학의 교육적 기능에 유의한 지성인들이었다. 이른바 문학적 계몽주의를 당시 사회의 요청으로 인식하였던 것이다.

민족적 좌절에서, 더 직접적으로는 개인의 좌절에서 정신과 육체의 병을 앓고 있던 1920년대의 낭만주의적 문학은 일종의 도피였고, 이 경우에 문학은 좌절의 고통을 일시나마 잊게 해 주는 환각제 역할을 했다고 할 수 있다. 정치나 경제 방면으로의 좌절이 많은 지성인들을 퇴폐적, 환상적 탈출구로 몰아갔는지 모른다. 이러한 특수 환경 아래 지성인들은 그들 나름대로 하나의 특수 사회집단을 이룬다.

일정한 이념적 목표를 향하여 민중을 유도하는 일은 문학이 자주 행하는 일이다. 이 경우에 문학 자체가 그 이념을 형성한다기보다 사상, 철학, 종교가 그 일을 한다고 할 수 있다. 다시 말해서 일종의 광고 *propaganda*라는 사회적 기능을 떠맡게 되는 것이다. 드라마는 흔히 사회 환경에 부응하여 대중 속으로 파고 들어가는 경우가 많이 있다.

문학 장르의 발달과 사회제도와의 연관성에 대해서도 고찰해 볼 필요가 있다. 예를 들어, 시조 장르는 본래 양반층의 전유물이었으나 양반층이 없는 현재에도 존재하고 있는 이유를 조사해 볼 일이다.

2) 작가의 사회적 지위

문학연구에 있어서 작가의 사회적인 지위를 찾아 내는 작업은 중요하다. 작가라는 집단이 지니고 있는 특성에 대해서 사회학적으로 조명할 필요가 있다는 말이다. 상업주의에 물든 작가로부터 사명감에 젖어 열심히 작품을 쓰는 작가에 이르기까지 작가 집단에는 수없이 많은 부류가 있음을 알 수 있다. 이른바 베스트셀러 작가들은 사회적으로 어떤 지성적 형태를 대표하는지 규명해 보는 것도 흥미 있는 일이 될 것이다. 일반 사업가와 그 의식세계를 비교해 봄직하고, 돈을 잘 버는 작가가 사회에서 선망의 대상이 되기도 하지만 손가락질을 받는 양극화 현상에 대해서도 연구해 볼 만하다. 또한 서양의 경우 돈 많이 버는 작가가 반드시 통속 오락작가가 아니며 오히려 일류작가인 경우가 많다는 점에 대해서도 관심을 가져볼 일이다.

작가가 어떤 사회에서 살고 있느냐에 대한 문제 또한 대단히 중요하다. 예를 들어, 사회주의 국가에서 활동하고 있는 작가는 작가연맹이라는 제도적 장치에 의해서 다분히 정치적 세력으로 존재한다. 시류에 편승하는 작가가 있는가 하면 상당수의 작가는 소명감을 가지고 묵묵히 좋은 작품을 위해 고심하기도 한다.

작가의 사회적 지위를 보장하고 있는 여러 가지 조건, 예를 들면 글 쓰는 사람에게 보통 주어지는 직업의 종류, 수입의 원천 등이 문제가 된다. 동서양을 막론하고 상당수의 작가는 교직에 종사하고 있는 데, 그 원인이 어디에 있는지 조사해 보는 일도 흥미 있을 것 같다.

사회적 통제를 위한 각종 제도의 압력 관계도 알아볼 과제이다. 독자의 여론과 작가의 활동범위, 사제관계, 학벌관계, 문인단체 등도 작가의 창작활동에 영향을 미친다고 할 때 간과할 일이 아니다.

사회생활의 여러 메커니즘과 기술의 영향도 작가의 사회적 여건이 되고, 수요공급의 메커니즘도 작가에게 어떤 자극 또는 제약을 가져다 주기 마련이다. 현상공모의 경우 작가는 독립된 창작가라기보다 상품의 프로모터와 합작하는 사업가로 전락되기 쉽다.

끝으로 작가들이 살고 있는 시대의 경제 문화적 환경은 대단히 중요한 창작

여건이 된다. 작가들은 환경에 어떤 반응을 보이고 있는지 유념해 볼 필요가 있다.

3) 문학적 소재로서 사회의 여러 양상

사회의 여러 양상은 문학의 소재가 된다. 즉 우리는 많은 작품 속에서 한 시대의 사회상을 추출해 낼 수 있다. 사람은 사회적 동물이기 때문에 사람을 소재로 한 일체의 작업은 사회학적 의의를 가진다. 테느가 문학적 기록에 나타난 자료만을 가지고 각 시대의 사회상을 재구성하려고 시도한 이래 문학의 역사 사회학적 자료로서의 가치는 널리 인정되고 있다.

그러나 특정한 개인의 상상력의 소산인 허구를 가장 근본적인 테두리로 삼고 있는 문학이 외부의 사회상과 일종의 관련을 갖고 있음은 확실하나 그것이 액면 그대로의 반영이라고 볼 수는 없다. 작품 속의 사회와 실제 사회와의 관계를 정확히 측정하기는 곤란하기 때문이다.

문학이 어디까지나 허구라고 볼 때, 여하튼 허구가 그 시대를 정확히 반영하는 거울이라고 하기에는 무리가 간다. 엄격히 말하자면, 작품에 나타나는 사회상은 한 사회에서 어떤 특정한 그룹을 형성하고 있는 일부 인텔리겐치아가 보는 사회상과 관계가 있다.

그러나 사회학적 방법을 터득한 비평가는 작품을 다룰 때의 위험을 인식하고 있어야 한다. 그런 비평가는 대체로 사회학적이라고 규정지을 문제만을 다루는 경향이 있는데, 문학은 직접적으로 사회학적인 요소만으로 되어 있는 것은 아니다. 문학에는 현실사회에서 보는 바와 같은 거시적 사회현상보다는 세밀하고 내면적이고 개인적인, 즉 미시적 사회현상이 더 많이 취급된다는 것을 알아야 한다. 그런 까닭에 사회학적 시각을 가진 학자가 고독한 개성의 서정시를 자기의 연구 목적을 위하여 무가치한 것으로 간과하기 쉽다.

문학작품은 결국 외부의 사회상이 민감한 개인(작가)의 내면으로 파고 들어간 형태가 다시 표출된 것이라고 할 수 있다. 이렇게 보면 사회학적 문학의 해석은 지식사회학의 한 분야가 된다. 르웬탈은 '문학적 테마와 문체로 이루어진 개인적 방정식이 곧 사회적 방정식으로 전환된다'고 말하고 있다.

4) 문학의 전달과 공급

문학작품은 궁극적으로 독자를 의식하고 쓰일 수밖에 없다. 따라서 사회학적 비평가는 이른바 독자 사회학이라는 연구 분야를 얻게 되는 것이다. "독서가 사회에 미치는 영향"을 연구하려면 다음과 같이 거쳐야 할 단계가 있다고 이상섭은 주장한다.

첫째로 사회 전반의 현상이 저작 및 독자층에 어떤 영향을 주는지 규명해야 한다는 것이다. 전쟁과 평화시, 경제적 번영기와 공황기의 문학의 수요공급의 변화, 문학의 질, 형식, 소재가 사회현상에 따른 변화, 독서물의 공급관계, 출판업계, 발행 부수, 단행본과 잡지의 경쟁관계, 각종 도서관의 열람 및 대출 상황 등은 문학의 사회적 영향을 구체적으로 가늠하기 위한 자료가 된다는 것이다.

둘째로 창작과 창작물의 보급에 관한 사회의 법률적 규제가 미치는 영향을 생각해야 한다는 것이다. 작가들의 원고료 지급문제, 공공도서관의 관리, 국제적 위상을 높이는 일과 관련된 번역문학 활성화 문제 등이 독자사회에 중대한 영향을 미치기 때문에 정책적인 배려가 필요하다.

그 밖에 출판업자들의 상업적 전략과 같은 조작적 통제가 또한 독자들에게 영향을 크게 미치는데 이에 대한 문제도 연구해야 된다는 것이다. 서적 광고, 술, 판매술 등의 발전은 최근 놀라울 정도여서 이른바 전반적인 출판 사항에 대해서 조명해 볼 필요가 있다. 베스트셀러에 대한 진상 문제도 면밀히 검토해 보아야 하고, 출판물의 허가 범위로 인한 작품의 창작 방향도 조명할 필요가 있다.

2. 심층 연구

문학의 사회적 기능이 순수한 미적 가치보다 중요하다는 인식은, 플라톤이 그의 공화국에서 '시인은 선량한 신에 관해서 거짓말을 하고 미련한 인간을 모사하며, 인간의 행복과 미덕을 방해하는 감정에 오히려 지배적인 자리를 준다.'는 이유 등으로 그의 공화국에서 추방해야 한다는 이론에서부터 출발하였다고 하겠다.

비코는 인간의 예술과 관습은 그것을 만들어 내는 사람들이 살고 있는 그 지리적 · 풍토적 환경의 산물인 동시에 그 시대의 사회적 발전단계의 산물로 해석함으로써 비로소 사회 · 문화 비평의 길을 열어 놓았다. 현대에 와서는 실존주의적 관점에서 문학의 사회적 기능을 강조한 사르트르 *J. P. Sartre*를 비롯하여 변증법적 유물론의 미학에 바탕을 두고 분열된 전체성의 재구성을 시도한 루카치, 예술의 창조와 수용을 사회적 연관 속에서 추구하면서도 예술의 독자성을 존중한 하우저 *A. Hauser*, 현실을 묘사하고 기술하는 관점 및 스타일을 그 시대의 사회 · 문화적 문맥 아래서 규명한 아우얼바하 *E. Auerbach*, 문학의 생산 · 분배 · 소비의 사회학을 실증적인 방법으로 접근한 에스까르삐 *R. Escarpit*, 문학의 역사성과 예술성의 통합을 시도하여 수용미학을 확립한 야우스 *H. R. Jauβ*, 사회구조와 소설구조 사이의 상동관계를 밝히기 위해 발생론적 구조주의를 제창한 골드만 *L. Goldmann* 등이 있는데, 이들 모두는 대체로 '문학작품이란 사회적 · 문화적으로 조건 지어진다.'는 전제만은 줄기차게 고수하고 있다.

우리 문학사에서 문학의 사회적 의미나 가치의 차원에서 논의되기는 이미 오래 전부터인데 과거에 시를 載道之器라고 생각했던 유교적 문학관에서 시작하여 문학을 이념이나 윤리 도덕의 표현으로 생각했던 문학관의 산물은 모두 사회 · 문화 비평의 대상이 된다. 개화기 이후 신문학사의 흐름에서도 문학을 계몽과 교화의 수단으로 생각했던 계몽 문학이 그렇고, 문학을 현실의 반영이라고 생각했던 1920년대 리얼리즘 문학이나 계급주의 문학론도 따지고 보면 테느의 결정론적 비평관이나 마르크스의 유물론적 변증법이라는 반영론에 그 근거를 두고 있었다. 광복 이후에 국문학 연구의 방법론으로 채택했던 실증주의적 연구에서 특히 작가의 생애나 시대배경을 필수적으로 생각했던 것도 문학을 역사나 문화의 일부로 보는 사회적 발상의 산물이었다. 1950년대 이후 모더니즘 계열이 보여주었던 역사와 현실의 직설적인 표현, 특히 김수영이나 신동엽이 보여준 문명 비판, 현실 풍자와 비판의 소리는 김지하에 이르러 더욱 극단화되었고, 이러한 발상의 확산은 현실의식을 계층이나 계급의 소외와 불평등이라는 도식주의적 논리와 연결되면서 1970년대 이후에는 농민문학, 노동문학, 민중문학이라는 정치문학의 맥락을 형성하게 되었다. 그리고 이러한 계층이나 계급적 저항과 대결의 의식성을 지닌 문학으로 확산되는 과정에는 일부 비판적 영향이 결정적인 역할을 한 것이다.

1960년대 이후 사르트르의 참여문학론이나 1970년대 백낙청의 시민문학론, 염무웅의 민중문학, 박태순의 제3세계의 문학, 신경림의 농민문학, 그리고 1980년대에 들어서 황석영의 삶의 문학, 박현채의 문학과 경제, 채광석의 민족문학 등 많은 평론들이 현실과 문학의 관계를 다루면서 특히 작가의 윤리를 사회 정의니 평등이니 하는 정치적 시각으로 정당화하여 실천문학, 행동문학, 해방문학이라는 이념적인 문학론으로까지 확대되었다. 이들의 이론은 급진사상과 결합하여 문학의 행동화, 장르의 해체, 소위 정의나 실현을 위한 문학의 무기화, 민중이념을 실천하는 수단으로서의 문학을 논의하는 실정이다. 문학을 사회학적 시각에서 바라보는 것은 문학도 인생의 표현이라는 넓은 시각에서, 그리고 문학의 다양한 이해를 위해서 시도해 볼 만하다. 그리고 궁극적으로 문학도 인생의 진실을 실현한다는 데는 이의가 있을 수 없다. 그러나 그 진실의 실현과정이 문학적인 수단이어야 하며 미학적 정서를 통해서 이루어져야 한다는 점을 명심할 필요가 있다. 따라서 문학의 주제가 반드시 인간의 계층이나 계급의 대결과 투쟁의 무기로 봉사하는 것만이 정당한 것이라는 논리는 자칫 문학의 근본 속성인 문학성을 망각하고 정치성으로 오도될 수 있다.

1) 마르크스의 유물론

마르크스와 엥겔스는 테느가 주장한 문학의 3대 요소인 種族 *race*, 時代 *moment*, 環境 *milieu*에 經濟的 要素를 새로 추가하였다. 그들은 생계를 세우는 방식, 즉 생산의 방법에서 사회계급을 추출해 내고, 이 생산의 방법이라는 경제적 과정이 문화의 기초를 이루는 것이라고 보았다. 이러한 인식에 기초하여 그들은 문학과 사회의 관계에 대해서 문학이란 문화의 다른 부분과 마찬가지로 생산의 여러 관계 위에 세워진 사회의식의 상부구조라고 하였다. 따라서 마르크스주의 입장의 압도적인 추세는 예술이 궁극적으로 물질에 의해 결정된다는 방향으로 기울고 있다. 결국 이들 논리의 필연적인 귀결은 계급주의적 이념의 도구로 전락시키는 것이다.

2) 아놀드의 문학비평

아놀드는 문학의 윤리적, 지적, 사회적 위상을 특히 강조하여, 문학의 개념을 교육적이라고 주장하였다.

그는 또 비평이 문학으로 하여금 지적 분위기를 산출케 하여 창작과정에 결정적인 역할을 한다고 주장하였다. 아놀드는 『현대 비평의 기능』이라는 책에서 비평을 이 세상에 알려져 있고 사고된 가장 좋은 것을 배우고 전하는 공평한 노력이라고 정의하고 있다. 따라서 그는 비평가는 자국의 문학에 한정하지 말고 전 유럽의 문학을 하나로 접근해야 한다고 강조하였다.

한편 그는 교양과 문학을 하나의 도덕의 전달 수단이라는 견지에서, 사회의 타락을 구제하는 길은 교양에 있다고 하였다. 결국 문학에서 비평이라 일컫는 것과 사회적 논문에서 교양 혹은 문화라 생각한 것이 본질적으로 하나라는 것을 보여 준다. 즉 그에게 있어서 비평가의 임무란 예술가를 자극할 수 있는 분위기를 조성하고 가장 훌륭한 문학지식을 민중이 피부로 느낄 수 있게 하기 위한 것이다.

3) 루카치의 리얼리즘

루카치는 역사·철학적 사상의 기초 위에 비평론을 전개하고 있다. 비평론에 나타난 그의 역사·철학적 사상은 인식의 생성, 진보에 대한 희망, 퇴보에 대한 두려움 등의 관념을 포함하고 있다. 그에게 있어서 진보라는 것은 능동적 사고가 전체성의 범주에 접근하는 것이고, 퇴보라는 것은 결국 서로 분리할 수 없는 이 두 요소가 따로 떨어지는 것이다. 따라서 그가 비평론의 임무로 생각한 것은 문학에 관한 모든 추구와 고찰에 전체성의 범주를 이끌어 들이는 것이다. 이를테면 루카치가 플로베르보다 발자크를 더 좋아한 것도 개인적 취미나 타율적 압력 같은 것에 의해서가 아니라 현실세계의 전체성에 얼마나 접근하고 있느냐에 따른 객관적 결정이었다. 그에 따르면 발자크는 세계에 대하여 그것을 정복하려는 정열로서 보았기 때문에『인간희극』과 같은 언어의 일대 제국을 이룩해 놓을 수 있었다. 그런데 플로베르는 이와 반대로 세계를 모멸적으로 보고 그것을 거울에 반영해 내듯이 묘사함으로써『보봐리 부인』속의 언어의 광채와 교묘함은 그 자체가 목적이 될 수밖에 없었다. 소설기법에 있어서 이 대조의 배후에 루카치는 자본주의 사회의 변모상을 투시하고 있는 셈이다.

모더니즘과 자연주의를 부정한 루카치는 카프카와 프루스트를 용납하지 않았고, 도스토예프스키의 재능을 무감각하게 보았고, 니체와 키엘 케고르의 세계관이 파시스트적이라고 몰아댔다. 이런 사실들은 루카치의 비평이 얼마나 준엄한 상황의식의 소산인가를 짐작케 하고, 반대자로부터 교조주의자로 불릴 만한 충분한 이유가 된다. 그러나 확실한 것은 그의 비평이 문학의 형식과 철학을 정치적, 경제적 관계 아래 놀라운 깊이로 다루고 있는 점과 아무도 루카치보다 리얼리즘을 투철하게 논한 사람이 없다는 점이다.

4) 한국의 사회주의 리얼리즘

한국에서 사회주의 리얼리즘이 논의된 것은 1933년으로 안막이 처음으로 사회주의 리얼리즘을 제시하였으나 김남천, 안함광이 이를 반대하였다. 사회주의 리얼리즘은 카프 내에서 찬반양론으로 분열되었다가 카프의 해산으로 종결되었다.

결국 한국에서는 사회주의 리얼리즘이 논의만 되었지 본격적으로 도입되지 못했다. 1945년 직후 프로 문학과 민족주의 문학과의 논쟁이 제기되나 이 논쟁은 사회주의 리얼리즘의 수용이나 그 본질에 대한 논쟁은 아니다.

그러나 분단 이후 북한에서 사회주의 리얼리즘이란 용어는 김일성의 교조주의와 결합하여 지금까지 계속되고 있다. 평양에서 발행된 『문학예술사전』에서는 '사회주의적 사실주의 창작방법이란 전형적인 환경에서 전형적인 성격을 혁신적인 구체성과 혁명적 발전과정 속에 진실하게 묘사하되, 공산주의적인 긍정적 주인공을 주도적인 립장에 세워 형상화하는 창작방법이다'라고 사회주의적 리얼리즘을 설명하고 있다.

그러나 북한은 1970년대에 와서 김정일의 세습체제의 확립이라는 과제가 대두되면서 이른바 種子論과 主體文藝理論이 문예정책으로 보완되었다. 종자란 작품의 핵을 이루는 요소로서, 작가는 종자를 똑바로 잡아야 하고, 그래야 사상적, 미학적 의도를 정확히 전달할 수 있는 작품을 쓸 수 있다고 본다. 동시에 그 작품의 가치도 규정하는 기본 문제가 된다. 종자는 작품의 핵으로 주제와 소재에 모두 관련되며 그 기본은 사상에 두되 주제와 소재는 그 핵에 의하여 제약되고, 종자의 선택은 김일성의 교시와 노동당 정책에 맞아야 한다는 것이다. 따라서 북한의 사회주의 리얼리즘은 북한식 사회주의란 명목 아래 김일성 우상화 정책에 복무하는 侍女的 논리로 변질되어 있음을 알 수 있다.

사회주의 비평의 핵심

작품의 사회적 · 윤리적 가치를 중시하는 시각

(1) 특징

문학의 윤리적 의의를 중시해 작품에 담긴 정신적 깊이를 해명하고 평가하는 데 치중하는 비평유형을 윤리비평이라 하고, 윤리비평이 내용적으로 심화되어 작가의 세계관, 이념, 가치의식 등에 관한 내용이 주가 될 때 사회비평이라고 할 수 있다.

(2) 대표적 사례

① 공자 : "詩三百 一言以蔽之曰 思無邪"(시삼백 일언이폐지왈 사무사)
– 시 삼백편을 두고 한 마디로 말하면 생각함에 사악함이 없는 것이다.

② 이황 : "문학 또한 마음을 바르게 하기 위한 것이어서 가벼이 여길 수 없다."

③ 호러스(*Horace*, 호라티우스, 로마시인, B.C. 65-8) : "시는 즐거움과 함께 유익한 가르침을 베풀어 준다."

④ 테느 : 사회학적 비평의 선구자라 할 만하다. 그는 문학의 형태와 내용을 결정짓는 세 가지 원천으로 종족, 환경, 시대를 꼽았다.

(3) 작가를 개인이면서 동시에 해당 사회와의 유기적 연관 속에서 존재하는 복합적인 존재로 보는 관점에 기초한 사회학적 비평의 흐름은 19세기에 대두한 리얼리즘(사실주의)을 원류로 하여 형성되었다.

(4) 현실적 측면을 보다 중시하는 문학적 관점을 말한다.

(5) 사회학적 비평의 주류는 20세기로 들어서면서 점차 사회주의 리얼리즘으로 발전해 나갔다. 사회주의 리얼리즘의 원류는 마르크스와 엥겔스에게서 찾을 수 있다. 사회주의 리얼리즘은 시, 산문, 연극, 영화 등 거의 모든 양식으로 시야를 확대하였다.

– http : //memolog.blog.naver.com/rootpia24/18 참조

(6) 다음 인물에 대하여 조사해 봅시다.

① 플라톤 *Platon*

② 코드웰 *Christopher Caudwell*

③ 비코 *G. Vico*

④ 헤르더 *Herder*

⑤ 호라티우스 *Horatius*

⑥ 루카치 *G. Lukacs*

⑦ 사르트르 *Jean-Paul Sartre*

3. 사회 · 문화비평의 실제

1) 채만식의 소설 <濁流> 읽기

〈濁 流〉

……(전략)……

슬픈 곡예사

초봉이가 가만가만 마루로 나서는데, 부엌에서 식모가 대문간으로 나가더니 조금 후에 도로 들어오는 그 뒤를 따라 처억 들어서는 건 평생 가도 잊혀지지 않을 곱사등이 장형보다.

따라 들어오는 형보를 돌아다보고 식모가 무어라고 시비조로 말은 하는 것이나 퍽 익숙한 눈치고, 또 형보 역시 낯설잖은 태도로, 아니 뭐 괜찮으니 염려 말라고 하고, 하는 게 이상히 보자면 볼 수 있는 것이지만, 초봉이는 그런 걸 새겨볼 정신이 없었다. 그는 선뜻 형보가 눈에 보이자(실상은 보기 전부터) 놀라가지고 있었다.

피는 한꺼번에 얼굴로 치달아 두 관자놀이가 터질 듯 우꾼거리고 몸은 건잡을 수

없이 떨렸다.

식모가 앞으로 와서, 아 저이가 아씨를 뵙겠다구 하길래 밖에서 기다리라니깐, 안 듣구서 저렇거구 따라 들어온대유, 하는 성화도 쿵쿵 가슴 뛰는 소리에 삼켜지는 듯 똑똑히 알아듣지 못했다.

이윽고 초봉이는 강잉해서 정신을 수습하여, 내가 왜 저 사람을 이대도록 무서워할까보냐고 숨을 깊이 들이쉬고 고개를 꼿꼿이 쳐들었다. 그래도 종시 가슴이 들먹거리고 몸이 떨리는 건 어찌할 수가 없었다.

언제 보아도 홀아비꼴이 드러나게 꾀죄죄 때가 묻은 주제다. 홀조군하니 풀이 죽은 당목 두루마기에, 두루마기 밑으로 처져내린 옹구바지는 더 시커멓다. 군산서 볼 때보다는 그리 낡지 않은 손가방 한 개다.

이 꼬락서니에 고개를 되들고 조롱을 하듯 비죽이 웃으면서 곱사등을 흔들흔들 그는 서슴잖고 대뜰로 올라선다.

"실례합니다. 에-, 그새 다아 안녕하십니까?"

"어째서 외간 남자가 남의 집 내정을 함부로 들어오구 있어요?"

초봉이는 눈을 아니꼽게 가라뜨고 형보를 내려다 보다가 떨리는 음성으로 준절히 나무란다.

"네에, 잠깐 좀 뵐 일이 있어서요……"

형보는 네까짓 게 암만 그래 보아라 하는 듯이 어느 새 마룻전에 가서 척하니 걸터앉는다.

"……그새 어-참, 다아 평안하시구, 또오 궁금한 건 그 어린것인데 잘 놀기나 하나요?"

이 사람을 다뿍 깔보고 덤비는 형보의 괘씸스런 태도에, 초봉이는 성이 나기보다 어처구니 없었겠지만, 그러나 어린것이라는 소리에 놀라서 겨우 가라앉던 정신이 도로 황망해졌고, 그러느라고 다른 경황은 통히 나지 않았다.

"잘 놀거나 말거나 무슨 상관으루 그래요? 일 없으니 어서 가요!"

침착한 것과 초조한 것의 승부는 빠안한거라, 싸움의 첫합에 초봉이는 우선 지고 넘어가던 것이다.

"어-참, 그러구 박제호 씨, 그분두 좀 뵐 텐데, 일곱 시까지면 돌아오신다구요?"

이 소리에 초봉이도 더 놀랐거니와, 부엌문으로 끼웃이 내다보고 섰던 식모는 질겁을 해서 자라 모가지같이 고개를 오므라뜨린다.

식모는 그새 두달장간이나 가끔 대문 앞에 와서 어물거리는 형보한테 번번이 돈장

씩 얻어먹는 맛에 주인집 내정 이야기를 속속들이 알려 바쳤었었다. 형보의 계책을 알고 그런 건 아니나 아무튼 끄나불 노릇을 한 셈이었었다. 그랬는데, 오늘은 아주 어엿이 이리 오너라 하고 찾더니 바깥주인의 동정을 물어 보고는 처억 안에까지 들어와서 맹랑한 수작을 붙이고, 하던 끝에 제게서 들은 말을 내놓고 하는 게 아무래도 그 동안 저지른 소행이 뒤집혀지는 것 같아, 그래 겁이 났던 것이다.

초봉이는 형보가 제호를 만나겠다고까지 말하는 것은 분명 송희를 제 자식이라고 빼앗아 가자는 배짱이거니 해서 그래 겁이 났다.

아무런들 송희야 뺏길꼬마는, 우선 제호는 여태 모르고 있는 낡은 비밀 하나가 드러날 테니 걱정이다. 거기 연달아 제호도, 그러면 제 애비가 나선 이니 차라리 내주고 말자고 할 것이요, 그러잖즉 두 사내가 우축좌축하는 틈에 끼어 송희를 안 뺏기려고 혼자서 바워내기가 좀쳇일이 아닐 것이다.

초봉이는 어쩔 줄을 몰라 쩔쩔맬 것 같았다. 형보는 보니 바로 태평으로 앉아 뻐끔뻐끔 담배를 피우고 있다.

"왜 가라는데 안 가구서 이래요? ……괘에니 좋찮은 일 보기 전에 냉큼 나가요……내 원 별, 참……"

마음이 초조한 만큼 초봉이는 말을 하는데도, 음성에 그러한 기운이 완고히 드러난다.

"가기가 그리 급한 게 아니니, 우선 우리 이야기나 좀 해봅시다그려?"

형보는 마룻전에 걸뜨린 채 한 다리를 접쳐 올려놓고, 초봉이한테로 처억 돌아앉는다.

초봉이는 문득, 내가 어쩌니 오늘날 와서까지 이 위인한테 이런 해괴를 당하는고 하는 생각이 들면서 더럭 분이 치달아올랐다. 그리고 분이 나는 깐으로는 당장 왜장을 쳐서 동네 사람이라도 청해 오고, 순사라도 데려다가 혼을 내주기라도 하고 싶었다. 꼭 그랬으면 속이 후련할 것 같았다. 그러나 그러자면 그야말로 동네가 시끄러울 뿐 아니라 막되어먹은 이 위인의 행투에, 그 입에서 무슨 소리가 나올지 모르는 걸 섣불리 건드렸다가 지나간 사단이나 뒤집히고 보면 나만 망신을 하고 말겠으니, 생각하면, 그도 못할 일이고 분해도 참는 수밖에는 없었다. 그리고 이 위인을 어서 그저 쫓아 보내는 게 상책인데, 그러자면 제가 할말이 있다고 하니 아무려나 말을 시키고 나서 어떻게든지 하는 게 좋을 성부렀다. 이것이 약점과 약한 마음을 지닌 탓이요, 그래서 그게 형보의 생판 억지와 떼에 얽혀드는 시초인 줄이야 초봉이 자신은 알지도 못한다.

"이애 초봉아? ……"

벼란간 형보는 지금까지 공대하던 말투는 딱 걷어치우고 활짝 까놓고 수작을 붙이고 덤빈다. 다만 식모는 꺼리는지 말소리만은 나직나직……

초봉이는 형보의 무례하고 안하무인한 태도에 속이 물큰 했으나, 이왕 제 이야기를 들어보자던 참이라서 분을 꿀꺽 삼켜 버린다.

"에헴……"

형보는 목을 한번 가다듬고 담뱃재를 툭툭 털고 하더니,

"……이야길 간단하게 하려 들면 아주 간단하다, 응? 무엇인고 하니……저 자식은 내 자식이구……똑똑히 들어라……"

발꿈치로 제기듯이 말끝을 한번 누르고는 바짝 고개를 되들어, 넌지시 기둥에가 기대섰는 초봉이를 올려다본다. 그러면서 콧구멍을 벌심벌심, 입을 삐쭉하는게,

'자아, 어떠냐?'

하는 꼴이다.

초봉이는 속으로,

'역시 그런 수작이로구나!'

하고 다시금 가슴이 울렁거렸으나, 그런 내색은 애써 감추고서 꼿꼿이 형보를 마주 내려다보다가,

"별 미친 녀석을 다 보겠네!"

하고 외면을 해버린다.

"흥 암만 그래두 소용 없느니라. 그리구 또 들어보아라……자식이 내 자식일 뿐 아니라, 너는 내 계집이야, 내 계집……그러니 너는 자식 데리구 나를 따라와야 한다. 나를 따라와야 해……"

초봉이는 차라리 실소를 할 번했다. 자식이 형보 제 자식이라는 데는 초봉이도 아니라고 우겨댈 거리가 없다면 없을 수도 있지만,

'너는 내 계집이다.'

하는 데는 기가 막히는데, 게다가 한술 더 떠서, 자식 데리고,

'나를 따라와야 해……'

하니 생떼가 아니라면, 미친놈의 수작이라고 밖에는 더 달리 보이지가 않았다.

"그래, 할말이라는 게 겨우 그거더냐?"

초봉이는 시쁘듬하게 형보를 내려다본다.

"그렇다. 그러니깐, 어서 기저귀 몽뚱그려서 들쳐업구 날 따라 나서거라."

"괘에니 허튼 수작하지 말구 냉큼 나가. 저엉 그렇게 추군거리다가는 순사 불러댈

테니……무슨 권한으루다가 남의 집 내정에 들어와설랑은 되잖은 소릴 지껄이는 게냐? 법 무서운 줄두 모루구서……"

"법? 흐흐 법?……"

형보는 제가 기가 막히다고 상을 흩뜨린다.

"……법? 그거 좋지! 그럼 그렇게 허까? 내라두 가서 순사라두 우선 불러오라느냐? 순사 세워놓구 담판하게?"

"무척 순사가 네 편역 들어줄 줄 알았더냐?"

"이애 초봉아! 아니꼽다! 내가 순사가 무서울 배면 이러구서 네게 오질 않는다. 불러올 테거든 불러오너라. 가택침입죄루다 이십 구 일 구류밖에 더 살라더냐? 그보다 더한 몇해 징역두 상관없다. 종신징역이나 사형은 아닐 테니깐, 징역 살구서 뇌여 나오는 날이면, 응? 알겠니?……"

형보는 눈을 무섭게 부릅뜨고, 뽀드득 소리가 역력히 들리게 이를 간다.

"……약차하면 순사 보는 데서, 저 어린 것을 칵 찔러 죽이고 아주 시원하게 그래 버리구서 잽혀가구 말 테다. 순사 불러댈 테거든 불러대라, 불러대!"

초봉이는 그만 푸르르 몸을 떤다. 그가 순사를 불러댄다고 한 것은 정말 순사를 불러댈래서 한 말이 아니라, 엄포를 하느라고 그런 것인데, 형보는 그쯤 서둘러 대면서 덜미를 치고 나서니, 정말로 순사를 불러와야 하게 일은 절박했다. 그러나 그렇다고 막상 순사를 불러대고 보면 저런 환장한 놈인걸, 지레 던테가 날 것이고, 그러니 이러지도 못하고 마음이 다급하기만 했다.

당초에 형보는 초봉이를 넘보고서 하는 수작이요, 염량은 말짱하여 제가 먼저 겁을 먹고 있는 터이니, 만일 초봉이가 속으로야 무섭고 겁이 나고 하더라도, 그런 내색은 보이지를 말고서, 이놈 고얀놈이라고 엄포는 못한다 할값에 말 한 마디 눈짓 한번이라도, 이녀석아 네 소리는 미친 소리만도 안 여긴다는 태연한 태도만이라도 보이기만 했더라면, 이 싸움에 그리 만만히 넘어박히진 안했을 것이다. 그런 것을 침착을 잃고 압기가 되어 가지고는 생판 부리대는 억지떼와 맞서서 승강이를 하니 아무러면 형보의 억지를 이겨낼 리 만무한 것, 필경은 되잡힐 수밖에는 없던 것이다.

"네는 혹시, 혹시 말이다……"

한참이나 있다가 형보는 훨씬 목소리를 눅여가지고 조곤조곤 타이르듯,

"……저것 어린것이 고태수 자식이라구 요량을 내다부다마는 그건 잘못 알았다. 고태수루 말하면 에-. 몇 해를 두구 화류계 계집이며 염집 계집을 줄창 상관했어두 자식이라구는 배본 적이 없더니라, 아아니, 그런 걸 너하구 한 열흘 살었다구 자식이

생겼을 상부르냐? 응?"

"……"

"그리구 또오, 너루 말하면 나허구는 어떻게 돼서 그랬던지간에 하룻밤 상관이 있었을 뿐더러, 에-, 고태수가 생전에 내게다가 너를 맡겼더란 말이다, 응? ……아 여보게 형보, 내가 죽은 뒤엔라컨 우리 초봉일 걷어줄 겸 해서 아주 자네 마누랄 삼아주게, 이런 말을 한두 번이 아니더란다. 증인이 멀쩡하게 살어 있다!"

초봉이는, 속 없는 태수 그 위인이 족히 그런 소리도 지껄이기는 했으리라고 생각하면서,

"내가 머, 느이 집 종의 새끼더냐? 느히끼리 맘대루 주구받구 하게?"

"아아니 그래, 네가 정녕 내 말을 못 듣겠만 말이냐?"

"어째서 내가 네 말을 들어?"

"정말이냐?"

"그래서?"

"그렇거들랑 자식을 우선 이리 내놔라."

"나를 목을 썰어봐라!"

"자식두 못 내놓겠단 말이지?"

"도둑놈! 날부랑당 같은 놈!"

"정말 못 내놓겠느냐?"

"아니면?"

"알았다. 너두 자식 소중한 줄은 아나보구나? ……"

초봉이는 대답을 않고, 안방 문지방으로 물러선다. 무심결에 제 몸으로 송희를 가려주고 있던 것이다.

"……네가 자식이 중한 량이면, 나는 더하다. 아무리 이런 병신이기루서니 머, 속창자까지 없을 줄 알았더냐? 흥!……너두 생각을 해봐라? 어느 시러베 개아들놈이, 그래 눈 멀뚜웅멀뚱 뜨구서 제 자식을 의붓애비한테 뺏기구 가만 있을 놈이 어디 있다드냐? 응? …… 괘니 어림도 없다, 흥!……자아 보아라."

형보는 잠간 말을 멈추더니 조끼 호주머니를 부스럭부스럭하다가 짤막한 나무동강이 하나를 뒤쳐내어 손에다 쥔다. 둥굴납작하고 한쪽으로 금이 간 하얀 나무동강이, 그건 첫눈에 아이꾸찌(단도)임을 알 수가 있었다.

초봉이는 그것이 칼인 줄도 알았고, 그래서 무섭기도 했으나 실상 알기 때문에, 짐짓 모른 체 하느라고 고개를 돌린다.

"……너, 이거 알지?"

형보는 한 손으로 손가락을 놀려 칼집을 슬며시 반쯤 뽑아가지고 쳐들어 보인다.

"오냐, 죽일 테거든 죽여라! 죽여두……"

"죽이라! 왜 너를 죽일 줄 알구? ……가만 있거라……"

형보는 칼집을 맞추어 도로 조끼 호주머니에 집어 넣으면서,

"……너는 종차 문제구, 네가 보는 네 눈앞에서 저걸, 자식을 말이다. 마구 칵 찔러 죽일 테란 말이다. 자식을……"

초봉이는 형보가 금시로 칼을 뽑아들고 달려드는 것을 막기나 하려는 듯이 두 팔을 벌려 문지방을 가로 막는다. 노상이 위협만이 아니고 칼까지 품고 왔을 제는 참말 송희를 죽이려고 덤빌 줄 알았던 것이다.

인제는 기가 죽어서 무어라고 마주 악다구니를 할 기운도 안 나고, 몸은 사시나무 떨리듯 떨린다. 눈은 실성할 듯 휑하니 벌어진다.

형보는 초봉이의 사색 질린 얼굴을 올려보면서 신이 나는지 더욱 독살스럽게,

"……흥! 남의 의붓애비한테 뺏기구 말 테면 그까짓것 죽여버리기나 하구 말지, 그냥 두구 볼 낼 줄 알았드냐? 어림없이……날 마다구 하는 네 심통머리가 얄미워서 라두 네 눈구멍으로 보는 데서, 너두 재랄 복통이 나서 자진해 죽으라구, 요걸 이렇게 훑으러 쥐구는 거저 칵……"

예까지 형보는 꼬박꼬박 제겨가다가 문득, 낭패한 기색으로 말을 뚝 그친다.

만약 말을 그렇게 했다가 초봉이가 무서워서 그랬던지 귀찮아서 그랬던지 아무튼, 옛다 네 자식, 하고 선뜻 내주는 날이면 그런 낭패라고는 없을 판이다.

에미를 낚아가자는 게 주장이요, 자식이야 실상인즉, 어느놈의 씨알머린지 모르는 것, 가령 또 내 자식이라 치더라도 꿈에도 생각찮는 것, 그러니 그걸 데려다가는 무얼 하느냔 말이다. 진소위 죽은 토끼 잡으려고 산 토끼 쫓는 셈이지.

형보는 그래서 말이 잘못 나간 것을 깨닫고 당황하여 그놈을 둘러맞출 궁량을 부산 나케 하고 있는데, 그러나 실상 초봉이한테는 도리어 그게 효과가 컸다.

형보의 눈 하나 깜짝 않고 버티고 앉아서 따북따북 말을 배앝아 놓다가 필경,

'……요렇게 훑으려 쥐고 칵……'

찔러 죽인다는, 손짓 눈짓 몸짓을 다 겹친 마지막 대목에 가서는, 고만 아이구머닛 하고 외칠 뻔했다.

눈을 지그시 내리 감는다. 그러나 감는 눈에는, 칼을 뽑아쥐고 희번덕거리는 형보와 피투성이가 되어서 바르르 떨고 엎어진 송희의 환영이 역력히 나타나 보인다. 푸르르

떨면서 눈을 번쩍 뜨고 무심결에 뒤를 돌아본다. 의외던 것같이 송희는 고이 자고 있다. 호-하니 한숨이 나왔으나 안심은 순간이요, 마구 미칠 것 같다. 소리를 치자니 단박 칼을 뽑아들고 덤빌 것이고, 송희를 들쳐업고 달아나자니 몇 걸음도 못 가서 잡히고 말 것이다.

'어떡하나?'

대답은 안 나온다.

'저놈을 거저……'

총이 있으면 두말 않고 탕-하니 쏘아 죽일 것 같다.

마침 보니 형보의 머리 위로 굵다란 도리가 건너간다. 저놈이 좀 부러져 내리면서 정통으로 거저 저 대가리를 후려갈겼으면 캑 소리도 못하고 직사할 것 같다. 속으로 제발 좀 그래줍시사고 축수를 한다. 어쩌면 방금 우직끈 딱 하고 내려앉는 성싶으면서도 치어다보아야 그냥 정정하니 얹혀 있다.

……(후략)……

2) 채만식과 작품세계

(1) 채만식의 年譜

* 1902 전북 옥구 출생. 아호는 채옹, 또는 백능
* 1918 중앙고등보통학교 입학
* 1922 일본으로 건너가 와세다 대학 부속 고등학원문과에 입학
* 1923 관동 대지진으로 학원을 중퇴하고 귀국하여 강화의 사립학교 교원으로 잠시 일함. 이후 신문사와 잡지사에서 수년간 일함
* 1925 문예지「조선 문단」에서 처녀 단편〈새길로〉가 추천됨
* 1927 희곡〈가죽 버선〉탈고
* 1928 단편〈생명의 유희〉탈고
* 1931 단편〈사라지는 그림자〉, 희곡〈화물 자동차〉발표
* 1932 단편〈부촌〉,〈인형의 집을 나온 연유〉발표
* 1933 장편〈인형의 집을 나와서〉조선일보에 연재
* 1934 단편〈레디 메이드 인생〉발표

* 1936 단편 〈쑥꾹새〉 발표
 단편 〈심봉사〉를 「문장」지에 발표했으나 총독부의 검열로 전문이 삭제
 장편 〈어머니〉를 검열로 인해 〈여자의 일생〉으로 제목을 고쳐서 발표
* 1937 단편 〈동화〉, 〈예수나 믿었더면〉, 〈이런 남매〉, 〈집〉 발표. 장편 〈탁류〉 조선일보에 연재
* 1938 장편 〈천하태평춘〉(후에 〈태평천하〉로 제목을 고침) 발표
* 1939 장편 〈금의 정열〉 발표
* 1940 중편 〈젊은 날의 한 구절〉, 단편 〈근일〉, 〈4호 1단〉, 수필 〈소설을 잘 씁시다〉, 〈어머니의 슬픈 기원〉 발표
* 1943 중편 〈아름다운 새벽〉 발표
* 1946 중편 〈민족의 죄인〉, 〈허생전〉 발표
* 1947 장편 〈탁류〉 3판 출간. 단편집 ≪잘난 사람들≫ 출간
* 1948 장편 〈옥랑사〉를 집필(타계 후에 출판됨). 단편 〈낙조〉, 〈도야지〉 발표
* 1949 장편 〈소년은 자란다〉 집필. 단편 〈늙은 극동 선수〉 집필
* 1950 6월 초순에 폐병으로 타계. 장편 〈소〉를 미완성유고로 남김
 그 밖에 미상의 유작 20여 편이 있음

(2) 채만식의 작품 경향

채만식은 김유정과 함께 우리 고전문학의 풍부한 해학과 풍자의 맥을 현대문학에서 가장 잘 잇고 있는 작가라고 할 수 있다. 유정 문학의 특성이 개인의 성격적 해학에 있다고 할 때 채만식의 그것은 단순한 조롱이나 익살 등을 탈피한 집단적 · 사회적 풍자에 있다고 해야 할 것이다. 한 마디로 채만식의 작가정신은 풍자와 세태 묘사에 귀결된다고 할 수 있겠다(김지원의 『해학과 풍자의 문학』).

이와 같이 채만식의 작품은 풍자성을 그 주된 경향으로 하고 있다. 그리고 그의 작품에 있어서의 풍자적 수법은 전적으로 당시의 시대상과 사회상을 반영하는 것에 이용되고 있다. 겉으로 보기에는 그저 평범한 소시민을 주인공으

로 등장시키고 있지만 그런 평범한 인물들이 보여주는 평범한 이야기 가운데에서 그는 당 시대에 대한 무한한 저항 정신을 숨겨 놓고 있다. 그의 여러 소설들에서 나타나는 잡다한 일상사와 어쩌면 수다스럽다거나 해야 할 입담들은 그의 저항 정신을 숨기는 일종의 풍자적인 장치라고 보아야 한다.

풍자는 우리가 이미 알고 있는 것처럼 적극적으로 현실을 비판하거나 항의할 수 없을 때 소극적으로 혹은 간접적으로 야유하고 조소하는 비판 수단이다. 채만식의 작품은 작가의 자기 풍자를 통해서 자기를 에워싸고 있는 현실을 실감 있게 깨닫게 해 준다.

(3) 작품 <濁流>의 보충 자료

* 주제 : 한 여인의 비극적 삶을 통해 식민지 시대의 어둡고 혼탁한 삶을 고발하고 풍자함

* 시점 : 작가 관찰자 시점

* 인물

· 정초봉/정주사의 맏딸, 청순한 여인, 타고난 미모 때문에 많은 남성들로부터 희생을 강요당하는 비극적 인물

· 장형보/간악하고 잔인한 성격의 꼽추

· 박제호/약국 주인, 초봉을 첩으로 삼으나 장형보에게 빼앗김

· 고태수/은행원, 초봉이의 첫 남편, 호색한

· 남승재/금호병원 조수, 초봉을 도와 주고 동정함

· 계봉/초봉이의 동생, 시대의 탁류에 말리지 않고 자신의 건강성을 지킴, 밝은 미래에 대한 믿음을 가진 인물

* 구성

· 19개의 소제목으로 구성됨 〈人間 記念物〉……〈序曲〉

· 주인공 정초봉이 장형보를 죽이고 자수하기까지의 과정을 묘사함(여자의 일생)

3) 작품 분석의 예 A

궁핍과 타락의 합류

-채만식의 소설 〈濁流〉를 중심으로-

작품 〈濁流〉는 흔히 일컫듯이 세태소설이라 할 수 있다. 그것은 어떤 한 시대의 인정세태를 다룬 점에서 타당한 성격 규정이기도 하다. 그러나 이런 규정 때문에 〈濁流〉가 사회나 역사에 대한 아무런 의식도 없이 진부한 일상 세계의 나열에만 始終한 것으로 보는 것은 잘못이다. 그것은 분명히 당대의 사회와 개인의 생활, 그리고 그 둘 사이의 장력에 관해서도 어떤 역사적 안목을 보여주고 있다. 다시 말해서 그것은 작가의 일정한 역사의식에 기초하여 당시의 사회를 이해하고 있으며, 그 사회 속에서 개인의 삶은 어떻게 바뀌고 또 사회의 형성에 개인의 삶은 어떤 뜻을 지니게 되는지를 아울러 나타낸 것이다. 그렇다고 이 작품이 개인과 사회의 관계나 그 때의 사회와 역사에 대한 전체적 의미를 충분히 의식하고 표현한 것이라고 본다는 말은 아니다. 그런 전체성에 대한 의식의 미흡함을 이 작품은 다소 안고 있는 것이 사실이다. 다만 이런 점들을 모두 고려하여 주목해야 할 것은 그것이 인정세태를 자상하게 묘사하고 있으면서 동시에 작자의 일정한 역사 의식도 반영하고 있다는 사실이다. **(작품과 사회의 연관성)**

〈濁流〉는 1937년 말부터 다음 해 5월까지 「조선일보」에 연재되었다. 이 무렵은 일제가 우리나라를 대륙 침략의 군사적 발판으로 삼기 시작하여 한국 사람에 대한 착취와 탄압을 한층 강화해 나간 시기다. 중일전쟁을 일으키고 나서부터 그들은 물질적으로 한국에서 더욱 많은 쌀을 수탈하기 위하여, 강제 공출과 식량 배급제의 실시로 양곡에 대한 철저한 통제를 가하였다. 정신적으로는 이른바 '조선 사상범 보호 관찰령'이란 것을 공포하여 우리의 모든 사상운동을 금지 · 탄압하였고 일본말 사용을 강요하였다. 그 때의 한국 사람은 일제의 그와 같은 착취와 탄압으로 말미암아 더욱 심한 궁핍과 여러 사회적 모순에 부딪쳤던 것이다. 말하자면 〈濁流〉는 그러한 시기의 한국의 사태와 사회·경제의 여러 모순을 작자의 시각 내지 세태관을 통하여 묘사하고 비판한 것이다. 〈濁流〉의 작자 채만식은 이 작품에서 1930년대 한국 사회의 근본 문제가 경제적 궁핍과 정신적 타락 그리고 지적 무지에 있으며, 그 가운데서도 경제적 궁핍은 대다수 한국 사람의 삶을 심각하게 위협·지배하는 요인이라고 보고 있다. 그리고 이러한 궁핍과 타락이 근원적으로는 일제의 수탈에 기인한다는 사실도 어느 정도 인식하고 있다. **(작품 발표 당시의 사회적 배경)**

〈濁流〉는 그러한 작가의 현실인식에 의하여 한 시대의 세태인정을 그려 놓은 것으로서, 이야기는 여주인공 정초봉의 기구한 운명과 전락 과정이 중심을 이루고 있다. 약국 점원 노릇을 하던 미모의 초봉은 믿을 만한 애인인 남승재가 있음에도 불구하고 살림이 어려운 부모를 도우려고 호색한인 은행원 고태수와 결혼한다. 그러나 그녀의 운명은 결혼 이후 줄곧 험난한 길을 달리게 된다. 남편의 피살, 약제사 박제호와의 동거 생활, 누구의 아인 줄도 모르는 사생아의 출산, 흉악한 꼽추 장형보에 의한 시달림 그리고 자식을 위한 형보와의 결혼과 형보의 살해에 이르기까지 초봉의 운명은 실로 기구한 전락의 끝장을 향해서 그 수레바퀴를 굴려 나간다. **(작품의 줄거리 요약)**

이러한 이야기에서 우리는 이 작품의 몇 가지 특징에 접하게 된다. 우선 이 작품에는 다분히 통속적 경향이 있음을 지적하지 않을 수 없다. 신문 연재소설답게 당시 일반 독자의 흥미를 돋굴 만한 요소들, 이를테면 아름다운 여자가 파란 많은 운명을 겪어 나가는 데 따른 우연한 사건들의 연속에서 그런 경향이 나타난다. 초봉이가 남승재와 결혼하지 않고 고태수와 결혼함으로써, 서울 가는 도중에 박제호를 만남으로써, 혹은 사생아를 낳음으로써 그녀를 불행하게 만드는 그런 우연성이 독자의 호기심을 자극하는 중요한 요소들이 되고 있다. 그러나 여기서 주목해야 할 것은 그보다도 초봉의 운명을 결정한 주된 요인이 그녀의 가치관의 보수성과 경제적 궁핍이라는 사실이다. 정초봉은 당시의 퇴

영적인 풍습에 따라 부모와 자식을 위해서 자기를 희생시킴으로 해서, 즉 보수적 가치관으로 말미암아 불행한 운명의 길을 밟게 된다. 초봉이 승재한테 정이 기울어 있었음에도 불구하고 태수와 결혼한 것은 부모와 가난한 집안을 돕기 위하여 자기 자신이 희생한다는 데 스스로 감격하였기 때문이다. 또 초봉이 평생 가도 그 원한을 잊을 수 없는 형보에게 항복하여 그와 같이 살기로 한 것은 그럼으로써 딸 송희가 곤경을 면할 수 있다고 믿었기 때문이다. 말하자면, 자식의 행복을 위해서는 어머니인 자기의 불행을 감수한다는 것이다. 이러한 가치관의 보수성과 더불어 경제적 궁핍은 초봉의 운명을 불행하게 한 결정적 요인이 되고 있다. **(이 작품만의 특성)**

한편 고태수, 박제호, 장형보 같은 인물을 통해서는 1930년대 식민지 사회의 가장 부정적인 면, 즉 극단적인 정신적 타락상이 제시되어 있다. 은행원 태수는 서울에서 이곳 군산으로 전근해 오면서 주색에 빠지기 시작하여 반년만에 자기 힘으로 감당하기 어려운 큰 빚을 지게 되는데, 우리는 이 고태수에게서 주색과 황금에만 매달린 비도덕적 인물의 한 전형을 만나게 된다. 또 약제사 박제호는 이해심이 있는 편이지만 그의 뛰어난 입담과 설득력은 옳게 쓰이지 못한다. 그는 남편을 잃고 의지할 데 없는 초봉이를 속이고 유혹하여 자기 첩으로 삼았고, 초봉이와의 동거 생활이 재미없다고 생각되자 거리낌 없이 그녀와 헤어지고 말았다. 그리고 미두장 중매인 장형보는 간악하고 흉측하기 짝이 없는 인물이다. 그는 어릴 적부터 남의 멸시를 받아 심보가 꼬부라지고 음험해져서, 억지 뱃심으로 살기 띤 처세를 능사로 하는 인물이다. 이와 같이 주색에 빠진 고태수나 약자를 농락한 박제호, 그리고 살기 띤 처세로 남을 해치는 장형보는 모두 한 시대의 정신적 타락상을 대표하는 인물들이다.

채만식은 〈濁流〉에서 1930년대 한국 사회의 부정적 정신의 측면으로 앞에 든 보수적 가치관과 정신적 타락을 비롯하여 또 지적 무지를 다루고 있다. 이 지적 무지는 경제적 궁핍과 연결되어 그 문제점이 지적되고 있다. 이를테면 너무 가난하여 교육의 혜택 같은 것과는 인연이 먼 사람이, 병든 자식에게 의사의 치료를 빨리 시키지는 않고 경을 읽는 경장이에게 맡겨 두었다가 치료시기를 놓치고만 먹곰보 네와 같은 경우가 그 대표적인 예이다. 이처럼 병의 치료를 미신에 의지한다든가 혹은 이미 죽은 아이한테 약을 쓰지 않고 주사도 놓지 않는다고 의사에게 원망과 행패를 가하는 이러한 무지는 물질적 궁핍과 더불어 개선되어야 할 문제로 작자는 보고 있다. 따라서 그는 "그러고 보니 가난과 한 가지로 무지도 그 사람들을 불행하게 하는 큰 원인이오, 그래서 그 사람들에게는 양식과 동시에 지식도 적절히 필요하다."는 인식에 도달한다.

〈탁류(濁流)〉는 당시 한국 사회가 당면한 주요 문제들로서 앞에 정리한 바와 같은 정신적 측면과 경제적 문제를 다루고 있다. 그 가운데서도 경제적 궁핍은 그 정도가 심각하고 그 범위가 광범하다는 데 큰 문제가 있다고 본다. 앞에서 이미 여주인공 정초봉의 집안과 먹곰보네 가정을 통해서 경제적 문제의 심각성이 단편적으로 제시된 바도 있거니와, 이 작품은 또한 그 궁핍의 범위가 몇몇 개인이나 일부 지역에 국한된 것이 아니라는 사실 인식도 보여 준다.

> 벗어부치고 농사면 농사, 노동이면 노동을 해 먹고사는 사람들과 마찬가지로 '오늘'이 아득하기는 일반이로되 그런 사람들과도 또 달라 '명일'이 없는 사람들 …… 이런 사람들은 어디고 수두룩해서 이곳에도 많이 있다.

오늘의 생활이 막연할 뿐만 아니라 내일에 걸 희망조차 없는 사람들이 도처에 수두룩하다는, 작품 속의 이런 진술은 이미 앞에서 말한 당시 한국의 궁핍한 실상과도 일치된다고 하겠다. 그리고 이 작품은 그 궁핍의 원인이 일제의 착취 내지 통치에 있다는 포괄적인 상황의식도 보여 준다. 이를테면 사람들이 "도무지 어떤 영문인 줄 모르게 살림이 요모조모로 오그라든다"고 하는, 다소 모호한 진술에서도 그 때의 궁핍이 일제의 통치와 무관하지 않다는 것이 암시되고 있는 것이다. 이것은 특히 다음과 같은 가난한 아이들의 장래 희망에서 분명히 드러나 있다. 그 아이들의 희망이란 예컨대, 장차 조선 총독이 되어 월급을 많이 받아 돈을 마음껏 쓰고 싶다든가, 순사가 되어 배고파 남의 쌀을 훔친 제 아버지와 같은 사람을 잡아가지 않도록 하겠다는 것이다. 한국 사람에 대한 탄압과 착취를 자행해 온 총독과 순사를 보고 그런 권세를 누리고 싶다는 아이들의 소망을 제시함으로써 작자는 오히려 항일의식을 반어적으로 표현하는 효과를 얻고 있다. **(문학적 소재로서 사회의 여러 양상, 작품에 대한 긍정적 평가)**

그런데 앞에서 우리는 〈濁流〉가 현실과 역사의 전체적 의미를 충분히 의식하지 못하고 있다고 말한 바 있다. 그러면 전체성에 대한 의식의 미흡함은 무엇을 가리키는 것인가? 그것은 위와 같은 항일의식이 있음에도 불구하고 이 작품이 이미 말한 바와 같이 통속적 흥미 위주의 구성과 중요도의 강약이 뚜렷하지 않은, 세태 풍속의 묘사에 치우친 면이 있고 또 궁극적으로 이 작품이 현실 타협에 이르고 만 느낌이 있다는 점 등을 가리킨다.

이 현실 타협적 태도는 여주인공 초봉이 흉악한 형보를 죽이고 나서 경찰에서 자수하기로 한 점에 나타나 있다. 즉 그녀는 일정 치하의 관계 기관에 자기 죄를 자진 신고함으로써 관대한 처분을 바란다는 것이다. 말하자면 한국 사람의 삶을 궁핍과 무지의 타락으로 몰아넣은 그 일제에게 선의를 기대하여 몸을 내맡긴다는 것이다. 그리고 초봉이의 이러한 현실 타협은 이 작품에서 긍정적으로 평가되는 인물인 계봉이와 승재의 권고 혹은 협조 아래 이루어짐으로써 작가 자신의 사상과도 이어진다는 것이 드러난다. 더욱이 계봉이와의 결혼이 약속되어 있음에도 불구하고 남자 주인공 승재는 초봉이에게 "그 '명일의 언약'을 거절하는 눈치를 보이지 못함"으로써 자신의 명백치 못한 의식 상태를 노출시키고 있다. 그러면 작자 자신의 상황의식 내지 세계관을 대면하는 승재의 주장이나 시각은 과연 어떤 것일까. **(작품에 대한 부정적인 측면, 현실과의 타협)**

남승재는 처음 개인 병원의 조수로 있다가 의사가 된 사람으로 식민지 지식인 가운데 동반자적인 사회주의자의 면모를 보여 준다. 그는 치료비가 없어 병원에서 쫓겨나는 환자와, 무지하여 자녀의 생명을 잃게 하는 서민을 보고 매우 안타까워하여 양식과 지식이 모두 그들에게 필요하다고 생각한다. 그는 사랑하는 초봉이가 "불쌍한 부모와 동기간을 위하여 제 한 몸이나 제 사랑을 희생시키는 것"을 거룩하고 아름답다고 생각하는 일종의 보수적 성향을 갖고 있는가 하면, 한편으로는 분배가 공평하지 않아 당시 사회에 가난한 사람들이 많다고 보는 소박한 사회주의자 내지 동반자적인 처지를 나타내기도 한다. 바꿔 말하면 사회주의를 뚜렷이 의식하지 않으면서 그것에 찬동한 채만식의 동반자적 세계관은 승재로 하여금 '분배론'에 대해서 다음과 같은 반응을 보이게도 한다.

"부자루 사는 건 몰라두 시방 가난한 사람네가 그닥 지 가난하던 않을 텐데 분배가 공평털 않아서 그렇다우."
"분배? 분배가 공평털 않다구?-"
승재는 그 말의 촉감이 그럴싸하니 감칠맛이 있어 서 고개를 꺄웃꺄웃 입으로 거푸 뇌인다. 그러나 지금의 승재로는 책을 표제만 보는 것 같아 그놈이 가진 매력에 구미는 잔뜩 당겨도 읽지 않은 책인지라 그 표제에 알맞은 내용을 오붓이 한 입에 삼키기 좋도록 알아내는 수는 없었다. 사전에서 떨어져 나온 몇 장의 책장처럼 두서도 없고 빈약한 계봉이의 '분배론'은 승재를 입맛이 나게 했지 머리로 들어간 것은 없고 혼란만 했다.

'분배론'이 구미는 당기지만 충분히 이해는 되지 않는다는 승재의 이런 진술은 사회주의에 대한 이 작품의 시점을 나타내는 동시에 그 이해의 수준을 반영하는 것이기도 하다. 이를테면 개개인이 생산에 관여하는 비율을 정하고 생산물을 개개인의 노동에 따라서 나누어야 한다는 이른바 사회주의적 분배론을 승재는 충분히 이해하지 못하고 막연히 그것을 좋아하는 상태에 있다. 그리고 이런 소박한 사회주의 내지 인도주의는 조수 시절부터 의사로 독립하기까지의 시종일관한 승재의 세계관이 되고 있다. **(작품 속의 사회주의적 요소 추출)**

결국 승재를 통해서 본 이 작품의 시점은 경제적 궁핍을 비롯한 당시 한국 사회의 제반 모순에 대하여 본질적인 이해와 극복에는 이르지 못한 채, 휴머니즘 내지 동반자적 사회주의의 수준에 머무르고 있음을 알 수 있다. 그럼에도 불구하고 그런 모순의 근본 원인에 대한 인식과 그 모순의 극복을 위한 노력이 작품에 존재한다는 것은 이미 앞에서 본 바와 같이 부인할 수 없는 사실이다.

그리고 당시 사회의 그와 같은 모순을 이 작품은 자주 반어적 표현으로 비판하고 있다.

〈濁流〉는 이와 같이 혼탁한 사회를 동반자적 시각에 의하여 반어적으로 표현한 작품이다. 사회의 혼탁은 자신의 욕구에 대한 집착으로 인하여 사람다운 품위를 유지하지 못하는 정신적 타락자들에 의하여 제시되고 있으며, 그밖에 보수적 가치관과 지적 무지 등은 이런 혼탁을 더욱 조장하는 요인이 되고 있다. 그리고 이런 혼탁과 모순은 근본적으로 경제적 궁핍과 근원적으로 일제의 착취와 동제에 기인한다는 생각이 은근히 드러나기도 한다. 작품의 시점은 작자가 실제로도 그랬고 또 작중의 남주인공의 시점이 그렇듯이 한국의 지식인이자 동반자로서의 성격을 나타내고 있다. 이를테면 한국 지식인으로서 그는 가난하고 무지한 동족에 대하여 형제와 같은 우애를 보이는 동시에, 동반자로서 그는 공평한 분배로 생활이 어려운 사람들의 구제 문제를 연관시켜 생각하기도 한다. 이와 같은 건전한 역사의식의 제시와 더불어 자세하고 생생한 세태 묘사, 탄력 있는 반어적 표현 등은 지극히 어려운 이 시기에 〈濁流〉가 성취한 문학적 공적으로 평가된다. 물론 이 작품에는 세태 묘사에 치우쳐 현실의 근본 문제를 다소 소홀히 다룬 점이라든가, 우연의 남용으로 통속 취미에 영합한 점과 같은 한계성이 없는 것은 아니다. 그럼에도 불구하고 발표의 자유가 극도로 억압되고 올바른 민족운동이 일체 금지되어 있던 당시에 식민지 한국의 사회와 역사에 대한 그런 비판적 발언과 생기 있는 표현은 흔히 만날 수 없는 값진 문학적 성취라고 생각된다. **(작품의 가치 평가)**

– 이선영, 「문학비평론」 일부

4) 사회 · 문화비평의 과제

① 김수영의 시 〈풀〉을 사회주의 측면에서 분석해 봅시다.
② 강경애 소설 〈인간문제〉를 사회 · 문화 비평 방법으로 분석해 봅시다.
③ 김승옥의 소설 〈서울 1964〉를 사회 · 윤리주의 측면에서 분석해 봅시다.
④ 안수길의 소설 〈북간도〉를 사회 · 문화 비평 방법으로 분석해 봅시다.

5) 학생 작품

학생 작품 A

전쟁의 비극 그리고 휴머니즘

이 청 아

작품 〈유예〉는 전후소설이다. 전후소설이란 1950년대의 소설을 총칭한 말로 이미 관례가 되어 버렸다. 소설의 배경이 6 · 25전쟁이고, 인물도 일반인이 아닌 수색대의 소대장 군인인 것으로 보았을 때 장소를 포함하여 모든 것들이 주제와 섞이면서 전쟁 시대의 현실을 더욱 절실히 보여 준다. 현대인들은 전쟁을 직접 경험하지도 않았을 뿐더러 이제는 어머니를 통해서가 아닌 할머니를 통해서 듣는 세대에 들어섰다. 또한 전쟁에 익숙하거나 전쟁을 좋아하는 시대가 아니기 때문에 책을 통해 추측하는 간접체험조차 많이 부족한 실정이다. 그런 시점에서 전후소설을 들고 나와서 같이 공감하자고 한다면 쉽게 납득이 되지는 않겠지만 이 소설에는 시대를 뛰어넘어 꼭 짚고 넘어가야 할 근원적인 것들이 있다. 인간이란 어떤 존재인지 깨닫고, 인간의 존엄성을 존중하며, 죽음은 하찮은 것이 아니라는 사실에 더불어 삶의 의미에 대해서 고찰해 볼 수 있다는 사실이다.

〈유예〉는 1955년 한국일보 신춘문예에 당선된 작품이다. 이 무렵은 전쟁의 시대인 동시에 전쟁체험과 전후의 수난 시대였다. 전후의 시대를 살펴보려면 우선 6 · 25전쟁부터 살펴볼 필요가 있다. 한국전쟁이라고도 불리는 6 · 25전쟁은 1950년에 북한의 남침으로 발발하여 1953년 7월 27일까지 계속된 전쟁이다. 그 과정 중에 미국은 유엔군 파견을 주도했고, 나중에는 국군의 작전권까지 넘겨받아 한국전쟁을 사실상 지휘하게 되었다. 심지어 중국의 참전으로 한국전쟁은 자본주의와 사회주의 진영의 본격적인 대결로 확대되었다.[1] 즉, 일

1) 고려대학교 한국사연구실, 『한국사의 재조명』, 이환기획, 2003, p. 340.

반적인 전쟁의 의미를 포함하면서도 동족상잔의 전쟁인 동시에 여러 참전국들이 투입된 전쟁이다. 이 전쟁의 결과로 남북을 가릴 것 없이 셀 수도 없는 엄청난 인명 피해와 재산피해를 입었고, 뿐만 아니라 전쟁으로 인한 정신적인 상처, 그리고 이산가족의 고통은 우리 민족 전체에 커다란 아픔을 안겨주었다. 휴전협정으로 남과 북은 휴전 체제하에서 독재 정권을 강화해 나갔고, 민주주의와 통일 민족 국가 수립의 희망은 당분간 실현될 수 없었다.[2] 그리하여 남한에서는 미국의 영향력이 커졌고, 북한에서는 '미제'에 대한 적개심이 어우러졌다. 전쟁을 겪은 세대들은 전쟁의 상처를 안고 가난을 호소하며 황폐해진 삶을 살아야 했다. 따라서 1955년 시기는 전쟁의 참혹함과 비극성을 간직한 채 극복을 위해 발버둥치던 때였다.

이처럼 1950년대의 문학인 〈유예〉가 필연적으로 아픈 역사와 그 역사 속의 고통스런 삶의 모습을 드러내고 있다는 것은 너무나 당연한 현상일 것이다.

〈유예〉는 적의 포로가 된 수색대 소대장 '나'가 회유와 심문을 받고 생각을 정리할 1시간의 말미를 받는데 총살이 '유예'된 그 한 시간 동안에 그의 머리에 떠오르는 전투의 기억, 끝내 전향을 거부하고 총살당한 후 흐려져 가는 의식을 추적, 기록하고 있는 작품이다. 그는 수색대의 소대장이다. 그의 수색대가 북으로 진격하는 동안 여러 차례의 전투 끝에 적진에 깊숙이 들어가게 되었고, 본대와의 연락은 끊어지기 시작했으며, 적에게 포위당했다. 부하들은 하나둘씩 죽어가기 시작해 여섯 명이 남지만, 전투가 재미있다던 선임하사마저도 죽고 혼자 생존자로 남았다. 그는 고생 끝에 홀로 산 아래에 있는 마을을 발견하게 된다. 그 버려진 마을 어느 집에서 적에게 포위당한 한 군인의 총살 직전의 장면을 우연히 목격하게 된다. 젊은 군인은 곧 죽게 되어 있었다. 그는 그 군인을 보면서 마치 자기 자신처럼 느꼈고, 총을 겨누어 적에게 발사했다. 상대방의 응수가 오고 그는 피를 흘리며 의식을 잃고 쓰러졌다. 이제 모든 것은 끝났다. 준비완료와 집행 명령이 떨어지고, 그는 눈 덮인 둑길을 걸어간다. 끝나는 일초일각까지 나를 잃어서는 안 된다고 그는 다짐한다. 걸음은 의지처럼 정확했고, 뒤 허리에 충격을 느끼며 쓰러진다. 햇빛이 따스히 눈 위에 부서진다.

---

2) 김흥수 외 5인, 『한국 근 · 현대사』, 천재교육, 2002, p. 283.

그는 의식을 잃으며 죽어 갔다.

이 소설에서는 전쟁이라는 큰 배경이 차지하는 역할이 상당히 크지만, 이렇다할 만한 큰 사건이 등장하지는 않는다. 분량도 단편소설로서 짧은 편이다. 하지만 그 속에는 주인공의 '의식의 흐름' 수법을 사용하여 전쟁을 겪은 인물의 심리를 잘 그리고 있다. 또한 전쟁의 참상을 군인의 죽음으로 드러냄으로써 더 비극적이게 되었다. 인민군의 포로가 되어 죽기 전 1시간의 유예기간 동안에 주인공이 회상을 한다. 과거와 현재를 서로 섞는 방법을 이용해 시간의 순차성을 무시하여 내면세계 묘사를 세밀히 했다. 특별한 줄거리는 아닐지라도 독백을 중심으로, 총살을 앞에 둔 극한 상황 속에서 인간이란 존재는 무엇이며 죽음은 어떠한 의미를 지닌 것인가를 이 작품의 화자인 '나'를 통해서 계속 분석하고 있는 것이다. 따라서 이 작품에는 화자로서의 '나'만이 등장한다. 다른 등장인물들도 있으나, 그들의 비중은 크지 않을 뿐더러 대개 '나'의 의식 속에서만 존재한다. '그'라고도 표현되는 '나'는 전쟁의 의미를 막연하게나마 이해하고 전쟁의 참혹함에 대해 절망하여 전쟁 속에서의 삶에 대한 회의를 느끼는 인물이다. 같은 민족끼리 총을 겨누고 아무렇지도 않게, 쉽게 총을 겨누어 죽인다. 감정의 변화가 없다. 산을 타고 강을 넘는 이 전쟁이 얼마나 치열했는지 알 수 있다. 주인공은 죽기 바로 직전까지도, 의식이 흐려지는 그 순간까지도 끊이지 않고 생각한다. 또한 작품 속에서는 '총성'이라는 단어와 함께 '아무것도 아니다'라는 말이 자주 언급된다.

이 소설은 죽음을 앞둔 극한상황을 설정하여, 주인공이 처한 현재의 고통과 상황을 전쟁의 무의미함을 통해 인생의 무의미함까지 형상했다. 여기서의 주인공은 전쟁 때문에 아파야 했고 죽어야 했던 1950년대의 인간상을 대표한다고 할 수 있다. 특히 바로 죽기 전에는 죽음조차도 무덤덤하게 받아들여야 하는 전쟁의 비인간성이 적나라하게 드러난다.

> 싸우다 끝내는 죽는 것, 그것 뿐이다. 그 이외는 아무것도 없다. 무엇을 위한다는 것, 무엇을 얻기 위한다는 것, 그것도 아니다. 인간이 태어난 본연의 그대로 싸우다 죽는 것, 그것 뿐이라고 생각하였다.
>
> －〈유예〉 p. 420

위의 내용은 더 이상 타개할 수 없는 한계상황 앞에 홀로 선 인간 존재의 근원적 상황에 대한 무서운 통찰을 함과 동시에 비인간적 행위에 대한 부정을 암시하면서 결과적으로는 실존주의적 성향을 강하게 보여 준다. 6 · 25동란 이후 우리 문학에 투영된 전쟁의 흔적은 소재로는 전쟁의 참상 그 자체 혹은 그 이후의 황폐해진 삶의 모습이라는 비극적 측면을 주로 다루며 사상사적으로 일종의 허무주의의 소산으로 나타난 실존주의적 색채를 강하게 드러낸다.[3)]

오상원은 전후 문학파로 분류할 수 있는 작가이다. 그는 주로 전쟁 때문에 기치 없이 죽이가는 인간들과 그 때문에 파괴될 수밖에 없는 개인의 삶 등에 관심을 보인듯하다. 대부분의 전후 문학파 작가들처럼 그도 전후 세대가 경험하고 체험했던 암울한 분위기와 허무 의식을 이 소설을 통해 형상화했다. 이데올로기의 갈등으로 빚어진 상황 앞에 던져진 인간의 실존적 문제를 집요하게 탐구하였다. 그의 작품에는 보편적인 휴머니즘을 기점으로 생명의 존엄성이라는 주제를 형상화하려는 의도가 보인다.

> "사람은 서로 죽이게끔 마련이오. 역사란 인간이 인간을 학살해 온 기록이니까요. 그렇게 생각지 않으시오? 난 전투가 제일 재미있소. 전투가 일어나면 호흡이 벅차고 내가 겨눈 총구에 적의 심장이 아른거릴 때마다 나는 희열을 느낍니다. 그 순간 역사가 조각되고 있는 것같이 느껴지거든요. 사람이란 별게 아니라 곧 싸우다 쓰러지는 것을 의미할 겝니다."
>
> －〈유예〉 p. 424

그를 전쟁을 겪은 1950년대의 대변자로 평가하는 것은, 모든 전후 문학이 그렇듯이 짙은 허무가 젖어 있을 뿐만 아니라 그의 작품 속에는 그 허무에 대한 반항이 내포되어 있기 때문이다. 특히 그는 격동기를 거친 작가답게 사회의식과 현실 감각에 민감하여, 한 개인을 사회와 역사의 테두리 안에 묶어 두고 그 속에서 파악하려고 했다. 그리하여 작품 속에서 '그'라고 표현되는 사람은 한 명의 군인으로 볼 것이 아니라 사회의 큰 틀 안에서 보아야 한다는 것이다. 이렇듯 작가는 인류애를 품고 글을 쓴 것처럼 보인다. 때문에 당시의 대표

---

3) 이홍태, 『한국단편문학 100선』, 일신서적, 1997, p. 432.

적이던 이데올로기와 정치문제에 대응하여서 인간적인 것, 인간성의 따뜻함을 지키려 했던 휴머니즘이 작품 속에서 효과적으로 극대화될 수 있었다. 아래 인용문에서 볼 수 있는 것처럼 인간의 존재는 살아있는 것 그 자체만으로도 기쁘고 의미가 있다는 말이다.

> "생명체와 도구와는 다른 것이오. 내 이상 더 무엇을 말하고 싶겠소? 나는 포로가 되었을 때 비로소 내가 확실히 호흡하고 있는 인간이라는 것을 알았을 뿐이요. 나는 기쁘오. 내가 한 개 기계나, 도구가 아니었다는 것, 하나의 생명체인 인간으로서 살아 있었다는 것, 그리고 인간으로서 죽어간다는 것, 이것이 한없이 기쁠 뿐입니다."
>
> -〈유예〉 p. 427

하지만 주인공 '나'의 입장에서만 본다면 인간의 존재에 대한 존엄성과 휴머니즘만 가지고 있지 현실 사태에 대해서 반응하고, 대응하고, 적극적인 실천적 노력이 보이지 않는다. 물론 짧은 분량 못지않게 소설의 공간적 배경도 협소하고 시간도 짧다는 한계는 있다. 그럼에도 주인공은 너무나 무기력해 보인다. 나라에게 가진 어떠한 불만도 시원시원하게 토로하지 않는다. 스스로에게 위로하는 것처럼 무기력하게 또한 소박하게 혼잣말로 그리고 독백조로 얘기하는 데에 그친다는 점이 지적될 수 있다. 주인공은 쉽게 목숨을 포기하지 않고 나아가지만, 그것을 능가하는 현실적 노력은 이미 한계에 도달했다는 아쉬움이 남는다. 인간 존재에 대해서 성찰을 했다면, 그 다음에는 성찰을 넘어서서 행동적인 결단이 따라오면 어떨까.

그러나 이념전쟁을 서사의 기본 축으로 하면서 총살당하는 한 국군이 최후로 남기는 말은 "생명체는 도구와는 다른 것"이라는 유물론의 거부, '나'의 죽음 선택이 의미하는 공산주의에의 동조 거부 등이 이 소설의 자유주의 이데올로기를 강하게 말해 준다. 식민지시대부터 시작되어 해방공간에서 격렬하게 전개되었던 좌우이념 논쟁은 한국전쟁을 계기로 공식적으로 종결되었다. 그리하여 50년대 남한에서는 자유주의 이데올로기만이 유일하게 통용되었다. 권력의 강제력에 의해 초래된 결과이기는 하지만 그것이 전부는 아니었고 대량학살과 동족상잔의 비극을 부른 이념대립에 대한 국민들의 심정적 거부감이 상승적으로 작용하여 더욱 강화된 측면도 있었다.

이러한 사회적 분위기는 소설에도 그대로 반영되어 자유주의 이데올로기가 형상화된 많은 소설들의 출현을 가능하게 하였다. 그것은 대체로 고대소설의 선악 대립구조를 자유진영과 공산진영의 대립으로 대체하면서 자유주의와 휴머니즘의 가치를 옹호하는 형식을 취하고 있는 것이다.[4] 다시 말해서 대표적인 세계관, 가치의 집괴현상으로서의 이데올로기는 이른바 혁명적인 사회주의 – 공산주의 계급이데올로기로서, 이 이데올로기는 착취 없고 계급 없는 사회의 건설, 혁명이라는 몇 개의 관용어를 만들어 전쟁의 필연성과 정당성을 옹호하려 했다.[5] 이렇듯 사회상이 반영된 〈유예〉 작품을 살펴보면 남한과 북한의 이념적인 대립이 '계급'이라는 말로 형상화되어 있는 것을 발견하게 된다.

> 동무는 아직도 계급 의식이 그대로 남아 있소. 출신 계급을 탓하지는 않겠소. 오해하지 마시오. 그 근성이 나쁘다는 것뿐이오.
>
> – 〈유예〉 p. 419

> 전공과목은? 왜 동무는 법과를 선택했었소? 어렸을 때부터 벌써 동무는 출신 계급적인 인습 관념에 젖어 있었소. 그것을 버리시오.
>
> – 〈유예〉 p. 423

〈유예〉는 이처럼 한국역사의 큰 중점을 차지하는 사건인 한국전쟁의 모든 것이 반영된 소설이다. 그리고 50년대 소설이 전쟁체험 혹은 전후의식과 관련된다는 것은 불가피한 사실이다. 이 소설은 3인칭 시점과 1인칭 시점을 고루 사용하여 주인공의 내면까지 잘 살펴볼 수 있던 소설 구조였다. 물론 주인공도 당당하게 죽음 앞에서 맞섰지만 이런 암울한 현실을 극복할 만큼의 적극적인 행동이 부족했던 것은 사실이다. 그렇지만 이 작품의 의의는 다른 곳에 있다. 어느 누구나 작가는 자기 시대의 증언자라고 할 수 있다. 이런 의미에서

---

4) 한점돌, 『현대소설론의 지평모색』, 푸른사상, 2004, p. 122.
5) 김윤식 · 김우종 외 30인, 『한국현대문학사』, 현대문학, 1994, p. 314.

1950년대의 시대적 증인으로서 오상원은 해방 후의 혼란 속에서 자라나고, 전쟁 속에서 씨름하고, 전쟁으로 입은 상처를 달래며 살아가려고 한 세대의 대변자였다. 그는 사회적인 연대성을 뼈저리게 느꼈고 특히 사회의식과 현실 감각이 강하였다. 그는 '나'를 사회적, 역사적 상황 속에서 파악하려 했고 이런 인간의 조건에 대하여 집요하게 도전해 나갔다. 나아가서 인간을 깊이 있게 성찰하여 진실을 깨닫고 문제의 본질에 더욱 다가가 밑바닥까지 파헤치려는 시도를 했다는 점이다. 그렇기 때문에 〈유예〉 속에 나타난 실존주의적인 가치관은 더 빛을 발할 수 있는 것이다. 즉 1950년대의 소설에서 전쟁과 그 경험은 가치관을 파괴하기도 하고, 서로 대립되는 이념으로 갈등을 겪기도 하고 한계점이 드러날 수는 있지만 실제 전쟁 상황 아래에서의 삶과 참담한 현실에 대한 사실적이고 증언적인 요소를 띤다는 점에서 중요한 의의가 있고 가치가 있는 것이다.

<참고 자료>

고려대학교 한국사연구실, 『한국사의 재조명』, 이환기획, 2003.
김윤식 · 김우종 외 30인, 『한국현대문학사』, 현대문학, 1994.
김흥수 외 5인, 『한국 근 · 현대사』, 천재교육, 2002.
이홍태, 『한국단편문학100선』, 일신서적, 1997.
한점돌, 『현대소설론의 지평모색』, 푸른사상, 2004.
홍태식, 『한국 현대소설의 이해와 감상Ⅲ』, 문원각, 1993.
http : //blog.naver.com/heraman24/120012226547
http : //blog.naver.com/jameskei/80006941674
http : //blog.naver.com/kwank99/30021537871
http : //blog.naver.com/kwank99/30022054060
http : //blog.naver.com/mizida/150009848633

학생 작품 B

되찾은 나라 속 농민의 한

김 혜 정

채만식의 광복 후 작품으로 가장 널리 알려진 〈논 이야기〉에서 우리는 광복 직후 우리나라의 농민들의 삶과 당시의 토지제도를 찾아볼 수 있다. 조선 말, 일제강점기를 거쳐 광복 후의 사회적, 경제적 문제를 보여준다는 점에서 이 소설은 다른 채만식의 소설들과 마찬가지로 세태소설이라 할 수 있으며, 혼란한 시대 속 정치적, 경제적 문제를 보는 작가의 역사적 안목 또한 느낄 수 있다. 이와 같이 〈논 이야기〉 속에는 채만식이 바라본 당시 사회가 담겨 있고 그 안에서 우리는 간접적이나마 당시의 시대를 파악하고 작가의 특수한 역사적 인식을 알 수 있다.

〈논 이야기〉는 1946년 4월 ≪해방문학전집≫을 통해 발간되었다. 제목과 발표년도에서 알 수 있듯이 이 소설은 광복 후 토지문제와 연관되어 있다. 광복 후 남한에서 경제적으로 가장 대두되었던 문제는 일본인의 재산 처리 문제였다. 즉 소설에 나타나 있는 것처럼 일본인들이 소유했던 토지권이 어느 쪽으로 귀속되는가의 문제는 광복 직후 경제적 문제에 있어서 가장 중요한 핵심이었던 것이다. 일제강점기를 거치면서 더욱 궁핍해진 농촌현실의 문제들은 광복 후 바로 해결해야 할 문제였다. 19세기 말부터 발생했던 소작농의 문제에서도 찾아볼 수 있는 토지 문제들은 광복 직후 국민의 75%가 농민이었다는 점에서 더욱더 중요성을 띄게 된다. 또한 1945년경에 전체 경작 면적의 63%가 소작지였으며, 1945년 말 약 2백만 호의 전국 농가 중 자작 농가는 13.8%밖에 되지 않았다는 당시의 현실은 이 시기의 토지 구조의 모순을 보여주고 있다. 광복 후 남한은 토지정책은 귀속농지의 경우 무상몰수 · 유상분배를 조선인 지주의 농지는 유상매입 · 유상분배의 방법으로 이루어졌고, 이는 가난한 농민들에게는 매우 불리하게 작용하는 것이었다. 게다가 이미 토지 개혁이 실시되기 전에 매매가 이루어져 당시 소작지 면적의 38%만이 개혁되었다. 이는 1946년

3월 북한에서 이루어진 무상매입 · 무상분배의 방법과는 크게 다른 것이었다.[6]

이와 같이 광복이 되고도 자신의 땅을 가질 수 없는 농촌사회의 구조적 모순은 여러 작품에 영향을 끼쳤으며 채만식 또한 자신의 소설에서 이와 같은 문제를 다루었다. 또 그의 소설에는 해방 이후에 일본인들과 결탁하고 그들의 재산을 부당하게 처분하여 자신의 이익을 챙기는 친일세력들에 대한 비판적 시선도 드러나고 있다. 자신의 소설을 통해 오랫동안 이어져 오던 경제적 문제를 보여주고 있다는 점에서 우리는 그의 작품 역시 당대에서 여러 방면에서 심각하게 논의되었던 토지문제에서 자유로울 수 없었음을 알 수 있다. 그리고 진정한 광복을 위해서는 이와 같은 부정적인 현실이 개선되어야 함을 그가 의식하고 있었던 것도 확인할 수 있다.

작가의 현실인식을 반영하듯 〈논 이야기〉 속에는 다른 국가, 곧 각기 다른 지배세력의 밑에서 언제나 핍박받는 농민들의 삶이 담겨 있다. 주인공 '한생원'은 어렸을 적 아버지인 '한태수'가 동학에 가담했다는 누명을 쓰고 고문을 당하는 것을 구하기 위해 가지고 있던 논문서를 고을 사또에게 바친다. 그 후 부모가 모두 돌아가시고 나서는 자신이 지었던 빚들을 청산하기 위해 그 동안 남겨두었던 땅 전부를 일본인 '길천'에게 팔게 된다. 그렇게 받은 돈으로 빚을 갚고 서른여섯 해가 지나 나라는 광복을 맞는다. 광복이 되고 '한생원'은 '길천'에게 팔았던 본래 자신의 땅을 찾아 나선다. 구한말, 자신이 일본인에게 팔았던 땅이니 자신에게 돌아오는 것은 당연하다는 생각이었다. 그러나 이미 새 주인이 생긴 땅은 더 이상 '한생원'에게 희망이 되지 못하고, 광복되었을 때 만세를 부르지 않기를 잘했다는 그의 말과 함께 소설은 마지막을 맞는다. 지배세력에게 착취를 당하던 인물의 삶은 조선 말, 일제강점기 그리고 광복 후에도 이어지고 있는 것이다.

이 소설에서 찾아볼 수 있는 가장 눈에 띄는 특징은 닥친 문제에 당당하게 맞서지 못하는 소극적인 인물로 표현된 '한생원'이다. 아버지의 억울한 누명에 어쩔 수 없다는 식으로 빼앗긴 땅과 빚을 갚기 위해 일본인에게 팔아넘긴 땅으

---

6) 이동재, 『20세기의 한국소설사』, 월인, 2002, p. 242.

로 인해 결국 그에게 남는 토지는 하나도 없다. 그럼에도 그는 자신이 판 땅을 언젠가 광복이 되면 다시 찾을 수 있을 거라는 막연한 믿음을 가지고 산다. 이와 같은 '한생원'의 성격은 언제나 빼앗기기만 하는 그의 삶을 당연하게 만들어 낸다. 나라의 광복에도 별다른 감흥이 없던 그가 결국 일본인에게 팔았던 자신의 땅을 찾지 못하자 '만세를 부르지 않길 잘했다'며 국가를 부정하는 캐릭터로 그려지면서 그는 하나의 풍자 대상이 된다. 이와 같이 수동적이며 소극적인 인물인 '한생원'은 사회를 향한 날카로운 비판 속에서 미적인 역할, 재미를 주는 역할을 담당하게 된다. 그러나 이러한 '한생원'의 역할은 작품 안에서 하나의 문제점이 되기도 한다.

〈논 이야기〉에는 이렇게 여러 시대를 거친 '한생원'의 핍박받는 삶이 들어 있다. 조선말부터 시작된 그의 국가에 대한 불신은 일제강점기, 광복을 거쳐서도 이어진다.

채만식은 〈논 이야기〉를 통해 세 시대의 사회 경제적인 측면을 보여 준다. 처음으로 동학운동 이후로 나타나는 누명과 그 일을 통한 지배세력의 부정적인 재산 수탈방법 또 일제강점기 시대에 외채의 모습, 또 일본인이 농지를 사들이는 모습, 광복 후 일본인 소유의 땅에 대한 정부의 토지정책 등이 그것이다. 이 같은 사회 속에서 '한생원'에게 광복 이후의 정부란 조선 말 아버지가 만든 땅을 빼앗아가던 그것과 같은 의미가 되는 것이다.

> 일본이 항복을 하던 바로 전의 삼사년이 공출이야 징용이야 하여서 별안간 군색함과 불안이 생겼던 것이지 그 밖에는 나라가 망하여 없어지고서 일본의 속국 백성으로 사는 것이, 경술년 이전 나라가 있어 가지고 조선 백성으로 살적보다 벼랑 못할 것이 한생원에게는 없었다. 여전히 남의 세토를 지어 절반 이상이나 도지를 물고 그 남자를 천신하는 가난한 소작인이요, 순사나 일인이나 면서기들의 교만과 압박이, 원이나 아전이나 토반들의 교만과 압박보다 못할 것도 없거니와 더할 것도 없었다.

이 부분에서 찾아볼 수 있는 사회상은 조선말과 일제강점기를 겪는 농민들의 삶이라 할 수 있겠다. 이미 소작농으로 전락된 그들의 삶은 일제강점기 이

전부터 이어져 왔던 것으로 특별히 다를 것도 없는 것이었다. '순사나 일인이나 면서기들의 교만과 압박이, 원이나 아전이나 토반들의 교만과 압박보다 못할 것도 없거니와 더할 것도 없었다.' 라는 부분에서 우리는 당시 지배층의 민중을 향한 억압을 느낄 수 있다. 소설 속, 과거 아버지의 누명사건에서도 알 수 있듯이 힘없는 대다수의 농민들이 겪는 불평등과 지배층의 일방적인 횡포는 조선시대 말부터 이어져 오던 것으로 받아들일 수 있는 것이다. 채만식은 이와 같은 부분을 통해 국민들 곧 농민들의 삶을 억압했던 지배층의 부정적인 모습을 드러내었다.

또 위의 인용문에서 보여지 듯 일제강점기에 '한생원'에게, 곧 당시 농민들에게는 공출이나 징용과 같은 문제만이 새로운 걱정거리가 된다. 소설 속에서 '한생원'이 자신의 손자인 '용길'의 징용문제를 걱정하며 돈을 주고 쌀을 주고 또 논을 매어 주는 등의 장면이 등장하는데 이는 또한 위의 지문과 함께 일제강점기 말 우리나라 젊은이들의 강제적인 징용 문제를 다루고 있다고 볼 수 있다. 경제적인 측면에 가려져 그리 크지 않은 비중으로 등장하지만 이 부분들은 당시 일본의 무지막지한 전쟁에 대한 우리나라 국민들의 불안함과 징용에 대한 걱정을 잘 보여준다고 할 수 있겠다. 실제로 일본은 1938년 '육군특별지원명령'을 통해 조선인이 일본군에 지원할 수 있게 하였고, 이를 통해 황국의식을 주입시키려는 목적을 가지고 있었다. 그러나 태평양 전쟁으로 병력자원에 대한 요구가 늘어나자 1944년 무자비한 징용을 시작하였다. 마을에서 징용병을 모집하고 심지어는 야밤에 민가를 습격하여 징용대상자를 끌고 가기도 했으며 이렇게 강제징용을 당한 젊은이들은 징용장과 전쟁터에서 비참한 죽음을 맞이했다.

> 팔일오 직후 낡은 법이 없어지고 새로운 영이 서기 전 혼란한 틈을 타서 잇속에 눈이 밝은 무리들이 일본인 농장이나 회사의 관리자와 부동이 되어 가지고 일인의 재산을 부당히 처분하여 배를 불린 일이 허다하였다. 이 산판사건도 그런 것의 하나였다.

광복이 되고 일본인이 가지고 있던 땅에 대한 처분은 굉장한 논란을 일으킨 것이었다. 그러나 제대로 된 토지정책이 수립되기도 전에 잇속에 눈이 밝은 무리들은 일본인들과 결탁하여 그들의 재산을 부당하게 처리하고 자신의 부를 늘리는 수단으로 삼았다. 〈논 이야기〉에는 이와 같이 광복이 되고 난 후에도 여전히 사회의 지배계층 자리를 차지하고 있는 친일세력에 대한 비판, 그리고 정당하게 처리되지 않았던 토지문제에 대한 비판적인 시각이 드러나고 있다.

이처럼 토지정책이 수립되기 이전의 상황과 함께 일본인 소유의 토지에 대해 수립된 국가 정책 또한 찾아볼 수 있다. "나라가 다 무어 말라비틀어진 거야? 나라 명색이 내게 무얼 해준 게 있길래 이번엔 일인이 내놓구 가는 내 땅을 저이가 팔아 먹으려구 들어? 그게 나라야?" 라는 '한생원'의 말에서 당시 일본인의 재산에 대한 남한정부의 무상몰수 · 유상분배의 토지정책을 찾아볼 수 있다. 또한 당시의 정책에 이전 일제강점기 시대에 농지를 잃었던 대다수의 농민들이 광복을 맞고 나서도 변한 것이 없는 삶을 살게 되었음을 짐작해 볼 수 있다.

> "일 없네. 난 오늘버틈 도루 나라 없는 백성이네. 제에길 삼십육년두 나라 없이 살아왔을라드냐. 아아니 글쎄, 나라가 있으면 백성한테 무얼 좀 고마운 노릇을 해 주어야 백성두 나라를 믿구, 나라에다 마음을 붙이구 살지. 독립이 됐다면서 고작 그래 백성이 차지할 땅 뺏어서 팔아먹는 게 나라 명색야?"
>
> 그러고는 털고 일어서면서 혼잣말로
>
> "독립됐다고 했을 제, 내 만세 안 부르기 잘했지."

광복이 된 상황에 대하여 이러한 비판을 보여주는 작품은 아마도 쉽게 찾아보기 힘들 것이다. 물론 '한생원'의 개인적인 이기심에서 시작되는 비판이라고 할 수 있을지라도 국가 자체를 향한 부정은 국가 전반적으로 깔린 비판적 시각에서 나올 수 있는 것이다. "나라가 있으면 백성한테 무얼 좀 고마운 노릇을 해 주어야 백성도 나라를 믿고 나라에다 마음을 붙이고 살지." 라는 부분은 작가가 생각하는 국가 곧 지배세력과 국민간의 관계를 직접적으로 드러내는 것이라고 할 수 있겠다. 이는 광복 후 올바른 국가를 세우기 위해 갖추어야 할 기본적인 것의 지적이라고도 볼 수 있다. 이는 "백성이 차지할 땅 뺏어서 팔아먹는"에서 보이는 국가의 부정한 토지제도 곧 일본인의 재산청산 문제에 대한 사회에 깔린 비판적 시각과 일맥상통한다.

한편 이와 같은 말을 하며 국가 자체를 부정하는 '한생원'의 모습은 작품 속에서 하나의 풍자대상으로 그려지고 있다. 이는 〈논 이야기〉 안에서 작가 채만식이 사회에 대한 인식을 보여주는 하나의 효과적인 장치가 된다. 광복 직후의 현실을 보여주면서 성격적 결함이 있는 주인공을 등장시켜 그를 풍자함과 동시에 진정한 광복의 의미란 무엇인가, 광복 후 국가는 무엇을 추구해야 하는가에 대한 문제를 효과적으로 드러냈다고 할 수 있겠다.

그러나 〈논 이야기〉 속 부정적인 측면 또한 간과할 수는 없다. 그것은 바로 '허생원'으로 맞추어진 풍자적 부분이다. 소극적인 행동과 국가부정적인 태도는 농민의 나약한 모습과 함께 비판받을 만한 인간상으로 그려지고 있다. 작가의 현실부정 의식이 담겨 있음에도 불구하고 '허생원'의 풍자적인 모습으로 인해 독자는 날카롭고 예리한 관찰과 비판적인 시각을 의심하게 한다. 다시 말하자면 그 비판이 옳은 것인가 하는 진실성이라는 문제를 갖게 된다는 것이다. 제한적인 미적 감동과 재미로 비추어지는 풍자는 당대의 부정적인 사회를 보여주고 있다는 것 이상의 의미는 지닐 수 없다. 본질적이지 못한 그저 당시 사회만을 단순히 표현하는 역할만이 가능하게 된다는 문제점이 발생한다는 것이다.

이와 함께 단순히 현실을 인정하고 받아들이는 '허생원'의 모습 역시 작품 속에서 부정적인 역할을 하고 있다고 볼 수 있겠다. 물론 풍자라는 성격을 띠고 있지만 결국 부정적인 사회에 타협하고 돌아서는 모습을 보여줌으로써 무기력한 모습을 보여 준다. 현실을 뚫어 내려는 모습은 하나도 보이지 않고 억울함만을 쌓고 단순히 현실에 등을 돌리는 '허생원'의 행동은 삶을 억압했던 모든 지배층을 대상으로 이루어진다는 점에서 결국 당시 현실에 대한 수긍을 보여주는 작가의 소극적 사회인식과도 관련되는 것은 아닐까 생각해 본다.

〈논 이야기〉는 광복 후의 경제적 상황, 특히나 일본인 소유 토지분배 문제를 다루고 있다는 점에서 매우 특별한 의미를 지니고 있다고 할 수 있겠다. 이는 당시 사회에서 가장 뜨겁게 논의되던 문제가 소설 속에서도 나타난다는 곧

문학과 사회의 긴밀한 관련성을 보여주는 것이다. 이 당시 사회는 많은 작품 안에서 다루어진 소재였으나 채만식 특유의 풍자가 어우러져 토지문제의 문제점에서 국가와 국민의 역할에까지 다루어졌다는 점에서 〈논 이야기〉는 더욱 날카롭게 다가온다.

<참고 자료>

김윤식 외 지음, 『해방공간의 문학운동과 문학의 현실인식』, 한울. 1989.
방민호, 『채만식과 조선적 근대문학의 구상』, 소명출판. 2003.
유창근, 『문학을 보는 눈』, 학지사. 2005.
이동재, 『20세기의 한국소설사』, 월인. 2002.
한홍구, 『대한민국 사(史)1』, 한겨레신문사. 2003
http : //penart.co.kr/literature-library/11_novel/%C3%A4%B8%B8%BD%C4-%B3%ED%C0%CC%BE%DF%B1%E2.htm

학생 작품 C

그 시대를 살아갔던 평범한 지식인

이 우 미

영화가 시작하기 전에 우리는
일제히 일어나 애국가를 경청한다.
삼천리 화려 강산의
을숙도에서 일정한 군(群)을 이루며
갈대숲을 이룩하는 흰 새떼들이
자기들끼리 끼룩거리면서
자기들끼리 낄낄대면서
일렬 이열 삼렬 횡대로 자기들의 세상을
이 세상에서 떼어 메고
이 세상 밖 어디론가 날아간다.
우리도 우리들끼리
낄낄대면서
깔죽대면서
우리의 대열을 이루며
한 세상 떼어 메고
이 세상 밖 어디론가 날아갔으면
하는데 대한 사람 대한으로
길이 보전하세로
각각 자기 자리에 앉는다.
주저 앉는다.

– 황지우〈새들도 세상을 뜨는구나〉(1983)

우리나라의 문학은 역사적인 상황과 사건들 속에서 발전해 왔다. 물론, 시대와 별 관계없이 쓰인 문학들도 존재하긴 한다. 그러나 지금 우리에게 읽히고 있는 문학작품들은 많은 분량이 우리의 과거 상황 속에서 쓰인 작품들이다.

이 시, 황지우의 〈새들도 세상을 뜨는구나〉 또한 1980년대 상황 속에서 살아갔던 시인 자신의 모습이 드러나 있다. 좀 더 자세히 시대상황을 파고들어 보자. 시 속에는 영화관에서 애국가가 울려 퍼지는 광경을 그리고 있었다. 그 속에서 어째서 시적 화자는 이 세상 밖 어디론가 날아갔으면 싶다고 생각하였을까. 지금의 상황에서는 잘 이해가 가지 않는 광경이다. 영화관에서의 애국가가 어째서 '주저앉는' 감상을 불러일으키는 것일까. 영화 〈디 워〉에서도 엔딩 부분에 애국가가 나오지만, 사람들은 그 모습을 보고 시적 화자와 같은 감상을 일으키지는 않는다. 시적 화사가 이러한 감상을 일으켰던 것은 그 시대적 요인이 영향을 끼쳤기 때문이다.

1960년 박정희가 군사쿠데타로 정권을 잡았다. 그 후로 19년이 지나, 79년 10월 26일 박정희는 암살을 당하고 만다. 그리고 12월 6일 전두환의 군사쿠데타로 또다시 군정권이 권력을 장악했다. 그것은 그 시대 사람들의 소망과는 다른 방향으로 진행되는 것이었다. 19년의 기나긴 세월 군부 독재 속에서 살아왔던 사람들은 더 이상 '독재'를 원하지 않았다. 국민들이 주체가 되어 나라를 운영할 수 있는 민주주의를 강하게 소망하였다. 그 소망은 박정희의 암살 속에서 점점 자라나갔다. 그러나 박정희의 심복이었던 전두환이 일으킨 군사쿠데타는 그런 소망의 불씨에 찬물을 끼얹는 일이었다. 사람들, 그 중에서 특히 광주 사람들은 80년 5.18광주민주화운동을 일으키면서 민주주의에 대한 자신의 소망을 드러내었다. 그러나 군부정권은 민주주의를 향한 이러한 시민들의 욕망을 철저하게 무력으로 탄압함으로써 민주화에 대한 열망을 찍어 눌렀다. 이 때부터 시적 화자가 '날아가고 싶은', '주저앉는' 사회가 본격적으로 시작되게 된 것이다. 80년 군부는 새로운 언론풍토를 조성한다는 명분 아래 전례 없는 초유의 언론기관 대개편을 단행하였다. 사람들은 자신의 알 권리를 잃었으며 자유롭게 사고할 권리와, 그것을 말할 권리도 잃게 되었다. 아니, 말을 할 수는 있었으나 그 말을 육체적 · 정신적 고통으로 책임져야 했다. 그리하여 교사들은 수업에서 '위험사상'을 학생들에게 가르쳤다는 명목으로 인해 학교에서 끌려가고, 가수들은 자신이 부르고 싶은 노래도 자유롭게 부를 수 없게 되었다. 문인들도 수난을 겪을 수밖에 없었다. 군사독재에 순응했던 서정주와 같은 문인들은 예외지만, 현실을 바라보며, 민중에 대한 작품을 쓰던 문인들은 고난 속에서 작품 활동을 해야 했다. 일제강점기와 마찬가지로 작품은 검열되었고 작가는 감시되었다. 그 속에서 절필하는 사람이 나오게 되는 것도 전혀 이상한 일이 아니었다.

그 상황은 군부독재가 이어지는 내내 계속됐다. 자신의 생각대로 작품을 쓰거나 노래를 불렀다는 이유로 인해 감시당하고, 심지어는 감옥으로 끌려가기도 하였다. 그러한 것은 군정권의 폭력적인 모습이 아니더라도 생활의 여기저기에서 보이는데, 대표적인 것을 예로 들자면, 46년 미군정이 실시하던 통금을 이어서 1960년 4월 22일부터 시작되어 1982년 1월 6일에 폐지된 통행금지와 1989년 1월 종료된, 이 시에 나오는 영화관에서의 애국가 제창이 바로 그것이다. 이것은 개인의 사생활의 자유에 침해되는 면이다. 그러나, 그 시대에는 이런 개인의 사생활의 자유라는 권리가 무시되었다.

이 시가 그 당대 현실에 대해 반영하였다는 증거는 또 있다. 위의 '삼천리 화려강산'이라는 구절을 보자. 그 삼천리 화려강산이라는 것인 우리나라를 지칭하는 것이다. 독재정치가 계속되고 있는 상황이었는데 어째서 삼천리 화려강산이라 칭했을까? 그것은 그 안에 살고 있는 사람들과는 다른, 객관적 수치로 볼 때, 겉으로 볼 때의 모습이다. 내부로 볼 때는 독재정치라는 문제를 안고 있었지만, 대외적으로 볼 때는 '화려한' 모습이 많이 보이게 되었기 때문이다. 81년 서울올림픽이 서울에서 열리기로 결정되고(그것도 심지어는 그 당시 상대적인 강대국이었던 일본을 2배 가까이 누르고), 82년에는 서울국제무역박람회가 개최되었으며(세계적인 모임이 개최됨으로 인해 통행금지는 해제되게 된다), 이 시가 발표된 83년에는 이산가족 찾기 생방송이 연일 방송되며 많은 이산가족이 가족을 찾는 등, 한창 '국운 상승기'의 외면을 갖추고 있었기 때문이다. 그러나 그런 '화려강산'은 민주주의는 간 곳 없고 억압된 상황이었기 때문에 결정적으로 '떠나고 싶은' 세상일 수밖에 없었다. 그렇다면, 시적 화자가 바라고 있는 세상은 어떤 것일까? 어떤 세상을 바랬던 것일까? 그것은 그가 지나왔던 삶을 되짚어 보며 그가 영향을 받았을 법한 사건들을 통해 짐작할 수 있었다.

황지우는 1959년 광주 중앙 초등학교에 입학하고, 65년 광주서중에 입학하고, 1968년에 광주일고에 입학하고 대학은 서울대 문리대 미학과로 간다. 그런데, 시인이 어린 시절을 보낸 광주에 대해 조금 더 짚어 보자. 이곳 광주는 우리나라 근현대사의 투쟁에 있어 빠질 수 없는 곳이다. 일제강점 시대에는 3.1운동에 참여한 것은 물론이요, 그 후에도 독립을 하고자 하는 열망에 광주학생독립운동을 일으켰고, 독립한 이후에는 4.19에도 시위를 벌였고 이윽고 광주 민주화 항쟁이라는 희대의 학살이 일어난 곳이기도 하다. 한 마디로 말하자면, 광주는 데모가 가장 많이 일어나는 지역이었다. 이런 광주에서 자란 시인은 초등학교 2학년, 1960년에 4.19혁명을 만나고, 그 대열을 따르게 되었다. 아직 세상 물정을 모를 나이인지라 오히려 그 인상은 시인의 밑바닥에 깊게 자리하게 된다. 4.19가 무엇을 위한 혁명이었던가? 그것은 바로 부정을 저지르는 정부에 반발하여 민주주의를 부르짖는 혁명이었지 않던가. 기본적으로 광주사람들에게 깊이 깔려있는 '민주주의'는 또한 시인 황지우의 기본적인 이념으로 자리잡게 되었다.

그렇다면 민주주의란 무엇인가? 귀족제나 군주제 또는 독재체제에 대응하는 뜻이다. 민주주의라는 말은 그리스어(語)의 'demokratia'에 근원을 두고 있는데, 'demo(국민)'와 'kratos(지배)'의 두 낱말이 합친 것으로서 '국민의 지배'를 의미한다. 이 민주주의의 필수요건에는 보통 선거권으로 절대권한을 행사할 수 있어야 하며 적어도 2개 이상의 정당들이 있을 수 있어야 하며 국민의 민권을 보존해야 하며 국민의 복리증진을 위한 시책을 내야 하며 효율적인 지도력과 책임 있는 비판을 보장하여야 하며, 정권교체는 평화적 방법으로 이루어져야 한다는 것이 있다. 그런데 군사정권 하에서는 민주주의의 필수적인 요소가 대부분이 무시되었던 것이었다. 그로 인한 반발심을 시인은 시로써 표현해 갔다. 결국 80년에 〈연혁〉이 중앙일보 신춘문예에 입선되면서 등단했고, 「문학과 지성」에 〈대답 없는 날들을 위하여〉 등을 발표했다. 그러나 그 해 5월 31일, 광주항쟁에 연루되어 16일간 고문을 당한 시인은 "이 세상에 태어나서 겪은 양대 공포, 그것은 굶주림과 고문이었다."라고 말하게 될 정도의 경험을 하게 된다. 뿐만 아니라, 그로 인해 다니고 있던 서울대학교 대학원에서

제적되어 버린다. 그 당시의 학교 측은 대부분 그 당시 정권을 잡고 있던 군부 정권의 압력으로 인해 운동권 학생들을 제적하는 방안을 쓰고 있었다. 갓 서른이 넘었던 시인은 그런 정치적 폭압이 이루어지는 현실을 직접 겪고, 그에 대한 저항으로 시 형식을 파괴하는 속에서 풍자와 야유, 빈정거림 등을 통해 보여 주었다. 위 시에 나오는 '낄낄대면서/깔죽대면서'는 시인이 현재에 대해 보이는 야유를 보여주는 것이다.

이런 사회 분위기는 80년대 시단을 형성하는 데도 영향을 끼쳤다. 가장 기본적인 표현 욕구마저 검열 · 통제당하는 80년대였다. 각종 잡지와 정기간행물들이 정부에 의해서 통폐합이 되었다. 이 시기, 소설은 위축되고 시의 발표가 팽창하게 된 것이다. 그것은 단순히 소설의 침체로 인한 결과라기보다 능동적인 문화 전략 개념으로 이해된다. 소설보다 짧고 간절한 서정을 함축한 시의 형식이 그 당시의 시대상황에서 작품 활동을 하기 좋았다고 생각하였기에 80년대는 '시의 시대'라고 일컫어 질 만큼 성장하게 된 것이다. 70년대 후반의 동인지들이 표방한 정신을 계승하여 결성된 ≪오월시≫, ≪시와 경제≫, ≪삶의 문학≫, ≪분단 시대≫ 등의 앤솔러지(*anthology*) 운동은 80년대의 시대상황을 적극적으로 수용하는 한편 능동적인 문화 전략 개념에 충실한 그들의 성격과 문학적 지향을 유감없이 발휘했다. 일종의 부정기 간행물인 무크 형식의 출판물과 르포문학의 융성도 이러한 문화전략 개념의 한 차원으로 이해될 수 있겠다. 그 결과, 시는 양적으로도, 질적으로도 팽창하게 됐다.

이런 80대의 시단은 세칭 민중시와 형태 파괴시에 의해 주도되었다고 말해진다. 민중시는 1970년대 유행하기 시작한 시의 방향으로, 민중의식을 토대로 한 실천성의 개념을 중시하는 시이며, 80년대는 인간다운 삶에의 열망을 시로 표출하는 흐름을 보여 주었다. 그리고 형태 파괴시, 그러니까 이윤택에 의해 '해체시'라고 불리는 흔히 황지우의 시풍을 말할 때 흔히 말하는 해체시는 전통시의 형태를 파괴한 일련의 전위적 실험시를 가리키는 용어로 김준오의 〈도시시와 해체시〉에서 사용되었다. 해체시는 시인의 세계관이 유보된 상태에서 있는 그대로의 현실을, 묘사가 아니라 표절하고 습득하고 인용하는 형태를 취한다. 언어가 더 이상 현실을 완벽하게 재현할 수 없다는 언어에 대한 불신에서 전통 시형식의 파괴라는 해체의 충격이 가시화된 시가 바로 해체시다. 우리나라에서 해체시는 1980년 초, 박남철과 이 시의 시인인 황지우에 의해서 발달하기 시작했다.

황지우는 통합적인 시 세계를 구축하는데 성공했다는 평가를 듣고 있는데, 그가 이질적인 두 세계를 하나로 통합시킬 수 있던 바탕은 섬세한 서정성이다. 그는 민중시 운동이 부분적으로 드러내고 있던 극단적인 이념 추구 방향뿐 아니라, 순수시의 정서적 안일성까지도 극복의 대상으로 삼고 다양한 실험적 기법을 사용, 언어의 힘을 최대로 활용했다는 평가를 얻고 있다. 그러나 시인은 이러한 평가에 대해서 별로 동의하지 않았다. 시인이 한 말을 한번 인용해 보자. "나는 리얼리스트이다. 현실이 일그러지면 시도 일그러질 수밖에 없다는 생각에서 내 나름대로 의미심장한 형식을 쓰려고 했다. 나는 시를 훼손한다는 비판을 두려워할 여유가 없었다. 그만큼 내가 전하려는 메시지가 급했다. 그게 남들 눈에는 형태파괴로 비쳤던 모양이다". 즉, 황지우의 시는 세계가 이미 일그러져 있기 때문에 시 또한 세계를 닮아 당연하게 형식이 파괴된 것이다.

그러나 황지우의 시는 현실을 반영하고 있기 때문에 더 허무한 점이 있다. 그의 시가 이른바 '저항시'가 아닌, 평범한 그 시대의 지식인의 시였기 때문에 시적 화자의 모습에서도 시인의 모습이 뚜렷하게 반영되었기 때문이다. 80년대라는 더없이 통제되었고, 실로 '암흑기'라고 부를 수 있는 사회에서 자유는 꿈으로 밖에 생각할 수 없었던 현실의 한계와 무력감에 결국 침전할 수밖에 없었던 모습은 현실 도피적이고, 일회적이며 지식인적인 측면을 보이고 있다. 정치적 폭압에 대해서 시인이 저항의 의미로 했던 것이 시적 형식 파괴밖에 없었다는 점은 자유에의 소망은 있으나 그것을 박노해 등과 같이 적극적으로 표현하지 못하고 소극적이고 간접적이며 냉소적인 모습을 보여 현실 변혁 의지가 결핍되어 있다는 것을 말해 주고 있다. 하지만 바로 그런 점에서 이 시와 시인이 80년대를 대표하는 하나의 전형이라는 것을 알 수 있게 된다. 자신의 육체를 부정하고, 스스로의 존재를 부정하는 것만이 살아남을 수 있는 유일한 방법이었던 아이러니한 상황 속에서 살아가는 사람들의 자조적이며 무력한 모습을 이 시에서도 확인할 수 있는 것이다. 이렇게 황지우는 그 시대를 살았던 보편적인 사람들의 상흔을 시로 표현하여 그 사회를 드러내고 있었다.

하지만 현실적으로 할 수 있는 것은 없으면서도 이렇게 시로 그 당대의 현실을 쓰는 것은 그의 시가 스트레스 해소용 풍자시라고 비판될 면을 남기고 있다. 아무리 그의 시가 가지고 있는 전위성으로 암울한 현실에 대응하는 문학의 가능성을 보여주어 시대적이고 역사적인 의미를 보여준다 하더라도, 그것은 애초에 문학 형식을 통한 문학 내의 것이지 현실에서 힘을 발휘하기에는 미진했다. 특히 그의 시에서 보이는 절망감과 비극적인 모습은 독자로 하여금 시인의 감정에 동조하게 만들어 침체적인 분위기를 만들어 낼 수 있다. 그러나 시인은 사회를 잊지 않았고, 시로써 그 사회에 풍자를 해 야유하며, 독재정권들이 그들의 정통성 없음을 무마하기 위한 도구의 하나로, 국민을 하나로 묶어주고 국가관이나 민족의식을 고취시켜 주는 노래로 이용되곤 했던 애국가 상영에 비판을 가함으로써 사람들의 비판성을 일깨워 주고 현실에 대한 부정적 시각을 이끌어 냈으며 그 시대의 평범한 사람들을 끌어안아 그 상처를 바라보게 만들었다는 점에서 의의가 있다.

학생 작품 D

허울뿐인 알맹이의 시대

-신동엽의 〈껍데기는 가라〉를 중심으로-

박 진 주

껍데기는 가라.
4월도 알맹이만 남고
껍데기는 가라.

껍데기는 가라.
동학년 곰나루의, 그 아우성만 살고
껍데기는 가라.

그리하여, 다시
껍데기는 가라.
이곳에선, 두 가슴과 그곳까지 내논
아사달 아사녀가
중립의 초례청 앞에 서서
부끄럼 빛내며
맞절할지니

껍데기는 가라.
한라에서 백두까지
향그러운 흙가슴만 남고
그, 모오든 쇠붙이는 가라.

-〈껍데기는 가라〉 전문

신동엽의 '껍데기는 가라'는 현실적 과제를 정면으로 문제삼는 1960년대 참여문학의 대표작이다. 이 작품은 독재에 항거했던 민중 민족문학의 지향성에 중요한 이정표 역할을 한 작품이기도 한다. '껍데기는 가라'는 1960년대라는 구체적 시대상황을 배경으로 한다. 이러한 시를 통하여 민족정신을 일깨우며 민중의 정서에 따른 시적 형상을 보여 준다. 즉 신동엽은 민족의 현실이 불합리한 상황들에 의하여 왜곡되고 있음을 직시하고 이를 극복하여야 한다는 생각을 하게 되고 그 결과가 김수영과 함께 1960년대 참여문학의 활발한 활동을 벌이게 된다.

신동엽은 1930년 8월 18일 충청남도 부여읍 동남리에서 농사를 짓던 신연순과 김영희 사이에서 1남 4녀 중 막내로 태어났다. 신동엽의 출생과 유년 시기는 일제의 수탈이 극도로 강화되어 굶주림과 헐벗음으로 절대적인 빈곤이 지배하던 세상이었다. 어려서 형제를 잃은 신동엽은 친구들과 뛰어놀기보다는 혼자 생각을 하는 적이 많았다고 한다. 신동엽이 누나인 신동희의 정이 각별했다고 한다. 그 이유는 어머니가 일찍 돌아가신 관계로 애처로움이 느껴졌기 때문이라고 한다. 이렇게 신동엽은 정이 많고 마음이 따뜻한 사람으로 성장해 간다. 그리고 부여 초등학교에 입학하여 항상 1등을 하며 우등상을 받아 부모님의 기대가 컸다. 그리고 6학년 때는 '내지성지참배단'의 학교 대표로 뽑혀 보름간 일본에 다녀온다. 그리고 그 당시 담임선생님이었던 김종익은 후에 국회의원을 하기도 하고 신동엽의 생각을 바뀌게 도와 준다. 진보적이던 김종익은 어린 신동엽을 약간이나마 식민지 교육의 폐해와 가난을 사회적 현상으로 인식하게끔 도와 주었다.

부여 초등학교 졸업 후 신동엽은 가난하지만 학업의 열망이 컸던 자들의 소망인 사범학교에 입학하게 된다. 사범학교에 들어가서도 항상 혼자 생각에 잠겨 있었고 무리한 근로봉사로 건강을 잃어 갔다. 이 시기가 민족의식에 눈을 뜬 시기라고 짐작해 본다. 그 후 1948년 남한 총선을 반대한 동맹 휴학 가담으로 학교로부터 퇴학 처분을 받았다. 또한 우익단체인 학생들 뿐 아니라 좌익학생들한테도 끌려가 심한 린치를 당했다. '중립'이라는 민족주의 때문이었다. 그 후 1949년 사학과에 입학하고 한의 서정으로 '나의 나'를 쓰게 된다. 발표는 1962년 6월에 한다. 1953년 졸업 후 친구의 헌책방 일을 돕다 아내인 인병선을 만나고 결혼하게 된다. 그리고 아내와 양장점 개업을 하고 문학 지망생들과 어울려 지내다 시인을 꿈꾸게 된다. 6.25전쟁은 신동엽의 정신과 육체에 치명상을 입힌다. 3개월을 인민군의 강제부역을 함으로써 수복 후 부산으로 도피, 12월 방위군으로 징집되고 군 간부들의 부정부패로 굶주림과 질병에 시달리다 귀향한다. 이 귀향길에서 배고픔을 이기지 못해 잡아먹은 민물의 날게가 뒷날 간디스토마로 고생하다 간암으로 요절하게 한다.

1950년대의 우리 시단은 모더니즘의 물결과 전통 지향적 보수주의의 조류로 크게 나뉘어 대립히는 듯힌 양싱을 보이면서도 역사와 현실의 신성한 문제를 피해 가고 있다는 점에서는 거의 모든 시인이 일치하는 형국을 드러내었는데, 신동엽은 이런 풍조를 철저히 배격하는 자리에서 스스로의 시 세계를 출발시켰다. 당대 시단의 양대 주류를 거부한 채 처음부터 민중적 지식인으로 시를 익히고 시를 발표하기 시작한다.

신동엽은 생애 가운데 정신적으로나 육체적으로 가장 커다란 고통을 경험하는 때인 1950년대는 해방 후의 갈등이 6 · 25와 남북 분단, 전후의 폐허로 이어지면서 그가 겪게 된 허무와 상실감은 매우 컸다. 그의 의식은 민족사의 비극인 6 · 25를 체험하면서 현실에 대한 인식이 구체화된다. 이로 인해 민족의 정신적 실체를 찾기 위한 노력이 동학사상에 대한 관심으로 집약되었고, 이것이 서사시 〈금강〉을 낳는 계기가 된다. 그러나 그는 전후의 폐허에서 심한 고통과 갈등을 겪는데, 아픔을 딛고 시 쓰기에 몰두하여 1959년 〈이야기하는 쟁기꾼의 대지〉가 「조선일보」 신춘문예에 입선하여 문단에 데뷔한다. 그러나 이 작품은 20여 행이 삭제되어 발표되고, '진달래 산천'으로 불온성 문제에 시달리게 된다.

그러다 신동엽에게 새로운 충격이 다가오게 된다. 바로 1960년 4 · 19혁명이 그의 의식세계의 충격을 준 사건이다. 1950년대 후반, 전후의 좌절감과 허무감, 허탈감 같은 것으로 거의 모든 시들이 패배주의적인 색채를 띠고 있던 상황에서 시작된 4 · 19혁명은 시대적 흐름에 대하여 방향 감각을 상실한 시인들에게 신선하고 강력한 충격으로 작용해 새로운 세계를 발을 내딛게 한다. 이렇듯 4 · 19를 계기로 한국 사회에는 지식인의 사회 참여가 고조되었다. 그는

4 · 19혁명을 찬양하는 시 〈아사녀〉를 쓰고 7월에는 '학생혁명 시집'을 간행하였다. 그러나 1962년 무렵부터 시 세계는 비교적 안정을 찾아 정신지향적인 특성을 드러낸다. 당시 4 · 19에서 5 · 16으로의 반전은 시인들에게 희망에서 절망으로 심적인 변화가 오게 되고 또 다른 좌절을 맛보게 하였다. 따라서 그 고통을 정신 지향적 자세로 넘어서야 했기 때문이다. 이 때에 그가 쓴 시들이 1963년에 첫 시집 ≪아사녀≫로 간행되었다.

그 후 1965년 초까지 신동엽은 침묵으로 시간을 보낸다. 이것은 새로운 모색의 시기였다고 할 수 있다. 그 동안 4 · 19에 대한 추상적인 기대와 희망이 무산된 뒤, 정신 지향적 세계에 머물던 신동엽은 그것이 갖는 현실 대응의 한계를 딛고 구체적으로 현실에 부딪쳐 나간다. 이 시기에 이르러 신동엽의 초기의 대지는 한반도로, 원초적 생명력의 그리움은 민족 주체성의 추구로, 과거 역사에의 관심은 구체적인 현실인식으로 전이되었다.

1965년에 시 〈삼월〉의 발표를 기점으로 '민중적 자기 긍정'에 도달한다. 그는 〈발〉, 〈4월은 갈아 엎는 달〉 등을 썼고 이어서 대표작 〈껍데기는 가라〉를 발표하였다. 〈껍데기는 가라〉에 대한 조동일과 김수영의 평가를 시작으로 그는 문단의 조명을 받기 시작한다. 1967년에는 4800여 행에 달하는 서사시 〈금강〉을 발표함으로써 그의 문학의 결정판이 되었고, 그 결과로 신동엽은 확고한 문학사적 위치를 차지한다. 이 때의 작품들은 대개 민족적 동일성을 훼손시키는 모든 반민족적 세력에 대한 거부와 저항이 기조를 이루며, 민중에 대한 자기 긍정을 노래하고 있다.

〈껍데기는 가라〉는 참여문학의 대표작이다. 세월이 지남에 따라 4월 혁명이 보여주었던 순수한 민주화의 열망은 점점 퇴색되어 가고, 동학혁명의 민중적 열망도 소멸되어 가고 있는데다가, 현실은 그들의 바람과는 정반대의 군사 정권에 의해 이 강토가 짓밟히는 모습을 보여주고 있다. 신동엽의 최고 관심이었던 노동문학과 민중문학 반공과 문학의 틀이 무너져 내리는 것이다.

이 시에서는 시어의 반복이 계속된다. '껍데기는 가라'라는 말의 6번의 단순한 반복이 지루하지 않고 감동을 자아내는 것은, 현실을 그만큼 많이 차지하고 있는 껍데기라는 존재에 대해 거부감을 가지는 공감대가 있기 때문인 듯하다. 신동엽이 원하는 것은 한 마디로 '껍데기'는 이 땅에서 사라지라는 것이었다. 그러면 '껍데기'가 무엇인지 살펴봐야 한다. 시를 통해 확인할 수 있는 것은 마지막 행에 나오는 '쇠붙이' 뿐이다. 다만 '껍데기'와 대조적으로 나타나는 것들이 바로 '4월 혁명의 순수성, 동학혁명의 아우성, 아사달 아사녀의 맞절, 향그러운 흙 가슴' 등인데, 이것들을 통해 껍데기의 의미를 유추해 보면 가짜, 거짓, 불의, 참된 민족의 발전을 가로막는 것, 민족과 국토의 통일을 방해하는 것, 민족을 파멸로 이끄는 외세와 전쟁 따위가 껍데기일 것이나. '모오든 쇠붙이'는 현실 상황을 힘의 논리를 앞세운 무력으로 규정함으로써 4월 혁명을 무너뜨리고 등장한 군사 독재 정권을 비판하는 한편 '향그러운 흙가슴만 남은' 참다운 의미의 인간세상이 오기를 바라는 간절한 마음을 말하고 있다.

이 시는 '알맹이'로 표현되는 여러 시어들과 '껍데기'로 표현되는 시어를 대비시킴으로써 시인의 염원하는 세계를 강조하고 있으며, 추구하는 염원을 더욱 순수하게 승화시키고 있다. 반복과 대비가 〈껍데기는 가라〉의 가장 큰 특징이라고 볼 수 있다.

4 · 19와 문학은 밀접한 관련이 있다. 자유당 정권하에서 극단적으로 억압되었던 민족주의적인 정열이 부활하는 계기였다. 1950년대에는 6 · 25의 참혹한 경험과 독재 권력을 유지, 강화하려는 자유당 정권에 의해 극단적인 반공 이데올로기가 강요되었고, 이 때문에 민족의 화해나 통일 문제는 표면적으로 거론되기 어려웠다. 그러나 1960년대에 터져 나온 4 · 19의 함성은 그 동안 억압되었던 민주주의에 대한 요구와 함께 민족의 화해와 통일에 대한 열망을 부활시켰다.

이 같은 4 · 19의 정신은 문학에도 큰 영향을 미쳤다. 신동엽이 외세를 극복하고 외세와 이데올로기에 의해 분열된 민족의 화해를 소리 높여 부르짖을 수 있었던 것은 모두 4 · 19의 직접적 결과였다고 할 수 있다. 그런 의미에서 4 · 19는 순수 문학과 모더니즘이 지배하고 있던 우리 문학에 민족문학과 민중문학이 복권될 수 있는 가능성을 마련해 준 계기였다고 할 수 있다. 1970년대

부터 본격적으로 대두된 민중문학은 실로 4 · 19에 그 뿌리를 두고 있다. 그는 1950년대의 혼미한 문단에 발을 딛고, 1960년대의 이 땅 현대 시사에 현실 대응의 한 문학적 전범을 보여 주었다. 그의 문학적 가치의 한 측면은 현대의 문명과 사회 현실의 모순과 부조리를 비판하는 데에 있다. 그리하여 70, 80년대로 이어지는 민족문학, 민중문학의 디딤돌 역할을 담당하였다. 그의 시는 전통적 요소의 시적 수용과 현실 대응이라는 문제를 잘 결합시켜 놓았다. 이 점에서 전통의 창조적 계승이라는 시적 가치를 지니게 된다. 그의 시는 여성적 어조의 문제, 민요의 율격과 고유어 및 토속어의 활용 그리고 우리 민족의 한을 형상화하였는데, 그 이전의 시들이 대개 개인의 고백적 양상을 보여주었던 점을 뛰어넘어, 그의 시는 민족적인 문제로 확대되는 점을 가치 있게 들 수 있다.

신동엽의 시는 모더니즘과 순수시파에 대한 반감을 가지고 있다고 보인다. 이유는 이들의 현실 외면에 의한 것이다. 전후, 경제적으로 미국의 신식민지화가 되어가는 과정을 직시하고 작품에 반영하고 있는 것과 동일한 인식이다. 이와 같은 기존 문단의 문학적 태도에 대한 비판적 의식은 신동엽의 민족적인 시 의식을 가지고 참여시에만 문학적 가치를 두었다는 것을 보여 준다. 1950년대에 모더니즘적 문학정신의 폐해에 대해 비판적인 서구적 면모를 보면 실감나는 문학적 지평을 열어간 문제적인 창작자임에 반론할 여지가 없다. 당시의 사회상에서 신동엽의 어쩔 수 없는 선택이자 당연한 선택이라고 본다.

신동엽은 어린 시절부터 중립을 선택했고 평화를 고집했다. 연민과 분노를 작품으로 연결하여 현실의 극복을 염원하였다. 혁명운동의 당위성을 시로 밝히는데 망설임이 없었으며 그에 대한 참여에도 막힘이 없었다. 그가 민족 시인으로 추앙받는 이유가 바로 여기에 있다. 현실의식을 바탕으로 강력한 역사 참여의식을 보여준 신동엽은 1960년대 문학적 주제를 넘어서서 다음 시대문학의 방향과 가능성을 제시하였다. 그리고 시대초월적인 작품으로 독자에게 강한 인상을 남겼다. 우리 민족의 현실이 여러 불합리한 상황들에 의해 왜곡되고 있음을 직시하고 이를 극복하여야 한다는 생각을 굳히고 김수영과 더불어 참여시의 세계를 펼쳤다고 말할 수 있다. 시를 개인적인 즐거움으로 보이기보다는 '민족 공동체'의 노래라는 뜻으로 시에 의미를 두었다. 그래서 이념적인 방향을 보이지 않는다. 그렇게 시를 이념의 대행물이나 종속물 또는 도구화로 만들지 않았다. 그래서 시의 즐거움보다는 이념을 순수하게 승화시켰다. 신동엽의 시의 또 다른 특징이 아닐까 싶다.

격정적이고 의지적이다. 그리고 동일 이미지의 사용으로 선명한 느낌을 준다. 그대로 강하고 아픈 느낌을 준다. 사람을 죽이고 누르는 통일, 살벌한 쇠붙이의 지배를 위한 통일이 아니라 알몸의 아름다움에 대한 믿음과 강토에 대한 사랑의 근거로 인간의 가능성에 대한 하나의 계시가 됐다. 4.19에서 시작된 민족문학의 현 단계 작업은 바로 이러한 인류적 차원의 비전으로까지 이어져야 하겠다는 의식이 1960년대의 우리 문학에서 이미 작품화되었음을 확인할 수 있다. 참여시의 절정이라는 찬사를 받은 작품인 〈껍데기는 가라〉는 이 모든 조건을 충족하고 있고 미래의 문학까지 책임지고 바라보고 있다고 말할 수 있다. 여러 번 외쳤던 '껍데기는 가라'는 인간적인 자유와 평등을 회복하는 일인 동시에 우리 사회의 가장 큰 모순인 남북분단을 해결할 수 있는 일이라고 생각된다.

중립의 초례청에서 아사달과 아사녀가 혼례식을 치르는 것은 분단 극복, 곧 통일이라는 신동엽의 간절한 소망을 상징하고 있다. 이 작품에서 시인은 동학농민운동과 4 · 19혁명이 지닌 반봉건 내지 반제국주의를 분단 극복의 역사적 과제로 연결시키고 있다.

우리가 항상 외치고 있는 '껍데기는 가라'. 하지만 진정으로 껍데기는 없어지지 않았다. 부정적 현실 인식에서 비롯된 비극적 정서와 여성주의는 한국 시문학의 정서적 원형질로서 신동엽도 함께 하고 있다. 허울뿐인 알맹이들과 껍데기들이 판치는 현재 껍데기가 진정으로 사라져야 할 시간이 온 것이다. 간암 판정을 받고 퇴원해 한약으로 3개월을 버티다 남정현의 품에서 죽은 신동엽은 그 때까지도 신동엽이 가장 바라던 일은 껍데기의 추방이었다.

<참고 자료>

http : //kin.naver.com/detail/detail.php ? d1id=11&dir_id=110103&eid=dFmq0nP+Lpnjfyh8rAZiFFqlbHHOK76n&qb=sq61pbHitMIgsKG28w==

http : //kin.naver.com/detail/detail.php ? d1id=11&dir_id=110103&eid=LLzPuOJAQUYgEgQeRG14NB5cy3t1WrbS&qb=sq61pbHitMIgsKG28w=

http : //kin.naver.com/detail/detail.php ? d1id=11&dir_id=110103&eid=/7FKIN5ThxWXtIUX79K6wmp7saiOovsF&qb=sq61pbHitMIgsKG28w=

http : //my.dreamwiz.com/garaya/dongyup/

http : //100.naver.com/100.nhn ? docid=101525

형식주의 비평

제 4 장

1. 개요
2. 심층 연구
3. 형식주의 비평의 실제

"勝者는 時間을 管理하며 살고 敗者는 時間을 끌며 산다."

1. 개 요

形式主義 批評 *Formalistic Criticism*은 문학작품의 형식을 발견하고 해명하는 것을 그 유일한 목적으로 삼으며, 작품 자체의 자율성을 매우 중요시하는 비평방법이다. 형식주의 비평은 그 근본적인 미학이론의 토대를 아리스토텔레스에 두고 있다. 아리스토텔레스는 문예비평에 관한 고전적 저작인 시학 등을 통해 문예작품의 형식, 구조, 스타일 및 심리적 영향 등을 강조했는데 이는 플라톤이 작품의 내용 및 사회적 도덕적 영향을 강조한 것과 상당히 대조되는 견해라 하겠다. 형식주의 비평가들의 기본적 원리는 한 마디로 문학작품 자체의 우위성을 인정하는 것이다.

형식주의 비평은 20세기 영국과 미국에서 가장 영향력 있었고 활기 있었던 비평운동으로 역사주의 비평이 쇠퇴하면서 번성하기 시작하였다. 이 비평은 독일이나 이탈리아에서는 별로 추종자를 얻지 못했지만 프랑스에서는 이 비평과 상당히 유사성을 지닌 교육적 방법을 발견할 수 있다. 형식주의 비평의 성립에 보다 직접적인 영향을 준 것은 18세기 말엽의 칸트의 미학이론과 19세기의 콜리지의 상상력에 관한 이론이다. 1914년 러시아 형식주의 대표적인 이론가인 쉬클로프스키는 '오늘날 낡은 예술은 이미 죽어 있으나 새로운 예술은 태어나지 않고 있다. 우리는 세계에 대해 무감각해 왔고, 모든 것은 죽어 있다. 새로운 예술형식의 창조만이 세계에 대한 인간의 인식을 치유할 수 있고 사물을 되살릴 수 있으며 비극론을 물리칠 수 있다. 러시아 형식주의의 대표적인 낯설게 하기를 통해 예술이 일상적 인식의 습관적 대상이 되어 버린 사물에 대한 인식력을 우리에게 다시 되돌려 줄 수 있다'고 생각했던 것이다. 체코에 망명한 러시아 형식주의 이론가들에 의해 결성된 프라하 언어학 서클의 로만 야콥슨 등의 핵심적 인물들은 체코 공산화 이후 미국에 망명하여 신비평과 구조주의를 비롯한 구미 이론계에 지속적인 영향을 끼쳤으며 제2세대인 체코 출신의 르네 웰렉 역시 미국에 망명하여 형식주의의 대표적 이론가로 그 명성을 떨쳤다.

서구에서 형식주의라고 하면 특별히 20세기 초에 러시아와 체코에서 일어났던 문학이론, 즉 러시아 형식주의를 말한다. 러시아 형식주의는 1915년 혁명 전야에 모스크바와 페트르그라드를 중심으로 전개되었던 문학연구의 한 흐름이다. 이 운동의 대표적 인물은 보리스아이헨바움, 빅토르 쉬클로프스키, 로만 야콥슨 등이었다. 1930년대 초에 소련 당국으로부터 탄압을 받자 체코슬로바키아로 옮겼는데, 여기에서 이 운동은 프라그 언어학회의 멤버들에 의하여 지속되었다. 이 학파의 창시자의 한 사람인 로만 야콥슨은 이미 1920년에 모스크바를 떠나 체코슬로바키아에 가 있었다. 이 집단은 1926년에 생겼는데, 역사·정치적 사건의 결과로 1939년에 해체되었다. 이 학파에 소속된 사람들로는 로만 야콥슨, 얀 무카로프스키, 르네 웰렉, 트로우베츠코이 등이다. 1940년 이후로 야콥슨과 웰렉은 미국의 대학에서 강의와 저술을 통해서 문학 연구에 지대한 영향을 미쳤고, 트로우베츠코이의 『詩語學의 諸原理』는 1949년에 출판되었는데 레비스토로스의 구조주의 인류학의 모델이 되었다. 또한 러시아 형식주의는 1960년대를 통하여 프랑스 구조주의 발전에 있어서 중대한 역할을 했다. 러시아 형식주의는 예술적 형식을 통한 지각이 독자로 하여금 인생과 경험에 대한 감각을 새롭게 해 준다고 보았다. 따라서 이들의 관심은 주로 예술적인 형식, 문학적인 형식이 무엇인가 하는 데 있었다. 야콥슨의 말을 빈다면 '문예학의 주제는 문학이 아니라 문학성, 즉 주어진 작품을 문학작품이게 하는 것이다.' 그들이 주로 텍스트를 문학작품으로 만드는 기법, 즉 구성 법칙에 관심을 기울이는 것은 이 때문이다.

신비평은 20세기 영·미에서 가장 영향력 있고 활발한 비평의 움직임이었다. 비록 신비평의 움직임이 주로 영·미에 국한되는 것이긴 하나, 미국과 영국의 문학교육에 끼친 영향이 엄청나다는 것은 주지의 사실이다. 형식주의의 번영은 역사주의 방법의 후퇴를 의미한다. 즉, 역사주의가 약해지면서 신비평은 융성해졌고 또 역사주의가 쇠퇴하는 데 많은 영향을 주었다. 신비평은 1920년대에 일어나 1930년대에 와서 보다 강화되었고, 1940년대와 1950년대 초에 그 절정을 이루었다. 전쟁 이전에 영국에서 리처드와 엘리엇의 시론으로 시작되어 1940년대와 1950년대를 통하여 랜섬 · 윔세트 · 브룩스 · 테이트 등에 의해 진전되었던 것이다.

근자 신비평의 분석 방식이나 기본 방향은 엘리지오 비바스와 머리 크리어거의 문맥비평 *contextual criticism*에서 고조되었다.

신비평이란 말은 랜섬의 「뉴 크리티시즘」에서 비롯하였고, 거기에 관련된 중요 비평가들은 대부분 밴더빌트 대학을 중심으로 모인 소위 南部派 the southern school들이었다. 랜섬은 「뉴 크리티시즘」에서 주로 리처드, 엠프슨, 엘리엇, 원터즈 및 그 밖의 몇 명의 비평가를 논하였다. 랜섬 및 그가 열거한 이들 비평가들의 공통된 특색은 문학작품에 대한 철저한 정독과 분석이다. 그러므로 신비평을 또한 분석비평이라고 하기도 한다.

신비평은 작품을 작품으로만 분석함으로써 작품을 이해하는 것이다. 그만큼 自說的 이해이다. 역사전기비평이나 사회주의, 심리주의처럼 他說的인 방법으로 작품을 이해하는 것을 반대할 뿐 아니라, 작품이 독자의 반응 속에서 어떤 도덕적 · 심리적인 변화를 일으켰는가를 검토하는 것 또한 거부한다. 문학비평이 작자의 의도나 책략을 문제삼으면 그것은 곧 의도적 오류 *intentional fallacy*가 된다. 작가의 본래의 의도와 작품에서 성취된 의도 사이에는 근본적인 차이가 있으므로 그것들을 혼동하는 데서 작품의 이해와 평가가 잘못된다는 것이다. 작품의 본뜻은 작가의 의도도 아니고 독자의 반응도 아니라는 판단이다. 감동적 오류 *affective fallacy*가 바로 그것이다. 감동적 오류는 비평의 기준을 심리적 효과에서 끌어내리는 데서 시작하여 결국 인상주의나 상대주의에 머무를 경우가 많다. 신비평은 讀者反應批評 *reader response criticism*과 극단적인 대조를 이룬다.

형식주의 비평은 오늘날 문학작품은 고유하고 독립적 존재를 가진 객관적 의미구조라는 점에서 본체론적 비평 Ontological Criticism, 문학작품을 하나의 폐쇄된 세계로 보고 그 속에서 언어는 내면을 지향하고 있으며, 세계 그 자체는 하나의 전체적 문맥을 이루도록 창작되었다는 점에서 문맥비평 Contextual Criticism, 문학작품 자체에 그것의 이해와 평가를 위해 필요한 모든 자료와 정보가 포함되어 있다는 점에서 본질적 비평 *Intrinsic Criticism* 이라 칭하기도 한다.

그런데 형식주의 비평이 서정시를 다루는 데에 성공했으나, 소설을 다룰 때는 흡족한 결과를 얻지 못했다는 것이 일반적인 인식이다. 심지어 형식주의의 충실한 옹호주의자들조차 이를 인정하고 있다. 형식주의 비평가들은 시든 소설이든 간에 비교적 짧은 형식의 작품을 다루는 데서 가장 빛을 내고 있다. 형식주의는 너무나 선별적으로 작가나 작품을 다루어 왔고, 그 결과 형식주의 비평의 대부분이 특정 작가와 작품만을 다루어 왔으며, 작품 이외의 것은 경시되거나 무시되어 온 게 사실이다.

형식주의에 대한 비판자들은 형식주의자들이 작가의 특징적 어조, 언어의 사용 문학적 목적을 위해 체험을 정리하는 일과 같은 중요한 미학적 요소 속에서 작가의 존재를 송두리째 무시함으로써 작품에서 중요한 작가를 완전히 배제해 버렸다고 본다. 형식주의 공박론자들에 의하면 바로 이러한 원리야말로 본체론적 오류라고 하는데, '작품 속에서만 머물겠다는 것은 환상이다. 작품이 독자적으로 존립해도 이해가 가능하고 영향력을 발휘할 수 있다면 이런 설명도 필요로 하지 않을 것이다.' 라고 지적한 자크 바르장의 말은 이 오류를 가장 적절하게 설명해 준다.

사실 형식주의자들의 실제 작업에 있어서 지나친 過度 選擇性은 반대자들에 의해 편협성이라고 불려 왔고, 되풀이하여 공격을 받아 왔다.

1) 시의 경우

시의 경우도 소설의 경우에서와 마찬가지로 형식주의 비평가들은 시 작품 그 자체에 관심을 집중한다. 특히 시에서 사용되는 언어들은 특별히 어떻게 사용되고 있으며, 각 부분들을 통합하는 전체 구조의 원리는 또 무엇인가 혹은, 운율의 배치 및 행과 연의 구분은 어떻게 이루어지고 있으며, 또 그것들은 어떠한 효과를 나타내고 있는가 등에 형식주의자들은 주목하고 있는 것이다.

이를 좀 더 구체적으로 설명하면 다음과 같다.

(1) 음성적 조직

[1] 운율

운율은 동서양을 막론하고 어느 나라의 시에도 나타나는 음성 및 의미 배열의 양식인데, 그 근본 원칙은 각 국어의 특성에 따라 다르나, 대체로 음절 수, 음의 강약, 음의 장단, 위의 것의 혼합 형태 등 네 개의 기본 율격이 있다. 영시나 한시의 경우는 음의 강약이나 음의 장단 등에도 세심한 배려를 하고 있지만 우리 시의 경우에는 음절의 수를 율격의 원칙(음수율)으로 삼고 있다.

> 산에는 꽃 지네
> 꽃이 지네
> 갈봄 여름 없이
> 꽃이 지네

잘 알고 있는 김소월의 〈산유화〉 일부이다. 여기서 시인 김소월은 왜 '봄 여름 가을'이라고 하지 않고, '갈봄 여름'이라고 했을까? 형식주의 비평가들은 이 부분에 대단히 민감한 반응을 보일 수밖에 없다.

계절의 순서대로라면 '갈봄'이 아니라 당연히 '봄갈'이라야 한다. '갈봄'은 리듬 및 기타 음악적 효과를 위하여 일반 언어에다 횡포를 가한 것이다. 〈산유화〉의 기본 리듬은 3 · 3 · 2 · 2 인데, '갈봄'과 '여름 없이'는 각각 2 · 4 음절이나, 둘 다 3음절의 음량을 가질 리듬상의 위치에 있다. '갈'은 가을의 준말로 봄과 마찬가지로 1음절이나 음가는 2음절에 해당된다. 즉 '갈'에 강세와 더불어 길이가 온다. 그렇다면 왜 '가을 봄'이 안 되고 '갈봄'이 되었는가? 첫째로, 3 · 3조의 단조를 그 행에서 현저히 깨뜨리는 효과를 내기 위해서이다. 2음절+4음절로써 3 · 3조의 리듬에 변조를 가하고 있는 것이다. 둘째로 '가을'이라고 쓰면 '가'에 올 강세가 '을'에도 분배됨으로써 자연히 약화되는 것을 방지하기 위해서이다.

이 몸이 죽어죽어 一百番 고쳐 죽어,
白骨이 塵土되어 넋이라도 있고 없고
님 향한 一片丹心이야 가실 줄이 이시랴.

위의 시조는 잘 알려진 고려 말 충신 정몽주의 〈단심가〉이다. 초장과 중장은 3·4 혹은 4·4조로 되어 있지만 종장은 시조의 관습에 따라 3·5·4·3의 음수율로 됨으로써 3·4조가 약간 변형을 일으키고 있음을 볼 수 있다. 이처럼 종장만이 다소 무거운 운율을 취하면서 3·4조가 약간이나마 변형된 것은 종장에 가장 집중적으로 드러나 있는 시적 주제 — 일편단심 — 를 시각적으로나 운율상으로 강조하여 표현하려 했기 때문인 것으로 풀이할 수 있을 것이다.

이처럼 형식주의 비평가들은 운율과 의미의 조화 양상을 규명하고자 한다.

시조처럼 정형시의 경우는 그 운율 및 의미와의 상관관계를 파악하기가 비교적 용이하지만 현대시의 경우는 그리 간단하지 않고 해석도 보는 이의 관점에 따라 달라질 수도 있으리라 짐작된다.

2 음운배열

의미의 반향처럼 소리의 효과를 이용하기 위하여 여러 소리의 결을 엮어 짜놓는 것을 *orchestration*이라고 하기도 하고 음운배열이라고도 한다. 소리의 예술적 배열에는 르네 웰렉과 와른이 지적한 바와 같이 두 가지가 있을 수 있는데, 첫째는 소리의 반복으로 생기는 일정한 패턴이고, 둘째는 소리에 의한 모방이다. 반복적 패턴의 가장 평범한 양식은 단순한 연속이다.

가다보니 가닥나무, 오다보니 오동나무(단조로움)
→나비야 청산 가자 범나비 너도 가자(약간의 변화)

음성적 반복을 음악적으로 이용하고 있는 경우다.

3 소리의 표현적 사용

우리말은 의성어, 의태어가 풍부한 것으로 알려져 있다. 현대시에서는 부사

보다 동사와 형용사에 의한 흉내가 많이 쓰이는 경향이다. 그리고 우리말의 음운들 중에는 어떤 환경 아래서는 막연하게나마 어떤 의미를 암시하는 특질을 가진 것들이 있다. 어떤 특수한 환경(문맥) 아래서 'ㄹ' 소리는 물의 흐름을 암시하고, 'ㅊ', 'ㅋ', 'ㅌ', 'ㅍ' 등 파찰음, 파열음은 거친 행동이나 상황을 암시한다.

> 60미리 박격포탄, 80미리 박격포탄
> 이름도 모를 포탄들의 파편과 불발탄
> 뒤엎인 탄착점과 어질어진 철조망

민재식의 〈속죄양〉이다. 이 시에서 'ㅍ', 'ㅌ', 'ㅊ' 등의 소리는 확실히 폭발적 의미를 암시한다고 형식주의 비평가들은 해석을 내린다.

(2) 시의 말씨 *diction*와 문체

말의 문학적 사용은 함축적 사용 *connotation*이다. 메시지를 전하기 위한 것을 표시적 사용 *denotation*이라 하는데 문학적 사용은 그런 표시적 언어를 주로 사용하지는 않는다. 달이라는 말의 함축적 의미는 복잡하다. 그 소리는 물론 그 글자 모양까지 그 말의 함축성에 한몫을 한다. 달은 月, *moon, lunar*라 불러도 그 전하고자 하는 메시지는 조금도 변함이 없이 전달된다. 그러나 문학에서는 달과 *moon*은 매우 다르다.

형식주의 비평가는 〈井邑詞〉의 달과 〈五友歌〉의 달과 〈예전엔 미처 몰랐어요〉의 달의 의미들의 농도, 즉 함축의 정도를 비교하고자 한다.

말의 함축적 사용을 위하여 작가는 특수한 어휘를 사용하기 때문에 형식주의 비평가는 작품 속에서 조어, 고어, 방언, 희귀어, 은어, 속어 등을 발견하고자 한다.

(3) 비유 *metaphor*

비유는 적절한 고유의 낱말이 없던 사실을 청하기 위해 그 사실과 유추적 관계에 있는 다른 사실(적절한 고유의 낱말이 있는)에서 그 낱말을 빌어다 쓴 것을 말한다. 유추 *analogy*는 비유의 기본 원칙이다. '산허리'라는 말은 인체 또는 동물의 가운데 부분 둘레를 허리라 하는 데서 유추되어 생긴 말이다. 유추는 일종의 삼단논법을 거쳐 형성된다.

> 대전제 : 인체의 가운데 둘레 부분이 허리이다.
> 소전제 : 산에도 가운데 둘레 부분이 있다.
> (그러나 그 이름이 없다)
> 결론 : 산의 가운데 둘레 부분은 산의 허리, 즉 산허리라고 부를 수 있다.

산허리라는 말은 비유로 시작되었으나 이제는 일상 언어로 일반화되었다. 이른바 비유의 맛을 잃은 말이 되었다. 형식주의 비평가는 비유의 여러 가지 쓰임에 대해서 관심을 갖는다. 그래서 그들은 비유가 시인의 특별한 애호를 받지만 간혹 편애를 받는 경우가 있는지에 대해서도 간과하지 않는다.

(4) 의미의 형식적 조직

문학의 형식은 내용과 별개의 독자적 구조를 가지지 못한다. 작가가 의도하는 또는 작품 자체가 의도하는 의미가 가장 잘 표출되도록 조직되어 있는 상태가 곧 형식이라고 형식주의자들은 주장한다. 다수의 형식주의자들은 문학 유기체론 *organicism*을 믿는다. 하나의 독특한 의미가 완전하고 자연스럽게 그 자체를 발현시킬 때 취해진 모습을 편의상 형식이라 부른다는 것이다. 따라서 형식과 내용을 분리하여 생각하는 것은 금물이라는 것이다. 시인 예이츠의 '무용가를 무용에서 어떻게 구별하겠는가?'라는 말을 그들은 즐겨 사용한다.

(5) 극적 상황

형식주의 비평가는 작품과 독자 사이의 관계를 하나의 극적인 상황으로 보려고 한다. 확실히 한 작품은 하나의 어조 *tone*와 목소리 *voice*로 어떤 말하는 이 *speaker*가 어떤 상황 *situation*에서 어떤 청중 *audience*에게 어떤 특정한 사실에 관하여 이야기하고 있는 것이다. 아무리 고백적인 서정시라 하더라도 그것은 독특한 목소리를 가진 한 인물 *persona*의 발언이다.

(6) 복합성과 통일성

형식주의 비평가들은 작품의 부분과 전체의 관계에 민감하다. 어떤 부분들이 어떻게 하나의 완전한 형상을 이루는가 하는 문제는 아리스토텔레스 이후 형식주의자들의 최대의 관심사다. 부분들은 작품 내부의 다양성, 포괄성, 복합성을 조성한다. 전체는 이들을 한데 잘 조화하여 뭉치는 힘이 있다. 전체는 하나의 단일성, 통일성을 가진 형상이다. 복합과 단순, 다양과 통일은 서로 반대되는 개념이나 예술 작품에서 그들은 서로 조화를 이룬다. 따라서 형식주의 비평가들은 작품의 복합성을 조성하는 갖가지 요소들에 주의를 기울인다. 일부 형식주의자들이 즐겨 쓰는 아이러니, 패러독스, 애매성, 긴장 등은 모두 단순하지 않은 복잡한 의미의 여러 형태를 가리키는 말들이다.

문학과 사상의 관계에 대하여 형식주의자는 간혹 공격을 받는다. 형식주의자는 사상의 중요성을 인정하지 않는다는 것이다. 그러나 그들은 언어를 매개로 전달되는 인간의 모든 사상은 언어 자체가 문학예술의 재료가 되는 까닭에 그것이 문학에 참여할 때는 그 재료의 입장에 있게 된다고 믿는다. 모든 사상, 감정, 관념, 낱말, 이미지, 논리가 통일된 의미의 형상을 구현하기 위한 재료가 되는 것이다.

(7) 반어 *irony*

반어란 시의 본질을 설명하는 용어로서, 브룩스에 의하면 이는 여러 가지 태도를 한정함으로써 시에 대한 관점을 명확하게 하는 방법이다. 시인의 복잡한 태도를 한정하는 것은 기능적인 은유의 중요한 역할이므로 반어는 은유에 의하여 표현된다는 것이다. 그리고 기능적인 은유는 시인의 機智에 의하게 되므로 기지가 반어를 낳게 된다고 「시의 이해」에서 설명하고 있다.

반어를 가진 표현이란 표면적으로 나타난 의미와 대조를 이루는 또 하나의 의미가 동시에 표현되어 있는 것이다. 예를 들어, 김소월의 〈진달래꽃〉의 마지막 구절인 '나보기가 역겨워 가실 때에는 죽어도 아니 눈물 흘리오리다'와 같은 부분은 반어적 표현으로 유명하다. 표면적으로는 님이 떠나도 자기는 슬퍼하지 않겠다는 것이지만 이면적으로는 더할 나위 없이 슬픈 감정을 담고 있기 때문이다.

그리고 반어를 가진 결과나 반어를 가진 情況이란, 기대한 것과 실현되어진 결과의 사이에 대조가 이루어진 것을 말한다. 그러나 시에 있어서는 이루어진 결과나 사태의 반어보다는 태도의 반어가 더욱 중요하다고 형식주의자들은 생각한다. 이처럼 시에 있어서 반어가 많이 등장하는 것은 이러한 어법이 복잡하고 다양한 세계의 양상과 그에 대한 자아의 반응을 표출하기에 적합하기 때문이라고 형식주의자들은 설명한다.

2) 소설의 경우

소설을 분석함에 있어서 형식주의자들이 주로 관심을 갖는 요소로는 구성 *plot*, 시점 *point of view*, 문체 *style* 등이 있다.

(1) 구성 *plot*

사실상 형식주의자들의 원조라 할 수 있는 아리스토텔레스는 플롯을 매우 중요하게 취급하였다. 그는 '부분들의 구조적 통일은 그들 가운데 하나라도 위치가 변하든가 제거되었을 때 전체가 흩어지므로 다른 것으로 대체할 수 없는 성질의 통일이다. 있으나 없으나 마찬가지로 아무런 뚜렷한 변화를 가져오지 않는 부분은 전체에 대한 有機的 부분이 되지 못한다.'고 그의 『시학』에서 문학작품에 있어서의 유기적 구성을 최초로 언급하고 있다.

형식주의자들이란 바로 이러한 아리스토텔레스의 견해를 현대적으로 새롭게 해석한 비평가 그룹이라 할 수 있다. 아리스토텔레스가 플롯이 비극의 영혼이라 했던 만큼 형식주의자들 역시 플롯을 중시함은 오히려 당연하다 하겠다.

우리 문학의 경우 김동인은 최초로 형식주의적 문학관을 밝힌 이론가로 알려져 있다. 그는 무엇보다도 작품의 유기적 통일성을 강조하였던 것이다.

이처럼 형식주의자들이 강조하는 플롯의 분석을 통해서 우리는 그 작품의 주제를 파악할 수도 있고 그 작품이 지니고 있는 문학적 특질 및 문학사적 위치마저 밝힐 수 있으리라고 본다.

고대 소설의 경우 이러한 형식주의적 관점에서 보면 우연적 사건의 느슨한 연결이라는 구성상의 특질을 발견할 수 있을 것이다. 예를 들어, 〈춘향전〉의 경우 변학도에 의한 춘향의 위기가 어사또가 된 이몽룡의 등장에 의하여 해소되고 있음을 본다. 사실상 과거에 급제한 다음 여러 해가 경과해야만 오를 수 있는 어사직분을 급제하자마자 제수받고, 그것도 춘향이 곧 사형 집행을 당하는 장소와 시간에 맞추어 남원에 이몽룡이 당도하는 소설적 구성은 확실히 형식주의적 관점에서 보면 필연성을 결여하고 있다고 말할 수 있다. 그러나 이것은 작품 〈춘향전〉이 지니고 있는 형식적 결함이라기보다는 형식적 특질로 보아야 할 것이다. 왜냐하면 어사또가 된 이몽룡의 출현에 의한 사건의 해결은 작품 내의 유기적 구성의 맥락에 의해서만 살피기보다는 당시 억압받던 일반 서민계층의 자유와 새로운 질서에 대한 집단적 소망의 發現의 측면에서 함께 보아야 하기 때문이다.

한편 1848년경에 간행된 것으로 추정된 우리 문학의 본격적 단편집으로 알려져 있는 ≪三說記≫에 수록된 작품의 플롯을 살펴보면 훨씬 짜임새가 긴밀함을 볼 수 있고, 따라서 이 작품이 보다 근대성에 접근한 작품임을 인정할 만하다 하겠다.

그 중 〈황새 決訟〉의 줄거리는 다음과 같다.

* 경상도 땅에 많은 유산을 물려받은 부자가 있었다.
* 패악 무도한 한 친척이 재산의 반을 나누어 달라며 협박을 하였다.
* 부자는 서울의 刑曹에 소송을 제기하였다.
* 세상 물정에 밝은 친척은 형조에 뇌물을 주어 관원을 매수하였다.

* 형조는 자수성가도 아닌 상속받은 부자가 친척에게 재산을 半分함은 당연하다며 친척의 승소를 선고하였다.
* 억울함을 참지 못한 부자는 관원들에게 이야기를 하나 들려주었다.
* 이야기의 내용은 꾀꼬리와 뻐꾹새와 따오기가 누가 가장 목청이 좋으냐 하는 것을 다투다가 황새에게 판단을 맡기기로 결정하였다. 목소리에 가장 자신이 없는 따오기는 밤새 새를 찾아가 뇌물을 준 결과 다음날 따오기의 목소리가 가장 아름답다는 판정을 내리게 되었다.
* 이야기를 다 들은 형조의 관원들은 이야기의 내용이 풍자적임을 깨닫고 심히 부끄러워하였다.

이처럼 이야기를 내용만 간추린 것을 줄거리라고 한다면 이러한 이야기의 재료를 가지고 이야기를 구성하는 선택과 배열의 원리를 플롯이라 할 수 있다. 여기서 이야기와 이야기의 연결은 매우 합리적인 동기로 연결되고 있음을 볼 수 있다. 이 작품의 주제는 자신이 옳으므로 틀림없이 승소할 줄 알았던 부자가 형조 관리의 부정에 의하여 패소당하고 그것을 우화를 통하여 복수하는 구성에 의하여 파악될 수 있을 것이다.

그런데 이처럼 사태가 전환됨에 있어서 현실을 넘어서는 天上的 원리라든가 우연적 요소가 개입하지 않고 독자들이 충분히 납득할 수 있는 요인(사회적 부정부패)에 의거하고 있음은 주목을 요한다 하겠다. 또, 부자가 복수를 함에 있어서도 황당무계한 도술이나 뜻하지 않은 행운을 통해서 위기를 극복하는 것이 아니라 그 당시 상황으로는 그럴 수밖에 없었던 필연적이고도 개연적인 방법으로서 풍자적 우화가 설정되고 있음도 독자에 대한 신뢰도를 한층 강화시켜 주고 있다.

이처럼 플롯을 형식주의적 입장에서 분석함으로써 작품을 통일시키고 있는 원리를 찾아볼 수 있는 것이다. 그렇게 볼 때, 〈춘향전〉은 작품 구성상에 우연적 요소가 개입하고 있음으로 미루어 보아 현실 자체를 있는 그대로 묘사했다기보다는 당대 사회에서 억압받고 있던 일반 서민의 집단적 소망이 표출된 작품이라 할 수 있고, 〈황새 결송〉은 현실을 그대로 독자들이 파악할 수 있게 하는 엄청난 사실주의적 정신에 입각한 구성 방식으로 짜여 있음을 알 수 있다.

(2) 시점 *point of view*

형식주의자들이 주로 관심을 갖고 있는 소설적 요소 중의 또 한 가지는 시점이라 할 수 있다. 물론 형식주의자들은 이처럼 소설의 한 요소만을 따로 떼어내서 고찰하지는 않는다. 오히려 이들은 어떤 부분들이 어떻게 하나의 완전한 형상을 이루는가 하는 문제에 보다 관심을 갖는다고 볼 수 있다. 따라서 시점을 언급한다 하더라도 당연히 그 밖의 소설적 요소들과의 상관관계 속에서 그 형태와 기능을 규명하게 마련이다.

소설의 시점에는 대체로 1인칭 주인공 시점, 1인칭 관찰자 시점, 3인칭 관찰자 시점, 전지적 시점 등이 있는 것으로 알려져 있다.

형식주의자들은 같은 내용의 이야기라 할지라도 시점을 달리할 때 독자에게 전달되는 효과가 서로 상이함을 지적한다.

최서해의 〈탈출기〉는 1인칭 화자가 지난 일을 회고하는 1인칭 주인공 시점을 사용하고 있는데 그에 따라 작품은 直情的인 호소력이 한층 강화되고 있다. 반면에 주요섭의 〈사랑손님과 어머니〉라는 작품에서는 어른들의 사랑이 어린 아이의 눈길로 포착되고 또 그 아이의 말씨를 통해서 전달되기 때문에 어른들의 정욕적인 사랑의 모습은 거세되고 단지 정신적인 면만이 부각됨으로써 한층 순화된 사랑의 감정을 독자들이 감상할 수 있도록 배려되어 있는 것이다.

이처럼 형식주의자들은 '무엇을'이라는 물음에 대한 답을 구하기보다는 작품이 '어떻게' 쓰였느냐에 보다 관심을 기울이고 있다고 할 수 있다. 그렇다고 작품에 담긴 사상이나 시대적 반영상을 전혀 도외시하는 것은 아니지만 어디까지나 작품을 작품 그 자체로 감상할 것을 고집하면서 작품을 전체적으로 통일하는 원리 및 의미를 제한하고 구현하는 요소들을 규명하려 애쓰는 것이다. 이러한 비평 방법은 그 자체가 완벽한 방법은 아니라 할지라도 문학작품을 보다 객관적으로 분석, 감상함에 있어서 결정적인 기여를 했음은 부인할 수 없다고 본다.

(3) 문체 *style*

이제까지 살펴본 바와 같이 형식주의 비평 방법은 작가 쪽에 비중을 두기보다는 작품을 직접 읽고 수용하는 독자의 입장에서 이론을 전개하는 유파라 할 수 있다. 따라서 이들은 무엇보다도 원전 그 자체를 정독할 것을 강조한다. 그러한 과정에서 형식주의자들은 작가들이 말을 선택하고 운영하는 표현 양식에 당연히 관심을 두게 된 것으로 보인다.

즉, 작가들이 사용하는 어휘의 빈도수 및 성격, 문장의 형태, 길이 혹은 수사적인 특색 등에 유의하게 되었다는 것이다.

정한모 교수는 김동인의 〈발가락이 닮았다〉와 이효석의 〈메밀꽃 필 무렵〉을 비교함에 있어 '主語格 內顯에 있어서의 서로 다른 특징'을 통계적 자료를 동원하여 입증하고자 하였다. 그의 조사에 따르면 〈발가락이 닮았다〉의 총 문장이 275개, 주어격 내현문이 12개, 그 비율이 4. 36%, 주어격 외현문의 비율이 95. 64%에 비하여 〈메밀꽃 필 무렵〉은 총 133 문장 중 33개, 그 비율이 24. 81%, 75. 19%로 나타나 주어격을 내포적으로 숨기고 있는 문장은 6 : 1의 비율로 이효석이 김동인보다 압도적으로 많다는 것이다.

치밀한 통계 자료와 그 분석에 의한 정한모 교수의 결론은 다음과 같다.

> 문체상으로 보아 이효석은 총명하고 치밀하며 또 그만큼 부드러운 성격적 특징을 지니고 있으며, 반면 김동인은 主情的이고 대범하여 작품의 소재를 객관화할 수 없었다.

이는 작품 자체에 대한 결론이라기보다는 작가의 성격을 규정짓는 데 그친 아쉬움을 남기지만 문체 연구가 작품을 정확하게 감상하는 데에 도움을 줄 수 있음을 알기에는 충분한 연구 성과로 보인다.

이효석의 소설 〈메밀꽃 필 무렵〉을 놓고 형식주의적 관점에서 비평가가 던질 만한 질문들을 이상섭은 다음과 같이 제시하고 있다.

① 이 소설의 섬세한 서정적 묘사를 받은 배경과 무식한 주인공 장돌뱅이들이 과연 서로 잘 어울리는가? (스타일과 성격의 상호 의존성의 문제, 배경과 인물의 조화) 작가가 배경과 인물의 외형적 조화를 그처럼 깨뜨려서 얻은 효과는 무엇인가? (배경 또는 스타일과 인물의 강한 대조의 효과)

② 조선달의 역할은 무엇인가? 이 작품에서 그는 과연 얼마나 필요한 인물인가? (보조인물의 역할 문제, 플롯 전개를 위한 보조수단 이상의 중요성을 갖게 되지 않도록 특별 배려 필요. 조선달의 성격은 미미한 상태로 표출되고 있다)

③ 두 중대한 달밤(20년 전과 오늘)을 연결짓기 위해 작가는 어떤 배려를 하고 있나? (행위들의 평행적 진행, 동질적 배경의 설정. 두 밤 다 메밀꽃 피는 여름 밤, 허생원의 脫衣, 두 몸의 遭遇 및 결실)

④ 충주 집에서 동이를 때린 행위는 전체와 어떤 관계가 있나? (허생원도 자신의 동기를 몰랐다가 결국 애착심에서였음을 발견한다. 이 발견은 작품 말미의 큰 발견에 가세한다. 그의 애착심은 전편을 통해 강조된다. 그것이 그로 하여금 고향의 추억과 직업과 늙은 나귀에서 떠나지 못하게 하고 급기야는 그의 친자식을 발견케 한다)

⑤ 허생원과 그의 나귀의 유사점은 왜 강조되고 있는가? (소위 부차적 플롯, 부차적 인물의 문제, 주인공의 행위에 대한 비교와 대조를 위한 배려이다)

⑥ 허생원이 젖은 몸으로 동이의 등에 업혀 강을 건널 때 '동이의 탐탁한 등허리가 뼈에 사무쳐 따뜻하다' 하였는데 이 표현의 적절성은? (지나치게 조작적이 아닌가? 마지막의 대발견의 쇼크를 완화하기 위한 예방책? 일종의 면역?)

⑦ 〈메밀꽃 필 무렵〉은 하나의 우연한 귀결을 중심 이야깃거리로 하고 있다. 우연은 하나의 행위의 자연스런 결말이 되지 못한다. 대부분의 경우, 우연에 의한 결말은 무의미하다. 작가가 이 작품에서 그 우연성을 완화하려고 사용한 수법들은 무엇인가? 또 그것들은 얼마나 성공적인가?

그 자체로서는 장황한 배경묘사는 이 문제해결에 어떤 도움을 주는가? 허생원이 이 우연을 받아들이는 태도는? (작가는 주인공의 성격과 행위의 결말을 어떻게 조화시키는가?)

형식주의 비평가들이 작품 자체만을 가지고 피곤할 정도로 분석한다는 사실을 감안한다면 충분히 이해가 갈 만한 질문들이다.

2. 심층 연구

형식주의 비평은 역사주의 비평에 반기를 들고 나온 것으로부터 출발하기 때문에 소위 非歷史的 批評 方法이라고 할 수 있다. 형식주의 비평의 본격적인 논의는 20세기에 들어와 활발하게 전개되었으며, 특히 영미 형식주의, 러시아 형식주의가 그 주류를 이루고 있다.

형식주의 비평가들의 기본적 원리는 문학작품 자체의 우위성을 인정하는 것이다. 그들은 형식과 내용, 구조와 의미가 각각 불가분의 관계에 있다고 보고, 철저한 독해를 통하여 원문들의 말이 지닌 외연적이고 내포적인 의미와 가치를 찾아보려고 한다. 또한 내용은 그것이 형식의 일부로 통합될 경우에 한하여 존재할 수 있으며, 형식이 없는 내용은 생경한 삶의 한 토막으로 남아 있을 뿐 그 삶이 예술로 될 수는 없다고 그들은 주장하고 있다.

즉 모든 문학작품은 그 자체에 있어서 완전하므로 비평가는 작품의 외적인 지식이나 가치에 의존하지 말고 작품 자체에 접근해야 한다는 입장에 서 있다. 그래서 그들은 작품을 구성하고 있는 언어의 상호관계, 문장 패턴, 유사한 낱말과 어구, 주부와 술부의 호응관계, 말투, 언어의 선택, 문맥의 연결 관계 등과 같은 內的 關聯性, 즉 어떤 형식, 어떤 원리가 있는가에 깊은 관심을 갖는다.

영미 형식주의의 경우는 기존의 역사주의나 인상주의에 대한 비판이 강하고, 러시아 형식주의는 일상 언어와 문학적 언어의 구별에 더 많은 관심을 갖는다. 영미 형식주의 비평에서 반역사주의 입장이나 반인상주의 입장은 특히 의도적 오류 *intentional fallacy*와 감동적 오류 *affective fallacy*라는 말에서 극명히 나타나고 있으며, 러시아 형식주의는 문학성 *literariness*이라는 말에서 확인할 수 있다.

1) 문학성

러시아 형식주의자들은 문학을 언어의 특수한 종목으로 보고, 문학적 언어와 일상적 언어 사이에는 근본적인 차이가 있다는 가설, 즉 문학적 또는 시적 언어와 일상 언어 간에는 근본적인 대립이 존재한다는 가설을 토대로 하고 있다. 즉 하나의 특정한 문학작품을 문학작품이게 하는 문학성을 우선적인 문학연구의 대상으로 삼고, 이를 결정짓는 단위와 규칙과 문법을 발견하고자 하고 있으며, 이것들을 찾아냄으로써 그 문학작품의 가치와 새로움을 발견하고자 하는 것이다. 따라서 그들은 재래의 심리학적, 철학적, 사회학적 연구 방법을 거부하고 있으며, 문학연구에 있어서의 감상적인 정당화, 성급한 사회적 현실에의 조응 및 작품을 형상화해 준 사회적 압력 또는 심리학적 충동의 조사, 작가의 생애에 의한 문학작품의 해석, 작중 인물이나 작가의 심리 분석에 의한 접근 등을 자기기만, 또는 책임감 없는 인상비평이라고 배격하고 있다. 그리고 문학연구의 대상을 작품이라는 구체적이고도 객관적인 대상으로 국한시켜 그것을 모든 연구의 중심에 올려놓고 있으며, 문학연구의 주된 목적은 문학적 매체의 전경화 *foreground* 또는 일상적인 인식을 낯설게 하기에 있다고 강조하고 있다. 시 연구 분야에서 그들은 운율의 분석과 두운, 각운에서 소리의 반복을 분석하고 있으며, 운율과 모든 요소들을 의미를 보충하는 장식품으로 보지 않고 음성적 통사적 층위에서 뿐만 아니라, 의미론적 층위에서 언어의 전체적 재조직을 실행하는 시의 특징들로 이해하고 있다.

2) 의도적 오류

의도적 오류는 작품 창작에 임하는 작가의 창작 의도가 곧 그 작품의 의미와 직결되는 것은 아니라는 이론으로 이는 역사주의 비평이 작품보다 작가의 창작 조건을 중시해야 한다는 주장을 직접적으로 공박하는 이론이 된다. 이 용어는 윔저트와 비어즐리의 공동 논문인 「의도적 오류」에서 언급된 말인데, 작가의 본래의 의도와 작품에서 성취된 의미 사이에는 근본적인 차이가 있음을 밝히고, 그것들을 혼동하는 데서 작품의 이해와 평가가 잘못되는 것이라고 한 데서 비롯된다. 의도의 오류란? 작품이란 반드시 어떤 의도를, 목적을 가지고 작품을 쓴다. 아무리 의도를 가지고 작품을 써도 그 의도가 작품에 그대로 반영될 수 있는가? 역사주의에서는 그대로 반영된다고 하였고, 「뉴 크리티시즘」에서는 그대로 반영되지 못한다고 본다는 것이 의도의 오류라 한다.

이는 역사주의나 전기비평에 대한 거부를 뜻한다. 작품은 작자의 것이 아니라 공적인 것이요. 그러기 때문에 작품 그 자체를 중요시해야 한다. 즉 의도의 오류란? 작품이란 반듯이 작가가 의도한 그대로 표현될 수 없다는 것이다.

따라서 시는 시인이나 비평가의 소유가 아니다. 탄생되는 순간 곧바로 그 작가의 통제력이 미치지 않는 세계 속으로 떠나가 버린다. 따라서 시는 작가와 무관한 公衆에 속하는 것이라고 그는 말한다. 예를 들어, 작가 자신은 가벼운 마음으로 썼는데 작품 자체가 깊은 감동을 줄 수도 있고, 대단히 좋은 의도에서 썼지만 사장될 수도 있다. 이러한 사실로 미루어 볼 때 작가의 의도는 작품 자체의 의미와 똑떨어지는 것이라고 할 수 있다.

작품은 언어에 의해서 빚어진 것이기 때문에 결국 작품의 의미는 당시에 통용되었던 어휘, 문법 등에 따라 그 작품 자체에서 찾아낼 수밖에 없다. 작가가 특수한 의미를 부여하려 했다 해도 작품 자체가 그 의미를 나타내지 않을 때는 작품과 아무런 관계가 없다.

3) 감동의 오류

감동의 오류는 문예작품의 의미나 가치를 그 작품에 대한 독자들의 정서적 반응의 강렬성에서 찾으려는 것이 오류임을 지적한 이론이다. 다시 말해서 문학작품의 가치를 그 독자에게 생긴 영향이나 효과에다 두는 것은 잘못이라는 것이다. 작품에서 받게 되는 감동과 영향은 독자마다 다를 수밖에 없으므로 순전히 그것에다 작품의 평가 기준을 두는 것은 극단적인 인상주의나 상대주의에 빠지게 된다는 것이다 인상주의나 상대주의에 빠진다는 것은 의미와 가치 파악의 기준이 그때 그때의 분위기나 감정의 상태에 따라 바뀔 수 있다든지 가치와 의미에 절대치가 없음을 경계해서 쓰인 말이라고 할 수 있다. 비어즐리에 의하면 주관적인 입장을 취한 모든 비평이 한결 같이 빠져드는 수렁이 있는데, 그것은 바로 자신의 느낌, 감정, 생각 등과 작품을 직접 연결함으로써 일어나는 부작용인 바, 이 때 평가와 판단의 근거가 되는 것은 작품과 무관한 개인, 또는 시대와 지역의 제약을 받는 평가자의 생각이라는 것이다.

그래서 영미 형식주의자들은 문학의 외재적 인식, 즉 모방론이나 반영론, 효용론이나 표현론 등을 배제하고 문학작품의 내재적 법칙, 특히 시에서 구조적 특성을 표현하는 말로 아이러니 *irony*, 역설 *paradox*, 긴장 *tension*, 애매성 *ambiguity*, 복잡성 *complexity*, 결 *texture*과 같은 술어들을 쓰고 있다.

4) 모호성 *ambiguity*

작품에 쓰인 하나의 어휘가 둘 또는 그 이상의 거리가 먼 내용을 함께 의미하거나 또는 서로 다른 태도나 감정을 나타내게 되는 경우를 일컫는다. 이러한 모호성이 형식주의 비평에서 주요하게 인식된 것은 언어의 압축적 표현을 통해 예술적 효과를 얻어 내는 문학에 있어서 모호성의 적절한 이용은 시의 의미를 깊고 넓게 확산시키고 심화시킬 수 있다는 이유 때문이었다.

우리가 한용운의 〈님의 沈默〉을 대할 때 그 시에서 한없는 思考의 깊이를 느끼게 되는 것도 일면 이러한 언어의 모호성에 힘입은 것이라고 할 수 있다.

한용운의 〈님의 沈默〉에서 '님'이라는 어휘가 단순히 異性의 애인만을 의미하는 것이라면 이 시의 가치는 그리 높은 것으로 이야기할 수 없다. 이 시 속의 님이라는 어휘는 부처, 조국, 해탈의 경지 등 무수히 많은 해석이 가능하게 됨으로써 이 작품의 전체적 의미를 확대 · 심화시켜 주고 있다. 그리고 이 어휘뿐 아니라 '푸른산 빛', '黃金의 꽃', '한숨의 微風' 등 상당수의 어휘나 구절들이 이러한 모호성을 띠고 나타남으로써 이 시가 여러 가지로 해석될 가능성을 제공하는 것이다.

5) 기 타

이 밖에 형식주의에서 자주 사용하는 비평 용어로서 아이러니 *irony*와 패러독스 *paradox*를 들 수 있다.

아이러니는 표면적인 언어의 의미와 내면적인 의미의 차이가 생기는 경우를 말하는 것이고, 패러독스는 표면상으로 볼 때는 자기 모순적이고 부조리한 진술처럼 받아들여지지만 깊이 생각해 보면 그 말의 의미가 올바로 나타나는 경우를 말한다. 현진건의 〈할머니의 죽음〉에서 할머니의 위독한 증세를 걱정하며 모여 앉은 일가친척들의 표면적 태도와 내면적 심리의 대조는 좋은 아이러니의 예다.

> "암만해도 오늘 來日 돌아가실 것 같지는 않은데……이거 큰 일 났는걸. 가는 수도 없고……"
>
> "딴은 곧 돌아가실 것 같지는 않아……"
>
> – 현진건의 〈할머니의 죽음〉 일부

표면적으로는 할머니가 돌아가실까 봐 걱정하고 있는 것이지만, 내면적으로는 그 반대의 걱정들을 하고 있는 것이다.

패러독스의 예로는 밀턴의 〈失樂園〉 가운데에서 "너무나도 밝은 어두움 속에서 당신의 옷자락이 나타납니다."와 같은 표현이나, 한용운의 〈님의 沈默〉

에서 "님은 갔지마는, 나는 님을 보내지 아니하였습니다."와 같은 경우를 말한다. 신비평에서 아이러니를 내포한 문학이 그렇지 않은 문학보다 우수하다고 보는 이유는, 아이러니가 인생체험을 단면적으로 보지 않고 양면을 모두 인식했을 때 나올 수 있는 표현기법이라고 생각하기 때문이다.

이 밖에도 형식주의 비평에서는 어조 *tone*, 리듬 *rhythm*, 이미저리 *imagery* 등의 용어를 많이 사용하고 있다.

형식주의 비평의 핵심

(1) 특징

문학 작품을 순수한 언어 예술임을 강조. 역사주의 비평이 역사적 배경과 작가의 생애, 창작 의도나 동기 같은 외적 조건에 치중하여 작품 자체의 이해를 소홀히 하는 경향에 반발

(2) 주안점

문학 작품이 언어로 된 예술임을 강조하면서, 순수하게 작품의 그 자체구조를 분석

(3) 역사

우리나라와 중국의 고전 문학에서는 한시(漢詩)의 율격과 운(韻), 구법(句法) 등을 정밀하게 따지는 시론(詩論)들이 많았는데 그것은 형식주의적 비평의 시각이 창작에 관한 실제 비평으로 나타난 것이다.

(4) 갈래

러시아 형식주의(1915-1929), 新批評(1930년대 이후 미국), 구조주의, 기호학(1960년대 이후 프랑스)

(5) 방법

① 분석대상 : 작품 그 자체(본문에 밀착)를 언어 구조물로 파악하고 그것을 있는 그대로 분석, 해명하려는 이러한 시도는 낱말이 어떻게 결합하고 유기적인 관련을 맺는가를 살핌으로써 본문의 정밀한 독서를 강조함

② 작품 분석의 기본 단위 : 긴장(緊張), 애매성(曖昧性), 조직(組織), 반어(反語), 역설(逆說)의 용어 사용

③ 신비평가 견해 : 작품이란 언어의 집적(集積)으로 구성되어 있으며, 이 언어의 집적 방식에 따라 무엇인가를 전달하는 것으로 파악한다. 그래서 그들은 오직 작품 자체에만 관심을 한정시킨다. 우리가 어떤 작품을 읽고 감명을 받았을 때, 감명의 전달에 이바지하는 것은 작품을 구성하는 언어, 즉 하나하나의 낱말들과 그 배열방식에 지나지 않는다. 따라서 작품을 구성하는 언어의 집적방식을 분석하는 것이 문학의 본질을 해명하는 것이다.

(6) 장점

① 문학의 독자성 확립

② 작품의 구조 해명

③ 작품에 입각한 평가

④ 분석방법과 용어

(7) 단점

① 문학을 한정적으로 다룸(비평 대상의 제한)

② 작품 외적 상황을 분리시킴으로써 역사적 안목을 위축시키며, 문학사와 문학 장르의 문제에 등한함(http : //blog.naver.com/liyaan/60007178500 참조)

(8) 다음 인물들에 대해서 조사해 봅시다.

① 윔세트 *W. K. Wimsatt, Jr*

② 브룩스 *C. Brooks*

③ 웰렉 *Rene Wellek*

④ 부드 *W. C. Booth*

⑤ 비어즐리 *M. C. Beardsley*

3. 형식주의 비평의 실제

1) 서정주의 시 <鞦韆詞> 읽기

-春香의 말 壹

香丹아 그넷줄을 밀어라.
머언 바다로
배를 내어밀 듯이,
香丹아.

이 다소곳이 흔들리는 수양버들 나무와
베갯모에 놓이듯 한 풀꽃더미로부터,
자잘한 나비 새끼 꾀꼬리들로부터,
아주 내어밀 듯이, 香丹아.

珊瑚도 섬도 없는 저 하늘로
나를 밀어 올려 다오.
彩色한 구름같이 나를 밀어 올려 다오!
이 울렁이는 가슴을 밀어 올려 다오!

西으로 가는 달같이는
나는 아무래도 갈 수가 없다.

바람이 波濤를 밀어 올리듯이,
그렇게 나를 밀어 올려 다오.
香丹아.

2) 서정주의 작품세계

(1) 서정주 연보(1915. 5. 18~2000. 12. 24)

시인, 호는 未堂, 전북 고창 출생. 어릴 때 한학을 공부, 보통학교를 나와 중앙고보를 다니다가 고창고보를 마치고, 한때 방랑생활을 했다. 중앙불교전문강원에 들어 갔으나 이어 중앙불교전문에서 수학(1936), 이 무렵에 동아일보 신춘문예에 시 〈壁〉이 당선되어 문단에 등단하였다. 김광균, 김달진, 김동리, 김진세, 함형수 등과 동인지 「詩人部落」을 주재하면서 본격적인 작품활동을 했다. 한동안 만주에 가서 간도의 양곡회사 경리사원, 일제말기에 귀국하여 향리와 서울을 떠돌아다녔다. 광복 후에는 우리 민족진영의 일원으로 김동리, 곽종원, 조연현 등과 교유하면서 조선청년문학가협회에 참여(1946)했고, 한국문학가협회 시분과 위원장(1949)을 지냈다.

한편 동아대 창립 당시의 교수(1946), 그 후 동아일보의 사회부장, 문화부장 역임, 문교부 초대 예술과장을 지냈다. 6 · 25동란 때에는 조지훈, 이한직 등과 한강을 건너 대전, 대구로 피난, 극심한 고생을 하다가 9 · 28수복으로 환도, 다시 1. 4후퇴로 가족과 함께 피난, 전주에서의 전시연합대학 강사, 전주고교 교사, 조선대학 부교수로 있다가 다시 환도하여 예술원회원, 서라벌예대 교수, 동국대 교수, 한국현대시인협회 회장을 역임(1972)했으며, 한국문인협회 부이사장(1972), 한국시인협회 명예회장으로 추대되었다.

대표 저서로는 시집 ≪花蛇集 : 1941≫, ≪歸蜀途 : 1946≫, ≪新羅抄 : 1960〉, ≪冬天 : 1968≫, ≪徐廷柱 詩選 : 1974≫, ≪菊花 옆에서 : 1975≫, ≪질마재 神話 : 1975 · 1976≫, ≪韓國의 名詩選(編) : 1977≫, ≪徐廷柱의 名詩 : 1979≫, ≪학이 울고 간 날들의 시(한국 역사시집) : 1982≫, ≪朝鮮タンポポの歌(조선 민들레꽃의 노래) (일본어판) : 1982≫, ≪La fleur rouge(붉

은 꽃) (불역시집) : 1982≫ 등이 있으며 1974년 고향의 선운사 입구에 未堂詩碑가 고향 라이언스 클럽 주관으로 건립되었고 1986년 창간한 월간 「문학정신」 발행인을 지냈다.

(2) 徐廷柱의 작품 경향

서정주는 악마적이며 원색적인 시풍으로 문단의 비상한 관심을 모았다. 토속적 분위기가 배경인 妖惡한 그의 작품 경향은 한국시사에서 일찍이 보지 못한 詩美의 확대 재발견을 도모하고 있다.

그의 제2시집 ≪歸蜀途≫는 초기의 악마주의적인 생리에서 벗어나서 동양적인 사상으로 접근하여 영겁의 생명을 추구하는 "인생파"의 시인으로 면목이 일신되어 심화된 정서와 세련된 시풍으로 민족적 정조와 그 선율을 읊었다. 그리고 시집 ≪新羅抄≫ 이후부터는 불교사상을 기조로 한 신라의 설화를 제재로 보편적인 진리의 세계인 영원주의의 이념과 禪的인 정서를 부활시켰으며 유치환과 더불어 "인생파" 또는 "생명파"의 시인으로 육성적인 생의 추구는 많은 독자를 감동시켰다. 그의 사상의 기조는 영원주의, 영생주의며 문화사조상의 배경은 주정적 낭만주의이고, 그의 예술관은 심미주의적 입장에 선 것으로 인정되고 있다. 시집 ≪冬天≫은 특수한 은유법의 매력에 크게 힘입어 신라와 불교적인 세계를 한층 더 심화시켰다.

3) 작품 분석의 예

(1) 인간의 비극적 상황

－서정주의 시 〈鞦韆詞〉를 중심으로－

서정주의 〈鞦韆詞〉를 예로 들어 분석해 볼 때, 이 작품은 시의 요소 가운데서 어느 하나나 둘에 주로 의존한다고 볼 수는 없다. 그러나 이 작품의 상징적인 의미나 특수하고 미묘한 구조를 나타내는 데 특별히 중요한 구실을 하고 있는 요소는 이미저리, 즉 형상이며, 운율은 주로 이미저리 및 어조와 긴밀히 관련되어 있다. 어조도 이 작품에서는 네 번이나 나오는 '香丹아'라는 말에서 보듯이 중요한 구실을 하고 있고, 어의도 물론 의미의 구조에서 뺄 수 없는 요소가 되어 있다. **(시의 요소, 서론)**

이 작품은 그 부제가 밝히고 있듯이 춘향의 독백으로서, 〈春香傳〉을 배경으로 하고 있다. 그러나 이 작품을 이해하는 데 〈春香傳〉의 이야기 전체를 자세히 알아야 할 필요는 없다. 다만 춘향의 사랑의 괴로움, 인간으로서의 운명을 이해하는 것으로 충분하며 그것은 또한 이 작품 가운데에 충분히 나타나 있다. 그러므로 한 번 이 작품을 끝까지 읽고 나면 여기 나오는 그네가 단순히 놀이를 위한 그네가 아니라 춘향이 자기 자신을 그것에 맡겨 자기의 地上的인 괴로움과 운명을 벗어나려는 '象徵의 그네'임을 알게 된다. **(작품의 개요)**

그런데 여기서 특별히 주목할 점은 이 작품의 형태이다. 시작품의 형태란 주로 운율(리듬)에 의하여 결정되는 것으로, 형태란 대부분의 경우 운율의 악보라고 할 수 있는 것이다. 이 작품의 경우 처음 4행, 특히 제2행에서 제4행까지가 특별히 짧은 것은 그 부분의 템포를 느리게 하기 위해서이다. 말하자면 이 작품은 안단테로 시작하는 것이다. 그러나 또 하나 주의해야 할 사실은 이 부분의 형태나 운율이 단순히 이 작품을 느린 템포로 시작하게 하는 구실만을 하는 것이 아니라는 점이다. 이 부분의 형태나 운율은 또한 이 부분의 말의 뜻이나 이미지와 적절하게 부합되고 있다. 먼 바다로 배를 내어 미는 힘차고도 느린 동작의 이미지가 느리고도 힘찬 운율의 도움을 받아 충분히 효과를 발휘하고 있는 것이다. 또한 겸해 지적해 둘 것은 이 경우의 직유 '－밀듯이'에 의한 이미지가 매우 적절하다는 것과 이 작품의 구조의 주춧돌이 이미 여기서 놓여 있다는 점이다. **(작품의 형태－운율)**

이 경우의 직유나 이미지가 매우 적절한 것은 바다와 하늘, 배와 그네, 배를 내어 미는 동작과 그네를 미는 동작 사이의 완전한 대응이 성립되는 데다가 먼 바다로 배를 타고 나간다는 것이 이 경우의 鞦韆 놀이의 의미를 규정하고 있기 때문이다. 게다가 이 작품의 구조를 지탱하는 것으로서 가장 중요한 구실을 하는 바다와 하늘이 이미 이 첫 부분에서 나타나 있거나 함축되어 있는 것이다. **(1연 분석)**

이와 같은 시의 각 요소 사이의 유기적인 관계는 이 작품의 둘째 부분, 즉 제5행에서 제8행까지에서도 마찬가지로 찾을 수 있다. 이 부분에 나오는 '수양버들 나무'와 '풀꽃더미'와 '나비 새끼 꾀꼬리들'은 모두 춘향에게는 地上的인 번뇌의 상징들이며 춘향은 이러한 번뇌로부터 '아주' 떠나 버리고 싶은 것이다. 이렇게 '자잘한' 지상적인 괴로움의 원인들을 열거하는 이 부분에서는 현저하게 음절수가 많아지고 행이 길어짐으로써 템포가 숨차게 빨라지고 있다.

그러나 이 부분의 시로서의 의미를 단순히 지상적인 것으로부터 아주 떠나 버리고 싶다는 것으로만 생각한다면 그것은 불충분하다. 그것은 표면상의 뜻일 뿐 한편으로는 지상적인 것에 대한 애착이 또한 숨어 있는 것이다. 이 부분의 미묘한 역설적인 애착은 특히 여기에 나오는 번뇌의 상징들을 수식하는 어구들인 '이 다소곳이 흔들리는', '베갯모에 놓이듯 한'에서 느낄 수 있다. **(2연 분석)**

〈鞦韆詞〉의 구조는 '역설적 구조'라 할 수 있다. 〈鞦韆詞〉의 '역설적 구조'는 그 셋째 부분에서 방향을 바꾸어 전개된다. 즉 앞부분에서는 지상으로부터 내어 밀어 달라는 것이 이 부분에서는 '저 하늘로' 밀어 올려 달라는 것이다. 그러나 여기서도 의미의 역설은 한편에 숨어 있다. 즉 춘향이 괴로운 지상을 하직하고 가 버리고 싶은 저 하늘은 '珊瑚도 섬도 없는' 텅 빈 하늘이요, 그가 올라간다면 차라리 '彩色한 구름' 같은 허무한 하늘이라는 것이다.

산호와 섬도 역시 '울렁이는 가슴'을 지닌 춘향과 마찬가지로 지상적인 질서 또는 자연의 질서에 속하는 것이다. 이 부분에 나타난 춘향의 지상적인 질서에 대한 역설적인 애착은 바로 이러한 지상적인 것의 아름다움을 하늘의 공허와 허무에 투사한 데서 느낄 수 있다. 그러나 춘향은 두 행으로 된 그 다음 부분에서 자기는 달이 하늘로 가듯이 하늘로 갈 수는 없는 인간의 운명과 그 한계를

깨닫는다. **(3연 분석)**

'西으로 가는 달같이는'의 직유도 이 작품의 '역설적 구조'에 또한 이바지하고 있다. 즉 번뇌에 시달리는 인간인 자기를 西으로 가는 차가운 달에 대비함으로써 춘향은 스스로를 역설적인 상황에 두고 있다. 다시 말하면 춘향은 인간으로서 달처럼 하늘의 질서에 속할 수는 없지만 설사 그럴 수 있다고 하더라도 선뜻 결정짓지 못할 만큼 그것은 또한 괴롭고 무서운 일인 것이다. **(4연 분석)**

그러나 춘향의 괴로움은 해결을 얻지 못한다. 그러기에 춘향은 자기의 운명을 깨달으면서도 몸부림치지 않을 수 없는 것이다. 바람은 부단히 파도를 기슭에 밀어 올리지만 파도는 번번이 되돌아오고 만다. 그러나 바람은 쉬지 않는다. 춘향도 살아 있는 한 이와 같은 비극적인 몸부림을 계속하지 않을 수 없다. 그것은 바로 비극적인 인간상황으로, 이 작품의 주제는 이러한 인간의 비극적인 상황 가운데 설정되어 있다. **(5연 분석)**

이 글은 앞에서 이 작품의 첫 부분에 작품 전체의 구조를 지탱하는 주춧돌이 놓여져 있다는 지적을 한 바 있다. 그 주춧돌이란 바다와 하늘이다. 즉 바다의 이미저리는 이 작품의 첫째 부분('머언 바다로/배를 내어밀 듯이'), 셋째 부분('珊瑚도 섬도 없는')과 그리고 끝 부분('바람이 波濤를 밀어 올리듯이')에 나타나 있고 하늘은 첫째 부분에서는 함축되었으나('香丹아 그넷줄을 밀어라'), 셋째 부분에서는 표면에 나타나 있고('저 하늘로') 넷째 부분에서는 다시 함축되어 있다('西으로 가는 달같이는'). 지상의 질서와 하늘의 질서 사이에서 몸부림치는 인간의 비극적인 상황을 다룬 이 작품의 주제는 그 구성에 있어서도 이와 같이 흥미 있게 암시되어 있는 것이다. **(결론)**

– 이선영, 「문학비평론」 일부

(2) 정지용의 <향수> 분석 예

넓은 벌 동쪽 끝으로
옛이야기 지줄대는 실개천이 회돌아 나가고,
얼룩백이 황소가
해설피 금빛 게으른 울음을 우는 곳,

……그 곳이 참하 꿈엔들 잊힐리야.

질화로에 재가 식어지면
뷔인 밭에 밤바람 소리 말을 달리고
엷은 졸음에 겨운 늙으신 아버지가
짚벼개를 돋아 고이시는 곳

……그 곳이 참하 꿈엔들 잊힐리야.

흙에서 자란 내 마음
파아란 하늘 빛이 그립어
함부로 쏜 화살을 찾으려
풀섶 이슬에 함추름 휘적시던 곳,

……그 곳이 참하 꿈엔들 잊힐리야.

傳說 바다에 춤추는 밤물결 같은
검은 귀밑머리 날리는 어린 누의와
아무러치도 않고 여쁠것도 없는
사철 발 벗은 안해가
따가운 해ㅅ살을 등에 지고 이삭 줏던 곳,

……그 곳이 참하 꿈엔들 잊힐리야.

하늘에는 석근 별
알 수도 없는 모래성으로 발을 옮기고,
서리 까마귀 우지짖고 지나가는 초라한 집웅,
흐릿한 불빛에 돌아 앉어 도란 도란거리는 곳,

……그 곳이 참하 꿈엔들 잊힐리야.

이 시는 청각적 감각을 자극시키는 동일한 음운의 반복을 통해 그리움의 정조를 환기시키고 있다. 우선 청각적인 것을 시각의 이미지로 바꿔 놓는 공감각의 기법은 1연에 나오는 “얼룩 백이 황소가 해설피 금빛 게으른 울음을 우는 곳”에서 발견된다. 보이지 않는 황소의 울음을 금빛으로 시각화하고 게으른이란 시어로 느릿느릿 걷는 황소의 걸음이나 몸짓을 눈앞에 떠올리게 하는 것이다. 심지어는 금빛이라는 그 말에서 가을의 들판, 즉 황금빛으로 물들어 있는 들녘을 연상하기도 한다. 또한 황소의 황과 금빛의 금은 무의식적으로 두 이미지를 연결하는 구실을 하기도 한다. 또한 황소도 그냥 황소가 아닌 얼룩백이 황소라고 표현함으로 더욱 시각적 효과를 극대화시킨다.

하지만 이 시가 눈(시각)으로만 고향풍경을 묘사한 것은 아니다. 2연의 “뷔인 밭에 밤바람소리 말을 달리고”의 시구는 소리를 동영상으로 보여준 시각적 이미지의 절정이면서 두운의 효과도 얻고 있다. 즉 ‘뷔인 밭’과 ‘밤바람’에는 무려 네 개의 ‘ㅂ’자음이 중첩되어 있고 ‘밭’, ‘밤’, ‘바람’, ‘말’, 그리고 달리고의 ‘달’에는 모두 여섯 개의 ‘ㅏ’ 모음 (모음)이 반복되어 있다. 그러므로 이 시를 소리 내어 읽으면 깊은 셔울밤 바람소리가 귓전으로 스친다.

또 첫째 연의 “넓은 벌 동쪽 끝으로 흐르는 실개천”이 되어야 할 시각적 대상을 청각적으로 옮겨 “옛이야기 지줄대는 것”으로 묘사했다. 청각적인 것을 시각적 영상으로 바꿨던 것과는 정반대이다. 이렇게 시각과 청각이 서로 균형과 조화를 이루고 있는 것은 “흐릿한 불빛에 돌아앉아 도란도란 거리는 곳”이라는 마지막 연에서도 극명하게 드러나 있다. 흐릿한 불빛은 시각적인 것이고 도란도란 거리는 것은 청각적인 것이다. 그리고 ‘돌아앉아’와 ‘도란도란’의 ‘도’음의 중첩은 앞에서 본 것처럼 두운 효과를 최대한으로 이용한 것이다. 또한 좀 더 자세히 살펴본다면 2연에서는 'ㅂ'과 'ㅁ'이 3연에서는 'ㅎ'과 'ㅍ', 5연의 3행에선 'ㅣ'모음이 4행에선 'ㄷ'의 중첩을 알 수 있다.

그리고 각 연마다 반복되고 있는 후렴구는 연과 연을 자연스럽게 연결시켜 주고 음악적 리듬감을 살림은 물론 "참하 꿈엔들 잊힐리야"라는 후렴의 영탄적 종결로 하여 고향에 대한 그리움의 정서를 더욱 절실하게 고조시키고 있다.

(음성적 조직 – 시각과 청각의 균형과 조화)

이 시의 화자는 늙은 아버지와 아내가 있는 성인이며 유년의 인상적 추억에서부터 고향집의 모습에 이르기까지의 고향의 총체적 시간과 공간이 풍경화적인 모습으로 이동되면서 회상되는 구조로 짜여 있다.

1연의 1행은 넓이를 지닌 원경을 보여 준다. 여기 비해 2행에서는 가늘고 좁은 실개천이 제시되었다. 실개천은 물이라는 점에서 깊이를 지닌 사물이며 그것은 자연스럽게 '옛이야기'라는 시간적 깊이를 지닌 심상과 결합된다. 말하자면 넓게 확장되던 시선이 한 곳에 초점을 잡으면서 깊이를 지닌 시선으로 응축되는 것이다. 응축되던 시선은 3행에서 황소라는 하나의 사물에 고정된다. 이렇게 고정된 시선은 4연에서 낮고 길게 퍼지는 황소의 울음소리를 따라 다시 확산된다.

그런데 여기서 특징적인 것은 2행에서 '옛이야기'가 환기하던 시간적 깊이가 4행에서는 '금빛 게으른 울음'의 공간적 깊이로 전환된다는 사실이다. 즉 2행은 응축의 과정 속에 깊이를 지닌 것이고 4행은 확산의 과정 속에 깊이를 지닌 것이다. 이것은 실개천과 울음이 길게 이어지는 형상성을 공유한다는 점에서도 설명이 가능하다. 이러한 확산과 응축의 상호교차와 시간적 · 공간적 깊이의 변화를 통하여 우리는 아주 자연스럽게 고향의 정겨운 공간에 발을 들여놓게 된다.

2연은 방밖과 방안의 정경을 대비시켰다. 밤바람 소리는 말을 달리듯 거세게 들리는데 아버지의 모습은 '엷은', '겨운', '늙으신' 등의 말이 환기하듯 쇠잔하기만 하다. 이 대목에서 1연에 보이던 평화로움이라든가 한적함 등의 정서보다는 고독의 음영이 더 짙게 드리운다. 짚벼개를 돋아 고이시는 '엷은 졸음에 겨운 아버지'의 모습은 쓸쓸하고 애잔한 느낌을 자아낸다.

3연은 자기 자신의 어린 시절을 추억하였다. 막연히 파란 하늘빛을 그리워하며 무언가를 찾아 달려가던 어린 날을 떠올리며 그 주체하지 못하던 열정의 시간을 동경하고 있다. 함부로 쏜 화살을 찾으러 풀숲을 헤매던 어린 날의 모습이나 그것을 못 잊어하는 지금의 처지나 2연에 나온 '늙으신 아버지'의 모습 이상으로 애처롭고 안쓰러운 것이 사실이다. 3연에서도 고독의 음영이 드리워져 있는 것을 발견하게 된다.

4연은 누이와 아내의 모습을 제시하였다. "전설바다에 춤추는 밤물결 같은/ 검은 귀밑머리 날리는 어린 누이"의 모습은 청순하고 신비롭기까지 하다. "아무러치도 않고 여쁠 것도 없는 / 사철 발벗은 아내"의 모습은 농촌여인의 투박함을 그대로 드러낸다. 그런데 이 아름다운 누이와 투박한 아내가 따가운 햇살을 등에 지고 힘겨운 들일을 함께 하고 있다. 여기서 신비로운 누이와 투박한 아내가 같은 존재일 수도 있음을 알 수 있다. 즉 귀밑머리 날리는 누이도 결혼하면 사철 발벗은 아내가 되고 마는 것이다. 여기서 시적 화자가 꿈에도 잊지 못하겠다고 하는 고향의 모습이 너무도 삭막하고 초라하다는 사실을 발견하게 된다.

5연에서는 그것이 더욱 뚜렷해진다. '초라한'과 '흐릿한'이라는 말이 농촌의 궁색함을 단적으로 드러내 주기 때문이다. 그런데 여기에는 '초라한'과 대비되어 '도란도란'이라는 말도 나온다. 초라한 지붕 밑에서도 가족들은 불빛에 싸여 도란도란 이야기를 나누고 있다. 그들의 인정의 세계는 그것대로 화목하게 유지되는 듯하다. **(의미의 구조)**

이 시의 1연은 고향 마을을 둘러싼 자연적인 공간을 제시하며 넓은 들판과 실개천의 대조를 이루고 있다. 이 중 "옛이야기 지줄대는 실개천"은 옛 마을이 유서 깊은 전설의 터전임을 암시한다고 해석되기도 하며 '황소' 역시 온순과 평화 한가로움의 이미지를 가지고 있다. 또한 '해설피'나 '게으른'은 농촌의 한가함을 대변해 준다고 볼 수 있다.

제 2연에서는 겨울밤 풍경과 아버지에 대한 회고를 하는데 '질화로'나 '짚벼개'는 전형적인 농가의 방안을 보여준다고 할 수 있으며 "질화로에 재가 식어지면"에서 시간의 경과를 알 수 있다. "밤바람 소리 말을 달리고"는 활유법으로 바람이 분다는 의미를 지닌다고 봐야 할 것이다. '엷은 졸음'은 살풋 든 졸음을 감각화한 표현이며 '아버지'는 자애의 이미지를 '짚벼개'는 휴식의 이미지를 가지고 있다.

제 3연에서는 시적 화자의 유년기의 직접적인 경험을 회고하는데 흙에서 자란 마음과 파란 하늘빛의 대조로 현실과 이상 사이의 조응을 보여준다고 할 수 있다. "함부로 쏜 화살"에서 상승적 지향성과 함께 유년기의 순수를 엿볼 수 있으며 '이슬'은 청신함의 이미지를 가진다.

제 4연에서 누이와 아내에 대한 회고를 하는데 "전설 바다에 춤추는 밤물결"로 역동적 심상을 보여주며 "아무러치도 않고 여쁠 것도 없는"에선 평범함을 보여 준다. 그런가 하면 "사철 발 벗은 아내"는 가난을 암시하며 '누이'는 이상, 즉 깨끗하고 때 묻지 않은 순결을 상징하지만 아내는 현실, 즉 생활과 속세를 상징한다.

마지막 연인 제 5연에서는 단란한 농가의 정경을 보여주며 "서리 까마귀 우지짖고"와 "불빛에 돌아앉어 도란도란거리는"의 대조를 이루는데 "서리 까마귀 우지짖고"는 황량하고 싸늘한 초겨울의 분위기를 "불빛에 돌아 앉어 도란도란거리는"에서는 집안의 따뜻한 분위기를 보여주어 대조시키는 것이다. 또한 '초라한 지붕'은 가난을 암시한다. **(비유)**

이 시의 시간 축을 이루고 있는 계절은 어느 한 계절에 얽매이지 않고 사계절 전체를 균등하게 재현한다. "질화로에 재가 식어지면"의 2연은 겨울이고 "따거운 햇볕을 등에 지고 이삭 줍던 곳"의 4 연은 여름철 전후 (이삭이 보리이삭이냐 벼 이삭이냐로 이른 여름일 수도 있고 늦은 여름일 수도 있다)이다. 나머지 연도 확실한 언급은 없으나 대체로 봄과 가을을 느끼게 하는 것으로 구성되어 있다.

낮과 밤의 시간도 계절과 마찬가지이다. "질화로에 재가 식어지면"의 2연과 "하늘에는 성근 별"의 마지막 연은 밤 풍경이고 나머지 연들은 낮 풍경이다.

고향에 있는 화자의 연령도 화살을 쏘던 유년 시절에서 "사철 발벗은 아내가……"에서 암시되어 있듯이 성인시절의 기억에 이르기까지 그 폭이 넓다.

또한 이 시가 건축적인 균형을 이루고 있다는 것은 무엇보다도 첫째 연과 마지막 연을 비교해 보면 자명해진다. 첫 연의 "넓은 벌 동쪽 끝으로 흐르는 실개천"의 공간구성은 수평적이며 확산적이다. 그리고 실개천이 흐르는 들판은 열려진 바깥공간이다. 그러므로 소의 울음소리도 벌판으로 퍼져가는 수평성 · 확산성 그리고 바깥공간의 개방성을 지니게 된다. 그런데 끝 연을 보면 그 공간구성이 정반대로 되어 있다. 즉 하늘의 성근별에서 시작하여 서리 까마귀로, 서리 까마귀에서 지붕으로 그리고 그 지붕에서 흐릿한 불빛으로 점차 아래로 내려오고 있는 수직 구조로 구성되어 있다. 첫째 연은 실개천이 동쪽 끝으로 흘러갔지만 마지막 연은 하늘의 별빛이 방안의 불빛으로 귀착되어 있는 것이다. 그리고 실개천이 흘러가는 벌판이 확산적인 외부공간이라면, 마지막 연의 등불 밑에 돌아앉아 도란거리는 그 방안은 응축적인 내부 공간이라 할 수 있다. 햇빛 아래 밝고 넓은 벌판을 향해 우는 금빛 황소울음으로 시작하여 희미한 불빛 아래 방안 구석에 돌아앉아 도란도란 거리는 인간의 속삭임으로 끝나 있는 것이다. 수평과 수직, 밝은 태양과 희미한 등불, 벌판의 확산과 방안의 응축, 그리고 황소울음과 속삭임소리……. 정지용이 건축한 향수의 공간은 이렇게 바깥과 안의 대칭적 언어에 의해서 완벽한 균형을 이루고 있다.

또한 "그곳이 참하 꿈엔들 잊힐리야"라는 각 연마다의 후렴은 이미지에 대한 통일성을 이루기 위한 연과 연을 연결하는 유대가 되고 있고, 한 연의 발단을 전개시키는 구실을 하고 있으며 간절한 그리움을 반복적으로 표현하고 있다.

(통일성)

이 시가 고향에 대한 그리움을 절실한 것으로 만드는 것은 '넓은 벌', '실개천', '얼룩빼기 황소', '질화로', '짚베게', '화살', '어린 누이', '발 벗은 아내', '성근 별', '서리 까마귀' 등 토속적인 심상에 의해 고향의 정경이 재구성되고 있기 때문이다.

이런 토속적이고 감각적인 시 한편을 형식주의 입장에서 비평해 봤는데 여기서 우리가 주목해야 할 점은 "CLOSE READING" 즉 "자세히 읽기"인데 이런 세심한 독서를 함으로써 텍스트에 대한 강력하고 냉철한 해석을 할 수 있기에 그 무엇보다 중요하다. 어느 것이나 마찬가지이겠지만 형식주의에서는 인상주의 비평을 멀리하고 작품을 꼼꼼하게 분석하는 것인 만큼 자세히 읽고 해석해야 하는 것이다. **(마무리)**

<참고 자료>

이상섭, 『문학 연구의 방법』, 탐구당
이승원 편저, 『정지용』, 문학세계사
이승원, 『정지용 시의 심층적 탐구』, 태학사
장도준, 『정지용 시 연구』, 태학사
(http : //cafe.naver.com/janmaljangee.cafe ? iframe_url=/ArticleRead.nhn%3Farticleid=34 참조)

(3) 양면성의 미학

- 정한숙의 중편소설 〈이타원에서〉를 중심으로 -

인간은 선과 악을 동시에 소유하고 있는 존재이다. 따라서 인간은 선과 악이라는 양면성을 놓고 자주 고민하고 갈등 속에 빠지게 된다. 이러한 고민이나 갈등은 타인과의 사이에서 오는 경우도 있고 자기 내면의 세계 속에서 오는 경우도 허다하다. 바로 이러한 인간과 인간의 갈등이 대부분 소설의 소재가 되고 있음은 주지하고 있는 바이다. 정한숙의 중편 〈이타원에서〉 역시 이 소설의 주인공이자 내레이터인 김근호가 이태원 거리를 배경으로 활동하는 서로 다른 두 여자와 우연히 만나면서 전개되는 이성과 감성, 즉 정신적인 사랑과 육체적인 사랑 사이의 내면적 갈등을 묘사한 소설이다. **(서론)**

주인공 김근호가 동서문학사를 찾기 위해 번화한 이태원 거리를 헤매는 것으로부터 이 소설의 서두는 시작된다. 낯선 거리와 많은 외국인들을 마주치면서 걷다가 이태원 외인 아파트 앞에 이르렀을 때 우연히 오 기자를 만나 동서문학사를 찾게 되고 편집장으로부터 이태원 거리를 배경으로 소설을 써

보라는 권유를 받게 된다. 돌아오는 길에 오 기자를 만나기로 했던 다방 앞에서 장미꽃 파는 소녀를 만남으로 해서 이 소설의 새로운 사건이 전개된다. 소녀와 나란히 거리를 내려올 때 누군가 스냅사진을 찍는 장면이 제시되는데 여기서 독자는 스냅사진으로 인해 무슨 사건이 벌어질 것 같은 암시를 받는다. 장미꽃 한 송이를 사들고 집에 들어온 김근호는 그날 밤 꿈에 수영복 차림의 장미꽃 팔이 소녀를 만나게 되고 다음날 독자와의 대화 장소로 나가 독자들에게 자기가 쓴 책에 열심히 사인을 해 준다. 그 곳에서 김성숙이라는 여인을 만나면서부터 이야기는 또 하나의 새로운 국면으로 접어든다.

어느 날 김근호가 이태원 거리를 스케치하기 위해 이태원 거리에 도착했을 때 갑작스럽게 내리는 비를 피하기 위해 다방 안으로 들어갔다가 다시 김성숙 여인을 만나면서 상황은 급진전되어 마침내 김근호와 김성숙은 이태원의 이색적인 분위기에 빠져들어 애정행각을 벌이게 된다. 그러나 이 소설의 작가 정한숙은 클라이맥스 부분에 가서 그들의 애정행각을 전혀 직설적으로 묘사하지 않고 비디오를 보던 집의 여주인과 김성숙의 짧은 대화를 통해 가장 자연스럽게 독자로 하여금 추측해 보도록 여운을 남긴다. 결말 부분은 김성숙의 장문 편지내용이 중심을 이루고 마지막에 가서 오 기자의 등장으로 앞에서 암시되었던 사진에 대한 의혹이 풀리게 되지만 김근호로 하여금 또 하나의 갈등을 느끼게 하는 동기를 주면서 대단원의 막이 내린다. **(작품의 줄거리 요약)**

먼저 이 소설에 등장하는 인물을 살펴보면 주인공인 김근호를 비롯하여 장미꽃 파는 소녀와 김성숙 여인, 그리고 오 기자가 중심을 이룬다. 김근호는 소설 속에 제시된 바와 같이 안방에만 묻혀 살며 사회생활에는 제로인 인물이다. 장미꽃 파는 소녀에게 동정심 내지는 애정을 품어 보는 순박함이라던가, 거절하지 못하는 나약함을 지닌 그야말로 안방샌님과 같은 존재다. 작가 정한숙이 이태원이라는 특수한 지역성을 살려 이와 같은 성격의 인물을 설정한 것은 대단히 성공적이라고 본다. 만약 주인공을 이와 반대되는 인물로 설정했더라면 이 소설의 구조는 매우 다른 각도로 진행되었을 것이라는 예상을 해 본다.

주인공과 대조적으로 이 소설에 등장하는 꽃 파는 소녀나 김성숙 여인은 모두 다 성격이나 행위에 있어서 대담성을 보여 준다. 예를 든다면 김근호에게 접근하여 몇 살이냐고 묻고 비싼 저녁을 사달라고 말하고 디스코텍을 구경시켜 달라는 꽃 팔이 소녀의 언행이 그렇고, 다방에서 김근호를 만나 저녁식사를 대접하고 비디오를 보고 해박한 지식으로 문학을 얘기하면서 능수능란하게 김근호를 리드해 가는 김성숙 여인의 언행 또한 그렇다. 이태원이 주요 활동무대인 꽃 파는 여인과 김성숙의 성격을 주인공인 김근호와는 대조적으로 대담하고 적극적인 성격으로 설정한 점 역시 뛰어나다고 할 수 있다. 이태원이라는 특수성을 잘 살렸기 때문이다.

또 한 사람 이 소설의 서두에서부터 어두운 삽화처럼 등장되는 인물 중에 오 기자가 있다. 그는 잊혀질 만한 때에 몇몇 사람의 이야기 속에 오르내리며 탐탁하지 않은 존재로 잠깐씩 선보이다가 결말 부분에 가서 그의 정체를 드러내게 된다. 처음 오 기자에 대해서 별로 사귈 만한 친구가 못되니 조심해야 된다고 말한 동서문학사 편집장의 이야기나 김성숙의 편지 끝 부분에 오 기자는 경계해야 할 사람이라고 쓴 것을 읽으며 독자는 오 기자의 사람됨을 짐작하고 있지만, 결말부분에 오 기자가 등장하며 김근호 앞에서 꽃 팔이 소녀와 김성숙 여인의 사진을 번갈아 내놓으면서 "어떻든 너무했어요. 미성년인 소녀를 호텔로 유인하거나 40대의 과부와 삼각관계를 가지고 놀아나는 일은" 하고 죄인을 다루듯이 윽박지르고 위협하는 태도를 통해 오 기자의 끈질기고 비인간적인 성격을 찾을 수 있다. **(등장인물의 성격)**

작가가 작중인물을 제시하는 방법에는 크게 두 가지가 있는데 하나는 틀에 박힌 방법으로 묘사하는 것이요, 다른 하나는 전개 *Unrolling*에 등장인물의 제시방법 의해 그려내는 방법인데 정한숙은 주로 이야기의 전개에 따라 전개되어 나가는 작중인물에 의존하여 독자로 하여금 마지막에 가서 작중인물에 대해 훨씬 더 잘 알게 되거나 작중인물에 대해 더 다각적인 판단을 내릴 수 있도록 시도하고 있다. 이는 현대의 훌륭한 소설들이 보여주는 하나의 두드러진 양상이다.

또 정한숙은 이 소설을 통하여 작중인물의 이름을 붙이는 작업, 즉 아펠레이션 *Appellation*에도 관심을 보이고 있음을 발견하게 되는데 김성숙이라는 이름을 붙인 것이 그 좋은 예이다. 앞에서도 언급했듯이 김성숙 여인은 매사에 부족하거나 미숙한 점이 전혀 보이지 않는 그야말로 성숙한 여인, 세련된 여인이다. 김성숙이라는 등장인물의 이름을 보고 독자들로 하여금 그녀의 성격을 유추해 낼 것을 작가는 시도하고 있다. 과연 김성숙은 그의 이름처럼 성격이나 행동이 대단히 잘 성숙된 여인으로 이 소설 속에 등장한다. **(인물의 이름짓기)**

다음으로 배경의 문제이다.

현대소설에서 배경은 인물의 성격과 행동을 결정하는 대단한 존재로 군림하거나 인물의 성격을 암시 · 반영하는 상징적 존재를 표출해 내고 있는데 이 소설 속에서 두드러지게 나타나는 배경의 하나를 말한다면 '비'를 들 수 있다. 심리학에서 일반적으로 '비'는 '여성'을 상징하는데, 김근호가 우연히 김성숙이라는 여인을 만나 처음 관계를 맺던 날도 비오는 날이었고, 김근호의 생일날 음식을 먹는 아내의 입술과 김성숙의 섹시한 입술을 슬그머니 비교해 가며 김성숙의 편지를 다시 읽던 때도 창밖에는 비가 내리고 있었다. 이 소설에서 '비'는 곧 김성숙을 연상케 하리 만큼 중요한 배경으로 존재한다. 한줄기 빗방울이 김근호와 김성숙을 더욱 밀착시킬 수 있었고, 두 사람을 더욱 성적으로 대담해질 수 있도록 분위기 조성을 해 준다는 사실을 독자들은 쉽게 파악할 수 있다. 그리고 김근호가 비를 피해 다방에 들어가 혼자 앉아 문득 옛날 시골 여학교에서 교편을 잡았던 시절의 김매자라는 담임 반 여학생을 떠올렸던 때라든가 장미꽃 파는 소녀의 얼굴을 떠올렸을 때도 밖에는 비가 내리고 있었다는 사실을 우연으로 넘겨 버릴 수는 없다고 본다. **(배경)**

배경이나 느낌, 분위기는 작품의 각 단계마다 중요한 의미를 갖게 된다는 걸 우리는 다 잘 알고 있다. 소설 〈이타원에서〉는 처음부터 이태원에 대한 정경이 지리 하리만큼 길게 묘사되고 있어 자칫 독자의 흥미가 떨어지지 않을까 염려되기도 하나 김근호가 미로를 헤매면서 계속해서 새롭게 상황을 제시한 점이라든가, 무질서하고 산발적인 상황 제시를 통해 독자들에게 이태원의 이미지를 강하게 불어 넣어 준 점은 오히려 이 소설의 분위기에 잘 어울리는 기법이라고 볼 수 있다. **(기법)**

이 소설을 읽으며 또 하나 생각해 볼 문제는 바로 갈등의 여러 가지 모습이다. 〈이타원에서〉는 성 모럴에 대한 주인공 김근호의 내면적 갈등이 두드러지게 묘사된 소설임을 발견할 수 있는데 발단부분에서 김근호는 이태원 거리를 헤매다가 "섹스에 무슨 국경이 있어. 섹스는 자유요. 평화의 상징이야."라고 말하던 대학 동창 함광호의 얼굴을 떠올리며 첫 번째 섹스관의 내적 갈등을 보여 준다. 그러나 실질적으로 이 소설에서 주인공 김근호의 내적 갈등을 가장 고조시키고 있는 것은 바로 장미꽃 파는 소녀와의 만남이다. 대담하면서도 순박한 웃음을 던질 줄 아는 소녀의 두드러진 젖가슴을 보며 성숙한 여인의 몸매를 느껴야 하고, 꿈 속에서도 수영복차림으로 나타난 욕정적인 소녀의 몸매에서 성적인 갈등을 느껴야 하는 김근호에게 정신적 사랑의 한 국면을 엿볼 수 있다. 한편 김성숙이라는 30대 여인은 김근호로 하여금 개방적인 섹스관을 수용하도록 적극적인 태도, 말과 행동과 그 자신의 육체를 동원하여 또 다른 갈등 양상을 형성시키고 있다. 꽃 팔이 소녀와의 정신적 사랑, 그리고 김성숙 여인과의 육체적 사랑의 복합구성으로 성 모럴에 대한 갈등의 양면성을 일목요연하게 볼 수 있다.

그러나 김근호는 적극적이고 육체적으로 접근해 오는 김성숙 여인보다는 어딘가 모르게 꽃 파는 소녀에게 빠져 있음을 알 수 있다. 작가 정한숙도 '작가의 말'을 통하여 "내가 애정을 느끼는 인물은 장미꽃 파는 소녀가 글을 쓰고 나서도 아련히 떠오르는 모습"이라 밝히고 있어 주인공 김근호의 입장을 대변하고 있다.

이 밖에 갈등의 양상은 인간관계 이외의 사회 풍속이나 구조에서 올 수도 있다. 이 소설의 주인공은 화려한 이태원 밤거리에서 역겨운 갈등을 느껴야 했고, 주차금지 푯말 앞에 무질서하게 세워 놓은 외국인 차들을 보고도 지나칠 정도로 관대한 교통순경들의 나약한 태도에 갈등을 느낀다. D쇼핑센터에서 여권이 없어 들어가지 못하고 기웃거리다가 돌아서는 등 심리적 갈등은 여러 곳에서 찾을 수 있다. **(갈등 양상)**

그러면 이 소설의 클라이맥스는 어디에 있을까? 어느 비 오는 날 이태원 거리를 취재하러 갔다가 다방에서 우연히 김성숙을 만나게 되고, 남산에 있는 중국요리 집에 가서 저녁식사를 하고 난 뒤 다시 이태원의 어느 가게에 들어가 섹스 비디오를 보고, "김 선생님 좋은 곳으로 안내해드려" "제가 알아서 할게요."리는 가겟집 여주인과 김싱숙의 짧은 대화 한 토막을 남긴 채 김근호와 김성숙이 가게를 나오는 것으로 작가는 클라이맥스를 처리하고 있다. 그 후 김성숙이 김근호에게 보낸 편지의 사연을 통하여 가게를 나와서 그들은 깊은 관계를 맺었음이 드러나고 만다.

작가가 장미꽃 파는 소녀에게 더 많은 애정을 느끼고 있으면서도 왜 김성숙 여인을 클라이맥스 부분에서 등장인물로 클로즈업시켰을까? 역시 이태원의 특성을 살리기 위한 것으로 풀이된다. 이 소설의 배경이 이태원이니 만큼 이태원을 크게 부각시키는데 역시 꽃 팔이 소녀보다는 만능에 가까운 김성숙 여인이 훨씬 더 적합한 인물이기 때문이었을 것으로 추측된다. **(클라이맥스)**

이 소설을 읽어 가다 보면 결말 부분에서 독자들은 납득이 안가는 부분을 발견하게 된다. 즉 주인공 김근호가 생일날 아침 가까이에 자기 부인을 놓고 김성숙으로부터 온 장장 200자 원고지 25매 분량의 편지를 태연한 자세로 읽을 수 있을까 하는 점이다. 내용 또한 매우 원색적인 이야기로 가득 차 있어 의구심은 고조된다. 지나친 요약 탓으로 본다. 요약은 주로 등장인물의 과거나 그 이야기의 배경이 되는 사실을 독자에게 한 눈에 보여주고 싶을 때 사용하는 것인데 위와 같은 경우는 지나친 요약으로 오히려 흐름이 매끄럽지 못하게 된 경우이다.

이 소설에서 빼놓을 수 없는 것은 사진에 대한 사건이다. 김근호가 꽃 파는 소녀와 처음 만나 나란히 이태원 길을 내려올 때 누군가 저쪽에서 그들의 모습을 스냅사진으로 찍었다고 할 때 독자는 이 사진을 매체로 앞으로 무언가 새로

운 사건이 벌어지리라는 암시를 받게 된다. 출판문화협회가 주최한 대화의 장소에 김근호가 나갔을 때, 애독자의 한 사람인 김성숙이 책에 사인을 받기 위해 김근호 앞에 서자 다시 사진을 찍어대는 사진기자들 가운데 어쩌면 오 기자도 있을지도 모른다는 생각을 갖게 한다. 마침내 오 기자는 김근호를 만나는 자리에서 문제의 사진을 보여주며 위협하는데 이 순간 독자는 김근호와 마찬가지로 오 기자의 그 비열한 수법에 치를 떤다. 결국 앞에서 스냅사진으로 인해 예상되었던 미지의 사건이 오 기자와 김근호의 만남으로 해결된다.

끝으로 이 소설의 배경이 분명히 시대적으로 현대임에도 불구하고 '청요리집'이라는 구시대적 용어를 사용하여 독자들에게 거부감을 안겨주는 점이나 몇 군데에서 발견할 수 있는 표현기법의 어색함, 그리고 결말 부분을 김성숙의 지나치게 긴 편지로 메운 듯한 인상을 주는 점 등 이 소설의 결점으로 지적해 둔다. **(가치 평가)**

– 유창근의 〈양면성의 미학〉 전문

4) 형식주의 비평의 과제

① 정지용의 시 〈향수〉를 형식주의 비평 방법으로 분석해 봅시다.

② 김소월의 시 〈못 잊어〉를 형식주의 비평 방법으로 분석해 봅시다.

③ 이형기의 시 〈폭포〉를 형식주의 비평 방법으로 분석해 봅시다.

④ 염상섭의 소설 〈삼대〉를 형식주의 비평 방법으로 분석해 봅시다.

5) 학생 작품

학생 작품 A

언어의 절제와 직유의 울림

– 백석의 〈女僧〉을 중심으로 –

김 여 정

① 女僧은 合掌하고 절을했다
② 가지취의 내음새가났다
③ 쓸쓸한낯이 녯날같이 늙었다
④ 나는 佛經처럼 설어워졌다

⑤ 平安道의 어늬 山깊은 금덤판
⑥ 나는 파리한女人에게서 옥수수를샀다
⑦ 女人은 나어린딸아이를따리며 가을밤같이차게울었다

⑧ 섶벌같이 나아간지아비 기다려 十年이갔다
⑨ 지아비는 돌아오지않고
⑩ 어린딸은 도라지꽃이좋아 돌무덤으로갔다

⑪ 山꿩도 설게울은 슳븐날이있었다
⑫ 山절의마당귀에 女人의머리오리가 눈물방울과같이 떨어진날이있었다

시는 숨겨진 서사의 복원이라는 말이 있다. 백석의 〈여승〉은 기본적으로 서사적 요소를 지녔으나 비유와 상징 등의 표현을 통하여 그 서사를 숨겨 두었으며, 독자는 시를 이해하는 바탕으로 그 숨겨진 서사를 복원함으로써 손쉽게 접근하고 이해할 수 있게 된다. 이 시는 서사적이면서 시간적 순서로 구성하지 않고 소설의 플롯과 같이 역순행적으로 배열하고 있다.

이 시는 화자가 1인칭 관찰자 시점으로 한 여인의 비극적인 삶을 노래하고 있다. 시대는 1930년대 후반 일제강점기로, 남편 없이 아이와 하루 벌어 하루 살았던 한 여인이 아이를 잃게 되어 여승이 되고 마는 이야기이다. 여기에서 여인의 삶은 구지 그 시대에 살고 있지 않아도 충분히 동감할 수 있는 형상들을 만들었다는 것에 주목할 만하다. 실제로 〈여승〉은 작품 속의 형상을 통하여 사회 현실을 사실적으로 반영하는 리얼리즘시의 대표작으로 평가되고 있기도 하다.

이 시에서 평안도의 사투리와 옛날 단어들, 그리고 한자어와 일정치 않은 띄어쓰기가 눈에 들어온다. 이는 일제치하의 성격에도 관련이 있으며 작가의 문체적인 성격일 수도 있지만, 꾸밈없이 그 서러움을 풀어 나갔다는 것을 알 수 있다. 또한 시는, 점차적으로 공간의 확대와 더불어 시점의 변화가 이루어지고 있다. 성년의 화자에 의해서 평안도의 어느 산 깊은 금광에서 만난 슬픈 여인이 소개된다. 여인은 고향 속의 사람이 아님에도 불구하고, 서럽고 애잔한 분위기를 통해서 화자와 친화한다. 말하자면, 이 작품은 친족 공간의 수평적 확대와 동시에 가족주의의 붕괴라는 이중의 의미를 굴절시키고 있는 것이다. 화자가 고향의 모습을 애써 환기시키려는 이면에는 결국 상실된 것들을 토대로 묵시적으로 보여 주려는 현실의 좌절된 경험과 생존이 자리잡고 있다고도 볼 수 있다. 시의 전체적인 구성 형태를 보자면, ①에서 ④까지는 현재 화자와 여승과의 만남, ⑤에서 ⑦까지는 화자가 옛날에 여인을 봤었던 모습인 제1과거, ⑧에서 ⑩까지는 여인이 여승이 되기까지의 삶을 보여주는 제2과거, ⑪, ⑫는 현재까지 이어지는 여승의 슬픔을 화자가 개입해서 간접적으로 보여 준다. 간단히 말하자면, 제1연은 여승의 현재 모습을 그리고 있으며, 제 2, 3, 4연은 여승이 되기까지의 그녀의 삶의 궤적을 더듬어 보고 있는 것이다. 감각적 어휘를 구사하고 시상이 압축되고 절제되어 있기 때문에 이 시의 여승의 일대기를 재구성하여 상상해 보거나 산문으로 써 보는 것도 좋을 것이다.

1연에서 ①은 화자와 한 여승과의 만남을 이야기하고 있다. ②에서 여승에게서 가지취의 냄새가 나고 ③에서 언젠가 산사에서 한번 본 얼굴이었음을 말한다. 가지취는 취나물의 일종으로 쌉쌀하고 담백한 맛과 향을 가진 산나물이다. 여인을 산 속의 가지취에 비유함으로써 시인은 세속과 인연을 끊은 이 여인의 가지취 맛이나 향처럼 세상의 모든 것을 초탈한 것 같은, 그러나 다소 쓸쓸해 보이는 모습을 보여 준다. 그러한 느낌은 ③에서 그대로 이어진다. 시인은 세속을 떠난 여승을 보고 '쓸쓸한낯이 녜전같이 늙었다'고 한다. 그러나 이러한 표현은 모순일 수 있다. 예전의 얼굴이라면 젊었을 것이기 때문이다. 옛날은 현재에 비해 오랜 과거이다. 쓸쓸한 얼굴이 옛날처럼 늙어 보인다는 것은, 시간적으로 오늘에 비해 늙었다고 할 수 있나. 여인의 쓸쓸해 보이는 얼굴은 그 여인이 머리를 깎고 절에 들어오지 않으면 안 되었던 우여곡절을 생각하게 해 주며, 또한 아직도 과거를 끊어버리지 못하고 그 번뇌로 고통받고 있다는 것을 말해 준다. ④는 여인이 외고 있는 불경처럼 서러워졌다는 뜻이다. 불경이 서럽다고 한 것은 인간의 번뇌로부터 벗어나고자 하는 비원을 담고 있는 것이 불경이기 때문이다.[1] 이것을 메타포의 형식으로 바꾸면 '나는 불경이다'인데 나와 불경의 유사성은 '서럽다'는 것이다. 나는 여승이 되어 버린 여인의 쓸쓸한 낯을 보아서 — 전혀 남의 일일 수 없는 동시대를 살아가는 공통적 정서로써 — 서러운 것이고, 여인이 승려가 되어 읊조리는 낮고 조용한 불경소리 또한 구슬픈 것이다.

2연은 여승의 가난했던 삶을 보여 준다. ⑤, ⑥에서 여인은 험악한 사내들이 하루 벌어 하루 먹고 사는 광산을 전전하며 옥수수를 팔았다. 그때 여인은 ⑦행에서처럼 딸을 때리며 그 자신도 슬프게 울고 있었다. 여인은 "나어린딸아이를따리며 가을밤같이차게울었다". 차게 울긴 울었는데, 왜 가을밤이었을까? 춥고 건조하고 쓸쓸한 거로는 겨울밤이 더할 것이다. 여기서 '차다'라는 서술어의 다른 가능성을 열어 놓아볼 수 있다. '차게'가 寒(찰 한)이 아니라면 滿(가득 찰 만)을 생각해 볼 수도 있어야 한다. 여인은 배고파 우는 나이 어린 딸아이를 때리면서 늦가을의 보름달만큼이나 꽉 차게 울었을 것이다. 여인의 울음과 가을밤의 유사성인 '차다'는 온도가 낮다는 것보다 꽉 찼다는 것이 오히려 자연스

1) 여승(백석), http : //nongae.gsnu.ac.kr/~jcyoo/reread/femalemonk.html.

러우며 '차면 기울게 되어 있다'라는 말을 떠올려 볼 때 여인의 家勢(가세)가 기울어 가는 느낌과 함께 슬픔이나 서러움이 맞부딪히는 곳은 어디일지를 생각할 수 있게 한다. 그리고 남편을 찾아 '금덤판'을 헤맬 수밖에 없는 또 다른 우리 민족의 삶이 짧은 시 속에 스며 있다. 여기에서 '나어린'이란 단어는 '나이가 어리다'로, '따리며'란 단어는 때린다는 의미로 해석할 수 있는데, 어법에는 맞지 않지만 시적 분위기에 걸 맞는 언어로써 이 작품만의 독특한 문체를 형성한다.

3연에서는 모녀가 어렵게 살았던 이유와 여승이 된 이유를 보여 준다. ⑧, ⑨에서 여인의 지아비는 어려운 살림살이를 견디다 못해 돈을 벌기 위해 집을 나가서 10년이 지나도록 돌아오지 않고 있었다. ⑧의 '섶벌'을 자세히 설명하자면, 一家(일가)를 이룬 시인이라면 선호하는 단어가 있고 시에 빈번히 등장하는 시어가 생기게 마련이다. 언어에 대한 사랑 역시 모두에게 평등할 수는 없는 법이기 때문이다. 섶이란 '잎나무 · 풋나무 · 물거리 따위를 통틀어 이르는 말'이거나 '누에가 올라가 고치를 짓도록 마련한 짚이나 잎나무 · 잠족(섶누에)'일 것이다. 섶벌은 울타리 옆에 놓아 치는 벌통에서 꿀을 따 모으려고 분주히 드나드는 재래종 꿀벌이다. 섶벌의 특성 혹은 본능은 바로 울타리 옆에 벌통과 여왕벌집이 있기 때문에 부지런히 왔다 갔다 해야 하고 자신이 인식하지 않아도 본능에 의해서 벌통으로 꿀을 날라야 한다. 돌아오는 것이 본능인 벌과 돈 벌러 나갔다가 십년이 지나도 오지 않는 지아비는 언뜻 보면 비슷한 것처럼 보이나 실제로는 많이 다르다. 오히려 섶벌을 섶과 벌로 본다면, 더 많은 가능성이 열린다. 이것을 '섶벌같이 나아간/ 지아비 기다려/ 십년이/ 갔다'라고 나누면 이는 통상적인 율격으로 '섶벌'은 영락없는 '꿀벌'일 수밖에 없고 다분히 안정적인 느낌을 주게 된다. 그러나 이 시에서는 '섶벌같이/ 나아간지아비 기다려/ 십년이갔다'라고 하는데, 이와 같이 읽었을 때는 나아간 지아비가 아니라 '가버린 십년'에 무게가 실려 있다. 이렇게 되면 섶벌은 나간 자의 이미지가 아니며 기다리는 자의 그것이 되고 황량하게 놓인 벌판이 될 수 있는 것이다. 다음에 나오는 ⑩에서는, 어린 딸은 제대로 먹지도 못해 늘 도라지꽃처럼 초췌

한 얼굴로 병을 앓았지만 형편이 어려워 약 한 번 제대로 쓰지 못하였고, 결국 죽어 어느 이름 없는 골짜기 돌무덤에 묻혔다. '도라지꽃'은 당시 가난했던 배경과 시대상으로 봐서 산에서 도라지꽃을 꺾어 씹어 먹는 두 모녀의 모습을 연상시킬 수도 있을 것이며, 일종의 단어의 음을 이용한 언어유희(비슷한 발음으로 연결되게끔 하는 것)라고 봐도 좋을 것이다. 그리고 도라지꽃의 색이 보라색인데, 보라색은 죽음을 나타내는 소재로 자주 쓰이기도 하며 이것은 곧, 무덤과도 관련이 있다고 볼 수 있다. 이러한 여인의 삶을 통해 당시의 궁핍한 현실과 그 궁핍으로 인해 가족이 함께 살지 못하고 해체되고 말았던 모습들을 가슴 아프게 느낄 수 있게 된다.[2]

마지막 4연은 화자의 생각이 개입된다. ⑪의 '산꿩도 설게울은'에서 산꿩은 여인의 심정을 대변한다. 산꿩 소리가 서럽게 들린 것은 그만큼 지켜보던 화자의 마음이 서러웠음을 나타내는 것으로 산꿩이 일종의 객관적 상관물(화자의 마음을 대신 표현한 것)로 쓰여졌다고 볼 수 있다. ⑫의 '여인의머리오리가 눈물방울과같이 떨어진날이있었다'는 홀로 남아 비구니가 되기 위해 절에서 머리를 깎으며 떨어지는 머리카락들처럼 여인의 눈물방울도 바닥으로 흘렸을 것을 형상화하여 보여 준다. 이것은 직접적인 묘사를 피해 배경묘사로 표현한 것이다.[3] 여기에서 '머리오리'라는 시어를 자세히 살펴보자. 머리오리란 북한어로 머리카락이라는 뜻이다. 올이라 하면 머리의 올, 조그만 움큼 정도를 생각하게 된다. 머리카락이라고 할 수도 있었을 텐데, 머리오리라고 말한 이유는 무엇일까? '머리카락'은 직선적이고 남성적인데 반해 '머리오리'는 곡선적이고 여성적이다. 발음 면에서도 '머리카락'에 비해 '머리오리'가 훨씬 부드러우며 곡선 이미지의 눈물방울과 '같이' 떨어짐으로써 여성으로서의 감정이 극대화되는 것이다. 이렇게 화자는, 여인의 삶에 대해 말하고 있으나 결국 극복되지 않는 인생의 불행함에 삶의 덧없음을 뼈저리게 느끼며, 그도 금덤판에서 옥수

2) 김희생의 우리말 길잡이, http://cafe.naver.com/heesaeng.cafe?iframe_url=/ArticleRead.nhn%3Farticleid=793.

3) http://kin.naver.com/detail/detail.php?d1id=11&dir_id=110103&eid=Up+OuCuJ0dT14Ade1FIuJHJGOnZ9GM7s&qb=uem8riC/qb3C.

수를 사먹고 절간을 기웃거리며 연명하는 사람에 불과함을 엿볼 수 있다.[4)]

〈여승〉에서 화자는 지켜보며 이야기하기만 할 뿐 주인공이 되지 못한다. 바라보기만 함으로써 거리를 둘 수 있고, 같은 시대를 살아가야 하기에 서러울 수 있는 감정은 여기서 싹트는 것이다. 이 작품에서 느낄 수 있는 살아있는 비유, 다른 단어는 결코 놓일 수 없다. 이 시는 일제강점기에 살았던 한 많은 한 여인의 일생을 보여주고 있다. 원래 농사를 했을 법한 여인의 지아비는 광부가 되어 집을 나가고, 여인은 지아비를 찾아 광산(금덤판)을 돌며 옥수수 행상을 하였다. 그 고생에 못 이기어 어린 딸은 죽어 돌무덤에 가고 여인은 산 속 절간에서 삭발을 하고 여승이 되었다. 이런 사연을 이 시는 절제된 시어와 직유적인 표현으로 잘 드러내고 있다. 한 여승의 비극적 삶을 통해 일제강점기의 비참한 삶 속에서 파괴된 가족 공동체의 모습을 보여준 것이다. 또한 우리 민족의 삶의 현실을 토속적인 시어로 사실적으로 표현함으로써 20년대 프로시의 한계였던 이념 편향성을 극복하였다. 그리고 모든 상황을 객관화하여 감정을 절제하기 때문에 슬픈 상황을 슬프지 않게 보여 준다. 지춰, 옛날같이, 파리한, 가을밤같이 여인의 서러운 아름다움을 표출하고 불경과 옛날의 연결은 은은하고 아련하고 서러운 이미지를 보여준 것이 그 예이다.[5)] 우리의 비극적인 삶을 절제된 직유 속에서 아름답게 승화시키는 화자의 이러한 표현들은 현대의 우리가 곱씹어 보고 배워야 할 것이다.

〈참고 자료〉

http : //blog.daum.net/dongsan50/13755252, 詩의 향기/동산.

http : //blog.naver.com/jasminesi ? Redirect=Log&logNo=10005424186, 백석의 삶과 문학 세계.

http : //blog.naver.com/jameskei ? Redirect=Log&logNo=80006781794, 인생은 아름다워.

http : //cafe.naver.com/heesaeng.cafe ? iframe_url=/ArticleRead.nhn%3Farticleid=793,

4) 백석의 삶과 문학 세계, http : //blog.naver.com/jasminesi ? Redirect=Log&logNo=10005424186.

5) 인생은 아름다워, http : //blog.naver.com/jameskei ? Redirect=Log&logNo=80006781794.

김희생의 우리말 길잡이.
http : //kin.naver.com/detail/detail.php ? d1id=11&dir_id=110103&eid=Up+OuCuJ0dT14Ade1FIuJHJGOnZ9GM7s&qb=uem8riC/qb3C, 제 생각.
http : //nongae.gsnu.ac.kr/~jcyoo/reread/femalemonk.html, 여승(백석).
www.1gyosi.com, 국어 논술 전문 일교시 닷컴.

학생 작품 B

비워 낸 삶을 채운 구도(求道)

-조지훈의 〈승무〉를 중심으로-

이 상 희

〈승 무〉

① 얇은 사(紗 하이얀 고깔은
고이 접어서 나빌레라.

② 파르라니 깎은 머리
박사(薄紗)고깔에 감추오고,

③ 두 볼에 흐르는 빛이
정작으로 고와서 서러워라.

④ 빈 대(臺)에 황촉(黃燭)불이 말없이 녹는 밤에
오동잎 잎새마다 달이 지는데,

⑤ 소매는 길어서 하늘은 넓고,
돌아설 듯 날아가며 사뿐히 접어 올린 외씨보선이여,

⑥ 까만 눈동자 살포시 들어
먼 하늘 한 개 별빛에 모두오고,

⑦ 복사꽃 고운 뺨에 아롱질 듯 두 방울이야
세사에 시달려도 번뇌(煩惱)는 별빛이라.

⑧ 휘어져 감기우고 다시 뻗어 접는 손이

깊은 마음 속 거룩한 합장(合掌)인 양하고,

⑨ 이 밤사 귀또리도 지새우는 삼경인데,
얇은 사 하이얀 고깔은 고이 접어서 나빌레라

언젠가 초등학교를 입학하기 전이었다. 아침, 저녁 시간의 구분 없이 동네 아이들과 뛰놀던 그 어린 시절의 기억 속에, '어느 날 문득 산 속에서 봤던 예의 그 하이얀 고깔과 긴 장삼의 조용한 펄럭임을 난 잊지 못했다. 분명 바라가 부딪히는 울림이 있었을 테지만 내 기억 속에는 정적과 몸짓뿐이었다. 그 가는 봄바람에 몸을 내 맡긴 듯 흔들리는 몸짓은 세상을 재우는 어머니의 자장가처럼 낮고 고즈넉했다.

소리 없는 고양이의 발자국처럼, 세상의 모든 정적을 휘감아 돌고 돌던 그 모양새는 어린 나에게 충격으로 다가섰고 그 때의 두려움마저 느꼈던 기억은 오래도록 남았다. 성장 후 그것이 '바라춤[6]'이라는 하나의 의식이었음을 알았을 때의 감정은 마치 내 안에 나만이 간직한 '숭고하고 신비스런' 기억 하나가 두려움에 살포시 가려 있다가 제대로 현실 밖으로 꺼내져지는 느낌이었다.

전통미와 사라져 가는 민족정서에 대한 아쉬움이 그대로 표출되어 있는 조지훈의 시 〈승무〉는 춤에서 번뇌를 이겨 내고자 하는 종교적 구도(求道)의 모습을 보이고 있다. 이 작품의 기법상 갖는 가장 눈에 띄는 특색은 우선 시어의 세심한 선택에 있다. '얇은 사', '하이얀 고깔', '파르라니 깎은 머리' 등 시어 하나하나를 입 밖으로 소리 내어 볼 때 나도 모르게 투명해지고 정갈해지는 느낌은 마치 한 발 한 발 조심스럽고 성성을 담아 움직여 춤을 추는 여승의 마음과 다르지 않다. 시어를 혀 안에 감아 조심스럽게 소리 내어 본 뒤 '나빌레라', '서러워라', '별빛이라' 조심스레 감탄형 종결어미의 적절한 사용으로 시를 오월의 아카시아 향처럼 음미해 볼 때면 어느 새 가슴 아픔 여승의 비운 가슴

6) 불교무용, 즉 작법의 하나로 양손에 바라를 들고 추는 춤이다. 불가에서는 모든 악귀를 물리치고 도량(道場)을 청정(淸淨)하게 하며, 마음을 정화하려는 뜻에서 춘다고 한다. 무복(舞服)은 고깔에 장삼을 입으며, 타령 비슷한 장단으로 반주한다. 최근 속화(俗化)되어 임의로 무대에 올려지기도 한다.

에 채워진 삶의 성찰을 느끼게 된다.

하늘로 오르는 잠자리의 날개처럼 가볍고 투영한 느낌의 고깔 사이사이로 엿보였을 한 여인의 번뇌에 숨죽인 눈꺼풀을 떠 올려 본다. 보일 듯 말 듯한 하얀 버선코의 앞발처럼 읽으려 다가서면 언뜻 보이다 고깔 안으로, 때로는 긴 장삼의 너울거림에 사라졌을 아름다운 슬픈 눈동자와 함께 승무는 승려의 옷차림을 하고 추는 춤으로 시는 이 춤에서 번뇌를 이겨 내고자 하는 승화를 종교적 구도로 그리고 있다. 누구나 어른의 나이테를 켜켜이 감싸며 느끼고 부딪히며 안아보았을 삶의 욕심의 덧없음, 허무한 마음이 단순한 춤이 아닌 춤을 통해 비움의 미학으로 음직이는 것에 이 시의 중심이 담겨 있다. 승무를 추는 이는 한 밤을 비추는 푸른 달빛처럼 젊다. 아직 세상의 때가 묻지 않았을 그가 무슨 사연을 안고 춤을 통해 '마음의 한(恨)과 속세에 대한 미련'을 비워내고 있었을까?

작품의 서두는 승무의 우아한 모습을 묘사하면서 시작된다. 1연이 각 2행씩 9연으로 구성된 이 작품은 승무를 추는 배경이 먼저 설정되고, 다음으로 승무가 진행되는 순서에 따라 동작이 변화되어 가는 모습을 그리고 있다. 또한 승무의 동작에 비례하여 그 어조와 정서가 절정과 평온을 이루며 그려지고 있다. 시의 흐름을 따라 좀 더 세밀하게 관찰해 보면 ①~③ 연을 통해 승무를 추는 여승의 외모가 나타나 있다. 특히 ①의 얇은 사(紗)[7] 하이얀 고깔을 고이 접어 쓴 모습이 나비와 같다는 비구니의 아름다운 모습을 고깔을 강조하며 표현하고 있다. 그녀는 그렇게 아직 감추어져 있다. 다만 날듯이 아름다운 모습을 고양시키고, 음보율의 변화를 통해 시상 전개의 완급을 조절하고 있다. ②의 박사(薄紗)고깔[8]에 감춘 파르라니 깎은 머리의 모습에선 웬지 알 수 없는 사연이 궁금해지고 측은함이 느껴진다. 그녀, 세속의 무언가에서 벗어나고자 하는 비구니의 애련미가 그대로 전해지는 것이다. ③의 두 볼에 흐르는 아름다움은 고와서 더 서러움으로 느낌의 절정을 이루며 역설적으로 심화되어 표현되고 있다. 이 역설은 한국적 미감의 특색을 잘 드러낸다. 이는 ②에서의

7) 생견으로 발이 성기게 짜여 있으며 여름 옷감으로 쓰임.
8) 승려가 머리에 쓰는 모자의 한 가지로 베 조각으로 접고 맞추어 세모지게 만듦.

가련미도 결국 역설적 아름다움인 것으로 연결된다. 너무나 고와서 서럽게 느껴지는 비극미는 우리의 전통 정서이기 때문이다. 다시 말해서 춤을 추려는 여승의 모습은 젊고 아름다우나, 그런 젊은 여인이 승려가 될 수밖에 없는 사연을 생각한다면 어느 새 어린 시절에 보았던 '바라춤'을 정성스럽게 추었던 그 때의 기억만큼 이유모를 가슴 아픔으로 전해져 오는 것이다.

감추어진 아픔 그것을 우리는 한(恨)이라 부른다. 한국인에게 한의 정서는 뿌리박힌 민족 정서이다. 그러한 한의 정체는 버림받음이다. 버림을 받는다는 것은 나의 의사는 아랑곳하지 않는 수동적이고 타율적인 마치 정해진 운명의 휩쓸림과 같은 것이다. 세상살이의 고단함이었든 연인과의 아픈 이별이었든 상실감에 기초하는 감정이라고 느껴졌다. 나이 듦이란 이런 것일까? 청소년 시절 읽었던 그 막연한 슬픔과 달리 세월이 거듭 지나선 어느 날 읽어 내린 〈승무〉에서 느껴지는 슬픔에 동감하며 그러한 세계에서 내면적으로 몸부림치던 그 여인의 애절한 기도가 내 귓가에 들리는 듯하다. 이어 ④에서는 시간과 공간적 배경이 나타나고 있다. 빈대에 황촉불이 말없이 녹는 밤이란 무대의 배경을 제시, ①에 배치하는 것이 서사적 구성에는 어울리지만 도치된 장면 배치는 비감을 절실히 하는 효과를 준다. ⑤에 이르러서는 춤사위와 의상의 표현이 그려지고 있다. 휘젓는 소매 끝의 큰 동작이 허공을 가르는 모습을 상상해 본다. 돌아설 듯 머뭇거리다가 날아갈 듯 이어지는 발동작은 한국 춤사위의 매력이 아닐까 싶다. 이 시의 주제와도 같은 느낌이 바로 ⑤에서의 이 동작이라고 생각한다. 번뇌를 잊기 위해 내 젓는 팔과 시름을 잊으려 훌훌 떠나려는 발동작의 단속은 세상과의 이별, 즉 해탈의 경계 지점을 점는 순간의 심적 상태를 그리고 있다. 정적인 것에서 동적인 춤사위의 움직임을 통한 멈춤과 떠남을 동시에 그리고 있는 이 춤사위, 즉 동작을 통해 세속과의 허탈한 이별이 예고되는 것이다. 그것은 세속적 번뇌를 종교적으로 초월하고자 염원하는 ⑥에서의 '까만 눈동자'의 시각적 이미지로 선명하게 제시된다. 그 까만 눈동자로 살포시 들어 바라보는 한 개의 별빛이란, 이승의 간절한 염원을 상징하다 지고지순한 마음의 착한 미덕을 불러일으킨다. 부처를 향한 아니라면 진정으로 사랑했던 누군가를 향해 정성스런 기도를 정적감과 함께 지상과 천상이 교감하는 순간의 절정을 표현하는 것이다. 명상의 순간이자 진리를 향한 간절함이 그려지면서 이 부분에 와서 외면 묘사가 내면 속으로 깊에 흡수되며 전환을 그리고 있다. '아롱질 듯 두 방울'은 무엇일까? ⑦에서 속세의 인연에 대한 회환을 떨쳐 버리고 새로운 깨달음을 얻고자 하는 마음에서 흘리는 눈물이다. 뜨거움 슬픔이 차분히 승화된 후의 투영한 정화의 의미인 것이다. 세상에 시달린 고통의 눈물이지만 그것은 정제된 눈물일 것이다. 그러기에 이 정제된 눈물이야말로 별빛처럼 아름다우면서도 해탈의 경지를 향한 여과된 눈물인 것이다. 이 진정한 해탈로의 길이 열린 절정 뒤로 이어지는 손동작은 이 시에서의 동적인 이미지로 ⑧에서 최고를 이룬다.

'휘어져 감기우고 다시 접어 뻗는 손'은 깊은 마음 속 거룩한 합장인 양하고 휘었다 감았다 하는 춤사위를 통해 마치 간절한 마음의 합장이라고 느껴지는 것이다. 그 거룩한 합장이 불도에 정진하는 자세의 표현이다. 마지막 ⑨에서 '이 밤사'는 강조어로서 감흥의 심화를 불러일으킨다. '귀또리'라는 밤의 고요하고 편안한 정밀감을 강조하는 소재요, 감정이입의 대상물을 선정한 시의 말미는 지새우는 삼경[9]의 한밤의 어둠을 그리며 밤이 깊었는데도 그칠 줄 모르는 춤사위에서 여승의 염원을 모두 담아 내고 있다. 또한 첫 행이 시를 읽은 사람의 시선을 강하게 사로잡은 하얀 고깔에 집중되어 있는 것에 비해, 마지막 행은 애벌레가 나비가 되듯이 번뇌를 이겨 내고 순수하게 정화된 마음의 상태를 이룬 것을 춤의 동작과 끝난 뒤의 감동을 그리며 정리를 통해 긴 여운을 남기고 있는 것이다.

인간은 누구나 고뇌를 안고 산다. 그 고통으로부터 해탈하기란 쉽지 않다. 그렇기는 해도 누구나 무거운 삶에서의 욕심에서 벗어나 '착한 삶'을 꿈꾼다. 조지훈의 시 〈승무〉는 고전적 분위기와 순수한 여인의 바람과 한국적 유장함이 멋진 춤사위처럼 조화를 이루고 있다. 특히 '나빌레라'의 예스럽고 우아하며 부드러운 시어에서 느껴지는 어감은 마음의 평화와 푸른 달빛 아래 '하늘'을 향해 현실의 아픔을 벗어내는 내 마음 속 위로로 언제나 내 입술 끝에 향기처럼 남는 시어이다.

9) 밤 11기부터 새벽 1시까지의 동안을 말하며 한밤중이다.

이 시 〈승무〉의 곳곳에서 흐르는 승려의 소박한 바람을 담은 인간미, '적막한 달빛아래'에서처럼 때로는 나도 비워 두고 세상사 욕심과 이기에서 언제든 벗어날 수 있을 것만 같은 시인이 남긴 마법 같은 주문에 홀린 순간, 나는 '詩'가 갖는 위대한 힘을 느끼고 '한참을 움찔'했었다. 시인 조지훈은 〈승무〉를 쓰게 되기까지의 창작과정을 이렇게 「나의 시 나의 시론」을 통해 적고 있다.

> 내가 참 승무를 보기는 열아홉 살 적 가을이었습니다. 그 가을 어느 날 수원(水原) 용주사(龍珠寺)에는 큰 재(齋)가 들어 승무밖에 몇 가지 불교전래의 고전음악이 베풀어지리라는 소식을 거리에서 듣고 난 나는 그 자리에서 수원으로 내려가지 않을 수가 없었습니다.
>
> 그 밤 나의 정신은 온전한 예술 정서에 싸여 승무 속에 용입(溶入)되고 말았습니다. 재(齋)가 파한 다음에도 밤늦게까지 절 뒷마당 감나무 아래서 넋없이 서 있는 나를 깨닫지 못하였습니다. 지금도 그렇지만 나는 시정(詩情)을 느낄 땐 뜻 모를 선율이 먼저 심금을 부딪힘을 깨닫습니다.
>
> 이리하여 그 밤의 승무의 불가사의한 선율을 안고 서울에 돌아온 나는 이듬해 늦은 봄까지 붓을 들지 못하고 지내 왔었습니다. 춤을 묘사한 우리 시가(詩歌)로 본보기가 될 만한 것이 아직 없을 때이라 나에게는 오직 우울밖에 가중(加重)되는 것이 없었습니다. 이와 같이 한 마디의 언어 한 줄의 구상도 찾지 못한 채 막연한 괴로움에 싸여 있던 내가 승무를 비로소 종이 위에 올리게 된 것은 내 스무 살 되던 해의 첫여름의 일입니다.

조지훈의 〈승무〉를 처음 만났을 때 나도 그러했다. 시인이 세 가지의 승무를 보고나서 쉬이 詩로 옮기지 못했던 것처럼 나의 이런 시절 무직징 마주한 그 '바리춤'의 기억은 잊혀 지지 못한 채 '각인'되어 늘 메아리처럼 맴돌았었다. 〈승무〉라는 시가 또래의 내 친구들보다 더 깊게 다가서게 된 이유도 그 때문이었음을 시를 통해 알 수 있게 되었다. 그날도, 그 어린날도 분명 봄날이었을 것이다. 연두 빛 설레임들이 가득하던 그 어느 숲 야외에서 지켜본다.

'하얀 고깔과 회색 법복 밑으로 보였던 하얀 버선발'과 봄 햇살에 마냥 눈부시며 빛을 쏘아 올리던 바리의 황금빛 반사(反射)

이제 굳이 그 곳을 다시 찾아 그 춤사위에 어울리지 않아도 내 가슴 한편에

이 〈승무〉라는 시 한 연 한 연을 읊는 것만으로 마음이 투영하게 가벼워짐을, 삶이 나이테의 무게를 더해 간다 해도 감사하고, 또 감사하다는 마음만이 가득하다는 것을……

〈참고 자료〉

김병익, 『한국 문단사 1908~1970』, 문학과 지성사, 1993.
이어령 외, 『한국의 명문』, 월간조선사, 2002.
조지훈, 『시의 원리』, 나남출판사, 1996.
조지훈, 『조지훈 시선』, 돌베개, 2003.
http : //blog.naver.com/kofextar ? Redirect=Log&logNo=110012507389

학생 작품 C

잃어버린 길

-김소월의 〈길〉을 중심으로-

한 혜 진

① 어제도 하룻밤
② 나그네 집에
③ 까마귀 가왁가왁 울며 새었소.

④ 오늘은
⑤ 또 몇 십리
⑥ 어디로 갈까.

⑦ 산으로 올라갈까
⑧ 들로 갈까
⑨ 오라는 곳이 없어 나는 못 가오.

⑩ 말 마소 내 집도
⑪ 정주곽산
⑫ 차 가고 배 가는 곳이라오.

⑬ 여보소 공중에
⑭ 저 기러기
⑮ 공중엔 길 있어서 잘 가는가?

⑯ 여보소 공중에
⑰ 저 기러기
⑱ 열 십자 복판에 내가 섰소.

⑲ 갈래갈래 갈린 길
⑳ 길이라도
㉑ 내게 바이 갈 길은 하나 없소.

김소월의 시들 중 〈길〉을 형식주의적 방법으로 분석해 보자.

이 작품은 전통적인 7.5조의 3음보 율격을 바탕으로 정처 없이 유랑하는 시적 자아의 서글픈 심정과 고독감을 형상화한 작품이다. 시의 성격상으로 보아서는 서정시, 자유시, 민요시에 해당하고 토속적인 어휘(가마귀, 정주 곽산 등)로 전통적으로 민요적이다.

시적 화자는 길 위에 서 있다. 하지만 그 길은 잃어버린 길이다. 어디로부터 와서, 어디를 지향해 가야 할지를 알지 못한다. 이런 '길잃음'의 정서는 '집없음'과 마찬가지로 나라를 잃어버린 망국민의 비애로부터 비롯된다.[10] 소월시의 한은 우리에게 가장 친근하게 느껴지는 정서이다. 그것은 공동체에 널리 호소되는 원천적 기본 정서이며, 여러 대에 걸쳐 내려온 민족 보편의 감수성이며, 문화적 전통의 밑바탕을 이루는 정서적 핵심이기 때문이다.

〈길〉의 경우 3음보를 가지는데 이는 한국 전래 민요 및 고전 시가의 기본 음율이다. 그러나 소월의 시의 민요적 특성은 이와 같이 외형적으로만 나타나는 것이 아니라 한의 정서를 표상, 시어의 선택, 관습적인 언어표현 등에서도 찾아볼 수 있다. 소월의 이러한 민요적 율조는 소월 자신의 시세계를 표현하는 효과적인 장치로 사용되는 것으로 여겨진다.

〈길〉 이 시는 반복되는 상실감의 시간적 심상으로 시작되고 있다. 오늘, 현재 바로 잃어버린 것이 아니라 이미 잃은 지 오래된 시간성을 내재한다. ① 어제도 하로밤의 '도'는 이러한 현실적 상황이 끝없이 이어지고 있음을 구체적으로 암시한다. ② '가마귀'는 불안한 심리를 담은 자기 자신이다. 자신이 잠을 이루지 못하고 연속되는 시간 속에 전전반측하는 나를 표현하고 있다. 또 ③ '가왁가왁'은 독특한 맛과 울림을 느끼게 하는 음성 상징어다. 시 전편에 속속들이 침투하는 그 음성 상징어는 서러운 통곡소리 '꺼억꺼억'이라는 말을 연상

---

10) 해설 장노현 소월의 시문학 - 디지털 한국학.

시키면서, 망국민의 서러움을 환기시킨다. 이는 ⑲ '갈래갈래 갈린 길'과 대치를 이루면서 'ㄱ'음이 반복되어 시 전체에 어두운 운율적 효과를 조성하며 정처 없이 떠도는 고독감과 절실한 감정의 폭을 키운다.

2연은 ①~③까지의 1연과 마찬가지로 어제도 오늘도 유랑의 고달픈 신세가 지속되는 것을 보여 준다. ⑤ '또'는 유랑의 길이 계속 이어지고 있음을 암시하는 부사어로 '오늘은 또 어디로 갈까'라는 말에서 서정적 자아가 나그네라고는 하지만 실제로는 정처 없는 떠돌이 신세임을 알 수 있다. 갈 곳이 없는데도 가야만 하는 떠돌이 신세처럼 아무 가진 것 없이 갈 곳도 모른 채, 정든 고향 땅으로부터 유랑의 길로 내몰린 백성들의 한과 비애를 담고 있는 구절이다. ⑥ '갈까'라는 표현으로 미루어 봤을 때 목적도 정답도 없이 방황하는 내면의식이 표출되고 있다.

3연은 자문자답의 형식을 취하고 있는데 아무데도 갈 데가 없음을 의미한다. 어디든 열려 있는 공간이긴 하지만 내가 갈 수 있는 곳이 없는 이유는 주인의식을 가지지 못했기 때문이다. 자조적인 어투에 비애가 짙다.

4연은 자신도 엄연히 집과 고향이 있다는 자기 위안과 연민에서 시작되고 있지만 동시에 탄식과 비애도 짙게 배어 있다. 내 집, 내 고향은 분명 버젓이 존재하는 아늑한 공간인데 나는 그 곳으로 갈 수가 없는 바로 그 사실을 내가 분명히 인식하고 있음을 자각하는 데서 오는 비애고 다 알기 때문에 나오는 깊은 탄식인 것이다. 여기서 우리는 시적 자아에게도 집, 즉 고향이 있었음을 알 수 있다. 그 곳은 내 집이 있지만 3연에서는 왜 갈 곳이 없다고 했을까? 그 곳은 무슨 이유에서건 돌아갈 수 없는 시적 자아의 마음이든가, 아니면 어떠한 이유로 인해 되돌아가고 싶지 않은 의지를 나타낸 것이다. ⑪ '정주곽산' ⑫ '차 가고 배 가는' 그 곳에 분명 내 집이 있는데 못 가는 안타까운 마음을 어디로 향해 갈 방향이 없는 인간의 행려의식으로 형상화한 것으로 볼 수도 있다.

5연은 화자의 상실감의 공간성을 나타낸다. 공중을 나는 기러기를 보고 화자는 해방의 자유를 본다. 나와 기러기는 나그네의 처지로서는 공통점이 있으나 기러기는 길도 없음직한 공중을 바삐 잘도 날아가는데 나는 어느 곳인가를 향해 뻗어 있는 길 위에 서 있음에도 오히려 갈 곳 몰라 비애에 젖어 있다. 길이 있든 없든 개의치 않고 어디든 갈 수 있는 기러기는 공중의 주인이다. 화자는 자신을 투영하여 잠시 현실을 잊고 대상화된 기러기를 동경하는 마음으로 바라본다.

5연에서 기러기에 있던 시적 화자의 관심집중 대상이 6연에서는 자기 자신으로 옮겨 왔음을 알 수 있다. 무리지어 날고 있는 기러기와는 달리 홀로 서성이고 있는 '나'는 더욱 짙은 고독에 빠질 수밖에 없다. 공중을 나는 기러기로부터 내가 분리됨을 인식하면서 선택을 강요당하는 운명의 기로에 서 있을 수밖에 없는 내 처지를 더욱 대비적으로 인식하는 것이다. 이런 식민지 지식인의 정신적 방황과 실존적 위기의식은 ⑱ '열십자 복판에 내가 섰소'에 집약되어 있다. 이상적인 공간에 이상적 자아로 존재하는 대상에게 자기 체념적인 어조로 내 심정을 토로하고 있다.

어떤 언어학자에 따르면 ㉑ '바이' '하나'는 둘 다 '없소'를 이중으로 수식하면서 길이 전혀 없음을 강조하고 있다고 한다.[11] 7연은 갈 곳 없는 떠돌이로서의 비애와 절망감을 단적으로 드러낸 시 전체의 결구로서 주제를 함축하고 있는 연이라 볼 수 있다. 삶의 목표를 상실하고 유랑하게 된 안타깝고 절망적인 심정이 잘 드러난다. 동시에 자음의 반복에 의한 음악성이 드러나는데 'ㄱ'음을 반복함으로써 전체적으로 어두운 심상을 이끌고 있다.

〈길〉의 내적 갈등을 구조화해 보면 다음과 같다. ①~⑥은 상실감의 시간성이다. 오늘 비로소 고향과 집을 잃은 것이 아니라, 이미 잃어버린 시간 속에 지속되어 있는 것이다. ⑦~⑨에 와서 이러한 상실감은 방황과 절망으로 이어지고 , 따라서 자조적인 슬픔이 짙게 배어 있다. ⑩~⑫는 이 시에서 말하고자 하는 핵심 축이다. 상실하기 이전에 집과 고향은 엄연히 존재하고 있었다는 강조이다. ⑬~⑱은 상실감의 공간성이다. ⑬~⑮는 하찮은 동물마저도 갈 집이 있는 데 대한 상대적인 자신의 슬픈 상실감이며, ⑯~⑱은 어디로 가야 할지조차 모르는 자신의 슬픈 처지를 말하고 있다. ⑲~㉑은 다시 방황과 절망으로

11) 이병헌(1987), "석헌 (石軒) 정규복 (丁奎福) 박사 환력 기념특집호 : 현대문학 ; 김소월의 시세계", 「어문논집」 권 27, 민족어문학회, p. 660.

이어진다.

이 시는 작품의 제목으로도 대표되고 있는 '길'이라는 이미지에 주목할 필요가 있다. 화자는 마땅히 자신이 있어야 할 공간을 잃어 유랑의식과 방황하는 심리를 가진다. 길은 앞으로도 ⑤ '몇 십리' 트여 있고 ⑲ '갈래갈래' 트여 있지만 나는 아무 곳으로도 갈 수가 없는 이 고간은, 물리적으로 열린 공간임은 분명하지만 내가 가지 못하는 이유는 심리적으로 내게 허락된 길이 없기 때문이다. 무언가 선택을 강요받고 있는 현실과 도무지 결단을 내리지 못한 채 서 있는 ⑱ '열 십자' 복판은 나에게 운명적 기로에 해당한다. 그러므로 아무 곳으로도 향하지 못한 채 혼자 침잠하는 기분을 안고 있는 이 길은 나에게 다분히 억압적인 공간으로서 상징화된 장소이다. 또한 이 시에서의 길은 안식처인 집으로 향할 수 없는 자아가 그렇다고 다른 이상적인 곳으로도 안내하지 못하는 외부와 만나는 경계에 해당하는 것이다. 그것은 이 길은 나의 장소에 속해 있다고 생각하는 내부적 느낌에서 멀어진 자아가 보여주는 불안한 행로로서 역할을 하고 있는 것이다.[12]

또 이 시에서 기러기는 두 가지 관점으로 바라볼 수 있는데, 첫 번째로 감정이입의 대상으로 볼 수 있다. 본래적 자아의 모습을 찾아 방황하는 과정에서 현실을 탈출하고 싶은 이상적 이미지가 기러기로 투영되는 것이다. 즉 자신의 의중 심리를 새에 의탁함으로써 도달하고자 하는 대상에의 접근과, 소망하고자 한 바를 실현하고자 자신의 대리만족으로 새를 설정하고 있음을 말해 준다. 달리 말하면 이별의 거리를 훨훨 날아 시인 자신의 의중을 전달해 주는 매체로서 새를 선택했다는 것을 의미한다. 그래서 시인이 추구하고 지향하는 바를 알 수 있다. 또 한편으로는, 기러기는 시의 후반부에 등장하는데 시의 상반부에서 화자는 특정 청자를 고려하지 않는 듯 넋두리를 하고자 하는 식의 자기 체념적 어조를 이어가다가 문득 고개를 들어 하늘을 본 후, 후반부에 화자가 기러기를 대상으로 대화체를 구사하는 것을 볼 수 있는데 이것은 공중에 떠 자유롭게 날아다니는 기러기와 자신의 대조적인 처지를 확인하고 자신의 마음에 그리는 이상과 지금 처해있는 현실의 괴리를 더욱 강하게 느끼는 것으로

12) 이혜원(2006), "김소월과 장소의 시학", 「상허학보」 권 17, 상허학회, p. 99.

볼 수 있다. 이상적인 대상으로서의 기러기에 자신을 투영하여 꿈꿔 보기도 하지만 본질적으로 분리감이 더욱 뚜렷이 형성되어 현실 속의 자기 자신에 대한 의식이 더욱 강화되는 것이다. 그렇기 때문에 혼잣말에 대화체로 어투가 변화되고 있다고 볼 수 있을 것 같다. 저만치 자유롭게 날아다니는 기러기를 보면서 마음 속으로 하소연을 해 보지만 괴리감은 늘어만 가고 절망감도 해소되지 않고 답답함은 오히려 증폭되고 있다.

따라서 기러기는 선망의 대상이고 공중은 내가 희망하는 공간으로 상징된다. 반면 자신이 인식하고 있는 나 자신은 가고 싶은 곳은 갈 수가 없고 그렇다고 나를 불러 주는 곳도 없어 정처 없이 떠도는 나그네 신세이며, 내 앞에는 많은 길이 있지만 내가 갈 수 있거나 가야하는 현실적 길이 없는 지상은, 그렇기 때문에 나에게 운명적으로 어쩔 수 없어 받아들여야만 하는 체념적 공간이 된다.

〈길〉에서 장소는 장소의 상실로 인한 결핍과 소외의 상태를 동반하고 있다. "진정한 장소감이란 무엇보다도 내부에 있다는 느낌이며, 개인으로서 그리고 공동체의 일원으로서 나의 장소에 속해 있다는 느낌"[13]이지만, 식민지의 시인으로서 급격하게 변모하는 국토의 곳곳을 경험한 그로서는 '내부의 느낌'에 머물러 있기가 힘들었다. 그는 집과 땅이라는 기본적인 삶의 요건이 상실된 피폐한 현실에 대한 예리한 자각을 하고 있었으며, 집과 땅의 상실이 보편화된 식민지의 현실을 절대적인 실향의 태도로 파악하고, 거듭되는 절망과 방황의 정서로 그것을 드러내었다.

길은 정주하지 못하고 떠도는 유랑자들의 불안한 거소인 '나그네 집'이라 할 수 있다. '나그네 집'은 고정되어 있는 내부의 공간이 아니라 항상 유동적인 외부의 공간으로서 안정감과 행복감을 주는 진정한 장소와는 거리가 먼 불완전한 공간이다. 김소월은 식민지 하에서는 어떠한 예외도 있을 수 없는 철저한 장소 상실의 실상을 냉정하게 파악하고 있는 것이다. 인간 세상, 즉 지상에서의 갈 곳 없음은 자연의 기러기들이 공중에서 찾아가는 기로가 대조를 이루며 더욱 확연해진다. 이처럼 시 속에 나타난 갈 곳 없는 방황은 극단적 장소 상실

---

13) 이혜원 (2006), "김소월과 장소의 시학", 「상허학보」 권 17, 상허학회, p. 89.

을 경험해야 했던 식민지 시인 김소월의 비극적인 장소 인식을 증명한다.

<참고 자료>

[문헌]

김종태, 『한국현대시와 서정성』, 보고사. 2004.

박진환, 『한국현대시인연구』, 조선문학사. 2005.

오세영, 『한국현대시인연구 5』 – 김소월, 문학세계사. 1994.

[논문]

김은자, “한국현대시의 공간의식에 관한 연구, 김소월, 이상, 서정주를 중심으로”, 서울대학교 대학원 국어국문학과 국문학전공 박사학위 청구논문. 1986.

이병헌, “석헌 (石軒) 정규복 (丁奎福) 박사 환력 기념특집호 : 현대문학 ; 김소월의 시세계”, 「어문논집」권 27, 민족어문학회. 1987.

이자욱, “김소월 시 연구 - 자연과 현실인식을 중심으로”(명지대학교 교육대학원 석사학위 논문. 1999.

이혜원, “김소월과 장소의 시학”, 「상허학보」 권 17, 상허학회. 2006.

학생 작품 D

형식을 비추는 거울

－서정주의 〈자화상(自畵像)〉에 대하여－

백 무 늬

〈자화상(自畵像)〉[14)]

① 애비는 종이었다. 밤이 깊어도 오지 않았다.
② 파뿌리 같이 늙은 할머니와 대추꽃이 한 주 서 있을 뿐이었다.
③ 어메는 달을 두고 풋살구가 꼭 하나만 먹고 싶다 하였으나……
④ 흙으로 바람벽한 호롱불 밑에
⑤ 손톱이 까만 에미의 아들
⑥ 갑오년이라든가 바다에 나가서는 돌아오지 않는다 하는 외할아버지의 숱많은 머리털과 그 커다란 눈이 나는 닮았다 한다.

⑦ 스물 세 해 동안 나를 키운 건 팔할(割)이 바람이다.
⑧ 세상은 가도 가도 부끄럽기만 하더라.
⑨ 어떤 이는 내 눈에서 죄인을 읽고 가고
⑩ 어떤 이는 내 입에서 천치를 읽고 가나
⑪ 나는 아무것도 뉘우치진 않으련다.

⑫ 찬란히 티워 오는 어느 아침에도
⑬ 이마 위에 얹힌 詩의 이슬에는
⑭ 몇 방울의 피가 언제나 섞여 있어
⑮ 볕이거나 그늘이거나 혓바닥 늘어뜨린
⑯ 병든 숫캐마냥 헐덕거리며 나는 왔다.

14) 1939. 10월 「시건설」에 발표.

이 시는 기본적으로 4음보의 율격을 지니고 있는 동시에 산문적인 특성이 강한 시다. 이러한 산문적인 특성은 시를 낭만적이고 상징적이며 서정적인 분위기를 조성한다. 그러나 〈자화상〉은 산문적인 시임에도 불구하고 낭만적이라는 느낌을 발견하기가 쉽지 않다.

자화상은 스스로를 그린 그림을 뜻한다. 문학에서 보자면 스스로를 비추는 거울 정도가 될 것이다. 이처럼 자화상은 가난과 고통으로 죽어가는 토속적인 그들의 터전인 땅, 삶의 역사적 풍경 속에, 무방비로 노출되어 있는 그들의 몸부림을 생생하게 형상화했다.

자화상은 ≪화사집≫의 표제가 아님에도 불구하고 〈자화상〉이라는 단독 장으로 맨 앞에 실려 있다. 화사집의 다른 시들과 비교했을 때 자화상은 과거형 종결어미가 과거 회상의 의미로 사용된 독특한 시이다. 〈문둥이〉나 〈맥하〉 등 다른 시들에서도 드물게 과거 종결형이 나타나긴 하지만 회상의 의미가 아닌 상황 강조의 의미가 더 강하다.

① 애비는 종이었다. 과거 회상에서 시작된 자화상은 ⑯ 병든 수캐마냥 헐덕이며 나는 왔다는 현재 시점에서 끝나버린다. 다른 시들이 철저하게 현재의 시간에서 벗어나지 않거나 일정한 시점을 택하는데 반한다. 그러나 과거에서 시작해서 어정쩡한 현재 시점으로 끝나버리는 자화상이 이 시집의 제일 앞에 위치하고 있음은 시적 화자가 스스로 자신의 현재 상황을 정확하게 깨닫고 있음을 암시하며 자화상을 시작으로 전반적으로 어떤 형식을 빌렸든 간에, 시적 화자는 처한 상황을 암시할 것이라고 짐작해 볼 수 있다.

⑫ 찬란한 해가 떠오르는 아침에도 화자는 ⑬ 이슬방울이 아닌 ⑭ 피방울이 섞여 있으며, ⑯ 결국 핏방울은 헐떡임으로 바뀐다. 이것은 또 다른 해가 떠오른다고 마냥 좋아할 수만은 없는 모습이 보인다. 아침을 시작하는 이슬이 단지 맑은 순수 수분이 아니라 피가 섞여 있다는 것은, 대다수 사람들에게는 평온한 아침이 그들에게는 그렇지 않다는 것을 느낄 수 있으며, 이슬에서 피방울로, 이 피방울은 결국 살기 위한 헐떡임으로 대체된다.

'애비는 종이었다' [15]라는 직설적이면서도 도발적인 표현으로 시작되는 이 시는 내용상 3연으로 나누어져 있다. ①행에서 ⑥행까지는 시적 화자의 출생과 신분을 보여주고, ⑦행에서 ⑪행까지는 화자가 성장하면서 어떤 마음가짐을 가졌는지를 보여주며, 마지막 ⑫행에서 ⑯행까지는 화자가 처한 상황에 대한 인식과 그에 따른 화자의 태도를 보여 준다.[16]

이 시에서는 어두운 분위기와는 다소 어울리지 않을 수도 있는 이미지적인 면을 꽤 많이 사용하였다.

손톱이 까만 에미의 아들과 갑오년에 바다에 나가서 돌아오지 않는 외할아버지의 숱 많은 머리털을 같은 것은 검정에 가까운 어둠을 지향하고 있으며, 둘 다 긍정적인 감각이 아니다. 손톱이 까맣다는 것은 아이의 어메가 평탄하게 살아오지 않았음을 의미한다고 볼 수 있다. 따라서 힘들 일이 많았고, 생계를 위해서 무던히 일을 해야 했음을 짐작할 수 있다. 또 외할아버지의 숱 많은 머리털은 이미지적으로 그려지는 것을 본다면, 정갈한 느낌이라기보다는 아무렇게나 헝클어져 있는 상태일 것이고, 이것은 외할아버지 역시 화이트칼라처럼 갖춰 입고, 격식을 차리는 일보다, 연세가 있음에도 불구하고 바다와 싸우는 것 같은 힘든 일을 했다는 것을 알 수 있다. 그런 할아버지의 머리털과 아이의 눈이 닮았다고 했다. 일반적으로 생각하는 아이의 눈은 맑고 순수한 이미지인데, 이 시에서 아이의 눈은 맑지만은 않다. 이것은 운명에 가까운 집안 이력과 연관이 있으며, 시에 전반적으로 깔린 어두운 분위기를 극대화시킨다.

이런 구조를 가진 〈자화상〉은 형식적으로 몇 가지 특성을 지니고 있고, 이것들은 미적으로, 형식적으로 가져다 주는 효과가 있다.

우선 숨김없이 자신 뿐만 아니라 아버지의 과거까지 고백하는 솔직함은 시의 내용과 상황을 원점으로 돌려놓는 힘을 발휘한다. 과거를 고백한다는 것은, 어느 정도 인정한다는 것을 의미하고 이것은 현재의 상태에서 다시 출발할 수 있음을, 즉 과도한 포장을 벗고 인간의 본질적인 면을 추구하는 것을 의미

15) '시적 화자의 아버지가 정말 종이었냐' 하는 문제를 두고 말이 많았지만, 결론적으로 이것은 무의미하다고 볼 수 있다. 시인의 경험적 자아가 단지 화자일 수도 있고, 시인 자신일 수도 있지만, 이 시에서 이 문제는 그리 큰 도움이 된다고 할 수 없다.

16) 김종길, 『미당시의 특질』, 「시화시학」, 2001.

하기 때문이다.

1연에서 나타난 시적 자아의 모습은 종의 신분이었고, 2연을 통해 나타난 시적 자아는 자신의 존재에 대해서 모순적인 태도를 보인다. 종의 신분으로서 살아가는 자신의 존재가 부끄럽지만 하다고 이야기하면서도 '뉘우치지 않으련다'라고 이야기한다. 이것은 시적 자아의 심정을 대변해 주는 것이다.

'종'이라는 단어가 주는 어감이나 느낌, 즉 사회적 위치 속에서 화자가 느끼는 상대적 박탈감과, 뉘우치지 않겠다는 의지는 윤리적으로 이미 그는 뉘우쳐야 한다는 사실을 자각하고 있다는 것을 의미한다.

3연에 가서 자신이 살아온 모습을 통해 이점은 더욱 확실하게 드러난다. '병든 수캐마냥 헐덕어리며' 살아온 자신의 삶의 대한 일종의 반성적 모습을 보여준다.

이러한 판단의 근거는 자신의 초라한 신분을 밝히는 행위에서부터 시작되는데, 이것은 자신의 상태를 제일 먼저 점검하고, 그에 따른 삶의 자세를 결정하는 일이다. 그런 점에서 〈自畵像〉은 시적 자아가 가지고 있는 내면의 윤리적 죄책감과, 인간사에서의 모순된 심리를 형상화한 작품이라고 할 수 있다.17)

또 다른 특성을 살펴보자면, 공감대 형성을 위한 시어들은 긴밀한 연관성을 가지고 있다. '종'이라는 시어와 관련을 맺고 있는 ①행에서 ⑤행까지를 보면, '밤이 되어도 돌아오지 않는 아버지', '흙으로 바람벽한 호롱불'과 그 안의 가족들 그리고 '손톱이 까만 에미의 아들' 등은 가난과, 스스로 억압된 상황을 형상화하고 있다

'죄인'과 '천치'는 '종'이라는 시어와 관련을 맺고 있다. 다시 말하면 죄인과 천치는 종의 신분으로 사는 삶이 떳떳하지 못함과 고됨을 엿볼 수 있다. 시에서 다른 많은 동물 중에 유독 '숫개'라는 표현이 주는 어감이나 느낌은 진정으로 충직한 종과 같은 느낌을 준다. 또한 이것은 동시에 가장 동물적인 느낌에 반감을 불러일으키기도 한다. 더욱이 그냥 '숫개'가 아니라 '병든 숫개마냥 헐덕이는' 이하는 시구는 종의 신분으로서 살아온 삶을 단적으로 나타낸다.

---

17) 이승훈, 『서정주 초기시에 나타난 미적 특성』, 「한국문학연구」, 22집 p. 114.

또 다른 특징 중에 하나는 사실적이면서도 신선한 비유들이다. ⑦행에서 '스물세 해 동안 나를 키운 건 팔할이 바람'이라는 시구는 시적 이미지를 분명하게 가져다 주지만, 일반적으로 '나'를 키우는 존재가 웃어른이거나 부모님이 아니라는 사실에 놀라기도 전에 낯설다는 느낌을 줄만큼 신선하다. 이것은 일반적인 통념을 깨고 '바람'이라는 시어로 상상력을 최대로 끌어올리는 기능을 한다.[18)]

이 시의 또 다른 특징은 문장의 종결방법에 있다. 문장의 종결방법에는 평서문, 감탄문, 의문문, 청유문, 명령문 등이 있다.

이러한 종결방법은 개인의 생각이나 느낌을 청자한데 여러 가지 방식으로 전달할 수 있다. 평범하게 일상 대화처럼 진술할 수도 있고, 자신의 감정과 느낌을 강하게 표현할 수도 있으며, 명령을 하거나, 함께 하자고 권유하기도 한다.

종격방식은 어찌 보면 단지 종결어미에 결정되는 미약한 것일지 몰라도 시에서 보면 시의 전반적인 분위기를 조성하고, 시인의 감정을 전달하기에 좋은 장치이다.

종결방법 중에 평서문은 ≪화사집≫이 28.0%, ≪귀촉도≫가 38.3%, ≪서정주시선≫이 47.8%로 ≪서정주시선≫에서 평서문을 많이 사용되었다는 것을 알 수 있다.

감탄문은 ≪화사집≫이 5.3%, ≪귀촉도≫가 6.2%, ≪서정주시선≫ 8.2%로 ≪서정주시선≫이 가장 많이 사용된 것으로 보이지만, 작품수를 비교해 보면, ≪화사집≫이 6편, ≪귀촉도≫가 5편, ≪서정주시선≫에서 4편으로 ≪서정주시선≫이 가장 적다.

의문문은 ≪화사집≫이 11.1%, ≪귀촉도≫가 12.4%, ≪서정주시선≫ 15.7%로 다른 종결방법보다는 다소 큰 차이를 보이지 않는다.

---

18) 많은 학자들은 이 바람이라는 시의 의미를 찾아내고자 노력했다. 〈자화상〉 속의 나를 키운 바람은 공간과 시간을 옮겨다니는 존재로, 정처 없이 떠돌아야 했던, 인간을 나타낸다고도 볼 수 있다.

청유문은 ≪화사집≫이 3.7%, ≪귀촉도≫가 4.7%, ≪서정주시선≫ 3.0%로 ≪귀촉도≫에서 많이 사용되었다는 것을 알 수 있다.

명령문을 보자면 서정주의 시의 문장종결에서 대표적 특징적이고 잘 나타나는 것이 명령문의 쓰임인 듯하다. ≪화사집≫ 13.8 %, ≪귀촉도≫가 6.7%, ≪서정주시선≫ 5.2%를 보이고 있다.[19]

〈자화상〉에서는 종결방법으로 구어 투에 가까운 평서문이 쓰였는데, 이것은 시의 분위기에 전반적으로 역동적이거나 경렬하지 않고 담담함을 조성한다. 따라서 아버지가 종이었고, 지금 역시 그리 나아지지 않은 현실의 고통을 울부짖음이 아닌, 평서문, 즉 넋두리하는 듯한 담담하고 안정적인 어투가 더욱 비극성을 부각시키고, 가슴을 아리게 만든다.

또 미당의 시에서 많은 쓰이는 것은 문장부호이다. 문장부호 역시 시인의 입을 통한 전달이 아닌 감각적으로 분위기를 조성하고, 때로는 시인이 직접 서술하는 것보다 더 욕구를 충족시키는 효과를 발휘하기도 한다. 그 중에 가장 많이 쓰이는 것은 말줄임표와 줄표이다.[20]

문장부호의 사용빈도[21]

	화사집			귀촉도			서정주 시선	
차례	문장부호	빈도수	차례	문장부호	빈도수	차례	문장부호	빈도수
1	……	37	1	……	13	1	……	24
2	!	11	2	—	6	2	—	8
3	—	8	3	?	4	3	!	3
4			4	!	3	4	?	1
계		56	계		26	계		36

문장부호의 사용은 ≪화사집≫, ≪서정주시선≫, ≪귀촉도≫ 순이고, 가장 많이 쓰인 문장 부호는 '……' 이다.

19) 류현미, 「서정주 초기시의 문체적 특성」, 연세대교육대학원, 2004.
20) 이남호, 『서정주의 ≪화사집≫을 읽는다』, 열람원, 2003, p. 76.
21) 서화신, 「서정주 시의 어휘연구」, 한영대교육대학원, 2002.

이 시에서 '③ 어메는 달을 두고 풋살구가 꼭 하나만 먹고 싶다 하였으나……'에서도 줄임표가 사용되었는데 이 부호가 사용된 이유를 찾아보자. 엄마는 풋살구가 먹고 싶다 하였으나 어머니 곁에는 '흙으로 바람벽한 호롱불 밑에 손톱이 깜한 에미의 아들' 뿐이였다. 가난 속에서 엄마의 풋살구의 욕구는 헛된 욕망일 뿐이었다. 욕망은 새로운 것, 더 나은 것을 꿈꾸는 단계에 속한다. '하였으나' 라는 역접의 관계로 미루어 짐작컨대 풋살구를 욕망하던 엄마는 그것을 성취하지 못한다. 따라서 여기서 '풋살구'는 종같이 헐떡이며 살아가는 현실에서 벗어나고 싶은 일말의 욕구일 것이다. 그러나 가난은 이러한 이상과 희망까지도 짓밟아 버리는 경제적 빈곤 그 이상의 의미이다. 따라서 어메는 풋살구를 먹지 못하고 심적으로는 자신도 사치라는 것을 여실히 깨달을 것이다. 이것은 가난이 주는 냉혹한 현실과 꿈꾸는 세계와의 괴리를 여실히 나타내준다. 꿈마저 꿀 수 없는, 그 가치마저도 거세당하는 것이다.

결론적으로 이 시의 쓰인 '먹고 싶다고 하였으나……'전체적인 흐름은 후반부로 가면서 마무리하기 위한 말줄임표가 아니며, '……'는 문장을 단절하고, (당시 상하마저, 멈춰버리는) 다음 말을 잇기 위해 사용된 것은 더더욱 아니다. 앞뒤 문맥을 보고, 상황을 보면 이 표시는 마치 말없이 돌아누운 임산부의 혹은 어깨가 쳐진 여인의 모습이 연상된다. 이것으로 보아, 시인은 단순히 문장부호로만 사용한 것이 아니라, 여운을 주고, 상상력을 가미시켜서 이미지적으로 형상화하는 효과를 불러일으켰으며, 심리적인 면까지도 내포했다고 볼 수 있다.

표현법에 이어 〈자화상〉에서 띄어쓰기를 조금 살펴보면 다음과 같다.

애비는 종이었다. 밤이 깊어도 오지를 않았다.
파뿌리같은 늙은 할머니와 대추꽃이 한주서 있을뿐이었다.
어머니는 달을 두고 풋사과가 꼭하나만 먹고 싶다고 하였으나…흙으로 바람벽 한 호로불밑에 손톱이 깜한 에미의아들
甲戌年이라든가 바다에 나가서는 오지않는다는 外할아버지의 숫많은 머리털과 그 크다란 눈이 나는닮었다한다.

- 1939. 10월 「시건설」 발표 당시

애비는 종이었다. 밤이기퍼도 오지않었다.
파뿌리같이 늙은 할머니와 대추꽃이 한주서 있을뿐이었다.
어매는 달을 두고 풋살구가 꼭 하나만 먹고 싶다하였으나…흙으로 바람벽한 호롱불밑에
손톱이 깜한 에미의 아들.
甲午年이라든가 바다에 나가서는 도라오지 않는다하는 外할아버지의 숯많은 머리털과
그 크다란 눈이 나는 닮았다한다.

–1941. ≪화사집≫

이 1939년과 1941년에 실리 두 편의 시를 비교해 보면, 발표 당시의 표현이 ≪화사집≫보다 더 문법 의식이 뒤떨어졌다고 볼 수 없으며,실제로 시를 다듬고 가꾸는 시인이었음을 알 수 있다. 발표 당시의 잘못된 표기를 바로 잡거나, 낱말과 표현을 바꾸면서도 굳이 바르게 쓰여진 부분을 틀리게 바꾼 부분이 있다. '밤이기퍼도 오지않었다.'가 (밤이 깊어도 오지를 않았다) 그것인데 일부러 연음으로 하거나, 양성모음을 음성모음으로 바꾸어 쓰고, 띄어쓰기를 지키지 않는다. 이것은 시인의 띄어쓰기 및 연음현상, 맞춤법 등이 의도적인 오류로 이루어진 것임을 쉽게 짐작할 수 있는 부분이다. 발표 옳게 쓰고도 시집으로 엮을 때에 일부러 틀리게 하는 것이나, 그 반대의 경우 모두 시인이 언어에 얼마나 많은 모험을 해봤으며, 의도적인 노력과 실험을 했는지 알 수 있게 한다.

결론적으로 ≪화사집≫ 중에서도 〈자화상〉은 형식적인 면에서 형용사보다는 동사활용을 많이 한 시이다. 동사활용이 많다는 것은 주어+서술어 형태[22]로 볼 수 있다. 이것은 현상에 대한 세밀한 묘사보다는 가쁜 호흡으로 질주하는 듯한 느낌을 준다. 따라서 이런 구성은 문체가 요약적이고 간략하면서도 질서정연하게 정리되어 있는 듯한 느낌을 준다. 이것은 형식적으로 보자면 다소 강하고 정돈된 듯 보일지 몰라도, 형식적 안전감과 달리 그와 대비되는 시적 상황에 배치된 단어들은 더욱 불안하기 짝이 없다. 이런 분위기를 조성하는

22) 남기심, 고영근, 「표준국어문법론」, 2003, p. 342.

데는 동물적인 시어가 주는 어감도 한몫한다. 예를 들면, 피와 같은 음습한 단어나, 손톱, 혀, 머리털과 같은 동물을 떠오르게 하는 단어들을 사용해서 전체적으로 어두운 이미지와 함께 동물적이고 감각적인 시를 완성할 수 있었다

<참고 자료>

■ 기본자료

서정주, ≪미당 시 전집≫, 민음사, 2001.

■ 국내 논저

[단행본]

권명국, 『문학작품과 해석의 타당성』, 한국교원대학교, 2002.
권석창, 『시의 역설 연구』, 건국대학교출판부, 2003.
김용희, 『서정주 시의 은유를 통해 본 미의식』, 평택대논문집, 2001.
김점용, 『미당 서정주-시적 환상과 미의식』, 국학자료원, 2003.
김학동 외, 『서정주 연구』, 새문사, 2005.
엄경희, 『미당과 목월의 시적 상상력』, 보고사, 2003.

[논문]

김잔디, 「서정주의 생명의식 연구 : 초기시를 중심으로」, 아주대 석사학위논문, 2005.
박순희, 「미당 서정주 시 연구」, 성신여대 대학원 석사학위논문, 2005.
송명규, 「서정주론 : 미당담론의 형성과정에 대한 비판적 고찰」, 강원대 석사학 위논문, 2005.

■ 인터넷 참고자료

http : //blog.naver.com/eggdegul ? Redirect=Log&logNo=60018245639http : //blog.naver.com/gulbie ? Redirect=Log&logNo=110030096798
http : //blog.naver.com/hshan8611 ? Redirect=Log&logNo=90020707112http : //blog.naver.com/hydelovers ? Redirect=Log&logNo=100040985804
http : //blog.naver.com/nahdoo ? Redirect=Log&logNo=50029808399

심리주의 비평

제 5 장

1. 개요
2. 심층 연구
3. 심리주의 비평의 실제

"人生의 가장 긴 旅路는, 머리에서 가슴까지의 12인치다."

1. 개 요

心理主義 批評 *Psychological Criticism*은 문학연구 방법 중에 가장 논쟁의 여지가 많고 남용되기 쉬우며 대부분의 독자에게는 생소한 방법이다. 일찍이 B.C 4세기에 아리스토텔레스는 비극의 고전적인 정의를, 카타르시스를 발생시키는 연민과 공포의 정서와 관련시켜서 설명함으로써 심리주의적인 방법을 사용하여 왔다. 문학은 인간정신의 소산이므로 심리현상에 대한 깊은 통찰과 지식을 필요로 하는 반면, 심리학은 인간의 정신현상을 다루는 이론체계다. 문학이 심리학에 개방될 수 있는 이론적 근거가 바로 여기에 있다고 할 수 있다. 심리주의 비평가들은 문학작품 배후에 있는 인간세계, 즉 작가의 정신 및 심리의 반영과 그 표현으로서의 문학작품을, 그리고 창작과정 자체를 연구하기 위하여 정신분석학의 방법을 직접 도입하거나 그들 각자의 필요에 맞게 그것을 변용시켜 사용한다.

20세기에 와서 심리주의 비평은 사상의 특수한 학파, 즉 프로이트 *Sigmund Freud*와 그의 추종자들과 관련을 맺음으로써 문학에 대한 현대 심리학적 연구의 남용과 오해가 기인된다. 사회학적 방법의 경우, 문학작품을 다른 모든 문화현상처럼 복잡하고 넓은 사회라는 조직의 반영이 되어 준다. 그러나 작품을 사회라는 조직체로부터 떼어서 한 개인의 정신적 산물로 볼 수 있는데, 이런 입장에 설 때 비평가는 자연히 심리학적인 방법을 선택하게 된다. 특히 프로이트의 정신분석학이 나타난 이후 대부분의 문학비평은 심리학적인 입장을 취하고 있다. 심리주의 비평은 어디까지나 내면세계, 즉 무의식을 분석함으로써 작가와 작품의 관계, 즉 창작심리를 해명하려는 비평 방법이라 하겠다. 말하자면 인간의 무의식의 심리를 의식 세계의 잠재작용의 원인으로 보려는 이른바 정신분석학적 방법이 바로 그것이다.

프로이트가 마음의 구조를 자아 · 초자아 · 무의식의 세 층으로 나누고 특히 리비도와 관련시켜 무의식을 중요시하여 현대 정신분석학을 개척한 것은 바로 문학의 현대성을 개척한 것이나 다름이 없다. 19세기 리얼리즘이 외면 세계에 충실한 문학이며, 내적 체험을 중시한 근대 낭만주의가 무의식의 바깥 세계에서 개화하였다는 점을 생각한다면 무의식의 핵심을 이루는 내면세계로 시각을 돌린 현대문학은 사실상 혁명적 사실이라 할 수 있다. 물론 이러한 내면세계에의 천착은 프로이트의 말과 같이 그의 공헌은 시인들이나 철학자들이 앞서 보여준 것에 대한 실험적 증거를 제시하는 것에 불과할는지도 모른다. 가령 도스토예프스키의 통찰은 프로이트의 통찰을 너무나 많이 앞질렀기 때문에 이러한 작가로부터 프로이트의 이론을 거의 구축할 수 있었다는 것이 곧 그것이다. 그러나 그 이전의 시인이나 철학자들이 무의식을 발견한 것은 사실이나 무의식을 연구할 수 있는 과학적인 방법을 세운 것은 프로이트다.

진술한 바와 같이 그는 인간의 마음을 자아·초자아·무의식으로 나누어 예술은 그 에너지와 부조리성과 그 신비한 능력을 무의식으로부터 얻는다는 것이다.

리드 *Read*는 프로이트의 이론에 기초하여 예술 현상을 다음과 같이 설명하고 있다.

> 예술작품은 정신의 각 영역과 관련을 맺는다. 무의식이야말로 소위 영감 *inspiration*의 근원이다. 예술작품은 자아에 의하여 그 형식적 종합과 통합이 주어진다. 마지막으로 초자아의 특유한 창조물인 이데올로기나 도덕적 방향으로 동화된다.

이렇듯 자아는 무의식의 무질서한 분출물을 실서 있게 송합하고, 초자아는 거기에다 도덕적·사회적 방향을 결정해 준다는 것이다. 그러기에 작품이란 아무리 변형된 형태라도 결국 이 무의식의 반영이며, 이 무의식이 작중인물의 성격이나 행동을 결정한다는 것이다. 무의식은 성적인 것이기 때문에 프로이트는 심리적 메커니즘, 그 중에서도 특히 복합심리에 의하여 작품을 해명하고 창작심리를 분석하는 것이다. 요컨대, 작가의 무의식 속에서 나오는 경험이 그의 의식 속에 어떻게 변모되어 나타나는가를 밝히는 것이다.

심리학이 문학이해나 문학연구에 관련되는 방식은 크게 나눠 작가·작품·

독자와의 세 가지 관련 양상으로 설명할 수 있다. 작가를 다룰 때 심리학적 비평가는 여러 가지 면에서 역사주의 비평가와 같은 방법으로 진행한다. 비평가는 먼저 작품 뒤에 숨어 있는 인간, 말하자면 작품을 작가의 反映과 投射로 다루고 또한 창작과정 자체를 연구하기 위해 정신분석의 방법을 직접 사용하거나 아니면 자신의 필요에 따라 바꾸어 사용한다. 그리하여 작가의 체험과 개성이 어떻게 그의 문체, 주제의 선택, 성격묘사를 결정하였는가를 따지는 것이다.

작품을 다룰 때 심리주의 비평가는 형식주의 자를 닮는다. 작품 안에서 등장인물의 성격을 분석하거나 한 작가가 즐겨 사용하는 개인적 상징을 해명한다. 또는 표면적 의미와 내면적 의미, 즉 작품이 말하는 것과 의미하는 것을 구분하여 작품 속에 잠재된 의미를 추출하기도 한다. 심리주의 비평가는 또한 개별적인 독자를 매료시키는 작품의 비밀을 추구하기도 한다.

따라서 심리적 비평가는 독자가 작품에서 얻는 개인적인 작품의 특별한 자극에 반응하기 위하여 어떻게 일깨워지고, 그 작품에 구현된 경험과 하나가 되기를 모색한다. 개인은 각각 그 경험의 내용이 다른 까닭에 한 작품에 대한 반응은 동일하지 않으나 시간과 공간으로 공통되는 반응이 있기 때문에, 심리주의 비평가의 관심은 자연히 사회주의 비평가의 관심과 유사한 것이다.

인간을 심리적으로 해명하기 위해서 그리고 문학의 창작 심리와 작품 속의 인물이나 상상, 상징을 합리적으로 해명하려는 노력에 결정적 빛을 던진 사람은 프로이트였다. 헨드릭의 공저 『심리 분석과 문학』(1964)은 이 방면의 실천적 비평서로 널리 알려진 책이다. 그런데 프로이트는, 그가 이룬 공로는 이 이전의 시인이나 철학자들이 무의식을 발견했기 때문에 가능했던 것이며, 그는 단지 무의식을 연구할 수 있는 과학적인 방법을 찾은 것 뿐이라는 것이다.

정신분석을 적용한 많은 문학연구와 비평은 작가와 작품과의 관계를 해명하는 데 이바지했다. 그러나 중요한 것은 스탕달이 어머니를 사랑했기 때문에 작품 속에서 어머니에게 바친 사랑을 기록했다는 모델 *Albert Mordell*의 해명 같은 것이 아니라, 프레스콧 *F. C. Prescott*이 작품 자체에 시도한 여러 가지 심리적 융합을 해명하는 것과 같은 것이다.

심리학이 문학의 가치를 판단하거나 작품 자체가 지닌 비밀을 해명하는 데 도움을 주는 것은 부인할 수 없는 사실이지만, 문학작품은 단순한 심리만의 反射體는 아닌 것이다. 더구나 인간 심리를 잘 알고 있다는 사실이 작품 이해에 참고는 될 수 있을 것이지만 문학을 잘 평가할 수 있는 일과 동일시될 수는 없을 것이다. 왜냐하면, 인간의 총체적인 존재는 심리나 경험 따위를 초월한 존재이기 때문이다.

문학작품을 평가하고 해명하기 위해서 베이컨이 말했던 것처럼, 어떠한 기계를 사용해도 괜찮다고 할 때 문학은 원래의 질을 유지하기 어렵게 될 것이다.

예를 들어, 도스토예프스키의 〈카라마조프가의 형제들〉이나 라신느의 〈페드르〉 같은 작품에 오이디푸스 콤플렉스를 적용하게 될 때 같은 경우이다. 주지하다시피 오이디푸스 콤플렉스 현상은 아버지를 죽이고 어머니와 결혼한 아들의 비극을 다룬 소포클레스의 작품에서 그 명칭을 따온 것이다. 그러니까 심리학에서 말하는 오이디푸스 콤플렉스란 아버지에 대한 적대감 및 어머니에 대한 애정 등이 복합된 정신적 현상을 가리키는 것이다. 그러한 잠재의식은 인간의 행동을 분석하여 그 심리 층을 밝혀 내는 일은 되지만, 오이디푸스 콤플렉스의 가치는 아니다. 미학은 문학의 경우 언어와 형식의 조화에 결정적인 그 요체가 있는 것임은 상식이라 하겠다. 더구나 오이디푸스 콤플렉스 현상은 심층 심리에 선천적으로 잠재해 있는 요소라고도 생각할 수 있지만, 그 밖의 요인, 즉 사회적인 갈등 · 경제적 고민 · 애국심 · 도덕 등의 문제들이 아버지에 대한 콤플렉스로 표현될 수도 있다.

정신분석이 용인하는 기초 관념을 들어 보면 다음과 같다.

첫째로, 행동의 엄밀한 결정, 어느 순간에 처한 개인의 사유, 감정, 또는 실제 행위는 그 사람의 개성적인 동기의 습관과 그를 에워싸고 있는 정황을 지각하는 방식에 엄밀히 의존한다.

> 나 보기가 역겨워
> 가실 때에는
> 말없이 고이 보내 드리오리다.

영변에 약산
진달래꽃
아름따다 가실 길에 뿌리오리다.
-〈진달래 꽃〉 일부

이 시의 화자는 자기로부터 멀어지는 대상을 되찾으려는 의지를 갖기보다는 아예 일찌감치 포기하고 단지 심리적인 안정만을 꾀하고 있음을 볼 수 있다. 소월의 이러한 시적 경향은 그의 시 도처에서 찾아볼 수 있다. 이처럼 그의 시작품에서 적극적인 쟁취나 극복의 의지가 보이지 않는 것은 바로 그가 대상을 지각하는 방식에 그 연원을 두고 있는 것으로 보인다. 일종의 허무주의적 태도라 할 것이다. 그러나 그의 허무주의는 단순한 허무주의가 아니라 저항적 의미가 약하게나마 곁들여 있는 것으로 보인다. 왜냐하면 그의 상실과 허무의식의 끈질긴 되풀이는 그가 상실의 아픔 속에서도 대상에 대한 연모의 정 자체를 쉽사리 포기하지 않겠다는 태도를 보여주고 있기 때문이다.

한편, 윤동주에 있어서 죄의식이나 부끄러움의 의식은 민족의 대주체가 훼손당한 시대에 자신이 할 수 있는 것이 너무 적고 무력하다고 각성했기 때문에 자신에 대한 죄책감으로서 일어난 것이라고 볼 수 있다. 이 때는 서정적 주체가 능력, 즉 힘과 지위에 있어서 과소한 데서 유발된 정서 반응이라고 할 수 있다.

이와 반대로 박두진의 항거와 분노는 민족의 대주체가 결손되고 있는데, 일제라는 적대적 객체가 그 힘에 있어서 과대하게 작용함을 비판하고 그에 대해 항거하는 자세를 취하는 데 있다. 이에 따라 정서 반응은 항거적 특징으로도 나타난다. 또 적대적 관계 설정에서 시인이 대등한 힘을 종교적 신앙에 대체하여 늠름하게 맞서는 의지와 미래 지향성을 드러내 보인다.

이처럼 작가의 개성적인 동기와 그 습관 및 그를 에워싸고 있는 정황을 지각하는 방식은 작품을 이해하는 데 있어 중요한 단서로 볼 수 있을 것이다.

둘째로, 개성의 형성에 있어서 유년기는 근본적으로 중요하다. 개성의 형성은 본능적인 경향성과 심리적 · 사회적 위치의 구조와의 이중의 영향 하에 있다. 이렇게 하여 한 개성을 형성함에 필요한 여러 요인들이 통합되어 드디어

한 개성을 형성하는 것이라 하겠다. 이러한 본능의 구조에 대하여 프로이트의 학설은 문학 비평가들에 의해서도 널리 동원되고 있다.

프로이트가 현대 심리학에 기여한 핵심은 인간 정신에 있어서의 무의식의 양상에 대한 강조라 할 수 있다. 프로이트는 인간의 대부분의 행동이, 우리가 아주 제한된 지배력밖에 지니지 못하는 정신적인 힘에 의해서 유발된다고 하는 확신할 만한 증거들을 고심하여 연구한 여러 사례를 통해서 제시했다. 그에 의하면 인간의 마음은 빙산의 모습과 같이 큰 무게와 비중에 의하여 의식의 내면에 놓이도록 구성되었다고 설명한다. 즉 본능적이고 충동적인 자아는 양식이나 초자아의 억압을 받는다고 보았던 것이다. 그리고 빙산과 같이 양식 있는 자아는 수면 위에 그 모습을 조금 보이고 그 나머지의 큰 본능적 부분은 모두 물 아래 숨어 버린다는 것이다.

프로이트는 나아가서 대부분의 의식의 과정마저도 짧은 동안에만 의식적임을 말하였다. 다시 말하면 쉽사리 다시 의식화된다고 하더라도 그 의식의 과정이 곧바로 잠재화됨을 지적 함으로써 무의식의 중요성을 강조한다. 이처럼 개인의 대부분의 정신 과정이 무의식적이라는 것이 프로이트의 첫째 주요 전제이다. 둘째는 모든 인간 행동이 궁극적으로는 성 *sexuality*에 의해서 유발된다는 것이다. 우리는 이 두 전제에서 출발한 프로이트 학설의 여러 가지 추론을 음미할 수 있다.

이들에 있어서 중요한 것은 세 가지 精神帶에 대한 정신 과정 *mental process*에 있어서의 프로이트의 분류이다. 이 정신대는 이드 *id*, 자아 *ego*, 초자아 *super-ego*이다.

'이드'는 리비도 *libido*의 저장소이며, 모든 정신 활력의 원천이다. 이것은 프로이트가 '쾌락원리'라고 생각한 근원적인 생명 원리를 이행하는 역할을 한다. 양심이나 합리적 질서 의식의 탈을 씀이 없이 '이드'는 무섭고도 無定形한 생명력으로 특정지어진다. 프로이트는 빗대어 표현하기를 '우리들의 개성의 알 수 없고 접근하기 어려운 부분은 아무런 조직이나 통일된 의지를 지니지 않고 쾌락원리에 따라서 본능적 필요를 위한 만족을 획득하려는 충동만을 지닌 흥분된 혼동 상태, 즉 끓고 있는 큰 가마솥과 같은 것이다'라고 설명한다.

'이드'가 위험한 잠재력을 지녔다는 관점에서는 다른 정신적 요인이 개인과 사회를 보호하기 위해서 역할이 필요하다. 이를 통제하는 첫째의 힘은 개인을 보존하는 것으로서의 '자아'이다. 이것은 정신을 합리적으로 다스리는 요인이다. '자아'는 이처럼 '이드'의 충동이 비파괴적인 행동 유형으로 해결되어질 수 있도록 '이드'의 본능적인 충동을 통제하기 위해서 필요하다.

또 하나의 통제하는 요인은 사회를 보호하는 기능을 하는 것으로 '초자아'이다. 대부분 무의식적이나 '초자아'는 도덕적 검열의 作用原因으로 양심과 금지의 저장소라고 풀이한다.

이처럼 '이드'가 '쾌락원리'에 의해 다스려진다면 '자아'는 '현실원리'로 '초자아'는 '도덕원리'에 의해 다스려진다. 비유적으로 말하자면 이드는 우리를 동물로 만들고자 하고 '초자아'는 천사로서 혹은 사회의 준거에 부합하는 인간으로 처신토록 하며 '자아'는 이 두 반대되는 힘 사이에 균형을 유지시켜 줌으로써 우리를 건강한 인간으로 보존하게 하는 것이다. 프로이트가 주장하는 것은 억제하는 요인들의 완전한 제거가 아니라 이 요인들의 균형이었다.

프로이트 流의 개성의 삼분법을 가장 유익하게 활용한 논문으로는 정신분석학자이자 아주 예민한 문학 비평가 머레이의 「악마의 이름으로 *In Nomine Diaboli*」라는 잘 알려진 논문이 있다. 멜빌의 명작 〈모비 딕 *Moby Dick*〉을 프로이트가 마련한 기구로 분석했는데 머레이는 '흰 고래'를 뉴잉글랜드의 청교도주의의 엄격한 양심의 상징적 화신으로, 즉 멜빌 자신의 '초자아'의 투사로 풀이한다. 그를 해친 동물을 추격하고 일격을 가하려는 광적 충동을 통해 포경선 피쿼트 호의 선원들을 파멸로 이끈 偏執狂인 에이허브 선장은 걸귀 같고 통제하기 어려운 '이드'의 상징으로 해석된다. 모비 딕과 에이허브로 구상화된 힘 사이에서 중재하기 위해 노력하는 건전한 크리스천인 일등 항해사 스타버크는 균형이 잘 잡히고 사려 있는 합리주의, 즉 자아를 상징한다.

한편 어니스트 존스의 1910년에 출판되고 뒤에 수정 증보된 책 『햄릿과 오이디푸스』는 프로이트의 이론에 입각한 비평가의 전문적 능력과 학문적 완벽성을 보여주는 책이다.

이 책에서 존스 박사는 고도로 설득력 있는 햄릿에 관한 병력을 작성하였는데, 그것은 의지 결여와 관련된 조울증에서 오는 정신 신경증이라는 것이다. 이 모든 것은 주인공의 심히 억압된 오이디푸스적인 감정으로 추적될 수 있다. 그는 햄릿이 실행할 수 있는 한 빨리 그의 아버지의 살해자에게 복수한다는 관념을 입증할 만한 아무런 실제적인 논증이 없다고 지적한다. 셰익스피어는 이 극의 시작부터 햄릿의 명확한 의무와 마찬가지로 클로디어스의 죄를 만들었다. 유령의 말과 주인공 자신의 암울한 통찰을 독자가 믿는다면 그렇다. 그렇지만 햄릿은 물리적 환경에 의해서 그렇지 않을 수 없을 때까지 이 복수의 의무를 이행하고자 하지 않았으며, 다만 그의 모친 거어트루드가 죽은 연후에야 이행한 것이 사실이다.

존스 박사는 햄릿이 이 극을 통해서 내내 보여준 '여자 싫어하기 증세', 특히 오필리어에 대해서 보여준 징후를 또한 밝힌다. 그리고 그의 성에 대한 육체적 심한 거부 반응을 거론한다. 이러한 것들은 결국 신경질적으로 억압된 오이디푸스 콤플렉스(아들이 어머니에게 무의식적으로 품는 성적인 사모)의 고전적 견본이라 하겠다.

2. 심층 연구

1) 프로이트 *S. Freud*의 이론

프로이트의 정신분석학은 인간의 행동이란 원초적으로 심리적인 작용에서 비롯된다는 입장에서부터 출발한다. 심리적인 작용은 세 가지 층위를 형성하고 있는데, 즉 의식 *consciousness*, 전의식 *pre-consciousness*, 무의식 *unconsciousness*이라는 것이다.

의식은 우리가 느낄 수 있는 모든 경험과 감각을 말하며, 전의식은 우리가 조금만 노력하면 의식으로 떠올릴 수 있는 경험적인 요소들이고, 무의식은 전의식의 체계 밖에 있는 모든 것을 말하며, 어떤 방해 작용으로 쉽게 기억으로 떠올릴 수 없는 원초적인 부분을 말하는데 그는 특히 무의식의 존재를 중요시한다. 그는 무의식을 마치 물 속에 잠긴 빙산처럼 의식 아래 잠겨있는 거대한 정신세계로 본다. 그는 다시 세 가지 기능이 무의식 세계에 작용함으로써 인간의 성격을 형성하는 것이라고 하였는데, 그것을 그는 '이드', '자아', '초자아'라고 하였다.

(1) 이드 *id*

이드는 리비도의 저장소이며 모든 정신 활력의 원천이다. 이것은 프로이트가 쾌락원리라고 생각한 근원적인 생명원리를 이행하는 역할을 한다. 양심이랄지 합리적 질서의 탈을 씀이 없이 이드는 무섭고도 無定形한 생명력으로 특징지어진다. 프로이트는 빗대어 표현하기를 우리들의 개성의 알 수 없고 접근하기 어려운 부분은 아무런 조직이나 통일된 의지를 지니지 않고 쾌락원리에 따라서 본능적 필요를 위한 만족을 획득하려는 충동만을 지닌 흥분된 혼돈상태, 즉 끓고 있는 큰 가마솥과도 같은 것이다. 본래 이드는 가치니, 선악이니, 도덕이니 하는 것들과는 상관이 없다. 이드란 우리들의 모든 공격 *aggression* 과 욕망의 근원이다. 이는 다루기 힘든 무법적인 것이고 이기적이며, 도덕과는 무관한 것이다. 그 기능은 사회적 관례랄지 정당한 윤리나 도덕적인 절제를 돌보지 않고 쾌락적인 본능을 만족시키고자 한다. 제어하지 않는다면, 이것은 우리를 쾌락적인 충동의 만족을 위해 어디까지든, 파괴와 자기 파멸의 구렁텅이로까지 끌고 갈 것이다. 自他의 안전은 이드와는 관계가 없고 이드의 관심은 순전히 결과에 대해서는 조심성이 없는 본능적인 만족일 뿐이다. 프로이트 이전의 수세기 동안 이 힘은 자연적이고 내적인 힘이라기보다는 오히려 초자연적이고 외적인 것에 유래되는 것으로 인간성에 있어서 인정되어 왔었다. 프로이트가 정의한 이드는 많은 점에서 신학자들이 정의한 악마와 흡사하다. 그래서 생떼 쓰는 아이(그의 이드는 자아나 초자아에 의해 적의하게 아직 제어되지 않은 상태이다)가 악에 복받쳤다는 말은 모종의 심리학적 타당성을 지닌다. 우리는 또한 어린아이들(또는 신경증에 걸린 성인)에게서 가끔 자기 방종이나 상해로까지 끌고 가는, 제어되지 않은 쾌락을 향한 충동을 보게 된다.

(2) 자아 *ego*

이드가 위험한 잠재력을 지녔다는 관점에서 다른 정신적 요인이 개인과 사회를 보호하기 위한 역할이 필요하다. 이를 통제하는 첫째의 힘은 개인을 보존하는 것으로서의 자아이다. 이것은 정신을 합리적으로 다스리는 요인이다. 자아가 이드가 강한 생명력을 결핍했을지라도 이 이드의 충동이 행동의 유형으로 해결되어질 수 있도록 이드의 본능적인 충동을 통제하기 위해 필요하다. 자아의 일부가 무의식적이긴 하지만, 그러나 우리는 보통 의식적인 마음이라고 생각하는 것이다. 프로이트가 지적한대로 쉬운 말로 하자면, 이드가 길들지 않은 열정으로 향하는 반면에 자아는 이성과 신중을 지향한다고 할 수 있다. 이드가 쾌락원리에 의해서만 다스려지는 데 반해 에고는 현실원리 *reality principle*로만 다스려진다. 요약하면 에고는 내적인 세계와 외적인 세계 사이의 중개자로서 봉사하는 것이다.

(3) 초자아 *super ego*

또 하나의 통제하는 요인은 사회를 보호하는 기능을 하는 것으로 초자아가 있다. 대부분 무의식이나 초자아는 도덕적 검열의 기능을 가진 것으로 양심과 긍지의 저장소이다. 프로이트가 『인성의 해부』에서 밝혔듯이 모든 도덕적 제약의 대표, 즉 완전을 지향하는 충동의 옹호자로서, 다시 말하면 인간생활에서 고등한 것으로 일컫는 것에 대해서 심리학적으로 이해할 수 있게 하는 바로 그것이다. 직접적으로나 또는 자아를 통해 작용함으로써 초자아는 이드의 충동을 억제하거나 금지시키는 역할을 수행하는 것으로, 명백한 공격이나 동성성욕도착증이나 오이디푸스적인 본능과 같은 사회가 용납할 수 없는 쾌락으로 향하는 이들 무의식 충동을 막거나 쑤셔 밀어 넣는 역할을 한다. 프로이트는 초자아의 발달을 부모의 영향에 귀착시켰는데, 이는 사회가 나쁜 행동이라고 여기는 것에 대해서는 벌을 주고, 좋다고 생각하는 것에는 상을 주는 것에 의해 명백히 드러난다. 지나치게 활동하는 초자아는 무의식적인 죄책감을 자아낸다. 이것으로부터 잘 알려진 죄 콤플렉스 *guilt complex*와 프로이트가 모든 도덕적 금지와 사회적 제약을 완화할 것을 주장했다고 잘못 알려진 그릇된 생각이 나왔다. 이드가 쾌락원리에 의해 다스려진다면 자아는 현실원리로, 초자아는 도덕원리에 의해 다스려진다. 비유적으로 말하자면 이드는 우리를 동물로 만들고자 하고, 초자아는 천사로서 처신하도록 하고(혹은 한층 더 심하게는 사회의 준거에 부합하는 인간으로) 거기다가 자아는 이 두 반대되는 힘 사이에 균형을 유지시킴으로써 우리를 건강한 인간으로 보존하는 것이다. 프로이트가 주장하는 것은 억제하는 요인들의 완전한 제거가 아니라 이 요인들의 균형이었다.

(4) 콤플렉스 *complex*

프로이트는 어린이의 인격형성 과정을 심리적 성욕과 관련시켜 구강기(생후 1년 또는 출생~18개월까지), 항문기(2세~3세 또는 6개월~4세), 남근기(4세~5세 또는 4세~7, 8세), 잠재기(6세~7세 또는 5, 6세~12, 13세)로 나누어 설명하고 있는데, 이 중 남근기의 두드러진 갈등은 남아에게는 오이디푸스 콤플렉스 *Oedipus complex*, 여아에게는 엘렉트라 콤플렉스 *Electra complex*로 나타난다고 하였다. 오이디푸스 콤플렉스는 남아가 어머니의 사랑을 두고 아버지와 무의식적으로 경쟁하며, 아버지가 자기를 해치거나 성기를 잘라버릴지도 모른다는 거세불안 *castration anxiety*의 공포심을 갖는 심리라고 하였다. 남아는 자라면서 아버지에 대한 공격자 동일시를 통해 이 갈등을 해소한다.

엘렉트라 콤플렉스는 여아가 자기에게 음경이 없음을 알고 남근선망 *penis envy*을 갖거나, 그 원인을 어머니의 잘못 때문이라고 원망하는 심리라고 하였다. 이로써 어머니에 대해서는 적개심, 아버지에 대해서는 동경심을 갖게 된다. 그러나 결국 남근 상실의 사실을 체념하고 어머니와의 동일시를 통하여 갈등을 해소한다.

(5) 방어기제

인간의 성격에 가장 큰 영향을 주는 것은 성숙, 외부적 욕구불만에서 오는 고통, 충당과 반대충당의 내부적 갈등에서 비롯되는 괴로움, 개인적 부적응, 불안 등 다섯 가지 심리적 요인에 의해 작용되는 것으로 보았다. 불안이란 불길한 느낌, 우려하는 마음, 분명치 않은 두려움 등 고통스러운 감정의 체험을 말하는데 적절히 해결되지 않고 축적되면 신경장애를 일으킨다. 이러한 상태를 갈등이라고 한다. 따라서 이러한 불안과 욕구불만과 갈등을 해결하기 위하여 인간은 심리적 방어기제 *defence mechanism*를 통해 이를 극복하고자 한다. 심리적 방어기제에는 승화, 억압, 투사, 전위, 합리화, 퇴행, 반동형성, 동일시 등이 있다

승화 *sublimation*는 각 개인의 충동을 사회적으로 용인된 생각이나 행동, 즉 건전한 방향으로 표현함으로써 적절하게 전환시키는 것을 말한다. 스포츠, 사회활동, 취미생활 등이 그 예에 속한다.

억압 *repression*은 원치 않는 생각이나 충동이 의식에 떠오르는 것을 강하고 직접적인 방법으로 회피하여 막는 방어기제이다. 그러나 억압은 심할 경우 모든 신경증적 행동, 정신 신체장애(위궤양 등), 성 심리장애(불감증 등)의 근본 원인이 된다.

투사 *projection*는 자신이 용납할 수 없는 충동, 태도, 결점 등을 무의식적으로 타인이나 환경 탓으로 돌려 전가하거나 변명하는 심리를 말한다. 지각한 학생이 교통 혼잡 등을 핑계대거나 연주를 잘 못한 어린이가 악기가 나쁘다고 탓하는 것 등이다.

전위 *displacement*는 치환 또는 자리바꿈이라고 하는데, 본능적 충동의 대상을 위협을 많이 주는 사람이나 대상에서 덜 위협을 주는 쪽으로 조정하여 방향을 전환시키는 심리이다. 부모에게 꾸중을 들은 어린이가 동생을 때리거나 장난감을 부수며 화풀이하는 것 등이다.

합리화 *rationalization*는 개인이 자신의 실패에 대해 그럴 듯하나 옳지 않은 방법으로 핑계를 대서 정당화하는 방어기제이다. 이솝우화 중 여우와 신포도

에 관한 이야기가 그 예다.

퇴행 *regression*은 개인이 곤경에 처했을 때 좀 더 안전하고 즐거웠던 초기 발달단계로 후퇴하거나 유아기적 표현을 함으로써 불안을 완화시키는 방어기제이다. 어리광, 유년의 추억, 고향생각 등 향수에 젖는 것이 그것이다. 퇴행은 상황에 따라서 시간적 퇴행, 장소적 퇴행, 행동적 퇴행의 경우로 나눌 수 있다.

반동형성 *reaction formation*은 어느 한쪽의 충동이나 감정을 억압하고 대신 반대쪽의 충동이나 감정을 지나치게 강조함으로써 불안을 감소시키는 방어기제이다. '나는 너를 사모한다.'는 감정을 '나는 너를 증오한다.'는 감정으로 바꾸거나 공공연히 금연을 선언함으로써 자신의 금연 충동을 억제하는 것 등이다.

동일시 *identification*는 자기 자신이 좋아하는 개인이나 집단을 모방함으로써 나타나는 동조심리이다. 이 경우 동일시의 대상으로 삼는 사람과 닮아가는 경우가 많다. 영웅을 숭배하거나 카리스마적 지도자에 대한 맹목적 동조 등이 그것이다.

프로이트는 정신질환이나 신경증 치료의 방법으로 꿈을 임상적으로 분석하고 정신의 무의식적 활동을 알 수 있는 왕도라고 생각하였다. 따라서 꿈은 억압된 소망의 위장된 충족, 즉 願望의 충족이라고 하였다.

(6) 문학의 해석과 성적(性的) 이론

정신분석 비평에서 가장 논쟁거리가 될 것 같은 면은 성적인 면에서 이미지를 분석하려는 경향이다. 프로이트의 꿈 해석의 예를 따름으로써 정신분석적 비평가는 이 세상의 물체 가운데 연못, 샘, 꽃, 컵이나 꽃병, 동굴, 구멍 따위의 모든 오목한 이미지를 여성이나 자궁의 상징으로 보며, 탑이나 산봉우리, 뱀, 칼, 창, 넥타이, 펜 등 모든 길쭉한 이미지는 남성이나 남근의 상징으로 보려고 한다. 춤이나 타는 일, 공중을 나는 일 같은 것을 성적인 쾌감의 상징으로 해석한다.

프로이트는 유아기나 유년기를 강렬한 성적인 경험의 시기로 알아차렸는데, 어린이는 태어나서 다섯 살까지 性愛의 발달상 일련의 단계를 거치게 되는데, 각 단계는 특수한 성욕 자극의 帶, 즉 성적 쾌감이 집중되는 육체의 부위에 대한 강조로 특징지어진다. 프로이트는 이와 같은 세 부위로 구강과 항문부와 생식기를 가리켰다. 이들 기관은 자극의 쾌감만이 아니라 우리의 생명적인 욕구, 즉 먹고 배설하고 생식하는 것과 관련된다. 어떤 이유로든 어느 개인의 유년기에 이들 욕구의 만족을 좌절당한다면 그의 성숙한 개성은 따라서 비뚤어지게 된다. 즉 그의 개성의 발달은 방해받거나 고정될 수 있다. 정신분석학자에 의하면 극히 괴팍스러운 성인은 일찍이 유년기에 지나치게 엄격하게 용변 보는 훈련에 원인을 돌릴 수 있는 항문부의 고착 때문에 어려움을 겪게 된다는 것이다. 마찬가지로 지나친 끽연은 너무 이른 젖떼기가 원인이 되는 구강 고착의 징후로 해석될 수 있다. 정상적인 성인 사이에서까지도 주요 성감대의 하나와 관련된 이미지에 의해 대신 자극될 때에 승화된 반응이 일어난다.

프로이트에 의하면 어린이는 다섯 살 때에 一次 性의 段階에 이른다. 이 단계에 오이디푸스 콤플렉스가 스스로 명백해진다. 다시 말해서 오이디푸스 콤플렉스는 어린이가 아버지를 어머니에 대한 사랑의 적수로 여기는 무의식에 연유한 것이다. 프로이트는 이 용어를 부지중에 주인공이 그의 부친을 살해하고 그의 어머니와 결혼하는 소포클레스의 비극에서 빌려 왔다.

> ……소년은 스스로 아버지와 동일화함으로써 그의 아버지와 사귄다. 잠시 이 두 관계(그의 어머니에 대한 어린이의 헌신과 아버지에 대한 동일화)는 그의 어머니에 관하여 소년의 성적인 願望이 한층 강렬해지고 그의 아버지가 그들에게 장애로 깨닫게 하기까지는 병행하여 나간다. 오이디푸스 콤플렉스는 여기서 생긴다. 그래서 아버지에 대한 자식의 동일화는 敵意로 물들여지고, 어머니에 대한 아버지의 위치를 빼앗기 위해 아버지를 몰아내려는 願望으로 바뀐다. 이제부터 아버지에 대한 그의 관계는 반대감정 양립이다. 애당초 동일화에서 생겨난 반대감정 양립이 분명해진 것처럼 보인다. 아들의 아버지에 대한 愛憎이 양립하는 태도와 아들의 어머니에 대한 지극히 사랑이 넘치는 애정의 대상으로서의 관계는 소년에게 단순하고 적극적인 오이디푸스 콤플렉스의 내용으로 된다.

오이디푸스 콤플렉스의 한층 더한 갈래는 去勢의 공포이고 모든 형태에 있어서의 엄격한 권위를 아버지와 동일시하는 것이다. 따라서 권위에 대해 일어나는 敵意는 오이디푸스 콤플렉스의 반대감정 양립과 관련을 맺는다.

프로이트 類의 비평 가운데 가장 유명한 역작은 어니스트 존스 *Ernest Jones* 박사가 쓴 「햄릿에 관한 해석」이라고 할 수 있다.

2) 융 *C. G. Jung*의 집단 무의식

융의 심리학은 이론적인 부분과 실제적인 부분으로 나뉜다. 융 심리학에서 두 가지의 주요한 요소는 첫째, 심리적 현실의 총화에 관한 원리, 둘째, 정신적 에너지즘에 관한 원리이다. 융은 스승인 프로이트의 리비도와 성욕의 본질에 관한 異見으로 서로 갈라선 뒤 분석심리학을 개척하였다.

(1) 집단 무의식

융은 인간의 심리 본질을 영혼과 의식과 무의식을 포함한 포괄적인 개념으로 파악하였다. 융은 인간의 심리구조를 의식, 전의식, 무의식으로 나누었으며, 프로이트와 달리 무의식을 개인 무의식과 집단 무의식으로 구분하였다. 개인 무의식은 처음에는 의식적이지만 세월이 지남에 따라 잊히거나 억압되어 잠재의식이 되었다가 간헐적으로 지각되고 느껴지는 모든 종류의 무의식을 말한다. 집단 무의식은 인간의 자아에 개인적인 요소를 포함하지 않고 모든 개인의 두뇌 구조 속에 잠재적으로 나타나는 인류 진화의 전체적인 정신적 유산을 말한다. 다시 말하면 유사 이전 수백만 년의 조상 대대로의 경험과 그 선사시대 사건들의 메아리가 각 세대를 거치는 동안 유전적으로 무한히 적은 양의 분화와 변화를 통하여 형성된 무의식의 집단적, 역사적, 문화적 정신현상이다. 여기서 집단 무의식의 원초적 형식으로 원형 *archetype*이란 용어를 사용하게 된다.

(2) 원형 심상

원형이란 집단 무의식의 구조적 요소로서 보편적, 집단적, 선험적인 심상들이다. 원형은 어둡고 원시적인 심리가 갖고 있는 본능적인 데이터이며, 개인의 심리적 기관으로서 창조되지 않고 처음부터 존재하는 영원한 것이다. 원형 심상의 대표적인 예로 신화시대의 '조상 어머니 *great mother*'의 심상과 같은 형태로 우리의 영혼 속에 남아 있다. 예를 들면, 태양, 어머니. 죽음, 영웅, 고통체험, 창조 신화, 천국으로부터의 추방, 성모 마리아의 잉태, 방황하는 영웅 등은 인간의 원초적인 심상이라고 할 수 있다.

개개인의 심리 속에 공통으로 작용하는 원형 가운데 가장 중요한 것은 퍼스나 *persona*, 아니마 *anima*, 아니무스 *animus*, 그림자 *shadow*, 자기 *self* 등이 있다.

퍼스나란 개인을 뜻하는 희랍어로, 개인이 사회적인 요구들에 반응하여 나타내는 공적인 얼굴, 즉 가면이다. 다시 말해서 어떤 사람이 외부적으로 어떻게 나타나 보여야만 되는가 하는 문제에 대하여 사회와 개인 사이의 타협점이다.

아니마는 남성의 내면에 있는 영혼 심상 가운데 여성적인 요소와 여성 지향성을 말한다.

아니무스는 반대로 여성의 내면에 있는 영혼 심상 가운데 남성적인 요소와 남성 지향성을 말한다.

그림자는 우리 성격의 어둡거나 사악한 면이다. 이 검은 형체는 공격성, 잔인성, 부도덕함을 드러낸다. 이것은 우리의 집단의식의 그림자로써 꿈 속의 귀신, 악령 등으로 원시미술과 신화 등에서 찾을 수 있다.

자기라는 원형은 우리의 성격요소 간에 통일, 조화, 전체성 등을 찾도록 우리를 밀고 가는 어떤 것이다. 우리의 의식과 무의식의 중간에 존재하면서 이를 결합시키는 원형적 심상은 자아이다. 융은 이 자기인식을 개별화 과정의 마지막 단계로 보았다.

(3) 리비도

융은 정신활동 상호 간에 어떤 연관성을 맺어 주는 총체적인 힘을 정신 에너지, 즉 리비도라 불렀다. 프로이트는 주로 성적인 충동을 리비도라고 한데 반하여, 융은 정신 에너지 전반을 나타내는 포괄적인 개념으로 사용하였다. 리비도는 양극 구조를 갖는다. 심리도 양극이 없으면 균형은 물론 자율조직 자체가 존재할 수 없다. 리비도는 궁극적으로 서로 반대 극으로 흐르려는 성질이 있다. 리비도는 외부 세계와의 적응을 위해 확장 운동을 일으키며, 내면세계와 조화를 이루기 위해 수축 운동을 일으킨다. 따라서 리비도의 활동을 억압하면 콤플렉스나 정신 질환의 원인이 된다는 것이다.

심리주의 비평의 핵심

문학의 창작 심리와 작품 속의 인물이나 사상, 상징 등을 정신분석학적 방법으로 해명함. 20세기에 들어서 본격적으로 성립되었는데 현대의 문예사조와 창작 기법이 복잡해지고 문학 연구가 점점 더 심화되면서 심리학적 비평의 적용범위도 넓어지게 되었다.

(1) 특징

프로이트(Sigmund Freud) 정신분석학의 영향

– 아리스토텔레스의 '카타르시스' 같은 것도 심리적 비평

(2) 관점

작품은 작가의 개인적 체험의 투사(投射)

(3) 방법

① 작가 : 작품 속에 투사된 작가의 모습을 밝힘. 작가의 개인적 체험이 작

품에 어떤 영향 을 끼쳤는가를 따짐

② 작품 : 명백한 내용과 잠재적 내용을 구분하여 숨은 뜻을 탐색. 개인적 상징 해명. 심리학적 이론에 근거한 등장인물의 성격 분석

③ 독자 : 작품이 독자에게 주는 심리적인 영향을 파악

(4) 장 · 단점

① 작품을 과학적으로 분석할 수 있음(새로운 용어, 분석방법 제공)

② 이론을 도식적으로 갖다 맞추어 문학 작품에 내한 왜곡된 해석을 조작한다든가 문학을 심리학의 연구 자료로 전락시킬 위험(http : //blog.naver.com/liyaan/60007178500)

(5) 결론적으로 심리주의 비평이 지니는 일반적 특징은 다음 세 가지로 정리

① 작가 : 작가를 철저히 조사한 다음 작가의 체험과 개성이 어떻게 그의 문체와 주제를 선택하고, 인물이 성격 묘사를 결정하는가를 알아본다.

② 작품 : 등장인물의 성격을 분석하거나, 한 작가가 즐겨 사용하는 개인적인 상징을 해명한다.

③ 독자 : 작품이 독자에게 주는 심리적 영향을 파악한다.

(6) 다음 인물에 대해 조사해 봅시다.

① 프로이트 *Sigmund Freud*

② 버어크 *Kenneth Burke*

③ 리드 *Herbert Read*

④ 어니스트 존스 *Ernest. Jones*

3. 심리주의 비평의 실제

1) 작품 분석의 예 A

(1) 창작 심리

1910년 음력 8월 20일, 이상은 김연창과 박세창의 장남으로 태어났다. 원래 그의 부친은 할아버지 김병복의 둘째 아들이었고, 이상의 큰아버지인 김연필이 집안 살림을 이끌어 나가고 있는 실정이었다. 그런데 연필에게는 손이 없었으므로, 사실상 할아버지인 김병복에게 있어 이상은 둘도 없는 장손이요, 또한 큰아버지인 연필에게도 이상은 큰아들이었던 것이다. 거꾸로 말하면 이상에게 있어 자기 아버지는 물론이고 큰아버지도 아버지이고 또한 할아버지도 어떤 의미에서는 아버지가 되는, 좋게 말하여 귀엽기 그지없는, 또 나쁘게 말하면 딱한 위치에 놓여 있었던 것이다.

프로이트에 의하면 인간은 누구나 할 것 없이 3세쯤 되면 성을 구별할 줄 알고, 뿐만 아니라 남아의 경우에 어머니는 어머니인 동시에 여성으로, 여식의 경우 아버지는 아버지인 동시에 남성으로서의 느낌을 갖게 됨으로써, 오이디푸스 콤플렉스를 경험하기 마련이라 하였다. 그러나 이러한 갈등은 곧 이어 나타나는 동성 부모에 대한 강한 동일시 현상에 의하여 대체된다고 역설하였다. 동일시라는 심리 현상은 간단히 말하여 남아의 경우, "나도 우리 아버지 같이" 하는 느낌을 가지게 되는 현상을 말한다.

프로이트에 의하면 이와 같은 동일시 현상이 잘 이룩된다는 것은 사실상 건강한 자아 형성을 위한 기본적 요체이며, 따라서 건전한 정신생활을 위한 주춧돌이 된다고 역설하였다. 이렇듯 건전한 동일시 현상을 이룩하는 데 있어서는 동일시의 대상이 없어서도 안 되지만, 또 설사 있다 해도 그릇된 대상일 수밖에 없는 문제성의 부모가 되어도 지장이 있다고 하였다. 그뿐만 아니라

이에 못지않게 대상이 너무 많아도 동일시 형성 과정에서는 혼돈을 일으켜 차라리 없는 것보다 못한 결과를 자아낸다고 하였다.

이상의 경우, 동일시의 혼돈이 여러 모에서 나타나지만 구체적으로 대담하게 묘사한 작품은 오감도의 〈시 제2호〉이다.

> 나의아버지가나의곁에서조울적에나는나의아버지가되고또나는나의아버지의아버지가되고그런데도나의아버지는나의아버지대로나의아버지인데어쩌자고나는자꾸나의아버지의아버지의아버지의……아버지가되니나는왜나의아버지를껑충뛰어넘어야하는지나는왜드디어나와나의아버지와나의아버지의아버지와나의아버지의아버지의아버지노릇을한꺼번에하면서살아야하는것이냐

정신분석의 입장에서 볼 때, 자기와 자기 아버지, 그리고 할아버지를 동일시하지 않을 수 없음으로써 빚어지는 혼돈을 투사를 통하여 거꾸로 묘사된 것으로 여겨진다.

투사란 정신분석학에서 일컫는 자아방어 기전 중의 하나이다. 이는 무의식 속에 간직하고 있는 뼈아픈 자료를 처리하는 기전의 하나이다. 우리 인간은 뼈아픈 자료나 경험을 그대로 의식화시켜 본인이 인정하기에는 너무나 가혹한 것으로 느껴질 때가 있다. 이 때 그 대신 의식적으로는 그것과 정반대의 것으로 의식화시킴으로써 자아의 평형을 이룩하는 기전을 투사라고 한다.

예를 들어, 자기의 일정한 약점을 자기의 무의식 속에서 자기가 자기를 비웃지만 이를 그대로 의식적으로 느끼기에는 너무나 고통스러운 일이기에 자기와는 정반대의 남이 자기를 비웃는 것으로 의식화시키면서 자아를 방어하는 기전이 바로 투사 기전인 것이다. 피해망상자에게 보편적으로 볼 수 있는 기전이다.

투사를 염두에 두고 〈시 2호〉를 감상하면 여기서 반복되는 '나는나의아버지가되고또나는나의아버지의아버지가되고'도 '나는 나의 아버지의 아들이고, 또 나의 아버지의 아버지의 아들임'의 투사 현상임을 능히 짐작할 수 있다.

(2) 작품 심리 (A)

이러한 작품의 심리 연구에 있어 가장 널리 인용되는 대표적인 실례는 앞에서 언급한 바 있는 어니스트 존스의 〈햄릿〉 비평이 될 것이다. 존스의 〈햄릿〉 비평의 구체적 내용을 이상섭의 정리를 통해 살펴보기로 한다. 〈햄릿〉은 주지하다시피 세계 문학에서 가장 복잡한 의미를 가진 작품으로 '햄릿 문제'라는 문학 연구의 독립된 영역을 형성할 만큼 많은 연구가의 논의의 대상이 되어 왔다. 문학 애호가인 동시에 직업적 정신분석학자인 의사 존스는 햄릿의 복수의 주저와 지연의 원인을 파헤친다(그것이 햄릿 문제의 가장 핵심적이다).

부왕 살해에 대한 복수의 책임을 지고 있는 햄릿은 그 책임을 회피하고자 하는 착잡한 심리를 보여 준다. 그의 복수는 사회적으로 옳다고 승인받는 윤리적 책임임을 그 자신도 명확하게 의식하고 있으나, 그가 억누르고 있는 어떤 개인적 · 본능적 욕구가 그의 행동을 저지하고 있다. 그 개인적 · 본능적 동기는 그 자신도 알지 못하고 있다. 그의 사회인으로서, 문명인으로서의 의식이 그것을 표면에 나타나지 못하도록 억누르고 있기 때문이다. 그러나 그 본능적 · 무의식적 동기가 무엇인지는, 숙부 클로디어스의 부왕 시해 행위와 그의 여왕과의 근친상간이라는 두 가지 복수 대상에 대한 햄릿의 태도를 면밀히 검토해 보면 비로소 짐작할 수 있다. 햄릿은 두 사건 모두 의식적으로 증오하지만, 왜인지 어머니의 행위에 대해서는 더욱 난폭한 혐오감을 나타낸다. 그는 실상 부왕의 살해 경위를 알기 이전부터 어머니의 성급한 재혼(성욕에 굶주렸던 양)을 혐오하고 있었다. "죽느냐 사느냐, 그것이 문제다"라는 유명한 자살론의 독백은 부왕 살해 경위를 알기 전에 뇌까렸던 것이다. 보통 있을 수 있는 어머니의 성급한 재혼에 대해서 그는 지나치게 괴로워한다. 일종의 히스테리의 신경증이다.

모친의 재혼은 햄릿의 무의식 속에 감추어진, 모친과 부친에 대한 내밀한 심리를 자극했다. 그러나 문명인인 햄릿은 본래부터 억누르고 있던 그 심리를 더욱 강하게 억누를 수밖에 없다. 그 중압감에 몰려 죽고 싶기까지 한 것이다.

존스의 해석에 의하면, 햄릿은 모친에 대한 애정이 과도하여 평상시 부친에 대해서도 질투를 느낄 정도였다. 그러나 물론 그는 부친에 대한 또 다른 애정(개인적으로나 사회 관계상으로나 정당한)을 갖고 있었기 때문에 그런 비정상적 질투를 비교적 쉽게 억누를 수 있었다.

부자간, 노년과 청년 간에 생기는 갈등은 인류의 본원적 사실로서, 프로이트는 그런 갈등의 원인 중에 성적 질투가 가장 크다고 하였다. 유아의 최초의 또 가장 부드러운 이성은 어머니다. 햄릿의 모친은 대단히 감정적이고 또한 육감적이다. 햄릿은 '철'이 나자, 의식적으로 모친에 대한 애정을 억누르고, 그 억누르는 행위의 일환으로 모친과는 정반대 타입의 여인인 오필리아에게로 향했다(이것은 흔히 보는 행위다. 또는 자기 모친과 가장 닮은 여인을 사랑하든가 또는 모든 여성에서 모친의 이미지를 발견하고 모친을 성적 대상에서 멀리하듯 모든 여성을 멀리 하는 경우도 생긴다). 햄릿과 오필리아 사이에는 과연 가식적이고 석연치 않은 관계가 느껴진다. 더구나 햄릿은 일단 신경증적 상태에 빠지자 오필리아를 쉽사리 팽개친다.

부왕이 죽은 것은 햄릿의 유아기의 은밀한 소원(그 후 억눌렀지만)이었는데, 이제 성취된 셈이다. 그것도 그의 숙부, 즉 자기 자신과 아주 가까운 사람, 자기 자신과 동일시할 수 있는 사람에 의하여 이루어진 것이다. 간접적으로 결합함으로써 또 다른 경쟁자로 등장한다. 이번에는 부친의 경우와 달라서 이 애정의 경쟁자를 아무 거리낌 없이 증오할 수 있다. 더군다나 그를 제거하는 것이 그의 의무요 권리니까 그에 대한 증오는 자유스럽다. 그러나 햄릿은 부왕 살해라는 클로디어스의 행위에 심리적으로 참여하여 또한 간접적으로 모친을 범했다. 그는 숙부를 단순히 원수로만 여길 수 없고, 그와 자신을 동일시하려는 심리를 한편에 간직하고 있는 것이다. 이 심리는 경쟁자에 대한 당연한 증오감과 착잡하게 대립된다. 그러면서도 계속 강렬하게 되어가는 것은 모친에 대한 질투다. 도덕적이라는 손쉬운 근거를 가지고 모친을 공격하는 것은, 실상은 모친에 대한 엇갈린 애정에의 호소다. 이러한 착잡한 심리 상태에서 햄릿이 복수라는 정상적 사회의 책임을 완수할 수는 없다. 그는 행동할 수 없는 상태에 놓이게 된 것이다.

(3) 작품 심리 (B)

이러한 연구의 예로 이효석의 소설에 나타난 '꽃'의 이미지가 무엇을 상징하는가를 밝혀 나간 경우가 있다. 이효석의 소설 속에는 다음과 같이 무수한 꽃과 화초의 이야기가 나오고 있다.

> 어느 새 이렇게 만발이야-카카랴 살비야 프록스 애스터 따랴 국화 해바라기-온통 한창이니〈鄕愁〉

> 가을이 전신에 흐름을 느끼자 뜰 저편의 여윈 화단이 새삼스럽게 눈에 들어왔다. 장승같이 민출한 해바라기와 코스모스-모르는 결에 가을이 짙었구나. 제비초와 애스터아 도라지꽃-하늘같이 차고 푸르다. 금어초 카카랴 살비야의 붉은 빛은 가을의 마지막 여정인가 로틴제-종이꽃같이 꺼슬꺼슬하고 생명 없고 마치 맥이 끊어진 처녀의 살빛과도 같은 이 꽃이야말로 바로 가을의 상징이 아닐까. 반쯤 썩어져 버린 홍초와 그라디오라스 양귀비의 썩은 육체와도 같은 지저분한진홍빛 열정의 뒤꼴. 가을 화초로는 추잡하고 부적당하다-가을은 차고 맑다. 마치 바닷물에 씻은 조개 껍질과도 같이. **〈獨白〉**

> 뜰은 그림자 깊은 지름길만을 남겨 놓고는 흙 한줌 보이지 않게 일면 화초에 덮이었다. 장미 그라디오라스 해바라기 촉규화 맨드라미 반금초 금전화 제비초 만수국 프룩스 따리아 봉선화 양귀비 채송화의 꽃밭이 소나무 벚나무 버드나무 황양목 앵두나무 대추나무 능금나무 배나무의 모든 나무와 어울려 뜰은 채색과 광채와 그림자의 화려한 동산이었다. **〈落葉記〉**

> 오랑캐 꽃이 시들고 개나리와 살구꽃이 한창이요 이어 벚꽃이 만발의 날을 다투고 있다. 모란대 일대는 觀火의 준비로 아롱기둥에 등을 달고 초롱을 느리고 초조한 치장으로 화려한 날을 등대하고 있다. **〈花春 意匠〉**

> 집에는 코스모스 천차초뿐이 아니라 프록스 살비아 금잔화 백일홍 봉선화 등이 피어 있다. **〈花草〉**

그런데 프로이트가 그의 『정신분석입문』에서 주장한 바와 같이 화초는 여자의 성기 또는 더욱 특수하게는 처녀성을 표시하고 있다는 사실을 여기에 원용한다면, 이효석의 '꽃'에 대한 예찬은 그의 여인 예찬의 무의식의 발로라 하지 않을 수 없는 것이다. 그리고 정신분석학적인 방법에 의거한다면 그의 대표적 소설 〈메밀꽃 필 무렵〉도 그의 性愛의 예술화라는 해석이 가능하게 되는 것이다. 이 밖에도 이효석의 작품을 정신분석적 방법으로 연구해 보면, 그의 작품 속의 등장인물들은 동성애의 징후가 있으며, 또 희랍 신화에 나타난 비극적 요소들마저도 포함하고 있다는 결론을 유출해 낼 수가 있는 것이다.

– 이선영 「문학비평론」 일부

(4) 독자 심리

1917년 6월 15일 및 6월 17일자 「每日申報」 독자 투고란에 독자 김기전의 〈無情 122回를 讀하다가〉라는 글이 게재된 일이 있다.

> 이 작품은 극히 감동적이다. 우리에게 정당한 인생관을 갖도록 하는 작품이다.
> 우리에게 다시없는 교훈을 주는 글로서 감격해서 눈물을 흘렸으며, 두 눈에서는 눈물이 떨어지고, 가슴에서는 무엇이 심얼거리고, 마음은 이루 헤아릴 수 없는 무의식의 경지에 들어서게 되었다.

심리주의 비평을 하고자 하는 사람에게 아주 중요한 자료로서, 이 글을 통해 독자의 심리를 분석할 수 있다.

2) 작품 분석의 예 B

비극적 외상

-정경순의 시 세계-

정경순 시인은 1988년에 첫 시집 「丑日」을 상제하여 이미 시적 능력을 인정받았으나, 1992년에 다시 문예 전문지인 「창조문학」을 통해 정식으로 등단하여 자신의 시 세계를 탄탄하게 구축해 온 실력파다. 대학시절부터 문학을 전공하면서 오랫동안 시를 써 온 분인데 다소 낯설게 느껴지는 까닭은 매사에 신중하고 겸손한 성격 때문에 작품 발표를 절제해 온 탓이 아닌가 생각한다. '남들은 작품생활의 회고록을 쓸 나이에 누가 알까 봐 부끄러운 당선 소감을 쓰게 되었다'고 자신의 심정을 토로했던 문예지 당선 소감에서 어렵지 않게 그의 겸손함을 읽을 수 있다.

특별히 이번 시집은 그가 아무 연고도 없는 칠갑산 기슭에 새로운 삶의 터전을 마련해 놓고 낙향하여 낯선 생활 속에서 틈틈이 써 놓은 시편들을 세상에 내놓았다는 데 커다란 의미가 있다고 본다.

인간은 세상에 혼자 존재하지 않고 자연이나 다른 이웃들과 더불어 살게 마련이다. 따라서 우연이나 선천적 성향이 그의 원초적 성향을 뒤덮고, 구체적 또는 사회적 환경이 한 인물의 성격을 격동시키든가 안정시키든가 한다. 이른바 환경이 인생을 결정하고 인생이 작품을 결정한다는 테느의 주장처럼, 어느 한 시인의 정서나 주거지에 변화가 생긴다는 것은 곧 그의 문학세계에 변화가 올 수 있음을 시사하고 있기 때문에 일단 그 후에 창작되는 작품에 세심한 관심을 기울일 필요가 있다.

정경순의 시 세계에 전반적으로 짙게 깔린 외로움의 정서와 고도의 비유적 표현 기법 역시 지금까지 그의 생활을 지배해 온 환경과 무관하지 않다는 생각이다. 그리고 작품 속에서 빈번히 만날 수 있는 외로움의 근원은 소외감에서 온 것으로 추정된다. 소외는 산업사회가 낳은 대표적 현상 가운데 하나다. 오늘의 사회가 물질적인 부나 사회적 지위나 사치스러운 생활을 지나치게 추구한 결과, 인간의 내면적 · 인격적 가치와 주체적 · 정신적 가치는 물질적 · 외면적인 것에 밀려나고 말았다. 어떤 의미에서 정경순 시인뿐 아니라, 우리는 모두 소외된 자이며 고독한 자로서 이 시대를 살아가고 있는 것이다. 다만 외롭지 않기 위해서 발버둥치고 있을 뿐이다.

이미 앞에서 지적한 것처럼 정경순의 시를 읽어가다 보면 참으로 많은 외로움과 만난다. 언어가 외롭고, 정서가 외롭고, 심지어 다 읽고 난 뒷맛이 외로워 가슴까지 아리게 한다. 그는 소외된 현내인들을 대신하여 투명한 유리처럼 외로움을 만들어 가는 연금술사다. 그렇기 때문에 아무리 아름답고 희망적인 이미지의 꽃이나 봄이라고 하더라도 그의 작품 속에 들어가면 여지없이 외로운 모습으로 변신한다.

母音과 子音이
서로 지공스럽게 바치고
봄을 지었지
"봄"

불러주는 마음같은 입술이
젖도록 살을 흠뻑 묻혀서
마주 물어다 양지에 심었지
봄이 자라서
천지가 다 母子의 푸른 양지였지

이제 시멘트 포장 속에 결박된 봄
봄은 두 입술에 매달린 이름으로만 남았네
母子의 핏줄기 끊어지고
무너져서 ㅂㅗㅁ으로 조각 나
베렌다 화분에 한 쪽씩 찢어 갈라놓고
색색으로 골병들어 앓는 소리
이 땅에

또 하나의
이산의 아픔을 본다.
　　　　　　　－〈봄〉 전문

시인은 일반적인 봄의 이미지에 맞게 작품의 서두를 매우 희망적이고 상승적 이미지로 출발하고 있다. 1연에서 모음과 자음의 결합에 의해 하나의 봄이라는 생명을 탄생시키고, 2연에서 그 소중한 생명을 양지에 심고 정성껏 가꾸어 마침내 '천지가 다 母子의 푸른 양지'로 만들기까지의 과정은 꿈과 희망, 사랑과 화합, 기쁨과 풍요의 정서로 충만해 있다. 그러나 3연에 가서 이 시의 분위기는 비극적인 분위기로 급변한다. 봄은 시멘트 포장에 결박되고, 母子의 인연이 끊어지고 무너져서 마침내 산산조각이 나서 철저하게 분해되고 만다. 이는 절망과 슬픔이며, 상실로 인한 절대적 고독으로 하강하는 동굴이다. 시인은 이와 같은 비극을 이 땅이 안고 있는 이산의 아픔과 대응시키면서 비중 있게 다루고 있다. 정경순 시인은 〈봄 가랑잎〉에서도 봄을 희망적으로 바라보지 않고 '자리를 뺏긴 내 봄'이라고 하여 자아와 세계를 분리시키는 불행한 의식으로 심화시키고 있다.

또한 아름다움, 기쁨, 고귀함을 상징하는 꽃의 경우도 그의 시에서는 다분히 외롭고 쓸쓸한 정서로 자리하는 걸 발견할 수 있다. 〈들꽃 한송이〉에서 운명과도 헤어지고 들로 나와서 혼자 서 있는 꽃이거나, 〈맞불〉에서 늦몽오리를 끼고 서서 찬바람에 부대끼는 꽃으로 존재한다. 이밖에 본래는 상승적 의미를 지니고 있으나 하강적인 의미로 전환된 경우는 정경순의 시에서 어렵지 않게 찾아볼 수 있다.

그렇다면 이러한 외로움의 정서를 만들고 있는 근원은 무엇일까?

정경순은 자서격인 〈썰물의 노래〉에서, 스무 살은 하늘이 부서져 쏟아지는 바람 부는 창가였고, 자기 몫의 봄까지 기갈 난 잎사귀들에게 빼앗겼으며, 서른은 새까만 암호였고, 어디서나 버림받는 실패 주머니였으며, 마흔은 빈 통 속에서 빈 소리로 버걱거렸고, 쉰은 세상을 어떻게 하면 실패하는가에 대한 답을 써 붙이는 삶을 살아 왔다고 털어놓는다. 한 마디로 상처와 충격의 일대기이다.

정신분석학에서는 지극히 격렬한 공포 · 슬픔 · 감동 · 경악 등 일생 동안 기억에 남아 있는 정신적 충격이나 심리적 상처를 트라 우마 *trauma*라고 한다. 충격 혹은 정신적 외상은 감정의 충격에 기인하며, 이로 말미암아 의식으로부터 정신의 일부가 떨어져 나간 현상이라고 융은 설명한다. 이는 도덕적인 갈등이나 심리적 복합 현상을 일으키기도 하는데, 트라 우마는 작가가 작품을 창작할 때 무의식적이나 의식적으로, 직접적이나 상징적으로 드러난다는 것이다. 그리고 이러한 트라 우마는 작가에게 있어서나 작품에 있어서 중요한 의미를 지니게 된다. 그러나 트라 우마는 모든 사람들의 보편적인 의식 형태가 아니라 개인적이고 특별한 의식 형태이기 때문에 그러한 의식이 작품에 반영되는 현상과 반복의 패턴은 작가의 개인적인 신화가 되는 것이다.

따스한 봄날에 싱싱한 들판에서 활짝 피어 있는 예쁜 꽃을 만나거나, 작품 속에서 그런 상황에 처한 꽃을 만난다면 대개는 아름답고 희망적인 것을 연상하게 된다. 그러나 들꽃을 몹시 좋아하던 애인이나 가까운 사람이 영원히 돌아올 수 없는 길로 떠나갔다면 그 꽃은 곧 사랑하는 사람으로 생각할 수 있다. 이처럼 특수한 경험과 결부된 이미지로 볼 때 들꽃은 일반적인 아름다움이나 희망이 아니라, 영원히 떠나버린 자의 비극적 존재가 된다. 이 때의 꽃은 바로 시인 개인의 심적 트라 우마이며 개인의 신화가 되는 것이다.

정경순의 시 세계에 주류를 이루고 있는 외로움의 근원은 또 있다.

> 부리로 찍어 먹고 산 죄와
> 곁가지 하나 빌어 앉은 죄가
> 돌로 맞아 죽을 죄라는 것을
> 진작부터 알고 있는 새야 새야
> 큰 죄가 작은 죄 잡아 벌리는
> 떳떳한 죄 잔치판에
> 새 한 몸 던져 맞서 볼까
> 오늘도 머리를 갸웃갸웃
> 무사해라 새야 새야
> 큰 죄에게 쫓기는 작은 죄야
>
> －〈새야 새야〉 2연

항상 일석이조, 일석삼조의 꿈에 불붙은 세상에서 언제 돌이 날아올지 불안하게 사는 새의 운명에서 오늘날 우리 사회의 일면을 읽을 수 있다. 부리로 찍어 먹고 산일과 나뭇가지 하나를 빌어 앉은 일이 무슨 큰 죄라고 인간들은 돌을 던져 그것도 한꺼번에 여러 마리의 새를 잡으려 한다고 꼬집고 있다. 큰 죄가 작은 죄를 좇고 있는 세상에 화평과 기쁨 대신 불안과 슬픔과 고독이 자리한다는 건 지극히 당연하다. 정의롭지 못한 이 세상은 시인에게 또 하나의 외로움을 안겨 주고, 마침내 그는 인간들이 우글거리는 죄 많은 도시를 떠나고 만다. 깊은 산 속에 들어가 얼마나 철저하게 혼자 살아가는 방법을 익히고 있는지 그의 시를 읽으면 금방 알 수 있다.

인간 세계에서 받은 상처와 불신이 사물과의 친화로 전이되면서 정경순의 시 세계에 기법상의 변화를 가져왔다는 점에 주목해야 한다. 전이는 원래 대상에 대한 억압된 동기 및 감정을 대체된 대상으로 방향을 수정하는 것이다. 정 시인의 작품에서 표출되는 고독한 정서는 자연과의 친화로 대체되고 결국은 고도의 의인법을 발생시켰다고 본다. 물론 자연과의 친화라는 새로운 대상이 완전히 만족스런 대체물은 아니지만, 그것은 최소한 어느 정도의 구원을 해 주며, 시인으로 하여금 다른 어떤 것보다도 더 효과적으로 대처하게 해 줄 수도 있다.

새빨간 치마를 곱게 두른 탁상시계가
제멋에 겨워 비스듬히 서서 장단을 치며
허리에 차고 있던 한적한 길을
따뜻한 거실에 솔솔 풀어 놓는다
갸우뚱거리며 가는 시간의
찡긋이 웃으며 깔리는 엷은 그림자

－〈비스듬히〉 일부

이 작품에서 보듯이 시인은 탁상시계를 완벽하게 의인화하고 있다. 아무도 없는 공간에서 초침 소리를 내며 돌아가고 있는 탁상시계에 감정을 이입한 작품이다. 혼자 있을 때 사람은 혼자 중얼거리기도 하고 인간이 아닌 것에 인간의 감정을 옮겨 놓고 서로 감정을 주고받기도 한다. 정경순 시인의 시가 보편적으로 친화감을 주는 까닭도 바로 의인화 기법을 즐겨 쓰고 있기 때문이라고 본다.

그는 대체로 눈에 보이는 사물적인 것을 의인화하기도 하지만, 때때로 '행방불명이 해꼬지를 품고/한참 바빠 달아오른 시간을 받아넘긴다(〈후회〉 일부)'는 등 관념적이고 추상적인 것들에게까지 감정을 이입시켜 의인화하고 있음을 발견하게 된다. 고독은 상상력을 일으키는 발전소와 같은 역할을 한다고 할 때, 앞에서도 언급한 바처럼 정경순의 시에서 고도로 발달된 비유와 자주 만날 수 있는 것은 다분히 그의 외로움에서 비롯되었다고 생각한다. 비유 가운데에서도 의인법이 두드러지게 발달한 것은 자아나 자연과 더불어 외로움을 달래려는 자족적 사고 때문이라고 본다.

정경순의 시를 읽어 가다 보면 퇴행이라는 또 다른 방어기재와 만날 수 있다. 일반적으로 퇴행은 개인이 곤경에 처해 있을 때 좀 더 안전하고 즐거웠던 초기 발달단계로 후퇴하거나 유아기적 행위를 함으로써 불안을 완화시키는 기재다. 예를 들어, 어리광을 부린다거나, 지난날의 추억 속에 빠진다거나, 고향 생각 등 향수에 젖는 것을 말한다.

> 옛날 나의 모교 진명여고 교정에 은행잎이 떨어져
> 쌓이면 기숙사생인 은희는 시골집이 그리워서 울었
> 다. 재봉시간에 만든 노오랑 국화꽃 수 놓은 옥양목
> 손수건으로 얼굴을 가리고 가늘게 떨리며 울었다.
>
> －〈은행잎〉 일부

앞의 〈은행잎〉에서처럼 정경순의 작품 가운데 꽤 여러 편에서 퇴행하는 자아를 발견하게 되는데, 이는 말할 나위 없이 외로움의 또 다른 출구로 인식된다. 시인은 고교 동창인 은희를 추억함으로써 일차적 퇴행을 시도하고, 다시 은희로 하여금 시골집이 그리워 울게 함으로써 이차적 퇴행을 시도한다. 그야말로 여고시절로 돌아가는 시간적 퇴행과 친구 은희로 하여금 시골집을 그리워하게 하는 장소적 퇴행을 동시에 시도하여 마치 액자소설과도 같은 입체적

효과를 나타내고 있다. 시인이 끝에 가서 '은행잎은 떨어지는 게 아니었다. 모두 모여 포갬포갬 포개 앉아 나를 기다리고 있는 것이었다.' 라고 말하는 것으로 보아 시인은 은행잎을 통하여 아직도 여고 시절의 추억에 젖어 있음을 알 수 있다.

정황을 더 실감나게 표출하기 위해 산문시의 형식을 취한 점도 매우 바람직하다는 생각이다. 작품 〈팽이를 보면〉에서도 퇴행은 계속된다. 팽이를 보면서 그 옛날 자기 방에 군불을 때주던 열두 살짜리 소년과 만난다. 지금도 팽이를 보면 군불로 집혀버린 그 소년의 열두 살 꿈이 애처롭다고 시인은 말한다. 비록 애처로운 일이지만 일단은 옛날 군불을 때다가 팽이를 치던 열두 살짜리 소년과 만난다는 사실 하나만으로 외로움을 잠시 잊을 수 있는 것이다. 한 마디로 정경순 시인이야말로 외로움을 마음대로 만들고, 필요에 따라서 만들어진 외로움을 자유자재로 전이시킬 줄 아는 연금술사 중의 연금술사다.

그러나 외로움의 출구는 마침내 어느 한계에 도달할 수밖에 없다.

> 산이 덜어 준
> 멍석만한 산골 마을에서
> 평생 몸조심 모르고 살았다
> 죽으면
> 큰 산 봉우리 밑에
> 새끼 산 봉우리 될 것도 알았다
> 죽어도 끼고 살아 줄 산을
> 날마다 지게 지고 올라가서
> 미리 닮아 놓았다
>
> – 〈산골 마을〉 일부

앞에서 시인은 외로움에 익숙해져 있으나, 때때로 그 외로움을 달래기 위해 인간 이외의 자연이나 관념적인 것들과 친화하기도 하고 먼 옛날로 퇴행하는 모습을 보았다. 그러나 어떤 방법도 시인의 외로움을 근원적으로 해결해 주지 못한다. 고독은 이 세상에서 가장 무서운 고통이다. 어떠한 심한 공포도 모두

함께 있다면 견딜 수 있지만, 고독은 죽음과 같다고 게오르규가 말했듯이 인간에게 가장 견디기 어려운 것은 고독이다. 정경순 시인이 자신의 외로움에 한계를 느끼는 이유도 바로 여기에 있다.

작품 〈산골 마을〉을 통해 '죽어서도 끼고 살아 줄 산을 날마다 지게 지고 올라가 미리 닮아 놓았다'고 말하는 걸 보면 현재 그의 심리적 상태가 어떤지 쉽게 짚어 볼 수 있다. 그리고 〈어머니〉라는 작품에서 '무슨 힘으론지 산 하나를 가까스로 밀어내고 나면 와락 안기고 싶은 편한 얼굴이 보인다.'고 말하여 산의 존재에 매우 중요한 의미가 있음을 암시하고 있다. 상징에 있어서 산은 다양성을 가지고 있다.

앞의 시에서 드러난 것처럼 산은 어머니를 상징하기도 하고, 꿈에 나타난 산은 죽음을 의미하기도 한다.

정경순 시인의 작품에서 번번이 산을 소재로 쓰고 있는 까닭도 산이 가지고 있는 이런 상징적 의미 때문이다. 산이야말로 외로움을 묻어야 할 곳이며, 궁극적으로 찾아가야 할 영원한 안식처라는 진리를 칠갑산 어느 기슭에서 그는 우리에게 이야기하고 있다. - 유창근의 〈비극적 외상〉 전문

3) 심리주의 비평의 과제

① 최인훈의 소설 〈광장〉을 심리주의 비평 방법으로 분석해 봅시다.

② 황순원의 소설 〈소나기〉를 심리주의 비평 방법으로 분석해 봅시다.

③ 안수길의 소설 〈북간도〉를 심리주의 비평 방법으로 분석해 봅시다.

④ 김소진의 소설 〈자전거 도둑〉을 심리주의 비평 방법으로 분석해 봅시다.

4) 학생 작품

학생 작품 A

표면위로 탈출한 어둠의 무의식

문 혜 화

문학이 인간과 삶의 또 다른 방향을 제시하면서 살아있는 모든 생명체의 환유로서 작용한다는 것은 익히 알고 있는 사실이다. 특히 '시'라는 지극히 서정적인 공간만큼 시인이든 화자가 됐든 '나'라는 개인적이고 주체적인 존재가 투영되고 살아나는 문학은 없을 것이다. 윤동주 역시, 그것이 의식적이었든 무의식의 발로였든 간에 그가 써 내려간 시 속에 그 자신이 내재되어 있다. 아마 윤동주만큼 내면의 부끄러움과 욕망에 대한 억압 의식 등 심연에 간직한 목소리를 시라는 표면 위로 끌어올린 시인도 없을 것이다. 시 자체가 시인이라 할 만큼 그 속에는 삶에 대한 치열한 고민과 절규에 가까운 극복 의지가 우러나오고 있기 때문이다.

윤동주는 1917년 12월 30일 만주국 간도성 화룡현 명동촌에서 태어났다. 아버지 윤영석과 어머니 김용 사이에서 장남으로 태어났는데, 어머니 김용은 독립 운동가이며 교육가인 규암 김약연 선생의 누이 동생이었다. 명동촌은 농촌이기는 하지만 1900년대에 들어 선각자들이 이주해 들어오면서 종교와 교육, 그리고 독립운동의 중심지가 되어 있었다. 동주의 외삼촌인 김약연 선생은 회령에서 명동촌으로 이주해 와 조선인 마을을 형성하고 명동서숙을 거쳐 명동 소학교와 명동 중학교를 설립 발전시키는 등 독립 운동에 온 열정을 바친 인물이었다. 1909년에는 기독교에 입교하여 독실한 신자가 되기도 하였다. 한편 동주의 할아버지 윤하현 역시 1910년 기독교를 믿게 되었고, 이를 계기로 규암 김약연 선생과의 관계가 매우 긴밀해 질 수 있었다. 동주의 할아버지 윤하현은 매우 소탈하고 근대화된 분이었고 실질적인 면에서 매사를 추진하여 집안과, 교회 그리고 마을 일까지도 원만하게 이끌어 가는 인품을 지녔다. 이 두 사람의 관계는 매우 밀착되어 있었기 때문에 규암 선생의 누이인 김용과 동주의 아버지가 혼례를 올리게 된 일은 매우 자연스러운 귀결이었다. 그러니까 간도 명동촌의 두 선각의 혈통이 합쳐지게 되었으며, 그리하여 1917년에 동주가 태어난 것이다.[1)]

이렇듯 선비로서 정신적 구심점이 된 김약연 선생과 할아버지 때부터 기독교를 믿어온 집안 배경, 기독교적인 교육은 동주의 인격 형성에 영향을 주지 않을 수 없었다. 그의 시 세계 전반에서 나타나는 윤리적 순결정신과 부끄러움의 시학이 이를 받침 한다.

죽는 날까지 하늘을 우러러
한 점 부끄럼이 없기를,
잎새에 이는 바람에도
나는 괴로워했다.
별을 노래하는 마음으로
모든 죽어 가는 것을 사랑해야지
그리고 나한테 주어진 길을
걸어가야겠다.

오늘 밤에도 별이 바람에 스치운다.

―〈서시〉 전문

그는 분명 어린 시절부터 '죽는 날까지 하늘을 우러러 한 점 부끄럼이 없는' 순결과 기독교적인 금욕을 강요받아왔는지도 모른다. 기독교적 결벽성, 청교도적인 맑음은 정신분석학적으로 또 다른 억압[2)]이 아닐 수 없다.

프로이트에 따르면 본능 충동은 여러 변화 과정을 거치는 가운데 그 활동을 제하는 갖가지 저항에 부딪힐 수 있다고 한다. 이 경우, 만일 외부의 자극이

---

1) 이건청, 「尹東柱 : 윤동주 연구.윤동주 시집」, 문학세계사, 1992. pp. 133~134.
2) 프로이트는 「정신분석학 운동의 역사」에서 정신분석의 모든 이론적 구조의 초석은 바로 억압 이론이라고 선언한 바 있다(S. 프로이트, 윤희기 譯, 「무의식에 관하여」, 열린책들, 1997. p. 133).

문제가 되는 조건으로 작용한다면 그 자극에서 '도피'하는 것이 자아가 택할 수 있는 적절한 방법이 된다. 그러나 본능의 경우엔 자아가 그 자신에게서 도피한다는 것이 어불성설이기 때문에 그런 도피가 아무 소용이 없다. 일정 시간이 흐른 뒤에는 판단에 따른 거부가 본능 충동에 대처하는 효과적인 방법이라는 사실이 밝혀질 것이다. 억압은 바로 도피와 판단에 따른 거부의 중간 단계에 있는, 말하자면 판단에 따른 거부의 예비 단계라 할 수 있다.[3] 한 마디로 자신이 원치 않는 생각이나 충동이 의식에 떠오르는 것을 강하고 직접적인 방법으로 회피하여 막는 방어기제이다. 판단에 따른 거부 대신 본능을 억압함으로써 초자아[4]를 형성한다.

윤동주의 시에서는 그것이 억압이라고 해도 그의 경우는 의식적인 억압이 본능적인 욕망의 힘을 강력히 누르고 있는 듯한 시 세계를 보여주고 있다. '모든 죽어가는 것을 사랑하기' 위한 초자아의 발로가 본능 충동을 억압하고 판단에 따른 거부를 넘어 주어진 길을 걸어가겠다는 사명으로까지 발전한다.

그러나 '하늘을 우러러 한 점 부끄럼이 없는 삶'을 지향하는, 마치 절대정신을 지향하는 듯한 그가 '잎새에 이는 바람에도 괴로워했다'는 것은 위에서 말한 억압에 눌린 그의 욕망이 배출구를 찾지 못하고 괴로워하고 있는 것으로 읽혀질 수도 있다. 그의 시의 대부분이 독백조인 것은 의식의 억압에 의해 외부에 보이는 그의 모습과는 다른 여러 성욕을 비롯해 여러 욕망이 출구를 찾지 못하고 뒤엉켜버린 그의 무의식의 시적 방출 형태로 적합한 어조나 형식이었는지도 모른다.

억압을 통해 어떤 표상이 의식의 전면에 나타나지 않을 때 그 표상이 '무의식'의 상태에 있다고 말한다.[5] 윤동주 시에 나타난 무의식은 본능적인 욕망을

---

3) S. 프로이트, 윤희기 譯, 「무의식에 관하여」, 열린책들, 1997. p. 137.

4) 프로이트의 인격이론 중 구조론에 나오는 말로 수퍼에고(super ego)라고도 한다. 양심, 자기 성찰, 도덕적 감시자로서 의식, 무의식에 걸쳐 있다. 의식적인 부분을 통상 양심이라 부른다. 초자아의 기능으로서는 개인의 행동에 대해 내부로부터 선악(善惡)의 판단을 내려서 그 행동을 촉진하거나 제약하거나 한다. 또 행동을 비판적인 눈으로 보기도 하고, '나쁜' 행동을 하였을 경우 죄악감을 불러일으키기도 하고, '착한' 행동을 하였을 경우 자존심을 높여 주기도 한다. 유유아기(乳幼兒期)에는 선악이 부모나 주위 사람들의 판단에 맡겨지지만, 이러한 가치는 점차 본인 자신 속으로 도입되어 간다.

5) 프로이트는 심적 현상을 의식과 무의식으로 나누고, 후자를 다시 전의식(前意識)과 본래의

억압하는 강한 자아로 인한 신경증(노이로제)[6]과 죄의식의 시초라 할 수 있다. 실제로 그의 시에는 별(밤)과 죽음이 자주 등장하는데, 이것은 그의 내면세계가 결코 밝지 않음을 나타낸다. 그의 내면세계는 히스테리컬할 정도로 어두운 이미지에 집착한다. 이러한 이미지는 그의 억압된 욕망의 형상화이며 별은 이차적 가공을 통한 산물이다. 그러면서도 그는 자신에게 주어진 길을 걸어가겠다고 한다. 그에게는 의식의 힘이 너무나 막강하기 때문이다. 그러한 그의 상황은 그러나 결코 행복해 보이지 않는다. 그것은 별이 바람에 스치는 또 하나의 내적 갈등을 낳기 때문이다. 프로이트에 따르면 지나치게 활동하는 초자아는 무의식적인 죄책감을 자아낸다고 하였다. 여기서 죄 콤플렉스가 유발되는데 윤동주의 시에는 그러한 면이 곧 잘 드러난다.

인생은 살기 어렵다는데
시가 이렇게 쉽게 씌어지는 것은
부끄러운 일이다.

육첩방은 남의 나라
창밖에 밤비가 속살거리는데,

등불을 밝혀 어둠을 조금 내몰고,
시대처럼 올 아침을 기다리는 최후의 나,

무의식으로 나누었다. 의식은 우리가 알거나 느낄 수 있는 모든 경험과 감각을 말한다. 곧, 일상적 인식 체계이다. 전의식은 우리가 조금만 노력하면 언제라도 느끼고, 의식으로 떠올릴 수 있는 경험적 요소들이다. 말하자면 의식의 이면에 저장되어 있는 경험적 요소들이다. 무의식은 전의식의 체계 밖에 있는 모든 것을 말하며, 어떤 방해 작용으로 인하여 기억으로 떠올릴 수 없는 원초적인 부분을 말한다. 인간의 윤리, 도덕적 기준에 부합되지 않는 본능적 특성이 많으며, 사상과 이미지 등의 형태로 농축되어 있다.

6) 프로이트는 무의식이 욕동이 왜 억압당해야 했는지, 지금 무의식 속에 어떤 모습으로 억압되어 있는지와 같은 무의식에 억압되어 있는 것이 신경증(노이로제)의 원인이라고 보았다. 억압과 무의식이 서로 아주 밀접한 관계에 있다는 사실에 비추어 봤을 때 본래적인 의미의 억압은 억압된 표상의 정신적 파생물, 혹은 다른 곳에서 생겨나 그 억압된 표상과 연계 관계를 맺게 되는 관념들에 영향을 미친다(이시형 · 여인중 해설, 「이시형과 함께 읽는 프로이트 2」, 중앙M&B, 2002. p. 21).

나는 나에게 적은 손을 내밀어
눈물과 위안으로 잡는 최초의 악수.

-〈쉽게 씌어진 시〉 일부

이 시에서는 한 인간으로서의 윤리적 삶에 대한 고뇌가 엿보인다. 삶의 어려움에 비해서 시가 너무 쉽게 씌어진다는 시인의 고백은 상대적으로 그의 삶의 고통의 깊이를 느끼게 한다. 화자의 부끄러움은 자신의 삶의 무의미성에 대한 회의의 결과로서 느껴지는 부끄러움이다. 여기에서도 윤동주 특유의 윤리적 결벽성이 드러난다. 윤동주 시의 부끄러움의 심상은 '들여다보는 행위', 즉 자기 성찰의 결과라고 볼 수 있다. 식민지 지식인으로서의 부끄러움, 이상과 현실의 괴리에서 오는 부끄러움, 기독교적 원죄 의식이 가져다 준 겸손한 신앙인으로서의 부끄러움, 윤리 지상적 생활 철학에 자신의 실천과 행동이 채 미치지 못했을 때 갖게 되는 부끄러움 등 끊임없는 자기 성찰 뒤에 '나'는 나에게 적은 손을 내밀며 화해를 청하게 되는 것이다.[7]

'들여다보는 행위'는 거울과 우물의 이미지로 확장되면서 죄의식을 넘어선 나르시시즘을 보이게 된다.

파란 녹이 낀 구리거울 속에
내 얼굴이 남아 있는 것은
어느 왕조(王朝)의 유물이기에
이다지도 욕될까

나는 나의 참회의 글을 한 줄에 줄이자
- 만 24년 1개월을
무슨 기쁨을 바라 살아 왔던가

내일이나 모레나 그 어느 즐거운 날에
나는 또 한 줄의 참회록을 써야 한다

---

7) 권영민, 『윤동주 연구』, 문학과 사상사, 1995. p. 348.

-그 때 그 젊은 나이에
왜 그런 부끄런 고백(告白)을 했던가

밤이면 밤마다 나의 거울을
손바닥으로 발바닥으로 닦아 보자

그러면 어느 운석(隕石) 밑으로 홀로 걸어가는
슬픈 사람의 뒷모양이
거울 속에서 나타나온다.

-〈참회록〉 전문

이 시에서 '부끄런 고백'은 더 이상 의식적인 억압과 본능적인 욕망 사이의 갈등을 말하려는 것이 아니다. 초자아와 이드[8)]가 평형을 이루지 못하고 잠재의식 속에 초자아적인 억압이 끊임없이 되풀이되며 괴로워하던 그는 이제 이 시를 통해 솔직한 '참회'를 한다.

이 시에서 그는 자신의 억압된 삶을 후회한다. 욕망을 억압하며 순결주의적인 삶을 살아온 그는 극단적으로 그 삶이 아무런 기쁨도 없었다고 술회한다. 드디어 그의 무의식 속에 숨어 있던 욕망은 히스테리컬 증상을 겪지 않고 시를 통해 카타르시스 된다. 무의식적인 욕망의 힘과 의식적인 억압의 힘 사이에서 타협을 이룬, 초자아와 이드가 평형을 이룬 것이다.

그의 시 세계에서 어두운 이미지로 남아 있던 별은 이제 운석이 되어 떨어지고, 그는 비록 그 동안의 억압에 지친 슬픈 모습이긴 해도 이제 거울의 이미지 속에 머물러 있지 않고 걸어 나오는 것이다.

부끄러움을 넘어 '나'와의 화해에 성공한 화자는 거울을 닦는 행위를 통해서 스스로의 나르시시즘[9)]을 만족시키는 시인의 잠재의식을 보여 준다. 희랍 신화

8) 본능적 에너지, 리비도(libido)의 저장고이며 쾌락을 추구하고 불쾌함을 피하는 쾌감원리(快感原理)만을 따른다. 프로이트에 의하면 이드(id)는 생물학적, 본능적, 욕망적인 것으로서, 쾌락 원칙에 따라 현실을 무시하고 욕구가 즉각적으로 만족되어져야 하는 특성을 가진 것으로 정의했다. 갓 태어났을 때는 세상엔 오직 가지뿐이며 자기 하고 싶은 대로 모든 욕망이 충족된다. 그래서 이 시기를 자기애 나르시시즘으로 부르기도 한다.

9) 나르시시즘이라는 용어는 네케가 자신의 몸을 마치 성적 대상을 대하듯 하는 사람들의

에서 미소년 나르키소스가 물 위에 비친 자기 자신의 얼굴을 보고 반하여 그만 상사병을 얻어 죽고 말았다는 전설에 연유하여 만들어진 '나르시시즘'은 연못, 거울 뿐만 아니라 우물, 창문 등 비추는 모든 사물을 통해 형상화되고 있다.[10] 라깡의 정신분석 이론 중 거울단계[11]에 따르면 '생후 약 6개월 정도된 아이는 거울을 보고 자신의 신체에 대해 발견하게 된다. 거울은 내가 무엇인지 알려주는 매개물이다. 우리는 우리 자신을 볼 수 없기 때문이다. 여기서 거울을 꼭 물리적인 거울이라고 생각할 필요는 없다. 나 자신을 확인하게 해 주는 모든 것들이 거울이 될 수 있다'고 하였다. 윤동주의 〈자화상〉은 우물이라는 거울을 통해 나를 발견하고 있다.

> 산모퉁이를 돌아 논가 외딴 우물을 홀로 찾아가선 가만히 들여다봅니다.
>
> 우물 속에는 달이 밝고 구름이 흐르고 하늘이 펼치고 파아란
> 바람이 불고 가을이 있습니다.
>
> 그리고 한 사나이가 있습니다.
> 어쩐지 그 사나이가 미워져 돌아갑니다.
>
> 돌아가다 생각하니 그 사나이가 가엾어집니다.
> 도로가 들여다보니 사나이는 그대로 있습니다.
>
> 다시 그 사나이가 미워져 돌아갑니다.

태도, 말하자면 스스로 성적 만족을 느낄 때까지 자신의 몸을 바라보고 쓰다듬고 애무하는 사람들의 태도를 지칭해서 처음 사용한 말이다.
리비도가 자신을 향해 있는 상태를 총칭하는 용어로 자기애 혹은 자기도취라고 한다. 인간은 심리 성격 발달 과정에서 대개 자신을 사랑하는 단계를 거치게 되는데, 이것을 1차적 자기도취라고 한다. 물론 이런 현상은 전성기에 나타나게 된다. 문제는 이 시기가 성인이 되도록 지속된다든가, 일단 발달했다가 다시 퇴행해서 나타나는 경우이다. 이런 사람들은 자기중심적이고 이기적인 특성을 강하게 드러낸다.

10) 김혜니, 『외재적 비평문학의 이론과 실제』, 푸른사상, 2005. p. 177.

11) 1936년 자끄 라깡이 마리엔바트에서 열린 국제 정신분석 학술대회에서 발표한 논문으로 정신분석 이론에 새로운 첨가였다(자끄 라깡, 김종주 역, 「라깡의 정신분석 입문」, 하나의 학사, 1999. p. 55).

돌아가다 생각하니 그 사나이가 그리워집니다.

우물 속에는 달이 밝고 구름이 흐르고 하늘이 펼치고 파아란
바람이 불고 가을이 있고
추억처럼 사나이가 있습니다.

–〈자화상〉 전문

사나이가 비쳐 보는 우물은 곧 라깡이 말하는 거울과 같은 것이라고 볼 수 있다. 라깡의 거울단계에 따르면 아이는 원초적인 자아성애만을 가지고 있다. 즉 몸에 대한 원초적인 감각들 밖에 없는데 나중에 엄마의 개입으로 타자적인 차원을 알게 된다. 그 발견은 자기의 신체가 외부에 투영된 거울의 발견과 일치하는 것이다. 그래서 자기의 신체가 대상처럼 자신 앞에 완전하게 펼쳐져 있는 것을 발견하는 것이다. 거울은 사실 소외된 모습으로 아이를 비춰 주는 것이다. 거울에 비치는 나는 내가 아니라 나의 이미지일 뿐이다. 라캉은 주체(코키토)의 본성이 거울단계에 있다고 본다. 거울에 비쳐진 상은 내 것이면서 동시에 내 것이 아니다. 나의 이미지이긴 하지만 그것은 나 자신은 아니다. 그래서 거울의 이미지는 내 것이면서 동시에 타자적인 것으로 다가온다. 거울단계, 자아의 형상과정의 기본 메카니즘은 소외와 동일시이다. 한편으로는 이미지에 의해서 자기가 소외되면서도 그 이미지에 의해 자기를 고착시킬 수밖에 없고 그럼으로써 주체가 최초로 존재론적인 안착을 하는 것이 거울단계의 출발이다. 실제로 우리는 자아 없이 사고할 수는 없다. 나의 정체성을 형성하기 위해서는 나라는 것이 먼저 존재해야 한다. 자아가 자아일 수 있는 이유는 최초의 거울이미지(반사이미지라고도 한다)에 대한 동일시가 가능해지기 때문이다. 자아는 언제나 나르시시즘의 결과물이다. 프로이트 자신이 자아 형성에 있어서의 동일시의 메커니즘의 중요성을 설명했다. '자아와 이드', '군중심리'에서 세 가지 유형의 동일시를 설명하는데 첫째는 오이디푸스 단계에서 아버지에 대해 느끼는 동일시, 두 번째는 대상적 관계의 동일시, 세 번째 동일시는 히스테리의 동일시이다. 라캉은 이 중에서 두 번째 동일시를 가장 중요시 여긴다. 대상관계를 통해 하나의 특징을 자기의 것처럼 받아들이는 것, 아버지의

이름을 받아들이는 것은 아버지의 모범적 이미지를 자기가 수용하는 것일 수도 있지만 사실 엄마라는 대상을 다른 각도에서 취하고자 하는 동일시의 표현인 것이다.

시 속의 한 사나이는 우물 속에 비친 자신의 이미지를 나르시시즘 시선으로 들락날락하며 보고 있다. 그는 아직 라깡이 말하는 상상계[12]에 머물러 있다. 그는 그와 동일시되는 우물 속의 이미지를 미워하거나 가여워하거나 그리워하는 심리적인 갈등을 겪게 되는데 이는 곧 상상계에서 상징계로의 진입과정에 나타나는 갈등을 상징하고 있는 듯하다.

위의 시 〈참회록〉에서의 거울을 바라보는 화자는 이미 상징계에 속해 있는 모습을 보인다. 거울 속의 자신의 이미지와 동일화되는 것을 욕되게 생각하는 그는 이미 고백을 할 만큼 언어를 습득했고, 거울 닦는 상징적인 행위로 결국 거울 속의 이미지를 자신과 완벽히 분리해 낸다.

이 글 〈자화상〉의 그 사나이는 총 3번 우물에 온다. 처음 그는 아무런 생각이 없이 이미지에 동일화된다. 우물은 흔히 자궁 – 어머니의 상징으로 쓰이는 것으

---

12) 프로이트는 1920년대 이후로 정신기제의 모델로 자아/이드/초자아를 내세운다. 자아 ⇔ 상상계, 이드 ⇔ 실재계, 초자아 ⇔ 상징계로 표현된다. 자아는 상상계적인 차원에서 설명이 되고 이드는 에너지 자체가 발원하는 근본적인 장소이자 충동의 저장고 같은 것이며 실재계적인 것으로 나타나고 초자아는 상징계로 설명이 될 수 있다. 그러나 단순하게 자아=상상계, 이드=실재계, 초자아=상징계와 같은 식으로 이해하면 안 된다. 초기에 라캉은 상상계에 많은 관심을 기울이게 되는데 상상계는 주체가 왜 주체가 되는가 하는 문제의식과 관련이 있다. 시니피앙은 우리의 실존적 질서와 직접적인 관계는 없는 것이다. 우리가 태어나기 이전에 존재하고 있는 상징계의 기본구조가 시니피앙이고 주체가 아니라 타자에 속하는 것이 시니피앙이다. 시니피앙에 의해 이름을 부여받고 주체가 된다는 것은 어떤 경우에도 자연스러운 현상은 아니다. 주체는 상상계적인 방식에 의해서, 즉 동일시에 의해서 주체가 된다. 그것을 가능하게 해 주는 심급으로서 자아가 설정이 된다. 실재계는 65년 이후로 많이 개념화가 되는데 초기에는 실재라는 개념 자체에 대해서 본격적인 이야기를 하지는 않았으나 후에 상징계와의 대립관계에서 실재계의 개념이 나오게 된다. 상징계는 단순히 말하면 언어적인 질서, 시니피앙에 의해서 구조화되면서 주체와의 관계를 가능하게 해 주는 것이다. 주체가 아는 세계는 상징계이다. 그런데 상징계가 현실세계처럼 다가올 수 있는 것은 거기에 항상 상상계가 같이 다니기 때문이다. 라캉은 이에 대해서 '우리는 단어만큼 안다'고 말한다. 언어적 질서가 어떻게 펼쳐지느냐에 따라서 우리가 인식할 수 있는 현실은 달라진다. 프로이트에게서 있어서는 이드와 초자아적인 것을 자아가 적절히 통제한다. 자아는 현실원리를 수용하는 것이기 때문이다. 라캉은 자아는 상상계적인 허구라고 말한다. 그래서 거울단계 이론이 나오게 된다.

로 분석해 볼 때 그는 자신의 욕망을 우물(거울) – 어머니에 투영시키고 있다. 두 번째 우물에 왔을 때도 이 상황은 별로 변하지 않는다. 그러나 이번에 그는 '그대로' 머물러 있는 자신과 동일시된 그 이미지가 싫어서 우물을 떠난다.

세 번째 우물에 왔을 때도 우물은 여전히 '달이 밝고 구름이 흐르고 하늘이 펼치고 파아란 바람이 불고 가을이 있고' 하는 편안한 어머니의 이미지 혹은 그가 갈망하는 이미지를 지니고 있지만 그는 이제 더 이상 우물의 이미지와 자신을 동일화시키지 않는다. 그 이미지는 이제 단지 '추억처럼' 그와 떨어져 있다. 그 사나이기 우물, 즉 어머니가 지배하는 세세에서 떠나 있을 때 그는 어디에, 또 무엇을 하고 있었을까? 시에는 드러나지 않지만 우리는 그가 아버지가 지배하는 세계로의 진입을 위한 일(언어를 습득함으로써 법, 질서 등을 배우는 일)을 하고 있었음을 짐작할 수 있다.

그가 우물을 그리워하고 또 역으로 우물 또한 그를 그리워하는 듯한 인상은 라깡이 말한 유아와 어머니 사이의 이중 소유격의 개념일 것이다. 정신분석의 용어로 팔루스[13](*phallus*, 남근, 〈도둑맞은 편지〉에서는 '편지')의 부재로 어머니는 아이를 욕망하고 아이는 그 어머니에게 자신의 욕망을 투영함으로써 이중 소유의 개념이 존재하지만 아이가 아버지의 세계로 진입하며 자신의 팔루스를 되찾고, 주체성을 가지며 어머니를 욕망하게 되는 것이다. 그 사나이도 이제는 자신의 이미지를 들추어 내고 그 우물을 마시고 싶어할 것이다. 그는 이 우물을 마심으로써 들락날락해야만 했던 이 순환의 운명을 탈출해 나갈 수 있다.

윤동주는 끊임없는 자기반성과 자기애에 대한 성찰로 삶의 전부를 쏟아 부은 것 같다. 〈서시〉가 발표된 때는 1941년으로, 1945년 광복을 몇 개월 앞두고

---

13) 팔루스라는 말은 단순히 남근(penis)을 의미할 수도 있지만 통상적인 용례로 보면 남근의 표상을 뜻하는 용어이다. 팔루스가 전 지구적 문화에서는 그렇지 않다 해도 서양문화에서는 가장 중요한 상징이라고 생각하는 사람도 있다. 팔루스는 무엇이든 표상하기 때문에 해체론자들은 그것을 '보편적 기표'라고 불러왔다. 팔루스는 남성의 성, 남성이 가지고 있는(특히 여성에게 행사하는) 권위와 권력, 일반적인 권위와 권력, 개인성, 모든 종류의 통일성, 신, 삶 그 자체 등과 연관되어 왔다. '팔루스적 상징'이란 남근의 표상처럼 보이는 것(예를 들면, 높은 빌딩, 시가 등)이며, 그래서 (남성) 권력이라는 공시 의미를 전달하기도 한다.

후쿠오카 형무소에서 옥사하기 전 죽음을 3년 남짓 남겨 놓았을 때이다. 일제 말기는 그야말로 문학의 암흑기로 군국주의 세력이 전쟁을 확대시키면서 우리 문학에 너무나 커다란 압박을 가해 오기 시작할 무렵이었다. 그러나 윤동주 시인은 30년대부터 꾸준히 활동하며 많은 시를 발표하였다. 40년대에 들어서는 작품이 지녔던 성숙도나 그 작품이 그 시대에 지녔던 문학적 가치를 상대적으로 비교해 보았을 때 30년대보다 훨씬 더 문학사적으로 비중 있는 작품들을 내놓으면서 일제 말 암흑기의 마지막 시인으로까지 평가되고 있다. 물론 그 당시 살아있던 시인이 윤동주 하나뿐이었다는 것은 아니다. 오히려 그가 마지막 시인이었다는 것은 광복 직전까지 유일하게 살아남아 있었다는 데 있는 것이 아니라 그 시기에 이르러서 살아남아 있지 못하고 세상을 떠나 버렸다는 데 있다.[14] 그리고 그의 삶이 민족정신, 조국애, 희생정신 등 외부적 문제와의 갈등 속에서 고뇌와 자기성찰의 연속이었다는 점에 있을 것이다. 사회와의 갈등과 치열한 자신과의 싸움이 그가 표면 위로 어둠의 무의식을 탈출시킬 수 있게 만든 것이다. 그의 시 속에는 그가 있고 그가 아닌 것도 있으며 미움이 있고 사랑이 있다. 다시 말해 윤동주는 그의 생명을 문학과 바꿈으로써 우리 문학을 질식 상태에서 구원하고 그 단절의 위기를 극복하고자 한 문학의 사명을 거의 유일하게 마지막까지 짊어지고 나간 시인임에 분명하다.

<참고 자료>

S. 프로이트, 윤희기 譯, 『무의식에 관하여』, 열린책들, 1997.
권영민, 『윤동주 연구』, 문학과 사상사, 1995.
김혜니, 『외재적 비평문학의 이론과 실제』, 푸른사상, 2005.
유창근, 『문학을 보는 눈』, 학지사, 2001.
이건청, 『尹東柱 : 윤동주 연구. 윤동주 시집』, 문학세계사, 1992.
이시형 · 여인중 해설, 『이시형과 함께 읽는 프로이트 2』, 중앙M&B, 2002.
자끄 라깡, 김종주 역(譯), 『라깡의 정신분석 입문』, 하나의학사, 1999.
http : //blog.daum.net/ziliao/5923220
http : //blog.naver.com/7lucks ? Redirect=Log&logNo=50029861362
http : //cafe.naver.com/artnstudy.cafe ? iframe_url=/ArticleRead.nhn%3Farticleid=1185
http : //cafe.naver.com/yoondongju.cafe ? iframe_url=/ArticleRead.nhn%3Farticleid=161

14) 이건청, 『尹東柱 : 윤동주 연구. 윤동주 시집』, 문학세계사, 1992. pp. 140~141.

학생 작품 B

억압 속의 사이코드라마 *psychodrama*

-현진건의 〈B사감과 러브레터〉를 중심으로-

김 한 나

빙허 현진건은 1900년 음력 8월 9일 경북 대구에서 태어났다. 한말에 대구 우체국장이었던 현운경의 4남으로 애국지사의 가문에서 자랐다. 그는 전통적인 한국의 역관 집안에서 태어나 격동기에 개화지향적인 주변의 영향을 받고 성장했다. 현진건에게 유년시절과 청년시절을 통하여 국가관 내지는 민족관을 확립하는데 가장 큰 영향을 준 사람이 바로 숙형인 정건씨였다. 상해 임시 정부 요인으로 국내에 잠입하였던 숙형이 일제에 체포되어 옥사했을 때 현진건의 고통은 대단했다고 한다.[15] 현진건의 가계 배경은 중부 영운의 식민지 순응화의 길과 숙형 정건이 선택한 항일 독립투쟁으로 나누어 볼 수 있으며 그의 현실 태도는 이러한 가계적 갈등에서 시작하고 있다고 할 수 있다. 중부 영운처럼 학문을 통해 신분 상승을 꾀할 수도 없었고 숙형 정건처럼 실제적인 항일 독립투쟁의 길을 걷기에도 이념적 전망이 투철하지 못했던 그의 가계적 갈등과 한계는 현진건이 당대 상황을 객관적으로 인식하게 되면서 현실에 대한 부정적 비판의식으로 변모된다. 정치, 사회적으로 어렵고 혼란된 시대를 살아가는 여러 가까운 사람들의 살아가는 모습을 대하면서 자신의 삶을 정립해 나갔음을 알 수 있다. 「동아일보」 재직시에 베를린 올림픽 마라톤 우승 선수 손기정의 일장기 말살 사건에 연루되어 1년간 복역하기도 한 사실이 이를 뒷받침하고 있다. 현실이 극도로 암울할 수밖에 없었던 시대상황에서 1920년대 중반을 거치며 현진건은 식민지 피지배 체제하의 당대 사회적 현실에 점차 눈을 돌리게 되고 그것이 안고 있는 절대적 부정성에 대한 비판 의식을 심화시켜 나간다. 이러한 현실은 그의 사실주의 문학의 개척자로써 뚜렷이 나타나고 있다. 즉, 치밀하고 섬세한 사실주의적 묘사, 짜임새 있는 구성과 반전의 수법,

15) 한기확, 「현진건 단편 소설의 작가의식 연구」, 목원대 대학원 석사논문, 2007, p. 12.

'나'라는 고백적 시점의 사용, 현실에 대한 객관적 묘사 등을 통해 현대 한국 단편 소설의 특징은 단적으로 아이러니의 틀 속에 1920년대의 한국 사회의 한 전형을 창조하고 있다는 점이다. 그의 이러한 의식구조는 프로이트의 정신분석학에 따라 승화를 통한 자기 방어를 하고 있다고 볼 수 있다. 이는 각 개인의 충동을 사회적으로 용인된 생각이나 행동, 즉 건전한 방향으로 표현함으로써 적절하게 전환시키는 것을 말한다.[16] 프로이트에 의하면 어린이의 성격발달 과정에서 잠재기에 장차 성격 형성에 영향을 미치는 것으로 보고 있다.[17] 현진건은 잠재기에 속하는 열 살 때 생모를 여의는데 이것이 그에게 모성애의 결핍을 가져 왔고 경제적 몰락과 더불어 양부에게 입양됨으로써 학업을 중단할 수밖에 없게 되자 극심한 고뇌와 방황에 빠져들게 된다. 이러한 그에게 가장 영향을 미쳤던 숙형 정건의 옥사로 인해 일제치하의 아픔이 더 깊게 박혔을 것으로 생각된다. 이러한 그의 성장과정을 볼 때에 프로이트가 말하고 있는 성격구조에서 자아 *ego*가 강하게 나타나고 있다고 볼 수 있다. 이는 앞서 말한 바와 같이 사실주의 문학의 개척자로 불리만큼 작품 속에서 당시 억눌려져 있던 사회적 현실을 사실적으로 그려내고 있음이 이를 뒷받침한다. 우리나라가 일제로부터 침략당하고 사회적으로는 점차 개화되어 가는 시기에 태어나 받아들이기 힘든 사회적 현실 속에 의식이 형성되어 갔고 이는 앞서 말한 승화를 통한 자기방어로써 치열할 정도로 사실주의적인 작품으로 표출되고 있다. 식민지라는 뼈아픈 현실 앞에서 보다 진실된 현실을 발견하고 식민지적 치욕을 극복하기 위한 방법이었음이 분명하다. 사실적 묘사를 바탕으로 사회를 구성하는 인간의 여러 계층을 속속히 파헤치면서 그들이 겪고 있는 의식을 충분히 나타내 현실을 폭로하거나 비판하는데 주저하지 않았다. 또한 예술의 가치를 표현보다는 내용에 두고 있다는 견해를 피력하기도 했다.

> 문예 작품의 제재 가운데는 작가가 예술적 표현의 마술 지팡이로 건드리기 전부터 찬연히 번쩍이는 인생의 보옥이 많은 줄 생각한다. 예술은 예술적 가치만 있으면, 물론 훌륭한 예술이다. 그러나 이 내용적 가치가 문예 작품에 있어서

16) 유창근, 『문학을 보는 눈』, 학지사, 2005, p. 205.
17) http : //blog.naver.com/wndtla9 ? Redirect=Log&logNo=19600332.

매우 중요하다고 나는 주장 안 할 수 없다.[18)]

내용적 가치의 기준을 제시하는 듯한 발언은 당시의 논쟁 속으로 휘말릴 소지가 있음에도 불구하고 식민지 치하의 사회 현실에 갈등을 느낄 수밖에 없었던 한 지식 청년이 자신의 확고한 태도를 보이는 것은 수긍할 만한 일이다.

현진건의 작품 중에 사실적이고 고백적으로 다루고 있는 내용이 많이 있지만 〈B사감과 러브레터〉에서는 섬세하고 사실적인 외양묘사를 통하여 인물의 성격을 나타내고 있으며 이것은 인간 내부의 심리묘사까지 침투하여 사실적으로 나타내고 있다. 이 작품을 살펴보면 앞서 말한 바, 식민지라는 현실 앞에 가계적 갈등과 이념적 전망이 투철하지 못했던 상황을 객관적으로 인식하게 되면서 그는 현실에 대한 부정적 비판의식으로 변모되었다고 밝힌 바 있다. 이 작품 속에서 나타나고 있는 인물의 이중적인 양면성은 이러한 현실 속에서 인간에게 나타날 수 있는 인간의 내면적 심리와도 연관성을 찾을 수 있다. 이 작품은 기숙사라는 제한된 공간, 일단은 외부와의 연결이 두절된 공간에서 시작되고 끝나며, 선생(사감)과 학생이라는 인간관계 안에서만 사건이 진행된다. 기숙사와 사감과 학생으로 인물과 공간이 설정된 작품에서는 이야기의 기본 골격이 그 범위를 벗어나기가 어렵다. 그런 이야기는 주어진 상황과 조건으로 보아 지극히 폐쇄적인 사회의 이야기가 될 수밖에 없으며, 등장인물도 사감과 학생으로 제한될 수밖에 없다. 따라서 이들은 대립적인 위치에 서게 된다. 이 대립은 맞서는 두 세력의 투쟁을 의미하기보다는 사감의 지배와 학생들의 복종이라는 두 개의 행동 양식만이 존재함을 뜻한다. 학생들은 동맹휴업 같은 투쟁의 몸짓을 보이기도 하지만 B사감의 상대역이거나 관찰자로서의 의미가 더 강하고, 사건은 어디까지나 B사감의 인간성, 즉 그녀의 성격에 의해 만들어진다.

C여학교에서 교원 겸 기숙사 사감 노릇을 하는 B여사라면 딱장대요 독신주의

---

18) 현진건, 〈이러쿵 저러쿵〉, 「개벽」, 1924, p. 120.

> 자요 찰진 야소꾼으로 유명하다. 40에 가까운 노처녀인 그는 주근깨 투성이 얼굴이 처녀다운 맛이란 약에 쓰려도 찾을 수 없을 뿐인가, 시들고 거칠고 마르고 누렇게 뜬 품이 곰팡 슬은 굴비를 생각나게 한다. 여러 겹 주름이 잡힌 훌렁 벗겨진 이마라든지 숱이 적어서 법대로 쪽지거나 틀어 올리지를 못하고 엉성하게 그냥 빗겨 넘긴 머리꼬리가 뒤통수에 염소똥만 하게 붙은 것이라든지, 벌써 늙어 가는 자취를 멈출 길이 없었다. 뾰족한 입을 앙다물고 돋보기 너머로 쌀쌀한 눈이 노릴 때엔 기숙생들이 오싹하고 몸서리를 치리만큼 그는 엄격하고 매서웠다.[19)]

B사감의 외모 묘사를 통해서 본 것은 냉철하고 객관적인 묘사라기보다는 회화적으로 왜곡시켜 도덕적 타락이나 위선의 가면을 벗겨 보려는 의도에서 B사감의 외모를 강조하여 묘사하고 있는 것이다.[20)] 그는 독신주의자며 독실한 기독교인으로서 그리고 엄격한 사감으로서 학생들에게 그의 도덕적 규범을 강조한다. 그리고 남학생들의 러브레터와 기숙사로 찾아오는 면회를 싫어한다. 또한 그녀의 비정상적인 행위는 기숙사생들에게 사내란 믿지 못할 것, 여성을 잡아먹는 마귀요, 악마라고 믿기 때문에 면회를 오는 남자는 어떤 이유를 붙여서라도 따돌려 버린다. 이러한 매우 엄격한 청교도주의가 자신의 열등의식을 위장하기 위한 수단이며 도덕적으로 보상받으려는 심리에서 나온 허위적인 것이라고 할 수 있다. 이것은 그녀가 모든 기숙사생들이 잠든 밤 시간에 학생들에게 온 남학생들의 편지를 읽는 장면에서 드러난다. 위에서 나타내고 있듯이 B사감은 철저하게 애정 문제를 멸시하고 학생들의 러브레터를 규제했던 반남성주의 결벽성 및 도덕적 · 종교적 근엄성이 여지없이 허물어지고 있음을 보여 준다. 그 빼앗은 러브레터를 보고 자정에 흥분하는 모습은 인간의 감추어진 본성을 드러내 주는 것이다.[21)]

B사감은 낮에 보여주는 모습과는 달리 밤이 되면 학생들에게서 온 러브레터를 소리 내어 읽으며 공상연애를 즐기는 전혀 다른 인물이 된다. B사감이 낮에

---

19) 현진건, 〈B사감과 러브레터〉, ≪B사감과 러브레타, 운수좋은 날 외≫, 하서출판사, 2005, p. 48.
20) 이재선, 『한국 현대 소설사』, 홍성사, 1984, p. 293.
21) 윤홍로, 「1920년대 한국 소설의 연구」, 서울대 대학원 박사학위 논문, 1979, p. 144.

공식적인 자리에서 보여주는 엄격한 모습은 허위와 위선이 가득 찬 모습이다. 겉보기와 다른 아니 정반대의 얼굴이 B사감의 밤에 나타나는 것이다. 이런 B사감의 다른 모습을 알리기 위해 세 명의 학생이 등장을 한다. 이들은 낮 시간에 B사감에게 가졌던 공포와 두려움은 밤이 되면서 동정으로 전환된다. '시들고, 거칠고, 마르고, 누렇게 뜬 품이 곰팡이 슬은 굴비를 생각나게 하는' B사감에 대한 작가의 행동 묘사는 한 인간의 철저한 위선을 벗기기 위하여 극적 기교로 장면 구성을 하였으며 상반된 성격을 지닌 인간의 모순을 폭로하려는 의도가 개재되어 있음을 알 수 있다. 이 작품은 B사감의 표변석 행위와 내면적 자아는 극단적인 이중성을 통해서 인간의 약점인 위선과 속물근성을 날카롭게 분석하고 폭로하고 있다.

인간의 내면의 이중성을 나타내기 위해 낮의 시간과 밤의 시간의 대립, 남과의 관계를 맺고 있을 때와 혼자 있을 때의 대립을 통해 선명히 부각되고 있다. 낮 시간은 사감과 기숙생의 관계 또는 교사와 학생의 관계라는 위상에서 설정된 B사감이라는 자아이며, 밤 시간은 그런 관계에서 떠난 자연인으로서의 B사감이란 위상의 자아로 설정된다. 다시 말해 사회적 자아와 개인적 자아라고 할 수 있다. 이것은 프로이트의 정신분석에 따르면 초자아 *super ego*와 이드 *id*로 나타낼 수 있다. 지나칠 정도로 사감이라는 사회적 지위에 의식하여 도덕적인 내면화가 드러나고 반면에 원초적인 인간의 본능이 외부의 자극과는 관련 없이 자연인으로서의 B사감의 성격구조로 나타나고 있다고 볼 수 있다. 이러한 인간의 양면성을 드러내어 인간의 이율배반적 심리를 사실감 있게 나타내고 있는 작품이라 할 수 있겠다.

B사감이란 인물은 칼 융의 집단무의식의 한 유형으로 퍼스나 *persona*를 가지고 있다. 다시 말해 개인이 사회적인 요구들에 반응하여 나타내는 공적인 얼굴, 즉 가면을 쓰고 있는 것이다.[22] 개인은 퍼스나에 의해 반드시 자기 자신의 성격이 아닌 성격을 연기할 수 있다. 이 작품에서 보여주고 있는 B사감의 성격은 사감으로서의 사회적 위상에 맞추어져서 지나치게 엄격하고 하나의 틀을 짜 맞추어 그 속에서만 살아 숨 쉬는 인물이라고 해도 과언이 아니다. 이러

22) 유창근, 『문학을 보는 눈』, 학지사, 2005, p. 210.

한 것은 프로이트에 의하면 억제[23], 즉 해롭고 바람직하지 못한 생각과 충동에 대해서 의식적으로 통제하는 방어기제를 가지고 있다고 볼 수 있다. 교사라는 직업에서 사회적으로 주는 무게감과 억압 속에 자신을 가두어서 인간의 본성은 가려진채 겉모습만 드러내고 있는, 하나의 위선적인 행동이라고 볼 수 있다. 또한 낮의 B사감과 밤의 B사감이라는 양면성은 그녀의 간절한 보상 욕구가 표출된 것이라고 보아야 할 것이다. 프로이트에 의하면 보상[24], 즉 자신의 열등한 특성에서 오는 욕구좌절을 메우기 위해 다른 장점이나 특성을 강조하거나 발전시켜 이에서 벗어나려는 방어기제가 나타나고 있음을 알 수 있다. 인간은 어느 한 가지라도 결핍되는 부분이 있으면 그것이 채워지기를 기대하는 간절한 소망을 갖게 마련이다. B사감의 행위 뒤에는 바로 그러한 욕구가 동인으로 작용하고 있다. B사감이 억지에 가까운 훈화를 한다든가, 학생들을 필요 이상으로 구속한다든가 특히 남학생 관계에 화를 낸다든가 하는 것은, 본능을 억제하고 있는 사십에 가까운 노처녀 B사감의 여자로서의 행복을 동경하는 심리가 반어적으로 나타난 것으로 해석될 수 있다.

작품의 전반부에서 보면 앞서 말한 바와 같이 B사감이 질겁하다시피 싫어하고 미워하는 것은 소위 '러브레터'인데 학생들에게 온 러브레터를 일일이 검토하여 편지 온 학생을 심하게 문초하고 난 뒤 하는 행동들에서 나타나는 것은 B사감이 자유연애를 죄악시하는 엄격주의의 표본으로 그려져 있다는 것이다. 그것은 자신의 못난 외모로 인한 열등의식을 정당화시키기 위해서 자기 방어 수단으로 이성에게 문제가 있는 것처럼 전가시켜 버리기 때문이다.[25] 이것은 다시 말해 프로이트의 정신분석에 의하면 감정전이[26]의 방어기제로 나타나고 있다고 볼 수 있다. 즉 자신의 불안이나 분노의 감정을 그것과는 상관없는 다른 대상에게 표출하는 것으로써 자신의 외모에 대해서 느끼고 있는 열등감이 여학생들에게 문초를 하면서 '사내란 믿지 못하는 것', '우리 여성을 잡아먹으려는 마귀인 것' 이라고 말하면서 이성에게 문제가 있는 것처럼 방어를 하고

---

23) http : //blog.naver.com/chunsa1009 ? Redirect=Log&logNo=60050381032.
24) http : //blog.naver.com/carolbaby ? Redirect=Log&logNo=2668877.
25) 심지영, 「현진건 단편 소설의 인물 유형 연구」, 경희대 대학원 석사논문, 2003, p. 20.
26) http : //blog.naver.com/chunsa1009 ? Redirect=Log&logNo=60050381032.

있다는 것이다. 또한 B사감의 내면에는 한 여자로서 남성으로부터 사랑받고 싶은 본능이 숨겨져 있다. 그런데 이러한 내면적 본능은 학생들과 생활하는 낮에는 은폐되어 사회적 자아만이 드러나게 된다. 그러다가 밤이 되어 혼자가 되면 본래의 자아, 즉 남성으로부터 사랑받고 또 사랑하고 싶은 욕망이 생겨난다. 그래서 학생들에게 온 러브레터를 갖고 1인극을 하는 기괴한 행동을 함으로써 자기의 솔직한 내면적 본능을 발산시키는 것이다. 〈B사감과 러브레터〉에서 작가의 이러한 인간의 이중적인 본성에 대한 사실적이고 적나라한 탐색과 비판적인 그것을 나타내는 객관적인 서술 태도나 반어와 같은 균형 있는 인색태도와 함께 그의 사실주의적 면모를 확인할 수 있다.

이 작품에서 보여주고 있는 1인극이라는 연극적 구성은 정신분석학으로 해석할 수 있는 사이코드라마 *psychodrama* (정신연극; 정신치료극)[27] 와 같은 성격을 지닌다. 정신치료극 속에서 그 개인으로 하여금 즉흥적으로 자신의 여러 가지 측면을 연기시키고 그것을 진단적 및 치료적 관점에서 지도해 나간다. 구체적으로는 무대 위에서 여러 가지 역할을 환자로 하여금 연기하도록 함으로써 내적 갈등과 경험을 표현시켜 통찰로 인도해 가면서 동시에 새로운 역할을 학습하게끔 하는 것이다. 정신치료극을 구성하는 것은, 첫째 주연기자, 즉 환자, 둘째 무대감독이며 연출가인 치료자, 셋째 보조자아 *auxiliary ego*라고 불리어지는 치료자의 조수가 있어야 하며, 이 보조자아는 필요에 따라 환자와 같이 극중의 인물이 되는 경우가 있다. 넷째 관중인데, 그 관중은 환자에 대해서는 여론으로서의 의미를 가지며 또 관중 자신도 연극을 관람함으로써 자신이 지니고 있는 문제의 치료에 도움을 얻을 수 있다. 다섯째 무대가 있어야 하는데 모레노의 정신치료극의 발전이론에 대응하는 것으로서 3개의 계단을 가지고 있는 원형의 무대이다. 방법에 있어서는 감독은 주연기자가 관중석에 있을 때 미리 이 주연기자의 문제에 대해서 질문과 대화를 나누어 워밍업 *warming up*을 해 둔다. 그리고 주연기자를 무대에 불러 내어 자발적으로 대사를 결정하도록 하여 자기 스스로가 연기를 하게끔 한다. 그때 상대하게 되는

27) 빈 *Vienna*의 정신과의사 모레노 *J. L. Moreno*에 의하여 창시된 집단정신요법 *Group psychotherapy* 중의 한 기법이다.

사람으로서는 보조자아 또는 관중 중에서 자유로이 선택하게 된다. 이렇게 하여 주연기자는 무대 위에서 자신의 현실생활을 재현하고, 그 연기를 통해서 또 치료자의 치료적 지도와 관중의 충고의 도움을 받아 그의 장애를 극복하고 현실생활에 대한 자신감과 자발성을 되찾을 수 있게 된다.[28] 이 작품 속에서는 앞서 말한 바와 같이 기숙사라는 제한된 공간과 등장인물로는 B사감과 세 학생들이 나온다. 하지만 이 작품에서 다루고자 한 것은 B사감을 통한 인간의 이중성을 폭로하여 위선적인 인간성을 풍자하고자 한 것이다. 다시 말해 정신연극으로 해석할 수 있는 것은 앞서 말한 주연기자를 B사감으로, 보조자아를 세 학생으로 놓고 무대는 제한되어 있는 기숙사가 그 공간이 될 수 있다. 그리고 마지막으로 관중은 작품을 바라보고 있는 독자가 될 것이다. 이렇게 구분할 수 있는 것은 B사감 외에 등장하는 세 학생은 사건을 만들어 주는 계기로서의 역할로만 등장을 하고 1인극이라고 할 수 있는 이 작품에서 B사감의 심리를 사실적으로 나타내는 외양적인 묘사 뿐만이 아니라 내면의 심리묘사까지 치열하게 나타내어 인간이 가지고 있는 이중적인 면을 구체적으로 폭로하고 있는 것이다. 이 가운데 독자는 정신연극에서 말하는 관중으로써 이 극을 바라보면서 자신이 지니고 있는 문제에 대해서도 도움을 얻을 수 있다고 생각한다.

섬세하고 치열하게 보여주는 사실적인 묘사에서 B사감이라는 인물을 통해 나타내고 있는 인간의 위선적인 이율배반적 심리는 당시 시대상황과도 연관을 지을 수 있다. 이 작품은 1925년에 「조선문단」을 통해 발표되었다. 당시 일제 치하에서 억압을 받던 폐쇄된 공간 속에서 작품에서 보여주는 인물의 이중적인 위선은 당시의 현실 속에서 인간에게 나타날 수 있는 내면적 심리라고 표현할 수도 있다. 사회적 자아 속에서 억눌려진 겉모습은 가면을 쓴 채 순응해 갈수 있지만 내면에서 억제되고 있는 심리를 표출할 수 없는 당시의 시대상황에서 독자는 이 작품을 통해서 공감을 할 수 있었을 것이라 생각된다. 작품이 발표될 당시에 치안유지법으로 탄압이 더 거세지고 전 인구의 70% 이상이 농민이었던 실정 아래에서 농민은 '동양척식회사'에 농토를 죄다 빼앗기고 궁핍할 대로 궁핍하였다. 이러한 처참한 현실에서 지식인의 한 사람으로서 현진건

28) http : //blog.naver.com/igr1004 ? Redirect=Log&logNo=90016771950.

은 당시의 어두운 현실을 작품으로 승화시켜 사실주의적 문학의 개척자라고 불릴 만큼 사실적으로 시대를 고발하고 폭로하고 있다. 이처럼 당시 시대상황을 작품을 통해 사실적으로 나타내고 있는 것은 앞서 말한 바와 같이 잠재기에 겪었던 성장과정과 일제치하에서 겪은 가계적 갈등과 한계는 현실에 대한 부정적 비판의식으로 변모되었고 그에게 가장 영향을 미쳤던 숙형 정건의 옥사로 인한 아픔으로 처참한 현실이 더 깊게 박혔을 것으로 생각된다. 결국 이로 인해 그의 작품 속에서 내비치고 있는 치열하리만큼 사실적인 묘사로 현실을 폭로하고 비판하는 작품을 남겼을 것으로 본다.

<참고 자료>

■ 단행본

유창근, 『문학을 보는 눈』, 학지사, 2005.
현진건, 『B사감과 러브레타, 운수좋은 날 외』, 하서출판사, 2005.

■ 학위논문

심지영, 「현진건 단편 소설의 인물 유형 연구」, 경희대 대학원 석사논문, 2003.
윤홍로, 「1920년대 한국 소설의 연구」, 서울대 대학원 박사학위 논문, 1979.
한기확, 「현진건 단편 소설의 작가의식 연구」, 목원대 대학원 석사논문, 2007.

■ 기타 문헌 및 웹사이트

http : //blog.naver.com/carolbaby ? Redirect=Log&logNo=2668877
http : //blog.naver.com/chunsa1009 ? Redirect=Log&logNo=60050381032
http : //blog.naver.com/igr1004 ? Redirect=Log&logNo=90016771950
http : //blog.naver.com/wndtla9 ? Redirect=Log&logNo=19600332

학생 작품 C

결핍에서 온 트라우마

임 영 애

이상은 그의 생애 자체가 기이했고 이에서 더 나아가 그의 작품 또한 난해하고 기이하기 때문에 오랫동안 논란의 대상이 되었다. 이 글에서는 그의 평범하지 않은 생애와 작품을 정신분석을 통해 조명해 봄으로써 그의 수수께끼 같은 삶과 작품을 이해하는데 어느 정도 실마리를 풀어 보고자 한다. 이상의 작품을 읽는데 있어 가장 중요한 관건은 그와 그의 아버지와의 관계이다. 이상은 아버지 김연창과 어머니 박세창의 장남으로 태어났다. 그의 출생시의 이름은 김해경이었다. 그러나 그의 백부인 김연필에게 손을 이을 아들이 없었기 때문에 세 살에 백부 집에 양자로 들어가게 된다. 그는 거기서 스물네 살이 될 때까지 살게 된다. 이같이 불행했던 그의 어린 시절 추억은 그가 자신의 김해경이라는 본명을 버리고 이상이라는 필명으로 바꾼 것에서도 잘 드러난다. 우리나라에서는 전통적으로 자신의 가문과 성을 대단히 소중히 여겨 왔다. 이처럼 중요하고 소중한 가문과 성이 이상에게는 지긋지긋한 것으로 여겨졌을 가능성이 있다. 그가 이상이라는 필명을 아주 쉽게 그리고 별 생각 없이 사용하게 된 경위가 바로 그런 것이다. 그가 이처럼 자신의 성과 이름을 식은죽먹듯이 쉽게 바꿀 수 있었던 것은 그가 얼마나 자신의 가문을 지겹게 생각했는가를 보여주는 계기인 동시에 이 같은 계기는 어떻게 보면 그가 무의식적으로 기다리던 자신의 이름을 바꿀 수 있는 기회를 자연스럽게 제공한 것이라고 풀이할 수 있다. 이상의 필명은 그의 삶과 작품을 읽을 경우에 아주 큰 의미를 제공한다. 그러나 이상이라는 필명을 사용하여 이처럼 손쉽게 자신의 성명을 바꿨음에도 불구하고 상이라는 한자를 표기하기 위하여 왜 하필이면 상자를 의미하는 箱을 택했는가를 생각해 보면 이상은 자신의 필명을 택하면서 사방이 꽉 막힌 상자 속에 들어간다는 의미에서 상자를 의미하는 箱을 쓴 것은 아닐지. 상자는 안이 비어 있음으로 해서 그것이 안에 가지고 있는 내용물과 상자와의 관계를 가능하게 한다. 그렇다면 이상은 자신이 이 같이 빈 상자임을 자처함으로써 자신이 글을 쓰는 사실을 빈 기표임을 나타내려고 한 것은 아닐까? 이렇게 함으로써 글쓰기의 주체인 작가는 죽었지만 죽은 작가의 글을 읽는 그가 남긴 빈 기표를 충만하게 채우는 글 읽기 작업을 하도록 하는 것은 아닐까? 이 같은 우리의 생각이 전혀 빗나간 망상이 아니라는 증거는 그가 남긴 글의 도처에 보물처럼 숨겨져 있다. 따라서 김해경이 자신의 필명으로 쓴 이상은 그가 어떤 의미를 붙여 우리에게 주는 기의이기보다는 우리가 그것에 의미를 부여하는 어떤 것이다. 리캉은 인간의 사직인 영역과 공적인 영역을 "상상계와 상징계"[29]의 두 영역으로 나눈 바 있는데 이렇게 볼 때 작가가 글 쓰는 행위는 어디까지나 상징계에 속하는 행위이다. 상징계는 아버지의 이름 영역이다. 아버지의 이름으로 행해지는 공적인 영역에 존재하기 때문에 자신이 원하던 원치 않던 간에 자신도 아버지의 이름을 가지고 행세해야만 한다. 아버지의 이름이 살아 있는 곳에서는 아버지의 이름을 해서는 살 수 없다. 아버지의 이름이 얼마나 무소불위한가를 그는 〈날개〉의 마지막에 애타게 절규하고 있다. "날개야 다시 돋아라. 날자, 날자, 날자, 한번만 더 날자꾸나. 한번만 더 날아보자꾸나"[30]라고. 이상의 성장 과정은 그의 삶과 문학에서도 특이한 형태로 나타난다. 라캉에 따르면 정체성은 "오이디푸스"[31]적인 상징체계가 지배하는 아버지 세계의 산물이다. 라캉은 오이디푸스적인 상징체계는 아버지의 이름이 아버지의 법의 형태를 갖고 지배하는 세계라고 생각한다. 상징계는 우선 쾌락원리가 지배하는 세계가 아니라 현실원리와 도덕원리가 지배하는 세계다. 현실원리와 도덕원리는 프로이트에 의하여 금기에 의해 유지된다. 남자아이가 어머니와 즐겁

29) http : //kin.naver.com/open100/db_detail.php ? d1id=11&dir_id=110103&eid=hbI3F0jUQjMT0YZyDtpqw0q7yuQTdfq7&qb=u/O787DoILvzwqGw6A==&pid=fvPY7loQsDdssupFUXwsss--445809&sid=SDesax@GN0gAAFNuC@4, NAVER, 지식IN.
상상계는 거울단계로, 생후 6개월 내지 18개월된 어린이가 거울에 비친 자기 영상을 보고 매우 즐거워하는 모습을 관찰함으로써 유래된다. 상징계는 언어와 문화로 이루어진 보편적 질서의 세계이다. 상징계로의 진입에는 희생이 필요하다.

30) 홍태식, 『한국 현대소설의 이해와 감상』, 문음사, 1999, p. 382.

31) http : //krdic.naver.com/detail.nhn ? docid=27763800, NAVER 국어사전.
오이디푸스 콤플렉스 – 아들이 어머니를 차지하고자 하는 욕망에 근거한 생각 · 원망 · 감정의 복합체, 아버지에게 반감을 가지는 경향이 있다.

게 지낸 때를 라캉은 상상계에서의 경험이라고 하며 상징계와는 대조되는 상태이다. 상징계를 떠받치고 있는 것은 언어이다. 언어는 우리와 우리의 욕망대상을 분리할 뿐만 아니라 우리를 우리 자신으로부터 분리시키기도 한다. 이 같은 언어의 가장 두드러진 속성은 자의성이며 이 자의성은 아버지의 법의 두드러진 속성이기도 하다. 주체의 분열과 불안정서는 바로 그의 작품에 나타나는 정체성의 개념이기도 하다는 측면에서 그의 작품은 그가 가지고 있었던 찢어지고 불안정한 주체를 보여 준다. 대표적인 시는 〈오감도〉의 〈시 제2호〉이다.

> 나의아버지가나의곁에서조을적에나는나의아버지가되고또나는나의아버지의아버지가되고그런데도나의아버지는나의아버지대로나의아버지인데어쩌자고나는자꾸나의아버지의아버지의아버지의…아버지가되느냐나는왜나의아버지를껑충뛰어넘어야하는지나는왜드디어나와나의아버지와나의아버지의아버지와나의아버지의아버지의아버지노릇을한꺼번에하면서살아야하는것이냐

이 시는 '아버지'는 모두 열일곱 번 그리고 '나'는 열여덟 번 나오고' '아버지'와 '나'의 숨가쁜 대립에 의하여 그 존재가 확인된다. 시의 화자는 아버지 이전의 조상을 모두 아버지로 환원하고 있음을 알 수 있다. 여기서 우리가 유의해야 할 것은 화자의 아버지가 화자 곁에서 존재한다는 사실이다. 아버지의 꿈 속, 즉 무의식 상태에 있는 셈이다. 이는 곧 상징계와 반대되는 상상계에서 가능한 일이다. 〈오감도〉를 구성하고 있는 15편의 시 모두에 나타나는 현상이다. 이 시는 '나'가 '아버지'를 수적으로 그리고 상징적으로 압도하고 아버지가 얼마나 보잘 것 없고 허술한 존재인가를 금방 알 수 있고 아버지가 늙어 가고 있다는 것을 의미한 동시에 아버지는 어린애처럼 힘없는 존재임을 보여주는 것이기도 하다. 권위를 상실한 아버지는 결국 자신의 역할을 수행하지 못하여 그 권위를 '나'가 한꺼번에 수행하지 않으면 안 되게 되었다. 이 경우 아버지의 이름과 권위는 붕괴되고 해체된다. 동서양을 막론하고 글쓰기는 엄연히 남성적인 작업이었다. 이 같은 남성담론으로서의 글쓰기에는 그 같은 권위에 상응하는 자의적인 법칙이 존재한다. 그 대표적인 것들을 열거하면 맞춤법, 띄어쓰기, 구두점

등이다. 이 시에서 맞춤법만이라도 지켜지고 있는 것은 “남성담론”[32]으로써의 최소한의 예의는 갖추었음을 의미하지만 띄어쓰기와 구두점이 전혀 지켜지지 않고 있다는 사실은 이 시의 글쓰기가 아버지로 대표되는 남성담론으로써의 글쓰기를 전복하고 있다고 할 수 있다. 이런 점에서 보면 어쩌면 억압적인 면을 가지고 있으면서도 이상도 아버지와 같은 동일시적인 면을 담고 있다는 생각이 들기도 했다. 이 같은 글쓰기를 통하여 이상은 아버지 죽이기를 구체적으로 실천하고 있는 셈이다.

〈오감도〉는 한국의 사회적인 통념에 정면으로 도전한 시였다. 즉 아버지의 이름과 이를 집행하는 아버지의 법에 정면으로 도전한 시였다. 우리는 통상적으로 조감도라고 말하는데 이 시의 제목은 새 조자의 조감도가 아니라 까마귀 오자의 ‘오감도’이다. 우리가 조감도라는 단어를 쓰는 것은 사회적인 관습에 의한 것인데, 사회적인 관습이란 곧 아버지의 법이다. 또한 글쓰기와 문자는 아버지의 법의 구체적인 실행이기도 하다. 이상은 제목을 통해서도 아버지의 법에 도전장을 낸 샘이다. 여기서 필자가 강조하는 것은 이 시가 ‘무엇을 의미하느냐’가 아니고 이 시가 ‘무엇을 할 것인가’라는 점이다. 당시 이 시에 대한 논란에서도 이 시가 무엇을 의미하는가에 초점이 맞추어진 사실은 극히 당연한 것이었다. 우리가 이 시의 읽기에서 유의할 점은 바로 이 시의 의미, 즉 “기의”[33]에 있지 않고 “기표”[34] 적용임을 확실히 할 필요가 있다. 왜냐하면 이 시에서 기표가 기의에 대해 차지하는 우위성이기 때문이다. 우리가 통상적으로 생각할 때 새 조자와 까마귀 오자는 서로 다르게 발음되고 그 의미도 다르기 때문에 이 두 글자는 서로 아무 상관이 없는 전혀 다른 두 글자라고 생각할 수 있다. 그것은 한 획이 있고 없느냐에 따라 있으면 새조가 되고 없으면 까마귀 오자가 되는 것이다. 이상은 자신의 시 제목을 조감도라고 붙이지

32) http : //blog.naver.com/satiall/80030740745 empas, 열린 블로그 통합, 남성 중심적인 반론.
33) http : //krdic.daum.net/dickr/search_result_total.do ? type=kr&q=%B1%E2%C0%C7, daum 국어사전. 생각하기 시작함.
34) http : //krdic.daum.net/dickr/search_result_total.do ? type=kr&q=%B1%E2%C7%A5, daum 국어사진. 기이한 현상.

않고 오감도라고 붙임으로써 제목에서부터 중대 선언을 한 셈이다. 시인인 작가가 의미를 부여하는 것이 아니라 독자가 의미를 찾으라는 폭탄선언이다. 따라서 이 시에서는 지시물을 지시하지 않는 빈 기표만이 널려 있으며 어느 면에서 보면 이런 기호들이 아무런 방향 없이 자신의 맘대로 속력을 내고 질주하고 있을 뿐이다. 이 시의 텍스트는 이 같은 언어기호가 질주하는 운동장이라고 해도 결코 지나친 말이 아니다. 이상이 천제적인 작가로 여겨지는 이유는 이처럼 포스트구조주의 이론이 나오기 이미 오래 전에 기표와 기의의 유리를 그의 시에서 시험했다는 사실에 근거하고 있다. 〈오감도〉라는 제목이 이 시전체가 곧 언어기호의 무작위성과 자의성에 관한 것임을 선언적으로 보여주는 것이라면 〈시 제1호〉는 이 같은 작업이 어떻게 이루어질지를 구체적으로 보여주는 시라고 할 수 있다. 이 시가 다른 시인들이 쓴 시와는 달리 통상적인 맞춤법에 따르지 않았다는데 있다. 맞춤법은 아버지의 법인데 이를 따르지 않았다는 것은 곧 아버지의 법의 폐기를 의미한다. 이 시는 현대화의 근간이 되는 도구적 이성과 계몽주의에 던지는 도전장이기도 하다. 데카르트로 대표되는 이성중심주의의 근본 가정은 이성을 모든 것의 중심에 놓는 것이다. 로고스의 특질을 가장 잘 표현하는 한 마디 말이 있다면 그것은 '인과성의 법칙'[35)]일 것이다. 이는 서양의 계몽철학의 근본이 되며 근대화의 초석이 되었다. 그러나 이 시는 이 같은 이성중심주의적이고 인과법칙에 기반을 둔 현대화를 해체하고 있다. 이 같은 작업은 이 시에 나타난 우연성과 자의성 그리고 모순성에 의하여 그 모습을 드러낸다. 이 시는 "13인의아해가 도로로질주하오"로 시작된다. 그러나 이 시의 마지막에서는 "13인의아해가도로로질주하지않아니하여도좋소"라고 돼 있다. 그런데 논리적으로 따져 볼 때 이 시의 처음이 이 시의 끝처럼 결말이 나기 위해서는 중간에 이를 뒷받침할 논리전개 과정이 있어야 하는데 이 시에는 바로 이런 과정이 빠져 있다. 그렇다면 이 시는 원인과 결과에 기초한 인과법칙을 해체한 빈 자리에 서 있는 시가 된다. 언어기호가 무엇을 의미

---

35) http : //krdic.daum.net/dickr/search.do ? q=%EC%9D%B8%EA%B3%BC%EC%84%B1%EC%9D%98%20%EB%B2%95%EC%B9%99, daum 국어사전. 둘이나 그 이상의 존재 사이에 원인과 결과로서 맺어지는 관계가 있는 성질.

해야 한다는 근본적인 가정을 해체하고 붕괴시키는 언어는 아무것도 지시하거나 의미하지 않는다는 폭탄선언을 실행하고 있는 셈이다. 자세히 보기로 하자. "막다른 골목 – 뚫린 골목"의 대비가 그러하고 "13인의아해가도로로질주하오 – 13인의아해가도로로질주하지않아니하여도좋소"의 대비가 그러하다. 그러나 이상은 서로 상반되는 두 개의 진술 중 어느 하나에도 우선권을 주지 않음으로써 진술의 이런 서사적 기능을 마비시킨다. 서사구조에서 어느 것에도 배열상의 우선권이 주어지지 않으면 우리가 통상적으로 알고 있는 서사구조는 붕괴되고 만다. 이 시에서 우리가 목격하는 것은 바로 이 서사구조의 붕괴이며 이는 이상이 인과법칙을 무시함으로써 생긴 결과이다. 이 같은 서사구조의 붕괴가 어떻게 일어나는지 〈오감도 시 제1호〉 중에서 보자.

> 13인의아해는무서운아해와무서워하는아해와그렇게뿐이모였소

이 구절은 이 시의 해체와 붕괴를 아주 극적으로 보여주는 지점에 위치해 있다. 앞에 나온 13인의 아이들 중 아무도 무서운 아이는 없었음에도 불구하고 이들을 이렇게 두 종류의 아이들로 나누는 것은 인과법칙의 무시이며 서사법칙의 와해를 의미한다.

> 그중에1인의아해가무서운아해라도좋소.
> 그중에2인의아해가무서운아해라도좋소.
> 그중에3인의아해가무서운아해라도좋소.
> 그중에4인의아해가무서운아해라도좋소.

위와 같은 시를 보면 어쩌면 구절의 반복이 계속 이어지는 되풀이되는 것을 보아하니, 어떠한 관념의 틀에 박혀 지속적으로 반복표현을 쓰는 보속 증에 가깝다는 생각이 들게 하는 구절이었다. 그리고 이상의 모든 문장이 붙어있는 것을 보면, 어떠한 공포감으로 인하여 의식적으로 원치 않음에도 불구하고 계속적으로 같은 생각이 의식에 떠오르는 습관을 지니고 있는 듯하다. 또한 의미 없는 단어의 계속 되풀이되는 반복 혹은 의미가 있다 하더라도 너무나 많은

반복으로 "음송증"36)을 드러내는 듯 했다. 분명히 무서운 아이와 무서워하는 아이라는 이분법적인 분류 중 어느 곳에도 우선권이 가 있지 않다. 이와 같이 이분법적인 항목이 있을 경우 앞에 오는 항목에 우선권이 주어지며 이것은 곧 로고스 중심적 사고체계를 지탱하는 서서구조이기도 하다. 그러나 위에 본 구절에서는 이 같은 우선권이 폐기돼 있다 우선권이 붕괴되었음을 가장 잘 보여주는 것은 "라도좋소"라는 진술이 네 번이나 반복된다는 사실이다. 이는 아버지의 이름으로 유지되는 상징계에서 불가능한 사태를 유발한다. 이 시의 후반부는 전반부에 나온 진술을 전복시키고 붕괴시킴으로써 서사구조 자체를 무너뜨린다고 할 수 있다. 전반부의 진술이 간접화법을 사용하여 어떤 사태를 전달한 것이라면 후반부에서는 화자가 자신의 의견을 개진한다. 이 시는 후반부에서는 "차라리나았소" "라도좋소" "아니하여도좋소" 등의 표현을 통하여 이 시에 나타난 모든 진술이 서로 상충되고 모순됨을 보여줌으로써 이 시 자체는 단지 무의미한 기표의 나열일 뿐임을 드러낸다. 이상은 시 쓰기에 숫자를 도입하였다. 이런 그의 실험은 〈시 제4호〉에 나타난다. 이 시의 첫줄은 "환자의 용태에 관한 문제"라고 쓰여 있고 그 밑으로는 0에서 1까지의 숫자가 적혀 있는데 이 숫자들은 거울에 비춰 보면 정상적으로 보이지만 인쇄된 상태로 보면 뒤집힌 상태다. 그리고 '.' 이 왼쪽 위에서 오른쪽 아래로 찍혀 있다. 이 같은 숫자의 도형 밑에 진단이라고 쓰고 01이 쓰여 있다. 라캉의 이론에서 아주 중요한 것으로 여겨지는 거울단계에 대한 그의 이론은 이 시를 읽는데 대단히 유용한 것으로 여겨진다. 라캉은 인간이 이상적인 자아를 형성하는 근거는 바로 거울에 비친 이 같은 허상이라고 말한다. 라캉의 이론은 거울 단계를 거쳐 성숙한 인간은 자신의 의식 속에 "결핍"37)을 원죄처럼 간직하고 있음을 의미한다. 결핍이라 함은 이어서 더 나아가 인간이 가지고 있는 욕망과 이것의 성취 사이에 가로 놓인 간극38)이기도 하다. 그러므로 인간의 존재는 바로 이

36) http : //krdic.daum.net/dickr/contents.do ? offset=A030314900&query1=A030314900#A030314900, daum 국어사전. 시가 따위를 소리 높여 읊음.

37) http : //krdic.daum.net/dickr/search.do ? q=%EA%B2%B0%ED%95%8D, daum. 국어사전. 있어야 할 것이 없어지거나 모자람.

38) http : //kordic.empas.com/dicsearch/view.html ? i=567000, empas, 국어사전. 두 가지 사건, 두 가지 현상 사이의 틈.

같은 결핍 그 자체이다. 이 시에 나오는 책임의사인 이상은 환자의 용태를 01이라고 적었다. 1이라는 숫자가 대개의 경우 완전을 의미하기 때문에 그가 이 시에서 진단한 환자는 양호한 상태라고 가정할 수 있다. 좌측 상단에서 우측 하단에 걸쳐 찍혀 있는 점들은 서로 연결되어 대각선의 점선을 형성하는데 이 점선은 라캉이 말하는 결핍의 선이라고 말할 수 있다. 각 줄마다 숫자를 하나씩 줄인 다음 점을 찍어 감으로써 점선으로 좌우가 분리된다. 이 같은 점선을 그리므로 환자의 심리에 나타난 간극으로 읽을 수 있다. 〈시 제15호〉에도 거울이 등장한다. 이 시의 화자는 1인칭 화법을 써서 직접적으로 거울을 다음과 같이 묘사하고 있다.

> 나는거울없는실내에있다거울속의나는역시외출중이다나는지금거울속의나를무서워하며떨고있다거울속의나는어디가서나를어떻게하려는음모를하는중일까

화자의 마음 속에 있는 거울은 라캉이 말하는 거울과 같고 그렇다면 거울 속의 나는 이상화된 화자의 모습일 것이다. 거울 속의 내가 왜 실제의 내게 음모를 꾸미려는 것일까? 이는 실제의 내가 파편화되고 분열돼 있고 또한 불완전하기 때문에 실제의 내가 마음의 거울, 즉 내게 자격지심을 갖고 생각하는 측면일 것이다. 상상이라는 것은 무의식으로 바꿔 놓아도 큰 의미상의 변화가 없다. 이 시가 띄어쓰기를 무시하고 쓴 사실로 볼 때 이 시는 무의식적인 표출로 읽힌다. 그의 시에는 실험성이 과다하여 우리가 통념적으로 알고 있는 순수문학적인 시는 아니다. 그러나 이 같은 실험성은 시의 영역을 넓히는 계기로 적용했으며 이를 읽기 위해 문학이론이 아닌 다른 영역의 이론까지도 끌어들이지 않으면 안 되게 만들었다. 이 글에서 필자는 이상의 시를 보다 잘 읽기 위해서 정신분석 이론 등 최근의 이론을 원용해 보았다. 또한 기사가 최근의 이론에 의해서도 접근이 가능한 것은 이상의 천재성과 더불어 그가 살았던 시대에서 그의 글에 대한 열정과 지식 등이 누구보다도 앞섰기 때문이 아닐까 싶다.

<참고 자료>

http : //blog.naver.com/tkddjr0693 ? Redirect=Log&logNo=30014483325

http : //cafe.naver.com/asturiastale.cafe ? iframe_url=/ArticleRead.nhn%3Farticleid=3057

http : //kin.naver.com/detail/detail.php ? d1id=11&dir_id=110103&eid=AnAxruo7upP16BDKgHYYn8Ow7xCockj2&qb=v8CwqLW1IL3DwaYyyKM=&pid=fvk+8woQsCVsssOrdk4sss--427184&sid=SDb@8-LbNkgAAAdrKWs

http : //search.naver.com/search.naver ? where=nexearch&query=%BF%C0%B0%A8%5

학생 작품 D

승화되지 못한 상실의 빈자리

김 정 은

이번 비평은 작가의 창작심리에 접근하여 밝혀 보려 한다. 교수님의 강의 내용에서 자신의 작품을 분석해 보는 것도 본인이 작가의 창작심리를 가장 잘 일고 있으므로 좋은 비평이 될 수 있다 하셔서 지난 방학과제로 제출했던 나의 소설을 심리주의 비평의 대상 작품으로 정해 보았다.

먼저 김정은은 1988년 6월 14일 밤 9시 20분경, 서울시 금천구의 한 산부인과에서 태어났다. 태어나서 초등학교를 입학하기 전까지 서울에서 자랐고, 7살 때 어머니의 고향인 충북 청주로 이사를 해 고등학교까지 그 곳에서 나왔다. 형제로는 한 살 터울의 오빠가 있으며, 밝고 개방적인 가정환경에서 활발하고 적극적인 성격으로 자라 왔다. 그녀의 부모님은 '직접 옳고 그른 일을 경험해 보고 스스로 판단하라.' 는 교육방침 아래 남매를 길러 왔다. 그런 부모님의 슬하에서 남매는 스스로 기른 자립심과 판단력으로 강하게 자랐다.

김정은은 어렸을 때부터 남 앞에 나서는 것을 좋아해, 줄곧 학급 반장이나 학생회 일을 맡아 왔다. 하지만 작은 일에 남모르게 상처받고 우울해 하는 소심한 면도 있다. 어려서부터 말썽이 많던 오빠와는 달리 '모든지 척척 알아서 하는 착하고 바른 딸'의 이미지로 부모님의 기대를 받던 만큼 웬만한 문제들은 혼자 해결하려 떠안으려 했다. 그러다 결국 큰 사고를 치게 될지라도 말이다.

한 살 터울의 오빠와는 어렸을 적 많이 싸우기도 했지만 크면서 사이좋게 잘 지내고 있다. 어려서는 항상 게임에 빠지고 공부도 안하고 뚱뚱했던 오빠를 창피해 하기도 했지만, 크면서 20kg가 넘는 감량에 성공하고 자기 생각, 인생관이 확실하고 믿음직하게 변한 오빠를 동일시[39]의 대상으로 본다. 이번 소설

39) 동일시(identification)는 자기 자신이 좋아하는 개인이나 집단을 모방함으로써 나타나는 동조심리이다. 이 경우 동일시의 대상으로 삼는 사람과 닮아가는 경우가 많다. ―유창근, 『문학을 보는 눈』, 학지사, 2001, p. 206.

의 바탕에 깔려 있는 책도 『상실의 시대』[40]인데, 이 책은 그녀의 오빠가 좋아하는 작가 '무라카미 하루키'의 대표적 저서이다. 오빠를 닮고 싶은 마음에 읽었던 책이지만 그 책은 정은에게도 큰 영감을 주었다. 정은의 소설에서는 그녀의 심리적인 불안, 갈등의 요인들이 작품 속의 인물에 투영되어 곳곳에 잘 나타나 있다.

> 중심잡기는 언제나 그렇게 내게 남아 있는 숙제였다. 코찔찔이 유치원생 시절에는 놀이터에서 즐겨 타던 빵빵이가 그러했고, 까까머리 중학교 시절에는 매년 체육 실기시험에 빠지지 않았던 평행대가 그러하였으며, 그런 것들을 어영부영 졸업하고 난 지금에는 지하철이 날 기다리고 있었다.

위의 내용처럼 정은은 작품 속 '나'인 두현이라는 인물의 독백에 자신의 낯설고 힘들었던 서울 적응기의 심정을 투사(投射, *projection*)[41]하기도 했다. 본적은 서울로 되어 있지만 기억이 자리잡힐 시절부터 쭉 자란 곳은 청주다. 그곳에서 고등학교까지 졸업하고 명지전문대학에 합격하여 상경했다. 정은에게 익숙한 청주를 떠나 서울에서 완전히 적응하기까지의 갈등을 작품 속 '중심잡기'에 넣어 표현했다. 특히, 지하철이 없는 청주에서 자란 정은은 새로운 문화로의 적응이라는 과제에 '지하철'이라는 항목도 포함되어 있었을 것이다. 지하철이나 버스나 대중교통 수단이라는 인식이 보통인 서울과 달리, 처음 겪어보는 지방 사람들은 들어서는 개찰구부터 환승제도와 노선 보는 법, 하나하나가 다 생소할 수밖에 없다. 그리하여 지하철은 부적응에 대한 좋은 문학적 소재로도 많이 쓰인다고 한다.

그리고 소설에서는 작품의 내면심리도 적절하게 표현되어 있다.

---

40) 무라카미 하루키의 저서.

41) 다른 사람들도 나의 태도나 감정 등과 똑같은 것을 가졌다고 단정하려 드는 경향. 아이들에게서 흔히 볼 수 있다. 또 자기 자신이 납득하기 어려운 사고(思考), 감정이나 만족할 수 없는 욕구를 갖고 있는 경우에 그것을 타인에게 돌려 버리는 것과 같은 무의식적인 마음의 움직임이다. 이것은 방위기제(防衛機制)의 한 가지로 동일시(同一視)의 한 형(型)이다. －출처) 네이버 백과사전. http : //100.naver.com/100.nhn ? docid=156147.

> 당황스러웠다. 살짝 오르던 취기가 가시는 느낌이었다. 하지만 여자는 이미 깊이 취해 있는 듯 했다.
>
> "아직도 잊혀 지지가 않아요. 그가 누워있던 영안실의 향기가 아직도 괴로워요. 가끔 바람이 불면 그 때 그 향기가 고스란히 맡아져요. 괴로운데, 이제 그만 좀 하라고 소리라도 지르고 싶은데 들어 줄 사람이 없어요. 정말, 정말 왜 그럴까요."

작품 속에서 시현은 사랑하는 사람을 먼저 떠나보내고, 이를 받아들이지 못해 방황하는 인물로 그려져 있다. 그렇게 볼 때 위의 대목에서는 그를 떠나보낸 후, 홀로 남아 살아가야 한다는 상황이 시현을 억압 *repression*해 왔음을 알 수 있다. 억압은 갈등을 해결하기 위해, 소설 등의 작품 속에서는 갈등을 조성하고 키우기 위해 가장 흔히 사용되는 정신기제이다. 억압을 통해 자아는 위협적인 충동, 감정, 소원, 환상, 기억 등이 의식되는 것을 막아 준다. 바람직하지 못한 충동이 의식적으로 나오려는 것을 막을 때, 자아는 정신적 에너지를 사용하게 되는데, 특히 죄책감이나 수치심 또는 자존심을 상하게 하는 경험일수록 억압되기 쉽다. 그 전형적인 예가 기억상실이다. 반면에 받아들이고 싶지 않은 욕구나 기억을 의식적으로 잊으려고 노력하는 것을 억제 *suppression*라 하며, 무의식적 억압과 구별된다. 이렇게 볼 때, 시현은 〈상실의 시대〉를 읽음으로써 자신을 억압하는 상황에서 간접적 경험으로나마 벗어나려 하는 것이다. 이는 소설의 마지막의 '요즘 다시 상실의 시대를 읽고 있어요. ~소설의 나오코는 결국 죽어버렸지만, 내 안의 나오코는 꼭 영원한 행복을 얻을 것만 같은 느낌이 들거든요.'라는 시현의 편지 구절을 봐서도 알 수 있다.

이렇듯 작가는 작품 속 인물의 심리묘사에 세밀함을 부여하는 동시에, 자신만의 색깔을 넣을 수 있도록 자신의 생각이나 심리 등이 스며들게 하는데도 노력을 기울였다. 그것은 두현이 시현에게 보내 시작된 서로의 펜팔 관계를 통해서 알 수 있다.

> '시현 잘 지내고 있어?'
>
> 첫 문장을 쓰자마자 다시 고민에 빠졌다. 말을 높이기도, 그렇다고 무작정

반말을 하는 것도 어색했다. 또 한참을 고민하다 그냥 반말로 적기로 했다. 그편이 서로가 더 편할 것 같았다. 아무리 떠올려도 시현이 나보다 연상일리는 없을 듯 싶었다.

문장을 시작하고 나니 뒤를 이어가는 건 생각보다 어렵지 않았다. 어떻게 지내느냐는 안부부터 시작해서, 근황을 묻고, 나에 관한 얘기를 몇 개 하다 보니 편지지는 금세 두 장을 넘어섰다. 너무 길어도 이상하겠다 싶어 마지막 말을 맺었다.

'아무리 생각해도 너의 쪽지로 내가 생각할 수 있는 일은 이것뿐인 것 같아 이렇게 몇 자 적어 봤어. 너의 소식도 들려줬으면 좋겠다. 07.09.03 두현'

낮이나 되어야 거둬가겠지만 쓰자마자 아파트 통로 옆 우체통에 편지를 넣었다. 마지막으로 편지를 써본게 언제였더라, 사뭇 떨리기까지 했다.

현이 주소만 적어 두고 간 쪽지로 두현과 시현은 펜팔을 시작한다. 펜팔은 하룻밤의 상대로 끝났을지 모르는 두 사람의 관계를 지속시켜 주고 더 발전해 나가게 해 주는 매개체가 된다. 여기서 작가의 편지에 대한 견해를 엿볼 수 있다.

작가는 인터넷과 휴대전화의 발달로 서로의 간편한 위치 확인과 소통에 큰 불편이 없어진 이 시대에 당연하게 생각될 편지라는 통신수단이 소멸되어 감을 안타까워한다고 했다. 더불어 군대 간 친구들이나 선배들에게 잊지 않고 편지를 꼬박꼬박 보낸다며 자신의 편지사랑에 대한 견해를 늘어놓기도 했다. 작품에 두 인물의 통신수단에 편지가 이용된 것도 작가의 어린 시절 우표를 붙여가며 친구들과 주고받던 편지의 따뜻함을 남기고 싶어서였다고 한다. 작가는 편지의 인간적인 온도를 강조함으로써 시현의 억압을 펜팔로 승화 *Sublimation*시키려는 면모를 보여주기도 했다. 승화는 원시적이고 용납되지 않은 충동을 억압으로 충분히 해결하지 못할 때 사회적으로 용납되는 형태로 둔갑하여 출구를 찾아 의식세계로 나가는 것을 뜻한다. 즉 그 충동에 붙어 있는 에너지를 변형시켜 사회적으로 용납되는 건설적이고 유익한 목적을 위해 표현되게 하는 기제이다. 따라서 가장 건전하고 바람직한 기제이기도 하다. 예를 들어, 예술은 성적 욕망의 승화요, 종교는 막강한 아버지를 찾는다는 의

존심의 승화요, 그렇게 보면 의사는 잔인한 충동을 승화시키는 길이라고도 할 수 있다. 이렇듯 시현의 과거에 어둡게 드리워져 그녀를 옭아매고 있는 현실에 두현의 편지는 한 줄기 빛과도 같다. 의지할 곳 없이 나약하게 홀로 과거, 그리고 이어나가야 할 현실까지 책임져야 했던 시현에게 두현 그리고 편지라는 매개체가 그녀에게 삶에 대한 욕망으로 작용하기까지 한다. 하지만 그것은 그녀에게 완벽한 기제로 작용하지 못한다. 그녀는 전 남자의 죽음으로 힘들었던 자신이 두현에게 기대고 의지하며 그에 대한 마음이 커지는 것에 대한 환멸과 그로인한 차단의 방법으로 결국 죽음을 택하고 만다. 보통의 시현 같은 인물상에서, 그리고 소설상의 흐름으로 볼 때 시현과 두현의 영원한 사랑의 해피엔딩으로 마무리를 지을 수도 있지만, 작가는 시현의 어둠의 깊이를 더 깊고 잔인하게 그리고 싶어했다. 그것은 그 또래의 학생들이라면 겪어 봤을 법한 자신의 깊은 내면에 나오는 철없는 우울이라고도 할 수 있다. 작가는 그런 자신의 감정을 시현의 우울에 투사시킨 것이다.

또, 작가는 작품 속의 두 남녀에게 현실성을 부여하기 위해 이드 *id*를 강조하기도 했다. 이드는 정신분석학적 용어로 기본에너지 또는 리비도 *libido*를 정신에 공급하는 본능적, 그리고 생물학적 육동에 대한 집합적인 이름이다. 프로이트는 이드를 인격의 가장 원시적인 부분이라고 생각했으며, 이드를 설명하기를 무의식의 가장 깊은 층에 자리잡고 있는 흥분이 들끓고 있는 가마솥이며 내적인 조직이나 편성을 가지고 있지 않고 쾌락원칙에 맹목적으로 또 불합리하게 복종해서 기능한다고 하였다. 유아의 생활은 의식적인 자아가 발전하여 현실원칙과 상위자아에 복종하면서 기능하기 전까지는 본능의 직각적이며 자기중심적인 만족만을 추구하는 욕구에 의하여 좌우된다는 것이다.[42)]

> 여자는 대답이 없었다. 괜히 바보 같은 소리를 뱉었다는 생각이 들었다. 침대에 가만히 앉아 있는 여자에게 다가섰다. 가만히 여자의 셔츠를 벗겼다. 여자는 반항도 동조도 하지 않았다. 나도 웃통을 벗고 여자에게 다가섰다. 여자는 적극적이지도, 그렇다고 소극적이지도 않았다. 저녁을 먹던 그 바른 모습 그대로였다.

---

42) 김연권, 『정신분석의 기본원리』, 솔출판사, 1999, p. 132.

> 참 한결 같구나, 생각했다.
>
> 여자의 몸은 예뻤다. 뽀얀 살결과 적당한 가슴. 보는 것만으로도 달아오르게 만드는 매력적인 몸을 가졌다. 몇 번의 정사를 끝내고 우리는 나란히 누웠다. 내 쪽으로 몸을 돌리며 여자가 물었다.

인간의 가장 기본적인 욕구에 포함되는 성욕, 처음 만났지만 서로에게 알 수 없는 끌림을 느낀 그들은 알코올의 신비한 힘에 끌려 자신들의 본능에 충실하고자 한 것이다. 이드란 우리들의 모든 공격과 욕망의 근원이다. 이는 다루기 힘든 무법적인 것이고 이기적이며, 도덕과는 무관한 것이다. 그 기능은 사회적 관례랄지 정당한 윤리나 도덕적인 절제를 돌보지 않고 쾌락적인 본능을 만족시키고자 한다. 제어하지 않는다면, 이것은 우리를 쾌락적인 충동의 만족을 위해 어디까지든, 파괴와 자기 파멸의 구렁텅이로까지 끌고 갈 것이다. 자타의 안전의 이드와는 관계가 없고 이드의 관심은 순전히 결과에 대해서는 조심성이 없는 본능적인 만족일 뿐이다. 프로이트 이전의 수세기 동안 이 힘은 자연적이고 내적인 힘이라기보다는 오히려 초자연적이고 외적인 것에 유래되는 것으로 인간성에 있어서 인정되어 왔었다. 프로이트가 정의한 이드는 많은 점에서 신학자들이 정의한 악마와 흡사하다. 그래서 생떼 쓰는 아이가 악에 복받쳤다는 말은 모종의 심리학적 타당성을 지닌다. 우리는 또한 어린아이들에게서 가끔 자기 방종이나 상해로까지 끌고 가는, 제어되지 않은 쾌락을 향한 충동을 보게 된다.[43]

이렇게 지금까지 본인의 소설에 대해 작가의 창작심리에 접근하여 풀어 보았다. 심리학이 문학의 가치를 판단하거나 작품 자체가 지닌 비밀을 해명하는 데 도움을 주는 것은 부인할 수 없는 사실이지만, 문학작품은 단순한 심리만의 반어체는 아니라는 사실을 이번 비평을 통해 알게 되었다. 부족한 점이 많은 작품이지만 이번에 때론 주관적으로, 그리고 객관적으로 살핌으로써 많은 것들을 얻게 되었다.

---

43) 유창근, 『문학을 보는 눈』, 학지사, 2001, p. 202.

〈참고자료〉

■ 국내 저서
김연권, 『정신분석의 기본원리』, 솔출판사, 1999.
유창근, 『문학을 보는 눈』, 학지사, 2001.

■ 국외 저서
무라카미 하루키, 『상실의 시대』, 문학사상사, 2001.

■ 참고 사이트
네이버 백과사전, http : //100.naver.com/100.

정신분석용어

1 강박성 인격 장애 *obsessive-compulsive personality*

감정적 억제, 규칙성, 고집, 완고함, 우유부단, 완벽주의, 융통성 없음 등이 특징이다. 프로이트에 의하면 항문기에 해당하는 생후 2~4세경에 대소변 가리기 훈련과정에서 어린아이의 욕구와 어린아이를 사회화시키려는 부모의 요구 사이에 갈등이 나타나는데 이러한 갈등이 제대로 해결되지 않을 때 강박성 인격이 싹트게 된다고 한다. 주로 사용하는 방어기제는 고립, 지능화 *intellectualization*, 반동형성, 취소 및 전치 등이다. 유전적 요인이 있어 가족 중에 강박성 인격 장애의 빈도가 일반 인구보다 높다. 그러나 대체로 강박장애와는 일시선상에 놓여 있지는 않다고 보고 있다.

2 강박행동 *compulsion*

환자는 자신은 불리한 줄 잘 알고, 따라서 하지 않으려고 저항을 해 보지만 강한 내적 충동에 의하여 하지 않고는 배겨 낼 수 없는 어떤 행동의 되풀이를 말하며, 물건을 꼭 두 번 만져야 한다거나 문을 잠근 것을 몇 번이나 확인하는 행동, 좌로 갈 경우 우측으로 한 발자국 내디뎠다가 가야 한다거나 또는 보도블록의 틈을 밟지 않고 걸어가야 한다거나 하는 등의 단순한 것에서부터 복잡한

의식 같은 행동에 이르기까지 다양하다. 흔히 강박사고 *obsession*를 동반한다.

③ 거세불안 *castration anxiety*

아이가 이성의 부모를 사랑하고 동성의 부모를 두려워하는 현상(정적인 오이디푸스 콤플렉스) 반면에, 동성의 부모를 사랑하고 이성의 부모를 두려워하는 현상(부적인 오이디푸스 콤플렉스)도 있으며, 이 두 양상은 대개 공존한다. 남아는 아버지의 힘이 위협적임을 인식하고 거세불안으로 말미암은 무의식적 감정 상태에 빠지며 이에 대한 방어기제를 구축하게 되는데 이 때 사용되는 정상적인 방어기제가 동일시 현상이다.

④ 격정 *agitation*

불안이 심하여, 신체적 건강과 어찌할 바 모르는 불안상태를 나타낼 때를 격정이라고 한다. 심한 긴장감, 초조 및 불안 때문에 목적 없는 행위의 증가가 심하게 일어나게 된다. 안절부절못하고 고뇌에 찬 얼굴로 자신의 운명을 슬퍼하면서 가만히 앉아 있지를 못하고 서성거리며 손을 비비고 옷을 쥐어뜯고 하는 행동을 나타낸다.

⑤ 경계성 인격 장애 *borderline personality disorder*

정서, 행동 및 대인관계의 불안정과 주체성의 혼란으로 모든 면에서 변동이 심한 이상적 성격을 지칭한다. 예를 들면, 타인에 대한 태도 및 감정을 이 짧은 시간 동안에도 상당히 많이 그리고 불가해하게 변할 수 있다. 정서도 변덕스러우며 갑작스럽게 바뀌어서 특히 화를 잘 낸다. 이들은 어떤 위기상태에 놓일 때 참을 수 없는 분노감을 나타내고 논쟁적이고 요구적이며 자신의 문제를 다른 사람에게 책임을 전가시키려 한다. 평상시에도 기분은 변동이 심하며 만성적인 공허감과 권태를 호소하기도 한다. 혼자 있는 것을 참지 못한다. 행동면에서는 매우 돌발적이고 통제력이 상실되어 있어서 예측할 수 없으며 낭비, 성적문란, 도박, 약물남용, 좀도둑질, 과식 등의 행동을 보인다. 때로는 자해행위를 하기도 하는데 남들로부터 동정을 받기 위해서라든지 분노를 표시하기 위해서, 또는 자신의 불안정한 정서를 가라앉히기 위해서이다. 의존심과 증오심을 동시에 갖고 있다.

⑥ **고착** *fixations*

인간의 발달과정 중에서 어떤 스트레스에 부닥칠 때 인격발달과정이 중단된 상태를 말한다. 예를 들어, 항문기에 좌절을 심히 받았거나 그 반대로 너무 재미를 보았다면 그는 이 시기에 무의식적으로 집착하는데 이것이 고착이며, 인간이 그 어느 시기에 대한 고착이 강하면 강할수록 스트레스를 크게 받는 경우에 쉽게 그 고착되어 있는 시기로 퇴행을 잘하는 경향이 있다. 따라서 대개 퇴행하게 되는 그 단계가 바로 고착된 단계로 본다. 좋은 예로서 소변을 잘 가리던 아이가 동생이 태어남으로 해서 도로 야뇨증을 보이게 되는 것이다.

⑦ **공격성** *aggression*

이것은 대개의 경우 분노 또는 적의라는 형태로 나타낸다. 프로이트에 의하면 유아의 부모에 대한 공격성이 억압되면 그 에너지가 축적해서 성인이 된 다음 신경증이나 심신증의 원인이 된다고 한다. 특히 공격성이 자신에게 향해지게 되면 자기 파괴적이 되고 억울 감정의 원인이 된다. 대부분의 정신요법은 이 억압된 공격성을 정신요법의 장면에서 발산시키는 방법이 취해지고 있다.

⑧ **공포** *fear*

의식적으로 알고 있는 또는 현실적 위험에 대한 것을 공포라 한다. 위협 또는 위험을 인지하였을 때 일어나는 강력한 감정이며, 불쾌한 긴장, 도피하고 싶은 강한 충동 및 심박동의 항진과 근육의 긴장, 그리고 도주나 투쟁을 위한 전반적인 생체의 각성과 같은 생리학적 반응들이 일어난다. 공포는 직접적인 위험에 의해서만 일어나는 것이 아니라 이 위험을 상징하는 상황이나 또는 대상에 직면했을 때에도 일어난다.

⑨ **과대망상** *delusion of grandeur*

자신이 위대하다, 전능하다, 부자다 라고 믿는 망상이다. 천리안이다, 텔레

파시가 있다는 등 마술적 사고도 보인다. 자신이 신이다, 선지자다 하는 믿음을 종교망상 *religious delusion*이라 한다. 자신이 고귀한 혈통에 속한다는 혈통망상도 있다. 이 과대망상은 부족감, 열등감, 불안정감 등으로부터 나온 것으로서, 과장되고 팽창된 사고와 이에 수반되는 정서로 인해 그 근원이었던 불안감은 의식화되지 않게 된다. 과대망상의 내용은 흔히 개개인의 과거에 좌절 또는 불안정감이 무엇이었는가를 추측케 해 준다. "내가 예수님이다" 또는 "내가 칠성님이다" 등의 과대망상은 어떤 사람에게는 자기 힘으로써 도저히 어떻게 할 수 없는 불가항력적인 현실로부터 그를 도피시켜 주는 역할을 하기도 하고, 죄악감이 문제가 되었던 사람에게는 완전무결을 제공해 주는 셈이 되며, 또한 아주 심한 열등감이 문제였을 경우에는 세상 그 누구보다도 가장 훌륭한 사람이 되게끔 해 주는 것이고, 공포감이 문제였던 사람에게는 안전감을 제공해 주는 셈이 되는 것이다. 과대망상의 상징적 의미는 그리 복잡하지 않으며, 따라서 쉽게 분석할 수가 있다.

[10] 관계망상 *idea of reference*

자기와는 아무런 관계가 없는 다른 사람들의 행동이나 말을 마치 자기와 중요한 관계가 있는 것으로, 더욱이 자기를 비난하고 업신여기는 것같이 잘못 해석 또는 생각하는 경우를 말한다. 즉 주변의 일이 자기 자신과 관련되며 누군가가 또는 신문, 라디오가 내 말을 하고 있다는 망상이다. 편집상태의 환자들이 길을 걷다가 혹은 버스 안에서 우연히 보거나 들은 다른 사람들이 웃음이나 대화를 마치 자기를 비웃고, 경멸하는 것으로 믿는 이러한 관계망상은 환자 자신에 대한 내적 자기비판이 외계로 투사되어 일어나는 것이라고 볼 수 있다. 즉 자기 비판이 투사된 것이다. 우울증에서는 죄악감이 관계망상을 촉발하게 되며, 이것이 더 나아가 편집망상까지 일으키게 되는 경우도 있다.

[11] 긴장 장애 *catatonia disorder*

정신분열증의 한 아형으로서 긴장형 정신분열증 *catatonia schizophrenia* 라고 한다. 이 증상은 의욕과 행동의 이상을 중심으로 하는 대단히 특징적인 것이며 이 병명도 그들이 나타내는 경직된 표정과 자세에서 유래된 것이다. 긴장증의 증상은 과대행동과 과소행동이라는 수의운동영역에 있어서 서로 대립되는 증상으로 이루어지고 있다. 즉 어떤 때에는 이해할 수 없는 난폭한 행동과 충동적 행동으로 이루어지는 긴장성 흥분이 나타나고, 또 어떤 때에는 모든 자발적 운동의 정지와 강경증, 거부증 및 기행증 등으로 이루어지는 긴장성 혼미로 나타나기도 한다. 이 두 가지 양상의 전환은 느닷없이 일어나며 또한 반복된다. 흔히 망상과 각종의 환각이 수반되어 특수한 증상을 형성한다. 의식은 일반적으로 명료하지만 갑작스럽게 발병하는 경우에는 다소의 의식혼탁이 인정되는 경우도 있다. 경과는 일반적으로 짧은 편이어서 수개월 이내에 회복된다. 갑자기 발병하는 경우가 많으며 20세 전후에 잘 발병한다. 재발이 되풀이되는 경우에는 어느 정도 인격의 결함을 남기는 경우가 많지만 또 어떤 경우에는 재발이 반복됨에도 불구하고 결함상태가 전혀 남지 않는, 즉 비정형정신병의 범주에 속하는 주기성 긴장증의 형태로 나타나는 경우도 있고, 또 다른 경우로는 전혀 재발하지 않고 완전 치유되는 경우도 적지 않게 있다. 극히 드물기는 하지만 대단히 갑작스럽게 발병해서 심한 자율신경증상을 나타내면서 심한 흥분과 혼미를 교대로 또 반복적으로 나타내다가 단시일 내에 사망하는 증례, 즉 치사성 긴장증도 있다.

⑫ 남근기 *phallic stage*

정신분석학에서 사용하는 용어로서 정신성적 발달과정 중 성적 느낌이 처음으로 성기에 집중되는 시기, 즉 연령적으로 말하면 3세에서 6~7세까지 사이를 말한다. 이 때에는 자위행위가 쾌감의 주요 원천이 된다. 이 시기에 걸쳐서 남자 어린이는 어머니에게 대한 성적 공상과 아버지에 대한 경쟁심을 경험하게 되지만 이 모두는 거세공포 때문에 조만간 포기하게 된다. 마찬가지로 여자 어린이들은 아버지에 대한 성적 공상과 또 자기에게는 남근을 주지 않았다는 원망 때문에 어머니에 대한 적개심과 경쟁심을 가지게 되지만 이들 또한 부모 모두로부터의 사랑을 상실할 것 같은 두려움 때문에 조만간 포기하게 된다. *Phallic phase*라고도 한다.

⑬ **다중인격 장애** *multiple personality disorder*

해리장애의 하나로서 한 사람 속에 둘 또는 그 이상의 뚜렷이 다른 인격이 존재하는 경우를 말하는데, 때에 따라 그 중에 어느 하나의 인격이 그 개인을 지배하게 된다. 본래의 인격은 해리되어 나간 인격의 존재를 알지 못하고 또 해리되어 나온 인격은 본래의 인격과는 대조적인 성격을 지니게 되며 또 그 나름의 독특한 주체성, 성명, 그리고 관계성을 가지고 있다. 어느 하나의 인격으로부터 다른 하나의 인격으로서의 이동은 정신적인 충격을 계기로 하여 갑작스럽게 일어난다.

⑭ **동일시** *Identification*

동일시란 충동이 용납될 수 없는 것일 경우, 충동 그 자체는 부정되지만 그 충동을 갖고 있는 어떤 사람(그의 일면을 느낌으로서)과 동일화함으로써 받아들이는 과정을 말한다. 예를 들면, 강한 공격적 충동을 억압하고 있는 사람이 강력하고 공격적인 히틀러와 같은 사람과 동일시하거나(공격자와의 동일시 *identification with the aggressor*) 또는 아들이 무서운 아버지를 닮은 또한 강한 성적 욕망이 있는 여자가 화려한 생활을 하는 여배우가 동일화하는 것 등이다. 즉 동일시란 부모, 형, 윗사람 등 주위의 중요 인물들의 태도와 행동을 닮는 것을 말하는데 이는 단순히 흉내 *imitation* 와는 다른 것이다. 동일시는 자아와 초자아의 건강한 성장을 결정해 주는데 가장 중요한 정신기제이다. 동일시가 잘 일어나게 하려면 계속적인 강화 *reinforcement* 가 필요하다. 동일시에는 원래 의미 이외에 몇 가지 특수 형태의 동일시가 더 포함되어 있는데 열거하면 다음과 같다.

① 적대적 또는 부정적 동일시 hostile or negative identification : 제일 닮지 말았으면 하던 사람을 닮는 것을 말한다. 예로 깡패, 범죄자, 잔인무도한 자를 닮을 때다.

② 병적 동일시 pathological identification : 어떤 이상과 공생하려고 노력함으로써 권력을 쥐고 있다는 느낌을 얻기 위해 자아가 애를 쓰는 것으

로 이는 속이 아닌 겉만 일시적으로 닮는 것이다. 이상에서 그 신비한 힘이 꺼지거나 거기서 거절당하면 이 병적 동일시는 어이없이 없어진다. 예를 들어, 4 · 19 직전의 자유당 행동대원들, 그리고 일부 신흥종교의 광신도들을 들 수 있다.

15 **도시증** *voyeurism*

주로 남성에게서만 볼 수 있는 정신성적 장애의 하나로서 전혀 눈치를 채지 못하고 있는 사람이 나체로 있거나 옷을 벗고 있거나 또는 성행위를 하는 장면을 보는 것만이 성적 흥분을 얻는 유일한 방법인 경우를 말한다. 도시증 환자는 그가 벗고 있는 사람과의 성 관계에는 전혀 관심이 없으며, 몰래 보면서 자위행위를 하거나 또는 보고 나서 그 장면을 회상하면서 자위행위를 한다.

16 **둔주** *fugue*

건망증을 수반하는 해리 상태를 말하며, 갑자기 집을 떠나서 그가 지니고 있던 기본적인 기술은 잊지 않고 있지만 그 이외의 그에 관한 모든 과거를 잊어버리고, 새로운 이름을 가지고 새로운 생활을 하게 된다. 그런 상태에서 회복하고 나면, 잊었던 그의 과거를 모두 기억해 내지만 둔주상태에서의 경험은 전혀 기억해 내지 못한다. 상당한 기간 지속되는 둔주상태는 위협적이며, 불쾌한 상황으로부터의 무의식적 도피욕망에서 연유하는 경우가 종종 있으며, 대개는 자연히 회복되거나 또는 최면암시나 아미탈 면접을 통해서 회복시킬 수 있다. 단기간의 둔주는 간질 *epilepsy* 에서도 일어날 수 있고 또 정신분열증의 긴장성 흥분상태에서도 일어나는 경우가 있다.

17 **물품음란증** *fetishism*

정신적으로 남성에게서만 볼 수 있는 성 변태증의 하나로서 성적 흥분을 얻기 위해서 무생물, 즉 물품을 선택하는 것이 그 본질적 양상이다. 신발 속에 대고 자위행위를 하는 경우에서처럼 성행위에 물품만이 포함되기도 하고 또 어떤 때는 이성을 상대로 하는 성행동의 한 부분으로 물품의 사용이 포함되기도 한다. 후자의 경우에는 성적 흥분을 얻기 위해서 어떤 물품이 필수적인 역할을 하게 되며 따라서 그 물품이 없으면 남자는 발기가 되지 않는다. 즉 여성과 성관계를 가질 때 그 여자가 굽 높은 구두를 신고 있어야만 성적흥분과 만족을 얻을 수 있는 경우가 이에 해당한다. 이런 목적을 위해서 선택되는 물품들은 대개 여성의 내의 같은 옷이라든지, 구두, 장화 또는 좀 드문 경우이기는 하지만 모발이나 손톱 같은 것들이다. 대개 이런 물품들은 아동기 때에 가장 가까웠던 사람, 특히 자기를 돌보아 주었던 사람과 밀접한 관계를 가지고 있는 것들이다.

18 물활설 *animism*

물체가 생명과 의식, 즉 영혼을 가지고 있는 것 같이 생각하는 경향을 말하며 원시인과 유아의 사고형태의 특징이라고 할 수 있다. 구름, 태양, 달, 불길, 흐르는 강, 또는 바람과 같이 움직이고 있는 것들 또는 움직이고 있는 것 같이 보이는 물건들을 살아 있는 것으로 파악하고 움직이는 물건은 그 자체가 움직이고 있음을 알고 있는 것 같이 생각하는 것을 말한다. 유아에게는 아직 확실한 객관적이고 논리적인 사고가 형성되어 있지 않기 때문에 자기중심적 사고가 우세한 위치를 차지하고 있다. 2~6세 사이에서 흔히 볼 수 있는 사고방식이다.

19 반동형성 *reaction formation*

용납할 수 없는 감정이나 충동 또는 성향과는 정반대로 행동하게 하는 정신기제이다. 실제로 자기를 학대하는 대상인데도, 그 대상을 좋아하는 것처럼 보이는 행동, 미운 아이 떡 하나 더 준다는 속담이 예가 되며, 어떤 사람에 대해 공격적 증오심이라든지 죽게 되기를 원하는 그런 무의식적 욕구가 있을 때, 그 반대로 매우 예의바르게 행동하고 걱정해 주고 관심을 주는 태도로 나타날 수 있다. 또한 강한 가학적인 성격을 가진 사람이 열렬한 반대론자가 되는 경우를 들 수 있다. 항공포 *counter phobia*(공포에 대항) 행위도 이것과 연관되는데, 즉 가슴깊이 잠겨 있는 두려움이 의식되는 것을 피하기 위하여 두려움의 대상이 되는 행동에 열심히 몰두하거나, 공포의 대상에 오히려 가까이 하거나 보통 이상으로 몰두하는 행동으로 높은 것을 두려워하는 사람이 높은 곳으로 올라가거나, 남자에게 상처받지나 않을까 하는 두려움에 가득 찬 소녀가 이와 같은 두려움을 부정하려는 수단으로서 오히려 난잡한 성행위에 몰두하는 것을 말한다.

20 **방어기제** *defense mechanism*

자아가 불안 대응 · 대처하는 데에 동원하는 갖가지 심리적 책략을 방어기제 또는 정신기제라고 부른다. 대응과 다소 구별되기는 하나 정확히 구분하기는 어렵고 서로 중첩적인 점이 많다. 즉 방어기제도 긍정적 내지 적응적으로 사용되기도 한다는 것이다. 우리들 모두는 정상인이든 환자이든 이러한 방어기제들을 계속적으로 사용하고 있다. 인간이 가진 성격상의 특성이란 평소와 위기 상황 양면의 생활에서 어떤 방어기제들을 어느 정도 두드러지게 쓰느냐라는 것이라고도 볼 수 있다.

21 **변태** *para philia*

성적 흥분을 얻기 위해서 보통이 아닌 괴이한 심상이나 행위를 필요로 하는 정신성적 장애의 한 집단이다. 이 장애에는 다음과 같은 특수형이 있다. 즉 물품음란증 *fetishism*, 의상도착증 *transvestism*, 동물기애증 *zoo philia*, 아동기애증 *pedophilia*, 노출증 *exhibitionism*, 도시증 *voyeurism*, 성적 피학증 *sexual masochism*, 성적 가학증 *sexual sadism* 등이다. 성변태의 심상이나 행위는 몇 가지의 형태를 취할 수 있다. 즉 성적 흥분의 목적으로 동물이나 이성의 의복과 같은 비인간적인 대상을 선택하는 것, 실제적이거나 또는 위장된 고통 또는 모욕, 즉 회초리질을 한다거나 꽁꽁 묶어 놓는다거나 하는 따위의 행위를 내포하는 인간과의 성행위의 반복 또는 합의하지 않은 대상과의 성행위의 반복 등이다.

22 **병적 도벽** *kleptomania*

강박적으로 훔치는 행동. 충동조절장애의 하나다. 그 특징은 첫째 당장 필요한 것도 아니고 또한 값비싼 것도 아닌 하찮은 물건을 훔치고 싶은 되풀이되는 충동에 저항하지 못하고 결국 충동적으로 물건을 훔치게 되는데 훔친 물건은 남에게 주어 버리거나 몰래 제자리에 갖다 놓거나 또는 숨겨 둔다. 둘째 그런 행동을 하기 전에 긴장감이 점차 증가한다. 셋째 그런 행위를 할 때 쾌감이나 또는 해방감을 경험한다. 이러한 훔치는 행동은 행위 장애나 또는 반사회성 인격 때문이 아니고 또한 오랫동안 계획을 세우고 한다거나 딴 사람의 도움을 받거나 아니면 딴 사람과 같이 협조해서 하는 것도 아니다.

23 보상 *compensation*

생리적인 보상이나 신체적 보상은 흔히 경험할 수 있는 일이다. 신체적인 면에서 볼 때 심장판막이 고장난 사람에게서는 다른 건강한 사람의 심장과 같은 정도의 혈액을 펌프질하기 위해서 심장근육이 비대해진다. 마찬가지로 "작은 고추가 맵다"는 속담처럼 체구가 작아 열등감이 있을 때 공격적이고 지배적인 속정을 보일 수도 있다(나폴레옹 콤플렉스). 또 키가 작은 사람의 목소리가 큰 것 같은 예이다. 즉 심리적으로 어떤 약점, 제한이 있는 사람은 이를 보충하기 위해 다른 어떤 것을 과도히 발현시키는데 이를 보상(또는 대상)이라 한다. 그러나 사회적으로 용납될 만한 누구나 칭찬해 마지않는 성격도 때로는 신경증적 욕구에 대한 보상일 수 있다는 점도 알아두어야 한다.

24 본능 *id*

정신분석학적 용어로 기본에너지 또는 리비도 *libido*를 정신에 공급하는 본능적 · 생물학적 욕망에 대한 집합적인 이름이다. 프로이트 *S. Freud* 는 이드를 인격의 가장 원시적인 부분이라고 생각했으며, 이드를 설명하기를 무의식의 가장 깊은 층에 자리잡고 있는 흥분이 들끓고 있는 가마솥이며 내적인 조직이나 편성을 가지고 있지 않고 쾌락원칙에 맹목적으로 또 불합리하게 복종해서 기능한다고 하였다. 유아의 생활은 의식적인 자아가 발전하여 현실원칙과 상위자아에 복종하면서 기능하기 전까지는 본능의 직각적이며 자기중심적인 만족만을 추구하는 욕구에 의하여 좌우된다는 것이다.

25 분리불안 *separation anxiety*

어머니나 어머니 대리자로부터 분리되거나 또는 분리될 것 같은 상황에서 어린이들이 느끼는 정상적인 불안 또는 두려움을 말한다. 분리불안은 생후 6개월경에 처음 나타나며 6개월에서 10개월 사이에서 가장 현저히 나타난다. 성장 후에 사랑하는 사람과의 분리가 일어나면 이와 유사한 불안이 일어나며 이 경우에 심한 공포감이 일어날 때에는 신경증적 애착이 있었음을 말해 준다.

26 상동증 *stereotype*

동일한 단어, 구절 또는 몸의 움직임을 지속적이며 병적으로 되풀이하는 경우를 말한다. 자폐증 아동, 강박장애 또는 긴장성 정신분열증에서 흔히 나타나는 증상이다. 불안을 완화시키고 안정감을 얻기 위한 무의식적 시도로 해석되고 있다.

27 성적 가학증 *sexual sadism*

가학성애, 사디즘이라고도 한다. 사디즘 *Sadism*은 18세기 프랑스 작가인 사드 *Marquis de Sade*의 이름에서 유래하였다. 다음과 같은 진단기준 3가지 중 하나가 해당될 때 성적 가학증이라 할 수 있다.

① 동의하지 않은 상대방에 대하여 성적 흥분을 얻기 위해 반복적, 의도적으로 심리적 또는 신체적 고통을 준 적이 있거나, ② 성적 흥분을 위하여 동의한 상대방에게 가벼운 상처를 주고 괴롭히면서 고통을 주는 것이 애용되거나 또는 유일한 방식일 때, ③ 성적 흥분에 도달하기 위해 동의한 상대방에 대해 광범위하고 지속적인 또는 치명적일 수도 있는 신체적 상해를 가하는 경우이다. 강간, 난폭한 성행동, 성적 살인 *lust murder*(성관계 후 살인함)이 관련될 수 있다. 정신 역동적 원인은 희생자에 대한 지배 및 통제의 욕구로서 성적 무능감의 병적 극복이다. 기타 유전적 소인, 호르몬 이상, 병적 대인관계, 과거 성적 남용의 피해경험, 정신장애(대개 정신분열병)의 동반 등이 원인적 요인들에 해당된다. 발병과 경과는 성적 피학증과 같다.

28 성적 피학증 *sexual masochism*

피학성애라고도 한다. 마조히즘 *Masochism*은 19세기 오스트리아의 소설가인 *L. von Sacher-Masoch*의 이름에서 유래하였다. 프로이트는 자기 자신에게로 향한 파괴적 환상에서 유래한다고 하였다. 이는 가해가 자신에게 통하지 않는다는 것을 가시 함으로써 무능감과 상해의 공포를 극복하고자 하는 역동적 요인 때문이다. 어린 시절 고통이 성적 즐거움의 필수조건임을 경험한 적이 있다. 다음과 같은 2가지 중의 하나인데 ① 모욕, 구타, 채찍질, 묶임, 기타 고통을 당하는 방법이 성적 흥분을 얻기 위해 애용되거나 또는 유일한 방법이 될 때, ② 성적 흥분을 얻기 위해 신체적으로 상처를 입거나 생명의 위협을 받는 행동에 의도적으로 몸을 내맡기는 경향이 있을 때이다. *Autocratic asphyxiation*도 여기에 해당된다. 이들은 여자보다 남자에서 더 많고 성인초기에 주로 시작된다. 경과는 만성적이다. 30%에서는 가학증적인 경과는 만성적이다. *Moral masochism*은 고통의 욕구는 느끼나, 성적인 공상은 없는 경우를 말한다.

29 성전환증 *transsexualism*

정신성적 장애에 속하는 성 주체성 장애 *sexual identity disorder*의 하나로서 자신이 타고난 해부학적 성에 대한 불만감과 부적절감이 지속되고, 자기 자신의 성기를 제거하고 자기와 반대되는 성의 소유자로서 살고 싶은 강한 충동이 수반되는 경우이다. DSM-Ⅲ 에서는 이런 상태가 적어도 2년 이상 지속되고 또한 정신분열증이나 기타 정신장애의 증상이 아니고, 또 신체적 간성 *physical inter sex* 이나 기타 유전적 이상과 관계가 없을 때에만 이 진단을 내리도록 규정하고 있다. 어떤 이성 지향증 환자들은 반대성의 옷을 입고, 또 어떤 경우의 환자는 외과적 수술이나 또는 내분비 치료를 통해서 그들의 해부학적 성을 변형시키고자 하기도 한다.

30 수면박탈 *sleep deprivation*

대개는 실험적 목적을 위한 것이지만 징벌의 하나로서 또는 포로로부터 자백을 강요하기 위한 방법으로도 사용되는 고의적인 수면방해를 말한다. 지금까지의 연구결과에 의하면, 하룻저녁의 수면을 박탈당한 사람들은 신체적 기능이나 정신적 기능에 별 변동이 일어나지 않으며, 또 30~60시간 각성상태를 강요받은 사람들은 생소한 또는 힘든 과업을 해내는 데에는 별 장애를 나타내지 않지만 무엇을 쳐다본다거나 하는 따위의 따분한 가업에는 내성이 약해진다. 그 이상 수면을 박탈하면 언어 차질이 생기기 시작하고, 심리적 검사를 제대로 수행해 내지 못한다. 지남력장애, 현실과의 유리감, 지각의 왜곡 그리고 편집적 태도들과 같은 많은 정신병적 증상은 6~7일간의 수면박딜을 당하고 난 연후에 나타난다.

투사도 전치의 한 형태이나 부정이란 기제와 밀접한 관련이 있다. 용납할 수 없는 자기 자신 내부의 문제나 결점이 자기 외부에 있는 것으로 생각하는 기제이다. 즉 자신이 무의식에서 품고 있는 공격적 계획과 충동을 남의 것이라고 하는 경우로 자신이 누구를 미워할 때 그가 자기를 몹시 미워하기 때문에 자신도 그를 미워한다는 경우, 강하나 억압된 부도덕한 성적 충동이 있는 부인이 모든 남자는 믿지 못할 사람이라고 주장하는 경우 등이다.

31 신경성 식욕부진증 *anorexia nervous*

대개는 사춘기의 미혼 여자나 젊은 여성에서 흔히 발병하는 정신 생리적 장애의 하나로서 식욕부진과 섭식거부, 구토증, 심한 체중감소 및 무월경증 등이 주증상이다. 사춘기 이전이나 중년 이후 또는 남성에서 발병하는 경우는 대단히 드물다. 환자들의 대부분에서 병전에 비만증이 있었으며, 친구들로부터 놀림을 당하거나 이성과의 첫 번째 접근에서 공포감과 혐오감을 경험했던 것이 발병의 계기가 되기 쉽다. 환자는 심한 허기증을 느끼면서도 복부 팽만감이나 오심을 호소하며 섭식을 거부하거나 전혀 식욕을 상실하여 자발적으로 무엇을 먹으려고 하지 못하거나 하지만 때로는 가족들과 같은 식탁에서는 먹을 수 없음에도 불구하고 밤중에 몰래 부엌에 나가서 음식을 먹거나 숨겨 두었던 음식을 몰래 먹는 경우도 있다. 정도의 차이는 있지만 체중을 줄이려고 하는 의식적인 소망이 모든 환자에게 있으며 교묘한 방법으로 먹었던 음식을 토해 낸다거나 다량의 설사약을 일상적으로 사용하거나 한다. 그러면서도 운동량이 지나치게 많으며 빼빼하게 마른 체구를 가지고 있으면서도 활발하게 일을 한다거나 산책을 하는 경우가 흔하다.

32 아동학대 *child abuse*

부모나 대리부모가 16세 이하의 소아에게 신체적 손상이나 성적 학대를 가하는 것을 소아학대라 한다. 소아학대의 원인으로 가해자에게 인격 장애가 있고 어렸을 때 제대로 부모 사랑을 못 받았을 뿐 아니라 학대를 받았던 과거 경험 등이 거론되고 있다. 특히 가해자는 아버지보다 어머니가 더 많고 소아를 학대하는 부모는 대부분 자식의 버릇을 가르친다든지, 말을 잘 듣지 않기 때문에 훈육한다는 등의 이유로 아이를 구타, 폭행한다. 심한 타박상 등 신체적 손상을 가하고 심하면, 살해까지도 한다.

33 암시 *suggestion*

겪고 있는 증상이 완화되거나 곧 나을 것이라고 암시해 줌으로써 치료 효과를 얻는 요법이다. 치료자가 권위나 신뢰를 유지한 채 피암시성이 강한 환자를 동정적으로 대할 때 자아의 퇴행이나 무의식적 갈등의 표현이 잘 되며 암시의 효과가 높다. 그러나 일시적 효과에 그치기 쉽고 병식의 역동적 접근을 시도하지 않으면 증상의 재발이 잘 일어나므로 재교육 치료도 필요하다. 암시는 어린애같이 감정이 미숙하거나 히스테리 경향을 가진 환자나 초발한 전환 장애나 외상 후 스트레스장애 등에 잘 듣는다.

34 애도 *bereavement*

이는 의학적 관여의 대상이 사랑하는 이의 죽음에 대한 반응일 때이다. 상실에 대한 반응의 일부로서 슬픔에 빠진 사람들은 주요 우울장애의 특징(예 : 슬픈 느낌과 불면, 식욕부진, 체중감소와 같은 이와 관련된 증상)을 나타낼 수 있다. 불면이나 식욕감소 등의 증상을 호전시키기 위해 전문가의 도움을 구하더라도 이들의 우울감은 '정상'으로 간주된다. 정상 애도과정의 기간과 표현은 문화의 차이에 따라 다양하다. 주요 우울장애의 진단은 상실 이후 증상이 2개월 이상 지속될 경우 내려진다. 정상 애도과정의 특징이 아닌 증상이 존재할 때에는 애도과정가 주요 우울증 삽화를 감별하는데 도움을 준다.

35 양가감정 *ambivalence*

이는 한 대상에 대해 사랑과 미움이 동시에 있는 것과 같이 두 가지의 상반된 감정이 모순 없이 존재할 때이며 한쪽이 무의식 내에 억압되어 있다. 즉 동일한 대상에 대해서 사랑과 증오 또는 친근감과 적대감 등과 같은 상반된 심리적 경향, 감정 및 태도가 동시에 존재하는 정신 상태를 말한다. 양가성 감정과 같은 갈등적 감정은 애정과 징벌을 행사했던 부모에 대해 특히 강하게 지향한다. 결혼을 할까 말까 하든가, 어떤 직업을 가질까 말까하는 우유부단 역시 부분적으로 자신도 알지 못하고 있는 근거에서 오는 양가감정에 기인하는 것이다.

36 억압 *repression*

억압은 갈등을 해결하기 위해 가장 흔히 사용되는 무의식적 정신기제이다. 억압을 통해 자아는 위협적인 충동, 감정, 소원, 환상, 기억 등이 의식되는 것을 막아 준다. 바람직하지 못한 충동이 의식적으로 나오려는 것을 막을 때, 자아는 정신적 에너지를 사용하게 된다(*counter cathexis*). 특히 죄책감이나 수치심 또는 자존심을 상하게 하는 경험일수록 억압되기 쉽다. 그 전형적인 예가 기억상실이다. 귀찮은 과제는 '잊었다'고 하는 것을 들 수 있다. 따라서 억압은 역동정신의학의 기본이 된다. 반면에 받아들이고 싶지 않은 욕구나 기억을 의식적으로 잊으려고 노력하는 것을 억제 *suppression*라 하며, 무의식적 억압과 구별된다. 예를 들어 실연, 창피당한 기억들을 머리에서 지우려 한다는 경우이다.

37 역할 바꾸기 *role reversal*

상대하던 두 사람이 서로의 역할을 바꾸어 함으로써 상대방의 눈을 통해 자신의 문제, 갈등을 보게 될 뿐만 아니라 상대의 역할을 이해하고 자신의 생각과 표현의 불일치를 이해하게 된다. 특히 권위에 대한 두려움을 가진 환자나 말을 위한 말, 질문을 위한 질문을 환자, 질문에 대한 답변을 스스로 찾도록 도울 수 있는 환자의 경우, 치료자와의 역할 교대는 효과가 있다. 그러나 치료자, 환자 관계가 형성되지 못한 경우에는 환자가 당황하기 쉬우니 조심하여야 된다.

38 오이디푸스 콤플렉스 *Oedipus complex*

정신분석학에서 말하는 개념으로서, 아버지에 대한 적대감을 수반하는 아들의 어머니에 대한 적대감을 수반하는 아들의 어머니에 대한 색정적 느낌을 말한다. 딸과 아버지 사이에서 일어나는 이와 유사한 느낌을 여성 오이디푸스 복합체 또는 엘렉트라 복합체 *Electra complex*라고 한다. 프로이트 *S. Freud* 는 이 복합체의 이름을 오이디푸스가 아버지를 죽이고 그의 어머니와 결혼하게 되는 비극적인 희랍의 신화에서 따왔다. 프로이트는 이 오이디푸스 복합체가 정신성적 발달의 남근기, 즉 연령으로 보아서는 3세에서 7세 사이에서 나타나는 것이라고 생각하였다. 많은 문화 인류학자들은 이것이 범인류적인 것이라는데 대해 의문을 제시하고 있으며, 이런 복합체가 일어나지 않는 문화권도 많다고 주장하고 있다. 호오나이 *K. Horney* 는 주장하기를 이것은 정상적인 것도 아니고 또 범인류적인 것도 아니며, 이것이 발생한다는 것은 부모의 유혹적인 행동에 의하여 조장되는 신경증적 관계 때문이라고 하였다. 한편 프로이트는 이 복합체가 소년의 경우 거세공포와 점차적인 아버지와의 동일시를 통해서 원만히 해결되지 못할 때 신경증의 근본이 된다고 주장하고 있다. 그에 의하면, 여성의 오이디푸스 복합체는 어머니로부터의 사랑을 상실하지 않을까 하는데 대한 공포와 여성 역할을 몸에 지니게 됨으로서 해결이 된다는 것이다. *Oedipal situation* 또는 *Oedipal confect* 라고도 한다.

39 외상 후 스트레스장애 *post traumatic stress disorder*

폭행, 강간, 전투, 홍수, 지진, 죽음의 수용소, 고문, 자동차 사고, 두부 외상 등과 같이 드물기는 하지만, 극히 부담스러운 사건에 의하여 야기되는 불안장애의 하나이다. 그 특징적 양상은 첫째 회상, 즉 반복되는 꿈 또는 악몽의 형태로 그 외상적 사건을 반복적으로 경험하는 것, 둘째 감정적 둔마와 같은 반응성의 감소와 이에 수반하는 타인들로부터 떨어져 있는 것 같은 소원감 및 중요한 활동에 대한 무관심, 셋째 과장된 경악반응, 수면장애, 주의집중력과 기억력장애, 딴 사람들은 죽었는데 자기만 살아남은데 대한 죄악감, 자기가 경험한 외상적 사건을 회상케 해 주는 활동이나 상황에 대한 회피반응 등이다.

40 왜곡 *distortion*

정신분석학에서 사용되는 경우에는 금지된 생각, 충동 또는 경험들을 자아가 좀더 받아들이기 쉽도록 하기 위해 수식하는 것을 말한다. 가령 꿈 속에서는 금지된 욕망이 흔히 변장되거나 또는 상징적인 형태로 표현된다. 즉 층계를 걸어 올라가는 것 같은 천진난만한 행동은 그것이 대신하고 있는 죄 많은 성교행동보다는 상위자아가 설정한 검열을 훨씬 쉽게 통과할 수 있는 것이다. 그러나 이 왜곡은 다른 형태를 취할 수도 있다. 많은 사람들이 대개의 경우 그들이 그렇게 한다는 것을 알지 못하면서 어떤 경험을 말할 때 자기에게 불리하지 않게 왜곡해서 말하는 경우가 많다. 좀 더 병적인 차원으로서는 망상, 환각, 비현실감, 정서둔화, 또는 신조어 *neologism* 등과 같은 정신병적 증상들은 정신과정 또는 감정의 왜곡에 의한 것이라고 말할 수 있다.

41 인지장애 *agnosia*

기질적 뇌장애 때문에 사물을 인지하거나 감각자극의 의미를 해석하지 못하는 것으로 다음과 같은 증세가 있다.

① 병시결손증 anosagnosia : 자신의 병을 인정하지 않는 것으로 난청 deafness, 시력감퇴, 실어증 또 심지어는 사지의 상실 등과 같은 신체적 결함이나 질병을 인식하지 못하거나(인식불능상태) 인식하기를 거절하는 경우를 말한다.

② 신체부위 실인증 atotopognosia, somatotopagnosia : 시각적으로 자기 신체의 각 부분에 대한 이름을 대지 못하며, 명령에 의하여 가리키지를

못하고 각 부위와 상호관계를 규정하지 못하는 경우를 말한다. 즉 자신의 신체부분을 인정하지 않는 것이다.

③ 실인증 egnosia : 정신분열증 환자가 자기 앞에 있는 부모나 형제들을 자신과 아무 관계가 없는 사람인 것처럼 지각하는 경우이다. 이 때 그의 마음 속에 그들에 대해 무시하고자 하는 무의식적인 욕망이 있음을 볼 수 있다. 이런 실인증의 상태는 히스테리 환자나 간질 epilepsy 환자, 또는 최면상태에 있는 사람에게서도 나타난다.

④ 입체 인식 불능증 asterognosis, tactile agnosia : 촉각을 통해 익숙한 물체나 또는 기하학적 형태를 가진 사물을 알아차리지 못하거나 또는 인지능력이 현저히 손상되어 있는 경우를 말한다. 질병이나 외상에 의한 두정엽의 손상 때문에 일어나는 것으로 생각된다.

⑤ 안면 실인증 prosopagnosia : 시각 실인증 visual agnosia의 하나의 형태이며, 사람 말소리 또는 발소리 등으로 식별하고자 하게 된다. 뇌의 손상, 특히 우측의 후두엽을 중심으로 하는 손상이 있을 때에 나타난다.

42 자가 음영현상 *autoscopic phenomenon*

이 현상은 자신의 신체 전부나 혹은 일부가 거울에 나타나는 것처럼 느껴지는 갑작스런 환각경험이다. 대개 무색이며 투명해 보인다고 한다. 어떤 때는 자신의 동작을 따라 하는 것처럼 보여서 매우 당황할 수도 있다. 특히 해질 무렵에 잘 나타나고 환청을 동반할 수 있다. 단 몇 초 동안 지속되는 것이 보통이나 드물게는 끊임없이 보이기도 한다. 빈도는 매우 드물다. 원인은 잘 모른다. 측두엽 장애가 관계된다는 연구가 있다. 간혹 정신분열병이나 우울증의 한 증상으로 나타날 수 있다. 일반적 치료법 이외에 특별한 치료법이 없다.

43 자기애 *narcissism*

지나친 자기 사랑 또는 자아 중심성을 말한다. 자기애는 미숙하고 신경증적인 사람들과 어떤 형의 정신분열증에서 흔히 볼 수 있는 양상이다. 정신분석학적 이론에 의하면 자기애는 어린이가 자기 신체로부터 쾌감을 얻고 또 자신에 대한 이 상상을 형성하는 초기발달단계에서부터 유래한다는 것이다. 이런 식의 이기주의 *self-interest*와 자기 관심은 성인기에까지 지속되는 경우가 있다.

44 자유연상 *free association*

프로이트 *S. Freud*에 의하여 확립된 정신분석치료의 기본적인 기법이다. 환자는 침대의자 *couch*에 반듯이 누워 있고, 분석치료자는 그 배후에 자리잡고 앉는다. 따라서 환자는 청각적 교류 이외의 모든 감각적 교류가 차단된 상태에 놓이게 된다. 이러한 상황에서 분석치료자는 자유연상이 기본적 규칙인 "머릿속에 떠오르는 것은 무엇이건 비판하거나 취사선택하지 말고 모두 말하시오"라고 환자에게 지시하고 환자는 그런 방법으로 연상을 계속해 나간다. 이것을 되풀이하는 동안에 환자는 일상적인 의식적 억제 *suppression*를 완화시킬 수 있게 되고, 그러다 보면 무의식적 억압 *repression* 까지도 약화시킬 수 있게 된다. 정신분석치료에서는 이것은 어디까지나 치료 작업으로서의 자유연상법을 의미하며 1회에 1시간 정도의 시간을 배당하고, 또 1주에 4~5회 정도의 횟수를 장기간 되풀이해 나간다.

45 적응장애 *adjustment disorder*

적응장애는 어떤 정신적인 충격을 받은 후 사회적으로나 직업적으로 기능적 장애를 나타내는 것이며, 이혼, 사업의 위기, 가정불화, 부모가 되는 것, 또는 정년퇴직 등과 같은 특수한 그러나 확인할 수 있는 스트레스에 직면했을 때 3개월 이내에 나타나는 부정적인 반응을 말한다. 특히 인격 구성면에서 취약점을 많이 갖고 있는 사람에게는 대단치 않은 충격에도 심한 반응을 나타낸다.

46 전환장애 *conversion disorder*

전환이란 심리적 갈등이 신체감각기관 *sensory organ* 과 수의근계 *voluntary muscular system* 의 증상으로 표출되는 것을 말한다. 글을 쓰는데 갈등을 느끼는 소설가가 원고를 쓰는 오른팔에 마비를 가져오는 것, 군에 입대하기 싫어하는 사람이 입영영장을 받아 보고 시각장애를 가져오는 경우 등이다.

47 정신치료극 *psychodrama*

빈 *Vienna*의 정신과의사 모레노 *J. L. Moreno*에 의하여 창시된 집단정신요법 *Group psychotherapy* 중의 한 기법이다. 정신치료극 속에서 그 개인으로 하여금 즉흥적으로 자신의 여러 가지 측면을 연기시키고 그것을 진단적 및 치료적 관점에서 지도해 나간다. 구체적으로는 무대 위에서 여러 가지 역할을 환자로 하여금 연기하도록 함으로써 내적 갈등과 경험을 표현시켜 통찰로 인도해 가면서 동시에 새로운 역할을 학습하게끔 하는 것이다. 정신치료극을 구성하는 것은, 첫째 주연기자, 즉 환자, 둘째 무대감독이며 연출가인 치료자, 셋째 보조자아 *auxiliary ego*라고 불리어지는 치료자의 조수가 있어야 하며, 이 보조자아는 필요에 따라 환자와 같이 극중의 인물이 되는 경우가 있다. 넷째 관중인데, 그 관중은 환자에 대해서는 여론으로서의 의미를 가지며 또 관중자 신도 연극을 관람함으로써 자신이 지니고 있는 문제의 치료에 도움을 얻을 수 있다. 다섯째 무대가 있어야 하는데 모레노의 정신치료극의 발전이론에 대응하는 것으로서 3개의 계단을 가지고 있는 원형의 무대이다. 방법에 있어서는 감독은 주연기자가 관중석에 있을 때 미리 이 주연기자의 문제에 대해서 질문과 대화를 나누어 워밍업 *warming up*을 해 둔다. 그러고 나서 주연기자를 무대에 불러내어 자발적으로 대사를 결정하도록 하여 자기 스스로가 연기를 하게끔 한다. 그때 상대하게 되는 사람으로서는 보조자아 또는 관중 중에서 자유로이 선택하게 된다. 이렇게 하여 주연기자는 무대 위에서 자신의 현실생활을 재현하고, 그 연기를 통해서 또 치료자의 치료적 지도와 관중의 충고의 도움을 받아 그의 장애를 극복하고 현실생활에 대한 자신감과 자발성을 되찾을 수 있게 된다.

48 제 반응 *abreaction*

브로이어 *J. Breuer*에 의해 시작된 치료방법의 하나로서, 환자는 무의식 속에 억압되어 있던 고통스러운 경험을 상기하거나 또는 재연함으로써 그러한 경험과 결부되어 있던 억압된 감정을 방출하고 긴장감에서 해방되는 것이다.

해제반응은 치료적 과정을 말하는 것이며, 정화법 *catharsis*이란 긴장감에서 해방된 결과를 의미하는 것이다. 의식적으로 억압되어 있던 내용이 표현되는 고백과는 구별해서 생각하는 것이 상례이지만 임상적으로는 동시에 일어나는 경우가 흔하기 때문에 구별하기가 곤란할 때가 많다. 대개는 언어를 중심으로 한 표현이 사용되어지지만 눈물을 흘린다거나 몸부림을 친다거나, 기타의 신체적인 반응과 운동과 같은 신체표현을 수반하는 경우가 흔하다. 이 과정에서 치료자는 환자의 표현에 대해 옳고 그름을 지적하거나 또는 비판을 해서는 안 되며 수용적인 태도로 받아들이는 것이 중요하다. 또한 환자의 자아기능 상태를 고려해서 환자의 자아가 감당하기 힘들 정도로 한꺼번에 억압된 내용을 표출시키게 해서는 안 된다. 또한 이 치료가 성공적이 되기 위해서는 다른 치료자와의 병행이 필요하다.

49 주의 산만 *destructibility*

주의력을 유지할 수 없음을 말한다. 바로 가까이에 있는 사물로부터 주위가 쉽사리 전환되는 경향을 말한다. 심한 주의산만증은 학습장애 아동에게서 흔히 볼 수 있으며, 또한 하나의 주제에서 다른 주제로 빠르게 관심이 옮겨가는 조증환자에게서도 볼 수 있다.

50 지성화 *intellectualization*

간략히 말하면 무의식적 갈등과 또 이에 수반하는 거북한 감정에 대한 대결을 지성을 사용하여 피하고자 하는 기전이다. 즉 감정과 욕동을 직접 의식하거나 해방시키는 대신에 그것늘에 대한 지적 인식, 논리적 사고, 또는 그것들에 관한 지식의 획득과 전달 등의 지적 태도로서 그것들을 조절하고자 하는 자아의 방어활동을 말한다. 이 기전은 안나 프로이트 *A. Freud*에 의하여 청소년기에 특히 활발하게 사용되는 자아의 방어기전으로서 주목되었다. 일반적으로 청소년들은 성욕에 대해서 그 욕동과 정서를 억압하고 그로부터 격리된 관념의 인식과 지식의 획득 등과 같은 지적 활동에 의하여 성욕을 조절하고자 하게 된다. 즉 지성화는 본래 갈등 밖의 자아영역에 있는 자아의 기전인 지성을 방어기전으로 전용하는 자아의 활동으로서 일정한 지적 능력의 발달을 전제로 하며, 그와 더불어 욕동과 감정을 관념과 격리시킴으로써 적용되는 기전이어서 쉐퍼는 지성화란 격리의 보편적 형태라고 보고 있다. 따라서 지성화는 욕동과 감정의 직접적인 해방을 억제하는 경향을 가지고 있지만 한편 이 지성화 과정 그 자체가 방어된 욕동의 대리만족의 의미를 가지게 되기도 한다. 즉 지성화는 공격성과 성욕을 사회적으로 해방시키는 승화 *sublimation*의 의미를 가지는 경우가 많다.

51 지형학적 이론 *topographical theory*

프로이트의 초기 인격이론에 있어 인간의 정신이 의식 *conscious*, 전의식 *preconscious* 및 무의식 *unconscious* 의 세 가지 영역으로 구성되어 있다고 하였으며 이를 지형학적 이론 *topographical theory* 이라고 한다. 즉, 인간의 마음은 작게는 의식, 전의식, 무의식이라는 셋으로, 크게는 의식과 무의식이라는 두 구획으로 지어볼 수 있다. 의식the *conscious* 이란 자기 내부와 외부에서 오는 지각을 인식하는 마음의 부위로서, 주의 *attention* 하고 있는 부분, 즉 알고 있는 부분을 말한다. 의식 *the preconscious* 이란 정신집중만 하면 능히 기억할 수 있는 생각들 *thoughts* 과 기억 같은 것을 말하며, 의식과 무의식 사이의 영역으로 상호 연결되며 이차과정 사고를 수행한다고 하였다. 무의식 *the unconscious* 이란 정신집중을 해도 좀처럼 떠오르지 않는 마음의 부위로서, 의식하고 있지 않은 부분으로 대개 억압된 사고와 감정이 그 내용을 이루는 바, 행동의 대부분은 이 무의식에 의해 결정된다. 따라서 정신과적 증상 형성도 대개 무의식에서 이루어진다. 무의식이 있다는 증거가 되는 예를 든다면 다음과 같다.

① 최면 후 암시 post-hypnotic suggestion다. 최면을 걸고 "당신은 오늘 2시에 창문을 열 것이요"라고 하면 그 사람은 깨어난 뒤 2시 시계가 울리면 창문을 연다. 왜 여느냐 물으면 그는 "나도 몰라요. 괜히 열고 싶었어요." 라든지 "신선한 공기……" 등의 그럴듯한 대답을 한다.

② 꿈이다. 배고픈 사람은 꿈속에서 잔칫상 앞에 앉는다. 그렇게 해서 배고

픔을 부분적, 일시적으로 해결, 욕구충족 시키려는 것이다.

③ 잘못 튀어나오는 말 slips of the tongue이다. 8년 위 오빠에게 애착을 가진 여자 가 10년 위의 남자와 결혼한 뒤 '남편이 8살 더 먹었다'라고 한다.

④ 불쾌한 일은 쉽게 잊는다.

⑤ 정신과의사에게 통찰정신치료를 받는 환자가 마침 의사의 개인의 이유로 오늘 면접이 취소된 바로 그 면접시간에 자기 집 침대에 누워서 장난감 권총으로 과녁 맞추는 장난을 한다.

⑥ 자기 행동의 동기를 자기는 몰라도 남들에게는 완연한 경우이다. 지배적이고 극성인 어머니가 자신을 '가장 희생적인 어머니'로 생각하나 남들은 그것이 실은 아들을 지배하려는 무의식적 욕망임을 안다.

요컨대, 인간을 움직이는 큰 힘은 무의식에서 나오며, 이 때의 의식이 차지하는 영향력은 해면 위의 빙산으로 그리고 무의식은 그 밑의 얼음덩이로 알면 된다.

52 진행마비 general paresis

스피로헤타가 뇌조직을 파괴함으로써 일어나는 신경매독의 가장 심한 형태이다. 잠복기가 길기 때문에, 초기감염에서부터 5년에서 30년까지 사이에 증상이 나타나기 시작한다. 심리학적 증상으로서는 자극과민성, 착란, 피로, 그리고 건망증이 일어나기가 계속해서 두통, 대화에서의 섬세한 의미의 파악곤란, 작화증 및 예의범절, 도덕감 그리고 판단력의 황폐화가 일어난다. 적절한 시기에 페니실린 치료를 받지 않는 경우에는 동공의 대광반사 지연, 안면근육의 탄력성 상실, 공허한 표정, 언어차질, 수서 장애, 보행의 불안정성 등과 같은 신체증상이 일어나고 계속 진행하면 옷도 입지 못하고 운동마비가 오고, 경련, 분뇨실금 등이 나타나다가 종국에는 식물인간이 되고 만다.

53 질환공포 *nosophobia*

질병 또는 질병의 징후에 대한 병적 공포증을 말한다. 라일 *J. A, Ryle*은

이에 대해 특정한 질병에 대한 공포로서 그 이상이나 또는 그 이하도 아니라고 하면서 이를 다음과 같이 분류하고 있다. 즉 첫째 현재 걸려 있는 질병의 심각성과 수술 등의 치료와 고통에 대한 공포, 둘째 간질, 정신병, 암 그리고 폐결핵과 같은 병을 유전받고 있지 않나 하는 공포, 셋째 전염병에 걸리지 않을까 하는데 대한 공포, 넷째 실제적으로는 걸려 있지 않은 질병에 대해서 어떤 자각증상을 근거로 하여 걸려 있지 않나 하는 공포, 다섯째 질병에 걸려서 죽는 것이 아닌가 하는데 대한 공포 등이다. 이상과 같이 광범위한 영역의 공포이기 때문에 때에 따라서는 건강염려증과의 구분이 곤란할 때가 있다.

54 **착각** illusion

이는 감각기관을 잘못 해석하여 지각하는 것이다. 착각은 강한 감정, 욕구, 충동 때문에 투사에 의해 일어나는데 예를 들어, 죄책감이 심하면 바람 소리를 자기를 비난하는 소리로 듣는다. 뇌증후군에서 보는 착각은 신경 전달의 착오 때문이다. 또한 격한 격노상태 rage state, 절박한 욕망과 충동 등 심리적인 혼란 상태에서도 착각이 생길 수 있다.

55 **초자아** *superego*

사회의 기준과 옳고 그름에 대한 우리들 자신의 기준을 결정해 주는 마음의 지침, 즉 양심, 그리고 우리의 목표와 양심을 결정해 주는 이상 자아 등으로 구성되는 인격의 도덕적인 구성요소이다. 우리의 충동을 조정하고, 우리의 행위의 방향을 잡아 주는 의식적인 자기, 즉 자아 *ego*는 근본적으로는 부모의 요구와 금지로부터 연유해 나온 상위자아의 법칙과 원칙에 의하여 기능한다. 우리는 부모의 사랑을 필요로 하고 부모의 불찬성을 두려워하기 때문에 그들의 요구와 금지를 채택 또는 내면화하는 것이다. 상위자아의 형성은 무의식적 차원에서 이루어진다. 상위자아 형성과정은 만 5세 이전에 시작되며, 아동기, 청소년기 그리고 성인기를 거치면서 형성되는데, 대부분 존경할 만한 행동양상과의 동일시를 통해 이루어진다.

56 최면 *hypnosis*

암시에 의하여 이완상태를 일어나게 하고 또 어느 하나의 사물에 주의를 집중케 하여 몽환상태에 빠지도록 하는 것을 말하며, 이 몽환 *trance* 상태를 최면상태라고 한다. 아직 그 본질은 확실히 밝혀져 있지 않지만 이 최면상태 하에서는 피 암시성이 항진되기 때문에 감각, 지각, 운동, 기억, 사고 및 감정 등이 각성 시와 다른 특이한 형태로 나타나기 쉽다. 이 몽환상태를 일으키기 위해서 여러 가지 종류의 암시조작이 사용되는데 이런 조작을 최면유도법 또는 최면법 *hypnosis* 이라고 한다. 즉 최면이라는 용어는 조작기법을 말하는 경우와 그 기법에 의하여 일어난 상태를 의미하는 경우가 있다. 최면으로 유도하기 위해서는 첫째 최면에 대한 불안과 오해를 해소시킴으로써 최면을 받고자 하는 동기가 생기게끔 하고, 둘째 최면술자와 최면을 받고자 하는 사람의 사이에 마음이 통하게끔 하여야 하고, 셋째 심신을 이완시켜야 하고, 넷째 눈앞에 놓인 조그마한 빛나는 물체, 메트로놈의 소리 또는 어떤 상과 같은 일정한 사물에 주의를 집중시키게끔 할 필요가 있으며, 그리고 다섯째로는 "눈이 감긴다", "손이 올라간다"는 등의 말을 통하여 언어적 암시를 주어야 한다. 이런 조작에 의하여 대부분의 사람이 초면상태에 빠지게 되며 특히 아동, 즉 7세에서 14세 사이의 연령층은 최면 감수성이 더욱 높다.

57 치료적 동맹 *therapeutic alliance*

환자를 이해하기 위한 치료자의 능력과 환자의 성숙하고 합리적이며, 관찰적 입장에 있는 자아 *ego*와 연대(합)하는 것을 의미한다. 의사는 환자의 고통을 이해하며 환자가 어떠한 이야기를 하더라도 참고 수용한다는 지지적 태도를 견지해야 한다. 환자의 비언어적 표현을 잘 이해할 수 있어야 한다. 좋은 환자 – 의사 관계에서는 환자는 의사를 신뢰하여 마음의 가장 비밀스러운 내용까지도 얘기할 수 있게 된다. 의사는 정신건강에 대한 전문가로서 환자와 좋은 협력관계를 이루어야 하며 동시에 자신과 환자와의 관계를 객관적으로 관찰할 수 있어야 한다. 즉 면담 중 의사는 참여하는 관찰자 *participant observer*의 입장을 취할 필요가 있다. 환자가 얘기하는 것이나 행동에 대해 항상 동참하되 객관성의 유지가 필요하다. 필요한 면담기술은 의사의 인격수준에 따라 다르지만 스스로를 철저하게 검토하면서 환자와의 끊임없는 다양한 실제경험을 통하여 훈련 습득될 수 있다. 의사는 환자와의 면담을 통하여 질환의 양상, 증상의 특징과 그 원인을 밝히고 환자의 인격과 인생사와의 관계를 이해해야 한다. 병력 *history*은 하나의 역사라는 관점에서 모든 자료와 그 발전과정이 생생한 내용으로 기술되어야 한다. 처음부터 개인력이나 가족력을 자세히 묻는 것보다 현재 증상부터 물어가는 것이 적절하다. 직접적 묻기도 하고 환자가 스스로 자기의 얘기를 해나가도록 하기도 하여 균형을 취해야 한다. 유도하는 질문이나 대화를 중단시키는 질문은 피해야 한다. 그러나 너무 일반화 *generalize* 시키려는 데 대해서는 특정한 실제의 예를 묻는다거나 의문이나 논평을 가하여 진술 경향을 바꿈으로써 면담을 잘 이끌어 나가야 한다.

58 **해리** *dissociation*

마음을 편치 않게 하는 근원인 성격의 일부가 그 사람의 의식적 지배를 벗어나 마치 하나의 다른 독립된 성격인 것처럼 행동하는 경우로서, 즉 인격의 부분들 간에 의사소통이 잘 이뤄지지 않을 때, 괴롭고 갈등을 느끼는 인격의 일부분을 인격의 다른 부분과 분리시키는 기제이다. 예로써 이중인격 또는 다중인격 *dual or multiple personality*, "지킬 박사와 하이드씨"에서 볼 수 있다. 이 경우 한 성격은 보수적이고 도덕적이나, 다른 한 성격은 거칠고 충동적이며 쾌락을 추구하는 것이 대개의 법칙이다. 그밖에 몽유증 *somnambulism*, 잠꼬대 *sleep talking*, 건망증 *amnestic episodes*, 둔주 *fugue states* 등을 들 수 있다.

59 **황홀경** *trans state*

'황홀경 *Trance*', 이것을 쉽게 경험하기 위해 사람들은 대마초, 마리화나, 필로폰 등에 손을 대기도 하고, 청소년들은 본드나 부탄가스를 흡입하기도 한다. 그런데, 마약이나 본드 같은 유해물질이 없이도 이 테크노댄스에 심취하다 보면 황홀경에 들어갈 수 있다는 것이 우리를 놀라게 한다. 일반적으로 종교적 신비체험의 최고 상태를 가리키지만 종교와 무관하게 나타나는 심리의 이상상태까지도 포함한다. 본래 엑스터시는 그리스어 *ek, exo* (~의 밖으로)와 *histanai* (놓다, 서다)의 복합어인 엑스터시서 *ecstasis*에서 나온 것으로, '밖에 서다'라는 뜻이다. 이것은 영혼이 육체를 떠나 있는 상태를 나타낸 것이었다. 그 후 고대 말기에 이르러 신비체험까지도 포함하게 되었다. 엑스터시 현상이 가장 두드러진 종교로서 샤머니즘을 들 수 있다. 대개 샤먼이 되기 위해서는 엑스터시를 겪어야 할 뿐만 아니라 그러한 상태에 스스로 몰입할 수 있어야 한다. 엑스터시 상태에서 샤먼은 자신의 혼이 육체를 떠나 하늘로 상승하거나 지옥으로 하강하는 경험을 한다.

– http : //blog.naver.com/yj4864399/80013958587 참조

신화·원형비평

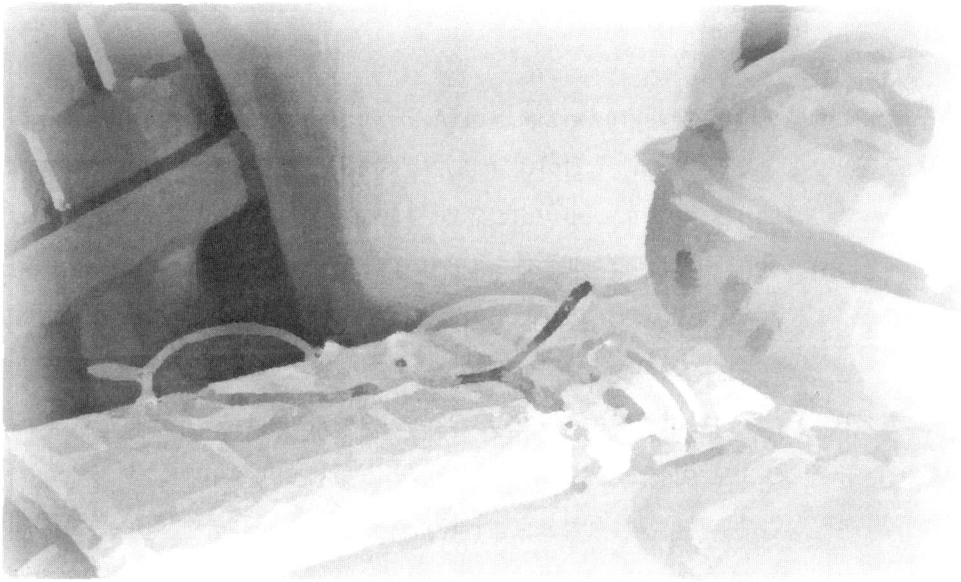

제 6 장

1. 개요
2. 심층 연구
3. 신화 · 원형비평의 실제

"勝者는 지는 것도 두려워하지 않고 敗者는 이기는 것도 은근히 念慮한다"

1. 개 요

神話·原型 批評 *Mythological and Archetypal Criticism*은 한 마디로 신화의 원형을 문학작품 속에서 찾아내고, 작가들에 의해 그것이 어떻게 재현되고 재창조되었는가를 연구하는 방법이다. 즉 작품이란 현상을 원형의 반영으로 보고 그러한 원형이 시대나 개인에 따라 변형되는 모습을 추적하자는 방법이다.

노스럽 프라이 *N. Frye* 는 문학의 분석에 관한 신화적인 연구로 우리를 이끌고 간다. 신화주의비평가는 역사 이전과 諸神의 전기에 더욱 관심을 갖는다. 神話는 한 집단이나 민족의 기원, 우주와 인간과의 관계, 민족이 살아남기 위한 투쟁, 지도 이념, 삶과 죽음, 인간의 미래 등 한 민족이나 인류 전체의 가장 본질적인 문제들을 상징적으로 이야기한 것이 된다. 특히 신화는 초인간적인 존재, 즉 신들이 반드시 개입하는데, 이것은 인간의 본질적 문제가 일상적인 생활을 영위하는 인간의 차원에서는 설명할 수 없다고 본 까닭이다. 따라서 신화는 궁극적으로 종교적이다. 일반적으로 사람이 만들어 내는 모든 신화는 인류의 기본신화의 변형이라는 학설이 대두되었는데 프레이저가 그 대표적 인물이다. 그들에 의하면 인류의 기본신화는 인류가 원시인의 상태에서 농경문화로 비약하였을 때 생겨났다는 것이다. 따라서 고대의 신화는 모두 농사짓는 일, 기후, 사계절, 가축, 종족보존, 남녀관계, 세대계승 등에 관한 것인데 인류는 근본적으로 아직 농경문화의 연장선에 살고 있으므로 그 기본신화는 외형만 변하지 그대로 계승되고 있다는 것이다.

기본신화의 계승에 대해서는 융이 집단 무의식 *collective unconscious*이라는 학설을 내놓음으로써 설명이 가능해졌는데, 그에 의하면 우리의 원시적 조상들의 신화 요소들이 우리도 모르는 사이에 오늘날까지 유전되어 마치 유전자처럼 유전된다는 것이다. 그래서 역사를 같이하는 한 집단은 알게 모르게 신화의 기본 요소들을 날 때부터 가지고 태어난다는 것이다. 예를 들어, 한국인은 모두 단군신화를 알게 모르게 무의식 밑바닥 어딘가에 가지고 있는데,

그것이 간혹 뜻을 알 수 없는 꿈으로 나타나든지 그 꿈이 다시 재조명되어 문학의 형태로 나타난다고 한다. 단군신화에서 곰녀는 어두운 동굴에서 일정 기간을 보내고 마침내 미인이 되어 단군왕검의 배필이 되었고, 시골 소녀 심청이도 깊은 바다에 빠졌다가 얼마 만에 꽃 같은 아가씨가 되어 왕비가 되었는데 둘은 다 같은 신화의 조금씩 다른 표현이며 이는 아마 한국 여성의 근본적인 꿈인지도 모른다고 신화비평가들은 말한다. 따라서 현대의 신화비평은 문학이 인류의 기본신화를 계속 이야기한다고 믿으며, 진정한 문학 연구는 문학에 나타난 신화적 요소들을 분석해서 기본신화 요소의 어떤 변형인가를 밝히는 것이라고 주장한다.

신화비평을 때로는 原型批評이라고 부르는데 이는 문학작품 속에 내재해 있는 신화적 요소가 신화적 원형 *archetype*을 이루고 있으며 이러한 원형이 반복되거나 확대된다는 견해로부터 나온 말이다. 모든 민족이 각각 다른 전설 · 민속 · 일정한 관념 형태를 반영하는 신화를 지녔을지라도, 그리고 신화가 자라난 문화적 환경에 따라서 독특한 모습을 지녔다 하더라도 상당 부분 공통점을 지닌다. 따라서 신화는 일반적인 의미에서 보편적인 것이다. 이것은 유사한 모티프 *motif* 나 테마가 상이한 신화들 가운데서 발견될 수 있으며, 時空上으로 현격히 떨어진 사람들의 신화에서도 공통된 의미를 지니는 경향이 있다.

카시러에 따르면 신화는 세계를 전망하는 한 방법, 곧 의식의 틀이며 그것은 인간의 유일한 능력인 상징성의 원리를 모태로 한다고 본다. 따라서 모든 지식을 인간 정신 활동의 종합으로 보며, 신화를 의식의 신비로운 양상과 동일시한다. 이러한 태도는 경험을 바라보는 가장 기초적인 방법이기도 하다. 카시러는 신화를 고대인이나 현대인이나 미개인이나 문명인이나 다 같이 공유하고 있는 인간성의 본질적 양상으로 보는 것이다. 그는 또한 인간이 외부 사물을 파악하는 순간부터 상징적, 나아가서는 신화적 틀에 그 파악 내용을 담는다는 주장을 하고 있다. 예를 들면, 동쪽에 해가 뜨면서 어둠이 사라지는 자연현상을 보고 햇빛이 어둠을 물리쳤다는 생각이 자연스럽게 생기며, 나아가서는 해라는 용사가 어둠이라는 적을 이겼다는 이야기가 쉽게 생긴다는 것이다.

따라서 신화 · 원형비평가들은 위대한 문학작품은 신화의 원형으로 복귀하려는 경향이 있다고 주장한다. 이 비평 방법은 인류학, 종교학, 민속학, 심층심리학, 언어학과도 유대를 지니고 있으면서 역사주의 · 형식주의 · 심리주의 · 문학사회학 등 모든 방법을 유연성 있게 활용한다. 그러나 궁극적으로 이미 언급된 바와 같이 작품이라는 현상을 원형의 반영으로 보고, 그러한 원형이 시대와 개인에 따라 어떻게 변형되었는지 그 모습을 추적하자는 방법이다. 비평은 그러한 원형을 찾아 내고, 비평의 대상이 되는 작품이 그러한 원형에 필연적으로 연역됨을 증명하는 일이다.

원형이란 원래 근본적인 형식을 의미하는 것으로, 그것으로부터 많은 실제적 개체들이 만들어질 수 있는 것을 말한다. 이를테면 걸상이라는 개념에서 많은 실제의 걸상들이 생겨나는 경우다. 문학에 있어서도 보편성을 띄운 요소, 즉 모든 모험담에 등장하는 공통적인 영웅상, 모든 연애소설에 나오는 공통적인 미인, 기타 보편성이 있는 행동양식, 행동이 벌어지는 배경, 사회관계 등은 원형이라고 할 수 있다.

인류학자 프레이저 *Frazer*가 그의 유명한 저서 『황금가지 *The Golden Bough*』에서 인간에게는 시대를 초월하여 영적인 통일성이 있다고 보고 원시인의 관습 · 전통 · 주술 · 원시신앙 · 토속신앙 · 전설 등을 평범하게 연구하여, 주술과 과학과 종교의 상관관계를 밝혔고, 미개 민족의 종교를 진보한 종교의 원형이라고 말한다. 그는 세계 각 민족의 신화와 宗教祭式을 비교 연구한 결과 신화 및 의식의 근본적인 양식이 공통된 것을 발견하였다. 프레이저의 주된 공헌은 어디서나 어느 때나 막론하고 인간의 주요한 願望의 본질적인 유사성을 설명한 것인데, 특히 이 같은 願望이 옛 신화를 통해서 반영된다고 설명한 점이다.

심리학자 융은 우리 조상들이 수만 년 동안 살아오면서 반복하여 겪은 원천적인 경험들이 인간정신의 구조적 요소로 고착되어 집단 무의식을 통하여 유전된다며, 그것이 신화, 종교, 꿈, 환상 또는 문학에 상징적인 형태로 나타난다고 하였다.

그는 인간의 정신구조 속에 자리잡고 있는 집단 무의식의 내용들을 원형 *archetype* 이라고 하였는데, 이러한 원형 중에서 우리의 퍼스낼리티와 행동을 형성함에 있어서 중요한 것으로 그림자 *shadow*, 퍼스나 *persona*와 아니마 *anima*, 아니무스 *animus*를 들고 있다.

그림자는 다른 어떤 원형보다도 인간의 기본적인 동물적 본성(악마적 이미지)을 많이 가지고 있다. 그림자는 진화의 역사 속에서 매우 깊게 뿌리를 내리고 있으므로, 모든 원형 중에서도 가장 강하며, 잠재적으로 가장 위험한 것이라고 하겠다. 그림자는 특히 동성의 타인들과의 관계에 있어서 인간의 최선의 것과 최악의 것의 근원이다. 인간이 공동사회의 필수불가결한 일부가 되기 위해서는 그림자에 포함되어 있는 동물적 정신을 길들일 필요가 있다.

퍼스나는 가면이라는 뜻으로 개인은 퍼스나에 의해 반드시 자기 자신의 것이 아닌 성격을 연출할 수가 있다. 퍼스나는 개인이 공적으로 보이는 가면 내지는 겉보기이며, 사회에 받아들여지기 위해 좋은 인상 주기를 목적으로 하고 있다. 융은 퍼스나를 정신의 겉면이라고 불렀는데, 그것은 세계를 향하고 있는 얼굴이기 때문이다.

이에 비해 융은 정신의 내면을 아니마와 아니무스라고 불렀다. 남성적인 정신에서의 여성적인 측면을 아니마라고 부르는 반면에 여성적인 정신에서의 남성적인 한 측면을 아니무스라고 불렀다.

프레이저의 신화 이론이나 융 심리학의 집단 무의식 이론을 문학 장르론에 적용하여 신화 · 원형비평을 더욱 체계화하고 새로운 비평으로 확립한 사람이 노스럽 프라이 *Northrop Frye*이다. 그는 『비평의 해부 *Anatomy of criticism*』(1957)에서 그의 비평이론을 체계화시키고 제3장에서 '원형비평'을 제기하였다. 성서적 인물들이나 희랍과 로마의 신화에 나오는 신들의 의미가 그 자체로서 인간의 삶의 의미를 나타내 주기도 하지만, 그 신의 이야기나 뜻이 전위되어 우리의 이야기로서 민담, 수수께끼, 소설 등으로 이어지는 근원이 되는 사람 또는 뜻을 알아차리고 해명하였다. 이러한 통찰은 신적인 인물을 직접 이야기 속에 끌어들인 예에서 비롯된 것이기도 하지만, 기능적인 의미에 있어서 신화적인 그것들이 시대를 겪으면서 되풀이되고 있는 사실에 착안한 것으로 볼 수 있다. 프라이는 문학비평의 실제와 문학이론이란 전통적인 양면에서 근본적이고 포괄적인 방법으로 원형비평을 모색하고 발전시켰다. 특히 이 책에서 그는 성서의 예표론적 해석 *typological interpretation*에 전적으로 의존한다. 그만큼 그는 비평은 성경에서 시작해야 한다고 강조하고 있다. 그에 따르면 성경은 서구문화의 중심적인 백과사전적 문학 형태이며, 문학적 심상과 상징의 중요 원천이며, 신화, 즉 창조로부터 묵시에 이르기까지 확대되어 나간 하나의 원형 구조로서 존재하는 문학작품이라는 것이다.

탄생과 성장, 그리고 학습과 고난의 탐색이 있는 다음에 성취하는 이야기는 신화의 구조나 민담의 구조나 현대소설의 구조나 별반 틀릴 것이 없다는 것이다. 이러한 짜임은 이야기 문학 전반에 공통되는 기본적 뼈대가 되고 있다. 다만 작가의 현실적 감각이나 각 시대의 역사적 의미가, 이야기의 내용이나 인물에 신화적인 추상성이나 은유성을 훨씬 현실적인 것으로 바꾸어 놓고 있을 뿐이다. 이렇게 본다면 사실주의 문학이 성취한 현실감은 신화적 세계의 상징적인 의미를 가장 메마르게 바꾸어 놓은 양상임을 알 수 있다.

그러나 문학은 각 시대의 이념이나 도덕이나 풍속이나 종교와 군사 · 경제 · 정치와도 상관관계에 있으므로 작가에 따라 신화적 상징이나 은유를 거부하고 객관적이고, 메마르고, 계산적이고, 분석적인 문예 작품을 만들어 낼 수도 있는 것이다.

예를 들어, 〈홍길동전〉의 행동의 짜임은 신화적인 요소를 짙게 가지고 있다. 또한 그것은 동시에 인간적 현실사회의 행동구조로서도 뜻이 있다.

홍길동의 놀라운 행동과 도술은 사실주의 정신에서는 거부되는 조건이지만 신화문학적인 면에서는 은유적 가치를 획득하고 인간이 할 수 없는 것을 극단적으로 실제화한 하나의 상상적 기도임을 알 수 있다. 고구려의 왕 주몽이 금와왕으로부터 도망할 때, 그 관군에게 쫓기다가 엄사수에 이르렀는데, 이 때 물고기와 자라 떼가 나타나 다리를 놓아 주었으므로 주몽은 무사히 그 물을 건너 고구려를 건국할 수 있었다. 이러한 이적은 신화적 숭엄과 신비를 말해주며 주몽의 행동을 신성한 것으로 암시하고 있다. 마찬가지로 조선시대의 허균이 쓴 〈홍길동전〉에서 보이는 도술도 바로 그러한 뛰어난 인물의 신성하고 놀라운 신비적 기능에 의존한 이야기임을 알 수 있다.

또, 심상의 되풀이에서, 여러 사물들이 인간적인 인식에서 옛날부터 오늘날까지 공통된 의미의 영역을 지니고 있음을 학자들은 발견하였다. 궤린 *Wilfred L. Guerin*은 『문학에의 비평적 접근』(1966)에서 보편적 상징에 관한 설명을 필립 휠 라이트 *Phillip Wheelwright* 의 『은유와 실제』에서 다음과 같이 인용하고 있다.

> 이 같은 상징은 전부는 아니지만 인간의 상당한 부분에 걸쳐서 꼭 같거나 유사한 의미를 지니는 것들이다. 아버지인 하늘, 어머니인 땅, 빛, 위아래, 바퀴살과 그 밖의 것들과 같은 상징이, 서로 간에 시공상으로 떨어져 있어서 그들 사이에 어떠한 역사적 영향과 우연한 관계도 있을 법하지 않은 상이한 문화들에서 자주 되풀이되는 것은 찾아낼 수 있는 것이다.

태양이나 물이나 바람이나 그 밖의 사물들이 시공을 초월하여 시적 재료로서 공통적인 의미를 지니고 있음을 밝히고 있다. 사실 상징만큼 불확실하고 감각적이고 암시적인 의미도 없지만, 모호한 의미의 영역을 지니면서 인간적인 의미를 넓게 포용하고 정의적인 여러 뜻을 나타내는 기능을 가지는 것이 사실이다. 그래서 작품의 제재, 짜임, 뜻이 보편적으로 상호 융화하는 사실을 밝히기에 이르렀다.

그러나 신화비평은 구조의 원리, 의미의 보편성을 제재를 통하여 해설해 주는 대신 각 작품이 지닌 독자적인 예술적 가치나 개성에 관하여 충분히 기여하지 못하는 것이 하나의 결함으로 지적되고 있다.

아울러 원형적인 뜻은 시간 현상에서도 지적되는데 봄, 여름, 가을, 겨울 및 어둠, 밝음, 아침과 대낮, 그리고 황혼과 밤이 순환적으로 되풀이되는 원리와 우리 삶에 있어서 출생과 성장 그리고 노쇠와 죽음의 세대적 순환과도 동질적인 법칙을 가지고 있다. 이러한 동질적인 법칙성은 우주적인 원칙으로 이해되며, 인류문화학적인 측면이나 그 제재상의 의의는 같은 개념으로 파악된다. 봄의 생성력과 출생의 뜻은 동질적인 것이며, 여름과 성장의 뜻은 역시 같은 의미를 형성한다. 가을은 성숙과 성취를 의미하며, 인생의 황혼기이며, 겨울은 침묵과 죽음과 사색의 의미가 동질화되어 있다. 이러한 사계절의 인간적인 의의와 정서적 반응도 기쁨 및 용맹, 무더위와 무성한 성장, 성취감과 凋落의 쓸쓸함, 슬픔과 절망감의 겨울 등으로 대응된다.

상징이나 은유가 물리학적 진실과 거리가 멀고 또는 생물학적 고증으로 해명되지 않지만, 心情的인 진실과 사실에의 감각적 접근으로서의 진실을 말해주며, 끝내는 자연 과학적 진실과도 무관하지 않은 진실의 한 포착 방식임을 알 수 있다.

예를 들어, 해의 심상에서 명종 때 시인 남명 조식의 시조에서 '三冬에 베옷 입고 岩穴에 눈비마자/ 구름 낀 볃 뉘도 쬔 적이 없건마는/ 西山에 해지다 하니 눈물 게워 하노라'에서 '구름 낀 볃뉘'는 태양을 말한다. 태양의 혜택, 즉 군주의 은혜를 말하는 것이며 백성의 한 사람으로 볼 때는 왕은 은총과 행복의 근원으로서 인식되고 있다.

이러한 의식은 원시 제례에서도 발견된다. 동지 팥죽의 붉은 색깔은 고난과 궁핍의 긴 겨울에 행복과 따뜻함의 봄을 불러들이는 의식의 음식으로서 태양원리에 의존된 인간의 삶을 단적으로 보여 준다.

> 붉은 해는 西山 마루에 걸리었다.
> 사슴의 무리도 슬피 운다.
>
> －〈招魂〉 일부

이 시에서 화자는 '행복은 사라지고 바야흐로 암흑과 절망이 도래할 것' 이라고 탄식한다. 이는 희망이 사라지고 삶의 의미가 없어진 시대라는 사실을 시인이 해가 사라졌음에 의탁하여 비유적으로 표현하고 있는 것이다. 그런데 박두진의 다음 시를 보면 상황이 다르다.

> 해야 솟아라! 해야 솟아라! 말갛게 씻은 얼굴 고운 해야 솟아라.
>
> 산너머 산너머서 어둠을 살라먹고, 산너머서 밤새도록 어둠을 살라먹고, 이글이글 고운 해야 솟아라.
>
> 달밤이 싫여, 달밤이 싫여! 눈물 같은 골짜기에 달밤이 싫여, 아무도 없는 뜰에 달밤이 나는 싫여……
>
> －〈해〉 일부

여기서 화자는 김소월 시의 경우와 달리 해가 다시 솟아오를 것을 강력히 원하고 있다. 이 시는 1946년에 발표된 작품으로서 해방된 감격과 진정한 민족적 독립이 이루어지기를 갈망하던 시대적 분위기와 상관이 있는 작품이다. 이미 일제 말에 쓰인 그의 데뷔작 〈墓地頌〉에서도 태양이 무덤 속 같은 식민지 시대를 다시 환하게 비추어 줄 것을 열망하였는데, 시인 박두진은 이제 무덤 속에서 벗어났으나 진정한 독립은 이루어지지 않은 상태에서 그 전보다 훨씬 자신감에 찬 어조로 해가 다시 솟아 올라야 한다고 하늘을 향해 정열적으로 갈구하고 있다.

이 작품의 경우도 '해'의 심상은 민족 전통적인 맥락으로서의 뜻이 함축되어 있다고 볼 수 있다.

이렇게 볼 때, 원형의 연구는 작품의 해석상에 있어서는 크게 도움을 주나 작품의 평가에는 기대 이상의 도움을 주지 못한다고 하겠다.

2. 심층 연구

1) 노스럽 프라이의 원형 상징

프라이는 신화비평의 이론을 확립한 대표적 인물이다. 그의 공적은 매우 독창적이고 체계적이며, 또한 정신분석학 · 인류학 · 기호학 등 이른바 다면적 접근을 통한 비평적 성과라고 할 수 있다. 프라이의 말에 의하면, 문학비평에서 신화는 궁극적으로 문학형식의 구조적 조직 원리인 미토스 *mythos* 를 의미한다고 하였다.

그는 신화와 원형의 상징에는 세 가지 구조가 있음을 지적하고 있다.

첫째 구조는 원초적 신화로서 신과 악마에 대한 이야기인데, 은유에 의하여 신은 바람직한 존재, 악마는 바람직하지 못한 존재로 동일시되는 두 개의 대조적인 세계이다. 때때로 이 두 세계는 종교가 그려 내고 있는 천국, 지옥과 동일한 것으로 간주되고 있다. 이 두 개의 은유의 구조를 우리는 각각 묵시적 이미지와 악마적 이미지라 부른다.

둘째 구조는 우리가 로만스적이라고 불렀던 일반적인 경향, 즉 인간의 경험과 아주 밀접하게 연관되어 있는 신화적 패턴이다.

셋째 구조는 사실주의 경향을 갖고 있는데, 이 경향은 이야기의 형보다는 오히려 내용과 그 재현에 중점을 두고 있다. 아이러니의 문학은 사실주의에서부터 출발하여 신화로 향하는 경향이 있는데 이 때의 신화적 패턴은 묵시적인 것보다 악마적인 것을 더욱 시사해 준다. 여기서 묵시적 또는 악마적 이미지는 구체적인 신화 그 자체에서 파생된 것이며 로만스적, 사실적 이미지 등은 인간적인 신화의 변형이라고 할 수 있다. 말하자면 인지가 덜 발달된 원시시대나 고대에는 문학이 신화라는 형식으로 출발하였고 차츰 인지의 발달에 따라 낭만주의나 사실주의의 문학으로 치환되는데 신화적인 이미지의 방식으로는 묵시적, 악마적 이미지, 인간적 현실의 유추적 이미지로는 로만스적, 상위모방, 사실적 이미지가 있음을 들고 있다. 그리고 이러한 이미지들은 다시 신계 *divine world*, 인간계, 동물계, 식물계, 광물계 등 다섯 개의 세계로 구분되어 문학적 상징의 기능을 드러내고 있는 것이다.

(1) 묵시적 이미지

묵시적 이미지는 성서의 묵시록이 제시한 은유적 세계에서 잘 드러나고 있다. 이는 인간이 이상으로 하는 가장 높은 욕망의 세계나 그 비전이다. 그리하여 이 묵시적 세계는 모든 사회적 정의와 개인적 양심에 일치한다. 그렇다면 기독교에서 그리스도는 이와 같은 모든 욕망이 양심과 정의에 의하여 통합된 존재다. 묵시적 이미지는 악마적 이미지와 상극의 위치에 놓이며 궁극적으로는 천국을 표상한다.

신　계 : 신들의 사회 — 한 분의 신
인간계 : 인간들의 사회 — 한 사람의 인간

동물계 : 양 우리, 목장 — 한 마리의 어린 양
식물계 : 원 또는 공원 — 한 그루의 (생명의) 나무①
광물계 : 도시 — 한 개의 건물, 寺院, 돌

그리스도는 한 분의 신일 뿐 아니라 한 사람의 인간이며, 신의 어린양이며, 생명의 나무 또는 포도나무이며, 건축가들이 버린 돌이며, 그가 부활한 육체와 동일시되는 다시 세워진 사원이다.

(2) 악마적 이미지

악마적 이미지는 묵시의 상징과 반대되는 세계로 욕망이 성취되지 못하고 거절된 최악의 세계를 제시한다. 악몽의 세계로서 희생, 구속, 고통, 혼란 등의 이미지로 표현되는 일체의 대상을 포괄하고 있는 세계이다. 묵시적 이미지들은 시에 있어서는 종교적인 천국과 밀접하게 결합되어 있으나 이 악마적인 세계는 정반대로 단테의 〈신곡〉에 나오는 지옥과 같은 존재적인 지옥과 밀접하게 연결되어 있다.

신　계 — 인간에게 희생을 강요하고 저주하며 벌을 준다.
인간계 — 얽히고설킨 부조리로서 복종과 지배가 강요된다. 또한 性戱도 존재하는데 묵시적 세계에서는 두 몸이 결합하여 새로운 몸으로 거듭나는 것이 표상되지만, 악마적 세계에서는 매음 · 요부 · 동성애 등으로 나타난다.
동물계 — 괴물, 맹수 등으로 표상된다. 묵시적 세계의 양에 대하여 이리, 호랑이, 독수리, 뱀 등이 그것이다.
식물계 — 불길한 숲, 또는 황야로 표상된다. 엘리엇의 〈황무지〉, 셰익스피어의 〈맥베드〉에 나오는 숲의 이미지, 창세기에 나오는 금단의 나무, 성서의 열매 못 맺는 무화과, 십자가 등이다.
광물계 — 파괴된 도시, 황무지, 바위 등에 남아 있다. 비인간적이고 잔인스런 물체, 칼, 무기, 채찍, 갑옷, 형틀 등이 그 것이다. 말하자면 인간이 부정하고 증오하는 인체의 상징이다.

(3) 유추적 이미지

묵시적 또는 악마적 이미지가 인간의 이성이나 경험의 유추를 통하여 문학적인 이미지로 나타난 세계이다. 신화나 원형의 이미지가 문학적으로 전환되는 과정을 프라이는 로만스, 상위모방, 하위모방이란 세 가지 유형으로 설명하고 있다. 로만스 양식은 이상화된 세계를 나타내고 있다.

로만스에서는 주인공들은 용감하고, 여주인공들은 아름다우며, 악인들은 사악하다.

신　계 — 온화하고 주술적인 힘을 간직한 노인, 타락 직전의 아담을 보호해 준 천사들, 라파엘로 나타난다.
인간계 — 순수한 처녀, 순수한 어린아이들로 표상된다.
동물계 — 충성심이 강하고 헌신적인 말이나 개 등으로 표상된다.
식물계 — 천국의 나무들, 요술가의 지팡이 등으로 나타난다.
물질계 — 정원, 탑, 오래된 오막살이 등으로 나타난다.

상위모방 양식은 로만스를 구성하고 있는 중심사상이 순결과 마법인 것처럼 여기서는 사랑의 형식이다. 상위모방의 이미지의 영역은 자연과 이성의 유추라고 일컬어질 수 있다. 여기서 이미지는 직접적 모방을 형성한다.

신　계 — 인간적으로 재현되어 관념화된다. 동경과 꿈에 의하여 단정된 것이 아니라 인간적인 이성에 의하여 가정되므로 로만스 보다는 좀 더 사실적이다.
인간계 — 왕이 신화적 배경으로서 한 사회를 구성하며, 묵시적 세계에 있어서 천사의 불은 여기서 왕관의 보석, 숙녀의 눈빛 등으로 상징된다.
동물계 — 독수리와 사자, 말, 매 등으로 나타난다.
식물계 — 요술가의 지팡이, 왕의 홀(笏)로 바뀌고, 요술나무, 깃대 등으로 나타난다.

하위모방의 양식에서 우리는 경험의 아날로지의 세계로 들어간다. 이 세계와 악마적인 세계의 관계는 로만스의 순진무구한 세계와 묵시적인 세계가 갖는 관계와 일치한다. 말하자면 리얼리즘의 세계이다. 따라서 우리가 살고 있는 현실 세계는 불행하며 부조리한 것으로 인식된다.

신 계 — 거의 존재하지 않으나 다만 미적인 대용물로 처리한다.
인간계 — 보편적이고 전형적인 인간이 등장한다.
동물계 — 원숭이로 구성된다.
식물계 — 일하는 농장, 전원으로 나타난다.
광물계 — 현대 도시의 어둔 골목과 고독으로 나타난다.

(4) 사계의 원형(四季의 原型)

프라이는 그의 유명한 저서 『비평의 해부』를 통하여 신화의 근본적인 원형을 자연의 사계의 신화에서 찾아 내며, 이것에 대한 설명을 통해 신화의 구성 원리가 무엇인가를 구명해 나갔다. 그는 자연신화에서 봄의 미토스는 희극을, 여름의 미토스는 로만스를, 가을의 미토스는 비극을, 그리고 겨울의 미토스는 아이러니와 풍자의 문학 장르를 탄생시킨다고 하였다.

그에 따르면, 인류는 사계절의 回歸와 '출생 – 성장 – 사멸'의 순환을 어김없이 지키는 자연의 질서에 순응함으로써, 사계절에 따른 생활의 조화 있는 변화, 그리고 출생 – 성장 – 사멸의 숙명이 주는 생명의 환희와 고통과 공포의 의미 있는 반복을 기하려고 하였다. 즉 자연과 호흡을 같이 하려고 한 것이다. 그러한 의도의 형식적 행동이 곧 제례의식이라고 그는 말한다. 제례의식은 언제나 이야기의 형태를 지향한다는 것이 신화학자의 발견이다. 그 이야기는 자연의 순환과 인간의 순환을 한꺼번에 표상하는 인물을 중심으로 전개된다. 이렇게 하여 신화가 발생하는 것이다. 신화의 원초적 주인공은 신이기도 하고 인간이기도 하나 사계절의 주인공인 태양 또는 삶의 근본인 풍요의 원리와 언제나 관련이 있다. 신화비평은 원형 중의 원형을 바로 이와 같은 자연신화에서 찾는 것이다.

프라이는 앞에서 말한 자연신화에서 다음과 같이 네 가지 장르의 원형이 발생한다고 말하고 있다.

- **봄** : 새벽, 출생의 단계 — 영웅의 탄생과 재생, 부활과 창조, 죽음과 겨울과 어둠의 퇴치를 상징하는 신화. 부속적인 등장인물은 아버지와 어머니. 문학에서는 로맨스와 열광적이고 광상적인 시가의 원형. 〈한여름 밤의 꿈〉
- **여름** : 정오, 결혼, 승리의 단계 — 인간의 신격화, 거룩한 혼인관계, 〈낙원〉에의 입장에 관련된 신화. 부차적 인물로서는 친우와 결혼한 신부. 문학에서는 희극, 전원시, 목가의 원형. 〈데카메론〉, 모리스의 〈지상낙원〉
- **가을** : 석양, 죽음의 단계 — 가을, 신의 사망, 영웅의 급작스런 죽음, 희생, 영웅의 고립에 관한 신화. 부차적인 인물로 모반자와 유혹자. 비극과 엘레지의 원형. 〈오이디푸스 왕〉
- **겨울** : 어둠, 해체의 단계 — 그러한 세력들에 관한 신화, 대홍수와 대혼돈의 신화, 영웅의 패배의 신화, 소위 제신의 몰락의 신화. 부차적 인물은 식인귀, 마녀. 아이러니와 풍자 문학의 원형. 〈돈키호테〉, 〈1984년〉

프라이에 따르면 '세계의 문학은 결국 모두 몇 개의 카테고리에 들어가는 구조적 통일성을 가지고 있다'는 것이다. 따라서 현대의 다양한 서사문학도 사실은 영웅의 추구라는 단일한 신화의 무수한 심상들의 체계가 서로 대조·배합·평행·혼합됨으로써 무한량의 개별 작품이 생긴다는 것이다.

2) 휠 라이트의 원형

원형상징은 인류 전체나 다수의 사람들에게 동일하거나 아니면 대단히 유사한 의미 내용을 갖는 상징들이다. 시간적으로나 지리적으로 상당한 거리에 있고 역사적으로 어떤 영향을 주고받거나 인과 관계가 전혀 없는 이질문화 사이에서 하늘은 아버지를, 대지는 어머니를, 그리고 광명, 피, 위, 아래, 바퀴 축

등의 상징들이 거듭 사용되고 있음을 발견할 수 있다. 이는 인간들에게는 누구나 심리적 · 육체적 유사성이 있기 때문이다.

(1) 상하의 원형

상의 이미지는 성취, 탁월함, 왕권, 지배 등의 개념을 연상시킨다. 날아가는 새, 공중에 쏘아 올린 화살, 별, 산, 돌기둥, 자라는 나무, 드높은 탑, 도달해야 할 대상, 획득하고자 하는 소망을 의미한다.

하의 이미지는 상의 정반대 관념을 환기한다. 나쁜 습관이나 지옥 심연의 이미지로 무질서와 空虛의 관념이 형성된다.

(2) 피의 원형

원형적 상징으로서 피는 역설적이며 긴장성의 특성을 지니고 있다. 선과 악의 두 요소로 구성되며, 선의 관념일 때는 투명하나 악의 관념일 때는 투명하지 않다. 또한 긍정적인 면에서 생을 함축하지만, 사회학적으로는 불길한 의미와 결합한다. 전자의 경우 마술의 붉은색은 힘의 상징으로, 후자의 경우 금기 *taboo*, 곧 지나치게 피를 흘림은 죽음의 상징으로 들 수 있다. 또한 피를 처녀성의 상실, 여성의 월경과 관련하여 한편에서는 금기로 다른 한편에서는 탄생을 암시한다. 무서운 형벌이나 맹세를 의미하기도 한다. 따라서 피는 죽음, 탄생, 사춘기의 월경, 결혼 등의 육체적 양상, 전쟁, 건강, 힘 같은 일반적 관념과 결합되어 의식과 원시관념의 공동 경계를 함축한다. 죽음이면서 바로 재생인 동시성으로 나타난다. 그리고 정력적이며 역설적 특성을 나타내는 것이다.

(3) 빛의 원형

원형상징 가운데 빛의 상징만큼 널리 알려지고 직접적으로 이해될 수 있는 것은 없다. 한 마디로 빛은 정신적이며 영적 성격을 상징한다. 빛은 유추적으로 세 가지 특성을 제시한다.

첫째로 빛은 가시성 *visibility*을 나타낸다. 어둠을 추방하여 사물을 명료하게 하며, 이러한 특성은 은유적 단계에서 지적 공간화를 상징한다.

둘째로 빛은 신화적 단계에선 시각적 실체로 정의되지 않는다. 이 단계에서 빛과 열은 혼융된 개념으로 나타난다. 따라서 빛은 지적 명료성의 상징이면서 동시에 불의 은유적 내포가 된다.

셋째로 빛은 우리의 상상력을 자극하는 물질로서 불의 특성을 환기한다. 고대로부터 불은 공포의 대상이었다. 이것은 극적인 신속함과 결합된 광도, 위용, 집중, 연소의 이미지 때문이다. 불은 고대로부터 상승의 개념과 연결되어 왔다. 불은 위로 타오르는 경향을 지니며 더욱이 땅에서 빛의 궁극적 원칙은 태양이며 태양은 밝은 하늘 위에 날마다 존재하는 것이다.

3) 신화·원형비평에 대한 검토

신화·원형비평은 매우 야심적이라고 하리만큼 새로운 것이었으며, 또 그 방법의 적용이 문학작품의 감상과 이해를 돕는 데에 매우 중대한 역할을 하고 있음도 주지의 사실이다.

신화·원형비평의 적용은 문학 연구의 영역을 역사적·미학적 영역 너머로까지 이끌어 간다. 즉, 인류의 가장 오래된 제례의식과 신념의 발단으로까지 그리고 우리 개개인의 마음 깊숙한 곳에까지 연구의 손길을 뻗어 나간다.

그러나 신화·원형비평에 대한 지나친 편향적 신뢰는 다음과 같은 오류를 범할 수 있다

① 원형, 단일신화(기본신화), 또는 문학의 대원리를 추구하다 보면, 신화·원형비평은 어느 일정한 동일성이나 예상성에 빠질 수 있다. 즉 문학에서 되풀이 일어나는 기본적 신화형성상의 패턴을 강조함으로써, 개별적이고 각기 특이한 문학작품들을 단일한 작품으로 융합하려는 위험에 빠지기도 한다.

② 작품의 기교나 예술성보다는 문학작품의 주제나 소재를 자세히 살핌으로써 신화형성 비평은 지금까지 거의 전부가 분석적이고 묘사적이었지 가치 평가적인 것은 거의 없었다. 사실 프라이는 비평의 주된 기능은 작품

을 해석하는 것이지 평가하는 것이 아니라고 논하고 있다.

③ 문학작품을 가장 원천적인 근원으로 돌려가려는 시도에서, 신화비평은 문학을 때로는 원시적 표현의 한 형식으로 환원해 버리고, 예술가를 마치 어린이나 원시인과 동일한 것으로 그려 놓고 있다고 지적하였다.

그러나 이러한 점들은 논란의 여지가 많고, 생각할 문제도 많지만, 문학의 신화론적 묘사가 원시적이고 비합리적인 표현과 밀접한 관계 또는 유사성을 가지고 있다고 하는 것은 순전히 분석적 언명이지 경멸적 판단이 아님은 두말할 필요도 없다. 따라서 신화비평가가 문학을 원시적 표현으로 여기는 생각에 찬성할 때, 그것은 대다수의 사람의 생각에 거슬릴 뿐 아니라, 문학이 의식적 기교, 숙고, 훈련, 노력의 결과라기보다도 본능, 영감, 꿈 그리고 비전만의 산물, 즉 문학을 자동기록으로 보려는 잘못된 견해로 가까이 가는 것이 되기도 한다. 만약 그런 견해가 극단적으로 추진되어 간다면, 비평가가 문학을 연구한다는 것도 불가능하거니와 작가도 자기에게 주어진 천부의 자질 이상의 그 어느 것을 배우지 못할 것이다.

결국 신화 · 원형비평의 방법이 주는 새로움과 신선함의 충격을 적절히 소화하면서, 다른 가치 있는 문학비평 방법과의 접맥을 통해 문학작품에 대한 연구를 수행하지 않으면 안 된다.

4) 기 타

이 밖에 물은 정화한다는 특성과 생명을 유지시킨다는 특성이 결합되어 보편적인 호소력을 구현한다. 즉 순수와 새 생명을 상징하는데, 세례의식에서 물은 죄를 씻어 버리고, 새로운 정신적 생의 시작을 상징한다. 곧 생명의 물이 된다.

원은 일반적으로 가장 철학적인 원형이다. 원은 이 세계에서 가장 완벽한 형태에 속한다. 원의 구체화는 수레바퀴이다. 수레바퀴는 살을 가지고 있으며 이 살은 회전한다. 수레바퀴의 살은 곧 태양의 살을 표상한다. 곧 수레바퀴의 살이나 태양의 살은 모두 생을 부여한 중심 근원으로부터 우주의 모든 사물에 미치는 창조적 영향의 상징이다. 부정적인 면에서 수레바퀴는 서양에서는 운명의 장난, 동양에서는 죽음과 재생의 끊임없는 원, 곧 윤회를 상징하며, 긍정적인 면에서 수레바퀴는 힌두교의 달마 *dharma* 곧 신성의 법칙이며 불교에서는 법(空)이 된다.

신화 · 원형비평의 핵심

신화에 나타나는 보편적인 원형(原形)을 통하여 작품을 이해한다.

(1) 주안점

민족의 원천적 경험 양식인 작품에서 상징의 원관념을 찾아냄

(2) 심상

① 물 : 창조의 신비, 탄생, 죽음, 부활(소생), 정화와 속죄, 풍요와 성장
② 바다 : 생명의 어머니, 영혼의 신비와 무한성
③ 사막 : 정신의 황폐, 죽음, 허무, 절망
④ 바람 : 영감, 영혼, 성령

(3) 장점

① 작품을 인류문학사적인 입장에서 구조와 의미를 분석
② 신화의 원형과 작품에 나타난 원형이 지니는 상징적 의미를 해석, 상호관계를 밝힘
③ 다양한 문학의 유형을 몇 가지 유형으로 나눌 수 있음

(4) 단점

① 문학의 구조와 가치를 평가하기보다 인류학적인 방향으로 흐르기 쉽다.

② 작품의 개체적 성격이 무시되기 쉽다.

(http : //blog.naver.com/liyaan/60007178500참조)

(5) 신화비평

신화비평을 통해서 독자들은 당대의 작품으로만 국한시켜 읽었던 어떤 작품에서 동시대적인 통찰력을 발견하게 되고, 예술 작품의 가장 고양된 의미를 이해하게 된다.

(6) 다음 인물에 대하여 조사해 봅시다.

① 노스럽 프라이 *N. Frye*

② 캠벨 *Joseph Campbell*

③ 보드킨 *M. Bodkin*

④ 융 *G. Carl Jung*

3. 신화 · 원형비평의 실제

1) 서정주의 시 <花蛇>와 구약성서 <창세기> 읽기

〈花蛇〉

麝香 薄荷의 뒤안길이다.
아름다운 배암……
얼마나 커다란 슬픔으로 태어났기에, 저리도 징그러운 몸둥아리냐

꽃대님 같다.

너의 할아버지가 이브를 꼬여내던 달변의 혓바닥이
소리 잃은 채 낼롱거리는 붉은 아가리로
푸른 하늘이다.……물어 뜯어라, 원통히 물어 뜯어,

달아나거라, 저놈의 대가리!

돌 팔매를 쏘면서, 쏘면서, 사향 芳草ㅅ길
저놈의 뒤를 따르는 것은
우리 할아버지의 아내가 이브라서 그러는 게 아니라
석유 먹은 듯……석유 먹은 듯……가쁜 숨결이야

바늘에 꼬여 두를까부다. 꽃대님보다도 아름다운 빛……

클레오파트라의 피 먹은 양 붉게 타오르는
고운 입술이다……스며라! 배암.

우리 순네는 스물 난 색시, 고양이같이 고운 입술……스며라! 배암.

–「시인부락」 2호(1936년 12월호)

〈창세기〉

〈3장〉

1 여호와 하나님의 지으신 들짐승 중에 뱀이 가장 간교하더라 뱀이 여자에게 물어
가로되 하나님이 참으로 너희더러 동산 모든 나무의 실과를 먹지 말라 하시더냐
2 여자가 뱀에게 말하되 동산 나무의 실과를 우리가 먹을 수 있으나
3 동산 중앙에 있는 나무의 실과는 하나님의 말씀에 너희는 먹지도 말고 만지지도
말라 너희가 죽을까 하노라 하셨느니라
4 뱀이 여자에게 이르되 너희가 결코 죽지 아니하리라
5 너희가 그것을 먹는 날에는 너희 눈이 밝아 하나 님과 같이 되어 선악을 알 줄을
하나님이 아심이니라
6 여자가 그 나무를 본즉 먹음직도 하고 보암직도 하고 지혜롭게 할 만큼 탐스럽기도

한 나무인지라 여자가 그 실과를 따먹고 자기와 함께 한 남편에게도 주매 그도
먹은지라
7 이에 그들의 눈이 밝아 자기들의 몸이 벗은 줄을 알고 무화과나무 잎을 엮어 치마
를 하였더라
8 그들이 날이 서늘할 때에 동산에 거니시는 여호와 하나님의 음성을 듣고 아담과
그 아내가 여호와 하나님의 낯을 피하여 동산 나무 사이에 숨은지라
9 여호와 하나님이 아담을 부르시며 그에게 이르시되 네가 어디 있느냐
10 가로되 내가 동산에서 하나님의 소리를 듣고 내가 벗었으므로 두려워하여 숨었나
이다
11 가라사대 누가 너의 벗었음을 네게 고하였느냐 내가 너더러 먹지 말라 명한 그
나무 실과를 네가 먹었느냐
12 아담이 가로되 하나님이 주셔서 나와 함께 하게 하신 여자 그가 그 나무 실과를
내게 주므로 내가 먹었나이다
13 여호와 하나님이 여자에게 이르시되 네가 어찌하여 이렇게 하였느냐 여자가 가로
되 뱀이 나를 꾀므로 내가 먹었나이다
14 여호와 하나님이 뱀에게 이르시되 네가 이렇게 하였으니 네가 모든 육축과 들의
모든 짐승보다 더욱 저주를 받아 배로 다니고 종신토록 흙을 먹을지니라
15 내가 너로 여자와 원수가 되게 하고 너의 후손도 여자의 후손과 원수가 되게 하리
니 여자의 후손은 네 머리를 상하게 할 것이요 너는 그의 발꿈치를 상하게 할 것이
니라 하시고
16 또 여자에게 이르시되 내가 네게 잉태하는 고통을 크게 더하리니 네가 수고하고
자식을 낳을 것이며 너는 남편을 사모하고 남편은 너를 다스릴 것이니라 하시고
17 아담에게 이르시되 네가 네 아내의 말을 듣고 내가 너더러 먹지 말라 한 나무 실과
를 먹었은즉 땅은 너로 인하여 저주를 받고 너는 종신토록 수고하여야 그 소산을
먹으리라
18 땅이 네게 가시덤불과 엉겅퀴를 낼 것이라 너의 먹을 것은 밭의 채소인즉
19 네가 얼굴에 땀이 흘러야 식물을 먹고 필경은 흙으로 돌아가리니 그 속에서 네가
취함을 입었음이라 너는 흙이니 흙으로 돌아갈 것이니라 하시니라

2) 이상화의 시 <나의 침실로>와 구약성서 <아가서> 읽기

〈나의 침실로〉

'마돈나' 지금은 밤도 모든 목거지에 다니노라 피곤하여 돌아가려는도다
아, 너도 먼동이 트기 전으로 수밀도(水蜜挑)의 네 가슴에 이슬이 맺도록 달려오너라.

'마돈나' 오려무나. 네 집에서 눈으로 유전(遺傳)하던 진주(眞珠)는 다 두고 몸만 오너라.
빨리 가자, 우리는 밝음이 오면 어덴지 모르게 숨는 두 별이어라.

'마돈나' 구석지고도 어둔 마음의 거리에서 나는 두려워 떨며 기다리노라.
아, 어느덧 첫닭이 울고…… 뭇 개가 짖도다. 나의 아씨여! 너도 듣느냐.

'마돈나' 지난 밤이 새도록 내 손수 닦아 둔 침실로 가자, 침실로!
낡은 달은 빠지려는데 내 귀가 듣는 발자욱…… 오, 너의 것이냐?

'마돈나' 짧은 심지를 더우잡고 눈물도 없이 하소연하는 내 마음의 촉(燭)불을 봐라.
양털같은 바람결에도 질식(窒息)이 되어, 얕푸른 연기로 꺼지려는도다.

'마돈나' 오너라, 가자 앞산 그리매가 도깨비처럼 발도 없이 이곳 가까이 오도다.
아, 행여나 누가 볼는지…… 가슴이 뛰누나 나의 아씨여, 너를 부른다.

'마돈나' 날이 새련다. 빨리 오려무나, 사원(寺院)의 쇠북이 우리를 비웃기 전에,
네 손에 내 목을 안아라. 우리도 이 밤과 같이 오랜 나라로 가고 말자.

'마돈나' 뉘우침과 두려움의 외나무다리 건너 있는 내 침실, 열 이도 없으니!
아, 바람이 불도다. 그와 같이 가볍게 오려무나, 나의 아씨여, 네가 오느냐?

'마돈나' 가엾어라, 나는 미치고 말았는가, 없는 소리를 내 귀가 들음은……
내 몸에 피란 피…… 가슴의 샘이 말라 버린 듯 마음과 몸이 타려는도다.

'마돈나' 마돈나 언젤들 안 갈 수 있으랴, 갈 테면 가자. 끄을려 가지 말고!
너는 내 말을 믿는 '마리아…… 내 침실이 부활(復活)의 동굴(洞窟)임을 네야 알련만……

'마돈나' 밤이 주는 꿈, 우리가 얽는 꿈, 사람이 안고 궁그는 묵숨의 꿈이 다르지 않으니.
아, 어린애 가슴처럼 세월 모르는 나의 침실로 가자, 아름답고 오랜 거기로.

'마돈나' 별들의 웃음도 흐려지려 하고, 어둔 밤물결도 잦아지려는도다.
아, 안개가 사라지기 전으로 네가 와야지 나의 아씨여, 너를 부른다.

〈아가서〉

〈1장〉

1 솔로몬의 아가라
2 내게 입맞추기를 원하니 네 사랑이 포도주보다 나음이로구나
3 네 기름이 향기로와 아름답고 네 이름이 쏟은 향기름 같으므로 처녀들이 너를
사랑하는구나
4 왕이 나를 그의 방으로 이끌어 들이시니 너는 나를 인도하라 우리가 너를 따라
달려가리라 우리가 너로 말미암아 기뻐하며 즐거워하니 네 사랑이 포도주보다
더 진함이라 처녀들이 너를 사랑함이 마땅하니라
5 예루살렘 딸들아 내가 비록 검으나 아름다우니 게달의 장막 같을지라도 솔로몬
의 휘장과도 같구나
6 내가 햇볕에 쬐어서 거무스름할지라도 흘겨보지 말 것은 내 어머니의 아들들
이 나에게 노하여 포도원지기로 삼았음이라 나의 포도원은 내가 지키지 못하
였구나
7 내 마음으로 사랑하는 자야 네가 양 치는 곳과 정오에 쉬게 하는 곳을 내게

말하라 내가 네 친구의 양 떼 곁에서 어찌 얼굴을 가린 자 같이 되랴
8 여인 중에 어여쁜 자야 네가 알지 못하겠거든 양 떼의 발자취를 따라 목자들의
장막 곁에서 너의 염소 새끼를 먹일지니라
9 내 사랑아 내가 너를 바로의 병거의 준마에 비하였구나
10 네 두 뺨은 땋은 머리털로, 네 목은 구슬 꿰미로 아름답구나
11 우리가 너를 위하여 금 사슬에 은을 박아 만들리라
12 왕이 침상에 앉았을 때에 나의 나도 기름이 향기를 뿜어냈구나
13 나의 사랑하는 자는 내 품 가운데 몰약 향주머니요
14 나의 사랑하는 자는 내게 엔게디 포도원의 고벨화 송이로구나
15 내 사랑아 너는 어여쁘고 어여쁘다 네 눈이 비둘기 같구나
16 나의 사랑하는 자야 너는 어여쁘고 화창하다 우리의 침상은 푸르고
17 우리 집은 백향목 들보, 잣나무 서까래로구나

〈2장〉

1 나는 사론의 수선화요 골짜기의 백합화로다
2 여자들 중에 내 사랑은 가시나무 가운데 백합화 같도다
3 남자들 중에 나의 사랑하는 자는 수풀 가운데 사과나무 같구나 내가 그 그늘에
앉아서 심히 기뻐하였고 그 열매는 내 입에 달았도다
4 그가 나를 인도하여 잔칫 집에 들어갔으니 그 사랑은 내 위에 깃발이로구나
5 너희는 건포도로 내 힘을 돕고 사과로 나를 시원하게 하라 내가 사랑하므로 병
이 생겼음이라
6 그가 왼팔로 내 머리를 고이고 오른팔로 나를 안는구나
7 예루살렘 딸들아 내가 노루와 들사슴을 두고 너희에게 부탁한다 내 사랑이 원하
기 전에는 흔들지 말고 깨우지 말지니라
8 내 사랑하는 자의 목소리로구나 보라 그가 산에서 달리고 작은 산을 빨리 넘어
오는구나
9 내 사랑하는 자는 노루와도 같고 어린 사슴과도 같아서 우리 벽 뒤에 서서 창으
로 들여다보며 창살 틈으로 엿보는구나
10 내 사랑하는 자가 내게 말하여 이르기를 나의 사랑, 내 어여쁜 자야 일어나서
함께 가자
11 겨울도 지나고 비도 그쳤고

12 지면에는 꽃이 피고 새가 노래할 때가 이르렀는데 비둘기의 소리가 우리 땅에
들리는구나
13 무화과나무에는 푸른 열매가 익었고 포도나무는 꽃을 피워 향기를 토하는구나
나의 사랑, 나의 어여쁜 자야 일어나서 함께 가자
14 바위 틈 낭떠러지 은밀한 곳에 있는 나의 비둘기야 내가 네 얼굴을 보게 하라
네 소리를 듣게 하라 네 소리는 부드럽고 네 얼굴은 아름답구나
15 우리를 위하여 여우 곧 포도원을 허는 작은 여우를 잡으라 우리의 포도원에 꽃이
피었음이라
16 내 사랑하는 자는 내게 속하였고 나는 그에게 속하였도다 그가 백합화 가운데에
서 양떼를 먹이는구나
17 내 사랑하는 자야 날이 저물고 그림자가 사라지기 전에 돌아와서 베데르산의
노루와 어린 사슴 같을지라

〈3장〉

1 내가 밤에 침상에서 마음으로 사랑하는 자를 찾았노라 찾아도 찾아내지 못하였
노라
2 이에 내가 일어나서 성 안을 돌아다니며 마음에 사랑하는 자를 거리에서나 큰
길에서나 찾으리라 하고 찾으나 만나지 못하였노라
3 성 안을 순찰하는 자들을 만나서 묻기를 내 마음으로 사랑하는 자를 너희가 보
았느냐 하고
4 그들을 지나치자마자 마음에 사랑하는 자를 만나서 그를 붙잡고 내 어머니 집으
로, 나를 잉태한 자의 방으로 가기까지 놓지 아니하였노라
5 예루살렘 딸들아 내가 노루와 들사슴을 두고 너희에게 부탁한다 사랑하는 자가
원하기 전에는 흔들지 말고 깨우지 말지니라
6 몰약과 유향과 상인의 여러 가지 향품으로 향내 풍기며 연기 기둥처럼 거친 들
에서 오는 자가 누구인가
7 볼지어다 솔로몬의 가마라 이스라엘 용사 중 육십 명이 둘러쌌는데
8 다 칼을 잡고 싸움에 익숙한 사람들이라 밤의 두려움으로 말미암아 각기 허리에
칼을 찼느니라
9 솔로몬 왕이 레바논 나무로 자기의 가마를 만들었는데
10 그 기둥은 은이요 바닥은 금이요 자리는 자색 깔개라 그 안에는 예루살렘 딸들의

사랑이 엮어져 있구나
11 시온의 딸들아 나와서 솔로몬 왕을 보라 혼인날 마음이 기쁠 때에 그의 어머니가
씌운 왕관이 그 머리에 있구나

〈4장〉

1 내 사랑 너는 어여쁘고도 어여쁘다 너울 속에 있는 네 눈이 비둘기 같고 네
머리털은 길르앗 산기슭에 누운 염소 떼 같구나
2 네 이는 목욕장에서 나오는 털 깎인 암양 곧 새끼 없는 것은 하나도 없이 각각
쌍태를 낳은 양 같구나
3 네 입술은 홍색 실 같고 네 입은 어여쁘고 너울 속의 네 뺨은 석류 한쪽 같구나
4 네 목은 무기를 두려고 건축한 다윗의 망대 곧 방패 천 개, 용사의 모든 방패가
달린 망대 같고
5 네 두 유방은 백합화 가운데서 꼴을 먹는 쌍태 어린 사슴 같구나
6 날이 저물고 그림자가 사라지기 전에 내가 몰약 산과 유향의 작은 산으로 가
리라
7 나의 사랑 너는 어여쁘고 아무 흠이 없구나
8 내 신부야 너는 레바논에서부터 나와 함께 하고 레바논에서부터 나와 함께 가자
아마나와 스닐과 헤르몬 꼭대기에서 사자 굴과 표범 산에서 내려오너라
9 내 누이, 내 신부야 네가 내 마음을 빼앗았구나 네 눈으로 한 번 보는 것과 네
목의 구슬 한 꿰미로 내 마음을 빼앗았구나
10 내 누이, 내 신부야 네 사랑이 어찌 그리 아름다운지 네 사랑은 포도주보다 진하
고 네 기름의 향기는 각양 향품보다 향기롭구나
11 내 신부야 네 입술에서는 꿀 방울이 떨어지고 네 혀 밑에는 꿀과 젖이 있고
네 의복의 향기는 레바논의 향기 같구나
12 내 누이, 내 신부는 잠근 동산이요 덮은 우물이요 봉한 샘이로구나
13 네게서 나는 것은 석류나무와 각종 아름다운 과수와 고벨화와 나도풀과
14 나도와 번홍화와 창포와 계수와 각종 유향목과 몰약과 침향과 모든 귀한 향품
이요
15 너는 동산의 샘이요 생수의 우물이요 레바논에서부터 흐르는 시내로구나
16 북풍아 일어나라 남풍아 오라 나의 동산에 불어서 향기를 날리라 나의 사랑하는
자가 그 동산에 들어가서 그 아름다운 열매 먹기를 원하노라

〈5장〉

1 내 누이, 내 신부야 내가 내 동산에 들어와서 나의 몰약과 향 재료를 거두고
나의 꿀송이와 꿀을 먹고 내 포도주와 내 우유를 마셨으니 나의 친구들아 먹으
라 나의 사랑하는 사람들아 많이 마시라
2 내가 잘지라도 마음은 깨었는데 나의 사랑하는 자의 소리가 들리는구나 문을
두드려 이르기를 나의 누이, 나의 사랑, 나의 비둘기, 나의 완전한 자야 문을
열어 다오 내 머리에는 이슬이, 내 머리털에는 밤이슬이 가득하였다 하는구나
3 내가 옷을 벗었으니 어찌 다시 입겠으며 내가 발을 씻었으니 어찌 다시 더럽히
랴마는
4 내 사랑하는 자가 문틈으로 손을 들이밀매 내 마음이 움직여서
5 일어나 내 사랑하는 자를 위하여 문을 열 때 몰약이 내 손에서, 몰약의 즙이
내 손가락에서 문빗장에 떨어지는구나
6 내가 내 사랑하는 자를 위하여 문을 열었으나 그는 벌써 물러갔네 그가 말할
때에 내혼이 나갔구나 내가 그를 찾아도 못 만났고 불러도 응답이 없었노라
7 성 안을 순찰하는 자들이 나를 만나매 나를 쳐서 상하게 하였고 성벽을 파수하
는 자들이 나의 겉옷을 벗겨 가졌도다
8 예루살렘 딸들아 너희에게 내가 부탁한다 너희가 내 사랑하는 자를 만나거든
내가 사랑하므로 병이 났다고 하려무나
9 여자들 가운데에 어여쁜 자야 너의 사랑하는 자가 남의 사랑하는 자보다 나은
것이 무엇인가 너의 사랑하는 자가 남의 사랑하는 자보다 나은 것이 무엇이기에
이같이 우리에게 부탁하는가
10 내 사랑하는 자는 희고도 붉어 많은 사람 가운데에 뛰어나구나
11 머리는 순금 같고 머리털은 고불고불하고 까마귀같이 검구나
12 눈은 시냇가의 비둘기 같은데 우유로 씻은 듯하고 아름답게도 박혔구나
13 뺨은 향기로운 꽃밭 같고 향기로운 풀 언덕과도 같고 입술은 백합화 같고 몰약의
즙이 뚝뚝 떨어지는구나
14 손은 황옥을 물린 황금 노리개 같고 몸은 아로새긴 상아에 청옥을 입힌 듯하구나
15 다리는 순금 받침에 세운 화반석 기둥 같고 생김새는 레바논 같으며 백향목처럼
보기 좋고
16 입은 심히 달콤하니 그 전체가 사랑스럽구나 예루살렘 딸들아 이는 내 사랑하는
자요 나의 친구로다

〈6장〉

1 여자들 가운데에서 어여쁜 자야 네 사랑하는 자가 어디로 갔는가 네 사랑하는 자가 어디로 돌아갔는가 우리가 너와 함께 찾으리라
2 내 사랑하는 자가 자기 동산으로 내려가 향기로운 꽃밭에 이르러서 동산 가운데에서 양떼를 먹이며 백합화를 꺾는구나
3 나는 내 사랑하는 자에게 속하였고 내 사랑하는 자는 내게 속하였으며 그가 백합화 가운데에서 그 양 떼를 먹이는도다
4 내 사랑아 너는 디르사 같이 어여쁘고, 예루살렘 같이 곱고, 깃발을 세운 군대 같이 당당하구나
5 네 눈이 나를 놀라게 하니 돌이켜 나를 보지 말라 네 머리털은 길르앗 산기슭에 누운 염소 떼 같고
6 네 이는 목욕하고 나오는 암양 떼 같으니 쌍태를 가졌으며 새끼 없는 것은 하나도 없구나
7 너울 속의 네 뺨은 석류 한쪽 같구나
8 왕비가 육십 명이요 후궁이 팔십 명이요 시녀가 무수하되
9 내 비둘기, 내 완전한 자는 하나뿐이로구나 그는 그의 어머니의 외딸이요 그 낳은 자가 귀중하게 여기는 자로구나 여자들이 그를 보고 복된 자라 하고 왕비와 후궁들도 그를 칭찬하는구나
10 아침 빛같이 뚜렷하고 달같이 아름답고 해같이 맑고 깃발을 세운 군대같이 당당한 여자가 누구인가
11 골짜기의 푸른 초목을 보려고 포도나무가 순이 났는가 석류나무가 꽃이 피었는가 알려고 내가 호도 동산으로 내려갔을 때에
12 부지중에 내 마음이 나를 내 귀한 백성의 수레 가운데에 이르게 하였구나
13 돌아오고 돌아오라 술람미 여자야 돌아오고 돌아오라 우리가 너를 보게 하라
14 너희가 어찌하여 마하나임에서 춤추는 것을 보는 것처럼 술람미 여자를 보려느냐

〈7장〉

1 귀한 자의 딸아 신을 신은 네 발이 어찌 그리 아름다운가 네 넓적다리는 둥글어서 숙련공의 손이 만든 구슬 꿰미 같구나

2 배꼽은 섞은 포도주를 가득히 부은 둥근 잔 같고 허리는 백합화로 두른 밀단 같구나
3 두 유방은 암사슴의 쌍태 새끼 같고
4 목은 상아 망대 같구나 눈은 헤스본 바드랍빔 문 곁에 있는 연못 같고 코는 다메섹을 향한 레바논 망대 같구나
5 머리는 갈멜산 같고 드리운 머리털은 자주 빛이 있으니 왕이 그 머리카락에 매이었구나
6 사랑아 네가 어찌 그리 아름다운지, 어찌 그리 화창한지 즐겁게 하는구나
7 네 키는 종려나무 같고 네 유방은 그 열매송이 같구나
8 내가 말하기를 종려나무에 올라가서 그 가지를 잡으리라 하였나니 네 유방은 포도송이 같고 네 콧김은 사과 냄새 같고
9 네 입은 좋은 포도주 같을 것이니라 이 포도주는 내 사랑하는 자를 위하여 미끄럽게 흘러 내려서 자는 자의 입을 움직이게 하느니라
10 나는 내 사랑하는 자에게 속하였도다 그가 나를 사모하는구나
11 내 사랑하는 자야 우리가 함께 들로 가서 동네에서 유숙하자
12 우리가 일찍이 일어나서 포도원으로 가서 포도 움이 돋았는지, 꽃술이 퍼졌는지, 석류 꽃이 피었는지 보자 거기에서 내가 내 사랑을 네게 주리라
13 합환채가 향기를 뿜어내고 우리의 문 앞에는 여러 가지 귀한 열매가 새것, 묵은 것으로 마련되었구나 내가 내 사랑하는 자 너를 위하여 쌓아 둔 것이로다

〈8장〉

1 네가 내 어머니의 젖을 먹은 오라비 같았더라면 내가 밖에서 너를 만날 때에 입을 맞추어도 나를 업신여길 자가 없었을 것이라
2 내가 너를 이끌어 내 어머니 집에 들이고 네게서 교훈을 받았으리라 나는 향기로운 술 곧 석류즙으로 네게 마시게 하겠고
3 너는 왼팔로는 내 머리를 고이고 오른손으로는 나를 안았으리라
4 예루살렘 딸들아 내가 너희에게 부탁한다 내 사랑하는 자가 원하기 전에는 흔들지 말며 깨우지 말지니라
5 그의 사랑하는 자를 의지하고 거친 들에서 올라오는 여자가 누구인가 너로 말미암아 네 어머니가 고생한 곳 너를 낳은 자가 애쓴 그곳 사과나무 아래에서 내가 너를 깨웠노라

6 너는 나를 도장 같이 마음에 품고 도장같이 팔에 두라 사랑은 죽음같이 강하고 질투는 스올같이 잔인하며 불길같이 일어나니 그 기세가 여호와의 불과 같으니라
7 많은 물도 이 사랑을 끄지 못하겠고 홍수라도 삼키지 못하나니 사람이 그의 온 가산을 다 주고 사랑과 바꾸려 할지라도 오히려 멸시를 받으리라
8 우리에게 있는 작은 누이는 아직도 유방이 없구나 그가 청혼을 받는 날에는 우리가 그를 위하여 무엇을 할까
9 그가 성벽이라면 우리는 은 망대를 그 위에 세울 것이요 그가 문이라면 우리는 백향목 판자로 두르리라
10 나는 성벽이요 내 유방은 망대 같으니 그러므로 나는 그가 보기에 화평을 얻은 자 같구나
11 솔로몬이 바알하몬에 포도원이 있어 지키는 자들에게 맡겨 두고 그들로 각기 그 열매로 말미암아 은 천을 바치게 하였구나
12 솔로몬 너는 천을 얻겠고 열매를 지키는 자도 이백을 얻으려니와 내게 속한 내 포도원은 내 앞에 있구나
13 너 동산에 거주하는 자야 친구들이 네 소리에 귀를 기울이니 내가 듣게 하려무나
14 내 사랑하는 자야 너는 빨리 달리라 향기로운 산 위에 있는 노루와도 같고 어린 사슴과도 같아라

보충자료

〈아가서(雅歌書)〉의 전체 스토리

솔로몬이 쓴 사랑의 노래!

오빠들의 강압에 의해 자기 포도원에서 쫓겨나 오빠들의 포도원지기로 채용된 술람미는 오빠들의 불친절과 힘든 노동으로 낯은 검게 그을고 마음은 늘 찌들어 있었다. 때 마침 자기의 유업을 돌아보러 온 목자 차림의 솔로몬에게 술람미는 자기의 처지를 호소하였다. 목자는 그녀의 이러한 처지를 이해하고 온갖 배려를 다 하였다. 그 목자의 친절과 진실 앞에 술람미의 마음에는 호감

이 싹트고 날이 갈수록 목자를 연모하는 마음을 어찌할 수 없었다.

그래서 이제는 그가 자기에게 나타나 입맞춰 주기를 날마다 사모하기에 이르렀다. 술람미가 마음 속에 그리는 목자에 대한 사랑은 포도주보다 달콤하고 감람유보다 향기로운 것이었다. 특히 그 목자가 이 나라의 왕이며 온 세상을 진동시킨 지혜로운 솔로몬이란 사실을 알았을 때 술람미는 놀라움을 금치 못하였다. 그녀는 그가 온 나라 처녀들의 선망의 대상인 이유를 이제야 알 것 같았다. 그녀는 그가 나타나 침궁에서 꼬옥 껴안아 주기를 심히 갈망하였다. 그녀의 마음은 벌써 시녀들을 따라 왕에세로 날려가고 있었다. 자신의 신분으로는 감히 생각할 수 없는 처지였지만 포도주보다 더 감미로운 사랑을 느낀 처녀라면 누구든지 포기할 수 없는 일이었다.

목자를 그리워하는 술람미는 그가 자기를 배우자로 호감 갖지 않는 이유를 생각해 내었다. 그것은 만났을 때마다 자신의 검게 그은 피부 때문이 아니었던가? 이 일은 궁중으로 간 후에도 술람미에게는 악몽과 같은 것이었다. 그래서 술람미는 마음 속으로 왕을 보필하는 시녀들에게 나의 겉모습은 집시들의 장막처럼 검지만 실상은 솔로몬의 휘장처럼 아름다운 여자이며 얼굴이 햇볕에 검게 탄 이유는 오빠들이 강압적으로 그들의 포도원지기를 삼았기 때문에 자신의 아름다움을 지키지 못했다고 혼자서 중얼거렸다.

목자를 연모하던 술람미는 견디다 못해 목자를 찾아 나섰다. 목장은 양들이 많아 여러 떼를 이루고 있었고 여러 목자들이 그 양들을 치고 있었다. 목자를 찾아 헤메이는 면포를 쓴 고운 술람미를 창녀로 오해하는 눈치도 없지 않았다. 다행히 술람미는 넓은 초원에서 한 동무 목자를 만나게 되었다. 그러나 그 동무도 술람미가 찾는 목자의 소재를 알지 못하였다. 그러나 대신 그를 만날 수 있는 방법을 가르쳐 주었다. 그것은 양떼들의 발자국만 따라가면 결국은 목자들의 장막을 만날 것이고 또 그 장막 곁에서 염소새끼를 힘들게 치고 있노라면 언젠가는 그의 눈에 띄어 만나게 되리라는 것이었다. 동무 목자가 가르쳐 준 말은 적중하였고 연모하던 님을 만난 술람미는 뛸 듯이 기뻤다.

솔로몬 앞에 나타난 술람미의 모습은 지난날의 술람미가 아니었다. 그녀의 모습은 흡사 바로 왕의 병차를 끄는 명마보다 더 근사하며 기품이 있어 보였다. 특히 희고 고운 얼굴은 땋은 머리털로 인해 보기 좋게 드러났고 목에 드리운 구슬꿰미는 그녀를 더욱 빛나게 만들었다. 순간 솔로몬의 마음은 그녀에게 반하고 말았다. 그리고 솔로몬은 정식으로 술람미에게 혼인을 약속하였다. 그리하여 술람미는 솔로몬왕과 약혼을 하게 되었다.

이 약혼식에서 술람미는 그녀가 일평생 혼인을 위하여 준비한 귀한 나도 향유를 깨뜨려 솔로몬에게 부었고 그 향내는 온 집에 가득하였다. 이 의식은 일편단심 한 남자만을 사랑하겠다는 신부의 헌신의 상징으로 당시 풍습에 따른 것이었다. 솔로몬과 약혼한 그녀는 전보다 솔로몬을 대하는 마음가짐이 한층 달라졌다. 마치 그 시대의 규수들이 목에 걸어 품 가운데 소유하던 귀한 몰약 향낭처럼 그리고 신부의 꽃으로 약혼한 여자들이 옷깃에 차고 다니던 귀한 엔게디 포도원의 고벨화처럼 솔로몬은 이제 그녀에게 있어서 참으로 보배롭고 기쁘고 자랑스러운 존재였다.

솔로몬은 사랑스런 그녀를 바라보며 짝지어 주신 자기 배필임을 실감하였다. 솔로몬 보기에 술람미의 눈은 애정이 가득히 담긴 비둘기의 눈과 같았고 술람미 또한 솔로몬의 인품과 잘 생긴 매력에 마음은 온통 화창한 봄 동산으로 변하고 말았다. 두 사람은 목장에서 자주 만났다. 그래서 그들의 보금자리는 푸른 초원이었고 우람한 백향목과 잣나무의 잔잔한 그늘이 그들의 집이나 다름이 없었다.

이제 완전한 솔로몬의 사람이 되었다고 생각한 술람미의 마음에는 겸손함과 감사한 마음뿐이었다. 사론평야의 그 흔한 수선화 같고 골짜기의 백합화처럼 아무도 보아주지도 않던 시골 처녀인 자신을 이 나라의 왕인 솔로몬이 선택해 준 것을 생각할 때 감격스러울 뿐이었다. 자신을 낮추어 겸손해 하는 술람미를 솔로몬은 그녀를 높여 가시나무 가운데 백합화로 비유하면서 술람미야 말로 모든 여인 중에 가장 아름답고 순수한 여인이라고 칭찬했다. 그러자 술람미도 그에게 지지 않으려는 듯 당신이야말로 모든 남자 중에 가장 위대한 남자이며 자기에게 만족한 기쁨과 행복을 가져다 준 남자라고 찬사하였다.

솔로몬이 술람미를 특별히 마련된 잔치 집으로 인도하였다. 이 잔치의 성격은 신부에 대한 자기의 사랑을 보이기 위한 것으로 잔치에서 신부를 향한 신랑의 준비와 환대는 지극했었고 신랑은 열린 마음으로 자기의 사랑을 다 고백하며 자신의 반려자가 되어 줄 것을 당부하였다. 이 사랑 앞에 신부의 마음은 활화산처럼 타오르지만 아직은 혼인을 약속한 사이였기에 그 감정을 표현할 길이 없어 그녀에게 고통스런 사랑의 병이 되고 만다. 취하여 잠든 술람미는 신랑이 자기의 머리를 베개하고 안는 잠꼬대에 빠지지만 왕은 시녀들에게 신부를 간섭하지 말고 원하기 전에는 깨우지 말라는 특별한 명령이 내려졌다.

잠에 빠진 술람미는 꿈을 꾸었다. 꿈 속의 장소는 첩첩 산중 자기의 집, 사랑하는 자가 금방이라도 나타날 것만 같이 창밖을 내다보는 것은 그녀의 습관처럼 되었다. 아니나 다를 새라 솔로몬이 멀리서 술람미를 부르며 달려오고 있었다. 신부를 보고 싶어서 일까? 대궐의 좋은 소식이 있어서 일까? 그가 산들을 달리는 모습은 기쁨을 감추지 못해 뛰는 가젤의 모습과도 흡사하였다. 그런데 무슨 일인지 도망치기를 잘하는 노루와 힘없는 어린 사슴과도 같이 주위만 맴돌면서 창 너머로 엿볼 뿐 들어오지 않는 것이 아닌가? 싸늘한 바람 소리에 술람미는 문조차 열지 못하였지만 솔로몬은 봄바람보다 더 포근하고 아름다운 소리로 자기의 약혼자를 불러 내고 있었다.

술람미에게 들려지는 이 달콤하고 부드러운 봄노래는 자기 신부를 속히 왕궁으로 데려가고자 부르는 그녀의 연인 솔로몬의 음성이었다. 그러나 평민 출신임을 문제삼는 왕궁의 분위기 때문이었을까? 술람미는 아직 때가 되지 않았다는 냉담한 반응이었다. 그러나 솔로몬의 설득은 계속되었다. 즉 엄동설한 같은 모든 악조건들은 이미 사라졌고 이제 왕궁은 물론 온 나라에 온통 새봄이 왔으니 자기와 함께 가자고 거듭 촉구하였다.

그러나 솔로몬의 설득에도 불구하고 술람미는 산비둘기처럼 자기 은신처에서 나오려고 하지 않았다. 그러나 솔로몬은 그녀가 자신의 비둘기임을 확신시키며 응답만 해 준다면 그것이 자기에게 가장 부드러운 음성이요 가장 아름다운 표정이 아닐 수 없으니 속히 응답해 달라고 애원하였다. 그럼에도 술람미는 우리의 관계를 허는 시기의 세력들을 제거해 달라고만 고집하였다. 그리고 더 나아가 이제 우린 약혼했으니 그는 내 님이고 나도 그의 님이 확실하며 그가 나에게 뜨거운 입맞춤을 계속하고 있으며 그가 나의 사랑의 포로가 되었을 진데 그는 나를 영원히 떠나지 못할 것이라고 잠꼬대를 하는 것이었다.

술람미의 자만은 결국 일을 불러 오고 말았다. 연인은 다시 그녀에게 나타나지 않았다. 그래서 술람미는 연인을 찾아 나섰다. 그러나 성중에도 거리와 큰 길에서도 만나지 못했고 야경꾼들에게 물음도 허사였다. 실망한 그녀는 마음의 상처를 안고 쓸쓸히 한적한 곳을 거닐고 있었다. 그런데 그토록 찾던 연인은 어두운 밤 인적조차 없는 광야에서 밤이슬에 함빡 젖어 외롭고 슬픈 모습으로 추위에 떨고 있는 것이 아닌가? 술람미는 놓칠 새라 달려가 그를 붙잡고 그를 부축하며 자기를 낳아준 따뜻한 어머니의 방으로 안내하였다. 모든 것이 자기의 잘못임을 뉘우치며 따르겠다는 그녀의 약속을 들으며 님은 깊은 잠에 떨어졌다. 이번에는 술람미가 시녀들에게 사랑하는 자가 원하기 전에는 결코 깨우지 말라고 부탁하였다. 그런데 깨어 보니 꿈이었다.

예루살렘 사람들은 광야로부터 올라오고 있는 크고 화려한 가마의 행렬을 보았다. 행렬 앞의 향연은 마치 연기 기둥과도 같았고 뿌려진 고급 방향제는 향내를 많이 발하고 있었다. 그들은 두 개의 가마의 주인공이 누구인지 궁금해 했다. 이 가마는 솔로몬 왕과 그의 신부인 술람미를 태운 가마였고 이스라엘의 용사 중에서 뽑고 또 뽑은 무술에 능숙한 용사 육십 인이 호위하고 있었으며 앞일을 대비하기 위하여 각 사람마다 다리까지 늘어진 큰칼을 차고 있었다. 행렬의 가마는 두 개였다.

하나는 왕의 신부가 타고 있었고 다른 하나는 왕이 타고 있었다. 신부가 탄 가마는 문이 달린 침대 가마였고 왕이 탄 가마는 의자가 있어 움직이는 보좌였다. 사람들의 관심은 온통 솔로몬의 가마에 쏠렸다. 그의 가마는 자기가 직접 설계한 것으로 신부와의 결합을 기뻐하는 그의 이념이 가득히 담겨 있었다. 가마의 주재료는 레바논의 백향목이었고 그 기둥은 은이요 바닥은 금이요 가마의 자리는 아름다운 붉은 방석이었고 가마의 내부는 시녀들의 사랑이 담긴 수려한 장식물로 잘 치장되어 있었다.

왕의 결혼식은 국가적인 대 경축행사였다. 각국의 사절단은 물론 혼인을 축하하려는 백성들까지 구름 떼처럼 모여들었다. 왕의 곁에는 신부가 웨딩드레스를 입고 서 있었고 왕의 머리에는 그의 모친이 씌어준 축하의 면류관이 있었는데 이 면류관은 술람미를 받아들이는 모친 심정의 대변혁을 의미하는 것이었기에 이는 혼인에 관심이 큰 시녀들에게 놀라움을 주는 것이었다.

신랑은 곁에 선 신부의 모습에 감탄하고 말았다. 은빛 너울 사이로 보이는 신부의 눈은 비둘기의 눈과도 같았고 검고 윤기 있고 숱 많은 굵은 곱슬머리는 길르앗 산기슭에 누워 있는 한 떼의 검은 염소들과 같이 파도쳐 흘러 내리고 이는 마치 목욕장에서 나온 양과 같이 희고 털이 깎인 암양 같이 가지런하고 쌍태를 낳은 어미양의 몸매와도 같이 충실하였으며 입술은 홍색실 같이 엷고 붉었고 말히는 입 모양은 어여쁘게만 보였고 너울 속의 그녀의 어여쁜 얼굴은 쪼개놓은 한 조각의 석류와도 같이 수줍은 듯 아롱져 빛나고 있었으며 목은 군기를 둔 다윗의 망대같이 시원스럽고 다윗의 일천 용사의 방패를 걸어 놓은 듯 아름다운 금사슬로 빛나고 있었고 유방은 백합화 동산에서 꼴을 먹는 쌍둥이 노루 새끼같이 균형져 가려져 있었다.

신랑은 사랑하는 신부를 취하기 위하여 신혼의 첫밤이 오기만을 기다렸다. 그러나 그 밤은 신부의 순결이 확인되는 밤이었고 만약 이 순결이 확인되지 않는다면 신부는 신랑의 고소로 돌에 맞아 무참히 죽게 됨이 당시의 풍습이었다. 그 날 밤 신랑은 신부의 순결을 확인할 수 있었다.

그 후 신랑은 신부를 위로하고 신부의 마음까지도 온전히 데려오기 위하여 신부의 고향 레바논으로 신혼여행을 떠났다. 시종일관 존중하고 존경했기에 그들의 여행은 다정한 오누이와 같았다. 술람미의 정든 고향이 내려다보이는 맹수들이 으르렁거리는 아마나와 스닐과 헤르몬 산 공원 정상에서 두 사람은 함께 내려다보고 있었다. 어찌 들볶는 오라버니들을 술람미가 더 보고 싶으랴만 지금까지 살아왔던 고향에 대한 향수는 속일 수 없었다. 그러나 신랑의 배려에 신부는 그만 감동하여 고향에 대한 미련을 접고 신랑과 함께 돌아올 수 있었다. 신랑의 호의적인 사랑 앞에 두 사람은 이제 부부라기보다 차라리 한 집에서 낳고 자란 오누이와 같이 다정하였다.

이제 신부의 눈은 맑은 거울이 되어 아비 집은 간 곳 없고 신랑의 얼굴만이 들어 있었고 그녀의 목에는 전에 솔로몬의 마음을 빼앗고자 드리웠던 것처럼 신랑이 걸어준 목걸이로 아름답게 빛나고 있었다. 그러나 술람미인들 고향집

과 뛰놀던 친구들이 어찌 그립지 않겠는가? 그렇지만 님의 사랑에 감복하여 이제는 포도주와 각양 향품처럼 자기를 희생할 수 있었고 이렇게 순복과 염치와 정절로 단장된 그녀의 인품은 레바논의 어떤 백향목보다 더 아름답고 도리어 신랑을 염려하는 위로와 격려의 말은 꿀방울처럼 감동적인 것이었다.

남편의 사랑에 감복한 술람미는 시댁과 남편을 위해 최선을 다 한다. 신부는 신랑을 위하여 준비되어진 아름다운 동산과 같았다. 그 동산은 친밀하며 안락하고 유쾌한 휴식처였다. 그녀에게서 언제나 볼 수 있었던 것은 맑고 밝은 아름다운 표정과 천성적으로 고운 마음씨, 존경하는 깊은 애정, 희생적인 사랑 순복함 수줍음 깨끗한 마음씨 게으름 없는 부지런함 알뜰하게 꾸려 나가는 살림꾼 자신을 통제할 줄 아는 강한 절제심, 언제나 위로와 힘이 되는 언어의 미덕, 그리고 신랑을 위한 주밀한 생각들이었다. 이러한 그녀의 내조는 남편으로 하여금 가정에서 왕궁에서 나라에서 세계에서 성공하도록 한 지극한 보배였다.

잔치는 여러 날 계속되었다. 신부는 초야의 고통에도 불구하고 신랑이 자기에게 들어와서 그녀의 모든 것을 만족하게 취하기를 배려하였다. 그러나 신랑은 신부를 아끼는 마음으로 이미 전 날의 초야에 만족했으니 염려 말라며 신부를 위로하고 어여쁜 신부를 얻게 된 것을 기뻐하여 하객들에게 계속하여 풍성하고 화려한 잔치를 베풀었다.

술람미의 신혼생활은 시작되었다. 신혼초야와 같이 남편을 위해 배려하고 희생하고자 하는 그녀의 현숙한 마음은 조금도 변함이 없었다. 그런데 술람미는 남편의 다정하고 성실한 테크닉에도 불구하고 매번 남편에게 만족을 주지 못함은 물론 자기 또한 만족감을 느끼지 못하였다. 언제든지 남편의 요구에 거절한 적은 없고 다만 몸은 아직 나설 수 있는 때가 되지 않았다는 생각 때문에 늘 내 맡기는 상태였다. 그 때마다 남편은 초라하고 비참한 그러나 간곡한 심정으로 술람미의 도움을 구하지만 막상 도우려고 나섰을 때는 이미 남편의 상황은 끝나고 만 때였다. 이제 남편의 고독과 갈망의 몸부림도 끝났다. 그제야 술람미가 잘못을 깨닫고 비로소 응하려 하지만 남편의 그 모습은 사라지고 말았다.

늦게나마 적극성을 가지고 온갖 노력을 시도하지만 남편의 그 모습을 찾을 수 없었고 도리어 침범을 용납하지 않는 뿌리치는 남편의 경계와 차가운 냉대 앞에 그녀는 접근조차 쉽지 않았다. 그런데 이 무슨 일인지 이제야 술람미에게 강렬한 갈망이 찾아오는 것이었다. 그러나 냉대받는 뒤늦은 갈망은 부끄러움만 증가할 뿐이었다.

성생활의 부조화로 두 사람에게는 갈등이 생겼다. 소극적인 아내로 말미암아 만족치 못하는 남편은 물론 술람미 역시 자신의 잘못은 깨닫지 못한 채 자기의 갈망을 채우지 못하는 남편이라고 생각했다. 욕구 불만에 걸린 그녀는 시녀들에게 왕을 만나거든 왕후가 상사병이 났다고 아뢰라고 부탁하였다. 내막은 물론 경험조차 없는 시녀들에게는 지극히 금실 좋게만 보였다.

그도 그럴 것이 정상적인 부부지간에 남편이 그리워 상사병이 난다면 왕후가 성적인 면에서 유별난 여자이거나 왕 역시 아내를 사로잡는 특별한 남자일 것이다. 그래서 시녀들은 흥미로운 듯 당신의 님이 다른 사람의 님보다 능가하는 그것이 무엇이기에 이 같이 부탁하느냐고 은근히 물었다. 시녀들의 묻는 말에 술람미는 자신도 모르게 희열에 넘쳐 남편을 자랑하고 있었다. 그 자랑은 아내를 만족케 하는 남편의 구체적인 면이었다. 나의 남편은 뛰어나도록 크고 강하며 지혜가 있어 여러 테크닉을 구사함은 물론 쉽게 끝내지 않고 지속시키면서 갈급한 심정으로 반복적으로 깊숙이 찾아드는 그 미끄러움은 내가 느끼는 그 부분들을 아주 잘 알고 있단다.

특히 백합화와 같은 입술로 네게 입을 맞출 때는 나도 모르게 내 몸은 뜨겁게 달아오른단다. 그 뿐 아니라 나의 남편은 늘 자상하고 부드러운 손길로서 나를 애무하며 부드러우면서도 강한 힘의 남근, 님의 아늑한 다리, 그리고 다정스런 키스와 포옹으로서 나를 외롭게 버려두지 않는단다. 그래서 그는 나의 사랑하는 애인이요 친한 친구와 조금도 다를 바가 없다고 자랑하는 것이었다.

술람미의 남편 자랑에 시녀들은 술람미의 남편이 그토록 인격적이고 그토록 다정하며 그토록 젊음과 테크닉이 넘치는 미남이라는 사실에 또 다시 놀랐다. 그러한 남편인데도 왕후가 사랑의 병이 들었다면 역시 유별난 여자라고 확인할 수 있었다. 그리고 감동된 나머지 남자를 모르는 시녀들이지만 어떻게 하든지 왕후를 돕고자 했다. 그런데 남편을 자랑하던 술람미에게 번개 같은 깨달음이 있었다. 그것은 자기가 자랑한 대로 그러한 남자라면 문제가 남편에게 있지 않고 자기에게 있다는 것이었다. 술람미의 추측은 들어맞았다. 그래서 술람미는 깨닫고 고쳤다. 그래서 술람미는 비로소 자신을 다 줄 수 있었고 솔로몬 역시 다 줄 수 있는 늘 흡족한 정사를 나눌 수 있었다.

시집 온 술람미는 이렇게 부부생활의 우여곡절을 겪지만 오래 가지 않아 솔로몬 왕의 총애의 대상이 되어 왕의 사랑을 독차지하고 백성들의 찬사는 물론 비웃던 자들조차 왕후 앞에서 자신들을 살피었다. 그리고 부부생활의 만족을 이룬 두 사람은 서로에 대한 인식도 크게 바뀌었다. 그들은 더욱 서로 기쁨의 존재 사랑스런 존재가 되었으며 나뉘어서는 살 수 없는 강한 결속을 보였다.

총애의 대상이 된 술람미를 바라본 솔로몬은 왕후의 찬란한 모습에 압도당하여 눈동자만 보아도 두근거리는 행복한 가슴을 가눌 길이 없었다. 어여쁜 그 모습에 더한 자애로움 거기에 위엄까지 입혀진 왕후 술람미는 솔로몬 왕의 진정한 동역자가 아닐 수 없었다. 이처럼 그들의 사랑의 발전은 마음 속에 항상 그리는 대상이었고 서로를 위해 헌신함이 힘겹지 않으며 서로의 관심을 이해하고 존중할 수 있었으며 서로를 이해함으로 생사고락을 함께 할 수 있었다.

왕궁에는 왕후가 육십이요 비빈이 팔십이요 시녀가 무수했지만 술람미처럼 왕의 배우자와 왕후로서의 구비조건인 완전한 아름다움과 인품을 갖춘 사람은 없었다. 이런 술람미의 영광은 그를 낳아 준 어머니에게 돌려졌다. 어머니가 태중에서부터 외동딸처럼 얼마나 귀히 기르고 곱게 가르쳤으면 이토록 손색이 없을까 하는 칭찬이었다. 시녀들은 이러한 아름다움을 천부적인 것으로 보고 술람미를 부러워하였다. 이러한 인정은 그녀의 경쟁자인 왕후와 비빈들도 이미 인정하고 칭찬하는 터였다.

그 뿐 아니라 술람미의 왕후로서의 훌륭함은 온 나라의 백성들도 인정하는 바였다. 솟아오르는 아침 해와 같이 평민 출신 술람미의 왕후로서의 영광은 곧 백성들의 영광이었고 백성을 사랑하는 왕후의 마음은 백성들에게 보름달처럼 우아하고 아름답게 느껴졌으며 조강지처요 부정과 부패를 멀리하려 최선을 다하는 그녀의 모습은 어느 한 점 흠잡을 데가 없었고 온갖 악과 그 환경에서 백성들을 구하려는 정의로운 그녀의 인품은 백성들에게 마치 깃발을 치켜들고 개선하는 군대의 위엄과도 같이 자랑스럽게 보였다.

이와 함께 그녀의 부부생활도 발전하여 상위체위의 발굴로 말미암아 남편에게 다각적인 만족을 줌은 물론 자신의 만족도 누리면서 곧잘 부부생활을 리드해 나갔다. 백성들의 찬사를 받은 술람미 그러나 자만하지 않았고 그녀의 관심은 오로지 왕과 왕의 관심인 그의 백성들에게 있었다. 그녀는 백성들에게 희망과 믿음이 되어 왕을 도와 호도 동산처럼 살기 좋은 나라를 만드는 것이 그녀의 숙원이었다.

백성들의 봄이 오기를 고대하며 호도 동산의 푸른 초목이며 포도나무의 순이며 석류나무의 꽃이 피었는지 살피던 그녀는 알지 못하는 순간에 마음에 끌려 백성들의 수레들 가운데 끼어들어 그들과 함께 달려가고 있었다. 그녀에게 백성들은 참으로 귀한 존재였다. 술람미의 활동을 본 왕후들과 비빈들은 자신들의 모델이요 대역인 술람미가 영웅처럼 자랑스러웠고 솔로몬 역시 그러한 술람미 왕후의 모습이 심히 대견스러웠다.

과연 그녀는 곤경에 처한 야곱이 마하나임에서 천군을 만났던 것처럼 백성들에게 천사와 같은 존재였다. 왕의 총애를 받는 술람미의 특출한 점은 왕후와 비빈들에게 부러움을 샀다. 그들은 술람미의 심성과 미모와 소질이야말로 결코 모방할 수 없는 천부적인 것으로 여겨졌다.

그들은 춤추는 술람미를 우러러보며 왕의 마음을 사로잡았던 술람미의 매력을 보았다. 남편이 원함을 눈치 채고 곧바로 응하는 그 고운 마음씨와 왕을 만족시키고 마는 그 움직이며 늘씬하고 우아한 허리, 알맞게 균형잡힌 유방, 시원스럽게 긴 흰목, 감격과 연민의 감동적인 눈물, 죽지 않고 균형잡힌 코, 갈멜산 봉우리처럼 잘 생긴 두상, 거기다 왕이 매료될 수밖에 없도록 머리를 풀어 발을 씻는 남편을 향한 사랑과 존경이 있었다. 왕후들은 이처럼 잘 갖춰진 천부적인 미모와 인격과 사랑을 갖춘 술람미에게 어찌 왕이 반하지 않겠느냐고 말했다. 그러니까 왕후들의 칭찬은 남편에게 사랑을 독차지하기에 마땅한 술람미가 갖춘 여러 구비 조건들이었다.

왕후들의 칭찬에 이어 솔로몬 왕의 칭찬이 시작되었다. 그의 칭찬은 남편의 의중을 알아 이끌어 가는 그녀의 재치 있는 체위의 변화성 있는 테크닉은 환상적인 쾌락을 주는 것이라 했다. 즉 상위체위에서 보여주는 종려나무 같이 늘씬한 몸매이며 종려나무의 열매와 같이 탐스럽고 포도송이 같은 촉감의 그 유방이며 콧김을 품어대며 오르가즘을 위한 열망 그리고 그 달콤함에 뗄 줄 모르는 그 깊은 입맞춤……

솔로몬의 말이 여기에 이르렀을 때 술람미는 이 말을 얼른 빼앗아 이 깊은 입맞춤은 나의 신체에 신비로운 현상을 일으켜 미끄럽게 흘러 내려서 자는 자의 움직임을 원활하게 한다고 하였다. 술람미는 이제 자신이 온전히 솔로몬의 것이 되었음을 깨달았다. 전에는 투덜거리며 못마땅해 하던 남편이 이제는 술람미를 온전히 사모하고 있었다. 술람미 역시 그를 더욱 깊이 사모하게 되었으며 더욱 그에게 깊은 사랑의 만족감을 주고자 했다. 그녀는 왕궁의 제약에서 벗어나 마음껏 자유롭게 사랑하길 원했다. 두 사람의 자유로운 사랑은 봄의 계절과 함께 더욱 무르익어 갔다. 수태증진과 최음의 효과가 있는 합환채가 사용되고 만족을 위한 성생활의 방법도 옛 것에 머물러 있지 않고 퍽 다양해졌다. 이것은 그녀가 사랑하는 자를 위하여 고안한 것이었다.

두 사람의 사랑은 깊어져 갔고 어미 집에 돌아가 몸을 풀 날도 가까워졌다. 그러나 술람미는 지난날 자신을 학대했던 이복 오라버니들을 생각하며 어떻게 만나야 할지 쓸데없는 잡념에 사로잡혔다. 지난날 자신을 강압적으로 포도원지기 삼았던 오빠들 앞에 어떤 방법으로든 시골댁 같은 하나의 왕후가 아니라 많은 왕후 중에서도 솔로몬 왕의 총애를 당당하게 받는 자신임을 똑똑히 보이고 싶었다. 그래서 오빠가 아니라면 비난받을 풍습 위반이지만 남편인 왕에게 공개적인 입맞춤과 모여든 친족들에게 들려주는 심금을 울리는 솔로몬의 지혜로운 교훈을 함께 들으며 위신을 한껏 뽐내고 싶었다. 그리고 흥분을 유발하는 술로서 왕을 고조시켜 자기 없이는 살 수 없는 왕의 모습을 드러내어 그의 총애를 한 몸에 받는 왕후임을 보이고 싶었다. 술람미는 번민 중에 자기를 돕는 시녀들의 애정 어린 간섭조차도 귀찮게 여겨졌다. 그래서 남편이 원하기 전에는 깨우지 말라고 당부하며 번민하다 잠이 들었다. 왜냐하면 그녀를 깨울 수 있는 사람, 즉 그녀의 소원을 들어 줄 수 있는 사람은 오직 남편이었기 때문이었다.

술람미의 오빠들은 벌써부터 술람미의 동생들, 즉 아직도 어리고 철없는 누이의 혼인을 염려하고 있었다. 이처럼 그들은 누이의 성숙과 순결을 위하여 가족으로서 헌신적인 사랑과 열성을 다 하고 있었다. 이것을 본 술람미는 그들의 그 모습이 전에 자기에게 함과 어쩌면 동일한지 그러함이 있었기에 자신의 순결이 성벽같이 보호된 것과 영광스런 솔로몬 왕의 아내가 되고 이제 솔로몬의 귀한 자손을 낳게 된 지극히 복된 여인이 된 원인을 깨달았다. 오빠들의 강압이 없었으면 순결이 어찌 보존될 수 있었겠으며 그들의 깐깐한 간섭이 없이 어떻게 아름답게 가꾸어졌겠는가? 술람미는 이복 오빠들의 학대로만 느껴졌던 지난날의 오해가 모두 풀려질 때 감격과 아울러 소견 좁은 자신이 한없이 부끄러웠다.

더 놀라운 발견은 솔로몬의 소유인 바알하몬 포도원을 오빠들이 관리하게 된 경위였다. 그 포도원은 소득 가운데 일천을 바치고 이백을 취하는 이윤이 박한 것이었다. 그러나 술람미의 앞날을 위한 오빠들의 치밀한 계획 속에서 포도원의 관리를 자청하게 된 것이었다. 그런데 이젠 황후의 영광은 물론이고 소작인의 입장에서 주인의 입장으로 바꾸어졌으니 이 얼마나 놀라운 사실인가. 그 뿐만 아니라 그녀 소유의 포도원도 오빠들이 그녀를 위해 준비한 것이었고 지금까지 그녀의 소유로 관리하고 있었다. 이것을 깨달은 술람미는 오빠들에 대한 지난날의 오해가 씻는 듯이 사라지고 오빠들에 대한 고마움과 존경심으로 가득 찼다.

술람미 부부는 고향에서 오붓한 시간을 보내고 있었다. 옛 친구들이 모여와 정겨운 옛 이야기이며 왕궁 생활과 솔로몬과의 사랑의 이야기를 들려달라고 요청하였다. 참으로 아름다운 추억의 순간이었다. 술람미는 왕의 온전한 동역자가 되길 원하였다. 그리하여 솔로몬의 마차는 백성들을 위한 사랑을 가득히 싣고 남은 이스라엘의 동네를 향하여 향기로운 산과 들에서 신나게 달리는 노루와 어린 사슴과도 같이 빠르게 달려가고 있었다.

– http : //cafe.daum.net/agaser 참조

3) 이육사의 시 <廣野> 읽기

〈曠野〉

까마득한 날에
하늘이 처음 열리고
어데 닭 우는 소리 들렸으랴

모든 山脈들이
바다를 戀慕해 휘달릴 때도
참아 이곳을 犯하던 못하였으리라

끊임없는 光陰을
부즈런한 季節이 피여선 지고
큰 江물이 비로소 길을 열었다

지금 눈 나리고
梅花香氣 홀로 아득하니
내 여기 가난한 노래의 씨를 뿌려라

다시 千古의 뒤에
白馬타고 오는 超人이 있어
이 曠野에서 목놓아 부르게 하리라

이육사의 시 〈曠野〉에 대한 신화 비평적 연구 역시 이 방면의 한 예가 된다. 신화·원형 비평적 입장에서 이육사의 〈曠野〉를 분석하게 되면 이 시는 어떤 엄숙한 祭儀의 서막이며, 천지개벽의 첫 순간과 문화의 첫 태동의 기억을 일깨우는 '창세기'적인 시가 된다는 것이다.

4) 작품 분석의 예 A

서정주의 〈花蛇〉

작품 〈花蛇〉는 시인 서정주의 초기 시 세계를 대표하는 작품의 하나이다. 그리고 이 시는 한 마디로 '이브와 아담'의 얘기를 바탕으로 엮어진 것으로서, 시집 ≪花蛇集≫에 수록된 나머지 작품들에 대한 얼굴격의 작품이다. 즉 ≪花蛇集≫이 지닌 강렬한 흙의 목숨의 입김과, 토속적 생명의 충격적인 역동성을 가장 농후하게 지니고 있는 작품이다. 죄와 피와 살 냄새 짙은 ≪花蛇集≫의 작품 〈花蛇〉로 대표될 수 있는 것이다.

> 麝香 薄荷의 뒤안길이다.
> 아름다운 배암……
> 얼마나 커다란 슬픔으로 태어났기에, 저리도 징그러운 몸둥아리냐

작품 〈花蛇〉의 첫 연이다. 美와 醜가 한데 뭉쳐진 그 세기말파적인 심미감 속에서 뱀은 모순의 화신이다. 시 뒷부분에 보이는 '사향 방초ㅅ길'과 아울러 생각할 때, 첫 연의 '사향 박하의 뒤안길'은 고혹적인 자극이 물씬한 관능의 자리임을 암시하고 있다. 관능의 그늘진 길을 가는 모순의 화신은 심상치 않은 파란을 부르고 있다.

> 꽃대님 같다.
>
> 너의 할아버지가 이브를 꼬여내던 달변의 혓바닥이
> 소리 잃은 채 낼룽거리는 붉은 아가리로
> 푸른 하늘이다.……물어 뜯어라, 원통히 물어 뜯어.

극적인 파란은 삽시간에 들이닥친다. 이 연이 기독교 신화의 引喩란 것은 말할 필요가 없다. 인유는 인유이되 逆轉하는 인유다. 저 인간 원죄의 敎唆犯

에게 逆天의 弑逆을 부추기고 있는 것은 바로 인간 자신이다. 원죄 앞에 엎드리고 경건하기는커녕, 인간을 단죄한 신의 하늘에 도전하고 있다.

한때 인간도 거기서 삶을 누렸던 푸른 하늘이다. 그러나 이제 그것은 失樂의 나라, 남의 나라, 신의 나라다. 자신의 고향이건만 쫓겨난 채 못 돌아가는 것이 원통한 것이다. 그 원통함이 사무쳐 뱀을 다그쳐 하늘로 물어뜯게 하는 것이다.

푸른 하늘, 날름대는 붉은 혓바닥, 전신에 힘을 주어 화살처럼 치달아서는 푸른 하늘의 살갗에 이빨을 꽂은 뱀, 자근자근 물어뜯노라면 용수철처럼 흔들리는 꼬리, 전율할 초현실파의 그림을 연상시키면서 뱀은 역천을 하는 것이다.

가장 지상적인 동물, 철저하게 지상적인 동물, 이 파충류는 오죽하면 그 몸을 땅에다 대어 기고 전신을 땅에 비벼 대며 살아가는 것일까. 그와 땅 사이에는 빈틈이 없다. 그런 놈이기에 하늘에 대드는 극적 효과는 커질 수밖에 없다.

어제의 敎唆者이던 뱀은 오늘의 下手人이다. 오늘의 使嗾者는 어제의 하수인이다. 어차피 공범이되 主從의 자리가 바뀌어 있다. 그래서 역전하는 引喩라고 한 것이다. 이제 인간은 악에 있어 뱀을 능가한 것이다. 惡道에 있어서의 靑藍之美, 인간은 그만큼 자란 것이다. 그는 이제 성장한 악의 괴수다.

그 속에서 자라고 그가 키운 죄와 악이 무엇인지는 아직 드러나 있지 않되 그의 죄와 악은 뱀을 교사하기에 충분하다.

> 달아나거라, 저놈의 대가리!
> 돌팔매를 쏘면서, 쏘면서, 사향 芳草ㅅ길
> 저놈의 뒤를 따르는 것은
> 우리 할아버지의 아내가 이브라서 그러는 게 아니라
> 석유 먹은 듯……석유 먹은 듯……가쁜 숨결이야

바야흐로 악과 죄의 정체가 드러나기 시작한다. 〈花蛇〉 속의 시적 자아가 뱀 뒤를 따르는 것은 그놈이 인간에게 원죄의 멍에를 씌운 敎唆犯이다. 그래서 그놈에게 복수나 하자고 그러는 것이 아니다. 그것은 석유 먹은 듯이 灼熱하는 숨결 때문이다. 그러나 그 작렬은 악을 저지르고 죄에 빠진 자의 타는 가슴만을 의미하지는 않는다.

스물 난 색시 순네가 클레오파트라의 피 먹은 고양이의 입술로 代喩되고 그 입술 속에 스며들 뱀에게 시적 자아 자신이 투사될 때 벌어질 장면, 작으나 매서운 두 동물, 앙칼지고 표독한 두 짐승이 서로 물고 뜯는 싸움이 나타내는 것은 무엇일까. 그것은 '바늘에 꼬여 두를까 보다'가 함축하고 있는 그 사디즘의 피 냄새 짙은 사랑의 장면, 야성과 야성이 맞부딪쳐서 튕기는 무서운 사랑의 피 가름, 사랑을 살 가름이라 했지만 이제 피 가름으로 높여진 사랑이다.

서정주가 생명파라고 불러진다면, 이 장면에서 그 절정을 보여 준다. 차라리 아수파라 부르는 것이 좋을 것이다. 〈花蛇〉는 악마의 시다. 〈花蛇〉는 뱀과 인간이 주종의 자리를 뒤바꾸고서 연출된 에덴의 신화다. 치열하게 추구되는 원죄 속에 오히려 陶醉然한 구원이 있다. 죄라고 버려진 그 욕정에 몸 맡기고 피 칠갑이 되어 타는 것이다. 교사자와 하수인이 역이 되더니 기독교 신화의 이념도 거꾸로 서 있다. 가령 이 무렵의 서정주의 시 세계를 퇴폐적이니 세기말적이니 하고 부를 수 있다면 그러한 시 세계는 그의 작품을 신화의 인유로 볼 때 보다 명료해지는 것이다. 그의 작품을 신화 창조적 시야 속에서 읽게 되는 의의가 여기에 있는 것이다.

– 김열규, 『한국문학의 전통과 변혁』 일부

또한 프라이의 대표적 저술 『비평의 해부』에서 제시된 예시적 이미저리 *apocalyptic imagery*, 악마적 이미저리 *demonic imagery*, 유추적 이미저리 *analogic imagery* 에 관한 이론을 이상과 김소월의 시 비교분석에 적용한 기존의 한글도 이 방면의 좋은 참고 자료가 된다.

이 연구에 의하면, 이상은 김소월 보다는 신화세계에 대해 관심이 많으며 그 상상력의 영역도 활발하다고 한다. 그리고 소월이 본능적 정감 혹은 감정에 의존했다면 이상은 보다 의식 분열적이고 명상적 사고에 의존했으며, 이상의 시적 관심이 인간과 현대 문명과의 관계 인식에 있는 것에 반해, 소월의 관심은 인간과 자연과의 관계에 있다는 것이다. 결국 이 연구는 이미저리의 분석 비교과정을 통해 살펴볼 때, 이상이 도시의 시인이고 문명에 관심을 가진 시인이며 신화세계의 질서를 회복하고자 하는 모더니스트임에 반해, 소월은 자연의 시인임을 재삼 강조하고 있다.

한편 패배에서 승리로, 좌절에서 회복으로, 후퇴에서 전진으로, 정지에서 운동으로, 하강에서 상승으로 가는 원형적 패턴을 이른바 '재생의 패턴'이라고 본 보드 킨의 이론을 한용운의 시에 적용시킨 경우도 있다.

> 님은 갔습니다. 아아 사랑하는 나의 님은 갔습니다.
> 푸른 산빛을 깨치고 단풍나무 숲을 향하여 난 작은 길을 걸어서 차마 떨치고 갔습니다.
> 황금의 꽃같이 굳고 빛나던 옛 맹세는 차디찬 티끌이 되어서 한숨의 미풍에 날아갔습니다.
> 날카로운 첫 키스의 추억은 나의 운명의 지침을 돌려 놓고 뒷걸음쳐서 사라졌습니다.
> 나는 향기로운 님의 말소리에 귀 먹고 꽃다운 님의 얼굴에 눈멀었습니다.
> 사랑도 사람의 일이라 만날 때에 미리 떠날 것을 염려하고 경계하지 아니한 것은 아니지만 이별은뜻밖에 일이 되고 놀란 가슴은 새로운 슬픔에 터집니다.
> 그러나 이별은 쓸데없는 눈물의 원천을 만들고 마는 것은 스스로 사랑을 깨치는 것인 줄 아는 까닭에 걷잡을 수 없는 슬픔의 힘을 옮겨서 새 희망의 정수박이에 들어부었습니다.
> 우리는 만날 때에 떠날 것을 염려하는 것과 같이 떠날 때에 다시 만날 것을 믿습니다.
> 아아, 님은 갔지마는 나는 님을 보내지 아니 하였습니다.
> 제 곡조를 못 이기는 사랑의 노래는 님의 침묵을 휩싸고 돕니다.

한용운의 이 시에서 밑줄 그은 '그러나' 이후와 그 이전과를 비교해 보면 커다란 시상의 역전이 발견된다. 전단의 시상은 불행이요 비극이다. 그러나 후단의 즉 '그러나, 이별은 쓸데없는……' 이후에서는 완전히 회전되어 희망과 기쁨의 도취로 상승한다. 이러한 상승의 원인은 여하한 슬픔과 불행도 극복할 수 있는 높은 예지와 이 시에 나타난 역설정신이 있기 때문이다. 슬픔과 기쁨, 불행과 행복, 하강과 상승은 인생의 근원적인 '재생의 패턴'이라고 할 수 있는 것이다.

5) 작품 분석의 예 B -강성주의 시 세계

〈순수와 경험의 고리〉

시인은 사람들에게 말을 하는 사람이다. 보통 사람들보다 한결 싱싱한 감수성과 열의와 다정함을 지니고 있으며, 사람의 본성을 더 잘 알고, 보다 포괄적인 정신을 가지고 있는 사람인 것이 사실이다. 자신의 감정과 의지를 기꺼워하고 다른 사람들보다도 내부의 생명력에 기쁨을 느끼는 사람이다. 우주의 움직임 속에 드러난 비슷한 의지와 감정을 명상하기를 즐기며, 그런 의지와 감정을 발견하지 못하는 곳에선 그것을 창조하는 것이 버릇이 되어버린 사람이다. 이러한 기질에 다시 현존하지 않는 사물에 의해서도 현존하는 것인 양 다른 사람보다 한결 영향을 잘 받는 기질이 더해져 있는 사람이 시인이라고 했던 워즈워드의 말처럼 강성주의 시를 읽으면 여기저기에 도사리고 있는 시인다운 기질이 서서히 드러나기 시작한다. 예리한 감각으로 천상과 지상을 오르내리며 사물이나 상황을 투시하는 태도라든가, 솔직하고도 섬세한 필치로 미지의 세계를 스케치해 가는 자세야말로 천부적인 시인이 아니고서는 불가능하다. 시인의 눈은 날카로워 남들이 보지 못하는 것까지 볼 수 있어야 하고, 시인의 귀는 밝아서 남들이 듣지 못하는 것까지 들을 수 있어야 하고, 시인의 코는 민감하여 남들이 맡을 수 없는 냄새까지도 맡을 수 있어야 하고, 시인의 가슴은 늘 열려 있어 남들이 느낄 수 없는 것까지 받아들일 수 있어야 한다고 생각하면서 강성주의 시를 자세히 읽었다.

시인 가운데는 만들어진 시인과 타고난 시인이 있다. 만들어진 시인이 쓴 시는 읽어도 가슴에 와 닿는 게 없고, 타고난 시인이 쓴 시는 읽을수록 가슴을 뜨겁게 만드는 점이 서로 다르다. 그런 시각으로 판단할 때 강성주는 일단 타고난 시인으로 볼 수 있는데, 그의 시 세계를 조명해 보면 대체로 순수와 경험의 유추가 바탕이 되어 시로 승화되었다는 사실을 발견할 수 있다. 노스럽 프라이는 신화와 원형적 상징에는 세 가지 구조가 있음을 지적하고 있는데, 그 첫 번째 구조는 원초적 신화로서 신과 악마에 관한 이야기인데, 은유에 의해 신은 바람직한 존재이며 악마는 바람직하지 못한 존재로 동일시되는 두 개의 대조적인 세계다. 때때로 이 두 세계는 종교가 그려 내고 있는 천국, 지옥과 동일한 것으로 간주되고 있다. 두 번째 구조는 우리가 로만스적이라고 불렀던 일반적인 경향, 즉 인간의 경험과 아주 밀접하게 연관되고 있는 신화적인 패턴이다. 세 번째 구조는 사실주의 경향을 갖고 있는데 이 경향은 이야기의 틀보다는 오히려 내용과 그 재현에 중점을 두고 있다. 아이러니의 문학은 사실주의에서부터 출발하여 신화로 향하는 경향이 있는데 이 때의 신화적 패턴은 묵시적인 것보다 악마적인 것을 더욱 시사해 준다. 여기서 묵시적 또는 악마적 이미지는 구체적인 신화 그 자체에서 파생된 것이며 로만스적, 사실적 이미지는 인간적인 신화의 변형이라고 할 수 있다. 말하자면 인지가 덜 발달된 원시 시대나 고대에는 문학이 신화라는 형식으로 출발하였고 차츰 인지의 발달에 따라 낭만주의나 사실주의 문학으로 치환되는데, 신화적인 이미지의 방식으로는 묵시적 이미지와 악마적 이미지가 있으며, 인간적 현실의 유추적 이미지로는 로만스적 상위모방, 사실적 이미지가 있음을 들고 있다. 특히 신화의 두 세계, 즉 묵시적 세계와 악마적 세계 중에서 묵시적 세계는 순수를 갈망하는 시인의 지각에 의해서 로만스로 환원되고, 악마적인 세계는 부조리한 현실로써 하위모방의 이미저리로 형성되며 그 중간에는 인간의 이성에 의해서 유추되는 상위모방의 세계가 존재하게 된다는 것이다.

강성주 시인의 처녀 시집 ≪신의 블루사파이어 장신구≫는 전체적으로 순수의 세계와 부조리한 현실 세계가 공존하고 있는데, 특히 시집의 표제가 된 〈신의 블루사파이어 장신구〉는 그의 시 세계를 일목요연하게 조명해 볼 수 있는 작품으로 창세기 신화의 선악과와 무관하지 않다.

> 어느 날 인간이
> 수천억의 은하계 수주를 독식한
> 신의 작품 중에서 그 중 제일 가는
> 블루사파이어 장신구를 훔쳤다

그의 솜씨를 넘보던 인간은 장신구에
집과 자동차, 공장과 감옥을 세공했다
얼마간은 참 보기 좋았더라 그러나
계속 새로운 조각이 새겨지면서
블루사파이어는 마모되고
순수한 광채가 사라지기 시작했다
겁이 난 인간이 주인에게 돌려주려 하자
빛이 나지 않은 보석은 한낱 돌덩이에
불과하다며 거절했다
어른들은 또 다른 장신구를 훔치기로 하고
우주선을 출정시켰다
지상의 아이들이 승전보를 기다리며 노래한다

–〈신의 블루사파이어 장신구〉 전문

인간이 지니고 있는 본성 가운데 가장 버리기 어려운 것의 하나는 욕심이다. 성서에 부자가 천국 가는 것은 낙타가 바늘구멍으로 들어가는 것보다 더 어렵다고 쓴 까닭도 호기심 많은 인간들에게 지나치게 욕심을 부리지 말라고 경고를 하기 위해서다. 강성주의 〈신의 블루사파이어 장신구〉는 자신의 지식과 만족과 가치를 추구하면서 살아가는 인간들을 꼬집고 있다. 어느 날 인간은 신이 만든 작품 중에서 가장 값진 블루사파이어 장신구를 훔쳐 내는 죄를 저지른다. 그리고 제 맘대로 장신구에 집과 자동차, 공장과 감옥을 세공한다. 이런 행위는 분명히 신이 원하지 않는 금지된 일임에도 불구하고 인간들은 그걸 보면서 기뻐하고, 얼마 가지 않아서 싫증을 느낀 나머지 그 형상들을 깎아 내고 다시 새로운 형상을 새겨 마침내 블루사파이어는 마모되고 순수한 광채까지 사라진다. 인간이 그때야 보석을 주인인 신에게 돌려주고자 하나 빛을 잃어 보석으로서의 가치를 잃은 블루사파이어를 신은 거절한다. 그런데도 인간은 조금도 반성하지 않고 오히려 또 다른 장신구를 훔치겠다고 하늘로 향한다는 이야기를 통해서 우리는 쉽게 창세기 신화를 연상할 수 있다. 하나님이 아담에게 일러 에덴동산에 있는 각종 나무열매는 마음대로 먹되 선악과는 먹지 말라

했는데 그의 아내 하와가 뱀의 유혹에 넘어가 먼저 선악과를 따먹게 되고 하와가 그 선악과를 남편인 아담에게 줌으로써 마침내 하나님의 말씀을 어기고 함께 선악과를 먹게 된다는 얘기는 〈신의 블루사파이어 장신구〉와 매우 흡사한 구조를 이루고 있어 이 시의 원형이 곧 창세기 신화임을 알 수 있다. 또 이 시에서 신의 보석을 훔치고 거기에 계속하여 새로운 모양을 세공하는 인간의 행위가 경험의 아날로지 세계, 즉 리얼리즘의 세계라면, '순수의 광채'나 '아이들이 승전보를 기다리며 노래한다.'가 상징하는 것은 이상화된 세계, 즉 로만스의 세계라 하겠다.

> 어머니는 죄가 많아
> 이십 일세기가 다되어서도 허리 꼿꼿하고
> 셈도 바르시다 아직
> 어머니 혼 빼놓을 일 많은 우리는
> 구십 연대 그 찬란한 소비의 미덕시대도
> 군살 하나 없는 어머니의 배에 또 다시
> 카인의 씨앗을 잉태시켰다
>
> 오십 년 산 앉은뱅이 낳았다
> 육십 년 산 귀머거리 벙어리 낳았다
> 칠십 년 산 국가보안법 위반하고 낳았다
> 팔십 년 산 아랫도리 뭉개진 애 낳았다
> 구십 년 산 영양실조 비만아 낳았다
>
> 그녀의 남편에게 난장질을 당하고도
> 정신 멀쩡한 어머니의 죄가 무섭다
> 아무 치정의 흔적도 남기지 않는
> 어머니의 아랫도리가 무섭다
>
> －〈어머니의 죄가 무서워〉 전문

이 시에서 어머니는 도덕적으로 타락한 가인의 후예로 볼 수 있다. 가인은 본래 아담과 하와가 지은 원죄를 갖고 태어 난데다가 동생 아벨을 살인하는 自犯罪를 지어 여호와에게 큰 벌을 받게 되고 그 영향이 오늘날 후손들에게까지 미치고 있음을 이 시는 적나라하게 드러내고 있다. 지금도 인간들은 지은 죄를 회개하지 않고 계속하여 죄를 범하고 있다는 사실과 아담의 타락으로 인하여 들어온 죄가 가인에게서 구체화되고 그의 후손들에게서 점차 장성하여 가다가 마침내 하나님의 백성까지도 타락하고 도리에 어긋나게 함으로써 인간 사회는 보존되어야 할 그 의미를 상실하고 마는 신화의 편린이 〈어머니의 죄가 무서워〉에서 재현되고 있음을 알 수 있다. '군살 하나 없는 어머니의 배에 또 다시 카인의 씨앗을 잉태'하여 앉은뱅이와 귀머거리 등 수없이 많은 죄의 씨앗들을 이 땅에 뿌려 놓고도 오직 자신의 육체적인 쾌락을 위해 극도로 타락해 가는 한 죄인의 모습이 처절하게 묘사되고 있다. 그럼에도 불구하고 3연에서 읽을 수 있듯이 그 여인은 아무 치정의 흔적도 남기지 않았고, 남편에게 난장질을 당하고도 정신이 멀쩡한 뻔뻔스러움을 보게 된다. 프라이의 원형이론에 따른다면 이 시 속에 나타난 어머니는 악마적인 성적 사랑의 상징으로 충성심에 거역하는, 또는 충성심을 가진 사람을 좌절시키는 어떤 격심한 파괴적 열정의 관계로 볼 수 있다. 이것은 보통 매춘부나 마녀, 사이렌 혹은 사람을 달달 볶는 여성, 갈망은 하면서도 결코 손에 넣을 수 없는 물질적인 욕망의 대상에 의해서 상징되어진다. 따라서 우리가 강성주의 시에 주목해야 할 점은 육체적으로 죄를 범하는 것도 나쁘지만, 정신적으로 그 죄를 철저히 회개하지 못하는 인간이 더 중죄를 진다는 사실이다. 결국 강성주의 〈어머니의 죄가 무서워〉는 현대인들에게 도덕적으로 타락한 인간상의 질정을 극명하게 보여준 작품이라고 하겠다. 앞의 시에서 보듯 일반적으로 시는 끊임없이 그 자체의 균형을 바르게 유지하려고 하는 경향, 즉 욕망의 패턴으로 되돌아와서 관습적인 것, 도덕적인 것으로부터 멀어지려고 하는 경향이 있음을 간과해서는 안 된다.

강성주 시인은 〈신의 블루사파이어 장신구〉에서 아담과 하와가 지은 불순종의 원죄의식을, 〈어머니의 죄가 무서워〉에서 가인의 후손들이 회개하지 않고 계속 타락하는 중죄의식을 암시하면서 그의 시각을 창세기에서 오늘의 일상으로 돌리고 있는 점은 극히 자연스럽다.

강성주의 시에서 인간의 일상은 대체로 바람으로 표상되는 특징을 발견할 수 있다. 바람의 속성 가운데 가장 두드러지는 것은 유동성이다. 그렇기 때문에 바람은 잠시도 제자리에 머물지 못하고 천상의 세계와 지상의 세계를 넘나들면서 극성을 피운다. 어쩌면 호기심 많은 인간이 한군데 머물지 못하고 여기저기 기웃거리는 것과 흡사한 속성이라고 하겠다. 강성주는 〈본성〉이라는 시에서 '잠시도 몸을 가만 두어서는 안 되는 본성/멈추면 죽는다.'고 말하고 있다. 여기서 바람은 멈추면 죽는다는 생각이 항상 앞서기 때문에 불안정성을 상징하기도 한다. 반면에 그리스도인에게 있어서 바람은 때로 폭풍 속의 신의 소리가 되는데, 이 때 폭풍우는 불꽃을 발하고, 사막을 진동시키고, 숲을 벌거숭이로 만들며, 성령의 불의 언어를 사도들에게 전해 주는 것으로 상징된다.

> 사막에 바람이 만든 흔적이 있다
> 해와 달이 누웠던 자리
> 별이 구르던 자리
> 그 곳에
> 우리가 깜박거린 그 분 말씀의 흔적
> 모래바람에 묻히고 있다.
>
> －〈사막〉 일부

이 시에서 바람은 사막을 진동시키는 폭풍이며 신의 목소리로 해석할 수 있다. '우리가 깜박거린 그분 말씀의 흔적/모래바람에 묻히고 있다.'는 말에서 쉽게 그 사실이 확인되기 때문이다. 그분의 말씀은 두 말할 필요 없이 신의 목소리다. 궤린도 바람은 호흡을 상징하는 것으로 영감 · 창안 · 영혼 또는 성령을 의미하고, 사막은 정신의 황폐 · 죽음 · 니힐리즘 · 절망 등으로 설명하고 있으며, 또한 프라이의 원형적 이미지에서 사막은 악마적 이미지에 해당하는 것으로 바람직하지 않은 세계를 제시한다. 따라서 강성주의 작품 〈사막〉에 나타난 '사막에 바람이 만든 흔적'이란 곧 정신적으로 황폐한 인간 세상에 성령이 함께 했던 흔적으로 파악할 수 있다. 강성주의 〈깨끗한 의자〉는 내밀한 바람에 대하여 이야기하고 있는데, 그 바람은 인간의 마음을 들뜨게 하는 속성이 있다.

이 시는 아이들에게 보여주기로 한 '꿈의 기차'라는 연극을 공연장인 대학로에 의도적으로 늦게 도착하여 관람하지 못하고 대신 미성년자 불가 포스터가 붙어 있는 성인용 프로를 보고자 아이들의 의견을 묻다가 큰 아이의 고지식한 도덕심 때문에 무산되고 결국 공원의 의자에 앉아 있다가 집으로 돌아왔다는 일기체 형식의 산문시다. 현대인들이 갖고 있는 극히 평범하고 일상적인 이야기로, 여기서 내밀한 바람의 속성이 다른 바람의 속성과 구분되는 것은 한 여인의 마음을 잠시 들뜨게 했다가 마침내 본래의 평온한 상태로 되돌아오게 했다는 점이다. 특히 이 작품은 인간들의 복잡한 일상들을 한눈에 바라볼 수 있도록 수직적 성찰에 의해 함축하고 있음을 주목해야 한다. 이 시에 등장하는 아이들이나 공원은 이상적인 세계로 로만스에 해당되며, 어른이나 돌멩이는 부조리한 현실세계로 하위모방에 해당한다고 볼 때, 이 시를 이상과 현실의 갈등으로 해석할 수 있으나, 이상에 대한 욕망과 현실에 대한 불만이 계속 반복되어지는 인간의 삶은 보드 킨이 말한 재생의 패턴으로 이해할 수 있음을 간과해서는 안 된다. 아울러 그는 〈바람〉이라는 작품에서 '바람은 추억을 기상시키는 나팔소리'라고 단 한 줄로 표현하여 우리들의 추억까지도 불러일으킨다는 바람의 또 다른 정신적 속성을 극명하게 보여주고 있다. 그러나 바람은 〈나무〉나 〈바람 부는 날〉에서처럼 돌풍으로 불기도 하고, 〈감포 가는 길〉에서처럼 곱게 불어 오기도 한다. 강성주는 바람의 난폭함과 부드러움, 신성과 일상성 등의 특징들을 인간의 삶 속에 구체적 대상물로 끌어들여 한 편의 작품으로 승화시키는 데 성공했다고 하겠다.

끝으로 그의 시 세계는 에덴동산으로 회귀하고자 하는 지속적인 노력과 갈망을 특징으로 하고 있다.

그분의 귀는 불통 중이네
너도 나도 못살겠다며

모든 회선을 점령한 탓인지

그분의 입은 침묵 중이네
너도 나도 어떻게 살아가느냐며
대답을 바라는 탓인지

그분의 눈은 묵상 중이네
너도 나도 타인의 행복에
눈 흘기는 탓인지

–〈세기말〉 일부

인간들이 가지고 있는 세기말적인 현상 — 불만 · 갈망 · 질투 · 과욕 · 도적질 등 — 이 신의 노여움을 사게 되고 마침내 인간 세계를 외면하는 결과를 초래한다. 그분, 곧 신이 인간 세계를 외면한다는 사건은 대단한 의미를 지니고 있는데, 사랑과 자비와 관용의 신인데도 불구하고 귀와 입과 눈과 코와 마음을 닫고 있다는 건 인간들의 죄악이 얼마만큼 극도에 이르고 있는지를 암시한다. 여기서 특별히 주목해야 할 일은 시인이 인간의 세기말적인 죄악들을 종류별로 열거하면서 각 연의 첫 행을 그분으로 시작하여 신의 존재를 강하게 표출시키고 있다는 점이다. 이러한 태도는 그가 지속적으로 신과의 관계를 맺어 왔다는 증거이며, 상실된 에덴 산에 대한 동경으로 읽을 수 있다. 에덴동산에서 금지된 선악과를 따먹음으로써 제일 먼저 발견한 것 중의 하나는 바로 자신들의 나체를 보는 것이었다. 〈세기말〉에서 그분의 눈은 특별히 깨달음, 핵심, 빛, 태양, 근원 등을 상징하는 것으로 신과 밀접한 관계를 갖고 있다.

오만한 콧날처럼 우뚝한
종탑의 십자가 머리에 이고
하늘에 문 그려 놓지만
드나드는 건 살찐 비둘기들뿐
젖은 꿈 끝자리에
문의 열쇠 놓여 있던 건 아닐까

쫓긴 잠 불러들여
오늘은 기어이 하늘 대문
열어 볼 테다

–〈하늘 대문〉 일부

앞의 시 〈세기말〉에서 보듯이 죄악덩어리 인간에게 회의를 느낀 신이 인간을 외면하지만 강성주 시인은 〈하늘 대문〉을 통하여 기어코 꿈에서나마 하늘 대문을 열어 보겠다고 강한 결의를 보인다. 십자가는 창세기의 선악과나무, 복음서의 열매를 맺지 못하는 무화과나무와 함께 죽음을 상징한다. 시인은 여기서 '오만한 콧날처럼 우뚝한/종탑의 십자가 머리에 이고/하늘에 문 그려 놓지만/드나드는 건 살찐 비둘기들뿐'이라고 말하여 인간이 천국에 들어가지 못하는 이유 중의 하나는 바로 오만이라고 지적하고 있다. 그는 이어서 하늘 문을 드나드는 건 살찐 비둘기라고 말한다. 비둘기는 전통적으로 비너스 뿐만 아니라, 기독교에서 성령의 보편적인 조화 또는 사랑을 나타내는 동물이며 관습적으로 평화를 상징하고 있어 하늘 문을 드나드는 일이 하나도 어색하지 않다는 해석이 가능하다. 죄 많은 인간 세계에 살기 때문에 현실에서는 열기 어려운 하늘 문을 오늘은 꿈에라도 기어코 열어 보겠다는 의지가 더욱 강하게 표출되고 있다. 이상적 세계에 대한 간절한 동경은 〈나도 나무를 닮고 싶다〉에서 희생되는 나무를 통해 더욱 구체화된다.

지금까지 분석된 결과, 강성주의 시 세계는 크게 둘로 나눌 수 있는데, 하나는 리얼리즘의 세계로 우리가 살고 있는 현실을 불행하며 부조리한 것으로 인식하는 세계이다. 그의 대부분의 시가 여기에 속하는데 저녁, 가을, 사막, 하산 등의 하강 이미지가 주류를 이룬다. 또 하나는 순진무구의 이상적 세계로 하늘, 나무, 어린아이, 새 등의 상승 이미지가 주류를 이룬다. 결국 그의 시 세계는 순수와 경험의 이상적인 고리라고 하겠다.

–유창근의 〈순수와 경험의 고리〉 전문

6) 신화 · 원형비평의 과제

① 이문열의 소설 〈금시조〉를 원형비평 방법으로 분석해 봅시다.

② 이어령의 〈아침의 사상〉을 신화 · 원형적 측면에서 비평해 봅시다.

③ 김광규의 시 〈희미한 옛사랑의 그림자〉를 신화 · 원형비평 방법으로 분석해 봅시다.

④ 이상화의 시 〈나의 침실로〉를 신화 · 원형적 측면에서 비평해 봅시다.

7) 학생 작품

학생 작품 A

연애의 차용

한 승 희

〈나의 침실로〉

'마돈나' 지금은 밤도 모든 목거지에 다니노라. 피곤하여 돌아가련도다.
아, 너도 먼동이 트기 전으로 수밀도의 네 가슴에 이슬이 맺도록 달려오너라.

'마돈나' 오려무나, 네 집에서 눈으로 유전(遺傳)하던 진주는 다 두고 몸만 오너라.
빨리 가자, 우리는 밝음이 오면 어딘지 모르게 숨는 두 별이어라.

'마돈나' 구석지고도 어둔 마음의 거리에서 나는 두려워 떨며 기다리노라.
아, 어느덧 첫닭이 울고—뭇 개가 짖도다. 나의 아씨여, 너도 듣느냐.

'마돈나' 지난 밤이 새도록 내 손수 닦아 둔 침실로 가자, 침실로—
낡은 달은 빠지려는데, 내 귀가 듣는 발자욱—오, 너의 것이냐?

'마돈나' 짧은 심지를 더우잡고 눈물도 없이 하소연하는 내 맘의 촉(燭)불을 봐라.
양털 같은 바람결에도 질식이 되어 얕푸른 연기로 꺼지려는도다.

'마돈나' 오너라, 가자, 앞산 그리메가 도깨비처럼 발도 없이 이곳 가까이 오도다.
아, 행여나 누가 볼는지—가슴이 뛰누나, 나의 아씨여, 너를 부른다.

'마돈나' 날이 새련다, 빨리 오려무나, 사원의 쇠북이 우리를 비웃기 전에.

네 손이 내 목을 안아라. 우리도 이 밤과 함께 오랜 나라로 가고 말자.

'마돈나' 뉘우침과 두려움의 외나무다리 건너 있는 내 침실 열 이도 없으니.
아, 바람이 불도다. 그와 같이 가볍게 오려무나. 나의 아씨여, 네가 오느냐?

'마돈나' 가엾어라, 나는 미치고 말았는가. 없는 소리를 내 귀가 들음은—,
내 몸에 파란 피—가슴의 샘이 말라 버린 듯 마음과 목이 타려는도다.

'마돈나' 언젠들 안 갈 수 있으랴. 갈 테면 우리가 가자, 끄을려가지 말고!
너는 내 말을 믿는 `마리아'—내 침실이 부활의 동굴임을 네야 알련만……

'마돈나' 밤이 주는 꿈, 우리가 엮는 꿈, 사람이 안고 뒹구는 목숨의 꿈이 다르지 않으니.
아, 어린애 가슴처럼 세월 모르는 나의 침실로 가자, 아름답고 오랜 거기로.

'마돈나' 별들의 웃음도 흐려지려 하고 어둔 밤 물결도 잦아지려는도다.
아, 안개가 사라지기 전으로 네가 와야지. 나의 아씨여, 너를 부른다.

–「백조」 3호(1923년 9월호)

이상화는 죽는 날까지 식민지의 절망적 현실 아래 끝까지 저항시를 보여준 저항시인의 한 사람이다. 지금까지 그에 대한 시적 논의는 주로 〈나의 침실로〉와 〈빼앗긴 들에도 봄은 오는가〉 두 편에 한정되어서 많이 논의되고 있다. 즉, 이상화의 시에는 낭만 시 또는 저항시라는 두 측면이 강하게 보이기 때문이다. 이상화의 초기 시 세계를 대표하는 이 시는「백조」 동인들의 작품 가운데서도 가장 우수한 것으로 평가받고 있는 작품이다. 18세에 창작했다고 알려진 이 작품에는 식민지 치하의 암울한 시대 상황을 사춘기 소년의 낭만적 정열로 극복하고자 하는 몸부림이 잘 나타나 있다. 〈나의 침실로〉는 낭만주의 시[1]에 해당하는 시이다. 이 작품은 '마돈나' · '침실' · '수밀도의 네 가슴' · '나의 아

1) 낭만주의는 시민적 자본주의 세계, 즉 '환상을 상실한' 세계에 대한, 그리고 기업과 이윤의 거친 산문에 대한 열정적이고 모순적인 저항의 운동이었다.

씨여' 등의 감각적 시어들로 말미암아 간단히 남녀 간의 정욕을 노래한 연애시로 볼 수도 있다. 그러나 시적 자아가 '마돈나'와 함께 가고 싶어하는 '침실'은 육체적, 쾌락적, 본능적인 일반적 의미의 침실이 아니라, 영원한 안식과 새로운 활력을 부여하는 재생의 장소를 상징하고 있다는 것을 생각하면, 이 시는 남녀 간의 애정을 소재로 하여 관능적, 감상적, 낭만적 표현 방법에 의해 아름답고 영원한 꿈과 같은 안식처로 보는 해석이 많다. 하지만 연애시 같기도 보이는 이상화의 〈나의 침실로〉는 시를 천천히 읽어 보고 있자면 성경의 연애시라 볼 수 있는 〈아가시〉에서 모티브를 얻은 듯하다.

〈아가서〉의 히브리어 명칭은 1 : 1의 첫 말씀 "쉴 하쉬림", 즉 "노래들 중의 노래들"이라는 뜻이다. 다시 말하면 아름다운 노래의 책이란 말이 될 수 있다. 오리겐에 의하면, 〈아가서〉는 실제로 솔로몬과 바로의 딸의 〈결혼의 축가〉로 기록된 것이나 그 내용은 신랑은 그리스도를 신부는 교회를, 신랑의 친구들은 하늘의 천사들을 예루살렘의 처녀들은 지상의 신자들을 비유한다고 했다.

우선 이 시의 화자가 계속해서 부르고 있는 청자 '마돈나'는 이태리어로 성모 마리아를 가리키는 말이다. 성모의 성화, 성상도 '마돈나'라고 한다. 이런 단어 하나부터 꼬집어 넘어가도 이 시는 성경에서 모티브를 얻었다는 것을 볼 수 있다.

> 아 1 : 1 솔로몬의 아가라
> 아 1 : 2 내게 입맞추기를 원하니 네 사랑이 포도주보다 나음이로구나
> 아 1 : 3 네 기름이 향기로와 아름답고 네 이름이 쏟은 향기름 같으므로 처녀들이 너를 사랑하는구나
> 아 1 : 4 왕이 나를 침궁으로 이끌어 들이시니 너는 나를 인도하라 우리가 너를 따라 달려가리라 우리가 너를 인하여 기뻐하며 즐거워하니 네 사랑이 포도주에서 지남이라 처녀들이 너를 사랑함이 마땅하니라
> 아 1 : 7 내 마음에 사랑하는 자야 너의 양 떼 먹이는 곳과 오정에 쉬게 하는 곳을 내게 고하라 내가 네 동무 양 떼 곁에서 어찌 얼굴을 가리운 자같이 되랴
> 아 1 : 8 여인 중에 어여쁜 자야 네가 알지 못하겠거든 양 떼의 발자취를 따라

목자들의 장막 곁에서너의 염소 새끼를 먹일지니라
아 1 : 9 내 사랑아 내가 너를 바로의 병거의 준마에 비하였구나
아 1 : 10 네 두 뺨은 땋은 머리털로, 네 목은 구슬 꿰미로 아름답구나
아 1 : 11 우리가 너를 위하여 금사슬을 은을 박아 만들리라
아 1 : 12 왕이 상에 앉았을 때에 나의 나도 기름이 향기를 토하였구나
아 1 : 13 나의 사랑하는 자는 내 품 가운데 몰약 향낭이요
아 1 : 14 나의 사랑하는 자는 내게 엔게디 포도원의 고벨화 송이로구나
아 1 : 16 나의 사랑하는 자야 너는 어여쁘고 화창하다 우리의 침상은 푸르고
아 1 : 17 우리 집은 백향목 들보, 잣나무 석가래로구나[2)]

〈아가서〉의 1장 내용을 보면 사랑하는 두 남녀가 서로의 매력에 이끌려 사랑이야기를 하는데 독특하게도 여자가 적극적으로 키스해 줄 것을 요구하는 것을 알 수 있다. 이렇게 정열적이고 노골적인 내용은 우리가 많이 사용하는 성경 〈아가서〉에서는 '내게 입 맞추기를 원하니 네 사랑이 포도주보다 나음이로구나' 하는 식의 우회적인 산문형식으로 쓰여 있다. 이렇게 어떠한 신체적 접촉이 됐든지 간에 사랑하는 사람들은 반드시 신체적 접촉을 갈망한다. 이러한 〈아가서〉의 1장의 내용은 〈나의 침실로〉에서도 찾아볼 수 있다. 우선 〈나의 침실로〉의 화자는 남성화자이다. '마돈나'를 부르기 때문이다. 앞서 말했듯이 마돈나는 마리아를 뜻하는 말이기에 남성화자임을 알 수 있다. 〈아가서〉 1장에서는 여성화자가 적극적인 신체적 접촉을 요구하지만 〈나의 침실로〉의 화자는 여성화자가 아닌 남성화자로 신체적 접촉을 요구하고 있다. 여기서 성별의 다름이 차이점이지 사랑하는 사람끼리 신체적 접촉을 갈구하고 있다는 점에서는 비슷하다. 또한 이상화의 〈나의 침실로〉는 제목에서도 '침실'이라는 말이 들어가는데 '침실'이 중요한 단어임을 알 수 있다. 남녀의 성적 접촉은 '침실'에서 가장 극대화된다. 이런 신체적 접촉의 갈구는 〈아가서〉의 1장 4절 왕이 나를 침궁으로 이끌어 들이시니, 1장 16절 나의 사랑하는 자야 너는 어여쁘고 화창하다 우리의 침상은 푸르고에서 침궁, 침상이라는 직접적인 단어를 씀으로써 〈아가서〉에서도 성적 갈구가 극대화되었음을 알 수 있다.

2) http : //www.eblending.com/Online_Bible/script.asp ? book=22&chapter=8.

〈나의 침실로〉의 화자는 계속해서 청자를 오라고 한다. 청자를 침실에서 기다리고 해가 뜨고 있음에도 불구 청자는 오지 않고 있다. 〈아가서〉 1장 7절 보면 양 떼의 먹이를 어디서 먹이며 어디서 쉬는지, 양 떼 사이에서 당신을 어떻게 찾는지에 대해서 묻고 있다. 그 대답을 1장 8절에서 찾을 수 있는데, 자신의 있는 곳을 모른다면 내 양 떼의 발자취를 따라오라는 식의 대답을 한다. 〈아가서〉의 이 구절에서도 볼 수 있듯이 사랑하는 사람들은 같이 있고 싶은 욕망이 있다. 〈아가서〉에 나타난 같이 있고 싶음의 욕망은 〈나의 침실로〉에서 계속해서 청자를 부르는 것과, 청자를 그리워하는 것으로 표현되고 있다고 말해도 무방할 것이다.

> 아 2 : 10 나의 사랑하는 자가 내게 말하여 이르기를 나의 사랑, 나의 어여쁜 자야 일어나서 함께 가자
> 아 2 : 11 겨울도 지나고 비도 그쳤고
> 아 2 : 12 지면에는 꽃이 피고 새의 노래할 때가 이르렀는데 반구의 소리가 우리 땅에 들리는구나
> 아 2 : 13 무화과나무에는 푸른 열매가 익었고 포도나무는 꽃이 피어 향기를 토하는구나 나의 사랑, 나의 어여쁜 자야 일어나서 함께 가자
> 아 2 : 14 바위 틈 낭떠러지 은밀한 곳에 있는 나의 비둘기야 나로 네 얼굴을 보게 하라 네 소리를 듣게 하라 네 소리는 부드럽고 네 얼굴은 아름답구나
> 아 2 : 15 우리를 위하여 여우 곧 포도원을 허는 작은 여우를 잡으라 우리의 포도원에 꽃이 피었음이니라
> 아 2 : 16 나의 사랑하는 자는 내게 속하였고 나는 그에게 속하였구나 그가 백합화 가운데서 양 떼를 먹이는구나
> 아 2 : 17 나의 사랑하는 자야 날이 기울고 그림자가 갈 때에 돌아와서 베데르 산에서의 노루와 어린사슴 같아여라[3)]

〈아가서〉 2장에서는 두 가지 내용이 차용된 듯하다. 2장의 10절~14절에서는 신랑이 신부를 다정하게 부르고 있는 것을 볼 수 있다. "일어나서 함께 가

3) http : //www.eblending.com/Online_Bible/script.asp ? book=22&chapter=8.

자.” 깊이 잠들고 있는 신부를 향해 간절히 부르는 신랑의 말소리는 〈나의 침실로〉에서 화자가 청자에게 ‘침실’로 가자고 하는 것이랑 비슷하다고 봐야 한다. 〈나의 침실로〉에서는 ‘오랜 나라로 가고 말자’, ‘침실로 가자’, ‘부활의 동굴로 가자’, ‘세월 모르는 나의 침실로 가자’ 등 계속해서 이미지들을 약간씩 바꾸면서 가자라는 말을 반복해서 하고 있다. 이는 그 곳이 어디든, 빈 집이든 사막이든 동굴이든 주님과 함께 가는 곳은 두려움이 없으며 사랑의 달콤함만 있을 뿐이라는 〈아가서〉의 내용과 밀접하다고 볼 수 있는 것이다. 사랑하는 연인이 곧 안식처이며, 안식처에 계속해서 가자고 하는 부름은 구원을 얻을 수 있는 곳으로의 갈망이라고 봐야 할 것이다. 또한 2장의 15~17절의 내용은 신부는 자신의 결혼생활을 포도원에 비유한다. 포도원에 꽃이 한창이다. 하지만 자신의 결혼생활을 망치려는 여우가 있고 남편이 집에 노루처럼 빨리 돌아오기를 간절히 바라는 것을 알 수 있다. 사랑한다는 것은 두려움과 불안을 동반하기도 한다, 나의 사람이라고 생각은 하지만, 남편과 나 사이에 다른 누군가가 끼어드는 것을 바라지 않고, 집으로 빨리 돌아와 줬으면 하는 그런 기다림을 볼 수 있다. 즉, 이러한 부분은 〈나의 침실로〉에서 화자가 청자를 부르며 침실에서 기다리는 모습과 흡사해 보인다. 사랑한다는 것은 두려움과 불안을 동반하기도 한다.

> 아 3 : 1 내가 밤에 침상에서 마음에 사랑하는 자를 찾았구나 찾아도 발견치 못하였구나
>
> 아 3 : 2 이에 내가 일어나서 성중으로 돌아다니며 마음에 사랑하는 자를 거리에서나 큰 길에서나 찾으리라 하고 찾으나 만나지 못하였구나
>
> 아 3 : 3 성중의 행순하는 자들을 만나서 묻기를 내 마음에 사랑하는 자를 너희가 보았느냐 하고
>
> 아 3 : 4 그들을 떠나자마자 마음에 사랑하는 자를 만나서 그를 붙잡고 내 어미 집으로, 나를 잉태한 자의 방으로 가기까지 놓지 아니하였노라
>
> 아 3 : 5 예루살렘 여자들아 내가 노루와 들사슴으로 너희에게 부탁한다 사랑하는 자가 원하기 전에는 흔들지 말고 깨우지 말지니라[4]

---

4) http : //www.eblending.com/Online_Bible/script.asp ? book=22&chapter=8.

〈아가서〉의 3장 1절에서 3장, 5장까지 보면, 사랑하는 사람을 그리워하고 애타게 찾고 있음을 알 수 있다. 이러한 면은 〈나의 침실로〉에서 전반적으로 나타나 있는 이미지이다. 꼭 무슨 좋지 않은 상황으로 둘이 떨어져 있는 것처럼 표현이 되어 있는데, 우리의 사랑을 방해하지 말라는 뜻으로도 보인다. 이러한 측면에서 〈나의 침실로〉를 분석해 보자면, 사랑하는 마돈나(너)와 나는 시대적 상황 때문에 어쩔 수 없이 떨어져 있으며(혹은 〈아가서〉의 연인처럼 결혼한 사이이지만 아내가 친정집에 가 있는 상황), 즉 이것이 사랑을 방해하는 요소이고, 같이 있고 싶고 그리워 잠을 이룰 수 없지만, 애타게 불러도 오지 않은 마돈나를 그리워할 뿐이다. 이렇게 이상화는 〈아가서〉에 나오는 연애의 이야기를 자신의 시로 옮겨와 창작을 했다. 성경의 '아가서'의 기능은 극단적인 성적 추구 혹은 남용과 금욕주의 사이의 건전한 성경적 균형을 대담한 언어 표현으로 제시해 준다. 즉, 이러한 아가서의 기능을 잘 포착해 〈나의 침실로〉에서 표현해 내었음을 알 수 있다.

하지만 한국의 낭만주의는 국권상실과 3 · 1운동의 실패로 인한 절망감과 새 출발의 고갈에서 비롯한다. 3.1운동의 좌절과 시대적 울분에서 오는 감상과 흥분, 또한 그 도피구로서 몽상이 요구되면서 낭만주의가 출현할 소지가 제공되었다. 그러하기 때문에, 이상화의 〈나의 침실로〉가 성경 〈아가서〉에서 모티브를 얻어 쓰인 시라고 해도, 〈아가서〉의 내용 하나만으로는 해석하기에는 불충분할 수밖에 없다. 당시의 우리나라의 문학은 검열이 많은 상태였고, 저항시의 대부분은 우회적으로 시적 표현이 되던 시기였기 때문이다. 그래서 이 시는 사실 성경적인 해석보다는 시대적 상황에 맞게 '침실'을 조국으로 보고 해석하는 내용이 더 많은 것은 사실이다. 이렇듯 〈나의 침실로〉는 아직까지도 해석을 하는 데에 있어서 논의가 많이 되는 작품인 것은 사실이다. 현대인 지금 시점에서 보아도 세련된 문장과 시인의 상상력은 후세의 작가들이 배워야 할 것이다.

<참고 자료>

김학동, 『한국문학의 현대적 해석 - 이상화』, 서강대학교 출판부, 1996.
오세영, 『한국현대시 분석적 읽기』, 고려대학교 출판부, 2004.

유창근, 『문학을 보는 눈』, 학지사, 2005.

http : //blog.naver.com/grace5015 ? Redirect=Log&logNo=40032501198

http : //blog.naver.com/joyenmy ? Redirect=Log&logNo=80020473004

http : //cafe.naver.com/aigonzi.cafe ? iframe_url=/ArticleRead.nhn%3Farticleid=796

http : //oldtestament.maru.net/bbs/zboard.php ? id=link

http : //www.eblending.com/Online_Bible/script.asp ? book=22&chapter=8

학생 작품 B

희망의 예언서

-박두진의 〈해〉를 중심으로-

이 나 영

〈해〉

해야 솟아라. 해야 솟아라. 맑앟게 씻은 얼굴 고은 해야 솟아라. 산 넘어 산 넘어서 어둠을 살라먹고, 산 넘어서 밤새도록 어둠을 살라 먹고 이글이글 애띈 얼굴 고운 해야 솟아라.

달밤이 싫여, 달밤이 싫여, 눈물 같은 골짜기에 달밤이 싫여, 아무도 없는 뜰에 달밤이 나는 싫여…….

해야, 고운 해야. 늬가 오면 늬기사 오면, 나는 나는 청산이 좋아라. 훨훨훨 깃을 치는 청산이 좋아라. 청산이 있으면 홀로래도 좋아라.

사슴을 따라, 사슴을 따라, 양지로 양지로 사슴을 따라 사슴을 만나면 사슴과 놀고

칡범을 따라, 칡범을 따라 칡범을 만나면 칡범과 놀고…….

해야, 고운 해야. 해야 솟아라. 꿈이 아니래도 너를 만나면, 꽃도 새도 짐승도 한자리 앉아, 워어이 워어이 모두 불러 한자리 앉아 애띄고 고은 날을 누려 보리라.

〈이사야서〉 11장 1절~16절

1 이새의 줄기에서 한 싹이 나며 그 뿌리에서 한 가지가 나서 결실할 것이요
2 여호와의 신 곧 지혜와 총명의 신이요 모략과 재능의 신이요 지식과 여호와를

경외하는 신이 그 위에 강림하시리니
3 그가 여화와를 경외함으로 즐거움을 삼을 것이며 그 눈에 보이는 대로 심판치
아니하며 귀에 들리는 대로 판단치 아니하며
4 공의로 빈핍한 자를 심판하며 정직으로 세상의 겸손한 자를 판단할 것이며 그
입의 막대기로 세상을 치며 입술의 기운으로 악인을 죽일 것이며
5 공의로 그 허리띠를 삼으며 성실로 몸의 띠를 삼으리라
6 그 때에 이리가 어린 양과 함께 거하며 표범이 어린 염소와 함께 누우며 송아지와
어린 사자와 살찐 짐승이 함께 있어 어린아이에게 끌리며
7 암소와 곰이 함께 먹으며 그것들의 새끼가 함께 엎드리며 사자가 소처럼 풀을
먹을 것이며
8 젖 먹는 아이가 독사의 구멍에서 장난하며 젖 뗀 어린아이가 독사의 굴에 손을
넣을 것이라
9 나의 거룩한 산 모든 곳에서 해됨도 없고 상함도 없을 것이니 이는 물이 바다를
덮음같이 여호와를 아는 지식이 세상에 충만할 것임이니라
10 그날에 이새의 뿌리에서 한 싹이 나서 만민의 기호로 설 것이요 열방이 그에게로
돌아오리니 그 거한 곳이 영화로우리라
11 그날에 주께서 다시 손을 펴사 그 남은 백성을 앗수르와 애굽과 바드로스와 구스
와 엘람과 시날과 하맛과 바다 섬들에서 돌아오게 하실 것이라
12 여호와께서 열방을 향하여 기호를 세우시고 이스라엘의 쫓긴 자를 모으시며 땅
사방에서 유다의 이산한 자를 모으시리니
13 에브라임의 투기는 없어지고 유다를 괴롭게 하던 자는 끊어지며 에브라임은 유
다를 투기하지 아니하며 유다는 에브라임을 괴롭게 하지 아니할 것이요
14 그들이 서으로 불레셋 사람의 어깨에 날아 앉고 함께 동방 백성을 노략하며 에돔
과 모압에 손을 대며 암몬 자손을 자기에게 복종시키리라
15 여호와께서 애굽 해고를 말리우시고 손을 유브라데 하수 위에 흔들어 뜨거운
바람을 일으켜서 그 하수를 쳐서 일곱 갈래로 나워 신 신고 건너가게 하실 것이
라
16 그의 남아 있는 백성을 위하여 앗수르에서부터 돌아오는 대로가 있게 하시되
이슬엘이 애굽 땅에서 나오던 날과 같게 하시리라

작품 〈해〉는 시인 박두진이 1946년 5월에 발표되었으나 8 · 15 광복을 전으

로 쓰인 것으로 생각된다. 이 작품은 시인의 대표적인 시로서 그의 초기 시 세계의 특징을 잘 드러내고 있으며 시인의 첫 시집의 제목이 된 시이기도 하다. 청록파 시인의 한 사람으로서 다른 두 시인과 함께 자연에 그 시적 근간을 두고 있으며 그의 자연은 민족과 인류, 현실과 영원, 현세적 · 정치적 이상과 종교적 · 궁극적 생활 생존양식이 아무런 모순 없이 일원화된 세계로라는 주제에서 출발한다. 자연의 대상을 묘사하면서 그는 이상화된 자연, 혹은 관념의 세계를 동시에 보여주고 있다. 그것은 그의 자연이 종교와 사회, 민족과 인류라는 대상에서 출발하였다. 시인의 시적 상상력 및 자아의식을 이루는 갈등과 해소의 원리는 자연에 의한 밝음과 어둠의 대칭적 구조로 드러나고 있다. 다시 말해 그는 일제 암흑기 참담한 현실과 대치되는 정신적 세계로서의 밝고 희망찬 새로운 세계를 자연 속에서 찾았고 나아가서 순진과 청신한 세계의 의미를 천착하기도 한다. 이러한 정신과 결합된 감각적 발상은 순전히 내발적이면서도 자설적이며 이런 점에서 그는 같은 청록파 동인이었던 박목월, 조지훈과 구별된다.[5]는 것이다.

시인의 초기 시의 중심 이미지를 이루는 '해'가 갖는 가장 힘찬 호소력도 어둠과 그것을 피하지 않는 밝음이라는 양 측면에 근거하고 있다. '해야 솟아라. 해야 솟아라.' 1연은 이 말의 반복으로 시작되고 있다. 이것은 시를 읽는 우리로 하여금 꿋꿋하면서도 강하고 힘찬 느낌을 갖게 한다. 이 솟아오를 해는 어둠을 살라먹고 밝고 앳된 모습으로 떠오를 광명의 원천이 된다. 이것은 자연적으로 떠오르는 '해'의 의미가 아니라, 앞으로 다가올 광복의 빛을 의미한다. 많은 사람들은 이 작품의 해석에 있어서 광복의 기쁨을 노래하고 있다고 말하고 있지만 앞에서 말한 바와 같이 광복 이전에 쓰인 것으로 맞이한 광복의 기쁨이 아니라 다가올 광복의 기쁨을 노래한 것이다. 새롭게 열릴 새 시대에 대한 찬란한 그 빛이 언제 다가올지 모르지만 시인은 그 시간을 기다리는 것이다. 그 기다림의 힘듦은 2연에서 잘 보여주고 있다. 어두운 달밤이 싫다는 것 또한 반복으로 밝히고 있는 것에서 우리는 그것을 쉽게 알아낼 수 있는 것이

5) 박철희, 『청록파 연구Ⅱ』, 「국문학 논문선」 ⑨, 민중서관, 1977, pp. 447~448.

다. 달밤의 아래에서 해의 부재는 '눈물 같은 골짜기'와 '아무도 없는 뜰'과 같이 고독하고 힘겨움을 이야기하고 있다. 아무도 없는 뜰에서 홀로 어둠을 견디며 해를 기다리는 것은 어둠과 밝은 빛의 강한 대비를 보여주고 있어 그만큼 힘겨운 현실에서의 고독감이 얼마가 뿌리 깊게 다가오는 것인지를 잘 느낄 수 있게 된다.

3연에서부터 마지막 연까지는 그런 상황을 극복하고 해를 맞이했을 때의 큰 기쁨과 한없는 영화와 앞으로 누리게 될 아름다운 삶의 모습을 이야기하고 있다. 2연에서의 갈등과 고독은 결국 솟아나는 '해'로 인해 자연스럽게 해소되는 것이다. 다시 말해 '해'의 심상은 일제의 억눌림으로부터 치솟아 오르려는 치열한 정신을 아름답게 표출하고 있다. 억눌림으로부터의 치솟음의 의미는 이 시기 시인의식을 대표하는 한 특질임은 말할 것도 없으며 시인이 살았던 일제 말기 사회적 환경의 짜임과 깊은 상관관계에서 그 형성적 여러 요인들을 이해할 수 있을 것이다[6] 라는 결론을 내릴 수 있는 것이다.

시인의 시는 기독교적 메시아 사상의 영향을 크게 받고 있으며 초기와 다르게 중기를 넘어서 후기에는 많은 신앙시를 쓰기 시작했다. 하지만 초기 대표 작품인 이 〈해〉에서도 우리는 그의 기독교적인 사상이 깃들어 있음을 알 수 있다.

> 사슴을 땋아, 사슴을 땋아, 양지로 양지로 사슴을 땋아 사슴을 만나면 사슴과 놀고
>
> 칡범을 땋아, 칡범을 땋아 칡범을 만나면 칡범과 놀고…….
>
> 해야, 고운 해야. 해야 솟아라. 꿈이 아니래도 너를 만 나면, 꽃도
> 새도 짐승도 한자리 앉아, 워어이 워어이 모두 불러 한자리 앉아
> 애뙤고 고은 날을 누려 보리라.

---

6) 신동욱, ≪박두진 전집 2≫, 범조사, 1982, p. 304.

이 작품의 제 4연에서부터 마지막을 읽어 내려가다 보면 우리는 성경에 나오는 한 곳을 쉽게 떠올릴 수 있게 될 것이다. 아담과 이브가 살았던 원죄를 지어 쫓겨날 수밖에 없었던 낙원을 말이다. 그것은 정신분석학이나 인류학적인 측면에서 보더라고 인간의 원초적인 세계에서 생동감 있게 펼쳐지는 자연의 모습은 '에덴동산'을 상징하고 있음을 쉽게 발견할 수 있다.[7]라고 말하는 것처럼 '에덴동산'의 평화롭고 아름다움을 떠올릴 수 있게 되는 것이다. 이것은 암담한 식민지의 비관적 현실 인식이 해의 이미지를 통해 미래에 대한 밝은 전망으로 바뀌어지는 것을 의미한다. 이와 같은 인간과 자연의 낙관적 전망은 그의 기독교적 낙원의식과 무관하지 않다[8]는 것으로 나타난다. 또한 이 작품의 기독교적 낙원의식은 구약의 이사야서에서 찾을 수 있음을 알 수 있다. 이사야서의 이사야라는 이름은 '여호와는 구원이시다'라는 뜻을 가지고 있다. 그는 메시아에 대한 예언자이다. 이사야가 활동하던 시대에 앗수르의 침략의 마수에 북쪽 이스라엘과 남쪽 유다가 몹시 곤욕을 당하던 때였으며 조공을 바치고 앗수르의 침입으로 인하여 많은 포로들이 붙잡혀 가고 결국 예루살렘까지 포위되기에 이른다. 이와 같이 선민 이스라엘의 두 나라가 앗수르의 큰 힘 앞에 무참히 짓밟히고 멸망하는 비통한 시대, 즉 암흑의 시기였던 것이다. 이것은 우리나라가 일제식민시대에 놓여 있던 암흑시기와 같다는 것으로 해석되어진다. 이사야는 이렇듯 앗수르로 인해 수많은 세월 고통을 받으며 살아가는 백성에게 이새의 아들 곧 다윗왕족의 혈통에서 예수님이 탄생하실 것임을 예언하고 있다. 그는 정의의 힘과 영의 힘의 최후의 승리를 굳게 믿고 오직 하나님만을 믿을 것을 가르치고 있다.

> 6 그 때에 이리가 어린 양과 함께 거하며 표범이 어린 염소와 함께 누우며 송아지와 어린 사자와 살찐 짐승이 함께 있어 어린아이에게 끌리며
> 7 암소와 곰이 함께 먹으며 그것들의 새끼가 함께 엎드리며 사자가 소처럼 풀을 먹을 것이며

---

7) 유창근, 『문학을 보는 눈』, 학지사, 2005, p. 321.
8) 임영주, 『박두진의 생애와 문학』, 국학자료원, 2003, p. 62.

8 젖 먹는 아이가 독사의 구멍에서 장난하며 젖 뗀 어린아이가 독사의 굴에 손을 넣을 것이라
9 나의 거룩한 산 모든 곳에서 해됨도 없고 상함도 없을 것이니 이는 물이 바다를 덮음같이 여호와를 아는 지식이 세상에 충만할 것임이니라

위의 내용은 이사야서 11장 6절에서 9절까지의 말씀이다. 이것은 작품 〈해〉의 제 4연에서 마지막을 이어가는 부분과 일치하고 있다. 고통을 이겨 내고 새롭게 열릴 희망의 아름다운 나라의 모습이 묘사되고 있는 것이다. 그것을 살펴보면 '사슴을 만나면 사슴과 놀고, 칡범을 만나면 칡범과 놀고, 꽃도 새도 짐승도 한자리 앉아' 라고 말하고 있는 부분이 6절의 시작인 ' 그때 이리가 어린양과 함께 거하며 표범이 어린 염소와 함께 누우며 송아지와 어린 사자와 살찐 짐승이 함께 있어 어린아이에게 끌리며'로 표현되고 있는 것과 동일한 것으로 해석되고 있다. 또한 '그때'와 '솟아오른 해'는 각각 메시아의 재림과 조국의 광복을 가리키고 있는 것으로서 희망의 뜻을 품고 있는 것을 알 수 있다.

또한 이사야서에서는 국가가 위기에 직면할 때 모든 국민이 강대한 이방나라의 힘에 의존하여 비굴하고 불 신앙적으로 살지만 그래도 끝까지 의롭게 믿음을 가지고 살려는 소수의 무리가 있다는 것이다. 그리고 국가와 민족의 희망은 바로 그 소수에게 있다는 것이다. 민족의 일대 위기에 풍전등화와 같이 민족의 전멸이 눈앞에 임박한 절망의 순간에 이사야는 놀랍게도 긍정적이며 낙관적이다. 그는 아름답고도 감동적인 표현으로 메시아가 오실 것과 민족의 황금시대를 예언하고 있다. 이 위대한 뜻을 시인은 〈해〉라는 작품 안에 그대로 옮겨 놓고 있는 것이다.

힘든 일제 식민시대를 살아가고 있지만 우리는 믿음으로 희망을 잃지 말고 다가올 광복을, 새 시대를 위해 참고 견디며 서로서로 힘을 합하여 이겨 내야 한다는 것을 말이다. 그 강한 의미는 해를 비롯해서 꽃과 새와 짐승을 통해서 전해지고 있다. 결국 이 모든 것이 한 자리에 모여서 살아갈 그 순간이 오리라는 것을 말하면서 결코 좌절하거나 절망해서는 안 된다는 뜻을 전달하고 있는

것이다.

이렇듯 아름다운 자연과 민족의 아픔을 절묘한 어울림으로 아름답게 표현하고 있는 〈해〉에 대하여 "인간이 도달할 수 있는 최고의 경지"[9]라는 평과 함께 '해'의 순수한 활력을 반복적인 어구로 제시함으로써 그 표현이 활기찬 이 시는 혜산[10]의 대표적 자연물인 '해'를 더욱 성공적으로 형상화하고 있으며 강하고 독특한 운율미로 우리말의 예술성을 살리고 있는 작품이다[11]라는 평을 받는 것이다.

〈참고 자료〉

신동욱, 『박두진 전집 2』, 범조사, 1982.
유창근, 『문학을 보는 눈』, 학지사, 2005.
임영주, 『박두진의 생애와 문학』, 국학자료원, 2003.
조연현, 『현대 한국 작가론』, 청운출판사, 1965.
김익규, ≪기독교 세계관으로 본 박두진 시≫, 총신대교육대학원, 2005.
박철희, 『청록파 연구 Ⅱ』, 「국문학 논문선」 ⑨, 민중서관, 1977.
박춘덕, 「한국기독교 시에 있어서 삶과 신앙의 사관성 연구」, 부산대대학원 박사학위 논문, 1993.
임종성, ≪박두진의 시 〈해〉 연구≫, 동아대학교 국어국문학과, 1994.
http : //www.eblending.com/Online_Bible/default.asp
http : //www.kcm.co.kr/bible/bible.html
http : //www.hongkgb.x-y.net/m-literature/m-poem/%B9%DA%B5%CE%C1%F8-%C7%D8.htm
http : //home.cein.or.kr/%7Ekpeace/%B9%AE%C7%D0%C0%DB%C7%B0/%B D%C3/%B9%D9/%BD%C3-%B9%DA%B5%CE%C1%F8-%C7%D8.htm
http : //cafe.naver.com/jangand1.cafe ? iframe_url=/ArticleRead.nhn%3Farticleid=214
http : //blog.naver.com/greensonata ? Redirect=Log&logNo=70003799265
http : //blog.naver.com/kasu0202 ? Redirect=Log&logNo=30031431809
http : //cafe.naver.com/uned.cafe ? iframe_url=/ArticleRead.nhn%3Farticleid=3251

---

9) 조연현, 『현대 한국 작가론』, 청운출판사, 1965, p. 61.
10) 박두진의 호
11) 임영주, 『박두진의 생애와 문학』, 국학자료원, 2003, p. 63.

학생 작품 C

죽음과 재생

－윤동주의 〈간〉을 중심으로－

하 다 혜

〈간(肝)〉

바닷가 햇빛 바른 바위 위에
습한 간(肝)을 펴서 말리우자.

코카서스 산중(山中)에서 도망해 온 토끼처럼
둘러리를 빙빙 돌며 간을 지키자.

내가 오래 기르는 여윈 독수리야!
와서 뜯어 먹어라, 시름없이

너는 살찌고
나는 여위어야지, 그러나

거북이야
다시는 용궁(龍宮)의 유혹에 안 떨어진다.

프로메테우스 불쌍한 프로메테우스
불 도적한 죄로 목에 맷돌을 달고
끝없이 침전(沈澱)하는 프로메테우스

〈간〉은 윤동주의 작품을 대표하는 시 중의 하나이다. 작품의 가장 큰 특징은 프로메테우스와 토끼라는 소재를 사용했다는 점이다. 작품에서 사용된 두 가지 소재가 낯설지 않은 이유는 유명한 2가지 신화와 설화를 원형으로 하고 있기 때문이다. 동서양의 두 고전인 〈구토설화〉, 〈프로메테우스 신화〉를 혼합하여 썼다는 데에서 이 시는 특이성을 지닌다. 시에서의 간은 두 설화의 접착점에서 신의 세계와 인간의 세계, 용궁의 세계와 지상의 세계를 대비시킨다. 이 작품에서 두 개의 서로 다른 신화와 설화는 '간'이라는 소재를 통해 하나로 결합되고 있다. 그러므로 이 소재들은 작품을 하나의 의미로 이끌어가는 역할을 하고 있다.

그런데 이 작품은 소재로 사용한 두 가지 신화와 설화를 원형으로 한 것에서 그치지 않는다. 다양한 원형들과 꼬리에 꼬리를 무는 연결고리를 가지는 것이다. 그러므로 프로메테우스 신화와 토끼전 설화를 자세하게 들여다보고, 이 작품이 가진 원형들을 분석해 본다면 윤동주의 〈간〉을 이해하는데 크게 도움이 된다.

먼저 프로메테우스 신화를 살펴보면, 프로메테우스는 '앞일을 미리 내다볼 줄 아는 지혜 있는 사나이'라는 뜻의 이름을 가진 자이다. 제우스는 프로메테우스와 그의 동생 에피메테우스에게 새로운 생명체와 인간을 만들라는 명령을 내린다. 명령을 받든 프로메테우스 형제는 생명체를 만들어 여러 가지 선물을 준다. 예를 들어, 어떤 동물에겐 하늘을 날 수 있는 날개를, 어떤 동물에게는 날카롭고 튼튼한 이빨을 주었다. 그런데 동생 에피메테우스가 다른 생명체에게 모든 선물을 나누어 주었기 때문에 인간들에게 줄 선물은 남아 있지 않았다. 그래서 프로메테우스는 제우스를 찾아가 인간들에게 불을 조금만 나누어 달라는 부탁을 한다. 하지만 제우스는 불은 신들만의 것이라며 거절을 하고, 프로메테우스는 몰래 인간들에게 불을 가져다 준다. 그로 인해 인간은 세상의 만물 가운데서 가장 뛰어나게 되었다. 그런데 인간을 너무나 사랑한 프로메테우스는 제우스에게 결정적인 죄를 저지르고 말았다. 인간들이 제우스에게 바치는 좋은 고기가 아까워서 제우스를 속여 안 좋은 고기를 바친 것이다. 불을 훔쳐서 인간들에게 가져다 준 일로 심기가 불편했던 제우스는 프로메테우스에게 큰 벌을 내리게 된다. 그 벌은 코카서스 산에 묶인 채 굶주린 독수리에게 간을 쪼아 먹히는 것이었는데, 이 간은 밤 사이 다시 새겨서 다음날이면 다시

독수리의 공격을 받아야했다.[12)]

〈간〉에는 '불 도적한 죄로' 벌을 받게 되었다고 되어 있지만 사실은 그렇지 않다는 것을 원형을 통해 발견할 수 있다. 그런데도 많은 사람들은 프로메테우스가 제우스 몰래 불을 훔쳤기 때문에 벌을 받게 되었다고 알고 있는데, 따지고 보면 불을 도적했기 때문에 프로메테우스가 벌을 받은 것이라고 해도 틀린 말은 아니다. 제우스는 불을 훔친 프로메테우스를 벼르고 있다가 자신을 속인 죄를 더해 큰 벌을 주게 된 것이기 때문이다.

프로메테우스는 신이므로 죽을 수는 없는 존재이다. 그러나 그는 '죽을 수 있는' 인간들에게 베푼 동정과 사랑 때문에 고통을 당하게 된다. 지상의 인간 사회와 천상의 보다 위대한 존재의 중간에 위치하고 있는 프로메테우스가 받는 고통은 성경 속 '아담과 이브'의 모습과 맞물린다. 아담과 이브는 프로메테우스와 마찬가지로 천상과 지상의 중간에 위치하고, 자유의 세계와 지상적인 제약의 세계의 중간에 매달려 있다. 아담과 이브는 하나님이 먹지 말라고 한 선악과를 따 먹었기 때문에 벌을 받게 되는 성경 속의 주인공이다. 아담은 그 일로 종신토록 수고하여야 그 소산을 먹을 수 있다는 벌을 받게 되었고 이브는 잉태하는 고통을 받게 된다.

이러한 프로메테우스와 아담, 이브는 각각 제우스와 하나님의 말씀을 어겨 큰 고통을 받게 되었다. 인간의 위에 있는 그들의 고통이기 때문에 그들보다 못한 위치에 있는 인간들은 그들이 저지른 실수를 되풀이하려 하지 않을 것이다. 천상과 지상의 중간에 위치한 프로메테우스와 아담, 이브가 자신들의 실수로 받은 큰 고통은 인간들에게 교훈이 되었다는 점에서 두 가지 원형은 부합된다고 할 수 있다.

그런데 〈간〉이라는 작품은 프로메테우스가 저지른 실수를 되풀이하지 말라는 가벼운 주제만을 담고 있는 것이 아니다. 이 작품에서 발견할 수 있는 다양한 원형은 이 작품이 가진 주제를 더 확장시키고 있다.

〈간〉에서 찾을 수 있는 또 하나의 원형은 '사계의 원형'이다. 그런데 이 작품의 특이한 점은 기존의 문학에서 존재하는 사계의 원형을 깨트리고 있다는

---

12) http : //ko.wikipedia.org/wiki/프로메테우스.

것이다. 인생이란 사계와 같은 것이라서 가을, 겨울과 같은 시련과 고난이 있으면, 봄과 여름 같은 희망이 오게 마련이다. 그런데 독수리에게 고통을 당한 프로메테우스는 쪼아 먹혀도 끊임없이 생성되는 간 때문에 계속해서 시련에 부딪히고 있다. 6연 3행의 '끝없이 침전하는 프로메테우스'라는 부분을 보면 시련 속에서 떠오르지 못하고 추락하고 있음을 알 수 있다.

그런데 이 프로메테우스와 대비되는 '토끼'라는 소재는 프로메테우스처럼 시련을 겪고 있지만 끊임없이 추락만하는 모습을 보여주지 않는다. '코카서스 산중에서 도망해 온 토끼처럼' 이라는 구절을 보면 코카서스라는 고난의 장소에서 벗어난 모습을 보여 준다.

이 구절을 더 정확하게 해석을 하려면 또 다른 원형인 토끼전을 살펴보아야 한다. 작품 속에 토끼는 코카서스 산중에서 도망해 온 존재이다. 토끼전의 원형은 '구토지설'이라는 설화에서 발견할 수 있으며 그 내용은, 자라의 꼬임에 넘어가서 용궁으로 간 토끼가 용왕에게 간을 바쳐야 하는 위기 속에서 기지를 발휘해 도망쳐 나온다는 내용이다. 토끼가 용궁에서 간을 바치지 않았기 때문에 토끼는 죽임을 당하지 않았다. 그러므로 토끼는 작품 속에서 코카서스라는 고난의 장소를 탈출한 것으로 표현하고 있는 것이다.

〈간〉은 프로메테우스 신화만으로는 사계의 원형을 깨트렸지만 토끼전을 통해 사계의 원형을 유지시키고 있다. 프로메테우스가 무방비 상태에서 끊임없이 간을 쪼아 먹히는 시련을 겪는데 반해, 토끼는 용궁을 탈출하여 간을 지켜내는 내용을 연결함으로써 고난이 있으면, 그것을 이겨낼 수 있는 희망이 온다는 사계의 원형을 따르고 있는 것이다. 그러므로 돌고 도는 고난과 희망의 원형을 이 작품에서 찾아볼 수 있다.

위에서 말한 사계의 원형은 프라이가 말한 봄, 여름, 가을, 겨울에 따른 4가지 장르의 원형이다. 계절의 변화에 따라 문학작품이 가지는 원형이 달라진다는 것이다.[13] 프라이의 사계의 원형으로 더 자세하게 작품을 분석해 본다면, 프로메테우스가 간을 쪼아 먹히는 고난을 겪는 것을 가을이라고 할 수 있다. 그의 간이 쪼이는 것은 죽음의 단계에 가까운 고통이다. 이는 영웅에서 고립된

---

13) N. 프라이, 『비평의 해부』, 한길사, 2000, p. 179.

프로메테우스를 나타내는데, 프라이의 사계의 원형 중 가을과 부합되는 부분이라고 할 수 있다. 또, 토끼가 코카서스 산중을 도망해 온다는 내용은 사계 중 봄의 이미지로, 영웅의 재생을 의미하며 희망과 함께 죽음의 퇴치를 상징하기도 한다. 더불어 5연에서 거북이에게 용궁에 다시는 안 떨어진다는 이야기를 전해 줌으로써 시련을 겪고 난 뒤 성숙해진 모습을 그려 내고 있는 것을 알 수 있다.

그런데 작품에서 의아스러운 점은 작품이 '다시는 용궁의 유혹에 떨어지지 않겠다'는 토끼의 의지로 끝을 맺고 있는 것이 아니라 프로메테우스의 비극으로 마무리짓고 있다는 점이다. 사계의 원형을 기준으로 삼았다면 희망적인 내용으로 끝을 맺어야 자연스럽다고 느껴질 텐데, 이 작품은 시련을 벗어났다가 다시 시련을 겪는 내용으로 마무리를 하고 있기 때문에 어딘가 어색한 부분이 있다. 그런데 사계의 변화를 생각한다면 이런 마무리가 자연스럽다고 느껴질 것이다. 계절은 어느 한 곳에 머무르는 것이 아니라 계속 돌고 돈다. 희망이 왔으면 다시 시련이 닥치는 것이 오히려 자연스러운 이치인 것이다. 그러므로 〈간〉이 희망적인 내용이 아닌, 고난을 겪는 내용으로 마무리를 지은 것은 사계의 원형에 부합되는 것이라고 할 수 있다.

〈간〉이라는 한 작품에서는 프로메테우스 신화와 구토설화, 사계의 원형 등의 여러 가지 원형을 발견할 수 있다. 그런데 이 작품에서 찾을 수 있는 원형은 여기에서 그치는 것이 아니다. 프로메테우스 신화와 구토설화는 휠 라이트의 원형에 부합되는 부분이 있다. 그러므로 프로메테우스 신화와 구토설화를 토대로 한 〈간〉은 그 원형들을 토대로 이해해야 한다. 먼저 프로메테우스 신화는 휠 라이트의 원형 중 '상하의 원형'에서 상의 이미지에 해당한다. 프로메테우스는 코카서스 산중에 묶여 있다. 그런데 그 곳은 높은 곳이므로 상의 위치에서 진취적이고 상향적인 이미지를 갖는다. 프로메테우스가 현재는 묶여서 독수리에게 간을 쪼이고 있지만, 매일 다시 자라나는 간처럼 죽지 않고 희망적인 결말을 맺게 될 것이라는 것을 의미하고 있는 것이다. 구토설화는 휠 라이트의 원형 중 '물의 원형'에 해당한다. '물'은 전통적으로 인간생활의 하위 영역이나 혼돈, 소멸의 상태를 의미한다. 그래서 죽을 때의 영혼은 번번이 물을 가로지르거나 물 속으로 가라앉기도 한다. 그런데 물은 이러한 부정적인 이미지 말고도 '어머니의 양수'라는 이미지로 재생의 의미를 갖기도 한다. 배를 갈라 간을 내놓아야 했던 처지에 놓인 토끼는 물 속에서 부정적인 상황에 놓이나 가까스로 뭍으로 탈출한다. 이는, 물이 가진 또 다른 이미지인 재생의 이미지를 가지며 새로운 시작을 의미하므로 '물의 원형'과 부합되는 것이다.

〈간〉이 가지고 있는 또 하나의 원형은 '피의 원형'이다. 〈간〉에서 사용된 프로메테우스 신화와 구토설화 두 가지 모두 여기에 해당한다. 피의 원형은 죽음이면서 바로 재생인 동시성으로 나타난다. 이것은 〈간〉과 일치하는 것이다. 프로메테우스는 간을 쪼아 먹히고, 토끼는 간을 용왕에게 바치라는 강요를 받는다. 프로메테우스 신화와 구토설화가 왜 '간'을 소재로 했는지를 살펴보기 위해서는 먼저 '간'의 속성을 알아야 한다. 간은 재생이 가능한 신체 기관이다. 그러므로 간은 쪼여도 곧 재생된다. 토끼는 간을 빼앗기게 될 상황에서 가까스로 탈출하게 되는데, 죽음에서 벗어났기 때문에 이 역시 재생의 이미지가 된다. 피의 원형은 죽음과 동시에 재생을 뜻하는데 프로메테우스 신화와 구토설화 모두 두 가지를 동시에 나타내고 있다. 그러므로 이 두 작품을 원형으로 한 윤동주의 〈간〉에서 '피의 원형'을 발견할 수 있는 것이다.[14]

이러한 원형들을 토대로 〈간〉을 해석해 본다면 이 작품이 가진 주제는 고난과 극복의 반복이다. 이것은 살아가는 사람들에게 주는 교훈과도 같은 것이다. 삶은 고난과 극복의 연속이라고 할 수 있다. 이 작품은 이러한 삶의 교훈을 간접적으로 두 가지 신화와 설화를 통해 나타내고 있는 것이다. 그런데 프로메테우스 신화와 구토설화를 살펴보면, 그들이 받는 벌은 타당하지 않다는 것을 발견할 수 있다. 프로메테우스는 인간을 너무나 사랑한 나머지 그들을 위하는 마음에서 제우스의 뜻을 거스르는 일을 했던 것이고, 구토설화의 토끼는 그저 토끼라는 이유만으로 영문도 모른 채 용궁으로 끌려가게 된 것이었다. 그러니까 두 가지 신화와 설화의 주인공은 죄가 아닌 죄를 지은 것이다. 주인공이 특별한 죄를 짓지 않았는데도 그들이 벌을 받게 된 이유는 이 작품이 주는 교훈과 일맥상통한다고 본다. 인생이란 특별한 죄를 짓지 않아도 벌을 받는

14) 유창근, 『문학을 보는 눈』, 학지사, 2001, p. 265.

것처럼 맵고, 쓰다. 하지만 작품이 신화와 설화 등의 여러 가지 원형을 바탕으로 해서 이야기하고 있는 것처럼 시련 뒤에는 희망이 있고 희망 뒤에는 다시 시련이 온다는 자연스러운 삶의 이치를 이 작품은 다양한 원형을 통해 드러내고 있다.

윤동주의 〈간〉은 프로메테우스 신화와 토끼전 설화에서 나타난 '간'이라는 소재에서 모티브를 얻어 나아가고 있다. 이것은 신화와 설화를 토대로 한 것에서 그치지 않고 다양한 원형과 연결이 되어 색다른 해석과 감상을 가능하게 한다.

<참고 자료>

■ 국내서적

N. 프라이, 『비평의 해부』, 한길사, 2000, p. 179.

유창근, 『문학을 보는 눈』, 학지사, 2001, p. 265.

■ 인터넷주소

http : //ko.wikipedia.org/wiki/프로메테우스

학생 작품 D

침실의 모티브

- 이상화의 〈나의 침실로〉를 중심으로 -

최 돈 희

〈나의 침실로〉

'마돈나' 지금은 밤도 모든 목거지에 다니노라. 피곤하여 돌아가련도다.
아, 너도 먼동이 트기 전으로 수밀도의 네 가슴에 이슬이 맺도록 달려오너라.

'마돈나' 오려무나, 네 집에서 눈으로 유전(遺傳)하던 진주는 다 두고 몸만 오너라.
빨리 가자, 우리는 밝음이 오면 어딘지 모르게 숨는 두 별이어라.

'마돈나' 구석지고도 어둔 마음의 거리에서 나는 두려워 떨며 기다리노라.
아, 어느덧 첫닭이 울고—뭇 개가 짖도다. 나의 아씨여, 너도 듣느냐.

'마돈나' 지난 밤이 새도록 내 손수 닦아 둔 침실로 가자, 침실로—
낡은 달은 빠지려는데, 내 귀가 듣는 발자욱—오, 너의 것이냐?

'마돈나' 짧은 심지를 더우잡고 눈물도 없이 하소연하는 내 맘의 촉(燭)불을 봐라.
양털 같은 바람결에도 질식이 되어 얕푸른 연기로 꺼지려는도다.

'마돈나' 오너라, 가자, 앞산 그리메가 도깨비처럼 발도 없이 이곳 가까이 오도다.
아, 행여나 누가 볼는지—가슴이 뛰누나, 나의 아씨여, 너를 부른다.

'마돈나' 날이 새련다, 빨리 오려무나, 사원의 쇠북이 우리를 비웃기 전에.
네 손이 내 목을 안아라. 우리도 이 밤과 함께 오랜 나라로 가고 말자.

'마돈나' 뉘우침과 두려움의 외나무다리 건너 있는 내 침실 열 이도 없으니.
아, 바람이 불도다. 그와 같이 가볍게 오려무나. 나의 아씨여, 네가 오느냐?

'마돈나' 가엾어라, 나는 미치고 말았는가. 없는 소리를 내 귀가 들음은—,
내 몸에 파란 피—가슴의 샘이 말라 버린 듯 마음과 목이 타려는도다.

'마돈나' 언젠들 안 갈 수 있으랴. 갈 테면 우리가 가자, 끄을려가지 말고!
너는 내 말을 믿는 '마리아'—내 침실이 부활의 동굴임을 네야 알련만……

'마돈나' 밤이 주는 꿈, 우리가 엮는 꿈, 사람이 안고 뒹구는 목숨의 꿈이 다르지 않으니.
아, 어린애 가슴처럼 세월 모르는 나의 침실로 가자, 아름답고 오랜 거기로.

'마돈나' 별들의 웃음도 흐려지려 하고 어둔 밤 물결도 잦아지려는도다.
아, 안개가 사라지기 전으로 네가 와야지. 나의 아씨여, 너를 부른다.

이상화의 초기 시 세계를 대표하는 이 시는 「백조」 동인들의 작품 가운데서도 가장 우수한 것으로 평가받고 있는 작품이다. 이 시에서 이상화는 아름답고 영원한 나라에 대한 열정을 보여 준다. 제사가 의미하는 것처럼 이 시는 아름답고 영원한 것은 죽음을 넘어서서 미지의 어딘가에 있다는 동경을 보여주고 있다. 노스럽 프라이가 말한 것을 인용한다면, 모든 문학 작품은 성경과 맞닿아 있다. 이상화의 〈나의 침실로〉라는 위 작품도 구약성경의 아가서 원문에 수록된 여러 구절들과 깊게 맞닿아 있으므로 그의 논리에서 벗어날 수 없다고 봐야 할 것이다.

〈아가서〉는 구약성경 안에 수록된 불과 여덟 장 밖에 안 되는 짧은 분량이지만 성경의 다른 어떤 책보다도 많은 해석상의 견해가 제시되었으며, 많은 사랑을 받는 책이다. 〈아가서〉는 솔로몬이 쓴 노래 중의 노래이다. 히브리인들의 사고에 의하면, "노래 중의 노래" 라고 하는 뜻은 "가장 아름다운 노래" 라는 뜻이다. 노래가 시작되면서 신부는 열정적으로 자기의 연인에게 사랑을 청한다. 한 쌍의 남겨나 벌이는 섬세한 애정, 정열적인 욕망, 우정 그리고 기쁨 등 상호간의 신뢰의 탑을 쌓아가는 과정에서 발생하는 갖가지 사랑의 감정을 보여주지만, 성경 전체의 주조를 이루는 엄숙하고 근엄한 주제들과 당당하게 자리를 같이 하고 있다. 이상화의 〈나의 침실로〉가 〈아가서〉를 토대로 완성되었다는 사실을 차근차근 살펴보도록 하겠다.

이 작품은 막연히 읽어 보면 '마돈나', '침실', '수밀도의 네 가슴', '나의 아씨여' 등의 감각적 시어들이 자주 출현함에 따라 간단히 남녀 간의 정욕을 노래한 애정 시로 볼 수도 있다. 그러나 시적 자아가 '마돈나'와 함께 가고 싶어하는 '침실'은 육체적, 쾌락적, 본능적인 일반적으로 우리가 알고 있는 의미의 침실이 아니라, 영원한 안식과 새로운 활력을 부여하는 재생의 장소, 즉 인간의 구원을 소망하는 화자의 마음으로 상징하고 있다는 것으로 생각해야 할 것이다. '꿈'은 '밤'을 시간적 배경으로, '침실'을 공간적 배경으로 하여 '잠' 속에서만 이루어질 수 있다. 낮 시간의 활동을 '삶'이라 한다면, 밤 시간의 잠은 일종의 '죽음'이라고 할 수 있다. 그러나 '잠'은 영원한 죽음이 아닌, 아침의 '부활'을 준비하기 위한 것이므로 밤은 '부활의 시간'이요, '침실'은 '부활의 동굴'이 되며 잠(꿈)은 곧 '부활' 그 자체가 되는 것이다. 그러므로 침실의 의미는 밀실(密室), 현실의 도피처, 안식처, 조국의 광복 등으로 다양하게 해석될 수도 있지만, 구원받은 육신의 죽음을 통해서만 접근할 수 있는, 꿈과 부활의 장소로서의 의미를 갖게 된다.

〈아가서〉를 문학적 형태로 살펴보면 내용상의 해석 못지않게 많은 논란이 있었다. 어떤 이들은 상연되기 위해 쓰인 희곡이라고 했다. 물론 아가서는 드라마로서의 성격을 일부 보여주기도 한다. 그렇기에 이 작품의 의도와 목적이 무엇인가 하는 좀 더 차원 높은 문제는 심도 있게 다루어져야 할 것이다. 〈나의 침실로〉라는 작품이 사랑하는 연인 사이의 사랑과 정서를 종교적 목적에서 채택한 일종의 '연애 시' 로 볼 수 있는 것은 아가서 역시 그러한 틀을 가지고 있기 때문이다. 둘 사이의 모방의 근간으로 볼 수 있는 점은 다음과 같다.

첫 번째, 대부분은 '나 – 너' 라고 하는 연애 당사자에 관한 언급이 주종을 이룬다.

두 번째, 가장 흔히 나오는 주제는 연인상호간의 만남에서 비롯되는 기쁨과 흥분을 들 수 있다. 이러한 만남은 종종 다른 사람들 혹은 외부적 상황으로 인한 방해에 직면하기도 하지만, 그것은 단지 재회의 감격을 더 고취시키는 역할을 한다. '찾고 – 발견하는' 주제나 '장애를 극복하는' 모티브가 이와 같은 주제의 전개 과정에서 흔히 나타나는 점 또한 빼놓을 수 없다.

세 번째, 연인의 육체적 아름다움에 관해 에로틱한 묘사가 자주 등장한다. 이는 흔히 새, 기타 짐승, 꽃, 의복, 향수, 보석 등과 결부되어지기도 한다.

네 번째, 단 둘만의 내밀한 접촉을 위해 침실이나 수풀, 동굴과 같은 한적한 장소가 종종 언급된다. 뿐만 아니라 연인 간에 서로 보고, 목소리를 듣고, 애무하며 키스하는 등의 사랑 행위에 대한 묘사가 두드러진다.

〈아가서〉는 엄연히 정경 가운데 포함되지만, 표면상 남녀 간의 사랑을 노래하고 있음으로 인해 구약성경 중에서 해석하기에 가장 애매한 책으로 여겨져 왔다.

첫 연에서 시인은 마돈나라고 지칭되는 사랑하는 여인에 대한 기다림을 표현하고 있다. 마돈나는 이태리어로 성모 마리아를 뜻하는 단어지만 연애편지에서 상투적으로 사랑하는 여인을 가리키는 뜻으로 사용되곤 했다. 그것은 상대방의 이름을 직접 부르는 것이 익숙하지 않았고 또 사랑하는 사람에 대한 존중의 뜻이 담긴 것으로 볼 수 있다. 즉 나를 구원해 줄 구원의 여인이라는 뜻에서 마돈나라는 단어가 유행했던 것으로 볼 수 있다. 시간적으로 밤도 기울어 새벽이 가까운 시간으로 설정되어 있다.' 밤도 모든 목거지에 다니노라 피곤하여 돌아가려는도다' 라는 첫 행에서 목거지는 모꼬지의 대구방언으로 법석대는 잔치마당으로 〈아가서〉 제 4장과 밀접한 관련을 맺고 있다.

> 1 내 사랑 너는 어여쁘고도 어여쁘다 너울 속에 있는 네 눈이 비둘기 같고
> 네 머리털은 길르앗 산기슭에 누운 무리 염소 같구나 2 네 이는 목욕장에서
> 나온 털 깎인 암양 곧 새끼 없는 것은 하나도 없이 각각 쌍태를 낳은 양 같구나
> 3 네 입술은 홍색 실 같고 네 입은 어여쁘고 너울 속의 네 뺨은 석류 한쪽
> 같구나 4 네 목은 군기를 두려고 건축한 다윗의 망대 곧 일천 방패 용사의
> 모든 방패가 달린 망대 같고 5 네 두 유방은 백합화 가운데서 꼴을 먹는 쌍태

> 노루 새끼 같구나 6 날이 기울고 그림자가 갈 때에 내가 몰약 산과 유향의
> 작은 산으로 가리라 7 나의 사랑 너는 순전히 어여뻐서 아무 흠이 없구나 8
> 나의 신부야 너는 레바논에서부터 나와 함께 하고 레바논에서부터 나와 함께
> 가자 아마나와 스닐과 헤르몬 골짜기에서 사자 굴과 표범 산에서 내려다보아라
> 9 나의 누이 나의 신부야 네가 내 마음을 빼앗았구나 네 눈으로 한 번 보는
> 것과 네 목의 구슬 한 꿰미로 내 마음을 빼앗았구나 10 나의 눈이 나의 신부야
> 네 사랑이 어찌 그리 아름다운지 네 사랑은 포도주에 지나고 네 기름의 향기는
> 각양 향품보다 승하구나
>
> – 〈아가서〉 4장 일부

위의 본서에서 보면 신랑, 신부의 예루살렘 입성과 왕궁에서 벌어지는 결혼 축제가 그려진다. 신부의 아름다움을 칭송하는 찬미 송으로 결혼식이 거행된 시점에서 신부의 아름다움을 공중 앞에서 극찬하고, 그녀에 대한 자신의 사랑을 숨김없이 토로하고 있다. '먼동이 트기 전으로, 수밀도의 네 가슴에 이슬이 맺도록 달려오너라.' 는 수밀도 같은 가슴에 땀이 젖도록 바삐 달려오라는 뜻으로 신부의 자연미를 극찬하고 있다. 본서에서는 신부의 완전한 아름다움을 묘사하기 위해 육체적 결함이 없음을 부각시키고 있는데, 그녀의 완벽한 외모는 마음의 정결함을 상징한다. '수밀도'라는 표현이 함축적으로 그것을 상기시키고 있다.

3연의 '구석지고도 어둔 마음의 거리에서, 나는 두려워 떨며 기다리노라.' 라는 구절은 〈아가서〉 3장 1절~5절에서 사랑의 두려움을 토로하는 부분을 인용하고 있다. 솔로몬 왕과 술람미 여인 사이의 사랑이 강도 높게 드러나는 단락으로 여인은 사랑에 깊이 빠졌으므로 헤어짐에 대한 두려움을 느끼게 되었고, 이러한 여인의 걱정은 급기야 님을 찾아 애타게 헤매는 악몽으로 나타난다.

네 번째 연에서 1, 2, 3연에서 기다림의 목적이 침실로 가는 데 있음이 드러난다. 2행은 낡은 달이 빠지려는 시간적 상황을 보여주면서 발자국 소리를 환청으로 듣고 있음을 그려 내어 님에 대한 그리움이 어느 정도인지 보여 준다. 그리고 다섯 번째 연은 촛불과 마음이 비유적으로 결합되어 있다. 초저녁부터 켜놓은 다 타버린 촛불은 화자의 애타는 심정을 드러내 주며 간절한 기다림을

보여 준다.

> 1 내가 밤에 침상에서 마음에 사랑하는 자를 찾았구나 찾아도 발견치 못하였구나 2 이에 내가 일어나서 성중으로 돌아다니며 마음에 사랑하는 자를 거리에서나 큰 길에서나 찾으리라 하고 찾으나 만나지 못하였구나 3 성중의 순행하는 자들을 만나서 묻기를 내 마음에 사랑하는 자를 너희가 보았느냐 하고 4 그들을 떠나자 마자 마음에 사랑하는 자를 만나서 그를 붙잡고 내 어미 집으로, 나를 잉태한 자의 방으로 가기까지 놓지 아니하였노라 5 예루살렘 여자들아 내가 노루와 들사슴으로 너희에게 부탁한다 사랑하는 자가 원하기 전에는 흔들지 말고 깨우지 말지니라
>
> –〈아가서〉 3장 1절~5절

두 연인의 사랑의 발전 과정이 생생하게 묘사되고 있는 위 구절은 술람미 여인이 지금 꿈 속에서 솔로몬을 찾으러 나선 사실을 언급한 구절로 볼 수 있다. 침상에 있다가 이제 밖으로 나선 것을 솔로몬을 필히 만나고 싶어하는 의욕을 더 강렬하게 표현한 구절인 셈이다. 그리움의 정도를 어디서 따 왔는지 알 수 있는 부분이다. 8연에서 침실은 뉘우침과 두려움의 외나무다리 건너에 있다고 말한다. 뉘우침과 두려움은 낮의 산물이다. 그 건너에 있는 침실은 누가 열 사람도 없는 비밀스럽고 안전한 장소로 되어 있다.

10연에서 침실은 '언젠들 안갈 수' 없는 곳이지만 대부분 끌려가는 곳이고 따라서 스스로 가자고 주장한다. 그것은 스스로 가는 침실은 부활의 동굴이기 때문이라고 주장한다. 그리고 스스로 찾아가는 침실이 부활의 동굴이라는 것은 상대방도 익히 알고 있음을 시사한다.

> 1 여자 중 극히 어여쁜 자야 너의 사랑하는 자가 어디로 갔는가 너의 사랑하는 자가 어디로 돌이켰는가 우리가 너와 함께 찾으리라 2 나의 사랑하는 자가 자기 동산으로 내려가 향기로운 꽃밭에 이르러서 동산 가운데서 양 떼를 먹이며 백합화를 꺾는구나 3 나는 나의 사랑하는 자에게 속하였고 나의 사랑하는 자는 내게 속하였다 그가 백합화 가운데서 그 양 떼를 먹이는 구나
>
> –〈아가서〉 6장 1절~3절

솔로몬과 술람미 여인의 사랑은 정지된 상태에 머무르지 않고 계속해서 성장하여 온전한 사랑을 형성해 나간다. 그 결과 마지막에는 중심화자가 따로 등장하지 않고 자유롭고 균등하게 각자의 사랑을 마음껏 표현하는 단계에 도달한다. 그래서 솔로몬과 신부는 헤어져 있는 처지가 되어도 애정이 조금도 식지 않게 되었다. 이와 같이 아가서 본서는 한 쌍의 사랑이 움트고 자라가는 과정을 섬세하게 묘사함으로써 시련을 통한 사랑의 승리를 구체적으로 보여주고 있다. 하지만 이상화의 〈나의 침실로〉에서는 결말부를 아가서와 같이 환희에 찬 사랑의 승리가 아닌 시적 여운을 담아 처리했다. 모티브는 따왔을 수 있어도 그것을 각색하여 처리하는 것이 시인의 임무이자 역할임을 여실히 잘 보여준 것이다. 그러한 각색은 11연과 12연에서 더욱 두드러지게 나타나면서 끝마치게 된다. 간절한 열망에도 불구하고 오지 않는 님에 대한 그리움과 절망감을 잘 담아 내고 있다.

이 시에서 시간은 밤과 낮으로 구분되고 있다. 밤 시간은 두 사람의 사랑이 빛날 수 있는 공간이지만 낮은 두 사람의 존재를 위협하는 윤리적 시간으로 설정되고 있다. 성경의 원문에 수록된 구절들을 오늘날의 실정에 맞게 인용하고 바꾸어 작품을 만든 것으로 볼 수 있는데, 이상화의 작품에서도 그러한 방법이 잘 드러난다. 그리고 '침실'의 의미는 상당히 중요한 의미를 갖는다. 침실은 솔로몬이 그러했던 것처럼 꿈을 꿀 수 있는 장소이다. 더구나 이 시에서 남녀 간의 사랑의 꿈이 이루어지는 공간이기도 하다. 지금까지의 삶과 다른 새로운 부활의 삶이 이루어지는 곳을 표상하는 것이다.

<참고 자료>

강병도, 호크마 종합주석 16 잠언 - 아가, 기독지혜사, 2000.
양승준 · 양승국, 한국현대시 400선 - 이해와 감상, 태학사, 1996.
인터넷 블로그
http : //sheep.kangnam.ac.kr/%7Ejspark45/songs-in.htm

기타 평론 작품

제 7 장

1. 마행송과 트라우마
2. 에덴의 시학
3. 2000년대 문학의 전망
4. 디지털 시대의 문학과 전자 출판
5. 불확실한 시대의 길 찾기
6. 한과 그리움의 근원지
7. 미학적 충돌과 화해
8. 경계 넘어서기
9. 껴안기와 벗어나기
10. 시도 재미가 있어야

勝者는 失手했을 때 "내가 잘 못 했다"고 말하고,
敗者는 失手했을 때 "너 때문에 이렇게 되었다"고 말한다.

마해송에 대한 연구로는 그 동안 이재철, 박경용, 최지훈 외 여러 사람들이 개괄적인 측면에서 다양한 방법으로 연구한 바 있고, 생애에 대한 전기적 연구로 김재규의 "마해송동화 연구"와 고일곤의 "마해송동화의 연구" 등이 있으며, 박상재의 "한국창작동화에 나타난 환상성 연구", 김은숙의 "창작동화에 있어서 환상 이미지적 기능 연구" 등은 마해송의 작품을 통해서 한국적 환상이미지를 분석해 내고 있다. 그리고 이영미는 "마해송동화연구"에서 공간분석을, 김도남은 "마해송동화연구"에서 마해송의 생애와 작품을 통시적으로 접근했고, 장소영은 "마해송동화연구"에서 풍자성 문제를, 김정흰은 "마해송동화의 저항적 양상에 관한 고찰"을, 차보금은 "강소천과 마해송동화의 대비적 연구"에서 주제와 형식적 측면을 비교분석하는 등 지금까지 대학원 석, 박사학위 논문을 비롯하여 비교적 많은 연구가 있었지만 정신분석학 측면에서는 아직까지 뚜렷한 연구가 없는 실정으로, 이 분야의 연구가 더욱 활성화되기를 기대하는 마음으로 마해송 문학에 트라우마를 접맥하고자 한다.

트라우마 *Trauma* 란 정신적 외상을 뜻하는 정신 의학 용어로 과거의 충격이 현재까지 미치는 것을 말한다. 본래 부모로부터 정신적 · 육체적인 학대를 받아 가면서 자라 온 결과 어떤 형태로든 '심적 외상 후 스트레스 장애'(트라우마)를 안고 있는 어른을 지칭하는 것이기도 하다.

이러한 시도는 마해송의 가정환경을 비추어 볼 때, 지나칠 정도로 가부장적이고 엄격한 아버지 밑에서 철저하게 억압당하며 성장해 왔고, 시대적으로 일제 식민지 상황에서 피지배 국가의 약자가 겪어야 하는 절대적 복종의 자세에서 비롯된 심리적 요소가 무의식중에 형성했으며, 그런 정신세계의 일부가 작품을 반느는데 크게 영향을 끼쳤으리라는 추론이 가능하기 때문이다.

아들 마종기는 '그분이 어린이를 위한 동화를 쓰기 시작한 직접적인 동기는 그러니까 나라를 잃은 울분을 달래면서 내일의, 나라의 희망인 어린이들에게 내 나라의 말과 글을 잊지 않도록 하고 내 나라의 혼을 마음 깊이 간직할 수 있도록 하려고 한 것과, 봉건적이고 폐쇄적인 당시의 사회에서 자유와 평등의 새로운 기운을 그리워하며 그런 기상이 나라에 널리 퍼져야 한다는 신념 때문이었던 것 같다' 고 최근에 펴낸 『아버지 마해송』에서 밝히고 있어 마해송의 문학에서 트라우마를 추출하는 일이 무리가 되지 않음을 시사하고 있다.

2) 구속된 트라우마

(1) 마해송은 누구인가?

마해송의 관명은 상규(湘圭)이고 아명은 창록(昌祿)이며 호는 해송(海松)이다. 목천 마씨 죽계공 휘경의 10대 손이고 행열자는 아래 규(圭)로 온규, 연규, 준규 다음의 넷째 아들로 1905년 1월 8일 개성시 대화동에서 태어났다. 아래로 동생 완규가 있었고 누님으로 문현과 순복이 있었다. 마해송은 관명인 상규라는 한문자를 싫어해서 16세 때 일본으로 도망가 김우진 등과 연극극단을 만들어 한국 순회공연을 할 때 프로그램에 해송이라는 이름을 처음 쓰게 되었는데 일본의 한문 옥편에서 해송의 뜻이 '조선소나무'로 되어 있어서 더 마음에 들었다고 한다. 그 이후 계속해서 해송이라는 이름을 썼는데 민족주의자다운 태도였다고 판단된다. 6세 때부터 서당에서 한문공부를 시작하던 그는 1912년 4년제 소학교인 개성 제일 공립보통학교에 입학하여 4년 후에 졸업하였고, 1916년에는 3년 과정의 정토정 불교 중학교와 1년 과정의 야간학교인 개성 공립간이 상업학교에 입학하였다.

1917년 음력 4월 10일, 부모의 강요로 열두 살의 나이에 결혼을 하였다. 그러나 호적에 올리지 않고 불행한 결혼 생활을 하다가, 나중에 그가 폐병으로 요양을 하던(1928~29) 중 병세가 악화되자 자신의 죽음을 생각하며 불행한 색시를 그 자신으로부터 풀어줘야 한다는 생각을 하게 되어 이혼한다. 이는 마해송의 정신세계에 일생 동안 가장 커다란 충격을 안겨준 사건으로 아버지에 대한 원망과 증오의 근본적 원인으로 잠재된다. 이른바 본고에서 다루고자 하는 트라우마의 첫 번째 고찰 대상이다.

1919년 9월 마해송은 경성중앙고등보통학교에 입학한다. 3·1운동 이후 학교는 동맹휴학이 잦았다. 그 때마다 고향으로 자주 내려갔는데, 이 때 기차 안에서 4살 연상의 '순'이라는 초등학교 여선생을 만나 진정한 사랑에 눈을 뜨게 된다. 또 중앙고보 재학 중에 문예지 「여광」의 동인으로 활동하기도 한다. 동맹휴학으로 중앙고보를 중퇴하고, 보성고보에 전학하지만 다시 동맹휴학으로 퇴학당하자 1921년 12월 24일 일본으로 건너가 1922년 봄에 일본대학 예술과에 입학하였으며, 홍난파 등과 극단 동우회의 한 사람으로 국내 각지를 순회하며 연극을 통한 개화운동에 힘썼다. 그의 연인 '순'과는 입학 무렵, 즉 1922년 3월에 일본에서 다시 만나 열흘 정도의 동거 생활을 하지만 '순'이 남편의 등장과 철권단의 압력에 의해 '순'은 중국으로 가고, 마해송은 강제로 고향에 붙들려와 연금생활을 하게 된다. 이 연애사건으로 호된 꾸지람을 듣고 연금 상태에 크게 불만을 갖게 되는데 그 불만을 동화로 쓴 것이 〈바위나리와 아기별〉이라고 한다. 이 사건 역시 본고에서 다루고자 하는 트라우마의 두 번째 고찰 대상이다.

이듬해 공진항 등과 문학클럽 '녹파회'를 조직하고 1923년 '송도소녀가극단'을 도와 지방을 순회하며 가극을 통한 개화운동에 힘썼다. 이듬해에 방정환 등과 색동회의 동인이 되어 많은 동화를 발표함으로써 어린이 운동의 선구자가 되었다. 일본대학 졸업 후에는 「문예춘추」사에 입사하여 편집장을 지냈고, 1930년에는 직접 「모단 니혼」을 창간하여 언론 활동을 벌이기도 하였다. 해방 후 귀국하여 송도 학술위원회 위원장, 국방부 한국문학연구소 소장, 정훈국 편집실 고문 등을 역임하고 1951년 공군 종군 문인단 단장을 지냈다. 6 · 25전쟁을 맞아 종군문인단의 일원으로 전선에 참가, 그 때의 체험을 ≪전진(戰塵)과 인생≫이라는 수필집으로 펴냈다. 식민지시대의 지배국이던 일본이 한국에 행한 잔인한 행위와 6 · 25 전쟁으로 혼란해진 사회 속에서 공산당이 우리에게 저지른 온갖 비인간적인 행태는 침략자인 강자에 대하여 피해자인 약자에게 형성되는 트라우마로 본고에서 다루려는 세 번째 고찰 대상이다.

1957년에 어린이헌장을 기초했으며, 1959년 제6회 자유문학상을 수상, 이해부터 마을문고 보급회 명예회장이 되어 농촌의 독서운동에 힘썼다. 1958년에는 장편 동화 〈모래알 고금〉, 수필집 ≪요설록(饒舌錄)≫을 간행하였다. 한편 어린이헌장과 서울시민헌장의 기초에도 참여했다. 초기에는 주로 환상적 경향의 동화를 많이 썼으나, 후기에는 〈모래알 고금〉, 〈멍멍 나그네〉 등과 같은 세태 고발적 동화를 써서 성인에게도 많이 읽혔다. 1966년 11월 5일 아들 마종기 시인의 시가 「여원」이라는 잡지에 실렸다고 해서 그 책을 사가지고 집으로 돌아오다가 뇌일혈로 쓰러졌다.

(2) 아버지와 마해송

앞에서도 잠깐 언급한 것처럼 정신분석학에서는 지극히 격렬한 공포, 슬픔, 감동, 경악 등 일생 동안 기억에 남아 있는 정신적 충격이나 심리적 상처를 트라우마 *Trauma* 라고 한다. 충격 혹은 정신적 외상은 감정의 충격에 기인하며, 이로 말미암아 의식으로부터 정신의 일부가 떨어져 나간 현상이라고 정신분석학자 융 *Jung*은 설명하고 있다. 이는 도덕적인 갈등이나 심리적 복합현상을 일으키기도 하는데, 트라우마는 작가가 작품을 창작할 때 무의식적이거나 의식적으로, 직접적이거나 상징적으로 드러난다는 것이다. 그리고 이러한 트라우마는 작가에게 있어서나 작품에 있어서 중요한 의미를 지니게 된다. 그러나 트라우마는 모든 사람들의 보편적인 의식이나 형태가 아니라 개인적이고 특별한 의식형태이기 때문에 그러한 의식이 작품에 반영되는 현상과 반복의 패턴은 작가의 개인적인 신화가 되는 것이다.

> "어머님이 돌아가셨다는 전보를 받았다. 찬물벼락을 맞은 것 같은 충격을 느꼈다. (중략)아버지는 완고하고 엄한 분으로 생각했지만 어머님은 나에게는 사랑뿐인 분이었다. 아버지가 나를 꾸중하실 때에 어머님은 으레 말씀이 없으셨다. 그것은 꾸중 듣는 나를 가엾다고 생각하시는 것으로 생각했었고 아버지가 사랑방으로 나가신 다음에 나를 쓰다듬으며 말씀하시는 어머님의 말씀은 그 말이 그 말이었지만 귀에 쏙 들어왔던 것이다.(중략) 아버지는 원망했지만 어머님을 원망한 일은 없었고 어떤 누구의 어머니보다 어질고 착한 마음을 가지신 어머님이라고 생각했고 또 많은 형제 중에서도 나를 제일 귀여워하신 것으로 생각하고 있었던 것이다."
>
> – 마해송 ≪아름다운 새벽≫ pp. 75~76

마해송이 ≪아름다운 새벽≫에서 어머니의 죽음을 통보받고 어렸을 때를 회상하면서 쓴 글로, 아버지는 완고하고 엄하고 꾸중을 잘 하시는 분인데 반해, 어머니는 사랑뿐이었고 정이 많으며 어질고 착한 분이었다고 술회하면서 아버지는 원망했지만 어머님을 원망한 일은 없었다고 솔직한 심정을 털어놓고 있다. 이는 실제로 그의 부모에 대한 호칭에서도 잘 드러나고 있는데, 그의 자전적 수필집 ≪아름다운 새벽≫을 보면, 어머니에 대해서는 항상 '어머님'이라는 존칭을 사용하고 있으나, 아버지에 대한 호칭은 '아버님'이라고 부르는 경우보다 대부분 존칭 없이 '아버지'로 쓰고 있는 사실에서도 아버지로 인한 트라우마의 심리적 현상을 발견할 수 있다.

마해송이 아버지에 대해서 분노를 갖게 된 것은 열두 살 때 순전히 아버지에 의해서 김씨라는 여인과 강제결혼을 하면서 극렬해진다. 1917년 음력 4월10일 동갑짜리 신부와 결혼을 하게 되는데, 그 당시의 심정을 마해송은 다음과 같이 기록하고 있다.

> ① 그러기에 바로 그해였을 것이다. 사월 달에 장가를 들었는데 열두 살 동갑짜리 신부와 같이 자는 신방의 꿈자리가 사납기만 했다. 신부가 온통 덕물산 화상 같은 무섭고 요사스런 화상으로 보여서 깨어나서도 신부의 얼굴이 그 화상 같이만 보였던 것이다. 하루 종일 신랑노릇하느라고 끌려다녀 고단한데다가 쩔쩔 끓는 더운 방에서 땀을 빼며 거북스럽게 잤던 탓이었을 것이다.……무서운 꿈이라면 거의가 그런 여인이 나타나는 꿈이었다. 첫 장가든 여자를 무섭게 생각하고 보기 싫어하고 다른 여자를 사랑하게 되었기 때문이었는지 모른다.
>
> -≪아름다운 새벽≫ p. 22

> ② 내가 첫날밤의 꿈으로 해서 보기 싫어하고 우리 집에 오는 것조차 싫어한 동갑짜리 색시가 혹시나 구렁이가 되어서 나오지나 않을까 겁이 나기도 했다. 나는 호젓한 뜰 아랫방에서 혼자 자기로 했을 때였기에 더욱 무서웠다. 그뿐이 아니었다. 어머님 뿐 아니라 누님이랑 또 친구들도 항용하는 말이 머리에 떠올랐던 것이다. -너 그런 짓하면 죄로 간다!
>
> -≪아름다운 새벽≫ p. 30

인용한 ①과 ②의 글에서 보듯이 마해송이 아버지의 강요로 열두 살짜리 동갑네와의 강제 결혼을 하게 된 사건은 평생 큰 상처가 되어 마해송에게 지울 수 없는 트라우마를 형성하게 되며, 아버지의 권위에 대한 분노와 증오의 감정을 극대화시키고 만다. 그리고 그런 증오의 감정은 마침내 마해송 스스로 죄의식에 갈등하고 고민하게 하는 결과를 초래하였음을 발견할 수 있다.

프로이트는 '사회의 모든 과정은 연이어지는 세대들 사이의 대립'에 의해 좌우된다고 믿었다. 확실히 개개인에 관한한, 누군가 자신의 숙명을 펼치고 자신의 독특한 정신세계나 자아에 들어 있는 설계도에 맞추어 살고자 한다면, 부모의 권위로부터의 독립이 필요하다.

마해송은 ≪아름다운 새벽≫에서, 아버지의 엄하고 완고한 아버지의 구속으로부터 탈출하여 동경에서의 생활은 해방되었다는 즐거움으로 벅찼다고 한다. 아버지는 아버지가 정해 준 색시를 내가 싫어하는데도 이혼은 못한다 했고 연애를 인정해 주지 않았고 애인과의 사이를 끊었고 밖에도 나가지 못하게 가두어 두었던 폭군으로 생각했기 때문이라고 말한다.

마해송이 아버지를 폭군이라고 표현한 부분에 주목할 필요가 있다. 본고에서 조명하고자 하는 트라우마 요소가 그대로 노출되고 있는 까닭이다. 김씨라는 동갑네와 강제결혼을 시킨 일이나, 그 후에 진정으로 사랑을 나누었던 초등학교 교사이면서 기혼녀인 이씨와의 사이도 끊어 놓은 아버지는 그에게 있어서 폭군임에 틀림이 없다. 부계제도 사회야말로 지극히 폐쇄적이어서 남이 들어갈 수 없는 유기체로 존재한다는 증거다. 마해송은 이씨가 아기를 잉태했다는 소식을 듣게 되고, 무서움과 함께 책임감을 느끼게 되었다고 한다. 마해송은 이씨에게 개성으로 돌아오라는 소식을 전했고 그래서 이씨가 다시 개성으로 돌아오기는 했지만 주위의 가족으로부터 경계를 당하고 경제력까지 없는데다 마해송을 보는 불륜의 눈총이 너무나 심한 것에 놀라 이씨는 다시 중국으로 돌아가 버리고, 허탈과 절망감에 빠진 마해송은 이씨를 받아 주지 않고 부모가 강제로 성혼시킨 김씨하고만 살게 하려는 아버지를 원망하면서, 그 반동으로 전 해부터 관계를 이어오던 어린이 운동에 더 적극적으로 참여하게 되었다고 한다. 이후의 이씨 여인의 일기를 보면 남편 최씨와 헤어지기로 합의를 보고, 마해송을 기다리며 연락을 취했지만 그는 한 번도 찾아가지 않았다고 한다.

방문하지 않은 그 첫째 이유는 철권단의 협박이었다고 한다. 그 당시 철권단은 돈 많이 쓰는 부자 유학생이나 행실이 부정하거나 소문이 안 좋은 동경 유학생들에게 자주 폭력을 쓰던 폭력배 단원 몇이 찾아와서 유부녀와의 관계를 끊으라는 협박과 함께, 이씨 여인이 사실은 마해송을 만나기 전에 좋지 않은 소문의 주인공이었다는 것을 알려 주었기 때문이었다고 전한다.

마해송은 〈바위나리와 아기별〉에서 그 사랑의 이야기를, '바위나리는 병이 든다. 시든다. 아기별은 밤새 간호해 준다. 새벽녘이 되자 바위나리는 아기별에게 빨리 올라가라고 한다. 차마 떨어지지 않는 발길을 돌려 아기별은 하늘로 올라간다. 때가 늦어 하늘 문은 이미 닫혔다. 아기별은 성을 타고 넘어 들어간다. 왕이 그것을 안다. 아기별은 호되게 꾸중을 듣는다.'고 형상화하고 있는데, '왕의 폭력에 의해서 사랑이 끊어졌고, 사랑이 끊어졌기 때문에 빛을 잃었다고. 한 번 죽은 다음 바다 속에서 사랑이 되살음에 잃었던 빛을 도로 찾고 꽃도 새로운 생명을 찾았다면서 그는 아버지의 꾸중으로 지금 집에 박혀 있으나 사랑은 끝내는 이길 것'이라고 ≪아름다운 새벽≫에서 밝히고 있다.

순이에 대한 사랑의 이야기를 마해송은 수필집 ≪아름다운 새벽≫을 통해 자주 이야기하고 있는데 그가 다른 여자들에게 눈을 팔지 않기로 한 것은 김씨라는 동갑네 신부보다도 사랑하던 사람 순을 위해서였는데 그 사람의 모습이 나쁘게 떠오르지는 않았다며, 그 역시 마해송을 원망하거나 저주하고 있으리라고 생각지 않기 때문에 마해송 역시 오히려 그의 행복을 비는 마음이 간절하고 지금 어디서 어떻게 살고 있는지 알아보아야겠다는 생각뿐이었다고 당시의 마음을 솔직히 적고 있다.

아마도 '가족에 있어서의 권위와 국가에 있어서의 권위는, 서로 관계있는 두 가지의 가장 높은 가치이다. 아들은 그 아버지의 소유물이요, 아들의 역할은 아버지에게 도움이 된다는 일이다. 가정에 있어서의 아버지의 권리는 국가에 있어서의 지배자의 세력의 기초이다. 시민은 국가나 지배자의 소유물이며, 불복종은 가장 큰 죄인 것'이라는 에릭 프롬 *Erich Fromm*의 이야기와도 무관하지 않다고 본다.

마종기가 출간한 『아버지 마해송』의 머리글에서도 마해송의 트라우마와 관

련된 부분을 쉽게 찾아볼 수 있다.

> 한 소년이 있었다. 만 11세, 초등학생 나이에 주위 어른들의 주선으로 일찍이 조혼의 멍에를 지게 되고, 아름다워야 할 사춘기 시절을 가치판단의 혼란에 빠져 헤매다가 조소와 멸시의 세상으로부터 멀리 도망친다. 그리고 절망과 외로움의 외국에서 폐결핵에 걸려 피를 토했다. 젊은이가 된 소년은 이를 악물고 일어난다. 자신이 겪은 구습의 병폐를 쓸어버리기 위해 어린이 운동에 헌신하고 자신과 조국의 명예를 위한다는 생각으로 각고의 노력 끝에 성공한다.
>
> – 마종기 『아버지 마해송』 머리글 일부

마해송의 조혼은 일평생 멍에가 되어 가치판단의 혼란에 빠지게 되고, 세상으로부터 조소와 멸시를 받게 되고, 절망과 외로움의 타국에서 폐결핵을 앓는, 그래서 이를 악물게 되는 처절한 인생의 역경을 겪는다.

마해송이 일본의 결핵환자 요양소에 입원했을 때, 그곳 바닷가에 떼를 지어 다니던 일곱 여자로부터 같이 놀아주기를 요청받았으나 끝까지 청을 거절한 일이 있는데 그 이유를 ≪아름다운 새벽≫에서 '아버지가 끊어 놓은 사랑은 그 전에 벌써 좀 미묘한 관계에 있기는 했지만 어쨌든 그 사람 지금 어디서 어떻게 살고 있는지를 모르는데 어떻게 또 다른 여자에게 눈을 팔 수가 있겠느냐, 그것은 죄를 짓는 일이다. 절대로 안 된다.'고 말하고 있어 조혼으로 인한 아버지 원망과 자신에 대한 죄의식을 강하게 표출하고 있다.

아버지에 대한 분노는 마해송이 일본에 있을 때 부친의 사망 통보를 받고 나서 그 때의 심정을 토로한 글에서 증오의 감정이 극치에 달하고 있음을 발견할 수 있다.

> 5년이 지난 여름에, 아버지가 돌아가셨으니 귀국하라는 전보를 받았다. 못 간다고 답전을 쳤다. 생각이 없기도 했거니와 떠나기 어려운 사정도 있었다.(중략) 말하자면 아버지가 돌아가셨다는 사실을 그다지 슬픔으로 느끼지 않았고 뛰어 돌아가서 머리를 풀어야 한다는 생각이 없었던 것이다. 예순 아홉 살까지 사셨으니 살 만큼 사시고 돌아가셨는데 슬퍼할 것도 없다고도 생각했다.(중략) 대청으로 나와 보니 또 절을 하라기에 절을 하고 보니 웬 여인이 절을 받는

것이었다. 서모라는 것이었다. 아차! 했다. 눈앞에 불이 번쩍 지나가는 것 같았다. 어머님이 돌아가신 것은 엄연한 사실 이었고 그게 벌써 10년이 되는 일이지만 일본에서 지낸 10년 동안 어머님이 안 계시다는 일을 느껴본 적은 없었던 것이다. 이제 어쩔 수 없는 현실에 직면한 것이었다.

-≪아름다운 새벽≫ pp. 136~140

아버지의 죽음이 그다지 슬픔으로 느껴지지 않았고, 예순 아홉 살까지 사셨으니 살만큼 사시고 돌아가셨는데 슬퍼할 것도 없다고 생각했다는 마해송의 말 가운데 오이디푸스 콤플렉스가 강하게 드러나고 있음을 확인할 수 있다. 아울러 비보를 접하고 집에 도착하였을 때 웬 낯선 여인에게 절을 하였는데 그가 바로 서모였다는 사실을 알자 눈앞에 불이 번쩍 지나가는 것 같았다는 말을 통해 아버지에 대한 증오가 컸음을 짐작할 수 있다.

그리고 마해송은 아버지의 시신 앞에서 아버지를 생각하며 '순과 갈라서게 된 것도 아버지 탓이요, 또한 여자색시라는 사람도 시방 어떻게 되어 있든 간에 불행하게 한 것이 아버지 탓이요, 내가 그 두 사람에게 죄를 짓고 있는 것도 아버지 탓이요, 나의 모든 불행이라는 것이 하나같이 아버지의 탓'이라고 절규하고 있다. 그리고 이제 원망하던 대상이 없어지고 말았으니 아버지에게 지고 말았다고, 이제 원망을 해도 아무 소용이 없다고, 억울하고 억울한 일이라 적고 있어 아버지로 인한 트라우마의 흔적을 짐작해 볼 수 있다.

3) 아웃사이더의 갈등

마해송이 살던 시대는 정치적으로나 사회적으로 가장 혼란한 시기였다. 일제 식민지 치하에서 숨막히는 약자의 삶, 해방과 더불어 좌익과 우익의 대립으로 인한 사회적 혼란, 동족상잔의 6· 25 비극, 자유당 정권의 부패와 4·19 혁명 등 그야말로 우리 한국사의 가장 큰 격동의 시대였다. 그런데 여기서 주목해야 될 일은 그러한 거대하고 불의한 집단 속에서 마해송은 언제나 강직하고 약한 아웃사이더로 존재할 수밖에 없었다는 사실이다. 부도덕한 연극에서 불의를 일삼는 주역과 타협하기 보다는 주체성 있는 엑스트라로 존재하는 것이다.

얼마 전 역사학자들이 선정한 한국사 2000년 10대 사건 가운데 첫째가 한국전쟁이었고 다섯 번째가 해방과 분단이었는데, 모두가 마해송이 살던 시대의 사건들로 이런 환경이 마해송의 인격형성에 많은 영향을 끼쳤으리라는 추론이 가능하다.

본고에서는 마해송이 살던 당시의 시대적 상황을 트라우마와 관련하여 역사적인 순서가 아니라 역사학자들이 선정한 10대 사건의 순서에 따라 조명하고자 한다. 자연히 한국전쟁이 우선이고 일제 식민지시대와 그로부터의 해방이 뒤에 논의될 것이다.

(1) 민자와 밀린 자

앞에서 사학자들이 선정한 한국사 2000년 10대 사건의 첫 번째로 한국전쟁을 손꼽았다고 했는데, 한국전쟁은 문자 그대로 한민족 최대의 비극적 사건이었다. 한국전쟁의 사회사적 충격은 그러나 단순한 인명 피해나 물질적 고통만으로 설명되는 것이 아니다. 한국전쟁의 그림자는 오히려 인간의 정신과 영혼의 영역에 보다 진하게 드리워졌다.

마종기에 의하면, 2차 세계대전이 끝나고 35년간의 일본의 지배에서 해방된 조국에 돌아온 아버지 마해송은 고국이 남과 북, 두 쪽으로 갈라져서 서로 아귀다툼을 하는 짓에 실망과 분노를 느꼈던 것 같았으며, 한 나라, 한 조국의 백성이 서로 패를 갈라 싸우고 미국과 소련의 입김에 놀아나는 형편이 안타까워 〈떡배 단배〉라는 장편 동화를 써서 발표했다고 한다. 〈떡배 단배〉는 해방 후의 혼란한 우리나라 현실을 풍자한 작품으로 민족정신을 저버리지 않아야 나라가 지켜지고 융성할 수 있다는 교훈을 주는 작품으로 내용이 흥미진진해서 당시 많은 인기를 모았다고 한다.

> ① 1950년 6·25전쟁 중에는 대부분의 서울 시민들같이 미처 피난을 가지 못하고 서울에서 북한 치하의 3개월을 끼니를 굶어가며 살았다. 그러나 초등학교 6학년이었던 내가 보기에 유난히 긴 총을 든 북한 군인이나 사복 입은 사람들이 집에

들어와 집안을 뒤지면서도 아버지께는 어울리지 않게 공손하였고 그들이 모두 아버지 앞에서는 쩔쩔매는 인상을 받았다. ……일제시대, 일본문화계에서 상당히 존경을 받고, 경제적으로도 여유가 있던 아버지는 좌우익의 독립운동가들을 우리 집에 기숙을 하게도 했고, 어머니는 한국인 가정부를 전담시켜 조선에서 온 낯선 손님들의 수발을 들게 했다고 말씀하셨다.

② 아버지는 무사했지만 그 3개월의 인공치하에서 아버지는 많은 것을 잃으셨다. 굶어 죽지 않기 위해 그나마 조금 갖고 있던 아끼던 물건을 어처구니없는 값으로 잃었고, 그보다는 주위에 가깝게 지내던 아버지의 친구들, 아끼던 후배와 제자들 그리고 조카들이 죽임을 당하거나 납치당하거나 행방불명이 되었다. 그래서인지 그 후 아버지는 국군을 따라 압록강 근처까지 종군을 했고, 1·4후퇴로 피난을 가서도 대구에서 공군종군문인단장이 되어 군인들의 사기를 돋군다고 종군을 많이 하셨다. 아버지는 갑자기 반공주의자가 되어 사람을 함부로 죽이는 북쪽 공산주의자들을 증오하고 비판하며 사셨다. 내가 듣기로 아버지가 일본에서 잘 살고 있을 때, 비밀리에 독립투사에게 자금을 알선했었다고 알려져 있는데, 그 중심이 여운형 씨였다는 말, 해방 후 극도로 혼란한 시기에 우리 집에서 가까운 혜화동 로터리 근처에서 여운형 씨가 암살당했을 때 아버지가 많이 우셨다는 말도 어머니를 통해 들은 적이 있다. 그러나 당신이 정치에 관여하겠다는 생각은 애당초 없었던 것 같다.

– ≪아버지 마해송≫ pp. 67~68

전쟁 중 공산치하에서 마해송에게 있었던 3개월 동안의 이야기를 쓴 글이다. 글 ①에서 북한 군인이 아버지 앞에서 쩔쩔매는 이유를 경제적으로 여유가 있던 시절에 좌우익 독립운동가들을 도와 주었기 때문이라고 이야기하고 있다. 일제로부터의 독립이라는 대전제를 앞에 놓고 좌우익 따위의 내부적인 문제로 편가르기한다는 것 자체가 마해송에게 마땅치 않다고 생각했기 때문에 좌우익 독립운동가들을 동등하게 도와 준 것이다. 이는 강자를 이기기 위한 약자끼리의 결속이며, 피지배국의 약자 한국이 지배국 일본에 대해 갖고 있는 증오와 원망의 잠재 심리적 현상으로 볼 수 있다. 이른바 강국의 압박으로 인해 약소국민이 받아야 하는 일종의 트라우마라고 할 수 있다.

그러나 글 ②에서 마해송이 적 치하 90일간 얼마나 많은 것을 잃었는지 짐작할 수 있다. 특별히 주위에 가깝게 지내던 친구들, 아끼던 후배와 제자들 그리고 조카들이 죽임을 당하거나 납치당하거나 행방불명이 된 사실에 몹시 괴로워하였으며, 국군을 따라 압록강 근처까지 종군하게 되는 심리적 변화를 읽을 수 있다. 윗글에 혜화동 로터리 근처에서 여운형 씨가 암살당하자 마해송 씨가 많이 울었다고 적고 있는데, 한국전쟁이야말로 학살과 부역, 그리고 밀고와 보복 등으로 얼룩진 시민전쟁이자 이념전쟁이었음을 보여 준 좋은 증거라고 하겠다. 이데올로기 싸움은 어떤 면에서 과거 친일파에 대한 단죄보다 훨씬 가혹하고 처절했음을 알 수 있다. 글 ①에서 강국 일본에 대하여 약소국이 갖게 되는 트라우마를 발견할 수 있다면, 글 ②에서는 침략자 북한군의 횡포로 인하여 남한 사람들이 갖게 되는 트라우마라고 할 수 있다. 더욱이 마해송이 '갑자기 반공주의자가 되어 사람을 함부로 죽이는 북쪽 공산주의자들을 증오하고 비판하며 사셨다.'는 증언에서 그런 심리적 현상을 재확인할 수 있다.

마해송은 칠팔월 더위에도 가죽점퍼를 입고 지냈다고 한다. 먹은 것이 없었기에 얼굴은 핼쑥하니 시어빠지고 33, 4도 더위에 가죽점퍼를 입고 있으니 누가 보아도 폐병 삼기가 틀림없었다는 것이다. 9월 15일 유엔군이 인천으로 상륙한 이후의 공산군들의 잔학상이란 말이 아니었는데, 여기저기서의 대량학살은 말할 것도 없고 산 사람의 혀나 입술이나 볼에 철사를 꿰어 죽이고 사람을 가둔 채 불을 질러서 죽이며, 집집에서 훑어간 쌀을 쌓아 두었던 쌀 창고에 불을 질러버리는 등의 잔악한 행위를 목격하고 경악을 금치 못했다고 말한다.

그에게 있어서 공산당은 사회적 · 문화적 혼란의 극단적인 예와 같았다. 이 혼란의 필연적 결과인 그악스러운 정치투쟁과 광신이 바로 현실에서의 공산당으로 보였던 것이다. 일제시의 그는 공산주의를 '정의와 진리의 편으로' 알고 있었고 이들을 물질적으로 도우면서 그것을 독립운동을 돕는 것으로 생각했는데, 해방 이후에 그가 본 공산주의자들은 그로서는 도저히 이해할 수 없는 어떤 것이었다.

(2) 먹은 자와 먹힌 자

일제 식민지 치하에서의 36년간은 한 마디로 암흑의 시대였다. 일본에게 나라를 빼앗긴 우리민족의 처지는 그야말로 앞도 보이지 않고 뒤도 보이지 않는 캄캄한 밤이었고 동굴이었다. 큰 물고기의 뱃속에 들어간 요나처럼 사면초가의 어둠 속에 갇혀 먹힌 자의 고난을 통감하지 않으면 안 되었다. 우리를 통째로 삼킨 일본은 우리의 손끝에 있는 힘까지 모조리 빼놓고 나서 온갖 방법을 통해서 언어나 사상 등 우리의 얼까지 빼앗는다.

일제 식민치하에서 가장 악랄했던 것은 한국을 병참기지로 삼고 수탈을 강요한 일이었다. 일제는 그들의 침략야욕을 확대하여 1937년 중일전쟁, 1941년 태평양 전쟁을 일으키는데, 이 승산 없는 전쟁을 감행하기 위해서 소위 국가총동원을 실시하고 일본 자체 내에서는 여러 가지 비상조치를 취하였지만 식민지인 한국이 겪어야 하는 고통은 이루 말할 수 없었다. 민족문화와 전통을 송두리째 없애 버리려는 민족말살정책을 감행하는가 하면, 1940년에 이르러는 민족적인 문화 활동을 탄압하고자 한글로 발행되는 신문이나 잡지를 폐간시켰으며, 문인들의 창작활동도 일어에 의해서만 가능하게 만들었다. 1942년부터 징병제도를 실시하여 한국의 청년과 학생들을 강제로 군에 끌고 갔고, 노동보국대라는 미명 아래 많은 민간인들이 군수물자를 운반하는 노동자로 전선기지로 끌려갔으며, 부녀자들까지도 여자정신대로 끌어가 침략전쟁의 희생물로 삼는 등 그야말로 군국주의 일본의 최후 발악상을 드러냈다.

국내외에서 꾸준히 민족의 독립을 위해 노력한 보람으로 1945년 8월 15일 일제는 드디어 연합국에 무조건 항복함으로써 한국은 지긋지긋한 일제의 학정으로부터 광복을 맞이하게 되었다. 그러나 광복의 기쁨을 만끽하기도 전에 좌우익의 대립이 격화되어 사회적 혼란이 거듭되는 동안에 전승국인 미국과 소련의 양군이 남북한의 진주와 군정 실시, 임시정부수립과 좌우익 대립으로 인한 지속적인 정국혼란, 대한민국 정부수립과 이승만 대통령의 독재와 부정부패, 자유당 독재정치하의 사회적 불안과 1960년의 3 · 15 정부통령 부정선거로 인한 4 · 19혁명이 학생데모에서부터 시작하여 전국적으로 번지게 되었다. 4월혁명은 맨주먹의 민중이 강압적인 독재정권을 무너뜨리는데 성공을 거둔 한국사상 최초의 시민혁명이었다.

마해송의 자전적 수필 ≪아름다운 새벽≫을 보면 일제의 폭력적이고 비도덕적인 행위가 마해송에게 직간접적으로 안겨준 상처들을 이따금 발견할 수 있는데, 강자 입장에서는 비록 사소한 경우라도 약자에게는 크나 큰 심리적 상처로 남을 수밖에 없다.

> ① 학교는 동맹휴학이 잦았다. 일본인 교사가 우리 학생을 경찰에 밀고해서 붙들어 가게 했다. 동맹휴학이다. 일본인 교사가 우리 학생들을 모욕했다. 동맹휴학이다. 그러면 다른 남녀 중학교가 모두 동맹휴학으로 들어가는 것이었다. 말하자면 동정휴학이요 행동통일이었다. ―≪아름다운 새벽≫ p. 41

> ② 한편 중앙학교 2학년에 재학 중, 그러니까 기미독립만세사건 2년 후인 1921년 학교에서는 학생들이 존경하던 조선인 교사 7, 8명을 해고하는 사건이 있자 여기에 학생들이 동맹휴학을 하고 그 사건으로 주동자 몇 사람과 함께 아버지는 학교를 퇴학당하게 된다. ―≪아버지 마해송≫ p. 159

> ③ 1930년 일본 동경 한복판에서 모던 일본사를 차리고 턱 하나로 일본 사람들을 부린 적이 있으나 그들 앞에서 굽실거리는 것을 본 사람은 없다. 그 당시 일본의 「모던 일본」 조선판을 낸 적이 있는데 마음에도 없는 글로 꽉 찬 가운데 잡지 한구석에 깨알 같은 활자로 '한글자랑'을 몇 줄 적어 넣으시고 나서 "요 몇 줄을 위해서 이 책을 내는 거나 다름없지" 하며 좋아하시는 것을 보았다. 그 당시 입 밖에 냈다 가는 큰일날 소리였다. ―≪아버지 마해송≫ p. 119

당시 서울 장안에 있던 모든 중학교는 일본인과의 마찰 등으로 동맹휴학이 빈번했다. 마해송에 의하면 일주일이 못 가서 또 동맹휴학이라 우르르 몰려 나왔고 해결이 되었으니 등교하라면 모였고 또 사흘이 못 가서 동맹휴학을 하는 등 당시 학교에 다니던 조선학생들의 일본에 대한 감정은 순조롭지만은 않았다. 특히 조선인 교사에 대한 집단 해고는 조선 학생들의 감정을 자극하는 데 결정적인 역할을 하였다. 이른바 반일 감정이 극도에 오르게 되었고, 마침내는 행동으로 맞서는 결과를 초래하고야 말았다.

글 ③에서 읽을 수 있는 것처럼 마해송의 나라 사랑하는 마음은 지극했다. 언급했듯이 마해송은 젊은 나이에 일본에서 월간 잡지를 출판하고 그 잡지가 크게 성공을 하는 바람에 일본에 사는 한국인 중에서는 상당한 명예와 풍요를 누릴 수가 있었으나 항상 한국인이라는 자부심을 가지고 창씨개명도 하지 않고 일본인들 앞에서 당당하게 뽐내며 살았다고 한다. 출판 사업이 성공하여 일본의 문화계에서 각광을 받으면서도 일본의 나쁜 식민지 정책과 나라 잃은 한국인의 고통을 한시도 잊을 수 없었던 마해송은 〈토끼와 원숭이〉 장편 동화를 고국의 어린이 잡지를 통해 연재하게 되었는데, 그 동화가 일본을 반대하는 불온한 사상에 물들어 있다고 해서 일본 총독부가 연재를 중단시키고 원고를 모두 압수하기까지 히는 소동이 빌어졌다고 한다.

그런데 앞의 한국전쟁에서 거론된 트라우마와 마찬가지로 일제로부터 35년간 받은 압박과 폭력이야말로 우리 한국인에게 씻을 수 없는 커다란 정신적 충격이었다. 이른바 일제라는 거대한 폭력집단에 앞에 무릎 꿇어야 하는 약소민족의 또 다른 트라우마라고 하겠다.

4) 작품 속의 트라우마

마해송 동화에서 등장인물은 대체로 약자 대 강자의 대조적인 형태로 나타나고 있는데, 이 약자와 강자가 상징하는 바는 대개 일관성을 가지고 있다. 즉 약자는 어린아이나 약소국인 우리나라 또는 억압받는 민중 등을 상징하며, 강자는 부도덕한 성인을 비롯한 일본 및 북한공산당 등 외침세력과 우리사회의 부패한 권력층을 상징하고 있다고 해석할 수 있다.

본고에서는 마해송 작품 속에 나타난 트라우마를 조명하는데 목적이 있기 때문에 편의상 대표성을 가진 작품을 선정하여 조명하되, 먼저 부도덕한 성인(주로 아버지)에 대한 어린아이의 트라우마를 조명하고, 이어서 강력한 폭력을 가진 집단(주로 일제와 공산당)에 대한 약소민족의 트라우마를 조명할 것이다.

(1) 부도덕한 어른들

마해송 작품을 읽다 보면, 〈바위나리와 아기별〉, 〈어머님의 선물〉, 〈점잖은 집안〉, 〈생각하는 아버지〉, 〈할아버지 지게〉 등에서 아동과 부도덕한 어른 사이에 형성되고 있는 미묘한 심리적 갈등을 발견할 수 있다.

우선 만 18세 되던 1923년에 우리나라 최초의 창작 동화 〈바위나리와 아기별〉을 쓰고 1926년에 소파 방정환이 발간하던 잡지 「어린이」 신년호에 그 작품을 발표한 바 있는데, 이 작품은 바위나리와 아기별의 순정과 사랑이 먼 남쪽나라의 바닷가라는 꿈같은 세계에서 이뤄지고, 다시 별나라 임금님이라는 부도덕한 어른의 존재로 하여 추방과 죽음으로 끝나는 슬픈 얘기가 감동적으로 그려져 있다. 이 작품은 〈어머님의 선물〉과 함께 가장 먼저 쓴 작품이지만, 여러 해를 두고두고 지은 것이라고 한다. 여기 나타난 꿈같은 분위기는 이 작품 이후 단절되다시피 하여 거의 다시 보이지 않으며, 마해송 동화에서 특이한 자리를 차지하고 있는 동화다. 사랑하는 사람과 자신을 떼어 놓고 가둔 아버지의 권위에 대한 치열한 저항의식을 담고 있다.

마해송이 동경에서 잠시 동거했던 이씨 여인과의 연애사건으로 아버지에게 붙잡혀 와서 호된 꾸지람을 듣고 한동안 연금 상태에 있었는데, 그 때의 그 불만을 쓴 것이 〈바위나리와 아기별〉이라고 한다. 마해송은 '왕의 폭력에 의해서 사랑이 끊어졌고 사랑이 끊어졌기 때문에 빛을 잃었다고, 한 번 죽은 다음 바다 속에서 사랑이 되살음에 잃었던 빛을 도로 찾고 꽃도 새로운 생명을 찾았다는 뜻'이라면서 '아버지의 꾸중으로 지금 집에 박혀 있으나 사랑은 끝내는 이길 것이라는 속셈'이었다고 당시의 심정을 이야기한 바 있다. 앞에서도 지적한 것처럼 김씨와의 강제결혼, 사랑하는 이 씨와의 강제 단절 등 아버지의 횡포에 대한 오이디푸스가 직접적으로 투사된 작품이 곧 〈바위나리와 아기별〉이라고 하겠다.

1923년에 발표된, 최초의 작품 〈어머님의 선물〉은 계모의 매를 맞고 설움을 당하는 상봉이의 얘기다.

> 상봉이는 어머님에게 달려들며,
> "어머니하고 같이 가요. 나는 아버지가 싫어!" 하고 울었습니다.
> 어머님은 참지 못하는 것 같이 얼굴만 자꾸 돌리면서 꽃상자를 집어 주셨습니다.
> "상봉아, 이 속에 있는 능금은 아버지께 드리고……" 하고는 말을 못하시더니,

"아버지는 너를 기다리신다" 하시고 어디론지 가셨습니다.
멀리서,
"울지마라. 잘 있거라" 하시는 소리만 들렸습니다.

－〈어머님의 선물〉 p. 23

언제나 엄마를 생각하는 상봉이와 이유 없이 상봉이를 구박하는 새엄마 사이의 갈등을 그린 동화다. 위의 인용부분은 꿈 속에서 엄마와 만나고 엄마가 준 사과를 연결 고리로 하여 아버지와의 사랑이 연결되는 듯하지만, 상봉이가 '어머니하고 같이 가요. 나는 아버지가 싫어!' 하고 울었다는 부분에서 새엄마로 인한 갈등이 오히려 아버지에게까지 이어지고 있음을 확인할 수 있다. 이는 엄연히 아버지로 인한 상봉이의 트라우마로 해석할 수 있다. 물론 이 동화는 절대 자신의 이야기가 아니라고 말하고 있지만 마해송은 ≪아름다운 새벽≫에서 '대청으로 나와 보니 또 절을 하라기에 절을 하고 보니 웬 여인이 절을 받는 것이었다. 서모라는 것이었다. 아차! 했다. 눈앞에 불이 번쩍 지나가는 것 같았다. 어머님이 돌아가신 것은 엄연한 사실이었고 그게 벌써 10년이 되는 일이지만 일본에서 지낸 10년 동안 어머님이 안 계시다는 일을 느껴본 적은 없었던 것이다. 이제 어쩔 수 없는 현실에 직면한 것이었다.'고 밝히고 있어 새어머니에 대한 심리적 충격이 매우 컸음을 확인할 수 있다.

1960년 12월 「한국일보」에 게재한 〈점잖은 집안〉은 할아버지와 아들, 그리고 손자에 이르기까지 날로 다르게 변하는 과학 시대에 그 변화를 받아들이는 감각이 세대마다 차이가 있다는 아주 짧은 동화다. 한 마디로 엄격하고 융통성 없는 기존세대에 대한 신세대의 트라우마가 자연스럽게 드러나 있다.

1963년 1월 「서울신문」에 게재되었던 〈생각하는 아버지〉는 행동하지 않고 행동의 원천에 대한 반성만을 하는 아버지의 어리석음을 풍자한 동화이다. 이 작품을 썼던 당시에 마해송은 실천적인 행동을 매우 중요시했던 것 같다. '모든 행동에 있어서 감정보다 이성이 앞섰고, 또 침착했다'고 그의 부인이 실토하고 있는 것을 보면 작품 〈생각하는 아버지〉는 바로 자신의 이야기를 형상화한 것이라는 추측이 가능하다. 〈생각하는 아버지〉에서 매사에 지나치게 신중한 아버지를 등장인물로 설정한 것은 완벽하고 강한 아버지상의 역설적 표현기법으로 볼 수 있다. 천장에서 빗물이 쏟아져 온 방안이 물바다가 되었는데도 가만히 웅크리고 앉아 '어째서 우리 집에 비가 새느냐'고 웅크리고 앉아서 원인만을 생각하는 답답하고 고집 센 아버지에게 맏딸, 맏아들, 둘째딸, 둘째아들, 셋째아들 아무도 어떻게 할 수 없는 무기력함을 볼 수 있는데, 여기에서 또 하나의 트라우마를 발견할 수 있다.

(2) 억눌리는 약자들

일반적으로 국가 상호간의 관계에서 지배국과 피지배국가 간에는 우열관계라는 미묘한 심리상황이 형성된다. 즉 지배국이 권력을 쥐고 있는 주체로서 마치 아버지와 같은 가부장적 위치에 놓이게 되는가 하면, 피지배국은 강한 아버지에게 절대적으로 순종해야 하는 어린 아이의 위치에 있기 때문에 항상 강한 것에 대한 약한 자의 피해의식 같은 묘한 갈등심리가 작용하게 되어 있다. 아울러 억압된 사회에서 민중들의 삶을 표현하는 데 풍자 기법이 성행했는데, 특히 부조리한 사회나 권력의 부패를 비유하는데 대단히 유용하게 사용되어 왔다. 그리고 강대국을 비롯하여 강한 것에 대한 약자의 심리적 갈등상황은 동물이나 식물 등 비인격체에 의해 표출하는 비유형식을 취하고 있는 경우가 많다고 할 수 있다.

마해송의 작품 가운데 나라를 잃고 식민지시대를 살던 약소민족의 뼈아픈 이야기를 비롯하여 한국전쟁과 자유당 정권의 독재와 부정부패로 인한 가난하고 힘없는 자들의 아픔은 〈토끼와 원숭이〉, 〈사슴과 사냥개〉, 〈꽃씨와 눈사람〉 등 동식물이나 무생물을 통해 형상화되고 있는가 하면, 〈떡배 단배〉에서와 같이 갑동이, 돌쇠, 카라카라 등 직접 사람을 등장인물로 내세워 외세의 침략으로 인한 우리민족의 비극을 형상화한 경우도 있다. 이재철은 '마해송씨의 민족주의는 일제 때는 외국의 침략에 항거하는 〈토끼와 원숭이〉같은 작품으로 나타나고, 8·15 이후에는 강대국의 경제적 침략을 그린 동화 〈떡배 단배〉로 되기도 했다. 그러다가 자유당집권 때에는 장편 동화 〈모래알 고금〉에서 볼 수 있는 사회의 부조리를 드러내는 것으로 되고 〈꽃씨와 눈사람〉 같은 작품으로 부패 부정이 극도에 이른 정권이 무너질 것을 은근히 보여 주기까지

했다'고 지적한 바 있다.

〈토끼와 원숭이〉는 1931년과 1933년 소파 방정환이 발간하던 「어린이」에 연재되다가 3회치의 원고를 압수당해 더 이상 발표하지 못하고 있다가 광복 후 1946년과 1947년에 「자유신문」에 전 · 후편이 발표되었던 작품이다. 완결된 이 작품에서 보는 바와 같이 왜적의 침략뿐 아니라 해방 후의 우리나라를 둘러싼 국제 정세와 앞날의 3차 대전까지를 얘기하고 있다. 물론 원숭이는 일본 사람을 가리키며, 토끼는 우리 한국 민족이다. 즉 일본의 침략행위를 규탄하는 작품이다. 그리고 작품의 첫 부분에서 개울 동쪽과 개울 서쪽을 몇 번씩 되풀이한 까닭은 개울 동쪽은 일본, 개울 서쪽은 한국이라는 사실을 강조하기 위한 것이라고 분석된다. 후편의 이야기는 토끼나라를 원숭이 나라로부터 구해 준 센 이리 나라와 뚱쇠 나라가 토끼 나라를 두 개로 쪼개어 자기들 앞잡이 노릇을 하게 하고 자기들의 생활풍습을 따르게 하는 또 다른 외세의 힘에 토끼 나라의 의견이 갈리고 나중에 그 큰 두 나라가 싸우다가 다 죽어 망한 후, 달나라에서 절구질하던 토끼가 땅에 내려와 평화를 사랑하는 토끼들을 하나 둘 다시 살린다는 이야기로 끝을 맺는다. '이 작품이 쓰인 시기는 일제 식민통치 3기(1931~1945)가 시작되던 시기로 일본은 전시체제로 들어가 만주사변, 중일전쟁, 태평양전쟁으로 침략전쟁을 확대하고 있었기 때문에 식민지 조선에 대한 압박이 심해졌다. 그들은 우리에게 전쟁 협조를 강요하고, 창씨개명, 국어말살정책, 징병, 징용을 종용했던 암흑의 시기였다'고 이재복은 〈우리 동화이야기〉에서 밝히고 있다.

특히 이 작품에서 토끼는 순하고 깨끗하며 자유를 좋아하는 조선인을, 원숭이는 잔인하고 싸움을 좋아하는 일본인을 상징하는 것으로 권력자에 대한 약자의 트라우마를 읽을 수 있다. 그리고 뚱쇠는 미국인, 센 이리는 소련인을 상징하는 것으로 강자로서 우리에게 압박을 주는 대상이다. 그리고 토끼 슈슈는 민족주의자를, 원숭이가 된 토끼는 사대주의자를 상징한다고 볼 수 있다.

〈사슴과 사냥개〉는 1955년 「동아일보」에 연재한 작품으로 마해송은 여기서 인간사회를 보다 철저히 비판하기 위해서 동물을 의인화하고 있다. 옳지 않은 권세에 대한 증오, 약한 사람의 편에 서는 정신, 참다운 애정, 그러한 정신은

〈사슴과 사냥개〉에 강하게 나타나 있다. '세상에 미운 놈이, 저 놈의 사냥개다! 무엇하러 그것들의 앞잡이 노릇을 하는 거냐? 가장 얄밉고 미운 놈은 철없이 날뛰는 사냥개 같은 앞잡이들이다.' 라고 외치는 목소리에서 강한 것에 대한 약한 자의 트라우마와 같은 묘한 갈등심리를 발견할 수 있다. 〈떡배 단배〉가 분단체제 형성기에 쓰인 것이라면 〈사슴과 사냥개〉는 분단체제강화 이후에 쓰인 작품이다. 당시 사회상황은 1948년 남한 단독정부 수립 후, 남북의 이념 대립과 정권의 불안 요인 등으로 6·25를 거치면서 이승만 정권은 자유민주주의 체제보다는 독재체제 유지를 위해 국민탄압을 시작했다. 마해송에 의하면, 이 작품은 주인공인 사냥개 비호를 통해 권력에 억압당하는 사람들의 비굴한 삶을 상징적으로 묘사한 것으로, 인간이 쳐놓은 덫에 걸린 사냥개 비호를 구해 준 것은 주인이 아닌 사슴인데 사냥개를 주인공으로 하여 권력의 앞잡이 사냥개와 약자인 동물 사이에서 더 옳게 사는 방법에 대해 풍자기법을 써서 생각하게 했다고 한다. 〈꽃씨와 눈사람〉은 1960년 4·19 혁명이 일어나던 해 「한국일보」 신년호에 실렸던 작품으로 땜질한 눈사람의 호통치는 모습을 통해 부패한 정권에 대한 비판을 가하고 있다. 이 작품은 불과 다섯 장 밖에 안 되는 작품으로 일본에서도 번역되어 발표된 일이 있다. 얼핏 보면 눈사람 이야기 같고 또 꽃씨 이야기 같기도 하지만 그것은 그렇게 단순한 이야기가 아니다. 어린이들이 만들어 놓은 눈사람은 제가 제일이라고 우쭐대며 마구 호령하고 무리한 요구를 하는데 눈사람의 발밑에서 꼼지락거리는 꽃씨가 하나 있었다. 눈사람은 꽃씨를 보고 크게 호통을 치지만 꽃씨는 '바야흐로 내 하늘이 다가오고 있는데' 라면서 의연하다. 그 후 눈사람은 녹아 버리고 새 순이 땅위로 고개를 내민다는 얘기인데 자유당 집권의 붕괴를 예고한 정치적 트라우마로 읽을 수 있다.

〈떡배 단배〉는 1948년 1월 「자유신문」에 20회에 걸쳐 연재되었던 장편으로 1953년 다른 몇 편의 단편 동화와 함께 책이 되어 나온 후 8년 동안에 다섯 번이나 찍어 내는 등 인기를 얻은 작품이다. 마해송은 한 나라, 한 조국의 백성이 서로 패를 갈라 싸우고 미국과 소련의 입김에 놀아나는 형편이 안타까워 〈떡배 단배〉를 썼다고 하는데, 후진국가에 대한 자본국가의 경제 침략 과정을 지극히 단순한 얘기로 재미있게 묘사하는 가운데 은근히 남의 나라에 예속된 비참한 상태에서 벗어나려면 어떻게 해야 하는가를 깨닫게 하고 있다.

〈떡배 단배〉에서는 세 사람의 중심인물이 나온다. 외세를 상징하는 떡배 쪽에 선 카라카라, 단배 쪽에선 갑돌이, 이 두 인물은 해방공간에서 당시 냉전 구조의 두 축이었던 미국과 소련을 쉽게 연상시킨다. 그리고 민족자본을 상징하는 돌쇠가 나온다. 마해송이 설정한 섬이라는 우화공간을 배경으로 이 세 목숨은 맞선 자리에서 살아가고 있다. 마침내 외세를 상징하는 떡배 쪽과 단배 쪽 사람들은 섬의 주도권을 차지하기 위하여 서로 싸움을 벌였다. 이 때 외세에 맞서 우리 겨레 고유의 정체성을 지키려는 돌쇠는 외세 쪽에 서 있는 떡배 쪽과 단배 쪽 사람들을 설득하여 떡배 쪽 사람들은 떡배 쪽을 공격하고, 단배 쪽 사람들은 단배 쪽을 공격하게 만들었다. 이 장면은 어쩌면 해방공간 당시 외세와 그 외세를 등에 업고 서로 이념적인 갈등을 벌이고 있는 민족 내의 분단모순을 해결하는 하나의 상징적인 방식이라고 할 수 있다. 우선 떡배와 단배 쪽에 선 사람들이 스스로의 존재기반인 외세를 부정하는 이런 삶의 이야기는, 일제로부터 광복은 되었지만 또다시 미국과 소련이라는 외세에 눌려 살아야 했던 당시 대중들의 상상력을 자극하여 그들 의식의 내면에 자주정신의 씨앗을 키워가는 하나의 계기를 마련해 주지 않았을까 싶다고 마종기는 ≪아버지 마해송≫에 적고 있어 〈떡배 단배〉 역시 강자에 대한 약자의 트라우마를 발견할 수 있다.

5) 나오는 글

마해송은 일제 35년의 식민치하에서의 굴욕, 해방으로 인한 좌우익의 대립과 사회적 혼란, 동족상쟁의 비극 6· 25와 폐허, 그리고 자유당 정권의 부정부패, 그리고 4· 19 혁명 등 우리민족사상 가장 어려웠던 시기를 체험한 격동기의 산 증인이다. 이런 시대적, 사회적 환경에서 받은 충격은 그에게 강대국이나 지배자에 대한 저항의식을 싹트게 했던 게 사실이다. 거기다가 한국의 전형적인 가부장적 가정에서 완고하고 엄격한 아버지 밑에서 어린 시절을 보냈고

12살 때 아버지의 강권적인 압력에 의해 김씨라는 동갑네와 결혼하게 되면서 일평생 지울 수 없는 정신적 트라우마에 빠지게 된다.

마해송에게 강대국이나 아버지는 약자로서는 도저히 어떻게 할 수 없는 폭력자요, 지배자이기 때문에 심리적으로 대단히 부담스럽고 고통스런 대상자들이다. 본고에서 살펴본 바, 35년 동안 우리에게서 모든 자유를 포탈한 일제나, 광복과 더불어 사회질서가 혼란한 틈을 이용해 남침을 감행한 북한이나, 온갖 부정부패로 국민들을 민생고에 빠뜨린 자유당 정권, 그리고 강제결혼을 통해 상처를 준 아버지는 어리고 약한 마해송의 무의식 속에서 모두가 공범인 동시에 공격의 대상자임을 확인하였다. 특히 작품 〈바위나리와 아기별〉, 〈어머님의 선물〉, 〈점잖은 집안〉, 〈생각하는 아버지〉, 〈할아버지 지게〉 등에서 어린이와 부도덕한 어른 사이에 형성되고 있는 미묘한 심리적 갈등을 발견할 수 있는데, 이는 곧 아버지로 인하여 형성된 강열한 트라우마로 해석할 수 있다. 지배자와 피지배자 사이에는 결국 강한 아버지에게 절대적으로 순종해야 하는 어린 아이의 관계와 같기 때문에 항상 강한 것에 대한 약자의 피해의식과 정신적 상처, 즉 일종의 트라우마가 형성되기 마련이다. 그리고 일제 식민지 치하에서의 지배국과 피지배국 사이에 형성되는 심리적 갈등이나, 한국전쟁과 자유당 정권의 독재와 부정부패로 인한 가난하고 힘없는 자들의 아픔은 〈토끼와 원숭이〉, 〈사슴과 사냥개〉, 〈꽃씨와 눈사람〉 등 동식물이나 무생물의 의인화를 통해서, 그리고 〈떡배 단배〉에서와 같이 갑동이, 돌쇠, 카라카라 등의 등장인물을 내세워서 형상화하고 있는데, 부도덕한 어른들로 인해 어린이들에게 형성되는 트라우마가 개인적인 것이라면, 강대국의 권력에 의해 형성되는 트라우마는 집단적인 성격을 가지고 있다는 점에서 차별화된다.

또한 억압된 사회에서 민중들의 삶을 표현하는 데 풍자 기법이 성행하였는데, 특히 부조리한 사회나 권력의 부패를 비유하는데 대단히 유용한 기법으로 사용되었음을 마해송의 작품 〈바위나리와 아기별〉, 〈토끼와 원숭이〉, 〈사슴과 사냥개〉, 〈꽃씨와 눈사람〉, 〈박과 봉선화〉, 〈꼬부랑 새싹〉 등을 통해 어렵지 않게 확인할 수 있다.

특히 마해송의 경우, 아버지나 일제 등의 폭력집단에 의해 형성된 트라우마

가 마침내 작품창작이나, 가난하고 약한 자들을 앞장서서 돕는 일 등을 통하여 카타르시스하면서 건전하고 값지게 승화시키고 있다는 점에 큰 의미를 부여할 수 있다. 앞에서 마해송의 대표작 분석을 통해 이미 그의 심리적 갈등이나 변화를 조명한 바 있지만, 자신에게 닥친 심리적 갈등상황을 작품으로 승화시켜 당시 어린이들에게 구습타파, 주체성 확립, 민족주의 정신 등을 일깨워 주는데 주력했으며, 나아가 가난하고 소외된 자들을 도와 주는데 혼신의 노력을 기울여 많은 사람들의 본보기가 되었다는 점을 간과할 수 없다.

특히 불쌍한 사람은 지나치지 말고 꼭 도와야 한다고 자녀들에게 강조했고, 몸소 가족들이 알게 모르게 가난한 사람, 불쌍한 어린이나 고아, 병든 노인들을 찾아다니며 돌봐 주었다는 아들 마종기의 증언을 통하여 한다.

–「월간문학」 2008년 7월호

<참고 자료>

마종기, 『아버지 마해송』, 정우사, 2005.
마해송, 『사슴과 사냥개』, 창작과 비평사, 1983.
마해송, 『고향산수』, 범우사, 2004.
마해송, 『아름다운 새벽』, 문학과 지성사, 2000.
유창근, 『차세대문학의 이해』, 태영출판사, 2007.
E. 프롬 저, 한상범 역, 『꿈의 정신분석』, 정음사, 1977.

2. 에덴의 시학

박두진의 〈해〉를 중심으로

1) 들어가는 글

박두진은 1939년 당시의 문예지였던 「文章」지 6월호에 〈墓地頌〉, 〈香峴〉을, 9월호에 〈落葉松〉을, 1940년 1월호에 〈蟻〉, 〈들국화〉라는 시가 3회 추천을 받아 시단에 등단한 자연파 시인이다.

박목월, 조지훈과 함께 1946년 그들의 공동시집 「青鹿集」을 냄으로써 세칭 청록파라 불리게 되었는데 그들의 시에 사슴이 많이 나오기 때문에 붙여진 이름이다.

그가 추천을 받을 당시에 우리나라는 일제의 탄압이 극심했던 때로써, 일본은 우리의 문화 말살을 위해 혈안이 되었었다.

한편으로 그의 개인적인 측면에서는 정신생활의 중심이 문학보다는 종교적인 데 있었음을 알 수 있는데, 당시의 상황을 그는 다음과 같이 기록하고 있다.

> 문학보다는 인생문제가 더 긴밀한 것으로 생각되었고 모든 알 수 없는 기본적인 인생문제의 해결을 위해서는 종교라는 것에 직접 부딪쳐 그 궁극의 결론을 얻어 보고자 하였다.

이상으로 미루어 보더라도 당시의 박두진은 종교와 문학 사이에서 인생의 한 갈등을 겪고 있었음을 짐작할 수 있다.

그는 자연과의 교감을 통해서 새로운 생명을 추구하고 있는데 이것은 곧 기독교의 깊은 진리 속에서 시 창작이 이루어지고 있음을 증명해 주고 있다.

박두진은 또 산을 배경으로 하여 자연에 대한 관념적 신앙을 하나의 이념으로 확립하였다고 볼 수 있다. 그리하여 그의 시에서는 무언가를 갈구하는 듯한 '종교적 피안의식'을 느끼게 되고 '기독교적인 취향'도 농후하다.

작품 〈해〉가 발표되기는 광복 이듬해이므로 혹자는 이 시가 광복의 기쁨을 주제로 하고 있다고 해석을 내리고 있으나, 이는 시작 연도와 발표 연도를 구분할 줄 모르는 사람의 일방적이고 어리석은 착오라고 생각한다. 이 시가 창작된 때는 분명히 광복 전 일제의 침략기임을 여러 가지 자료를 통해 확인할 수 있기 때문에 해석의 방향은 완전히 달라질 수 있다.

2) 시와 종교

박두진이 시를 쓰기까지는, 철저한 금욕생활을 신조로 하는 청교도 정신과 현실적이고 인간적이고 감각적인 시의 정신 사이에서 심한 갈등을 느꼈다고 한다.

그러나 그의 갈등은 해결의 실마리를 찾게 되어 결국 시를 쓰거나 좋은 시를 즐겨 읽는 생활을 그르다고 생각하는 견해만은 틀린 것으로 단정한 나머지, 시는 신의 영광을 위하여 써야 하고 인류는 신의 사랑의 섭리 아래 하나로 완성된 것임을 궁극의 이념으로 표현하려는 것이 시작 생활의 현재의 한 방향이며 신념이라고 밝힌 바 있다.

또 그는 일생의 시 생활 계획을 '첫째는 자연, 둘째는 인간과 사회, 셋째는 인생과 신의 세계'로 나누어 궁극적 목표를 신께 영광 돌리는 것으로 삼고 있다.

박두진의 이런 시작 방향은 그로 하여금 수많은 종교적인 시를 쓰게 했는데, 몇 가지 예를 들어, 광복 전후에 쓰인 〈香峴〉, 〈푸른 하늘 아래〉, 〈雪岳賦〉, 〈해〉 등에서 기독교의 색채를 쉽게 발견할 수 있다.

그는 자연을 관망이나 정복의 대상으로 바라보지 않을 뿐 아니라 선이나 기독교와 같은 그러한 종교적인 의식이나 관념이 발생되기 이전의 원시인이 가진 소박하고 단순한 경이와 생명의 희열과 존엄으로서 자연과 함께 영위되는 자기의 신앙을 노래했을 뿐이라고 조연현은 분석하고 있다.

구중서는 박두진의 시와 종교의 연관성에 대해서 '의인의식, 부활에의 신념,

기원' 등을 예로 들어가며 박두진의 시가 기독교의 깊은 진리를 근원으로 형성되었음을 증명하고 있다.

이러한 정신은 그의 작품 〈해〉에서도 쉽게 찾을 수 있다. 〈해〉의 마지막 연을 보면서 우리는 금방 유토피아 세계에 온 듯한 착각 속에 빠진다.

꽃도 새도 짐승도 한데 어울려 사는 경우란 속세에서는 찾아볼 수 없는 정경이다. 그 곳은 바로 에덴의 동산이다. 그는 이렇게 자연 속에 종교적인 이념을 불어넣어 하나의 시로써 원만하게 형상화시키고 있다.

3) 자연과의 교접

박두진은 같은 자연을 보더라도 자연 그 자체만으로 보는 경우가 극히 드물다. 그의 시에는 종교를 배경 삼아 이념적인 눈으로 형상화된 것들이 많이 발견된다.

그의 자연관은 독특한 데가 있다. 그는 자연을 관망이나 정복의 대상으로 느끼지 않고 처음부터 자연에 대한 특이한 관념적 신앙을 하나의 이념으로서 확립하고 있었다.

전규태도, '박두진은 자연을 노래할 때, 이를 일종의 경건한 종교적인 믿음으로 승화시키고 있다.'고 구체화시켜 설명하고 있다.

또, 박두진이 참여했던 청록파를 가리켜, '청록파는 고향과 문화를 상실한 민족에게 고향회복의 길로 자연을 제시하였다. 이어 자연을 이데아의 세계로 유도하는 건강한 에너지로 파악하여 한국시의 현묘한 경지와 진실한 지향점을 드러내고 있다.'고 지적한 사실도 주목할 필요가 있다.

또한 그의 초기 시가 자연을 바탕으로 하지 않으면 안 되었던 필연적인 이유는 일제의 철저한 문화 말살정책으로 정신적인 구속을 받고 있었다는 데에 원인이 있는 것으로 볼 수도 있다.

박두진 자신도 당시의 상황을 다음과 같이 적고 있다.

> 민족적인 참담한 현실에 대한 정치적 의분(義憤)과 반항의식, 어쩔 수 없는 강압

> 에 대한 억울한 인욕(忍辱) 내지는 어디 두고 보자고 벼르는 대기태세가 이 당시의 내 시의 주요한 창작 계기였고, 그러기 위하여 그들의 강압 검열의 옥문을 통과하는 때문에 모든 직접적인 표현의 제약을 받지 않을 수 없었으니 이러한 정세에서 타개한 시의 길이 '정치'나 '사회'나 '세계'보다는 그 유일한 혈로를 '자연'에다 구할 수밖에 없었던 것입니다.

박두진의 시를 접해 보면 그의 초기 시는 거의 모두가 '산'을 배경으로 했는데, 그는 산이라는 생명력은 있으나 침묵뿐인 매체를 통해 숨통 막혔던 당시의 심정을 노래했다.

그 밖에 '해'와 '달', '나무'도 중요한 소재로 삼았는데 이와 같은 소재 역시 이념적인 이미지로 그의 시에 표출된다.

사회적인 제약이 많았던 당시의 상황에서 인간성을 상실한 시, 사상이 담겨져 있지 않은 시로 일색을 이룬 경우가 많았으나 박두진의 시는 항상 인간과 자연을 기독교적인 사랑, 관념적인 사랑으로 승화시키고 있다.

꽃도, 새도, 짐승도 아니, 이 세상의 모든 자연은 그의 시 세계에 들어가면 하나같이 웃고 즐기고 아름다운 사랑으로 넘치게 된다. 용광로처럼 자연을 자기의 시 세계 속에 용해시킨다.

자연에 생명을 부여하고, 자연과 더불어 생활을 하면서 꾸준한 모습으로 그는 신과 교접하고 있다.

4) 작품의 내면세계

박두진의 〈해〉는 한국 서정시가 이룰 수 있는 절정을 노래한 것이라는 평을 받으리 만큼 산문시에도 운율이나 감수성 및 형상화 면에서 성공을 거두고 있다.

> 해야 솟아라. 해야 솟아라. 맑게 씻은 얼굴 고은 해야 솟아라. 산 넘어 산 넘어서 어둠을 살라 먹고, 산넘어서 밤새도록 어둠을 살라 먹고 이글이글 애띈 얼굴 고은 해야 솟아라.

달밤이 싫여, 달밤이 싫여, 눈물같은 골짜기에 달밤이 싫여, 아무도 없는 뜰에 달밤이 나는 싫여…….
해야, 고은 해야. 늬가 오면, 늬기사 오면, 나는 나는 청산이 좋아라.
훨훨훨 깃을 치는 청산이 좋아라. 청산이 있으면 홀로래도 좋아라.
사슴을 딿아, 사슴을 딿아, 양지로 양지로 사슴을 딿아 사슴을 만나면 사슴과 놀고
칡범을 딿아, 칡범을 딿아 칡범을 만나면 칡범과 놀고…….
해야, 고운 해야, 해야 솟아라. 꿈이 아니래도 너를 만 나면, 꽃도 새도 짐승도 한자리에 앉아, 워어이 워어이 모두 불러 한자리에 앉아 애뙤고 고은 날을 누려 보리라.

－〈해〉 전문

이 한 편으로써 어쩌면 박두진은 자기가 부르고 싶었던 모든 것을 다 노래해 버리고 말아버린 감이 없지 않을 만큼 절정까지 도달했다고 할 수 있다. 여기엔 적어도 한 인간이 도달할 수 있는 최고의 경지가 노래되고 있다. 박두진은 이 한 편으로써 유언 없이 죽을 수 있는 인간이 되어버린 것이라고 조연현은 극찬을 아끼지 않았다.

1연에서 그는 자연에게 명령을 내린다. '해야 솟아라' 하고 네 번씩이나 반복하여 명령을 내리는 자세에서 자연을 단순한 자연으로만 처리하지 않고, 인간과 동일시하여 이야기하는 특이한 수법을 발견하게 된다. 그것은 바로 이념의 세계요, 신의 세계인 것이다.

혹자는 이 시를 1946년에 발표된 것을 근거로 광복의 감격스러움을 노래한 것으로 풀이하고 있으나, 이 시의 창작 시기는 광복 전이라는 사실을 알아야 한다. 즉, 정치나 사회나 세계에는 관련이 없는 작품으로 보는 게 옳다.

앞에서 제시했던 그의 이야기를 보면, 당시의 상황이 그럴 만한 처지가 못 되었음을 알 수 있고, 또, '맑앟게 씻은 얼굴'이라는 표현에서 기독교의 세례의 식을 감득한다면 조국 광복 등의 추상적인 해석은 거리가 먼 것이라고 본다.

또한 1연의 시를 읽으면 한 편의 전래동요를 대하는 듯한 느낌을 배제하기 어렵다.

해야 해야 나오너라.
김치국에 밥 말아 먹고
장구 치고 나오너라

시상이나 구조면에서 매우 흡사함을 읽을 수 있다. 해를 향해 나오라고 명령을 내리는 행위나 해가 솟기 전에 무엇을 먹고 해가 솟는다는 이니시에이션 *initiation*을 통해 한국인의 내면세계에 흐르는 어떤 원형적인 맥락을 찾을 수 있으리라 본다. 따라서 두 작품을 비교하면서 원형 비평 쪽으로 해석을 시도해 봄직하다.

2연에서는 '달밤이 싫여'라는 말이 4회씩 반복되어 나오는데, 이는 1연을 더욱 강조하기 위한 보조 연으로 썼다고 봄이 타당하다.

3연에서는 '해'와 '청산'이 매체되어 매우 밝은 이미지를 주고 있다. 박두진은 어쩌면 이 3연을 통해 인간의 궁극적인 목표를 스스럼없이 표출시키고 있는지도 모른다. '청산'은 바로 꿈과 사랑이 익어가는 이상의 동산이다. 이는 고려가요 〈靑山別曲〉에 등장하는 속세에 때 묻지 않은 청산일 수도 있다.

4연은 우선 연의 구분 문제를 생각해 볼 필요가 있다.

1946년 「상아탑」에 발표했을 당시는 사슴을 노래한 부분과 칡범을 노래한 부분을 각각 4, 5연으로 나누어 놓았는데, 그 후 1959년 수상집 ≪시인의 故鄕≫ 후미 부록편에 실린 작품에는 굳이 나누지 않고 한 연으로 묶어 놓았다. 본고에서는 내용상으로 별 문제가 되지 않으리라 생각되어 두 개의 연으로 나누지 않고 ≪시인의 故鄕≫에 표기된 대로 하나의 연으로 처리했다.

4연에서는 인간의 평화 사상을 읽을 수 있는데, 약자인 사슴을 만나든 강자인 칡범을 만나든 가리지 않고 어울려 지내리라는 의지가 강하게 들어 있다. 사슴과 칡범이 한 피붙이로서 생존경쟁의 피 냄새를 잊어버리고 영원한 자유와 평화를 누리고 있다. 이 양자의 공존이야말로 그가 추구하는 이상의 세계이다.

마지막 연은 이 시의 주제가 되는 연이라 할 수 있는데 자연과 인간의 합일 사상이 가장 진실한 모습으로 전개되고 있다. 시의 세계에서만이 짐승과 인간의 대화가 가능하고 자리를 같이할 수 있다. 이는 바로 신의 경지이며, 인간이 갈구하는 최고의 이상형이다. 그는 에덴동산의 정경을 이와 같이 눈물겹게 그리고 있다.

이렇게 볼 때, 8 · 15라는 민족의 거대한 역사적 전기를 맞이한 들끓는 환희를 바탕으로 한 민족의 장래와 이념과 염원을 읊어 주고 있는 것이라는 주장은 재고할 필요가 있다고 생각한다.

5) 하나의 작은 시론

박두진의 시는 물론 종교적인 이념을 바탕으로 된 것이 대부분임은 주지하는 사실이다. 정신분석학적인 측면에서 접근해 보더라도 그의 시는 매우 생동감이 넘치며 기쁨으로 충만한 시임을 시어의 사용에서도 찾을 수 있다. 그의 시에는 주로 '산, 해, 달, 나무' 등의 시어가 많이 등장하는데, 시 〈해〉에서도 이와 같은 시어는 자주 선을 보인다. 그런데, '해'나 '산'은 인류학이나 심리학에서는 남성 상징으로 보고 있어 매우 활기차고 힘이 있는 이미지로 읽을 수 있다.

1연에서 '해'의 등장은 남성으로서 '어둠'이라는 시어와 관계를 맺게 된다. 프로이트의 심리학에서 '어둠'은 곧 여성 상징이고 모태를 의미하게 되는데 융이라는 심리학자도 동일한 해석을 내리고 있어, 이 이론에 따른다면 1연으로부터 매우 생산적인 이미지를 발견할 수 있다.

2연에서는 '달밤'과 '골짜기', '눈물', '뜰'이라는 시어의 연결로 여성적인 분위기에 빠져들게 되는데, 이 시어들은 모두 여성을 상징하는 것으로, 보다 조용하고 애상적인 느낌이 들어 1연에 잠깐 등장시켰던 여성(어둠)이 구체화되었다고 볼 수 있다.

3연에서는 '해'와 '靑山'이 접맥되면서 내용적으로는 1연과 비슷한 분위기를 이루고 있다.

4연에서 주로 등장하는 시어는 동물로 '사슴'과 '칡범'인데, 이들은 밝음과 희망을 상징하는 '양지'라는 시어와 조화를 이룬다. 일반적으로 '사슴'은 여성을, '범'은 남성을 상징하고 있어 뭇 남성과 여성이 원초적인 교섭을 통해 열락의 경지를 향해 돌진하고 있다는 해석도 가능하다.

마지막 연에서 그는 1연과 같이 '해'를 첫머리에 등장시켜 이미지를 더욱 힘차게 승화시키고 있으면서, '꽃', '새', '짐승'을 이곳으로 불러들여 시적 조화를 이루고 있다. '꽃'은 말할 필요도 없이 여성을 상징하고 '새'나 '짐승'도 역시 작은 짐승이라는 의미에서 여성을 뜻한다고 하겠다.

이와 같이 시어의 상징적인 관계를 놓고 박두진의 시 세계를 조명해 볼 때 전반적으로 '자연'과 '인간과 사회', '인생과 신의 세계'라는 그의 시 생활과 일치되어 감을 알 수 있다. 원초적 새로운 생명과의 만남이라는 점에서 전반부에서 밝힌 에덴동산과 하나의 공통분모를 이룬다고 하겠다.

6) 결 론

해의 시인 박두진, 그는 이 시에서 종교적인 관념의 세계를 자연과 접맥시켜 그의 궁극적인 목표인 신과 인간의 관계로 몰입해 가고 있다.

시 〈해〉에 대한 연구가 그 동안 많은 사람들에 의해 시도된 바 있는데, 작품 〈해〉는 기독교의 이념적인 '에덴동산'을 격조 높게 형상화한 것으로 보아야 한다.

즉, 이 시의 1·2연에서 나오는 '어둠, 밤, 골짜기'를 통해 연상되는 죄의식이나 죽음을 완강히 거부하고 있는 태도나, 세례의식을 통해 죄를 말끔히 씻고 '맑게 씻은 얼굴 고은 해'로 다시 솟아오르길 간절히 부르짖는 점, 끝 연의 '꽃도 새도 짐승도 한 자리에 앉아' 즐겁게 어울리면서 살아가는 에덴동산의 정경을 생생히게 표현하고 있는 점을 비루어 보더라도 〈해〉의 주제는 바로 '예수의 재림'으로 보는 것이 마땅하다.

또 정신분석학이나 인류학적인 측면에서 보더라도 인간의 원초적인 세계에서 생동감 있게 펼쳐지는 자연의 모습은 '에덴의 동산'을 상징하고 있음을 쉽게 발견할 수 있다.

박두진은 자연을 그대로 보지 않고 그 자연을 통해서 부활을 꿈꾸고, 신의 세계와 잘 조화시켜 가면서 이미지를 숭고하고 희망적인 것으로 승화시켰다고 할 수 있다.

3. 2000년대 문학의 전망

〈1〉

미래학자 앨빈 토플러에 의하면, 산업혁명 이후 시작된 제2의 물결(전기와 기계문명)시대는 끝나고 있으며 지금 세계는 제3의 물결시대에 들어섰는데, 이 새로운 물결 속에서는 노동 · 가족 등의 모든 생활양식과 개념이 근본적으로 변화하게 되므로 우리는 이 새로운 물결에 대비해야 한다고 주장한다. 농업혁명이 수천 년에 걸쳐 완만한 진전을 보였고, 산업혁명이 3백 년에 걸쳐 전개되었던 것에 비한다면 제3의 물결은 불과 20～30년 만에 역사의 흐름을 바꾸고 그 변혁을 완성할지도 모른다는 것이다.

지금 우리 생활 깊숙이 자리잡은 컴퓨터와 전자공학의 발달은 인류문명을 전혀 새로운 것으로 바꾸고 있다. 오늘의 세계는 맥루한이 지적한 대로 활자문명에서 전자문명으로의 전환이며, 그것은 지구상의 모든 인간이 한 마을의 일원이 되는 이른바 지구촌 *global village*의 시대라는 말로 압축할 수 있다. 전자문명시대에는 작가가 아무리 천재적인 상상력을 가지고 글을 쓴다 해도 하루가 멀게 쏟아져 나오는 기상천외한 일들이나 쇼킹한 사건들에 대응하기 어렵게 되었다. 일부 작가나 시인들이 외설적이거나 파격적인 기법을 통해 독자들에게 자극을 가하지만 정보화의 거대한 물결에 무디어진 독자들을 끌어당기려면 더욱 충격적인 경이로움이 따르지 않으면 안 된다. 문학의 흐름은 한 마디로 경이의 역사라고 할 수 있다. 경이의 발전은 19세기 초 낭만주의 운동 이래 오늘날까지 동서고금을 막론하고 주요한 문학운동의 특색이 되어 왔다. 고전주의에서 낭만주의로, 낭만주의에서 다시 사실주의로 변천해 올 때마다 새로운 형식과 새로운 내용의 작품을 놓고 문학의 본질에 대한 치열한 논쟁이 벌어졌고, 또한 그것은 문학의 기성관념 앞에서는 전혀 새로운 경험, 놀라움으로 나타났던 것이다. 고전주의에서 낭만주의로 넘어갈 때 워즈워드와 콜리지가 「서정 민요집」에서 내세운 일상어의 강조라든가, 프랑스의 빅토르 위고가 「에

르나니 논쟁」에서 고전주의 주장을 꺾고 낭만주의 문학을 확립시킨 것 등이 좋은 예라고 할 수 있다.

독자들은 문학작품 속에서 전혀 경험하지 못했던 사실을 발견할 때 경이로움에 도달한다. 따라서 작가나 시인은 독자가 경험하지 못한 새로운 것들을 보여주고자 끊임없이 노력해 왔다. 우리 문학사에서 李箱의 문학은 낯설음의 좋은 본보기라고 하겠다. 이상의 〈烏瞰圖〉가 1934년 7월 24일부터 8월 8일까지 조선중앙일보에 14회에 걸쳐 연재되던 도중 독자들의 비난과 항의 때문에 연재가 중단되었던 것은 주목할 일이다. 작품이 발표되던 당시부터 지금까지 〈烏瞰圖〉가 부정적이든 긍정적이든 계속하여 많은 독자들의 관심을 모으게 된 까닭은 바로 낯섦 때문이다. 이른바 다른 사람의 시에서 보지 못했던 비문법성, 의식의 비약 등을 만나면서 독자들은 당황하기 시작한 것이다.

〈2〉

산업사회의 상징이었던 활자문명은 점차 전자문명으로 전환하면서 합리화, 획일화, 도시화, 집단화는 불가피하게 해체 · 재편성할 수밖에 없게 되었다. 컴퓨터와 정보통신의 발달은 도시나 공장이나 회사로 몰려들던 제2의 물결을 이제는 모든 생업적 활동이 가내에서 처리되는 제3의 물결로 변화시키고 있다. 이 시대는 직장 겸 주택으로 이용되는 *electronic cottage*가 생활의 거점이 되며 가족제도의 변화로 자녀가 없는 생활을 선택하는 사람의 수가 급격히 증가하여 개인의 역할도 다양해지고, 근로자가 자기의 노동시간을 편리할 때 선택할 수 있는 *flex-time* 제도가 보급되며, 생산자 겸 소비자가 재등장하는 이른바 자급자족 시대를 맞게 되어 낭분간은 시간에 의존하는 생활이 지속되나 마침내 탈 시장문명의 시대로 들어선다는 것이 앨빈 토플러의 주장이다.

문학의 경우도 예외는 아니라고 생각한다. 산업화시대의 작가나 시인은 어느 특정한 개인을 위해 창작을 하는 것이 아니라 순수한 사랑과 추구를 위한 창작이나 다수의 대중을 상대로 한 상업주의적 수단으로 글을 써 왔던 것이 사실이다. 이와 같이 모든 가치가 돈으로 환원되고 목적과 수단, 진실과 허위가 뒤바뀌는 시대를 골드만은 신이 숨어버린 시대, 즉 진정한 가치가 숨어버린 시대라고 규정짓고 이렇게 타락한 시대에는 소설의 구조도 타락한 방식(간접화의 방식)으로 드러날 수밖에 없다고 지적하였다. 돈이 우선인 사회에서도 사물의 질적인 면과 인간들의 진정한 관계가 소멸되어 모든 것이 간접화, 추상화, 기호화의 구조를 드러낼 수밖에 없다. 문학을 이루고 있는 언어의 경우도 마찬가지이다. 언어는 원래 사물을 대신하는 부수적 기호에 불과했지만, 돈이 모든 사물이나 가치를 지배하면서 이제는 언어가 사물을 지배하고 인간을 지배하는 주체로 변했다.

후기산업사회 시대에 이르러 인간의 생활패턴이 바뀌어 가듯이 2000년대 우리 문학의 패턴도 여러 가지 새로운 모습으로 변화될 것이다. 활자문명에 익숙했던 문인, 원고지를 메우는 것을 천직으로 생각했던 문인들의 창작활동이 전자문명의 시대가 되면서 영상매체의 영향을 받아 더욱 무기력해질 것이며, 문인의 역할도 점차 약화되어 종국에는 순수문학작품이 사멸의 위기에서 새로운 활로를 찾지 않으면 안 될 것이다. 이런 변화는 오늘날 인문학, 사학, 철학이 우리 사회에서 위기를 당하자 새로운 방향 찾기에 나서는 일과 무관하지 않다.

문학의 새로운 활로 찾기는 이미 지구촌 곳곳에서 활발하게 진행되고 있다.

우선 새로운 창작방법이 시도되고 있다. 전자문명시대를 살고 있는 독자들에게 기존의 창작방법은 식상하고 너무나 낯익어 경이로움을 주지 못한다. 한 가지 예를 들면, 1997년부터 일본에서 전개된 連詩운동은 사회적 주제가 상실되어 가는 상황에서 그 시대와 사회적 주제를 반영할 수 있는 장르를 만들고 싶다는 심리에서 비롯된 새로운 방향 찾기라고 할 수 있다. 연시는 테마를 정하고 모인 사람들끼리 이미지를 이어가며 한 편의 시를 완성하는 방법으로 기승전결의 형식에 따라 교대로 창작하게 되는데 여러 사람이 참여한다는 점에서 색다르다. 산문 분야에서도 한 편의 이야기를 여러 사람이 교대로 이어가면서 완성하는 방식의 장르 개발이 가능하다는 것을 시사해 주고 있다. 작금의 2000년대에는 지금처럼 문인 혼자만의 독창성을 고집하며 창작한 작품보다 여러 사람의 다양한 체험과 생각이 담겨 있는 작품이 독자들에게 훨씬 더 관심을 끌게 되고 공동체 의식도 갖게 할 것이라는 생각이다. 새로운 창작방법의 모색은 인류가 존재하는 한 꾸준하게 진행될 것이다.

둘째, 소집단 중심으로 문학이 발전하고 있다. 종전의 중앙문단시대가 쇠퇴하면서 지역중심의 문단이 형성되고 대단위 문학단체는 그 기능을 잃어 마침내 개인이나 소그룹 문학 동인들에 의해 문학의 흐름이 변형되어 갈 것이다. 현재 프랑스 시단의 거목으로 손꼽히는 쥘 쉬페르비엘과 필립 쟈코데 시인의 경우, 중앙문예를 형성하고 있는 파리와 아주 먼 곳에서 작품 활동을 했거나, 하고 있다는 점에 주목할 필요가 있다. 중앙에 있는 작가나 시인이 지방에 있는 문인들을 간섭하지도 않고 지방에 있는 문인들이 중앙에 있는 분인 단체에 가입하려고 애쓰거나 그들을 부러워하지도 않는다. 어디에 있든 열심히 작품을 쓰고 가까운 사람들끼리 모여 토론하는 것으로 만족한다. 미래의 문학은 소수 정예의 문인들에 의해 보존·발전될 것이다.

셋째, 문학의 위축에 대한 우려와 그에 비례하여 조용하고도 조직적인 대책들이 적극적이고도 지속적으로 실현되고 있다. 독일의 경우, 무엇보다도 문학 전반에 대한 다양한 제도적 후원이 눈길을 끈다. 작가의 길을 걷겠다는 소수의 사람들을 일단 출판사가 후원한다. 출판사에서 책을 내주면 그것이 등단이고, 한 번 책을 내준 문인은 대부분 같은 출판사에서 평생 책을 내어 준다. 학계의 후원도 대단하여 작품의 조명은 적어도 50세쯤 되어 저력을 검증받은 문인에 한하며, 학문적 조명 역시 매우 조직적이어서 결국은 학자들의 무언의 합의를 통하여 문학사에 남을 만한 작가들이 신중하게 선별된다. 창작에 대한 지원은 조그만 동네 어디에서나 볼 수 있는 수많은 도서관의 책 구입을 통해서 이루어진다. 그리고 다양한 문학상 제도, 창작 장학금 등이 전업 작가들에게 실제로 경제적 후원이 되고 있다. 문학을 시민들의 생활 속으로 스며들게 하는 문학의 집이나 시 전문 도서관 등 시설도 만들고 많은 극장들이 문학작품 낭송회를 자주 연다. 1999년 괴테의 해 8월 28일에는 그의 250주년 탄생일을 맞이하여 독일 전역에서 헤아릴 수 없는 행사가 벌어졌으며, 괴테의 도시 바이마르 시에서는 300여 행사가 치러졌다고 한다. 문학의 위축을 오직 문인들에게만 떠넘기고 정부나 국민들이 아무 대책을 세우지 않는다면 지구촌 어느 곳에서도 문학은 살아남을 수 없다.

〈3〉

문학작품이 창작되는 것처럼 컴퓨터 소프트웨어 개발도 창조적 행위임에 틀림없다. 컴퓨터 소프트웨어 개발은 현재 세계적으로 대략 두 가지 경우로 나눌 수 있는데, 하나는 대부분의 상용 소프트웨어가 채택하고 있는 성당모델이고 다른 하나는 시장모델이다.

성당모델은 화려하고 정교한 성당을 건축하기 위해서 소프트웨어 개발에 뛰어난 소수의 최상급 프로그래머와 많은 자본을 투자해 그 개발과정을 공개하지 않고 비밀리에 작업을 진행하듯이 조심스럽게 소프트웨어를 개발하는 모델이다. 개발과정에는 몇몇 선택된 전문가만 참여하기 때문에 안정적이고 뛰어난 소프트웨어가 생산될 것이다. 그러나 소프트웨어의 기능 향상 주기가 느리고 사용자와의 긴밀한 연계가 어렵다는 점이 단점이다. 성당모델을 추종하는 개발자들은 일반적으로 지적 소유권을 추구하며 개발된 산출물에 대하여 기업 내지 개인의 권리를 인정받기 원한다. 성당모델은 한 마디로 폐쇄된 *Closed* 개발형태다.

시장모델은 소수의 다양한 수준의 개발자가 참여하고 개발과정이 모두 공개됨으로써 마치 소란스런 시장과 같은 형태를 이루는 개발방법인데, 이는 인터넷의 등장으로 지구촌 어디에서나 서로의 의견을 동시에 실시간으로 나눌 수 있게 되면서 가능해졌다. 시장모델은 이렇게 인터넷을 통해 소프트웨어 개발을 원하는 모든 사람들이 참여할 수 있도록 개방된 *Open* 개발형태다. 이런 시장 바닥에서 안정되고 우수한 소프트웨어 개발은 불가능하다고 생각될 수 있으나 다수의 소프트웨어(리눅스와 같은 운영체제, 넷스케이프와 같은 웹브라우저)에서 이미 성공을 거두고 있다. 시장모델을 추종하는 개발자들은 지식의 공개와 공유를 추구하며 개발된 산출물에 대한 권리는 대중이 소유하기를 원하는 그룹이다. 시장모델은 소프트웨어 사용자가 곧 개발자라는 입장에서 출발하므로 누구나 개발과정의 도중에 참여할 수 있으며 끊임없이 기능 향상을 도모할 수 있다. 사용자의 관심이 끊기거나 더 이상의 기능 향상을 기대할 수 없을 경우 시장모델의 운명도 끝나는 것이다.

문학작품의 창작과정도 경우는 비슷하다. 활자문명 시대에는 작가가 글을 써서 출판사에 맡겨 책으로 출판된 후에야 비로소 독자는 문학작품을 감상할 수 있었다. 이것은 마치 성당모델과 같은 것인데, 작가는 특수한 소수의 폐쇄적 개발자 집단에 비유할 수 있으며 지적 소유권을 주장하고 창작된 문학작품을 통해 이윤을 추구한다. 독자는 작품이 개발 완료되어 책으로 나올 때까지 기다려야 하는 소프트웨어 사용자에 비유할 수 있다. 그러나 영상매체의 발달로 독자들의 시야가 넓어지면서 문학에 대한 태도 역시 달라지고 있다. 전자문명 시대의 독자들은 인터넷을 통해 아주 빠른 속도로 다양한 문학작품을 만나고자 시도한다.

인터넷은 전 세계를 통합하는 가장 강력한 의사소통 수단이 되었으며 문학도 인터넷에 의해 변화되고 있다. 1990년대에 들어서면서 인터넷이나 컴퓨터 통신망을 이용한 통신작가들이 등장하고 있는데 이들이 곧 시장모델의 전형이다. 통신작가들은 자신의 글을 200자 원고지 5~10매 분량으로 수백 회에 걸쳐 연재형식으로 통신에 올리게 되는데, 그 때마다 통신을 사용하는 독자들로부터 즉시 반응이 온다. 내용이나 형식, 기교, 문학성 등 문학작품 전반에 걸쳐 작가가 한 페이지 한 페이지를 서술해 나갈 때마다 독자들의 평가를 받게 된다.

통신작가들은 독자들의 평가에 민감하게 반응하여 이따금 자신의 작품방향을 수정하기도 한다. 따라서 시장모델은 이전의 성당모델 작가들이 자기의 작품을 책으로 출판한 후에야 독자들의 평가를 받았던 창작형태와 근본적으로 다르다. 시장모델에서는 독자가 곧 독자이면서 작가가 되는 것이다. 다만 컴퓨터 소프트웨어의 추구하는 방향이 사용자의 편의성 향상이라고 전제할 때 시장모델이 효과적일 수 있으나 문예창작에서 얼마나 많은 효과가 있는지 더 누고 볼 일이다. 문학작품은 어느 정도의 예술성과 흥미성과 교육성을 추구해야 하는데, 기존의 통신작가들이 흥미성은 만족시켰다 하더라도 예술성이나 교육성을 만족시켰는지에 대해서는 확인하기 어렵기 때문이다. 그렇다고 예술서이나 교육성을 만족시켰는지에 대해서는 확인하기 어렵기 때문이다. 그렇다고 예술성이나 교육성을 고집하며 성당에서 묵묵히 미사나 올리고 있는 작가들의 행위가 바람직하다고 말할 수는 없다. 이미 대중들을 흡입하는 기교와 유희는 예술성이나 교육성만을 고집할 수 없게 변화시키고 있어 성당의 사제들은 시장의 상인들에 비해 매력 없는 상품을 대중들에게 내놓는 격이 되었다.

컴퓨터 소프트웨어 업계에서도 고상한 성당의 개발자들이 시장을 주목하고 두 상반된 개발형태를 발전적인 방향으로 통합한 예가 있다. 문학에서도 컴퓨터 통신을 통해 완성된 시장형태의 문학작품이 큰 인기를 얻어 성당형태의 인쇄매체인 책으로 출판되었다면 시장과 성당의 발전적인 결합이라고 할 수 있다. 이 경우는 시장에서 먼저 성당 쪽으로 손을 내민 경우다. 문학이 특정 작가만의 것이 아니라는 전제 아래 독자들과 공감대를 형성하기 위해서는 성당의 종사자인 문인들이 먼저 시장에 손을 내밀어 일부 시장모델의 도입을 논의하고 성당모델과의 장단점을 취입해 2000년대 문학의 방향을 설정해 나가야 할 것이다. 시장모델 체제에서 작가는 불완전한 생산자이고 독자는 그것을 완성품으로 만드는 생산자가 되는 것이다. 독자는 단순히 작가가 서술한 내용을 따라가는 수동적 감상자가 아니라, 작가가 서술한 내용에 자신의 생각과 꿈을 보완하여 새롭게 글을 쓰는 또 다른 작가라고 할 수 있다. 독자란 결국 빈자리를 채워 가는 작가다.

문학은 문장 *Sentence*이 아니고 담화 *Discourse*이다. 성당모델과 시장모델에서도 언급했듯이 독자가 없는 문학은 아무런 의미가 없다. 문학은 내가 누군가에게 말하는 것이고 동시에 남의 말을 듣는 것이다.

따라서 작가는 혼자 성당 안에 군림하지 말고 시장으로 나가야 한다. 시장 사람들과 직접 대화하면서 그들이 무엇을 요구하는지 찾아내야 한다. 모파상의 ≪보바리 夫人≫ 서문에서 '나를 즐겁게 해 달라', '나를 슬프게 해 달라', '나를 감동시켜 달라', '나에게 공상을 불러일으켜 달라', '나를 위로케 해 달라', '나를 전율케 해 달라', '나로 하여금 사색케 해 달라'와 같은 독자들의 요구를 만족시켜 주기 위해 이제 문인들은 시장바닥으로 나가 시장 사람들과 만나야 한다.

〈4〉

2000년대의 문학이 성공하려면 작가들 스스로 기존의 성당모델로부터 과감히 벗어나지 않으면 안 된다. 신세대 문인들을 이미 시장 속으로 들어가 기성

문학을 깨뜨리기 위해 시장 사람들과 머리를 맞대기 시작했다. 인터넷 홈페이지를 개설하여 독자들의 반응을 신속하게 확인하며 작품을 만들어 간다. 시장 사람들은 그들에게 많은 것을 주문한다. 따라서 작가는 기성문학에서 얻지 못했던 섹스, 자살 등 우리 문학이 기피해 온 개인적 욕망에 대한 것을 과감하게 조명하고, 소재도 직접적인 삶의 경험보다 영상매체나 컴퓨터 등 2차적 가공을 통해 얻으며, 소설에 환상의 세계를 그린 판타지 기법까지 동원시키고 있다. 서두에서 밝혔듯이 문학의 흐름이 경이로움의 역사라고 인정한다면 충분히 이해할 수 있는 몸짓이라고 생각한다. 디민 독자의 요구나 흥미성에 치우치다가 제일 중요한 문학성까지 상실하지 않을까 염려스럽다.

생산된 제품을 잘 팔기 위해서는 사전에 철저한 시장조사가 있어야 한다. 전자시대 · 컴퓨터시대에 문학이 살아남기 위해서는 작가가 독자 속으로 침착해야 한다. 시장의 어떤 물건들이 잘 팔리면 그 물건이 왜 인기가 있는지를 조사하는 일도 중요하지만 앞으로 어떤 물건을 만들어야 잘 팔릴지 미래를 내다보는 일은 더 중요하다. 어떤 의미에서 시장 속으로 작가가 들어가 시장 사람들의 요구에 의해서만 글을 써 간다면 분명 잘못된 일이다. 어디까지나 문학이 주체가 되어 독자들을 이끌고 나가야 한다. 선도적인 위치에 문학이 존재할 때 독자들은 경이로움에 빠지게 마련이다. 급변하는 시대일수록 미래를 내다보고 신속히 방향을 모색하는 사람이 성공한다. 앞으로는 인간의 사고나 생활패턴이 놀랍게 변화될 것이고 문학에도 유례없이 다음과 같은 큰 변화들이 올 것이다.

첫째, 번역 프로그램이 개발되면서 세계 어느 나라 언어도 즉시 한글로 번역되어 독자들은 외국의 싱싱하고 우수한 작품들을 손쉽게 읽게 될 것이다. 아울러 독자의 시야가 넓어지면서 문학을 보는 수준도 상당히 높아져 국내의 졸작들은 자연도태될 것이다. 이른바 무한경쟁 시대에서 살아남으려면 우리의 문인들 모두가 비장한 각오 아래 분발하지 않으면 안 된다.

둘째, 등단제도가 개선될 것이다. 현재 신춘문예나 문예지의 당선을 통한 등단방법과 그런 관문을 거치지 않고 작품집을 내거나 인터넷에 작품을 띄어 문인으로 인정받는 방법이 한동안 양립할 것이다. 앙데팡당의 활성화로 종국에는 등단제도 자체가 무의미해질 것이다.

셋째, 개인 컴퓨터로 출판이 가능해지면서 출판물 홍수 시대가 올 것이다. 그 동안 출판되던 책들이 CD와 함께 무제한, 무검열, 무절제하게 쏟아져 나와 독자들을 당혹케 만들 것이다. 따라서 독자들은 1차적인 작품 선택을 평론가의 말이나 매스컴에 의존하게 될 것이고, 수요자들의 적극적인 요구에 의해 작품의 우열을 가려줘야 하는 평론가들이 전문 직업인으로 급부상될 것이다.

넷째, 문화의 수준이 향상됨에 따라 어린이에 대한 관심은 더욱 높아질 것이고, 아동문학 장르는 더욱 활성화될 전망이다. 평론 분야와 함께 가장 인기가 있는 장르로 부각되면서 기존의 소설가나 시인이 아동문학가로 전환되는 기현상이 일어날 것이다.

다섯째, 문학의 주제나 소재도 다양해질 것이다. 인간성을 회복하자는 것이 중심주제가 될 것이다. 그러나 비인간적이고 비도덕적인 면을 과감하게 드러냄으로써 독자의 양심에 맡기는 방식을 택할 것이다. 소재로는 건강과 관련된 부수적인 것들, 환경문제, 육아나 교육에 관한 문제, 취미나 오락 등이 무게 있게 다루어질 것이다.

여섯째, 기존의 문학 장르가 해체되고 새로운 양식의 문학이 젊은 층을 중심으로 형성될 것이다. 이른바 시 · 소설 · 희곡이라는 3대 장르가 창작 형태면에서 일대 변혁을 가져와 시간과 공간을 초월한 판타지 소설 등이 한동안 성행할 것이며 모든 문학작품의 길이도 짧아질 것이다.

사람들은 오래 전에 자신의 모습이 흑백사진으로 찍혀 나온 것을 보고 매우 놀랐다. 흑백영화가 나왔을 때도 그랬고, 컬러영화가 나왔을 때도 큰 충격을 받았다. 새로운 문화가 나올 때마다 사람들은 계속해서 또 다른 충격을 받아왔다. 활자문명 시대에는 사람들이 오직 책이라는 매체를 통하여 경이로움을 느꼈으나, 지금은 영상매체의 발달로 독서인구가 줄어들고 책에 의한 충격도 적어졌다. 시대적 요구나 독자의 기호에 맞추어 문학의 내용이나 형식, 전달매체도 갈수록 다양하게 변화되고 있다. 잘 훈련된 소수의 문인이 교만하게 앉아서 인기나 누리던 시대는 서서히 막을 내리고 있다. 성당 안에서 써 대던 순수문학은 이제 한계점에 도달했다. 새로운 천년을 맞이하여 문학이 다른 문화와 어깨를 겨루려면 문인들 스스로 하루빨리 권위와 고정관념을 벗어버리고 독자들의 땀 냄새가 물씬 풍기는 시장 안으로 들어가야 한다. 독자가 작가나 작품보다 우세해질 2000년대에 문학이 사는 길은 그것뿐이다. 그러나 대중 속으로 들어가되 끝까지 예술성을 잃지 말아야 오래오래 살아남을 수 있다는 진리를 명심해야 한다.

4. 디지털 시대의 문학과 전자출판

〈1〉

중·고등학생 가운데 49.1%가 친구보다 인터넷이 좋고, 30.3%가 가족이나 친지와 어울리는 것보다 인터넷을 하는 것이 더 좋다고 답변했다는 어느 통계 자료야말로 오늘날 우리 시대의 새로운 면모를 보여준 좋은 예라고 하겠다. 그만큼 인터넷은 신세대들의 필수적인 생활수단으로 자리잡고 있다는 증거로 받아들일 수 있다. 1990년대에 우리나라에 불기 시작한 디지털 사회의 거센 바람은 문학에도 놀라운 변화를 몰고 왔다. 모든 정보가 활자매체에서 전자매체로, 현실공간에서 가상공간으로 이동됨에 따라 문학은 작가와 독자가 책을 통해 수직적으로 만나던 관계에서 이제는 화면을 통해 수평적인 관계로 만나는 변화를 가져오고 있다. 많은 사람들이 컴퓨터를 이용해 작품을 쓰고, 편집하고, 인쇄하고, 출판하는 법을 배워 이른바 전자책을 쓰고 그것을 팩스, e-mail, 레이저 프린터, 컴퓨터 디스크, CD-ROM을 통해 세계 어디든지 가장 빠른 시간에 보낼 수 있게 되었다. 그러나 이처럼 인터넷에서 다양한 정보를 습득할 수 있는 반면, 인간관계에 필요한 기본적인 감정조절이나 자세, 태도, 가치관 습득이 어렵다고 전문가들은 크게 우려하고 있다.

여러 가지 측면에서 인터넷의 영향은 1450년대에 구텐베르크가 발명한 활자의 영향과 비교할 만하다. 유럽에서는 활자가 등장하면서 급격히 많은 책들이 많은 독자들의 손에 들어갈 수 있었다. 활자가 등장하기 전에는 유럽 전역에 불과 3만 권 정도의 책밖에 없어서 책이란 결국 글을 읽고 쓸 수 있는 능력과 소수의 교육을 받은 엘리트의 사치품이자 도구였다. 그들은 이 귀중한 자원에 다른 사람의 손이 닿지 못하도록 엄중한 경계를 했다는 것이다. 1500년 무렵이 되자 유럽에는 900만 권 이상의 책들이 흘러넘치게 되었고, 이 책들이 지적인 열정을 자극하여 마침내 르네상스를 향한 길이 열리게 된 것이다. 활자문명의 계속적인 발전은 마침내 책의 홍수 시대를 가져왔고 현대인을 지식의 바다에 빠지게 만들었다. 그런데 이제 전통적인 종이책 출판 체제가 진취성과 의욕을 가진 사람들에 의해 전자책 출판 시스템으로 서서히 전환되면서 문학도 전혀 예기치 않은 방향으로 가고 있다.

인터넷이라는 새 문명의 이기가 우리 생활 속에 들어오면서부터 아주 빠른 속도로 모든 게 변하고 있는 것이다. 오늘날 인터넷은 1분기당 20%라는 경이적인 속도로 성장하면서 1988년 이후 매년 거의 두 배로 늘어나고 있는데, 현재 인터넷에서 발견할 수 있는 서버만 1000만 개나 된다는 것이다. 지금과 같은 성장률이 계속된다면 2000년에는 1억 6000만 명 이상이 인터넷을 사용할 것이며, 2005년 무렵에는 현재의 전화 시스템만큼 커질 것이라고 한다. 인터넷에 저장된 정보도 엄청나 1996년에 인터넷에서 접속할 수 있는 정보는 7000만 쪽 분량이었으나 2020년이 되면 인터넷은 이 행성에서 살고 있는 인간들이 경험한 모든 것의 총합, 즉 유사 이래 5000년간의 모든 지식과 지혜를 담게 될 것이라고 한다. 미래를 꿈꾸는 사람들은 인터넷이 이제 시작에 불과하며, 인터넷은 21세기의 진정한 정보 고속도로를 위해 길을 마련해 줄, 먼지 나는 비포장도로일 뿐이라는 것이다. 디지털 시대의 무한성을 암시해 주는 말로 문학의 향방 역시 예측하기 어려움을 시사해 준다. 따라서 우리는 디지털 시대의 문학이 어떤 모습으로 존재할 것이며, 독자들은 또 어떻게 문학을 수용할 것인가에 대하여 고민하지 않을 수 없다.

〈2〉

오늘을 살고 있는 문인들은 디지털 시대에 어느 누구보다도 빨리 적응하지 않으면 안 된다. 환경 탓, 나이 탓이나 하고 아직도 전통적인 집필방식을 고수하면서 원고 뭉치를 들고 출판사를 기웃거리는 문인이 있다면 얼마나 가련하고 부끄러운 노릇인가? 인터넷의 급격한 발전은 종이 없는 책으로 통하는 디지털 시대의 새로운 산물인 e북(전자책)과 연결된다. 앞으로 e북은 노트북 PC처럼 들고 다니면서 무선 인터넷으로 접속하여 원하는 책을 언제 어디서나 볼 수 있는 21세기형 새로운 책으로 부각될 것이다. 미국의 작가 스티븐 킹이 자신의 소설 〈*Riding the Bullet*〉을 e북 형태로 인터넷에 올리자 이틀 만에 40만 명 이상의 인터넷 이용자들이 이를 다운받는 등 e북에 대한 독자들의 관심은 대단하다. 미국 마이크로소프트가 2005년경이 되면 전 세계의 2억5천만 명이 e북을 읽게 되며, 3~5년 내 10억 달러 규모의 시장이 형성될 것으로 예측한 것을 보더라도 문인들이 디지털 시대로 새롭게 변신하는 것은 이제 필연적이라고 하겠다. 적어도 수년 내로 e북이 대중화될 것이기 때문이다.

차세대 이동 통신(IMT－2000) 서비스와 무선인터넷 등의 발달로 e북 보급 환경이 활성화됨에 따라 디지털 시대는 문학의 대상이 기성세대에서 이른바 N세대라고 부르는 젊은 층과 어린이를 겨냥한 문학으로 바뀌어 갈 것이다. 휴대가 간편하고 가격이 저렴한 차세대 e북 단말기가 보급되면 e북을 매체로 한 문학작품의 독자가 우선 컴퓨터 문화에 익숙한 젊은 세대와 어린이를 중심으로 무섭게 확산되어 나갈 것이다. 컴퓨터 공학자들은 현재부터 2020년 사이에 인터넷에서 하나의 완전한 세계가 꽃을 피우게 될 것으로 기대하고 있다. 그렇다면 적어도 2020년까지는 어린이나 젊은이들이 즐겨 찾는 판타지 문학이 어느 종류의 문학작품보다 성황을 누릴 것이다.

디지털 시대의 문학은 제작과정에서 작가와 독자가 함께 참여하게 됨으로써 작가정신이 결여된 문학작품을 대량 생산할 수 있다. 작품을 제작하는 과정에서 독자가 같이 참여하는 경우 작가는 자연히 문학성보다 흥미성에 더 많은 관심을 갖게 될 것이고, 비전문가인 독자의 주문에 맞춰 창작하다 보면 수준 이하의 작품이 나오는 것이 당연하다고 하겠다. 활자 책에 비해 수정작업도 매우 용이하여 경우에 따라서 마음대로 고칠 수 있기 때문에 자기 작품에 대한 애착이나 책임감도 감소되게 마련이다. 아울러 작가는 지나치게 독자를 의식하여 자기 소신껏 작품을 쓰지 못하게 되고 마침내 스스로 위축되어 작가 고유의 창작특권을 상실하고 만다. 이른바 작가가 독자이고, 문화 생산자가 소비자가 되며, 공연자가 관객인 새로운 방식의 수평적 문화가 등장하게 된다. 따라서 독자들이 같이 참여하는 디지털 시대의 문학은 세태소설이나 유머소설, 에로물 등 대중문학이 주류를 이룰 것이다.

또한 문학의 고유 장르가 해체되는 기현상이 올 수밖에 없다. 디지털 시대에는 작가와 독자가 수평적 위치에서 창작에 참여한다는 점을 이미 밝혔다. 아날로그 시대의 문학처럼 작가가 작품을 책으로 만들어 독자에게 전달하면 일방적으로 받아들일 수밖에 없던 시대와 달리 디지털 시대의 문학은 독자의 간섭이 많아지고 주문도 까다로워진다. 아날로그 시대의 독자는 종이에 인쇄된 활자를 읽어 가며 자기 나름대로의 상상력을 키우는 것에 만족했지만, 디지털 시대의 독자는 화면 속에서 작품을 즐기기 때문에 문자뿐 아니라 작품을 읽어 내려가는 성우의 고운 음성과 적당한 배경 음악과 아름다운 그림 등 다양한 매체가 동시에 제공되기를 요구한다. 이른바 문학작품에 음악과 그림이 합성된 하이퍼텍스트를 주문한다. 이럴 경우에 엄격히 순수문학 작품으로 보기는 곤란하다. 머지않아 순수문학성을 상실한 멀티미디어 성격의 하이퍼텍스트가 디지털 시대의 새로운 문학 양상으로 자리잡을 것이다.

창작방법에 있어서 작가와 독자의 공동창작 단계를 떠나 비전문가들이 아무런 통제 없이 저질의 글을 올려 문학의 본래 의미를 변질시킬 우려가 있다. 적당히 행이나 갈라놓고 시라는 이름으로 발표하고 스스로 시인처럼 행동하는 사람이 있다면 정작 시를 공부하려는 사람에게 얼마나 악영향을 끼칠지 상상하기 어렵다. 그렇지 않아도 우리나라에는 문인이 되겠다는 사람이 많아 등단제도를 놓고 여러 가지 문제점이 제기되고 있는데, 가상공간에서까지 등단의 혼돈을 초래한다면 문인에 대한 신뢰도가 바닥에 떨어질 수밖에 없다. 바야흐로 디지털 시대에는 문인과 비문인, 문학과 비문학이 공존하는 문학의 혼란기가 시작될 것이다.

문학성을 갖춘 진정한 문학이 불투명해지면서 비문인에 의한 비문학적인 글이 활기를 띠게 될 것은 어쩌면 지극히 당연할 수도 있다. 디지털 시대에 접어

들면서 주변의 문화가 훨씬 풍요로워진 것은 사실이나 상대적으로 소외감은 더 심해져 사람들은 자기 자신의 위치를 확인하고자 한다. 최근 일본에서 자서전이 많이 출판되고 있다는 사실은 이와 무관하지 않다. 자서전은 대체로 주인공이 전문작가에게 의뢰해서 쓰게 되는데, 책으로 출판되기까지는 당사자끼리 여러 번 만나서 이야기를 나누고 자료를 받는 등 까다로운 절차를 밟는다. 그러나 디지털 시대에는 인터넷을 통해 얼마든지 이야기도 나누고 자료도 주고받을 수 있기 때문에 자서전 내기가 훨씬 쉬워졌다. 자기 자신의 삶을 정리해 두려는 인간의 원초적 심리와 다른 사람들의 생활에 호기심을 갖고 달려드는 독자의 심리가 상대적으로 작용하면서 디지털 시대에는 자서전을 중심으로 한 전기문학이 매우 활성화될 전망이다.

이미 번역 프로그램이 개발되어 일부 외국어에 대한 우리말 번역이 가능해졌다. 몇 년 안에 더욱 발전된 번역 프로그램이 개발되어 세계 각국에서 창작된 따끈따끈한 문학작품을 자기 나라의 언어로 빠르게, 그리고 손쉽게 읽어볼 수 있게 될 것이다. 그렇게 되면 지구촌의 모든 문학작품이 인터넷 시장에서 동시에 경쟁을 하게 되고, 세계의 모든 독자들로부터 평가를 받게 된다. 우수한 작품은 광대한 세계시장을 타고 더욱 활기차게 독자를 확보하지만, 저질 작품들도 살아남기 위해서 다양한 형태로 독자들을 유혹하기에 안간힘을 쓸 것이다. 따라서 디지털 시대의 문학은 세계 경쟁시장에서 선택된 우수작품이 독자들에게 제공되는 한편. 독자들의 말초 신경을 겨냥한 또 하나의 기형적 문학도 난무할 것이다.

디지털 시대에 문학의 보급과 관련하여 정부는 이미 e북의 표준과 전용단말기 개발, 컨텐츠 개발, 보안솔루션 개발, 무선인터넷 인프라 확충 등을 골자로 한 e북 산업 활성화 대책까지 세우고 있다. 이러한 움직임은 곧 문학의 활성화를 가져다 주는 절호의 기회라고 본다. 활자만을 통해 문학작품을 독자에게 공급하던 아날로그 시대에 비해 디지털 시대는 문학의 공급이 훨씬 쉽고 다양해져 언제 어디서든지 e북 단말기로 기호에 맞는 문학작품을 클릭하여 읽을 수 있다. 그만큼 문학작품과 만날 수 있는 조건이 디지털 시대를 살아가는 독자들에게 풍요롭게 주어졌다고 하겠다.

〈3〉

칼럼니스트 찰스 크로새머는 인쇄매체의 미래를 암담하게 보고 있다. 그는 종이가 소멸되는 것이 필연적이라고 예측하면서 미래는 인쇄물의 시대가 아니라고 단언한다. 점토판들은 파피루스에 자리를 내주었고, 양피 두루마리는 제본된 책에 자리를 내주었으며, 채색된 사본은 구텐베르크의 활자에게 자리를 내주었고, 각각의 혁명은 궁극적으로 더 나은 결과를 낳았다는 것이 그의 주장이다. 그러나 컴퓨터를 종이만큼 편리하게 만들어 줄 장치가 개발될 것인지 의문이라고 반론을 제기하는 사람도 있다. 그들은 많은 사람들이 지금도 여전히 출근하기 전에 신문의 헤드라인을 훑어보는 것을 좋아하고, 집이나 해변이나 전철에서 책 읽는 것을 좋아하기 때문에 컴퓨터 화면은 어쩌면 결코 종이의 매력을 따라갈 수 없을지 모른다고 크로새머와 의견을 달리하고 있다.

그러나 젊은 세대가 인쇄물보다 TV에 더 길들여져 있기 때문에 신문은 벌써 위축되고 있는 게 현실이다. 2020년 무렵이 되면 지금과 같은 형태의 신문은 사라지고 사람들은 자신의 취향에 맞춰 인터넷에서 기사를 발췌한 신문을 받아보게 되며, 이 신문은 각각의 사람들이 원하는 구체적인 정보를 믿을 만한 출처로부터 제공받아 사람들에게 전달할 것이라는 전문가들의 견해에 주목할 필요가 있다. 온갖 헛소리와 수다가 떠돌아다니는 인터넷의 바다에서 권위가 실린 사실과 날카로운 분석을 제공할 수 있는 매체는 중요한 기능을 할 것이기 때문에 활자매체는 수요자의 필요에 의해서 완전히 사라지지 않을 것이 확실하다. 다만 디지털 시대를 맞이하여 점차 힘을 잃어 갈 뿐이다.

미국에서도 출판의 미래를 디지털이 좌우할 것이라는 전망에는 이의가 없다. 다만 아직은 초기단계이기 때문에 지금까지의 변화는 예고편에 불과하다는 것이다. 사이버 마케팅, 작가들을 위한 사이트 개설 등 지금 세계의 출판계는 디지털의 급류를 타고 있다. 그러나 무엇보다도 획기적인 변화는 e북의 확산이다. 독자들은 이제 반즈 앤 노블이나 아마존으로부터 우송되는 책을 기다리지 않아도 된다. 웹사이트에서 직접 컴퓨터로 책을 다운로드 받으면 되는 것이다. CD-ROM과 DVD에 책을 담기도 한다. 소설을 읽으며 배경음악을 듣고, 역사책을 읽으며 관련 비디오를 볼 수도 있다. 그렇다고 미국을 비롯한 선진국에서 e북 시장이 당장 형성된 것은 아니다. 마이크로소프트사의 경우, 2002년까지 미국 시장의 20%를 차지할 것으로 내다보고 금년 안에 e북 단말기 *Pocket Pack*을 시장에 내놓을 계획이다. 국내에서도 최근 북토피아, 에버북닷컴 등이 e북 서비스를 추진 중이며, 지난 5월부터 유료서비스를 하고 있는 와이즈북은 현재 400여 종인 e북을 올해 중 2000여 권으로 확대할 계획이라고 한다. 정보기술(IT)업체들도 전용 소프트웨어와 전용단말기를 개발 중에 있다. 그러나 그 앞에는 수많은 난관이 도사리고 있다는 지적이다. 그 중 큰 난관이 저작권 문제인데, 보도에 따르면 작가와 출판사 사이에 인세비율을 놓고 심심찮게 각축전이 벌어진다고 한다. 작가 이인화의 경우 알셈 사이트를 통해 고려시대 노래극 배우의 삶을 그린 〈사경진〉을 유료로 발표, 다운로드 횟수에 따라 50%의 인세를 받기로 했다. 종이책의 인세가 대개 10%인 점을 고려한다면 사실 엄청나게 높은 비율이다. 그러나 일부 출판사에서는 e북을 단순히 문자만 제공하는 책으로 끝나는 것이 아니라 하이퍼텍스트의 수준으로 끌어올리려면 종이책보다 훨씬 더 많은 제작비가 들기 때문에 높은 비율의 인세를 지불할 수 없다는 반론을 제기하고 있다.

전문가들은 올해 e북 시장규모가 10억 원에 불과하지만, 5년 이내에 종이책 시장의 절반 수준인 1조 5천억 원 대에 이를 것으로 보고 있는데, 단말기 솔루션 시장을 포함할 경우 5조원 규모에 달할 것으로 추정하고 있다. 앞에서 언급한 것처럼 정부가 e북 활성화 종합대책과 e북 표준화를 적극 추진하고 있어 e북 시장은 빠른 시간 내에 자리를 잡게 될 것이며, 내년부터는 서비스 업체들이 수지타산을 맞출 수 있는 수준으로 e북 시장이 성장할 것이라고 한다. 종이책과 비교할 때 여러 가지 면에서 이점을 가지고 있기 때문에 e북 시장은 급속도로 성장할 수밖에 없다. e북은 글을 모르는 사람들에게도 음성을 통해 책의 내용을 전달해 주기 때문에 지구상의 40%에 해당되는 문맹인들을 독자로 확보할 수 있는 이점이 있다. 다시 말해서 책을 읽을 수 없는 사람들도 듣는 데는 아무 문제가 없기 때문에 e북 시장은 앞으로 북아메리카 등지를 비롯해 곳곳에 산재해 있는 문맹들에게까지 초고속으로 깊숙이 파고들 것이다. 또한 하드디스크상의 원고는 저렴하고 안전하게 디스크에 쉽게 복사할 수 있고, 시장이 필요로 하는 만큼의 제작이 가능하여 제작비가 절감되는 이점이 있다. 따라서 작가들은 출판업자들에게 높은 인세를 요구하는 것이 당연하다고 생각하고, 출판사는 더 많은 수익을 올리기 위해 e북의 효율적인 운영방법을 여러 가지로 모색하고 있다.

예를 들면, 세계 최대의 서적 유통회사 사이먼 앤 슈스터와 주문형 출판으로 세계 최고의 서비스를 자랑하는 라이트닝 소스사가 지난 7월 초 제휴를 함으로써 처녀지나 다름없는 e북 시장에서의 강력한 수익 가능성을 시사하고 있다. 콘텐츠와 기술의 만남이라고 할 수 있는 이번 제휴로 소비자들에게 다양한 서비스를 통한 선택의 폭을 넓혀 줄 것이라고 판단한다. 지난 해 프랑스에서 등단한 신인 작가 끌랭꺄르는 작가와 출판인의 연결 다리 역할을 하는 인터넷 문학작품 뱅크를 만들어 서비스하고 있다. 미간행 작품 초고를 온라인상에 제공하여 출판기회를 원하는 작가, 숨어 있는 진주를 물색하는 출판인의 시선을 동시에 집중시키고 있다. 영국이나 중국 등의 인터넷 서점에서는 해마다 인터넷을 통해 책을 구입하는 사람이 늘어나자 염가판매 작전을 벌이는 등 더 많은 고객 유치를 위해 필사적이라고 한다. 그런 반면, 출판사 시스템을 거치지 않고 작가가 자가 출판을 하여 자기 작품의 모든 것을 스스로 관리하려는 움직임도 보인다. 앞에서 잠깐 언급했던 미국의 스티븐 킹이 편지 형식의 연재 스릴러물인 〈더 플랜트 *The Plant*〉를 기존의 전통적 유통망은 물론이고, 주요 파트너였던 사이먼 앤 슈스터의 웹사이트조차 거치지 않고 자신의 홈페이지에서 직접 독자들이 다운받아 가도록 최초의 자가 출판을 하여 미국의 출판계를 놀라게 한 경우도 있다.

현재 우리는 디지털 시대를 살고 있다. 아날로그 시대에 종이책을 통해 향유하던 문학작품이 빠른 속도로 디지털 시대의 e북 형태로 변신하여 정말 다양한 얼굴로 우리 앞에 다가서고 있다. 이와 같은 변신은 작가와 출판사를 함께 긴장시키면서 지금까지 예기치 못했던 놀라운 문학의 혁명을 일으키고 있다. 그러나 생활의 일부였던 종이책이 위기를 맞아 문학까지 죽게 되었다고 엄살 부릴 필요도 없다. 문학의 전달매체가 달라지면서 모양이 달라지고, 독자들의 구미에 맞추다 보니 맛도 달라졌을 뿐이지 문학은 결코 죽지 않았고, 인간이 존재하는 한 문학은 죽을 수 없다. 분명히 말하지만 종이책도 이 땅에서 완전히 사라지지 않는다. 지난 5월 인터넷 서점 반스 앤 노블이 e북으로 출시했던 마이클 크라이튼의 〈타임라인〉이 종이책으로 번역돼 나옴으로써 종이책에 대한 희망을 안겨 준다. 두 권짜리 장편소설에다가 크라이튼의 양자론을 이해하고, 중세와 현대를 오가는 커다란 스펙트럼의 소설구조를 이해하기 위해서는 종이책 형태가 더 어울린다는 판단에서 그랬다고 한다. e북과 종이책은 적어도 김맹 세대가 존재하는 한 지구상에서 공존할 수밖에 없다.

5. 불확실한 시대의 길 찾기

〈조임생의 시 세계〉

일찍이 시인 실러가 시인의 작품에는 두 가지 유형이 있다고 말한 게 기억난다. 이는 작가의 성격을 반영한 분류로, 첫째는 소박한 시인인데, 이른바 자연적인 시인으로서 현실을 사실적으로 묘사하여 독자들을 현실계로 인도하고 자신은 그 그늘에서 살고 있는 경우이고, 둘째는 감상적인 시인인데, 작품에 자기의 이상과 이념과 독자들을 작자에게 접근시키려고 하는 경우가 있다는 것이다. 어느 경우를 막론하고 시인이 독자를 의식한다는 면에서 공통분모를 가지고 있는 게 사실이다. 그런데 만약 시인의 개별적인 재료에 의해서 빚어진 시들이 순전히 체험의 개성적인 부분에만 의존하고 그 시의 제요소와의 공감이라는 독자의 필요성을 외면한다면, 이는 실패작으로 자연도태될 가능성이 크다. 왜냐하면 그들의 시에는 보편성이 결여되어 있기 때문이다. 아마도 그러한 시는 그저 그 당대에 씌어졌다는 것 외에는 아무런 의미가 없다. 그리고 만일 독자가 그 시 속에 등장하는 인물 가운데 하나가 아니거나, 그 시인 특유의 용어나 말투를 알고 있는 사람이 아닐 경우, 그러한 시가 의미하는 바는 거의 없다. 지나치게 개인주의적이고 배타적인 시는 자가 교배에 의한 동종번식이 되기 쉬우며, 애매모호하고 통속적인 경향을 띠기가 쉽다. 1950년대의 유수한 시인들 가운데 몇몇이 종종 이러한 종류의 시를 썼으며, 심지어 어떤 그룹의 멤버들은 자기들끼리만 이야기를 주고받았던 어리석음을 발견할 수 있다. 보편타당성을 무시한 시를 써서 독자들로부터 스스로 외면당하는 과오를 범한 것이다.

요즘에 와서 특히 문학작품의 독자가 자꾸만 외도를 하는 것 같아서 안타깝다. 멀티미디어에 밀려 시집을 읽지 않고, 소설을 멀리하는 현상이 눈에 띄게 증가하고 있어 진정 안타깝다는 말이다. 바야흐로 e－북 *e-book* 시대에 접어들면서 과연 시가 어디까지 제 모습으로 살아남을지 걱정이다. 그렇다고 시인이 본래의 의무를 포기하고 다른 일에 몰두할 수 없다. 아무리 세상이 바뀌어도 진정한 시인은 시를 써야 하고 계속해서 시집을 엮어야 한다. 영상과 음향과 온갖 흥미가 될 만한 요소를 총동원하여 독자 유치에 안간힘을 쓰고 있는 세계적 문단상황에 부응하여 우리의 문학도 이제 고고한 자리에서 내려와 겸손하게 독자와 만나야 한다. 시인 자신도 모르는 말을 늘어놓고 시라고 떠들던 시대는 이미 지났다. 이제 독자 속으로 들어가 독자들이 말 하고자 하는 이야기를, 독자들이 간절히 원하고 있는 이야기를 신선한 감각으로 형상화하지 않으면 안 된다. 오늘날 독자들은 복잡하고 애매모호한 시보다 비교적 단조로우면서도 감동을 줄 수 있는 시에 매력을 느낀다. 바꾸어 말하면 머리로 쓴 시보다 가슴으로 쓴 시를 독자들은 원한다.

조임생 시인은 「창조문학」지의 시 부문과 「아동문학 연구」지의 동화 부문으로 등단한 후, 1998년에 이미 첫 시집 ≪아직도 나는 흔들린다≫를 상재하여 좋은 반응을 얻은 바 있다. 그의 시가 독자들로부터 좋은 반응을 얻을 수 있었던 이유는 우선 시가 어렵지 않다는 데 있을 것이고, 다음으로 이 세상에 존재하는 풀 한 포기에도 존재의 의미를 부여하고자 하는 시인의 애정 어린 노력이 메마른 현대인의 가슴에 와 닿았기 때문이라는 생각이 든다. 두 번째 시집도 역시 같은 맥락으로 읽을 수 있으나, 굳이 한 마디 부연한다면 첫 시집보다 사물에 대한 애착이 더욱 강도 있게 묘사된 점이 다르다고 하겠다. 이는 곧 인간과 나의 공존이고, 자연과 나의 공존이며, 마침내 신에게로 연결되는 하나의 통로를 이루어 가는 과정으로 해석된다.

> 너의 숲 속에서
> 한 그루 나무로 서 있음은
> 네 눈빛에 물들고
> 어깨에 기대
> 숨쉰다는 것
>
> 칡넝쿨보다 질긴 인연의 끈
> 자라는 곳마다 그늘 깊은 숲
> 너의 숲에서 나는
> 물푸레나무가 되고 가문비나무가 되고
> 그늘의 그늘이 되고
> 숲의 숲이 되고
>
> 너의 숲 속에서
> 한 그루 나무로 서 있음은
> 너 또한
> 내 안에 들어와 산다는 것
>
> －〈너의 숲 속에서〉 전문

여기서 화자가 '너의 숲에서 나는 / 물푸레나무가 되고 가문비나무가 되고'라 말하고 있는 데 잠시 주목할 필요가 있다. 너는 숲이 되고 나는 나무가 되어 너와 내가 한꺼번에 인간 외의 식물로 변신하는 것이다. 어쩌면 인간세상에서 맺은 '칡넝쿨보다 질긴 인연의 끈'이 지속되기를 간절히 바라는 所望的 思考 *wishful thinking* 라 하겠다. 마지막 연에서 시인은 '너의 숲 속에서 / 한 그루 나무로 서 있음은 / 너 또한 / 내 안에 들어와 산다는 것'이라고 말함으로써 너와 내가 얼마나 필연적인 관계이며, 서로 얼마나 소중한 관계인가를 드러내고 있다. 따라서 너와 내가 함께 있을 때 비로소 존재의 의미를 갖게 되는 것이다. 이와 같은 인간의 변신은 비단 조 시인의 작품 속에서만 발견되는 것이 아니다. 오바드의 〈변신〉에서 필레몬과 보시, 다프네, 미라 등 사람들이 곧잘 나무로 변신하는 것을 볼 수 있다. 대체로 나무로의 변신은 꽃이나 새로 변신하는 것과는 반대로 견고한 자애로움의 인물을 상징한다. 나무가 계절의 변화에도 버티고 있으며 인간보다 더 오래 살기 때문이다. 그래서 나무는 안정, 영원성을 부여하는데 기여한다. 한편 체호프의 벚나무 동산의 그 오래된 나무들 주변에는 잃어버린 유년과 그 아름답던 날들에 대한 향수가 구현되고 있다. 오랫동안 유년시절의 감탄의 상징은 크리스마스 트리를 남겨 놓을 것이나, 외모에서의 한 화살 같은 것에 관통된 심장을 감히 기억 속에 새기는 때에 나무는 또한 젊은 날의 사랑의 가담자가 되는 것이다. 이렇게 볼 때, 조임생 시인이 〈너의 숲 속에서〉에서 추구하고자 하는 것은 인간의 영원성에 대한 소망인 동시에 너와 나의 공존이며, 혼연일체의 합일사상이라 하겠다.

그러나 시인의 소망적 사고는 인간과 나의 공존으로 끝나지 않는다.

> 누군가의 아픔을 먹고
> 누군가의 슬픔을 먹고
> 별은
> 너와 나의 빛이 되고
> 노래가 되었다.
>
> – 〈별〉 일부

너와 나의 공존은 곧 자연과 나의 공존으로 이어진다.

시인은 공존의 대상으로 굳이 하늘의 별을 선택하고 있다. 이는 지상의 사물에 대한 불신이며, 현실에 대한 불확실성의 징표다. 인간에게는 안정과 영원성을 상징한다는 나무도 한낱 지상에 머물고 있는 불안한 존재일 뿐이다. 영원히 우리 곁에 있을 수는 없기 때문이다. 언젠가 지상으로부터 사라져야 한다는 점에서 나무도 인간과 다를 게 없다. 결국 죽음 앞에 인간과 나무는 하나의 위태로운 존재일 수밖에 없다. 지금 지상에 살고 있는 우리의 현실은 어쩌면 피치 못할 아픔이고 슬픔이다. 그래서 시인은 '밤하늘 가득 순금의 영혼으로 찬란한 별들'과 손을 잡는다. 별은 누군가의 아픔을 먹고 빛이 되었고, 누군가의 슬픔을 먹고 노래가 되었기 때문에 지상의 모든 비극적 상황을 누구보다도 섬세하게 알 수 있다고 생각한 것이다. 어느 면에서 별은 부유한 자보다는 가난한 자의 편이고, 강한 자보다는 약한 자의 편이다. 시인이 모든 아픔과 모든 눈물은 별이 되기 위한 하나의 과정이라 말하고, 별을 너와 나의 빛이라고 한 것은 별의 그와 같은 속성과 무관하지 않다. 따라서 지상에 있는 인간이 천상과 공존하기 위해서 별을 선택한 것은 매우 의미 있는 일이라 하겠다. 인간과 인간, 지상과 지상의 수평적인 공존이 별이라는 자연과 접맥되면서 인간과 천상의 수직적 공존으로 변신하는 순간이다.

날마다 찾아와
나의 창가 환히 물들이시는 이여
발자국 소리 안 들려도
느낌만으로 알 수 있습니다

내 거친 사유의 가시채
밤새
맨손으로 걷어내시고
오늘은
또 다른 희망의 시작이라 하십니다

아이처럼 고개 끄덕이면
가만히 손잡아 주시는 당신
다시금 비껴가는 심령의 거스름도
육신의 약함이라 안타까워하시고

이 새벽 창가
당신을 만나는 순간의 기쁨이

내 남은 날들의 지평을 통과하며
늘 푸른 강물로 출렁이기 원합니다

－〈기도〉 전문

지상에서 천상으로 이어지는 조 시인의 자의식은 마침내 신과의 공존을 꾀한다. 지상에 존재하는 인간이나 천상에 존재하는 별이 한시적으로 안위가 되고 기쁨을 가져다 주는 것은 틀림없다. 그러나 별의 경우만 보더라도 시간적으로 밤에만 볼 수 있다는 한계성을 벗어나지 못한다. 거기다 흐리거나 눈, 비 오는 날엔 더욱 볼 수 없다. 불가시의 상태에서는 빛도 발할 수 없고 노래가 될 수도 없다. 언제 어떻게 변할지 인간으로서는 짐작하기 어려운 존재가 별이다. 그렇다면 가난한 자, 슬픈 자, 약한 자의 편이라고 생각했던 별도 진정한 공존자가 될 수 없다. 이 세상에 존재하는 모든 것이 나무나 별처럼 인간에게 실망을 안겨 주고 있는지 모른다. 인간이기 때문에 기대했던 것들이 이루어지지 않을 때마다 인간은 좌절과 슬픔과 상처를 입었던 것도 사실이다. 그러한 일상 속에서 조 시인은 마침내 신의 세계를 발견한다. 아픔이나 슬픔이 없는 세계, 이별도 죽음도 없는 세계, 미움과 질투가 없는 세계, 끝없는 사랑과 기쁨과 평화만이 존재하는 세계가 곧 신의 세계요, 그가 끊임없이 추구해 왔던 세계라는 것을 비로소 깨닫는다. 아울러 이번 시집에서 의외로 신앙시가 자주 눈에 띄고 있는 것은 조 시인의 시 세계에 커다란 변화가 온 것으로 간과할 일이 아니다. 앞의 시 〈기도〉에서 그와 같은 일련의 변화를 쉽게 확인할 수 있다. 항상 곁에서 사악함을 거두어 주고, 육신의 나약함을 돌보아 주고, 언제나 기쁨과 평화를 주는 영원한 공존자에게 자신의 남은 날들이 늘 푸른 강물로 출렁이기를 그는 간절히 소망하고 있다. 그 밖에 〈그 분은 추상이 아니다〉, 〈말씀의 용광로〉, 〈내 슬픔은〉, 〈어둠 속에서 피는 당신〉, 〈나무 십자가〉, 〈깨어있게 하소서〉 등 여러 편의 작품에서 당신이나 그분이라는 대명사를 통하여 그리스도의 사랑을 현대적인 감각으로 형상화시키고 있다. 대부분 이런 시는 관념적이기 때문에 독자들에게 거리감을 주기 쉬운데 조임생 시인은 그런 관념의 세계를 비교적 자연스럽게 육화시켰다는 점이 돋보인다.

그러나 신의 세계로 가는 길은 그렇게 순탄하지만은 않다.

해거름 녘
네거리에 서면 길을 잃는다.

꽃잎처럼 열려있는 네 개의 길
누군가의 선택을 기다리는 길
너무 눈부셔서 혼절하는 길
미지의 길들은
뜨겁게 가슴을 끌어당겼다.

몇 억 광년은 날아야 닿는
별들의 나라
다소곳이
풀밭 속 엎드려 울던 순수의 길
길을 찾아 헤매었지만
내 지친 날개 접고싶은
길은 어디쯤인지

오래 전에 그 길이 보였다.

솔밭 사이로
소돔 城 뛰쳐나가 잡을 수도 있었던
희고 반듯한 길 하나

해거름 녘 네거리에 서면
이 길인가
저 길인가
두려움의 비수는 푸른 날로 일어선다.

－〈이전엔 그 길이 보였다〉 전문

때는 해거름 녘이다. 인생으로 말한다면 중년을 넘어선 시기다. 젊은 시절의 방황하던 모습을 통해 신의 세계에 이르는 길이 얼마나 어려운가를 암시해 주고 있다. 인생은 반성 속에서 발전한다. 시인은 이미 오래 전에 지친 날개를 접고 싶은 길이 어디쯤 있는지 알고 있었다고 고백한다. 그리고 그 길은 세상적인 유혹이 한꺼번에 손짓하는 네거리에 있어서 자칫하면 누구든지 다른 데로 빠지기 쉬운 길임을 경고한다. 그럼에도 불구하고 희고 반듯한 그 길을 가지 못한 것을 후회한다. 또한 이 시의 마지막 연을 통해서 그는 '해거름 녘 네거리에 서면/ 이 길인가/ 저 길인가/ 두려움의 비수는 푸른 날로 일어선다고 자신의 지난날과 현실을 날카롭게 돌아보며 죄의식에 사로잡힌다. 끊임없는 시련과 고통과 갈등 속에서 인간도 성숙하고 신앙도 성숙한다는 사실을 극명하게 보여주고 있다. 그러나 신의 세계에 이르는 길은 갈수록 복잡하고 힘들며 피나는 노력을 필요하다는 것을 그는 알고 있다. 그 길 가운데 하나가 동심으로 돌아가는 길이다. 〈풀꽃 반지〉에서 반지가 어린 시절 첫사랑이란 이름으로 손가락 걸고 맹세한 약속의 징표가 되기도 하지만, 때로는 솔로몬의 반지처럼 신과의 결연을 나타낸다고 할 때, 동심과 신은 어느 면에서 동일한 의미 영역으로 볼 수 있으며, 동심으로 돌아가지 않으면 결코 신의 세계에 이르지 못한다는 사실을 조 시인은 비유적으로 말하고 있다.

내 소유의 낟가리에 가렸던 당신
가진 것 모두 버린 후에야
밝히 봅니다.
호흡소리 맥박소리
손안에 잡힙니다.
이제 알겠습니다
비어 이리 가벼움을
비어 이리 그득함을
－〈나목〉 일부

신의 세계에 이르기 위해서는 우선 순수한 동심으로 돌아가야 되지만, 모든 욕심을 버리는 일이 그에 못지않게 중요함을 그는 〈나목〉을 통해 확인시키고 있다. 더 많은 것을 소유하기 위해서 몸부림치던 지난날의 허물과 멍에를 벗어던지고 가진 것을 모두 버린 후에야 비로소 신의 모습을 밝히 볼 수 있고, 신의 호흡소리나 맥박소리처럼 미세한 것까지 감지할 수 있다고 시인은 말한다. 그리고 오직 그 길만이 신의 세계에 이르는 최선의 길이라고 간절하게 말한다. 그러나 여기서 말하는 신의 세계란 반드시 종교적인 의미만을 나타내는 것은 아니다. 그것은 구원의 세계이며, 평화의 동산이며, 기쁨이 충만한 나라로서 인간이 추구하고 있는 이상적인 세계인 동시에 에덴동산이다. 과학이 아무리 발달하고 생활이 풍요로워도 인간은 누구나 죽음과 고통 앞에 항복할 수밖에 없는 연약한 존재이기 때문에 궁극적으로 신의 세계를 동경한다. 불확실성의 시대를 살고 있는 현대인들에게 영원한 나라에 대한 갈망은 갈수록 고조되고 있으며, 그 열의만큼 사람마다 추구하는 길도 다양할 수밖에 없다. 그의 두 번째 시집에서 우리 주변에 존재하는 많은 '길'과 신을 지칭하는 '당신'이라는 소재를 빈번히 만나게 되는 것도 현대인들의 이와 같은 내적 심리와 무관하지 않다고 본다.

끝으로 그의 시를 읽고 있으면 어딘지 모르게 차분해지고 마음이 티 없이 맑아진다는 점을 장점으로 꼽고 싶다. 아마도 시를 쉽게 쓰려는 그의 의지와 정제된 언어선택과 섬세한 사고가 한데 어우러져 좋은 작품이 빚어졌을 것이라는 생각이다. 더욱 정진하길 바라며 두 번째 시집 출간을 진심으로 축하한다.

6. 한과 그리움의 근원지

〈최금녀의 시 세계〉

최금녀 시인의 시를 읽으며 문득 '행위 이전의 상태에 놓여 있는 젊은이를 흥분시키고, 행위 이후의 상태에 머무르는 노인에게 힘을 북돋아 주는 시인들은 끊임없이 출발을 주는 자들이다. ……한 편의 시를 만들어 보려는 유일한 야심은 시를 죽이기에 족할 것이다. ……시는 마음에서 우러나오는 자연스런 감정의 발로라야 한다.'고 말한 프랑스 시인 앙리 미쇼의 말이 떠오른다. 진정한 시는 자연스런 감각은 물론 개성적인 비전의 모양과 방향이 드러나 있어야 한다는 사실을 입증이나 하듯이 이따금씩 어떤 시는 진실로 자발적인 개념으로부터 출발하는 것을 볼 수 있다. 오늘날 우리에게 주어지는 대부분의 시는 수많은 묵상과 작업을 거쳐 만들어지며, 그런 과정을 통해서 자연스럽고 아름다운 시가 빚어지는 것이다. 그러나 한 편의 시를 만들기 위해 아무리 많은 땀과 노력이 들었다 하더라도 최종적으로 작품이 완성되었을 때 노동의 흔적이 드러나면 안 된다. 시는 그저 자발성으로부터 환영이 투시되어 있는 것으로 끝나야 한다. 우리의 경우 한동안 주지주의나 포스트모더니즘 계열의 시를 써서 독자의 관심을 끌어내려는 시인들이 있었지만 결국 그들 가운데 대부분은 소외당하거나 스스로 방향을 바꾸지 않으면 안 되었던 사례를 문학사에서 쉽게 발견할 수 있다. 쉬르리얼리즘 계열처럼 실험적인 시를 썼던 시인들의 경우도 예외는 아니다. 난해시를 써서 물의를 일으켰던 대표적 시인 이상에 대해서 당시의 독자들은 냉소를 보냈던 것을 기억한다. 물론 그들이 문학사에 남긴 업적을 인정하지 않는다는 말이 아니라, 시인은 누가 읽어도 쉽게 이해하며 감동을 받을 수 있도록 시를 써야 한다는 의미로 받아들이면 된다. 빼어난 시의 공통점을 보면 시인만이 이해할 수 있고, 다른 사람에게 이해되지 않는 작품이 드물다는 사실을 우리는 너무나 잘 알고 있다. 가장 평범한 시가 가장 자연스러운 시이며 가장 우수한 시라는 점을 기억해 둘 필요가 있다. 그럼에도 불구하고 오늘날 지상에 발표되고 있는 시를 조금만 관심 있게 살펴보면, 초심자일수록 자신도 이해하지 못할 것 같은 시를 마구 써내고 있어 독자를 당황케 만든다. 노련한 운전자가 모는 차를 탔을 때 지극히 편안함을 느끼듯이 노련한 시인이 쓴 시는 어느 독자가 읽든 마음을 편안히 해 주고 기쁘게 해 주는 법이다.

최금녀 시인은 1960년 「자유문학」에 소설 〈失魚記〉로 등단한 이후 그 동안 꾸준히 소설과 시를 써 오다가 지난해 「문예운동」을 통해 늦깎이 시인으로 등단하였다. 소설가로 더 이름난 그가 시를 쓰게 된 동기가 어디 있는지 모르지만 약관 20세에 소설가로 등단할 만큼 젊은 시절을 문학에 불태웠던 것으로

보아 耳順의 나이에 시로 등단하고 시집을 엮어 내는 일이 지극히 당연하다는 생각이 든다. 아울러 최 시인이 실제 삶을 통해서 인생을 충분히 체험하고, 소설의 세계를 답습하고 난 후에 본격적으로 시를 쓰기 시작했기 때문에 오히려 처음부터 시로 출발한 사람보다 기대를 걸어 본다. 작품을 읽어 보면 그가 가지고 있는 풍부한 경험과 자연스런 언어 구사와 뛰어난 전달성은 이미 우수한 시로서의 가능성을 보여주고 있다는 생각이 든다.

이번 시집을 통하여 읽을 수 있는 최 시인의 시 세계는 대체로 이별과 고독을 주축으로 恨과 그리움의 이미지가 형성되고 있음을 발견하게 된다.

어머니의 어머니도
일찍 세상 떠났다
서둘러 정리한 후
환갑을 마다하고 세상 버린 분

자식을 보고야
그 가슴에 그어드린 먹줄을 가늠했다.
속엣 말 주고받은 기억조차 없는
매운바람 같은 여인
빚쟁이 같은 여인
피붙이 아니라 상전이었음직하다.

-〈어머니〉 전문

이 시는 일찍이 세상을 뜬 어머니에 대한 그리움이 주제다. 어머니는 흔히 대지와 비유되는데, 어느 족속은 땅에 구덩이를 파는 일이 곧 어머니에게 상처를 입히는 일이라고 죄악시한다는 것이다. 그만큼 위대하고 소중하고 풍요롭고 편안한 안식처가 어머니인 동시에 대지이다. 어머니를 두고 노래하지 않은 시인이 없을 만큼 영원히 그리운 존재이기 때문에 오히려 원망과 미움과 불평이 나오게 되어 있다. 최 시인의 〈어머니〉에서도 그와 같은 인간 본연의 심리를 읽을 수 있다. 어머니에 대한 그의 원망과 미움과 불평은 환갑도 마다하고 어머니의 어머니처럼 일찍 세상을 떠나버린 무정함에서 비롯된 것이다. 너무 일찍 세상을 떠났기 때문에 속말 한 번 주고받지 못했던 어머니를 그는 매운바람 같은 여인, 빚쟁이 같은 여인이라고 단정한다. 그리고 자식에 대해서 사랑의 빚을 지고 간 여인이기 때문에 심지어 피붙이가 아닌 상전 정도로 규정짓고 있다. 실로 비장한 심정에 처한 시인의 모습을 볼 수 있다. 그러나 어머니에 대한 강한 그리움이 없다면 절대로 그와 같은 정서가 일어날 수 없다. 강한 그리움이 마침내 강한 원망으로 드러나는 역설적 기법을 사용했을 뿐이다. 자식을 키워본 연후에야 비로소 어머니의 가슴에 수없이 안겨드렸던 아픔을 가늠했다는 시인의 말 속에서 어머니에 대한 원망이나 미움보다 애틋한 그리움에 무게를 두었다는 점이 쉽게 밝혀진다. 시는 진실이다. 진실된 사상과 진실된 표현이 조화를 이룰 때 독자는 탄성을 지르고 가슴 아파하고 시인과 동일선상에서 무엇인가를 느낀다. 최 시인의 시를 읽으며 어딘가 모르게 공감대가 형성되는 것은 그의 시가 지니고 있는 진실성 때문이 아닌가 생각한다.

최 시인의 시에는 의외로 떠남에 대한 정서가 많이 등장한다. 〈친구〉에서 외국으로 떠난 친구와의 이별을 비롯하여 〈강으로 떠난 송사리〉에서 어항 속에 외롭게 남아 있던 송사리의 죽음으로 인한 일차적인 이별, 그리고 그 죽은 송사리를 강물 위에 띄움으로써 이차적으로 맞게 되는 이별, 〈무서리〉에서 겨울을 앞두고 나뭇가지로부터 떠날 채비를 하느라 바빠진 고속도로 옆의 포플러 잎사귀들, 〈바람〉에서 하얀 풍경에 쓸려 가는 수정처럼 맑은 이야기 등 인간의 떠남에서부터 동·식물의 떠남과 무생물의 떠남에 이르기까지 참으로 많은 것들이 시인을 떠나고 있다. 그의 시에는 특히 어머니, 할머니, 외삼촌, 샘 안집 누나 등 주로 혈연이나 가까운 사람들이 죽음에 의해서 곁을 떠나고 때로는 살아있는 사람들이 하나 둘 머물러 있던 자리를 떠난다. 그리고 마침내 시인 자신까지 〈기적이 울리면 떠나고 싶다〉는 심정을 털어놓아 이별의 아픔을 극대화시키고 있다.

산비둘기 울음이
예사롭지 않습니다

비만 오면 가슴이 아프다던
여인의 말뜻을

자주 보는 노을도 아쉬워서 눈물이 납니다.

초조할 겨를도 없이
시간이 날아갑니다.

산비둘기 울고 간
자리에
적적한 사람 하나
서 있습니다.

－〈시간은 날아가고〉 전문

앞의 시에서 하나의 이별이 남기고 간 것은 오직 외로움이라는 사실을 실감할 수 있다. 산비둘기 울음이 예사롭지 않다는 話頭가 무언가 긴장감을 던진다. 비만 오면 가슴이 아프다던 여인이 또 언제 곁을 떠나갈지 몰라 눈물을 흘리며 초조해 한다. 정신없이 살다가 가까운 사람들과 서로 마음놓고 다정한 이야기 한 마디 나누지 못했던 자신의 존재를 확인하는 작품이라고 할 수 있다. 그런 맥락으로 볼 때, 최금녀 시인이 시의 마지막 연에서 '적적한 사람'이라고 표현한 것은 자신의 존재를 분명히 규명하는 데 아주 효과적이다. 더구나 시의 배경을 산비둘기가 울고 간 자리로 설정한 것은 매우 바람직한 일이라고 본다. 또한 〈시간은 날아가고〉에서 보듯이 최 시인의 경우, '온다'는 동사보다 '간다'는 동사를 압도적으로 많이 쓰고 있다는 사실도 간과해서는 안 된다. 초조할 겨를도 없이 시간이 날아가고, 산비둘기도 울고 간 자리라고 말한 것으로 보아 이별로 인한 상흔이 얼마나 깊은가 짐작해 볼 수 있다. 온다는 언어가 삶이고 희망이고 기쁨이고 떠오르는 태양이라면, 간다는 언어가 의미하는 것은 죽음이고 절망이고 슬픔이고 그림자이다.

희랍의 철학자 헤라클레이토스는 일체의 현상을 모두 상호의존의 관계 위에 성립한다고 보고 그 관계를 인연이라고 했다. 최 시인의 시를 읽어가며 어딘가 모르게 덩달아 숙연해지고 쓸쓸해지는 까닭은 그가 상호 의존했던 관계들이 하나씩 사라지고 있는 데서 오는 허전함 때문이다. 그가 의존했던 대상은 최 시인의 작품을 통해 쉽게 확인할 수 있듯이 사람을 비롯하여, 우주 안에 존재하는 모든 생물과 무생물 등 물질세계와 더 나아가 정신세계까지를 포함하는 것으로 이른바 일체의 현상을 말한다. 따라서 시인과 맺어졌던 일체의 현상들이 곁을 떠난다는 것은 단절을 의미하는 것으로, 두려움과 떨림이며 곧장 고독으로 연결된다. 이런 정서는 〈들꽃은 홀로 핀다〉, 〈빈배〉 등 많은 작품 속에서 더욱 고조되어 가고, 마침내 사라진 것들에 대한 간절한 그리움과 한이라는 양면성으로 그의 시 세계에 나타난다.

> 마른 등걸
> 알몸으로
> 맥박조차 산울림이 되어버린
> 켠켠히 그리움만 남긴 세월
> 빈 돌에 사유(思惟)나무 하나
> 쓸쓸히 손을 흔들고 있다.
>
> －〈겨울나무〉 일부

이 시에서 겨울나무는 말할 것도 없이 시인 자신이다. 시인 자신의 감정을 겨울나무에 이입시킨 경우이다. 우선 시어의 구성을 살펴보면 시 전체가 몹시 드라이한 언어들로 결합되었다는 느낌이 든다. 첫 행에서부터 마른 등걸이 나오고, 벌거숭이에다가 맥박조차 뛰지 않는 상황이 전개되어 암담한 현실을 인식하게 된다. 거기에 후반부에 자리하고 있는 빈 돌, 쓸쓸함 등의 시어가 합류하여 분위기가 더욱 냉엄하다. 더구나 시의 제목이 겨울나무로 계절이 주는 의미도 살벌하다. 겨울이 일반적으로 인생에 있어서 죽음과 해체를 상징한다는 사실을 인정한다면 〈겨울나무〉는 두말 할 나위 없이 고독의 표상으로 해석할 수밖에 없다. 그러나 최 시인은 시의 중간 위치에 그리움이라는 시어를 조심스럽게 접목하여 냉엄한 분위기를 자연스럽게 완화시키고 있다. 이는 최금녀 시인이 거둔 훌륭한 성과로 값지게 평가하고 싶다. 아울러 그는 〈겨울나무〉를 통하여 그리움이라는 시어 하나가 차지하고 있는 비중이 얼마나 큰가를 명쾌하게 입증해 주고 있다. 그리움에 대한 정서는 이밖에 여러 편의 시를 통해서 발견할 수 있는데, 〈오솔길〉에서 그리운 친구, 〈친구〉에서 눈빛에 묻어난 그리움이 다소 직설적이고 감각적이지만 인상에 남는다. 그리고 〈그리움〉이라는 시에서 '그대'라는 시어에 어떤 언어를 대입하느냐에 따라서 다양한 그리움의 의미를 창출해 낼 수 있다는 생각을 해 본다. 그의 작품에서 빈번히 발견할 수 있는 그리움은 한 마디로 사라진 것들로 인한 고독의 분신이라고 하겠다.

① 새끼 낳다 숨진
암컷들의 서리치는 한(恨)-

한의 씨
갈대로 피어
가을마다 하얗게 머리푼다

– 〈핏줄〉 일부

② 빈 들
밭자락
흰꽃무리

한 줌으로 누운 쓸쓸한 혼들

해마다
초파일
극락왕생의 목탁소리에
한으로
처연하게
피는 꽃

– 〈싸리 꽃〉 전문

사라지는 것들로 인한 고독의 정서는 크게 둘로 나눌 수 있는데, 그 중의 하나가 그리움이라는 사실을 앞에서 확인하였다. 고독이 그리움 쪽을 향한다면 이는 긍정적인 것으로서 비교적 바람직한 일이라 하겠다. 그러나 고독이라는 정서가 반드시 긍정적인 쪽만을 향하지 않는다. 이별을 앞에 두고 정서적으로 저항을 하는데도 굳이 떠나간 다음에 남는 것이 있다면 그것은 오로지 恨뿐이다. 따라서 사라지는 것들로 인한 또 다른 고독의 정서가 한이라는 사실을 앞의 시 ①, ②에서 발견할 수 있다. 시 〈핏줄〉에서 시인은 한의 근원을 새끼낳다 숨진 암컷들에게서 찾고 있다. 적어도 이 땅의 수없이 많은 한은 어쩌면 여성 전유물일지도 모른다. 외세의 침략을 당할 때마다 전쟁터에 끌려가서 영원히 돌아오지 못하는 남편과 자식을 기다리다 맺힌 한, 멀리 배를 타고 고기잡이를 떠났다가 바다에서 영영 물거품이 되어버린 남자로 인해 가슴 깊이 맺힌 한, 자신의 본마음, 감정, 욕망을 억제하고 은폐해야만 하는 윤리구조 역시 정서 속에 한을 불러일으키는 요소가 되었다고 볼 수 있다. 특히 최 시인의 경우처럼 여성들은 맞대어 대들지 못하는 데서 생겨난 한이 시대의 상황에 따라서 저항적 공감으로 변형을 거듭했다고 하겠다. 〈핏줄〉에서 그가 태고로 거슬러 올라가 사람의 핏줄을 찾는 과정에서 한과 고독을 발견한 것은 우리 민족이 지닌 독특한 정서 탓이라고 해석할 수 있다. 시인은 이어서 한의 씨가 갈대로 피어 하얗게 머리를 푼다고 표현함으로써 한이라는 관념의 세계를 사물로 구체화시킨 점도 주목할 일이다.

관념의 구체화 작업은 시 〈싸리 꽃〉에서 '해마다/초파일/극락왕생의 목탁소리에/한으로 처연하게/피는 꽃'이라고 말한 부분에서도 찾아볼 수 있다. 빈들의 밭자락이라고 장소를 구체화시키고, 해마다 초파일이라고 날짜까지 구체화시킨 점이 섬세하고 여성스럽다. 역시 이곳에서도 싸리 꽃을 '흰꽃무리 한줌으로 누운 쓸쓸한 혼'이라고 하여 우리민족의 전통적 한의 정서를 느끼게 한다. 그리고 시 ①과 ②에서 한을 똑같이 흰색의 꽃으로 표현하고 있는 것도 간과해서는 안 될 일이다. 흰색은 일반적으로 순결이나 순종을 의미하지만, 앞의 시에서 흰 색깔은 우리의 전통성과 관련하여 백의민족을 상징하는 것으로 해석할 수 있다. 이렇게 볼 때, 최 시인의 작품세계는 한 마디로, 사라진 것들로 인한 고독의 정서가 우리민족의 전통적인 정서를 바탕으로 한과 그리움의 이중적 구조로 연결된다는 결론이 주어진다. 앞으로 더욱 정진하시기 바라며, 처녀시집을 세상에 내놓는 최금녀 시인에게 진심으로 뜨거운 박수를 보낸다.

7. 미학적 충돌과 화해

〈김경수의 시 세계〉

이 시대의 독자는 한 마디로 쉬우면서도 짧고 정곡을 찌르는 감동적인 시를 원한다. 오랫동안 생각하고 갈등하고 분석을 필요로 하는 시가 아니라 읽으면서 저절로 이해되고 가슴 속에 느껴지는 시, 복잡한 시대를 살면서 혼돈된 생각들을 독자 대신 카타르시스해 줄 수 있는 간결하고 신선한 시에 매력을 갖는다.

세기말을 살아가고 있는 사람이라면 누구나 복잡한 것보다는 단조로운 것, 어려운 것보다는 쉽게 얻을 수 있는 것을 추구한다. 그러나 세상은 결코 인간이 필요로 하는 어떤 한 가지만을 주지 않기 때문에 항상 불평과 관용, 분열과 결합이 공존하기 마련이다. 아울러 삶과 죽음, 현실과 이상, 정직과 가식, 가능과 불가능, 물질적인 것과 정신적인 것, 질서와 무질서, 동일성과 이질성이 존재하는 한 끊임없는 충돌과 화해가 이루어지면서 하나의 역사는 창조되는 것이다. 물론 문학과 과학, 시적인 것과 비시적(非詩的)인 것 사이에도 수없이 많은 충돌과 화해가 이루어져 왔음을 부정할 수 없다.

세 번째 시집 ≪사람들은 바람을 등지고 걸으려 한다≫를 상재한 김경수는 1990년 「문창시대」로 등단하여 1992년 「문학세계」에 〈겨울 산〉 외 4편으로 신인작품상을 받았으며 그 동안 두 권의 시집 ≪도시 아가미≫와 ≪미니스커트와 지하철≫을 내는 등 부지런히 창작활동을 하고 있는 시인이다. 현재 두레시 동인 회장직을 비롯해서 여러 문학단체에 참여하여 문학의 열정을 불태우고 있는 중견으로 장래가 기대되는 분이다. 작은 체구에 적극적인 성격을 소유한 그는 이웃의 대소사에도 열심히 참여하여 위로하고 격려를 아끼지 않는 휴머니스트이면서 때때로 산을 찾아 자연과도 깊이 있게 친화할 줄 아는 박애주의자다. 그러나 불의와는 결코 타협하지 않는 정의파라는 것이 주변 사람들의 일반적인 평이다.

이와 같은 그의 성격 탓인지 김경수의 시를 읽다 보면 번번이 충돌과 화해가 공존하고 있음을 발견하게 된다. 한 작품 안에서의 충돌과 화해가 있는가 하면 작품끼리의 충돌과 화해도 자주 눈에 띤다. 이른바 다양성이라는 영양소가 시집 밑바탕에 깔려 김 시인의 시 세계를 형성해 간다고 말할 수 있다.

충돌과 화해는 어느 의미에서 이중적이며 양성적 존재다. 현대의 많은 생각을 하는 사람들에 있어서 그 언어의 원천은 우리들 각자의 다른 쪽, 즉 필수적인 각자의 반쪽과의 분리에서 존재하는 것이다. 결국은 상실로 인한 괴로움의 담화와 모든 상이한 것들이 사라진 양성적 존재의 안정된 침묵이 한 편의 시로 승화하게 된다.

나뭇잎에 스쳐 떨어지는 바람
하늘 밟고 땅 쳐다보며
사람이 사람 타고
채찍이 채찍을 하고
골목마다 뜨거워지는 국물은
피 터지는 분통 소리에 흩어져
일부는 과거에
꽁꽁 얼어붙고
일부는 모닥불 타는 소리에
귀만 쫑긋 세울 뿐
아무런 일도 없는 듯
밤은 매일 그렇게 온다
과거와 현재
이중주를 위한 객석은

텅텅비어 그들만의
요란한 어둠이 자리잡고 있다.
－〈이중주〉 전문

이 시는 제목이 암시하듯이 인간에게 수없이 잠재되어 있는 두 사상 간의 충돌과 화해를 형상화한 작품이다. 시간적으로 과거와 현재 사이에 이루어지고 있는 충돌과 화해임을 극명히 제시하고 있다. 데리다에 의하면 과거－현재－미래라는 세 개의 시간 단위는 허위이며 현존이란 존재하지 않는다고 주장한다. 현재가 존재하지 않는 것은 우리가 현재라고 말하는 순간 벌써 그 순간은 과거에 편입되면서 동시에 미래로 연결되기 때문이라며 그는 차연 *difference*이라는 특이한 용어로 해명하고 있다. 데리다의 차연은 사실 시간이 따로 존재하고 공간이 따로 존재한다는 기존의 인습적 사고를 파괴하는 것이다. 김경수 시인이 〈이중주〉 마지막 부분에서 '과거와 현재/이중주를 위한 객석은/텅텅비어 그들만의/요란한 어둠이 자리잡고 있다.'라고 말하는 것 역시 데리다의 차연으로 해석해 봄직하다. 영원히 현재가 존재하지 않기 때문에 이중주는 연주될 수 없고 객석은 텅 빈 채로 주체인 이중주 대신 어둠이 자리잡게 되는 것이다. 이른바 주체가 해체된 시의 일면을 보여주고 있다.

두 개의 이질적인 사상이나 사물이 같은 작품 속에서 충돌하고 화합하는 경우는 김경수 시인의 또 다른 작품 〈人生〉에서 인생이란 '빛과 어둠이 교차(충돌)하면서 흔들리는 바람을 살아있는 벅찬 가슴으로 껴안는(화합)걸 게다'라고 한 말이나, 〈미련〉에서 헤어짐과 만남의 정서가 표출하고 있는 갈등과 포용을 통해서도 발견된다.

이와 같이 작품 내의 양극 현상은 시 〈빨간 사과〉에서 더욱 분명하게 드러난다.

생각은 아주 우습기도 하고
때론 심각하기도 하지만
행동보다 모자랄 때도 있지
생각의 힘만 가지고는

요즘같은 세상엔 쓸데없어
……(중략)
생각과 행동이 하나가 되어야
벌레먹지 않는 빨간 사과 먹을 수 있지.
–〈빨간 사과〉 일부

사과는 겉과 속이 다른 과일이다. 김경수 시인이 많은 사물 가운데 빨간 사과를 선택한 것은 아주 기발하다. 사람들은 일반적으로 사과처럼 생각과 행동이 일치되지 않는다. 생각이 빨간색이라고 해서 행동까지 빨간색은 아니다. 설령 같은 빨강이라고 인식했더라도 위치나 상황에 따라서 명도와 채도가 다르며, 더구나 사과의 겉과 속은 색깔 한 가지만을 비교할 때 완전히 다르기 때문에 결코 동일하다고 하기 어렵다. 사과는 그런 의미에서 양면성을 가지고 있는 물체다. 그러나 먹음직스럽고 탐스러운 외형과 달콤새콤하고 영양가 있는 내면적인 맛이 어우러져야 비로소 참다운 사과의 역할을 다 할 수 있다고 볼 때 어느 하나 소중하지 않은 게 없다. 〈빨간 사과〉에서 김경수 시인은 생각과 행동이 하나가 되어야 벌레 먹지 않는 사과를 먹을 수 있다는 말로 작품을 마무리한다. 사과의 겉과 속이 모두 건강해야 벌레 먹지 않듯이 사람도 생각과 행동이 일치해야 올바른 삶을 영유한다는 교훈을 담고 있으면서 비유에 성공을 거둔 작품이다.

김 시인의 시를 관심 있게 읽다 보면 어딘가 모르게 두 가지의 서로 다른 분위기와 만나게 된다. 하나는 기존의 시 장르에 충실하려는 분위기이고 또 다른 하나는 시 장르로부터 벗어나 무언가 새로운 것을 시도하기 위해 실험정신을 내재시킨 시적 분위기다. 엄밀히 말하면 김경수의 시편들은 시의 틀이나 메시지가 일상적인 것으로부터 벗어나고자 꿈틀거리고 있다.

갈대에게는 엄청난 꿈이 있다
흔들리는 마음에는 갈색 모습이 있고
그것은 과연 하늘색이다
그것의 마음은 넓고

그것의 생각은 깊으며
그것의 이상은 높다

−〈파스칼의 생각〉 일부

소설이나 희곡적 요소를 삽입하거나 자동기술법의 방식처럼 자유분방하게 서술하거나 일상과 예술을 구별하지 않는, 말하자면 기존의 제도를 가능하면 무시하거나 해체해 버리려는 태도를 김 시인의 〈파스칼 생각〉에서 읽을 수 있다. 인간은 생각하는 갈대라는 말을 非詩的인 것과 접맥하여 시처럼 만들고 있으나 '그것'이라는 지시대명사가 통제되지 않은 채 거침없이 연속적으로 시행의 첫 부분에 배열된 점을 보면 어딘지 모르게 자유분방함을 느끼게 된다. 일종의 自動技術法이다. 자기가 무엇을 쓰고 있는지 전혀 의식하지 못하고 손이 가는 대로 기계적으로 쓴 것이 아니라, 이성의 감시나 탐미적 · 윤리적 지배에서 벗어난 무의식의 순수한 기록임을 김 시인은 〈파스칼 생각〉에서 분명히 제시하고 있다. 이런 행위는 기존의 시 장르에 대한 충돌이며 동시에 다른 장르와의 화해로 볼 수 있다.

무지의 옷을 입고 거리에 나섰다
오늘,
북한산 자락이 또렷이 보이는
야누스의 순진함을 보았다
거리의 발길마다 위쪽으로 추켜지는 방향성 시간
옷 벗기기 시합을 한다
초록이어야 할 지구 문명에 벗김 당하고
진열장 속으로 빨려드는
충혈된 생각
서점 구석마다 저자의 옷을 벗기는 소리
너무도 긴장되어
양심은 화장실에서 벗김 당한다
자동차는 새끼줄 꼬임에
꼬임을 당하고

여의도 바지는 반바지로
벗기기에 늘 소극적이다

– 〈벗기기 – 거리에서〉 일부

김경수 시인의 새로운 것에 대한 실험정신은 곧장 비판적 현실 고발로 이어진다. 앞의 시를 읽어 내려가다 보면 '여의도 바지는 반바지로/벗기기에 늘 소극적'이라는 부분에 시선을 멈추지 않을 수 없다. 주변에서 수없이 만나는 거리의 온갖 풍경들은 우리에게 이미 익숙해진 것들이지만 국회가 있는 여의도 거리는 한없이 낯설기 때문이다.

더구나 여의도 바지는 벗기기에 소극적이라면서 진실을 제대로 밝히지 못하고 이중적으로 살아가는 위정자들을 점잖게 꼬집고 있다는 점에서 독자들은 긴장할 수밖에 없다. 김 시인의 작품 속에 가끔 등장하는 미니스커트와 함께 〈벗기기 – 거리에서〉에 등장하는 반바지는 어느 상황이나 처지에서의 극한점을 의미한다고 본다. 이 시에서 그는 일종의 사회 전반에 깔려있는 부조리를 가장 서민적인 것에서부터 점차 상위의 것에 이르기까지 조명해 내고 있다. 이 밖에 〈벗기기 – 광고에서〉, 〈벗기기 – 시인〉, 〈벗기기 – 연상 작용〉, 〈벗기기 – 비 오락가락하는 날〉에서 사회의 추악한 면이나 부조리가 김 시인에 의해서 계속 통쾌하게 벗겨진다. 그렇다면 김 시인이 이처럼 벗기기를 계속하는 까닭이 어디에 있는지 생각해 볼 일이다. 그는 시 〈몸에 걸친 것 모두 벗어버리면〉에서 묻혔던 삶들이 하늘로 오르고, 청아한 빛이 밑으로부터 기운차게 일어남을 느낄 수 있어서 좋다고 벗기기의 궁극적인 목적을 명확하게 밝힌다. 앞에서 본 여러 편의 시에서처럼 때로는 강도 있게, 〈잘난 세상〉에서처럼 '멍청한 시간 잘난 세상'이라고 빈정대면서 그는 부패된 부위를 예리하게 칼질한다. 이런 행위는 불의에 대해서는 강한 충돌이 되지만 정의에 대해서는 친화가 되는 것이다.

김경수 시인이 추구하고 있는 미학적 충돌과 화해는 마침내 다음 작품에서 극치를 이룬다.

IMF 화투를 치는디
외디푸스 콤플렉스 때문에
패를 돌려서
高
물가로 완고 한번 허고
죽어도 "짹" 한번 한다고
이번에 다시
高

– 〈IMF 1998〉 일부

이 시는 우선 언어 유희 *pun*와 위트 *wit*가 눈에 띄는데, Go가 高로 변용되고 있는 것이 좋은 예다. 시어의 배열도 특이하며 전라도 사투리를 그대로 사용한 것도 이색적이다. 더 중요한 것은 이 시의 후반부에서 ◐ ◑ % + - ₩ ↘ $ ↖ 따위의 일반 상식으로 이해하기 어려운 기호를 거침없이 써 내려가고 있다는 점이다. 기존의 언어에 대한 강한 충돌이며 새로운 방향 모색이라 하겠다. 이와 같은 현상은 작품 〈포스트모던〉에서 이질적인 단어의 무차별 결합이나, IMF↑말↓말◐+◑*와 같이 언어 또는 기호의 질서를 파괴함으로써 전체적으로 애매함까지 부여한다. 그러나 어떤 기호든 인용할 수 있고, 인용 부호로 나타낼 수 있으며, 이런 방식으로 그 기호는 주어진 문맥에 따라 파괴되며, 이런 방식으로 무한히 새로운 문맥들을 생성한다는 데리다의 주장에 귀를 기울일 필요가 있다.

김경수씨는 부지런히 시를 쓰면서 항상 다양하고 새로운 창작방향을 모색하는 시인이다. 여러 편의 시에서 기존의 시로부터 내용이나 형식을 해체시키려는 일련의 태도는 그의 시가 포스트모더니즘을 지향하고 있다는 증거다. 시로서 도저히 불가능하다고 판단되는 이질적인 요소들을 충돌과 화해의 장치에 의해 미학적으로 형상화시키고 있는 그의 독특한 창작기법에 기대를 걸어 볼 일이다.

8. 경계 넘어서기

〈김희경의 시 단평〉

시는 형식이나 내용에 너무 얽매이면 안 된다는 생각이다. 아무리 많은 시간과 노력을 기울였다 하더라도 독자들의 정곡을 찌르지 못하는 시는 일단 실패작으로 볼 수밖에 없다. 한동안 시는 시인이 독자에게 일방적으로 전달하는 매개물 정도로 생각하던 시대가 있었다. 그러나 엄격히 말해서 시는 커뮤니케이션이기 때문에 화자와 청자 간에 의사소통이 원활하게 이루어져야 한다. 피차 마음이 움직이지 않는다면 화자인 시인이나 청자인 독자 누군가에게 문제가 있다는 말이다. 따라서 좋은 시는 어느 일정한 틀에 의해 조형된 시가 아니라, 틀을 다소 벗어나더라도 독자들의 마음에 와 닿는 시가 아니면 안 된다.

> 문.과.문.사.이.의.턱.은.턱.없.이.높.았.다.나.는.그.안.에.서.있.었.고.보.았.고.알.았.고.그.리.고.낮.아.서.무.덥.고.습.하.기.만.하.던.여.름.하.늘.이.가.을.이.면.왜.갑.자.기.눈.물.겹.도.록.심.성.맑.아.지.게.하.는.지.까.닭.을.알.았.다.그.러.나.말.할.수.없.었.다.우.리.모.두.의.하.늘.문.밖.으.로.올.려.다.보.기.내.진.실.로.두.려.운.까.닭.에.
>
> –〈오월〉 전문

일반적인 틀을 벗어난 시 쓰기임을 한눈에 확인할 수 있다. 단순한 멋 내기로서 글자 사이에 마침표를 찍은 것이 아니라, 문과 문 사이의 단절된 공간에 자아가 존재하고 있음을 확인하기 위한 시인의 굳은 의지가 내포된 마침표이다. 여름과 가을의 이색적인 정서를 끌어들인 것도 마침표가 지니고 있는 단절의 의미를 설명하는데 충분하다. 쉬클로프스키가 말한 것처럼 시는 낯설게 하기라는 생각이다. 특히 현대의 독자들에게 너무나 일상적이고 평범한 시를 가지고는 관심을 끌지 못한다. 김희경의 〈오월〉은 마침표라는 부호와 문이라는 물체가 지니고 있는 단절의 의미를 극대화시키면서 독자들의 마음을 움직이는 데 성공한 작품이라고 생각한다.

양파를 까며
울었다
감추고 싶은
눈가의 주름조차도
낱낱이 들춰내는
당신 때문에
눈이 붓도록
울었다

콧물 훌쩍이며
울었다
내 말간 속살이
당신의 손끝에서
온전하게 드러나는 순간
갑작스런
홀가분함에
코끝이 시큰하도록
울었다

－〈고추 먹고 맴맴〉 전문

인간의 양면성을 양파 까는 것에 비유한 점이 우선 신선하다. 더구나 눈가의 주름살조차도 낱낱이 들춰 내는 당신이라든가, 내 말간 속살이 당신의 손끝에서 온전하게 드러난다는 등의 육감적 이미지를 통해 카타르시스의 효과를 극대화시키고 있는 점 또한 값지다고 하겠다. 탈을 쓰고 살아갈 수밖에 없는 인간들에게 양파를 까듯이 어느 실체가 속속들이 벗겨지고 난 후의 쾌감이야말로 오늘을 살아가고 있는 현대인들이 가장 갈구하고 있는 것인지도 모른다.

제목 〈고추 먹고 맴맴〉과 시의 내용이 기대하고 있는 의미와 일치하지 않는 것도 독자들에게 충분한 상상력을 제공하기 위한 시인의 의도적 시도라는 생각이 들어 호감이 간다.

> ……저 놈의 눈빛…태어난 지 며칠 안됐을 쥐…… 새끼……
> 쫓고 쫓기는, 세상은 그런거다 물고 물리고 밟고 밟히고
> 널 위한 안식은 그곳에만 존재한다 서로의 경계는 너무나 분명하여서 차라리 엄숙하게 받아들여야 하리 근육질의 권위와 생같은 권력도 밤에만 검푸른 싹을 틔워왔을 터 너희가 저질렀던 그동안의 행적들을 우린 알지 못한다 작고 단단한 이빨이 어느 가옥의 낡은 기둥을 쏠고 기어이 곳간창고 한구석을 차지했을 때 울며 허공을 맴돌았을 원인 모를 의문 사실종자들의 혼백 으악 갑자기 포물선을 그으며 날아오른다 쥐, 쥐
>
> –〈쥐덫 1〉 전문

앞의 시 〈고추 먹고 맴맴〉이 여성적이라면 〈쥐덫 1〉은 상당히 남성적인 톤을 지니고 있다.

우선 사고의 스케일이 넓고 목소리 또한 강하고 굵다. 첫 행의 메시지부터 어딘가 심상치 않다. 있는 자와 없는 자의 경계가 분명해진 오늘날 사회의 부조리한 실상들이 쥐의 행적을 통해 적나라하게 드러나고 있다. 서두를 쥐새끼로 시작하여 이 시의 말미를 쥐로 마감한 것도 작품의 명료성 차원에서 주목할 만한 일이다.

> ① 끝내 저질렀어요
> 다소곳이 기다리는 게 여자의 도리라지만
> 참으려 해도
> 몸이 달아올라 견딜 수 없는 걸
> 어찌합니까
> 밤이면 도지던 열병이
> 거리를 무작정 헤매이게 하더니
> 만날 것같은 예감 하나로

경회루 앞에 와서 섰는데
글쎄 말입니다
금족령을 어기고 나온
네 죄가 크다며
연못 앞엔 경고문만
전하처럼 버티고 있더이다

위험, 들어가지 마시오

－〈가을맞이〉 전문

② 진작부터준비해온죽음앞에서부러지는연필을안타까이깎고또깍으며우린지우개를찾지않았습니다눈을감는순간까지알콜내를풍기며다가섰어도연약한잔등후려치던그채찍우린버리지않았습니다게거품흐르는입망을틀어막고너는먹지마라다그치며닳아빠진발톱세워종일쟁기만끌게했습니다갖은비웃음에도밭은갈아엎어야했던하루마른목젖축여주는술잔에다눈물도따뤄꿀꺽삼키던밤은아무도몰랐습니다얼룩진시간표에멍든가슴일망정이대로먼길가는옷벗어다시일어서길우리는이제서야진심으로바라고있습니다어떤깊이로도채울수없는당신의자리……앞에서.

－〈저음의 무반주 첼로〉 전문

시 ①과 ②는 시인의 의식 속에 잠재되어 있는 경계선을 자의적으로 무너뜨리고 있다는 점에서 동일한 구조의 작품이라 하겠다. 두 작품은 물론 외적인 형태가 다르고 소재도 다르다. 그러나 우리들의 살아가는 일상적인 이야기를 우리 모두의 체험담처럼 진솔하게 써 나가고 있다는 데 마음이 끌리는 것이다. 이와 같은 일련의 진솔함이 좋은 시의 관건이 됨을 우리는 잘 알고 있다. 밑줄 그은 부분을 통해 시인이 추구해 가고 있는 것이 진실이고, 그 진실을 추구하기 위해 금지된 경계선까지도 용감하게 넘어서는 모습을 확인할 수 있다.

독자들의 마음을 찌르기 위한 시인의 끊임없는 노력이 있을 때 우리의 시는 생명수처럼 인간의 마음을 훈훈하게 해 주는 동시에 이 사회가 비 온 뒤의 땅처럼 탄탄하게 자리잡아 나갈 것이다. 김희경 시인의 맑고 예리한 시 정신에 박수를 보낸다.

9. 껴안기와 벗어나기

〈산문 계간평〉

〈1〉

인간은 모순덩어리일 수밖에 없다. 누구나 서로 사랑하며 돕고 사는 것이 참된 행복이라고 생각하지만 때때로 자신의 이익을 추구하기 위해서 수단 방법을 가리지 않고 비도덕적 행위도 마다하지 않는 양면성을 가지고 있기 때문이다. 그래서 사람들은 평소에는 자신에게 주어진 일에 최선을 다하여 자기 자신과 가족의 생활을 안정시키려는 욕망 속에서 살아가는 반면, 가끔 소속된 집단이나 조직으로부터 벗어나 자기 본능대로 살고자 하는 욕망에 빠지기도 한다. 그러나 어느 한 사람에게 선과 악의 모순된 욕망을 동시에 만족시킨다는 것은 거의 불가능한 일이라서 대부분의 사람들은 반사회적이거나 반도덕적 욕구를 억압하고 인간적이거나 도덕적인 욕망을 지향하며 살아가는 것이다. 그런데 선과 악의 모순된 두 욕망을 동시에 만족할 수 없을 경우 인간은 또 하나의 전혀 다른 이중인격자로 변신한다는 게 심리학자들의 공통적인 이야기다.

인간의 이중성을 잘 드러낸 작품으로 우리는 스티븐슨의 〈지킬박사와 하이드 씨〉를 기억할 수 있다. 아주 고상한 인격을 가진 지킬박사가 밤만 되면 어떤 약을 먹고 도덕심이 전혀 없는 흉악한 하이드로 변신한다. 약품의 힘으로 선과 악의 이중인격을 마음대로 구사할 수 있는 법을 안 지킬박사가 점차 악의 성격을 지닌 하이드 씨의 지배를 받아 살인까지 저지르게 되어 끝내 본래의 성격을 되찾지 못하고 비참한 최후를 맞는다. 낮 시간에는 최고의 인격자로 알려지고 싶은 욕망으로 가장 도덕적인 생활을 추구하지만, 밤만 되면 도덕이라는 멍에를 훌훌 벗어버리고 아무런 속박도 받지 않는 인간의 본능 그대로 행동함으로써 완전히 양립하는 별개의 인간으로 행동한다. 1886년에 발표된 이 작품이 오늘날까지 많은 독자들의 구미를 당기게 하는 것은 작가가 인간 내면에 잠재된 이중적 심리를 잘 포착하여 섬세하고 리얼하게 묘사한 기법상의 이유도 있겠지만, 현실세계에서 선과 악을 마음대로 공유할 수 없는 현대인들이 작품을 통해서나마 대리만족하고자 하는 심리적 요인도 배제할 수 없다. 한 마디로 〈지킬박사와 하이드 씨〉는 현실세계에서 실현 불가능한 일을 작품화했기 때문에 당시의 독자들이나 오늘의 독자들에게 관심을 끈다는 해석이 더 타당할 것이다.

이번 「광주문학」(여름호 · 통권 15호)에서 읽은 소설 두 편은 현대인들이 지니고 있는 심리적 갈등의 실체를 묘사한 작품으로 감명 깊게 읽었다. 이미란의 〈그림자 사랑 · 2〉와 조승기의 〈쥐, 혹은 마조히즘〉은 특히 공통적으로 메타 픽션의 성격을 띠었다는 점이 인상적이라 하겠다. 알다시피 메타 픽션은 1970년 윌리엄 개스가 「철학과 픽션의 형태」라는 논문에서 '소위 反小說이란 것의 대부분은 실로 메타 픽션들이다'라고 언급하면서 처음 사용되었는데, 이 논문에서 그는 픽션에는 더 이상 묘사 *description*가 없고, 오직 구성 *construction*만이 있을 뿐이라고 충격적인 발언을 한다. 보네걷 역시 이야기 꾸며 나가기를 피하고 조각난 현실을 그대로 보여주면서 작가의 임무는 질서를 해체하여 혼돈을 보여주는 것이라고 말하며, 실체를 정확히 반영하는 기능을 잃은 언어보다는 그림이 더 낫다고 주장한 바 있다. 전통적 소설형식의 해체를 주장하는 이들의 목소리는 마침내 더 이상 소설이 현실 혹은 실체를 반영하거나 모방하지 않는다는 의미에서 '반사실주의', '반 소설'이라는 용어를 등장하게 했으며, 소설보다 픽션이라는 용어를 즐겨 사용하게 만들었다. 아울러 메타 픽션은 기존의 의미와 질서를 뒤엎기 위해서 패러디를 즐겨 쓰며, 작품의 시작과 끝도 없고, 시간의 흐름이 무시되는 점도 주목할 필요가 있다.

이미란의 〈그림자 사랑 · 2〉에서 현재와 과거를 일관성 없이 교차시키고 있는 일이라든지, 전반부에서 승혜와 애견 미니를 빈번히 같은 선상에서 교대로 등장시켜 스토리 파악에 대한 다소의 혼란을 유발시키고 있는 점, 조승기의 〈쥐, 혹은 마조히즘〉에서 TV 화면을 통해 비친 3편의 서로 다른 세상 이야기와 실제 일상생활에서 벌어진 또 다른 1편의 이야기를 쥐라는 매개물로 엮어놓음으로써 전통적 스토리를 부정하고 새로운 창작을 시도한 점 등 메타 픽션의 성향이 발견된다.

현실세계에서 믿을 수 없는 일이 속출하고 우리의 삶이 소설 속의 세계보다 더 극적이고 흥미로울 때 전통적인 소설은 존재위기에 부딪친다. 그래서 저지 코진 스키는 구성이 없이 자신의 경험을 에피소드별로 서술해 나가는 소설을 썼는데, 조승기의 〈쥐, 혹은 마조히즘〉도 같은 경우의 작품으로 분류할 수 있다. 트루먼 카포티나 노만 메일러는 실제 일어난 사건들을 추적하여 리포트 형식을 빌려 서술하는 저널리즘식 소설을 쓰고, 나보코프는 현실이 수수께끼여서 속임수로 가득 찬 픽션을 쓰고, 절대 진리란 없기 때문에 주장이 없고, 따라서 일관성 있는 스토리텔링이 아닌 조합을 꾀한다는 일련의 변화에 주목하지 않으면 안 된다.

특히 이미란의 〈그림자 사랑 · 2〉는 거짓말이라는 부제가 암시하듯 인간의 절대적 논리인 도덕성이 승혜라는 처녀의 거짓말에 의해 무참히 파괴된다는 내용을 담은 작품으로 기존질서에 대한 충격적 도전과 비극적인 해체가 관심을 끈다. 이 소설은 3인칭 주인공 그녀가 아들의 여자 친구인 승혜를 주동인물로 내세워 현대인이 지니고 있는 선과 악의 양면성을 리얼하게 보여주고 있다. 작품의 전반부가 주로 승혜에게 쏟은 그녀의 헌신적 사랑이야기라면 후반부는 승혜에게 감쪽같이 배신당한 이야기가 주류를 이룬다. 사실대로 이야기하면 왠지 불안해 어떤 때는 아무 일도 아닌데 그냥 거짓말을 하게 된다는 승혜의 자백에도 불구하고 그녀는 승혜의 모든 것을 오직 사랑으로 껴안는다. 승혜는 그녀에게 뿐 아니라 까다롭고 무뚝뚝한 남편까지도 사로잡을 만큼 살갑고, 말을 해도 마음에 착 엉기게 하는 데가 있다고 말한 것으로 보아 승혜에 대한 그녀의 신뢰는 대단하다. 아들 명현이가 승혜의 거짓된 것을 여러 차례 그녀에게 일러바쳤을 때도 오히려 승혜를 동정하고 두둔할 정도의 신뢰였다. 그녀에게 승혜는 다시없는 딸이었고 며느리였고 연인이었다. 그런 승혜가 갑자기 다른 남자와 결혼하게 되었다고 전화를 걸어오면서 지금까지의 거짓이 하나씩 드러나기 시작한다. 승혜에 대한 기대가 컸던 만큼 그녀의 실망도 클 수밖에 없다. 그녀는 승혜의 남자친구를 만나 모든 것을 다 실토하게 되고 결국 승혜는 거짓말로 인해 파혼을 당하게 된다는 게 대충 이 소설의 내용이다. 마치

조이스의 『젊은 예술가의 초상』을 읽는 듯한 느낌이다. 과거와 현재의 어릴 적 경험이 동시적으로 일어나지만 그 사이에 아무런 연결이 없는 조이스의 작품처럼 이 소설 역시 과거에서 현재로, 현재에서 과거로 이야기가 자주 변전되어 일관성이나 논리성을 찾아보기 어렵다.

> ① 아들이 옳았다. 아들은 직감적으로 승혜가 어떤 아이라는 것을 알고 있었나 보다. 그러나 승혜를 사랑했던 그녀는 승혜의 거짓말 속에 승혜가 되고 싶은 승혜가 들어 있다고 생각했다. 승혜가 되고 싶은 승혜를 만들어 주고 싶었는데, 거짓말을 안 해도 되는 승혜를 만들어 주고 싶었는데.

> ② 어머니는 거짓말쟁이예요. 저를 딸이라고 하시더니, 영현이가 아들이 아니라, 네가 내 딸이라고 하시더니……. 딸이라면, 평생을 영현이에게 빌붙어 그렇게 비굴하게 사는 게 그렇게 좋으셨겠어요? 제가 새로 찾은 삶을 그렇게 망가뜨릴 수 있으시겠어요?

인용한 글은 이 소설의 핵심적인 메시지를 담고 있는 부분으로 ①은 그녀가 승혜와 결혼하기로 했다는 남자를 만나면서 하나씩 드러나기 시작한 승혜의 거짓말을 듣고 자책하는 내용이고, ②는 정체가 낱낱이 드러난 승혜가 결혼하기로 한 남자로부터 파혼 당하자 그녀의 전화 자동응답기에 남겨 놓은 적반하장격의 음성 메시지 내용이다. 철저한 신뢰가 철저한 배신을 가져온다는 역설적 의미를 시사해 주는 작품으로 대립된 두 개의 사상을 병치시켜 효과를 극대화한 점이 돋보인다. 다만 이 작품 〈그림자 사랑 · 2〉가 제목에서 이미 희망적이고 아름다운 사랑이 아님을 암시하고 있는데 굳이 '거짓말'이라는 부제를 붙여야 할 필요가 있는지, 지나칠 정도로 빈번하게 반전을 거듭하여 혼란을 초래하는 특별한 이유가 있는지, 그리고 등장인물의 호칭을 보다 효율적으로 붙이는 방법은 없는지 과제로 던져 둔다.

조승기의 〈쥐, 혹은 마조히즘〉은 전혀 다른 네 개의 사실적인 이야기가 하나의 작품으로 엮어졌다. 굳이 공통점을 찾는다면 네 개의 조각난 이야기에 모두 쥐라는 동물이 이따금 상징적으로 등장한다는 것 외에는 없다. 혼돈 속에서

질서를 찾아 전체적인 통일감을 꾀하려는 작가의 의도가 흥미롭다. 소설에서 거의 모든 것, 즉 작중 인물, 장소, 몸짓, 목적 등은 원래 가지고 있는 의미를 지나 한 가지 또는 여러 가지 의미를 시사한다. 조승기의 작품에 등장하는 쥐는 1차적으로 단순한 문자적 의미인 쥐과에 속하는 짐승일 뿐이다. 그러나 이 작품 속에서 쥐는 겁이 많고 나약한 서민이며, 소외된 계층으로 읽을 수 있다. 그 밖에 다른 곳에서 쥐는 약고 날렵한 재주꾼으로, 그리고 주로 밤에만 돌아다니는 밤손님을 상징하기도 한다. 작가가 현실감 나는 스토리를 만들기 위해 작품 속에 상징물을 끌어들인 점도 성공적이라 하겠다. 다만 스토리를 부정하고 전혀 다른 몇 개의 조각을 엮어 하나의 작품으로 만드는 실험적 기법은 인위적이고 주관적이어서 자칫 도덕적 상대성에 빠질 수 있다는 지적을 배제해서는 안 될 것이다.

〈2〉

이번 호에서 읽은 동화는 차원재의 〈똥개 '검둥이'〉, 박정자의 〈청청이 할아버지〉, 양인숙의 〈빛이 된 우산〉 등 모두 세 편이다. 동화는 어른들이 쓰기 때문에 언어나 사상이 어른 중심으로 표출되기 쉬워 솔직히 불안한 감이 없지 않은데, 세 분 모두 동심을 잘 포착하고 있어서 우선 마음이 놓인다. 동화는 독자 가운데 어린이를 포함하는 문학이기 때문에 제한되는 요소가 많아 소설보다 쓰기가 어렵다. 예를 들어, 동화의 문장이나 사상이 어린이에게 이해될 수 있도록 써야 하고, 일차적인 독자가 어린이라는 점을 감안하여 교육적인 문제를 배려하지 않으면 안 되는 등 제재가 많다. 동화를 쓰는 작가는 창작기법을 익히는 일 외에 동심을 파악하는 데 많은 시간을 할애해야 한다. 최근 영국의 동화작가 조앤 롤링이 쓴 ≪해리 포터≫ 시리즈가 전 세계적으로 7000만 부 이상 판매 부수를 올린 것도 동심을 바탕으로 쓰였기 때문이다. 지금 이 동화는 우리나라를 비롯한 세계 각국어로 번역되어 어린이는 물론 어른들로부터 폭발적인 인기를 얻고 있는 실정이다. 엄격히 따져서 소설은 어른들만을 만족시키면 되지만 동화는 어린이만 만족시켜서는 안 된다. 성공적인 동화는 ≪해리 포터≫처럼 국적이나 인종이나 남녀노소를 막론하고 지구상의 모든 사람들을 만족시킬 수 있어야 한다.

발표된 세 편의 동화를 분류해 보면, 차원재의 〈똥개 '검둥이'〉와 양인숙의 〈빛이 된 우산〉이 실제 생활 속에서 소재를 선택한 생활동화에 속하고, 박정자의 〈청청이 할아버지〉는 판타지를 도입한 공상동화에 해당된다. 우연인지는 몰라도 세 편의 동화가 사랑 이야기를 주제로 다루고 있는 점이 공통적이라 하겠다.

차원재의 작품은 전체적으로 차분한 진행을 보여주고 있어서 매우 안정된 분위기를 느끼게 한다. 주인공 민수가 자기 집에서 기르는 검둥이 똥개를 길들이기 위해서 온갖 노력을 기울이는 정황이 안타까울 정도로 처연하다. 송이가 끌고 나온 영리한 개를 보기 전까지 민수는 보기만 하면 반가워서 꼬리를 흔들며 달려드는 검둥이가 좋아서 장난도 치고 함께 놀았다. 그러나 말 잘 듣는 송이의 개를 보고 나서부터 민수의 태도는 변한다. 검둥이를 붙들고 '앉아!'라는 동작을 가르치는 일에 집념하기 시작하고, 급기야 말 끼를 알아듣지 못하는 검둥이에게 심할 정도로 화풀이까지 하게 되지만 전혀 훈련되지 않은 똥개가 갑자기 변할 리 없다. 그래서 검둥이는 계속해서 민수에게 구박을 받으며 살아간다. 그러던 어느 날 민수네 가족이 깊이 잠든 새벽녘에 폭우로 개울물이 넘쳐 민수네 집이 위기에 처한 것을 발견한 검둥이가 죽음을 무릅쓰고 뛰어다니며 가족을 구하게 되고, 그 사실이 신문에 보도되어 의로운 개로 많은 사람들에게 칭찬을 받았다는 줄거리다. 남수라는 주인공의 성격을 시종 치밀하고 일관성 있게 묘사한 점도 좋고, 사건의 진행도 발단→전개→위기→절정→결말의 순서로 빈틈없을 만큼 완벽하다. 흔히 있는 테마이지만 인간과 동물 간의 사랑을 재확인시켜 주는 작품으로 관심 있게 읽었다. 특히 결말부분에서 어린이들을 의식하여 안도감을 주는 것으로 끝맺음한 점이 값지다. 아울러 어린이를 의식한다면 동화창작에서 정확한 언어선택과 문장표현이 대단히 중요하다는 점을 지적하고 싶다. 예를 들어, 177쪽에서 '검둥이는 그 말을 알아듣는 것처럼 눈만 까딱거립니다.'라고 표현했는데, '까딱거린다'는 말은 머리를 자꾸 앞뒤로 내흔든다는 의미를 가지고 있기 때문에 부적절한 표현이다. 눈을 깜빡거린다고 해야 맞는다. 같은 쪽 아래 줄에서 '오히려 꼬리를 흔들고 다가가서

씨근씨근 냄새를 맡았습니다.'라고 표현한 것도 부적절하다. '씨근씨근'은 '쌔근쌔근'보다 큰말로 어린이가 곤하게 잠자는 모양을 뜻한다. 동화작가는 동화를 통해서 어린이들에게 올바른 국어를 가르치는 일에도 게을리해서는 안 된다.

양인숙의 〈빛이 된 우산〉은 한 마디로 물질만능의 시대를 살고 있는 현대의 어린이와 어른들에게 감동적인 스토리다. 얼마 전 일본의 동화작가 구리 료헤이가 쓴 〈우동 한 그릇〉을 읽는 듯한 느낌이다. 양인숙의 동화는 어렵던 시대를 살아온 어느 할아버지에게 포커스를 맞춘 작품으로 근검절약하는 생활 모습을 정감이 가도록 자연스럽게 묘사한 점이 뛰어난다. 거침없이 흐르는 물처럼 문장이 유연하여 읽어 가는 데 부담이 없는 점이나, 어린이와 이웃에게 무조건적인 사랑을 주는 할아버지의 모습을 조금도 꾸미지 않고 진솔하게 묘사함으로써 오히려 독자들과 공감대를 이루어 가고 있는 점도 바람직하다. 갑자기 비 오는 날 할아버지가 우산을 들고 학교에 갔다가 우연히 교장선생님과 나눈 대화 속에 간접적인 교훈을 깔아 놓은 일도 잘했다는 생각이다. 그러나 양인숙의 동화에서도 군데군데 명확하지 않은 문장이 발견됨을 지적하지 않을 수 없다. 몇 군데만 밝힌다면, 193쪽의 '언제부턴가 스스럼없이 다가와서 인사를 하고 늦는다며 뛰어 들어가는 아이들을 보는 할아버지의 마음이 포근해집니다.', 194쪽의 '주워 온 것을 다 정리하고 마지막으로 고쳐진 우산을 벽에 겁니다.', 195쪽의 '빈 병을 모아 마련하여 꼬깃꼬깃 접어 넣었던 돈을 꺼냅니다.' 등으로 표현이 정확하지 않아 의미 전달까지 흐리게 한다.

박정자의 〈청청이 할아버지〉는 앞에서 이미 언급한 것처럼 판타지를 도입한 동화다. 동화의 문학적 특성 가운데 하나가 판타지이다. 비체험, 비현실성, 환상의 세계, 판타지의 우주를 무한히 가지고 있는 점이 일반 소설과 크게 다르다. 물론 요즘 들어서 소설에도 판타지 소설이 도입되어 신세대에게 대단한 인기를 끌고 있는 것은 전통적 소설로부터의 벗어나기로 해석할 수 있다. 부연한다면 판타지는 다른 픽션과는 별개의 풍토, 즉 비현실 속의 현실, 믿기 어려운 세계의 진실성이란 분위기 속에서 사는 것이다. 그리고 어린이들이 판타지를 쉽게 받아들이는 까닭은 어린이에게는 상상력과 경이의 마음이 있기 때문이다. 일단 박정자의 동화를 읽으면서 독자들은 누구나 많은 상상의 날개를 펼치게 될 것이다. 동화의 주인공인 늙은 소나무 청청이 할아버지가 늙어서 의식을 잃고 다 죽어가는 친구 벽오동나무 덩덩이에게 지난날의 이야기를 차근차근 들려주는 방법으로 서술하고 있는 점이 색다르다. 사건의 진행이 다소 느리고 답답하지만 작가는 판타지의 특권인 상상력을 빌어 끝까지 지루하지 않은 분위기를 연출하여 위기를 슬기롭게 잘 넘기고 있다. 그리고 늙은 나무들의 회고조 이야기라서 어린이들에게 얼마나 관심을 끌 수 있을까 염려했는데 다행히 중간중간에 어린 배롱나무를 등장시켜 재치 있게 신선한 화제로 바꾸어 나간 점이라든가, 등장하는 나무들의 특성을 잘 살려 묘사하려고 노력한 점이 돋보인다. 그러나 솔직히 박정자의 작품을 읽으면서 전체적으로 동화 문체가 어딘지 석연치 않았다는 점을 지적해 두고 싶다. 작품 속으로 자연스럽게 젖어들지 못하는 이유도 바로 명쾌하지 않은 문체 때문이라고 생각한다. 문체는 무엇보다 작품의 전체적 흐름이라 할 수 있다. 막연히 한 단어에 이어서 또 다른 단어를 선택함으로써 구성되는 것이 아니라, 문장의 길이, 리듬, 대조 및 언어사용 등 많은 것들의 복잡한 효과들로 구성된다는 점을 유념하기 바란다. 판타지 동화를 쉽게 생각하는 사람들을 위하여 한 마디 꼭 당부하고 싶은 말이 있다. 사실 동화에서 판타지를 도입하는 문제가 생각처럼 그렇게 만만하지는 않다. 아무리 공상이요, 꿈의 이야기라고 하더라도 그것은 어디까지나 과학적 합리성이 있어야 하며, 논리성이 유지되어야 한다는 점도 잊어서는 안된다. 논리성이 결여되면 이야기가 어색하고 부자연스러우며 우스꽝스러울 수밖에 없기 때문이다. 공상적인 이야기라고 리얼리티가 없다고 생각하면 큰 오해다.

10. 시도 재미가 있어야

「아동문학시대」 동시평

성인문학에서도 그렇지만, 특히 독자 가운데 어린이를 포함하는 아동문학의 경우 어느 장르가 되었든지 흥미성 · 예술성 · 교육성을 의식하지 않으면 안 된다. 그 중에서도 흥미성은 작품의 성패를 가르는 중요한 관건이 된다고 하겠다. 아무리 예술성이 뛰어나고 교육성이 두드러진다고 해도 작품이 재미가 없으면 일단 집어치우기 마련이다. 관심 있게 문단을 살펴보면 산문문학을 하는 사람들은 비교적 흥미성에 많은 비중을 두는 반면, 운문문학을 하는 사람들은 비교적 흥미성에 거리감을 두는 듯하다. 물론 운문문학의 경우 운율 따위의 외형적인 재미에 관심을 갖고 있으나 여기서는 그러한 외형적인 흥미성보다 내면적인 흥미로움이 결여되었다는 점을 지적해 둔다. 오늘날 많은 아동문학가로부터 시가 읽혀지지 않고, 동요도 불리지 않는다고 한탄하는 소리를 듣는다. 물론 다양화 시대, 디지털시대에 독자의 취미나 관심이 폭넓게 분산되는데 커다란 원인이 있을 수 있다. 그러나 한탄만 할 것이 아니라 글 쓰는 분들은 냉철하게 그 원인이 어디에 있는지 진단을 하고 그에 맞는 처방과 치료를 해야 할 것이다.

시가 읽혀지지 않는 이유 가운데 하나는 근본적으로 시답지 않은 시를 마구잡이로 발표하는 데 있다. 시의 기본이 무엇인지조차 모르고 대충 행이나 갈라 놓으면 시가 되는 것처럼 착각하는 사람들이 예술성 없는 시를 써대고 있는 한, 시는 영원히 소외당할 수밖에 없다. 터놓고 말하지만 지상에 발표되는 시 가운데 초등학교 학생들의 작품에도 미치지 못하는 수준 이하의 작품들이 너무 많다. 어떻게 등단했을까 의심이 갈 정도로 시답지 않은 시가 부끄럼 없이 나돌아 다닌다. 그런 사람은 건전한 독자들이 더 이상 오염되기 전에 일찍이 시 쓰는 일을 그만두어야 한다. 필사적으로 시를 써야 된다면 시 창작에 대하여 단계적으로 공부를 하고 나서 다시 시를 쓰기 바란다.

어느 정도 시의 틀이 갖춰져 있는 데도 불구하고 독자들로부터 소외당하는 경우도 있다.

특별하게 흠잡을 곳은 없으나 소재나 주제, 그리고 형식이 지나치게 교과서적이거나 구태의연하여 공감대가 형성되지 않기 때문에 독자들로부터 버림받는 경우다. 공감대 형성은 독자가 작품 속에서 흥미를 발견했을 때라야 가능하다고 전제할 때, 이제는 시도 재미있게 쓰지 않으면 안 된다. 「아동문학시대」

여름 호에 발표된 작품 가운데 허동인의 〈벚꽃나무 가로수〉는 독자의 마음을 끌어들이는 데 훌륭한 역할을 하고 있다.

한창 무르익은 봄을
한껏 부풀려
솜사탕으로 들고 서 있으면

그 아래 밝은 그늘 속
차 타고 지나가는 사람들은
저마다 어린이 마음으로 돌아가

솜사탕을 한 입씩
베어 먹으면서
입가에 미소를 흘린다.

봄 맛이 참 달다는 듯.

– 허동인의 〈벚꽃나무 가로수〉 전문

현대 독자는 신선하고 충격적인 것에 흥미를 갖는다. 벚꽃이 활짝 피어있는 가로수 밑을 지나며 사람들은 저마다 각양각색의 생각을 떠올리게 마련이다. 엄격히 말해서 가로수 밑을 지나는 사람이 과거에 어떤 체험을 했느냐에 따라 느낌도 천태만상일 것이다. 같은 사물, 같은 상황을 보고 무엇을 연상하느냐 하는 문제가 시의 우열을 판가름하는 중요한 관건이 된다고 할 때, 허동인의 〈벚꽃나무 가로수〉는 일차적으로 동심의 시각에 의해 사물을 관조한 점이 매우 흥미롭고 성공적이라 하겠다. 벚꽃이 활짝 핀 나무를 보고 거대한 솜사탕을 연상한 것은 순전히 시인의 때 묻지 않은 동심에서 비롯된 것으로 정말 놀라운 일이다. 인간은 누구나 본능적으로 먹는 것에 관심을 갖게 되어 있다. 특히 어린이들은 생각이나 행동이 거의 본능적이기 때문에 먹고 노는 일에 가장 큰 흥미를 갖는다. 그래서 허 시인은 시의 첫 연에서 한창 무르익은 봄을 부풀려 솜사탕을 만드는 생각에 주저하지 않는다. 그리고 연이 거듭될수록 점진적으로 미각을 돋우다가 마지막 연에 가서 시인은 결국 '봄맛이 참 달다는 듯'이라고 단 한 마디로 시를 매듭짓는다. 이처럼 만개한 벚나무를 솜사탕으로 본 것도 충격적이지만, 하나의 연을 하나의 행으로 처리한 것도 흔히 볼 수 없는 형태적인 충격이라고 하겠다. 대체로 한 연을 한 행으로 구성할 경우 등가성을 배제할 수 없다. 다른 연과 비교할 때 충분히 같은 값을 가졌다고 생각한다면 부호 하나만으로도 하나의 연이 될 수 있다는 말이다. 그런 의미에서 〈벚꽃나무 가로수〉는 내용이나 형식면에서 독자에게 새로운 흥미를 안겨 주는 작품이라고 하겠다.

> 사전 속 낱말들은 모두 얌전하다. 낮에는 제자리에 앉아 숨도 크게 쉬지 않는다. 가끔 이름을 찾아 가만히 물어 보면 얼굴 쑥 내밀고 종알종알 대답을 한다. 조그만 목소리로 내 눈을 바라보며 정직하게 말한다.
>
> 하루가 끝나면, 나는 세상모르고 잠을 잔다. 꿈을 꾼다. 밤공기가 아주 달콤하다. 국어사전 속 낱말들이 가만가만 기어 나온다. 현관으로 베란다로 창문 밖으로 바스락거리며 걸어다닌다. 그 발소리 때문에 잠자던 꽃들이 눈을 뜬다. 작은 소리도 다 들을 줄 아는 시계가 놀라 댕댕 종을 친다.
>
> 날이 밝기도 전에 낱말들은 고스란히 사전 속으로 들어가 버린다. 정말 아무도 모르게, 아무 일도 없었던 것처럼 들어가 얌전히 앉아 있다. 내가 잠든 밤, 국어사전 속 낱말들이 세상을 돌아다니다 온 것을 아직은 누구도 모르고 있을 게다.
>
> – 이성자의 〈사전 속 낱말들〉 전문

좋은 동시란 유치한 언어유희에 의해 조립된 시가 아니라, 어른이나 어린이들 모두에게 공감대를 형성하는 가슴의 시라야 한다. 앞에서도 언급했듯이 공감대를 형성하기 위한 첫 번째 조건은 작품을 읽는 모든 사람들에게 재미를 느끼도록 해야 한다.

이성자의 〈사전 속 낱말들〉은 국어사전 속의 활자들을 의인화시킨 작품이다. 정말 기발하고 재미있는 생각이다. 이 시를 읽으면 고정관념이라는 덩어리가 한꺼번에 와르르 부서져 내리는 느낌이다. 산을 산으로만 생각하고 바다를 바다로만 생각한다면 결코 충격적인 작품이 나오지 않는다. 노련한 시인은 경우에 따라서 산을 바다로 볼 수 있어야 하고, 바다를 산으로 볼 수 있어야 한다. 따라서 우리가 국어사전을 단순히 낱말들을 풀이해 놓은 책 정도로만 생각한다면 거기서 더 이상의 다른 의미를 찾기 어렵다. 그것은 객관화된 사실이며 동시에 과학의 세계로 존재할 뿐 문학이 될 수 없다. 그러나 이성자는 사전이 본래 가지고 있는 코스모스적 속성을 조금도 손상시키지 않으면서 사전 속의 수많은 낱말에게 생명력을 불어넣어 싱싱히 살아 움직이도록 함으로써 독자의 관심을 끌고 있다. 사전 속의 낱말들은 누군가가 책장을 펼치고 찾아 주지 않으면 언제까지나 책갈피 사이에 끼어 제 구실을 다하지 못한다. 그는 사전 속 낱말들은 모두 얌전하다고 화두를 꺼낸다. 낮에는 제자리에 앉아 숨도 크게 쉬지 않으며, 어쩌다 낱말을 찾아 사전을 펼치면 조그만 목소리로 정직하게 말한다고 첫 연에서 조심스럽게 의인화의 변신을 시도한다. 이 시의 본론격인 둘째 연은 상상력의 극치를 보여주는 부분으로서 밤이 되자 국어사전 속의 낱말들이 밖으로 기어 나와서 여기저기 돌아다니며 꽃들을 깨우고 시계를 놀라게 한다. 물론 사전 밖으로 기어 나온 낱말은 무서운 사자일 수도 있고 아름다운 공주일 수도 있다. 시가 여기까지 이르면 어린이들이 흥미를 갖지 않을 수 없다. 마치 동화 속의 한 장면을 읽어 가듯이 환상의 세계에 빠지고 만다. 날이 밝기 전에 밖으로 나왔던 낱말들이 다시 사전 속으로 들어가면서 이 시의 막이 내리는데, 구조상으로 보더라도 이 시는 한 편의 깔끔한 논문을 만난 것처럼 대단히 질서정연하다. 앞에서 지적했듯이 사전이 가지고 있는 코스모스적 속성을 그야말로 시의 외형적인 면에서까지 명확하게 보여주려고 한 태도가 값져 보인다. 아울러 이성자의 〈사전 속 낱말들〉은 시 속에 이야기의 줄거리가 담겨 있는 동화 시로서도 성공을 거두었다고 하겠다. 한동안 윤석중 선생을 비롯하여 몇몇 동시인들이 시도했던 동화시가 자취를 감추는가 싶었는데, 오래간만에 좋은 작품을 만나 이성자에게 거는 기대가 크다.

한곳에
박혀있다고
무시하지마

회사에서 돌아온
아버지의 옷도
내가 받아 거는 걸

찌고말고
볼품없다고
무시하지마

너의 온 몸
비춰볼 수 있는 거울도
내가 들고 있는 걸.

– 오순택의 〈못〉 전문

이 시의 화자는 사람이 아니고 벽에 박혀 있는 못이라는 점에서 흥미를 끈다. 마치 사람이 말하듯이 제법 어른스럽게 청자를 향해 이야기하고 있다. 비록 작고 하찮은 것이라도 무시해서는 안 된다는 교훈적 메시지가 들어 있는 알레고리적 시이다. 알레고리는 결국 어떤 교훈적 메시지를 독자에게 은근히 전달하고자 할 때 흔히 사용하는 방법이다. 특별히 직설적인 교훈을 듣기 싫어하는 어린이들에게 의도적으로 교훈적인 것을 주입시켜야 할 경우 알레고리 기법은 매우 효과적이다. 그러나 관념적 어휘와 교훈적 메시지가 너무 빤히 드러나 보이면 오히려 독자들에게 거부반응을 일으키게 된다는 점을 유념하지 않으면 안 된다. 오순택은 못이라는 친숙하고 가시화된 물체를 등장시켜 은근히 교훈적 메시지를 전달하는 데 성공했다고 볼 수 있다. 이 시를 읽으며 우리는 자연스럽게 겸손함과 봉사와 희생정신을 배울 수 있게 때문이다.

엄마, 아빠, DDR 한판 하실래요?
↑ → ↓ ← ↗ ↔ ↙ ↖ ↘
오른발 왼발, 앞으로 뒤로
쿵쾅쿵쾅 소리만 요란한
엄마 아빠의 DDR 솜씨
내 눈과 귀가 온통
HOT와 god에 가 있는 것처럼
엄마 아빠의 마음 속에 있는
오래된 녹음기 속에서
주현미 아줌마와 나훈아 아저씨가
엄마 아빠의 발바닥을
꼬옥 붙잡고 놔주지 않나봐요
다리는 후들후들 땀방울 뚝뚝
마음은 이정현인데 몸이 안 따라준다구요?
우당탕퉁탕 소리만 요란한
엄마 아빠가 DDR 솜씨
(그날 우리 집엔 무슨 공사하느냐고 물어 보는 전화가 자꾸 걸려 왔다)

– 이봉직의 〈DDR〉 전문

요즘 세태를 리얼하게 묘사한 시다. 이 시의 화자는 분명 N세대임을 알 수 있다. N세대의 언어와 N세대의 감각이 거침없이 표출되고 있어서 기성세대에겐 비록 낯설고 생소한 시가 될지 모르나, 요즘처럼 급변하는 시대일수록 현장감 넘치는 목소리가 있어야 독자의 흥미를 끌게 된다. 따라서 시인이 어린 시절을 회고하면서 감상에 젖어 옛날 이야기나 하고 있다면 오늘날의 어린이가 그런 작품을 읽을 까닭이 없다. 그럼에도 불구하고 근간에 발표되는 작품들을 관심 있게 살펴보면 지나칠 정도로 많은 아동문학가가 요즘의 어린이 세계와 거리가 먼 이야기를 서슴없이 써 내려가고 있어 독자를 당혹케 한다. 특히 어린이를 독자 가운데 포함시키고 있는 아동문학의 경우, 우선적으로 어린이들 속에 파고 들어가 그들의 언어와 그들의 놀이와 그들의 사고를 심도 있게 파악하지 않으면 안 된다. 이봉직의 〈DDR〉은 이런 시각에서 볼 때 일단은 성공적이다. 시어의 경우만 하더라도 둘째 행에서 볼 수 있듯이 방향을 나타내는 화살표 부호가 거침없이 시에 쓰이고 있으며, HOT나 god 등 요즘 유행하는 가수 그룹의 이름과 기성세대에게 낯익은 주현미나 나훈아 등 실존하는 인물들을 그대로 노출시켜 현대 어린이들의 관심을 모으고 있는 점이 색다르다. DDR을 통해 현대인들이 겪고 있는 세다 간의 갈등구조를 한눈으로 바라볼 수 있도록 종합적으로 조명한 점도 값지다. 그리고 이 시의 마지막 부분에서 '그날 우리 집엔 무슨 공사하느냐고 물어 보는 전화가 자꾸 걸려 왔다'고 독백처럼 한 마디 던진 말이 독자들에게 주는 뉘앙스는 대단하다. 가족들이 얼마나 DDR에 몰두했었는지 앞부분의 모든 상황을 한 마디로 압축시킨 솜씨 또한 칭찬하지 않을 수 없다.

많은 독자들에게 인기가 있고 재미있는 시를 쓰기 위해서는 이 밖에 여러 가지 방법이 있겠지만, 한 마디로 시인의 머리와 가슴 속에 오랫동안 퇴적되어 온 고정관념을 과감히 깨고, 먼 옛날이 아니라, 지금 바로 우리 곁에 서 있는 독자들과 한데 어우러져 그들의 모든 것을 시의 세계로 끌어내는 노력이 필요하다.

참고 문헌

〈단행본〉

곽광수, 『예술과 사회』, 민음사, 1979.

김상선, 『문예비평론』, 서문당, 1982.

김시태, 『문예비평론』, 서문당, 1982.

김열규, 『한국의 신화』, 일조각, 1982.

김윤식, 『한국문학의 논리』, 일지사, 1974.

김치수, 『구조주의와 문학비평』, 홍성사, 1980.

마종기, 『아버지 마해송』, 정우사』, 2005.

마해송, 『사슴과 사냥개』, 창작과 비평사, 1983.

_____, 『고향산수』, 범우사, 2004.

_____, 『아름다운 새벽』, 문학과 지성사, 2000.

문덕수, 『문예비평론』, 서문당, 1982.

박덕은, 『현대문학비평의 이론과 실제』, 새문사, 1989.

박철희, 『문학개론』, 형설출판사, 1975.

박철희 · 김시태, 『문예비평론』, 문학과비평사, 1988.

백철, 『비평의 이해』, 민중서관, 1974.

신동욱, 『문학의 비평적 해석』, 연세대출판부, 1981.

_____, 『문학의 아름다움』, 지학사, 1985.

유창근, 『비평클리닉』, 대학출판부, 2000.

_____, 『한국 현대시의 위상』, 동문사, 1998.

_____, 『문학과 인생』, 양서원, 1989.

_____, 『문학의 흐름』, 도서출판 서원, 1995.

_____, 『문학을 보는 눈』, 학지사, 2001.

_____, 『차세대문학의 이해』 , 태영출판사, 2007.

이부영, 『分析心理學』, 일조각, 1986.

_____, 『그림자』, 한길사, 1999.

이상섭, 『文學批評用語事典』, 민음사, 1976.
_____, 『문학 연구의 방법』, 탐구당, 1972.
_____, 『언어와 상상』, 문학과지성사, 1980.
이선영 편, 『문학비평의 방법과 실제』, 삼지원, 1990.
이선영 · 권영민, 『문학비평론』, 방통대출판부, 1987.
장병림, 『心理學槪論』, 박영사, 1982.
전규태, 『문예비평론』, 서문당, 1982.
정영자, 『韓國文學의 原型的 探索』, 문학예술사, 1982.
정창범, 『현대문학의 방법』, 지문사, 1981.
채수영, 『한국문학의 상상구조』, 국학자료원, 2001.
홍문표, 『문학비평론』, 양문각, 1997.

〈논 문〉

곽광수, "골드만의 小說理論", 「예술과 사회」, 민음사, 1979.
김병걸, "순수와의 결별", 「現代文學」, 1963. 10.
김영민, "소설연구방법론의 한 고찰-역사 · 전기적 방법", 「국어국문학」 제26집, 전북대, 1986.
김종길, "〈鞦韆詞〉의 形態", 「徐廷柱硏究」, 동화출판 공사, 1980.
백낙청, "시민문학론", 「창작과 비평」, 1969. 여름호.
염무웅, "리얼리즘론", 「문학사상」, 1973. 10.
이선영, "김유정 연구", 「예술논문집」(예술원) 제24집, 1985.
_____, "혼탁한 사회와 반어적 비판-채만식의 〈濁流〉", 「한글 새소식」 82. 12. 5~1983. 1. 1
장윤익, "역사주의 비평의 허실", 「시문학」, 1979. 5.
조동일, "고전소설과 정치", 「세계의 문학」, 1979. 가을호.
주종연, "이효석 작품에 있어서의 몇 개의 모티프에 대하여", 「국문학 논문선」 제10권, 민중서관, 1977.

〈외국 서적〉

Frazer, The Golden Bough 『황금가지』, 장병길 역, 삼성출판사, 1977.
Freud, Sigmund, On Creativity and the Unconscious, New York, Harper & Row, Publishers, Inc., 1958.
_____, 『精神分析入門』, 구인서 역, 동서문화사, 1975.
_____, 『꿈의 精神分析』, 한상범 역, 정음사, 1977.
Fromm, Erich, The Forgotten Language, New York, Holt, Rinehart & Winston, Inc., 1951.
Graham Hough, An Essay on Criticism 『비평론』, 고정자 역, 이화여대출판부, 1982.
H. Read, Collected Essays in Criticism, London; Faber, 1951.

Hall,『융 心理學入門』, 이용호 역, 백조출판사, 1980.

Jung, Carl Gustav, Psyche and Symbol, Garden City, New York, Doubleday & Co. Inc., 1958.

Lucian Goldmann, Towards a Sociology of the Novel, trans. alan Sheridan, Tavistock Publications, 1975.

Lucien Goldmann, The Hidden God, London, 1964.

M. H. Abrams, A Glossary of Literary Terms, Holt, Rinehar & Winston, Inc., 1971.

N. Frye, Anatomy of Criticism,『批評의 解剖』, 임철규 역, 한길사, 1985.

Paul Hernadi, What is Criticism?『비평이란 무엇인가』, 최상규 역, 정음사, 1984.

S. N. Grebstein, Perspectives in Contemporary Criticism, New York; Harper & Row, Publishers, 1968.

T. S. Eliot, T. S.『엘리어트 문학론』, 이창배 역, 정연사, 1957.

Vernon Hall, JR, A Short History of Literary Criticism, New York Univ. Press, 1963.

W. L. Guerin et al., A Handbook of Critical Approaches to Literature, New York; Harper & Row, Publishers, 1979(정재완 외 역,『文學의 理解와 批評』, 청록출판사, 1997).

Welleck & Warren, Theory of Literature, Penguin Books, 1976.

Wheelwright, Metaphor and Reality, Bloomington, Ind, Indiana University Press, 1962.

Wimsatt & Cleanth Blooks, Literary Criticism, New York, Alfred A. Knopf, Inc., 1957.

저자 소개

✍ 유창근

· 충남부여산
· 1974년에 아동문학, 1980년에 시, 1986년에 문학평론이 「월간문학」에 당선되어 등단
· 현재, 문학박사이며 명지전문대 문예창작과 교수로 재직, (사)한국어문능력개발원 이사장, 한국창조문학가협회 부회장, 은평문인협회 부회장, 한국문예비평학회 이사, 한국국어교육학회 이사, 한국아동문학회 지도위원, 계간 「창조문학」 편집국장
· 한국문인협회 감사 · 이사 역임, 한국아동문학회 부회장 역임, 숙명여대, 명지대, 경원대 강사 역임
· 서울시 음식문화개선 문예작품심사위원장, 세종글짓기를 비롯한 각종 문예작품심사위원
· 1991년 제1회 조국문학상(평론)수상, 1995년 제17회 한국아동문학작가상(평론)수상, 1998년 제6회 명지문학상(평론)수상, 2002년 제15회 대한민국동요대상(노래말)수상, 2004년 제13회 한국아동문학대상(평론)수상, 김영일문학상(평론) 수상
· **시　집** : 둘이서(을지출판사)
· **평론집** : 소월평전(서울문화사), 문학과 인생(양서원), 문학의 흐름(서원)
· **이론서** : 『한국 현대시의 위상』(동문사), 『김소월의 시세계』(등지), 『비평클리닉』(대학출판사), 『문학을 보는 눈』(학지사), 『현대 아동문학의 이해』(동문사), 『동시창작 12강』(학지사)
· **기　타** : 『차세대 문학의 이해』(태영출판사), 『독서논술지도』(태영출판사), 『대학생은 이런 시를 읽는다』(국내편 · 국외편)(도서출판 덕인), 『짧은 얘기 깊은 지혜 · 3권』(도서출판 서원), 『이럴 땐 이런 얘기』(양서원), 『마음으로 부르는 전래동요』(학지사), 『한국인의 탈무드 · 5권』(학지사), 『암탉이 울어도 집안은 흥한다』(도서출판 둥지) 외 여러 권

문학비평연구

초판발행　2008년 8월 20일
재판발행　2010년 8월 10일

저　자　유 창 근
발행인　김 현 태
발행처　태영출판사

주　소　(152-705) 서울 구로구 구로동 104-10 동남오피스텔 201호
전　화　02 · 839-3757, 839-3752
팩　스　02 · 837-3754
등　록　2005년 5월 30일 제12-421호
http://www.taeyeongbook.co.kr
E-mail　tys2005@paran.com
ISBN　978-89-91777-97-2　93370
정　가　20,000원

NAVER 태영출판사

* 잘못 만들어진 책은 교환해 드립니다.

불법복사는 지적재산권을 훔치는 범죄행위입니다.
저작권법 제97조의 5(권리의 침해죄)에 따라 위반자는 5년이하의 징역 또는 5천만원 이하의 벌금에 처하거나 이를 병과할 수 있습니다.